ALMANCA GRAMER	ALMANCA GRAMER		ALMANCA GRAMER	ALMANCA GRAMER
ALMANCA GRAMER		GELİŞTİRİLMİŞ 3. BASKI		ALMANCA GRAMER
ALMANCA GRAMER	ALMANCA GRAMER		ALMANCA GRAMER	ALMANCA GRAMER

kullanışlı
ALMANCA GRAMER
rehberi

ÖRNEKLER
ÇEVİRİLER
ALIŞTIRMALAR
KARŞILAŞTIRMALAR
TESTLER VE SINAVLAR

MÜJDAT KAYAYERLİ

ankara, eylül 2002

nobel

Nobel Yayın No: **59**
Başvuru Sınava Hazırlık Dizisi: **2**

**KULLANIŞLI
ALMANCA GRAMER REHBERİ**
GELİŞTİRİLMİŞ 3. Baskı, 2002

MÜJDAT KAYAYERLİ

ISBN: 975-591-037-9

Bütün hakları
NOBEL YAYIN DAĞITIM LTD. ŞTİ'ne
aittir. Yayıncının yazılı izni
olmaksızın, kitabın tümünün veya
bir kısmının elektronik, mekanik
ya da fotokopi yoluyla basımı,
yayımı, çoğaltılması ve dağıtımı
yapılamaz

GENEL YAYIN DANIŞMANI
Hasan BACANLI

SAYFA TASARIMI____ayhan kuru
KAPAK TASARIMI____mehtap bayraktar
BASKI_____star ofset
CİLT_____göksu cilt

GENEL DAĞITIM
Molla Fenari Sokak No:38 Cağaloğlu
Tel: 0212 511 61 44 - Fax: 0212 511 61 49
İSTANBUL

Adakale Sokak No:16/2 Kızılay
Tel: 0312 434 38 97 - Fax: 0312 434 48 32
ANKARA

Önsöz

1. ve 2. baskısı kısa sürede tükenen *"Kullanışlı Almanca Gramer Rehberi"* adlı kitabımızda uzman Almanca Öğretmenlerinin tavsiyesine uyarak birçok değişiklik yaptık.

Kitabın 3. baskısında Almanca Gramer konularının tamamını Türkçe karşılıklarını vererek yeniden düzenledik. Artık bu kitapta her konuyu anında bulabileceksiniz. Örnekli alıştırmalarla Almanca cümle kurmayı kısa sürede öğrenecek, test ve sınavlarla da yabancı dil seviyenizi ölçebileceksiniz. Ekler bölümünde ise Almanca sözlüğün nasıl kullanılacağını, Türkçe fiilimsi ve mastarların Almanca ifadelerinde nasıl kullanıldığı, dilbilgisi terimlerinin ise karşılıklarını ilk defa bu kitapta göreceksiniz.

Testler, sınavlar ve cevap anahtarları ile kendinizi kontrol edebilecek ve Almanca'yı daha iyi yazacak ve konuşacaksınız.

3. baskının gözden geçirilmesinde yardımlarını esirgemeyen Pınar YAMAN'a teşekkür ediyor, kitabımızdan yeni bilgiler kazanan öğrencilere başarılar diliyor, sevgi ve saygılarımı sunuyorum.

Ankara, Eylül 2002

Müjdat KAYAYERLİ

ÖZGEÇMİŞ

Müjdat Kayayerli, 25.04.1954 yılında Afyon İli Çay İlçesinde doğdu. İlk ve orta tahsilini Çay'da, Lise tahsilini Bolvadin'de, Yüksek tahsilini de Gazi Eğitim Enstitüsü Almanca Bölümünde ve Konya Selçuk Üniversitesi Fen-Edebiyat Alman Dili- Edebiyatı Anabilim Dalında tamamladı. 1989 yılında da Hacettepe Üniversitesinde Dil Bilimi alanında Yüksek Lisans yaptı.

1975-77 yıllarında Bingöl Eğitim Enstitüsü Almanca Öğretmenliği ve Müdür Yardımcısı olarak çalıştı.

1977-79'da Polatlı ve Çorlu'da Yedek Subay olarak askerlik hizmetini ifa etti.

1979'da Konya Merkez Karma Ortaokulunda Almanca Öğretmenliği yaptı.

1980'de Konya Eğitim Enstitüsü Almanca Bölüm Başkanı oldu.

1980-81 öğretim yılında M.E.B. Devlet Bursu ile Almanca Öğretimi ve Metodu ile ilgili araştırma yapmak üzere Almanya'nın, Schwabisch Hall ve Göttingen şehirlerinde bulundu.

1989'da Viyana Üniversitesi'nde Uluslararası yapılan Dil Bilim Sınavında 2.'lik ödülü aldı.

Türk Yurdu, Türkistan, Türk dünyası, Tercüman, Türkeli vb. dergilerde Dil Bilim ve Sosyo Dil Bilim ile ilgili ilmi makaleleri yayınlanan yazar ve araştırmacı M. Kayayerli Türkiye'nin tanıtılması, Türk Kültürü, Türk İşçi Çocuklarının Eğitimi konularında Bonn, Berlin, Hamburg, Hannover, Stuttgart, Karlsruhe, Mannheim, Bremen, Zürih ve Viyana gibi şehirlerde kültürel konferanslar verdi. 18 yıl Konya Selçuk Üniversitesi Eğitim Fakültesi yabancı diller bölümünde Almanca öğretim görevlisi olarak çalıştı. Kayayerli, 21. Dönemde Afyon Milletvekili olarak seçilerek Dışişleri ve Adalet Komisyonu Üyesi olarak çalıştı, aynı zamanda Türkiye- Almanya Parlamentolararası Dostluk Grubu Başkanıdır.

LEBENSLAUF

Müjdat KAYAYERLİ wurde am 25.04.1954 in Çay bei Afyon geboren. Die Grund-und Mittelschule besuchte er in Çay das Gymnasium in Afyon. Sein Studium begann im Pädagogischen Institut Gazi, danach schloss er es im Fach Germanistik an der philosophischen Fakultät der Selçuk- Universität in Konya ab. Im Jahre 1989 hat er sein Magisterstudium (M A) an der Hacettepe Universität in Ankara absolviert.

-In den Jahren 1975-77 war er am Pädagogischen Institut in Bingöl als Lehrkraft für Deutsch als Fremdsprache und zugleich als stellvertretender Direktor tätig.

-Zwischen 1977 und 1979 übte er seinen Militärdienst als Unterleutnant in Polatlı und Çorlu aus.

-1979 arbeitete er als Deutschlehrer in der gemischten Merkez- Mittelschule in Konya.

-1980 wurde er Leiter der Abteilung fur Deutsch als Fremdsprache am Pädagogischen Institut in Konya.

-Dank eines Stipendiums vom Türkischen Erziehungsiministerium im Studienjahr 1980-81 bekam er die Gelegnheit, während seiner Aufenthalte in Freiburg. Schwabisch- Hall und Göttingen Forschungen zu betreiben und sich in Didaktik und Methodik fortzubilden.

-1989 wurde er auf Grund seiner zweitbesten Leistung in der internationalen Sprachprüfung der Universität Wien ausgezeichnet.

Der Autor und Forscher M. Kayayerli, dessen wissenschaftliche Beitrage über die Linguistik und Soziolinguistik in den Zeitschiften *Türk Yurdu, Türkistan, Türk Dünyası, Tercüman, Türkeli usw.* veröffentlicht wurden, hielt verschiedene Vorträge in Bonn, Berlin, Hamburg, Hannover, Stuttgart, Karlsuhe, Mannheim, Bremen, Zürich und Wien über Themen wie *Türkische Kultur, Informationen über die Türkei* und *die Bildung und Erziehung der türkischen Migranten- Kinder.*

Kayayerli wurde nach einer 18- jährigen Lehrtätigkeit im Berecih Deutsch als Fremdsprache in der Abteilung für Fremdsprachen der Fakultät für Erziehungswissenschaften an der Selçuk- Universität in Konya in den Wahlen von 1998 zum Abgeordneten des Wahlkreises Afyon gewählt und ist zur Zeit Mitglied der Kommissionen fur "Auslandsbeziehungen", "Justiz" in der Grossen Türkischen Nationalversammlung (TBMM) und Vorsizender der Türkisch- Deutschen Parlamentariergruppe.

YAYINLANMIŞ ESERLERİ

1. ALMANCA DİLBİLGİSİ, Konya, 1984.

2. Dedekorkut Masaları ve Ömer Seyfettin Hikayelerinin Almanca'ya tercümeleri, And Yayınları, İstanbul, 1985.

3. Almanca- Türkçe, Türkçe- Almanca Dini Terimleri, Sözlüğü, Konya, 1985.

4. Dünyayı Güldüren Türk: Nasreddin Hoca (Der Türke, der die Welt zum Lachen bringt: Nasreddin Hodscha) Kültür Bakanlığı Yayınları, (1., 2., 3. Baskı), 1990-1992-1996.

5. Dil Bilimci Gözüyle Türklük Şuuru ve Türk Dili, Ocak Yayınları, Ankara 1992.

6. Türk Viyana, (Çeviri eser) Esra Yayınları, İstanbul, 1993.

7. Viyana Önlerinde Kara Mustafa Paşa (Çeviri), Esra Yayınları, İstanbul, 1984.

8. Mevlana Gülşeni (Almanca Çeviri), Esra Yayınları, İstanbul, 1995.

9. Begründer Der Türkischen Republik: ATATÜRK (Türkiye Cumhuriyeti'nin Kurucusu ATATÜRK), Yansıma Yayınları, Ankara, 1996.

10. İpek Yolu ve Orta Asya Kültür Tarihi, Ötüken Yayınları, İstanbul, 2001.

Publikationen (Yayınladığı Eserler)

1. Almanca Bilgisi, [Deutsche Grammatik], Konya 1984

2. Dedekorkut Masalları ve Ömer Seyfettin Hikayelerinin Almanca'ya Tercümesi [Die Übersetzung der Dedekorkut- Märchen und der Erzählungen von Ömer Seyfettin ins Deutsche], And Yayınları, İstanbul 1985.

3. Almanca- Türkçe, Türkçe- Almanca Dini Terimleri Sözlüğü, [Wörterbuch der religiösen Begriffe (Deutsch- Türkisch, Türkisch- Deutsch)], Konya 1985.

4. Dünyayı Güldüren Türk: Nasreddin Hoca [Der Türke, der die Welt zum Lachen brachte; Nasreddin Hodscha], Kültür Bakanlığı Yayınları, (1., 2., 3. Auflage 1990-1992-1996.)

5. Dil Bilimci Gözüyle Türkçülük Şuuru ve Türk Dili, [Das Bewusstsein des Türkentums und die türkische Sprache aus der Sicht eines Sprachwissenschaftlers], Ocak Yayınları, Ankara 1992.

6. Türk Viyana, (Çeviri eser), [Das türkische Wien; (Übersetzung)], Esra Yayınları, İstanbul 1995.

7. Viyana Önlerinde Kara Mustafa Paşa (Çeviri), [Kara Mustafa Pascha vor Wien (Übersetzung)], Esra Yayınları, İstanbul 1995.

8. Mevlana Gülşeni (Übersetzung ins Deutsche), Esra Yayınları, İstanbul 1995.

9. Begründer der Türkischen Republik; ATATÜRK (Türkiye Cumhuriyeti'nin Kurucusu ATATÜRK), Yansıma Yayınları, Ankara 1996.

10. İpek Yolu ve Orta Asya Kültür Tarihi, [Die Seidenstrasse und die Kulturgeschichte des Mittelasiens], Ötüken Yayınları, İstanbul, 2001.

İÇİNDEKİLER

I. Bölüm

DER ARTIKEL (Tanımlayıcı): _____ 1
A) Der bestimmte Artikel (Belirli Tanımlayıcı): _____ 2
B) Der unbestimmte Artikel (Belirsiz Tanımlayıcı): _____ 3
C) Der Nullartikel (Tanımlayıcısız): _____ 3
D) Die Deklination der bestimmten Artikel (Belirli tanımlayıcıların çekimi): _____ 4

DAS NOMEN (İsim): _____ 8
A) Konkreta (Somut isimler): _____ 8
B) Abstrakta (Soyut isimler): _____ 8
C) Die Deklination der Nomen (İsimlerin Çekimi) _____ 11

DAS PRONOMEN (Zamir): _____ 14
A) Personalpronomen (Şahıs zamiri): _____ 14
B) Reflexivpronomen (Dönüşlü zamirler): _____ 14
C) Possessivartikel (İyelik zamirleri): _____ 15
D) Demonstrativpronomen (İşaret zamirleri): _____ 16
E) Relativpronomen (İlgi zamirleri): _____ 17
F) Unbestimmte Pronomen (Belirsiz zamir): _____ 20
Kontrollübung (Alıştırmalar): _____ 26

DAS ADJEKTİV (SIFAT): _____ 27
A) Die Ausnahmen der Adjektivdeklination (Sıfat çekiminde istisnalar): _____ 28
B) Sıfatlarda Derecelendirme: _____ 29
    Positiv: _____ 31
    Komparativ: _____ 31
    Superlativ: _____ 31
    Elativ (Çok yüksek derecede): _____ 32

ZAHLADJEKTIVE (Sayı sıfatları): _____ 44
A) Grundzahlen (Temel Sayılar): _____ 44
B) Gebrauch von Zahlen als Nomen (Sayıların isim olarak kullanılışı) _____ 46
C) Ordnungszahlen (Sıra Sayıları): _____ 46
D) Die anderen Zahlen (Diğer Sayılar): _____ 47

REKTION DER ADJEKTIVE (Eylemlerin Yönetme İşlevi): _____ 49
A) Das Objekt im Akkusativ (Birlikte bulundukları tümleci Akkusativ yapan sıfatlar): _____ 49
B) Das Objekt im Dativ (Tümleci Dativ yapanlar): _____ 50
C) Adjektive, die im Genitiv gebraucht werden (Genitiv isteyen sıfatlar): _____ 50
Die Adjektive, die mit präpositionalem Objekt gebraucht werden (Önemli sıfatların alfabetik sıra ile gösterilişi): _____ 51
Adjektive, die mit Präpositionen gebraucht werden (Präposition ile birlikte kullanılan sıfatlar): _____ 52

DAS ADVERB (Zarf): _____ 54
- A) Lokaladverbien (Yer bildiren zarflar): _____ 54
- B) Temporaladverbien (Zaman bildiren zarflar): _____ 56
- C) Modaladverbien (Hal zarfları): _____ 60
- D) Kausaladverbien (Sebep bildiren zarflar): _____ 64
- E) Richtungsadverbien (Yön bildiren zarflar): _____ 64
- F) "Draussen", "Aussen", "Drinnen" ve "Innen" arasındaki fark: _____ 65
- G) Demonstrativadverbien (İşaret zamirleri): _____ 66
- H) "da" als Pronominaladverb (Pronominal zarf olarak "da"): _____ 66
- I) Relativadverbien (İlgi zarfları): _____ 67
- J) Frageadverbien (Soru zarfları): _____ 67
- K) Adverbien als Konjuktionen (Bağlaç olarak zarflar): _____ 67

PRÄPOSITIONEN (İlgeçler): _____ 68
Präpositionen mit Dativ oder Akkusativ (Dativ ve Akkusativ alan ilgeçler): ___ 68
- a) Präpositionen mit dem Dativ (-e hali alan ilgeçler): _____ 71
- b) Präpositionen mit dem Akkusativ (-i hali ile kullanılan ilgeçler): ___ 77
- c) Präpositionen mit dem Genitiv (-in hali alan ilgeçler) _____ 82
- d) Übersicht über die Postpositionen (Diğer edatlara toplu bakış): _ 86

KONSTRUKTIONEN (Tamlamalar): _____ 90
- A) Genitivkonstruktionen (İsim tamlamaları): _____ 90
- B) Adjektivkonstruktionen (Sıfat tamlamaları): _____ 90
- C) Konstruktionen mit Präpositionen (İlgeçli tamlamalar): _____ 90
- D) "Konstruktionen", die mit "zu" +Partizip Präsens gebraucht werden ("zu +Partizip Präsens ile yapılan tamlamalar): ___ 91
- E) Abstrakte Namen, die mit Infinitivsätzen vervollständigt werden (Soyut isimlerin mastar cümlesiyle tamamlanması): ___ 91
- F) Karışık Tamlamalar: _____ 91

Übungen (Alıştırmalar): _____ 92

DAS VERB (Fiil): _____ 93

ZEITFORMEN (Zamanlar): _____ 95
- A) Präsens (Şimdiki zaman) _____ 95
- B) Präteritum (Imperfekt) (Şimdiki zamanın Hikayesi): _____ 95

PERFEKT (di-li geçmiş zaman): _____ 98
- A) Mit dem Hilfsverb "haben" (Haben Yardımcı fiili ile): _____ 100
- B) Mit dem Hilfsverb "sein" (Sein Yardımcı fiili ile): _____ 100
- C) Der Gebrauch des Perfekts (Perfekt'in kullanılış tarzları): _____ 101

PLUSQUAMPERFEKT (miş-li geçmiş zaman): _____ 102

FUTUR (Gelecek zaman): _____ 103
Gebrauch und Bedeutung (Kullanıldığı yer ve anlamı): _____ 103

LISTE DER STARKEN UND UNREGELMÄSSIGEN VERBEN (Kuvvetli ve Kuralsız Fiillerin Listesi): ___ 106

TRENNBARE UND UNTRENNBARE VERBEN (Hem ayrılan hem de ayrılmayan fiiller): ___ 110

X

ÜBUNGEN MIT ZEITFORMEN (Zamanlarla ilgili alıştırmalar): _____113
A) Präsens (Şimdiki zaman): _____113
B) Präteritum (Imperfekt) (Yakın Geçmiş Zaman): _____116
C) Perfekt (Di'li Geçmiş Zaman) _____123
IMPERATIV (Emir Cümleleri): _____133

II. Bölüm

SÄTZE MIT DATIVOBJEKT (Dativ nesne ile cümleler): _____137
A) Sätze mit Präpositionalobjekt (Präpositional nesne ile cümleler): _____141
B) Sätze mit Akkusativ und Dativobjekt (Akkusativ ve Dativ nesne ile cümleler): _____155
C) Sätze mit Akkusativ und Präpositionalobjekt (Akkusativ ve präpositional nesne ile cümleler): _____160
D) Sätze mit Funktionsobjekt und Präpositionalobjekt/Reflexive Verben _____167

MODALVERBEN (YARDIMCI FİİLLER): _____174
A) Können (muktedir olmak): _____174
B) Müssen (mecbur olmak): _____176
C) Dürfen (izinli olmak): _____177
D) Sollen (mecbur olmak): _____178
E) Wollen (istemek): _____180
F) Mögen (möchten, sevmek, hoşlanmak): _____182
G) Lassen (-tirtmek, - tırtmak): _____183
H) Übungen zu den Modalverben (Modalverblerle ilgili alıştırmalar): _____184
I) Sehen, hören, lernen, gehen, helfen yardımcı fiilleri _____186

PASSIV (Edilgen fiil): _____189
A) Zustandspassiv (Durum bildiren edilgen): _____193
B) Der Gebrauch des Passivs (Passiv'in kullanımı): _____196

INFINITIV (Mastar Fiil): _____208
A) Der Infinitiv als Satzglied (cümle öğesi olarak Infinitiv): _____212
B) Der Infinitiv als Substantiv (isim olarak Infinitiv): _____214
C) Subjektsätze (Özne cümleleri) _____216
D) Objektsätze (Nesne Cümleleri): _____217

PARTIZIP PRÄSENS (Ortaçlar): _____219
A) als Attribut (sıfat olarak) kullanılır _____219
B) als Nomen (isim olarak) kullanılır: _____220
C) Modalangabe (zarf olarak) kullanılır: (...rek, rak olarak ifade edilir) _____220
D) als Objektsprädikat (sıfat fiil olarak) kullanılır: (olarak, ken) _____220
Übungen mit dem Partizip Präsens (Partizip Präsens ile ilgili alıştırmalar): _____222

PARTIZIP PERFEKT (Partizip II): _____ 225
A) Der Gebrauch von Partizip Präsens und Partizip Perfekt (Partizip Präsens ve Partizip Perfekt'in kullanımı): _____ 229
B) Verwendung als Substantiv (İsim olarak kullanım): _____ 230
Übungen mit dem Partizip Perfekt (Partizip Perfekt ile ilgili alıştırmalar): _____ 231

KONJUNKTIV (Dilek, İstek Kipi): _____ 234
A) Konjunktiv II bei irrealen Aussagen (Gerçek olmayan ifadelerde Konjunktiv II): _____ 236
B) Irreale Bedingungssätze (Gerçek olmayan şart cümleleri): _____ 238
C) Irreale Wunschsätze (Gerçekleşmeyen, gerçekleşmemiş istek veya dilek cümleleri): _____ 239
D) Vergleichsätze (Karşılaştırma Cümleleri): _____ 239
E) Konjunktiv als Ausdruck der Höflichkeit (Nezaket ifadelerinde Konjunktiv): _____ 240
F) Konjunktiv als Ausdruck der Möglichkeit (Tahmin ifadelerinde Konjunktiv): _____ 240
G) Sätze mit "Fast" (Beinahe) (Fast (Beinahe) ile cümleler): _____ 240
H) Sätze mit zu ... als dass (zu.........als dass .... cümleleri): _____ 241
Übung (Alıştırma 1-2-3) _____ 241
   Übung 1 _____ 241
   Übung 2 _____ 242
   Übung 3: _____ 243

IRREALE WUNSCHSÄTZE (Gerçek Olmayan İstek Cümleleri): _____ 244
A) Irreale Wunschsätze _____ 244
B) Sätze mit "als ob" oder "als wenn" ("als ob" veya "als wenn" (als) cümleleri (-miş gibi, mış gibi): _____ 245
Höfliche Fragen (Nezaket soruları): _____ 247

INDIREKTE REDE (Dolaylı Anlatım): _____ 249
A) Indirekte Rede de Futur (Dolaylı Anlatımda Gelecek Zaman): _____ 251
B) Indirekte Rede de "Soru cümleleri" (Dolaylı konuşma): _____ 252
C) Der Konjunktiv in der Indirekten Rede (Dolaylı konuşmada Konjunktiv): _____ 253
D) Punkte in der indirekten Rede, die beachtet werden müssen (Indirekte Rede'de dikkat edilecek hususlar): _____ 254
E) Freiheit in der Wahl des Konjunktivs (Konjunktiv seçiminde serbestlik): _____ 255

PARTIKEL (İlgeçler): _____ 259

AUSDRÜCKE DER VERMUTUNG (Tahmin İfadesi): _____ 264
A) Möglichkeit (Olabilirlik ifadeleri): _____ 266
B) Ausdruck der Freude (Sevinç bildiren ifadeler): _____ 266
C) Ausdruck des Bedauerns (Üzüntü bildiren ifadeler): _____ 266
D) Hoffnung oder Erwartung (Ümit veya beklenti): _____ 267
E) Gute Wünsche (İyi dilekler.): _____ 268
F) Entschuldigung (Af dileme, özür dileme): _____ 268
G) Höfliche Fragen und Bitten (Nezaket soruları ve ricalar): _____ 269
H) Rat-Empfehlung (Tavsiye ifadeleri): _____ 269
I) Gewohnheit-Wiederholung (Alışkanlık, tekrar ifadeleri): _____ 270
J) Tendenz-Neigung (Eğilim ifadeleri): _____ 270
K) Zweifel-Unsicherheit (Şüphe, emin olmama ifadeleri): _____ 270

L) Befürchtung (Korku bildiren ifadeler.):	271
M) Erstaunen-Überraschung (Şaşırma ve sürpriz ifadeleri):	271
N) Schlussfolgerungen	271
O) Füllwörter	272

SATZLEHRE (SYNTAX) (Cümle Kuruluşları): _____ 273
- A) Satzverbindung (Cümlelerin sıralanışı): _____ 273
  1. Anreihung (Sıralanış): _____ 273
  2. Die adversative und die disjunktive Satzverbindung: _____ 277
  3. Die kausative Satzverbindung: (Neden belirten cümleler) _____ 280
- B) Konsekutiv (Sonuç veren-folgernd): _____ 281
- C) Zweckgerichtete Sätze _____ 282
- D) Einräumende Sätze (konzessiv) (Bağdaşma cümleleri): _____ 283
- E) Einschränkende Sätze (Restriktiv) (Sınırlayıcı cümleler): _____ 284
- F) Konditionale Sätze (den möglichen Grund, die Bedingung angebend) (Şart cümleleri): _____ 284
- G) Vergleichende Sätze (Komparativ) (Karşılaştırma cümleleri): _____ 285
- H) Almanca'daki bağlaçların Türkçe karşılıkları: _____ 285
- I) Überblick über die nebenordnenden Konjuktionen (Bağlaçlar hakkında bir şema) _____ 290

GERUNDIUM (FORM DES TÜRKISCHEN VERBALADVERBS) (Zarf Fiil): _____ 293
AUSDRÜCKE AUS DEM TÜRKISCHEN INS DEUTSCHE: _____ 298
Präpositionale Wortgruppe Nebensatz _____ 306

III. Bölüm

NEBENSÄTZE (Yan Cümleler): _____ 311
- A) Subjekt, Objekt-und Attributsätze: _____ 311
- B) Fragewort-Nebensätze und "ob" Sätze: _____ 315
- C) "Wie" Sätze: _____ 317
- D) Der Infinitiv mit "zu": _____ 319

RELATIVSÄTZE (İlgi Cümleleri): _____ 322
KAUSALSÄTZE (Sebep Cümleleri): _____ 329
KONDITIONALSÄTZE (Şart Cümleleri): _____ 333
KONZESSIVSÄTZE (Kabul Cümleleri: Karşıt Neden Bildirir): _____ 338
FINALSÄTZE (Maksat, Amaç Bildiren Cümleler): _____ 345
KONSEKUTIVSÄTZE (Sonuç Cümleleri): _____ 348
MODALSÄTZE (Tarz bildiren cümleler: "Instrumental"): _____ 352
VERGLEICHSÄTZE (Karşılaştırma Cümleleri): _____ 356
RESTRIKTIVE SÄTZE (Sınırlama Cümleleri): _____ 361
DER SPEZIFISCHE GELTUNGSBEREICH (Was ... betrifft): _____ 363

TEMPORALSÄTZE (Zaman bildiren cümleler): _____ 366
A) Temporalsätze mit "als/wie und wenn: _____ 368
B) Temporalsätze mit "bevor/ehe/worauf" (Önce, meden evvel): _____ 370
C) Temporalsätze mit "nachdem"(-den/dan sonra): _____ 371
D) Temporalsätze mit "seitdem" seit: ("-den beri, - dan beri"): _____ 372
E) Temporalsätze mit "bis" _____ 373
F) Temporalsätze mit "während/indem/indes/ indessen/ wobei": _____ 374
G) Temporalsätze mit "solange" (olduğu müddetçe): _____ 376
H) Temporalsätze mit "sobald/sowie" und "kaum dass": eder etmez _____ 377
I) Temporalsätze mit "sooft/immer wenn/ jedesmal wenn/ wann immer" (dikçe, dıkça): _____ 378
J) Temporale Attributsätze mit da/wo/als oder Präposition + Relativpronomen: _____ 379
LOKALSÄTZE (Yer Bildiren Cümleler): _____ 381
KARŞILAŞTIRMALI TÜRKÇE VE ALMANCA CÜMLELER _____ 382

IV. Bölüm

PRÜFUNGEN UND TESTS (Sınavlar ve Testler): _____ 385
A) Verben mit Besonderheiten _____ 385
B) Verbliste (Fiil Listesi): _____ 419
   Verben, sortiert nach Kasus und Präpositionen. (i hali, e hali, in hali ve edatlarla kullanılan fiiller) _____ 419
   Ergänzen Sie die Präpositionen/Endungen _____ 431
C) Nomenliste Nomen mit Präpositionen _____ 434
   Übungen zu Nomen _____ 437
D) Adjektivliste (Adjektive mit Präpositionen) _____ 455
   Übungen zu Adjektiven _____ 456
PRÜFUNG 1 _____ 462
PRÜFUNG 2 _____ 464
PRÜFUNG 3 _____ 466
PRÜFUNG 4 _____ 471
PRÜFUNG 5 _____ 475
PRÜFUNG 6 _____ 477
PRÜFUNG 7 _____ 479
PRÜFUNG 8 _____ 528
PRÜFUNG 9 _____ 618
PRÜFUNG 10 _____ 623

V. Bölüm

ALMANCA VE TÜRKÇE SÖZLÜK KULLANMA _____ 709
GRAMMATISCHE FACHAUSDRÜCKE (Dilbilgisi Terimleri): _____ 712
QUELLENANGABE (Kaynakça): _____ 723

DER ARTIKEL (Tanımlayıcı):

Almanca'da her ismin başında Türkçe'de olmayan ve der, die, das olarak adlandırılan (tanımalayıcılar) bulunur. Eğer yeni bir Almanca isim öğrenmek isterseniz bu isimleri Artikelleriyle birlikte öğrenmeniz gerekir. Aynı zamanda her ismin başharfini Türkçe'deki özel isimler gibi büyük harfle yazmak zorundasınız.

Bestimmter Artikel (belirli):   Singular: der-die-das   Plural: die
Unbestimmter Artikel (belirsiz):   Singular ein-eine-ein   Plural: -----
Negation der Artikel: Singular: kein-keine-kein   Plural: keine
Beispiel: der Baum-ağaç   ein Baum-bir ağaç
              die Tafel-Tahta   eine Tafel-bir yazı tahtası
Singular: (Tekil) das Kind, ein Kind   das Haus-ev   ein Haus-bir ev
Plural: (Çoğul) die Kinder-çocuklar   Kinder-çocuklar

Örnekler:

Die Antwort ist klar.   - Cevap açıktır.
Das Wetter ist sehr schön.   - Hava çok güzeldir.
Der Mann nimmt die Stelle an.   - Adam işi kabul ediyor.

Ich möchte ein Telegramm aufgeben.- Bir telgraf çekmek istiyorum.
Die Arbeiter bauen eine Grundschule.- İşçiler bir ilkokul inşa ediyorlar.
Er wünschte sich schon lange ein Radio.- O çoktan beri bir radyo arzu ediyordu.

Übung 1) der, die, das?
1. Die Antwort   ....Herr   ....Lehrerin   ....Name   ....Bleistift
2. ....Heft   ....Soldat ....Lehrer   ....Buch   ....Karte
3. ....Türkei   ....Frage   ....Kontinent ....Schüler ....Stadt

4. ....Staat ....Schülerin ....Land ....Landkarte ....Übung
5. ....Freund ....Freundin ....Familie ....Haus ....Stuhl
6. ....Tisch ....Mond ....Sonne ....Türke ....Türkin ....Wasser
7. ....Leben ....Tag ....Hand ....Auge ....Gesicht ....Zeitung
8. ....Geschichte ....Vortrag ....Religion ....Direktor ....Sessel

Übung 2) ein, eine?
1. ....Zimmer ....Kind ....Mann ....Tasche ....Theater ....Kino
2. ....Uhr ....Klasse ....Weg ....Straβe ....Briefträger
3. ....Tochter ....Regel ....Dame ....Hemd ....Woche
4. ....Küche ....Vertreter ....Minute ....Luft ....Jahr

A) **_Der bestimmte Artikel (Belirli Tanımlayıcı):_**
- Das Mädchen hatte keine Eltern mehr.
a) **Deniz, nehir, dağ ve göllerin belirtilmesinde:**
An welchem Land liegt das Meer?
- Nennen Sie den längsten Fluß, grössten See, höchsten Berg?

Örnekler:
- Der Bodensee ist der grösste deutsche Binnensee.
- In Bayern beginnen die Alpen.
- Der höchste Berg Deutschlands ist die Zugspitze.
- Der Rhein hat im Frühjahr Hochwasser.

b) **Önceden tanınmış veya herhangi bir şekilde tamamıyle belirli olan şeylerin gösterilmesinde:**
- Wie sind Sie mit der Schreibmaschine zufrieden?
- Was haben Sie für das Buch bezahlt?
- Goethe schrieb den "Faust".

c) **Bir şeklin, bir biçimin tekilinde:**
- Der Mensch beherrscht die Natur.
- Die meisten Studenten kamen mit dem Fahrrad.

d) **Sıfat tamlamalı coğrafi isimler veya şahıs adlarında:**
- Das nördliche Europa hat ein rauhes Klima.
- Der kleine Axel schrie nach seiner Mutter.

e) **Tekil haldeki Dativ ve Genitiv Objektte:**
- Diese Behauptung entspricht nicht der Wahrheit.
- Der Bundestag gedachte des Toten.

B) **_Der unbestimmte Artikel (Belirsiz Tanımlayıcı):_**

a) Tam olarak belli olmayan isimlerden önce:
(bei Substantiven, die nicht genau bestimmt sind.):
- Er hatte **eine** Krankheit.

b) Bir anlatımda ilk defa söylenen bir ismin önünde (vor einem Substantiv, das in einer Erzählung zum ersten Mal genannt wird):
- Einmal verirrte sich **ein** Mädchen im Wald.

c) Bir insanın özellikle özelliği belirtilirse (Wenn man eine Eigenschaft eines Menschen besonders stark herausgeben will.):
- Er war **ein** gefährlicher Mensch.

d) Eğer bir isim genellikle bir iddia da kullanılıyorsa (Wenn ein Nomen in einer Behauptung allgemein verwendet wird.):
- **Ein** Richter muß gerecht urteilen.

C) **_Der Nullartikel (Tanımlayıcısız):_**

a) **Bir meslek ifade eden kelimelerde Almanca'sı:**
- Zuerst wurde er Buchhändler, dann Schauspieler.

b) **Özel isimlerde:**
- Ministerpräsident Schmidt kommt aus Deutschland.

c) **Atasözleri veya deyimlerde:**
- Elend und Not - Stück für Stück - Wort für Wort

d) **Sein ve Werden yardımcı fiillerinden sonraki o günü belirten günlerde:**
- Jetzt ist Feierabend

e) **Bayram günlerinde:**
- Ostern, Weihnachten, Opferfest, Zuckerfest, Pfingsten

f) **Bazı Präpositionlardan sonra:**
vor Sorge -aus Not -bei Gott -zu Hause -nach Hause -zu Bett -in Güte

g) **Şahıs, kıta, ülke ve şehir isimlerinde:**
- Cengiz, Hakan, Asien, Europa, Ankara, Deutschland, Italien.

h) **Ölçü gösteren kelimelerden sonra:**
- Viel Geld, ein Teller Suppe, fünf Meter Stoff.

i) **Genel olarak kullanılan yapı malzemesi, gıda maddesi ve maden isimlerinde:**
- Milch, Stein, Käse
- Die Bundesrepublik importiert Erdöl, Erze, Holz.

j) **Bay bayan, ünvanı ve mesleği belirtilirken:**
- Sie möchten bitte Dr. Braun anrufen!

k) **Çoğul olan aile isimlerinde:**
   - Ich wohne bei Herzogs in der Gartenstrasse.
l) **Başlıklarda ve manşetlerde:**
   -Siegfried Lenz: Deutschstunde, Überschwemmung in Florida
m) **Den Plural, wenn nur die Art genannt werden soll:**
   -Er interessiert sich sehr für Briefmarken. Er handelt mit Autos.
n) **Belirsiz Artikel ile kullanılan isimlerin çoğullarında:**
   - Hat dieser Mann einen Sohn?
   - Hat dieser Mann Söhne?
   - Ich habe Bücher und Hefte.

D) *Die Deklination der bestimmten Artikel (Belirli tanımlayıcıların cekimi):*

Singular (Tekil)   Plural (Çoğul)

Nominativ (Yalın hal)	der	die	das	die
Genitiv (-in hali)	des	der	des	der
Dativ (-e hali)	dem	der	dem	den
Akkusativ (-i hali)	den	die	das	die

Belirsiz tanımlayıcıların cekimi:

Nom	: ein	eine	ein
Gen	: eines	einer	eines
Dat	: einem	einer	einem
Akk	: einen	eine	ein

Olumsuz tanım harflerinin cekimi:

      Singular: **Plural:**

Nom	: kein	keine	kein	keine
Gen	: keines	keiner	keines	keiner
Dat	: keinen	keine	kein	keinen
Akk	: keinen	keine	kein	keine

Setzen Sie in dem folgenden Brief an die Stelle der Punkte (...) dort; wo es nötig ist, die Artikel ein. Achten Sie darauf, ob bestimmte Artikel, unbestimmte Artikel oder kein Artikel eingesetzt wird.

    Beispiele: Geld allein macht nicht glücklich.
                             Der Student kam wieder ohne Bücher in die Schule.
                             Oberste Kommandant Atatürk war ein Kämpfer für die Freiheit.
                             Harika will Deutschlehrerin werden.

Liebe ....Eltern.

Aus ....verschneiten Wäldern ....Zugspitzengebiets möchte ich Euch ....liebe Grüsse senden. Heute sitze ich bei ....schönstem Wetter in Zimmer. Das könnt Ihr kaum glauben, nicht wahr? Bin ich doch ....vergangenen Winter in ....Ferien nie länger als ....Tag zu Hause geblieben, und das nur in ....Fall ....heftigen Schneesturms oder ....dichten Nebels. Aber kann ich etwas besseres tun als ....Arzt gehorchen und ....Vertrauen auf ....baldige Besserung haben? Er verordnete mir gegen ....Lungenentzündung ausser ....Bettruhe ....heissen Tee aus ....Kräutern, die er als ......Bergsteiger selbst auf ....Hängen ....Zugspitze unter ....Lebensgefahr gesucht hat. Von diesem Tee verkauft er 2/3 Pfund zu zehn DM und preist ihn als ....beste Heilmittel gegen ....beginnende Entzündungen von ....Lunge und ....Hals.

Vor ....seinem Besuch wurde ich immer in ....Nacht von........Hustenanfällen geplagt. Vor allem in ....Nacht glaubte ich zu ersticken davon, um bei seiner Tante, ...erfahrenen Krankenschwester, ...Hilfe zu holen ....gute alte Frau kam nur mit ......Mühe durch ....tiefen Schnee zu mir und brachte mir gerade ....Tropfen zum Einnehmen mit, die ich auch schon von Peters ....Mutter bekommen hatte.

Da ich aber immer mehr an ....Husten und ....Atemnot litt, so dass meine Hausfrau vor ....Kummer zu schluchzen begann, stürzte Peter wieder davon, um........einzigen Arzt zu rufen, der ....Bergdörfer in ....Zugspitzengebiet betreut. Er trat gerade in ....Augenblick in ....Zimmer, als ich auf ....heftigste von ....Anfall geschüttelt wurde. Er gab mir ....Spritze, die mir ....erlösenden Schlaf brachte. Ich hatte ....Tee getrunken, von dem ich Euch geschrieben habe. Nun geht es mir besser. Seid bitte ganz ohne ....Sorge. Mit ....freundlichen Grüssen, in ....Liebe ......

Euer Peter

Setzen Sie in den folgenden Sätzen die Artikel ein!

1- Der Vater bringt **dem** Apotheker **das** Rezept.

2- .....Arzt verschreibt ....Kranken die Medizin.

3- ....Gast bestellt ....Kalbsbraten

4- Hast du .... Taschenkalender?

5- .... Grossmutter erzählt ....Jungen **eine** Geschichte.

6- .... Lehrer lobt ....Schüler.

7- .... Student dankt ....Deutschlehrer.

8- Er nennt ....Kaufmann .... Betrüger.

9- Nach dem Frühling kommt ....Sommer.

10- ... Schutzmann hällt ....fremden Mann für ..... Dieb.

11- .... Sohn bringt ....Grossvater ......Hut.

12- Das Kind mag .....Süsspeise nicht.

13- Haben Sie ....Taschenlampe?

14- .....Verkäuferin zeigt ....Dame..... Unterwäsche.

15- Wann beginnt .... Schule?

16- .....Kinder gehorchen .....Eltern.

17- .... blaue Tasche gehört mir nicht.

18- .... Zigaretten und Alkohol schaden ....Gesundheit.

19- ...Schwester hilft ....alten Frau.

20- Wie lange dauert ......Reise?

21- .... Paradies ist unter den Füssen ....Mütter.

22- ....Familie erwartet ....Gäste.

23- ....berühmte Chemiker hat viele neue Elemente entdeckt.

24- ....Mutter glaubt ihren Kindern.

25- ....Antwort war sehr komisch.

26- ....Herr braucht .... Rasiermesser.

27- Diese Firma erneuert ....Dach .... Hauses.

28- .....Licht brennt nur schwach.

29- .... Ehepaar kauft .... Schlafzimmer.

30- Der Bauer gibt ....Tieren Futter.

31- Im Herbst ist ....Obst reif.

32- Am Wochenende sind ....Ämter geschlossen.

33- Yılmaz überreicht seiner Braut ....wertvolle Geschenk.

34- Lies .... solches schlechtes Buch.

35- Fahren wir nicht mit.... Auto vor ....Hotel?

36- Wie ist .... Wetter heute?

37- Mehmet, zeige bitte ....Wort.

38- Herr Ober, bringen Sie bitte .... Kaffee!

39- Der Schüler schreibt k.... Brief, sondern e.... Postkarte.
40- Schreiben Sie ....Zahl!
41- Der Direktor antwortet ....Vertreter.
42- Der Offizier befiehl .... Mannschaft.
43- Das Unwetter schadet ....Ernte.
44- Der Film gefällt ....Besuchern nicht.
45- Wie geht es den (dem) Schwerverletzten?
46- Jeden Tag begegne ich ....Filmschauspielerin.
47- Das Kind gehorcht ....Eltern nicht.
48- Wir gratulieren ....Tante.
49- ....Kaufmann gibt .... Kunden ....Ware
50- Der Polizeibeamte zeigt dem Ausländer ....Weg.
51- .... Kellner bringt ....Gästen ....Suppe.
52- ....Sohn holt ....Vater ....Zeitung.
53- Fatma schreibt ....Tante....Brief.
54- ....Bleistift und ....Füller sind schwarz.
55- Dort sind .... Heft und .... Mappe.
56- Ahmet ist .... Junge.
57- ....Rabe flog auf .... Baum.
58- ....Rabe hatte ....Stück Fleisch im Schnabel.
59- Im Winter verbringen wir unseren Urlaub in ....Türkei.
60- ....Dichter liest und schreibt viel.

DAS NOMEN (İsim):

İsimler somut (konkret) ve soyut (abstrakt) olmak üzere ikiye ayrılır:

A) *Konkreta (Somut İsimler):*

    1) **Özel İsimler** (Eigennamen): Kemal, Türkei, Deutschland, Wolfgang....

    2) **Cins İsimler** (Gattungsnamen): Mensch, Türke, Lehrer, Wasser, Holz.

B) *Abstrakta (Soyut İsimler):*

    Glaube, Freude, Jugend, Frieden, Reichtum, Freundschaft, Ehrlichkeit, Klugheit, Geist, Seele, Liebe, Alter, Verstand, Jahr, Leben, Tod, Musik.

Almanca'da bütün isimler cinslerine göre der-maskulin;
    das-neutral;
    die-feminin artikellerini alırlar:

Maskulin	der Mann	der Stuhl	der Gedanke
Neutral	das Kind	das Haus	das Gefühl
Feminin	die Frau	die Stadt	die Geduld

Maskulina (der....):

1- **Erkek şahıslar ve hayvanlar:**
der Mann, der König, der Vater, der Wirt, der Türke, der Sohn, der Deutsche, der Schneider, der Macher, der Lehrer, der Löwe, der Bär, der Hahn, der Hund.
Aber: die Drohne, die Schildwache.
mit (-chen, -lein): das Söhnchen, das Häslein.

2- **Günler, mevsimler, aylar ve yönler:**
der Sonntag, der Mittwoch, der März, der Frühling, der Sommer, der Osten, der Norden.
: die Woche, das Jahr.

3- **Toprak ve taş çeşitleri:**
der Stein, der Diamant, der Granit, der Kalk, der Marmor,
Aber: die Kreide

4- **Rüzgar ve yağmur:**
der Regen, der Hagel, der Tau, der Taifun, der Schnee, der Föhn,
der Monsun.
Aber: die Bora

5- **Sonu (-ee) biten beş kelime:**
der Kaffee, der Klee, der Schnee, der See, der Tee.

6- **Ekseriya fiilden yapılan isimlerde:**
der Wurf, der Kauf, der Riß, der Reiz, der Gang

7- **Sonu -er, -el, -ling ve -s ile biten kelimeler:**
Der Kocher, der Wecker, der Schlüssel, der Feigling, der Schlips

8- **Ekseriya sonu -en eki ile biten kelimeler:**
der Boden, der Wagen, der Segen, der Same (n)

9- **Yabancı eklerle yapılan isimler (-and, -ant, -är, -ent, -eur, -ier, -ist, -or, -us, -mus):**
Der Konfirmand, der Spekulant, der Kommisar, der Volontär, der Spediteur, der Regent, der Offizier, der Rentier, der Germanist, der Lektor, der Sozius, der Habitus, der Katholizismus, der Lehrbeauftragter.

10- **Dağ isimleri ve bir çok paralar:**
der Ararat, der Himalaja, der Vesuv, der Dollar, der Pfennig,
der Schilling, der Franken, die Mark
Aber: die Mark

Neutral (das...):

1- Das Kind, das Baby, das Kalb,
das Lamm, das Fohlen, das Küken,...

2- Erkek ve dişi yaratılan hayvanlar: das Pferd, das Rind,
das Kamel, das Schwein

3- Şehir isimleri, bölgeler, kıtalar ve memleketler: das geheimnisvolle Asien, das alte Berlin, das tropische Afrika...
Aber: die Türkei, die Schweiz, der Balkan, der Irak, der Iran, der Libanon.

4- Kimyevi maddeler ve maden isimleri: das Gold, das Silber, das Eisen, das Brom, das Chrom, das Sodium, das Uran, das Platin.
Aber: der Stahl, die Bronze.

5- Toplu oluşu ve topluluğu gösteren kelimeler: das Volk, das Gebirge, das Besteck, das Gewässer, das Bebälk...?

6- İsimleşmiş fakat kişi anlamına gelmeyen bütün kelime çeşitleri:

das Leben, das Essen, das Rauchen, das Ich, das Wenn und Aber, das Blau, das A und das O, das Meinige, das Morgen, das Vertrauen, das Gute, das Dasein, dass Weh und Ach, das Für und Wider, das Ja und Nein...

7- (-chen, -lein, -sel) ekleriyle yapılan isimler: das Fräulein, das Mädchen, das Rätsel....

8- Yabancı eklerle yapılan isimler (-ett, -ment, -um): das Ballett, das Billett, das Parlament, das Helium, das Harmonium, das Neutrum...

9- Otel, sinema ve kahvehane isimleri: das Continental, das Hilton, das Kranzler, das Bomantidas Gloria....

Feminin (die...):

1- Bayanlar ve dişi hayvanlar: die Frau, die Tochter, die Mutter, die Schwester, die Türkin, die Lehrerin, die Stufe, die Kuh, die Katze...
Aber: das Weib, das Huhn, der Backfisch, der Teenager, das Mannequin...

2- Birçok ağaç ve çiçekler: die Tanne, die Eiche, die Akazie, die Rose, die Nelke...

3- Adet, rakam olarak sayılar: die Eins, die Tausend, die Million...

4- Gemi ve uçak isimleri: die Europa, die Caravelle, die Rex, die Marmara...

5- (-ei, -heit, -keit, -schaft, -t (-d), -ung) ekli bütün isimler: die Bäckerei, die Krankheit, die Freundlichkeit, die Gesellschaft, die Fahrt, die Jagt, die Wohnung

6- Yabancı ekli (-age, -enz, -esse, -euse, -ie, -ik, -ion, -itis, -tät, -ur) olan isimler: die Reportage, die Lizenz, die Delikatesse, die Souffleuse, die Melodie, die Politik, die Nation, die Gastiritis, die Universität, die Natur...

7- Bazı nehirler: Die Donau, die Volga, die Elbe, die Fulda, die Weser...

Not: Yukarıdaki kaideler her zaman, her yerde sizlere yardımcı olacaktır. Yine de yeni kelimeler öğrenirken isimleri artikelleri ile birlikte hatta tekil ve çoğul durumu ile de öğrenirseniz çok faydalı olacaktır.

C) *Die Deklination der Nomen (İsimlerin Cekimi)*

Singular:	**stark** (kuvvetli)	**schwach** (zayıf)	**gemischt** (karışık)
Nominativ	: der Freund	der Mensch	der Staat
Genitiv	: des Freundes	des Menschen	des Staates
Dativ	: dem Freund	dem Menschen	dem Staat (e)
Akkusativ	: den Freund	den Menschen	den Staat
Plural:			
Nominativ	: die Freunde	die Menschen	die Staaten
Genitiv	: der Freunde	der Menschen	der Staaten
Dativ	: den Freunden	den Menschen	den Staaten
Akkusativ	: die Freunde	die Menschen	die Staaten

Singular:			Plural:	
Nom	: die Mutter	die Frau	die Mütter	die Frauen
Gen	: der Mutter	der Frau	der Mütter	der Frauen
Dat	: der Mutter	der Frau	den Müttern	den Frauen
Akk	: die Mutter	die Frau	die Mütter	die Frauen

Singular:			Plural:	
Nom	: das Flugzeug	das Bett	die Flugzeuge	die Betten
Gen	: des Flugzeuges	des Bettes	der Flugzeuge	der Betten
Dat	: dem Flugzeug	dem Bett (e)	den Flugzeugen	den Betten
Akk	: das Flugzeug	das Bett	die Flugzeuge	die Betten

Not: Genel olarak sonu (-el, -en, -er ile biten "der", "das" Artikelli bütün isimler çoğulda ek almazlar:

der Wagen -die Wagen der Schüler-die Schüler der Lehrer-die Lehrer

Bazı isimlerde Umlaut alırlar:

der Apfel-die Äpfel die Tochter-die Töchter der Bruder die Brüder

Aşağıdakiler iki çeşit anlam verdikleri için çoğul şekilleri değişiktir:

die Bank	die Bänke (sıralar)	die Banken (Bankalar)
das Gesicht	die Gesichter (yüzler)	die Gesichter (Hayaller)
das Wort	die Wörter (kelimeler)	die Worte (Sözler)

Sonu -mann ile biten isimler çoğulda ya -er eki veya männer yerine -leute alabilirler:

der Kaufmann   –   die Kaufleute *   der Staatsmann   –   die Staatsmänner
der Fachmann   –   die Fachleute *   der Schutzmann   –   die Schutzleute

İsim gibi kullanılan fiiller ve şahsı belirtmeyen sıfatların çoğul şekli yoktur.
das Lesen / das **Singular**en / das Gute / das Schreiben..........................
Beraberliği belirten isimlerin de çoğul şekli yoktur:
das Getreide, die Polizei, das Publikum, die Lehrerschaft..........
Merke: zehn Grad Kälte-on derece soğukluk
hundert Mann Polizei-yüz kadar polis
zwei Glas Mineralwasser-iki bardak madensuyu
fünf Pfund Kartoffeln -2,5 kilo patates
Aber: zwei Tassen Kaffee-iki fincan kahve
drei Flaschen Apfelsaft-üç şişe elma suyu
zwei Kannen Tee-iki çaydanlık çay..............
- Fransızcadan gelen "-on, -ment" son ekli kelimeler çoğulda hem -e hemde -s ekiyle teşkiledilebilirler: der Waggon-die Waggone-die Waggons der Balkon-die Balkone die Balkons; der Salon, der Ballon..........
Der Lehrer arbeitet. Öğretmen çalışıyor/Tekil
Die Lehrer arbeiten. Öğretmenler çalışıyorlar./Çoğul

Aşağıdaki cümleleri çoğul yapınız.

Die Städte sind schön.
Der Weg ist eng. ....
Das Wetter ist warm. ....
Das Fenster ist warm. ....
Das Land hat über 10 Millionen Einwohner. ....
Der Türke arbeitet fleißig. ....
Das Kind geht in den Kindergarten. ....
Der Student will Deutsch lernen. -Die Studentin geht in die Universität.

Aşağıdaki cümleleri tekil yapınız.

Die Studentinen gehen in die Universität ....
Die Vögel werden hungrig. ....
Wo sind die Soldaten? ....
Die Kinder sind nicht im Garten. ....
Die Menschen werden glücklich. ....
Die Beamten sind sehr beschäftigt. ....
Die Kollegen sind hier. ....

Die türkischen Kinder in Deutschland wollen Türkisch lernen. ....
....
Die Dienerinnen sind in der Küche. ....
Die Bücher sind sauber. ....

Nominativ	**Akkusativ**
Jetzt kommt **der** Lehrer	Wir verstehen **den** Lehrer.
Das ist **ein** Bleistift.	Zeigen Sie **einen** Bleistift!
Das ist **kein** Fehler.	Zeigen Sie **keinen** Fehler.
Da kommt **Herr** Aktaş.	Ich frage **Herrn** Aktaş.

Ali versteht **den** Satz, **das** Wort und **die** Frage. Er wiederholt **einen** Satz, **ein** Wort und **eine** Frage.

Der Lehrer verbessert **die** Fehler; **er** wiederholt **die** Wörter und **die** Fragen.

Der Lehrer verbessert Fehler und wiederholt Wörter und Fragen.

Negation: nicht-kein

Ah, Sie kommen aus der Türkei?	- **Nein,** Ich **bin nicht** aus der Türkei.
Wo ist der Lehrer?	- Er kommt nicht.
Ist das Ihre Frau?	- **Nein,** Ich **bin nicht** verheiratet.
Hast du kein Buch?	- **Doch**, ich habe ein Buch.

Unbestimmtes Nomen "kein":

Wo ist hier ein Arzt?	- Hier wohnt **kein Arzt.**
	(Burada doktor oturmuyor.)
Was studierte sie?	- Sie ist **keine Studentin.**
	(O öğrenci değil.)
Was ist er von Beruf?	- Er hat **keinen Beruf.**
	(Onun mesleği yok.)
Haben Sie einen Sohn?	- Ich habe **keine Kinder.**
	(Benim çocuklarım yok.)
Negation:	a) Verb
	b) Umbestimmtes Nomen

DAS PRONOMEN (Zamir):

A) Personalpronomen (Şahıs zamiri):

Nom		Akk		Dat	(Şahıs zamirleri)	Possessivpronomen
ich	(ben)	mich	(beni)	mir	(bana)	
du	(sen)	dich	(seni)	dir	(sana)	
Sie	(siz)	Sie	(sizi)	Ihnen	(size)	
er	(o)	ihn	(onu)	ihm	(ona)	
es	(o)	es	(onu)	ihm	(ona)	
sie	(o)	sie	(onu)	ihr	(ona)	
wir	(biz)	uns	(bizi)	uns	(bize)	
ihr	(siz)	euch	(sizi)	euch	(size)	
Sie	(siz)	Sie	(sizi)	Ihnen	(size)	
sie	(onlar)	sie	(onları)	ihnen	(onlara)	

Örnek Cümleler:

Ich habe einen Bleistift gefunden. Gehört er **dir**?
Da kannst du **dich** prima amüsieren.
Lieber Wolfgang! Ich danke **dir** für deinen Brief.
Meine Eltern und ich erwarten **Euch** Montagabend. Schreibt bitte, wann Ihr kommen wollt!

B) Reflexivpronomen (Dönüşlü zamirler):

ich-mich-mir	wir-uns-uns
du-dich-dir	Ihr-euch-euch
er,sie,es-sich-sich	sie, Sie-sich-sich

şeklinde çekilir:

Not: Dönüşlü ve işteşli fiillerde daima Reflexivpronomen bulunur.

Örnekler:

ich freue **mich**	ich stelle **mir** Situation	ich wasche **mir** die Hände
du freust **dich**	du stellst **dir** Situation	du wäcshst **dir** die Hände
er, freut **sich**	er stellt **sich** Situation	er wäscht **sich** die Hände
wir freuen **uns**	wir stellen **uns** Situation	wir waschen **uns** die Hände
Ihr freut **euch**	Ihr stellt **euch** Situation	ihr wascht **euch** die Hände
Sie freuen **sich**	Sie stellen **sich** Situation	Sie waschen **sich** die Hände

Örnek Cümleler:

Warum wäschst du dich nicht? (Niçin yıkanmıyorsun.)
Er holt sich eine Zeitung. (O gazete alıyor.)
Wir lassen uns ein Haus bauen. (Bir ev yaptırıyoruz.)
Ich wasche mir die Hände. (Ellerimi yıkıyorum.)

C) *Possessivartikel (İyelik zamirleri):*

ich-**mein** Buch	(benim kitabım)
du-**dein** Buch	(senin kitabın)
Sie **Ihr** Buch	(sizin kitabınız)
er-**sein** Buch	(onun kitabı)
sie-**ihr** Buch	(onun kitabı)
es-**sein** Buch	(onun kitabı)
wir- **unser** Buch	(bizim kitabımız)
ihr- **euer** Buch	(sizin kitabınız)
Sie-**Ihr** Buch	(sizin kitabınız).
sie-**ihr** Buch	(onların kitabı)

Artikellere göre:

der - das	die	die (çoğul)
mein	meine	meine
dein	deine	deine
Ihr	Ihre	Ihre
sein	seine	seine
ihr	ihre	ihre
sein	seine	seine
unser	unsere	unsere
euer	euere	eure
Ihr	Ihre	Ihre
ihr	ihre	ihre

Örnek Cümleler:

Bilal geht mit **seinem** Freund ins Theater.
Ich gehe mit **meinen** Kindern ins Krankenhaus.
Sprichst du mit **deinem** Freund über die türkische Geschichte?
Macht ihr **eure** Aufgaben sofort?
Wir reisen zurück in **unsere** Heimat.
Die Enkelkinder sind bei **ihren** Grosseltern.
Was suchst du? -Ich suche **meinen** Füller.
Was ist **dein** Vater von Beruf? -Mein Vater ist Lehrer.

Was sind diese Leute? -Diese Leute sind Studenten.
Öğrencilerden kim Köln'den geliyor: Wer von den Schülern kommt aus   Köln?
Sizden kim bana para veriyor: Wer von euch gibt mir etwas Geld?
Bu çantada bana ne aittir: Was in dieser Tasche gehört mir?
Neyi düşünüyorsun?: An was denkst du? –
: An meine Reise.

Attribut olarak:
Dort stehen viele Schüler: Welcher Schüler kommt aus Bağdat?
                                   Mit welchem Schüler willst du sprechen?
Ich habe hier zwei Bücher   Welches Buch hast du schon gelesen?
                                   In welchem Buch hast du schon gelesen?
Aber: Welches sind die wichtigsten Flüsse von der Türkei?

Was für ein?-Tekil Was für?-Çoğul: Nasıl, nasıl bir?
Was für einen Hut wünschen Sie? -einen (modernen) Sommerhut
Was für Kleider tragen Sie gern? -moderne Kleider.
Ich kaufe ein Auto-Was für eins-Adjektiv-deklination einen Sportwagen.
Ich möchte gern Bücher lesen- Was für welche? -Romane.

D) *Demonstrativpronomen (İşaret zamirleri):*

Singular:	Nom:	**der**	**das**	**die**	**Plural:**	**die**
	Akk:	**den**	**das**	**die**		**die**
	Dat:	**dem**	**dem**	**der**		**denen**
	Gen:	**dessen**	**dessen**	**deren**		**deren**

Örnek Cümleler:

Kennst du diese Leute? -Ja, **die** kenne ich gut.
Welcher ist Ihr Mantel?-**Der** auf dem Stuhl gehört mir.
Arbeiten Sie mit Schulz zusammen?-Nein, mit **dem** arbeite ich nicht mehr.

Dieser: bu, şu, o

Dieses ist die Schwester meines Kollegen.
Hüten Sie sich vor **diesen** Leuten, die sind schlecht.
Über **diese** Worte eben habe ich mich sehr geärgert.
Er wird seine Prüfung sicher gut bestehen. Natürlich, **dies** steht ausser Frage.

jener: o, şu, ilki, birincisi

In jenen alten Zeiten galten bei uns gleiche Sitten und Gebräuche.
Hast du jene gemeint, die ich neulich getroffen habe.
Ich kaufe diese Äpfel, jene sind mir zu teuer.
Mit jenem Herrn eben muß ich sprechen.

derjenige: o ki

Singular:			Pular:
N: derjenigen	diejenige	dasjenige	diejenige
G: desjenigen	derjenigen	desjenigen	derjenigen
D: demjenigen	derjenigen	demjenigen	denjenigen
A: denjenigen	diejenige	dasjenige	diejenigen

Derjenige Schüler, der das getan hat, soll sich melden.

Ich helfe **demjenigen** Student, der seine Arbeit immer regelmäßig macht.

derselbe: aynı

Singular:			Plural:
N: derselbe	dieselbe	dasselbe	dieselben
G: desselben	derselben	desselben	derselben
D: demselben	derselben	demselben	denselben
A: denselben	dieselbe	dasselbe	dieselben.

Örnek Cümleler:

Wir wohnen in **demselben** Haus wie im letzten Jahr.

Wir sind beide aus **derselben** Stadt.

Wir beide sind **derselben** (der gleichen) Meinung.

selbst, selber: bizzat kendisi

Çetin selbst hat es gesagt. -Hilf dir **selbst**, dann hilft dir Gott.

Mein Freund **selbst** wird morgen mit Ihnen sprechen.

Ich selber muß diese Arbeit machen.

solcher: böyle, şöyle, öyle (Bunun, şunun, onun gibi.)

Ich habe noch keine solchen Blumen gesehen.

Mit solchen Leuten wie euch spreche ich nicht.

Ein solcher Mensch ist mir unsympathisch.

Gibt es hier auch **solch** schöne Bilder?

E) *Relativpronomen (İlgi zamirleri):*

der, die, das

Singular:			Plural:
N: der	das	die	die
A: den	das	die	die
D: dem	dem	der	denen
G: dessen	dessen	deren	deren

Relativ cümleler **Relativpronomen** vasıtasıyla kurulurlar. Bunlar bir ismi veya olayı açıklayan yan cümlelerdir. **Relativpronomen** da temel cümlede geçen ve açıklanması gereken isim veya olayın yerine geçen kelimelerdir.

Yanlış olmasın diye **Relativpronomen** genel olarak yerine geçtiği isimden hemen sonra yazılır:

Der Mann, <u>der</u> geht, ...(giden adam ....)

Das Kind, <u>dessen</u> Vater kommt, ... (Babası gelen çocuk)

Die Frau, <u>der</u> du hilfst .... (yardım ettiğin kadın..........)

Relativpronomen yanlış yerde kullanılırsa düşünülenden daha değişik anlamlı cümlelerin kurulacağı unutulmamalıdır:

Mein Lehrer, <u>der</u> in Ankara wohnt, kennt einen guten Professor.

(Ankara da oturan öğretmenim iyi bir profesör tanıyor.)

Aber:

Mein Lehrer kennt einen guten Professor, der in Ankara wohnt.

(Öğretmenim Ankara'da oturan iyi bir profesör tanıyor.)

Genitiv haldeki **Relativpronomen'den** sonra gelen isim Artikelsiz kullanılır. İsimden önce sıfat varsa ismin artikeline göre çekilir:

Der Lehrer, <u>dessen</u> Buch da liegt, ...

Die Eltern, <u>deren</u> Wohnung .... gibi.

- <u>dessen</u> ältester Sohn

- in deren alter Wohnung gibi........

Örnekler:

1) Der Mann, <u>der</u> dort arbeitet,....................... (Orada çalışan adam)

   Die Dame, <u>die</u> geht,................................... (Giden bayan)

   Das Kind, <u>das</u> spielt,.................................... (Oynayan çocuk)

   Die Kinder, <u>die</u> in die Schule gehen, ... (Okula giden çocuklar)

2) **Akkusativ halde:**

   Der Mann, <u>den</u> du kennst, ... (tanıdığın adam)

   Die Frau, <u>die</u> ich gesehen habe,............................... (gördüğüm kadın)

   Das Kind, <u>das</u> du dort siehst, ... (Orada gördüğün çocuk)

   Die Kinder, <u>die</u> sie kennen,..................................... (Tanıdığınız çocuklar)

3) **Dativ halde:**

   Der Mann, <u>dem</u> du hilfst, ... (Yardım ettiğin adam)

   Die Frau, <u>der</u> Sie geholfen haben, ... (Yardım ettiğiniz bayan)

   Das Kind, <u>dem</u> du ein Buch gibst,............. (Kitabı verdiğin çocuk)

   Die Kinder, <u>denen</u> ich geholfen habe,................... (Yardım ettiğim çocuklar)

4) Genitiv halde:

Der Mann, <u>dessen</u> Sohn mein Freund ist, ... (Oğlu, arkadaşım olan adam)

Die Frau, <u>deren</u> Zeitung da liegt, ... (Gazetesi orada duran kadın)

Das Kind, <u>dessen</u> Tasche verloren ist, ... (Çantasını kaybeden çocuk)

Die Kinder, <u>deren</u> Bücher da liegen, ... (Kitapları orada duran çocuklar)

5) Präposition ile kullanılabilir:

Der Maler, <u>mit dem</u> ich gesprochen habe, ... (kendisiyle konuştuğum ressam)

Die Familie, <u>bei der</u> er wohnt, ... (Onun yanında oturduğu aile)

Das Kind, <u>von dem</u> ich die Nachricht bekam. ....(Kendisinden haberi aldığım çocuk.)

Die Kinder, <u>mit denen</u> ich gesprochen habe, ...(Kendileriyle konuştuğum çocuklar.)

"Was" ve "Wer" ile:

a) Was Relativpronomen olarak alles, etwas, manches, nichts, einiges.. ten sonra kullanılır:

Wir wissen <u>nichts, was</u> dich interessieren könnte.

<u>Alles, was</u> ich gesehen habe, war <u>wunderbar</u>.

Es war <u>wenig, was</u> Emel von ihrer Reise erzählt.

<u>Etwas, was</u> sie gesagt haben, habe ich nicht verstanden.

Ist das <u>alles, was</u> du nicht verstanden hast?

b) Superlativden sonra "was" kullanılır: (das Beste, das Schönste...)

<u>Das Schönste, was</u> ich gekauft habe, ist dieser Teppich.

<u>Der Längste, was</u> ich gelesen habe, ist dieser Roman.

Sport ist <u>das Liebste, was</u> ich treibe.

c) Temel cümlede geçen olayın bütünü yerine kullanılır:

Er fährt nach Antalya, <u>was</u> uns sehr freut.

Sie war sehr krank, <u>was</u> uns allen leid tat.

Mein Kollege zeigte mir die Sehenswürdigkeiten von Konya, <u>was</u> mich sehr freute.

<u>**"Wer"**</u> açıkca belirtilmeyen şahıslar yerine bütün çekim hallerinde ve çoğunlukla <u>der, den, dem, dessen</u>- **(Demonstrativpronomen)** ile kullanılır. **Relativpronomen** ile **Demonstrativpronomen** aynı halde iseler <u>der, den, dessen, dem</u> ile kullanılmayabilinir:

<u>Wer</u> den ganzen Tag arbeitet, <u>(der)</u> ist abends sehr müde.

<u>Wen</u> wir lieben, (den) möchten wir nicht verlieren.

> ***Not:*** "auch", "immer" ile kullanılırsa anlam kuvvetlenir:

Wer auch immer mir hilft, dem gebe ich eine Belohnung.
Wer nicht fragt, (der) bleibt dumm.
Wer lügt, dem glaubt man nicht.
Glücklich lebt, wer sorglos ist.
Wer mir hilft, dem bin ich dankbar.

1) Wer gut arbeitet................., (der) bekommt eine gute Note.
   ...., (dessen) Vater freut sich sehr.
   ...., (dem) helfe ich
   ...., (den) liebe ich.

2) Wessen Haus brennt............, (der) weint viel.
   ...., (dessen) Bruder wohnt in Afyonkarahisar.
   ...., (dem) helfe ich auch.
   ...., (den) kenne ich.

3) Wem ich traue..................., (der) ist hier.
   ...., (dessen) Vater ist auch hier.
   ...., (dem) helfe ich auch.
   ...., (den) kenne ich.

4) Wen ich besuche, der besucht auch mich.
   ...., dessen Onkel ist ein Bauer.
   ...., dem glaube ich

Ich, der ich schon neun Jahre hier wohne, verlasse diese Stadt nicht.
Du, der du mein Freund bist, willst mir nicht helfen.
Wir, die arbeiten wollen, haben keine Arbeit.
Ich danke, Ihnen, der (die) Sie mir geholfen haben.
"Jenig" ile
Derjenige, der dort kommt, muß eine Schokolade mitbringen.
Bist du diejenige, dessen Arbeit den ersten Preis bekommen hat?
Kennen Sie denjenigen, dessen Arbeit den ersten Preis bekommen hat?
Demjenigen, der gut arbeitet, helfe ich.

F) **_Unbestimmte Pronomen (Belirsiz zamir):_**

Eğer bir şahıs, bir eşya veya bir kavram kesinlikle gösterilinemiyorsa belirsiz zamir kullanılır. (Man, jedermann, jemand, niemand ve irgendwer) yalnız şahıslar için kullanılır, ("nichts", "etwas" ve "ein bißchen" ise yalnız eşyalar için kullanılır. Hem eşyalar için hem de şahıslar için kullanılan zamirler aşağıdaki gibidir:

Şahıslar için	Eşyalar için	Şahıslar için	Eşyalar için
einer, -e	ein (e) e	welche	welche
alle alles	alles (alle)	einige	einiges, -e
einzelne	einzelnes, -e	etliche	etliches, -e

jeder, -e	jedes, -e	jeglicher, -e	jegliches, -e
keiner, -e	keines, -e	mancher, -e	manches, -e
ein paar	ein paar	viele	viel, vieles
wenige	wenig, weniges	mehr	mehr

Man: İnsan, kişi, herkes (Man'dan sonra fiil 3. tekil şahısa göre çekilir ve cümle pasif anlam verir:

Örnek:

Sonntags arbeitet man nicht. (Pazar günü çalışılmaz.)

N: Man   Kann man dieses Wasser trinken?
A: einen   In Deutschland ißt man viel Kartoffeln.
D: einem   Er grüßt einen nicht und gibt einem nicht die Hand.
G: -

Jedermann: herkes

N: Jedermann   In unserem Dorf geht täglich jedermann in die Moschee.
A: Jedermann   Er erzählt jedermann seine Sorgen.
D: Jedermann   Er grüßt jedermann auf der Strasse.
G: Jedermanns   Moderne Muzik ist nicht jedermanns Sache.

ein: Bir / herhangi bir

Tekil:			**Çoğul:**
N- einer	ein (e)s	eine	welche
A- einen	ein (e) s	eine	welche
D- einem	einem	einer	welchen
G- -	-	-	-

Örnekler:

Sind alle da?-Nein, es fehlt noch einer. (Hayır birisi daha eksik)
İrfan ist mit **einem** ins Kino gegangen.
Das sind sehr schöne Äpfel-Probieren Sie **einen**!
Nehmen Sie sich **welche**!
Sag mir nur **eins**, was du gestern gemacht hast.
An der Haltestelle stehen **welche** und warten auf den Bus.

Jemand: Bir kimse, birisi	**niemand:** Hiçkimse
N- Jemand	niemand
A- Jemand (en)	niemand (en)
D- Jemand (em)	niemand (em)
G- Jemands	niemands

Örnekler:

Hat <u>jemand</u> nach mir gefragt?-Nein, es war <u>niemand</u> hier.
Wir haben im Garten <u>niemand (en)</u> gesehen.
Er spricht <u>mit jemand</u> (em)-Dieses Land ist <u>niemands</u> Besitz.

N: **nichts**	etwas	Örnekler:
A: **nichts**	etwas	Es gibt heute <u>nichts</u> zum Frühstück.
D: **nichts**	etwas	Mit <u>nichts</u> kann man nichts kaufen.
G: -	-	Möchten Sie <u>etwas</u> zu rauchen?
		Ja, danke, ich habe <u>nichts</u> bei mir.

all-: bütün, hep (hepsi)			
N- **alle**	Leute	≠	<u>Aller</u> Anfang ist schwer.
A- **alle**	Leute	≠	Die Arbeiten <u>aller</u> Schüler waren gut.
D- **allen**	Leuten	≠	Es ist der Wunsch <u>aller,</u> dass du ihm hilfst.
G- **aller**	Leute	≠	Wir sind <u>alle</u> ins Theater gegangen.

ein bißchen: biraz, bir parça	
N- **ein bißchen**	Hast du Angst? -Ja ein bißchen.
D- **ein bißchen**	Haben Sie noch ein bißchen Geduld!
A- **ein bißchen**	

einig: bir, birkaç, bazı

Tekil:		Çoğul:	
N: **einiger** Mut	**einiges** Geld	**einige** Zeit	**einige** Freunde
A: **einigen** Mut	**einigen** Mut	**einige** Zeit	**einige** Freunde
D: **einigem** Mut	**enigem** Geld	**einiger** Zeit	**einigen** Freunden
G: -	-	-	**einiger** Freunde

Örnekler:

Sind alle deine Freunde gekommen?   - Nein, <u>einige</u> sind nicht gekommen.
                                       (Hayır, birkaçı gelmedi).
Wir haben mit <u>einigen</u> ausländischen Touristen gesprochen.

Not: einige aynı zamanda ungefähr ve etwas mehr anlamı da verir:
Im Bus saßen einige zwanzig Reisende/Sie ist schon einige dreißig Jahre alt.

einzeln-, etlich-: yalnız, bazı, birkaç, tek tük

N: **einzelne** (etliche) Männer — Der Mann war etliche Monate im Gefängnis
A: **einzelne** (etliche) Männer — Auf unserer Seereise sind wir etlichen
D: **einzelnen** (etlichen) Männer kleinen Fischdampfern begegnet.
G: **einzelner** (etlicher) Männer.
Sind alle Schüler fleissig? — Ja, aber (etliche) sind nicht sehr fleissig.

---

ganz: bütün, tam, büsbütün

(Sıfat gibi belirsiz **Attribut** olarak ekseriya isimden önce tekil olarak kullanılır.)

Das ganze Haus war in Aufregung.
Ich habe gestern einen ganzen Tag frei gehabt.
Ganz Türkei interessierte sich für die wissenschaftliche Entwicklung der letzten Tage.
Das Wetter war die ganzen Wochen über wunderbar.

---

jeder: Her, herbiri (Yalnız tekil olarak kullanılır.)

N: **jeder** Mann   **jedes** Kind   **jede** Frau
A: **jeden** Mann   **jedes** Kind   **jede** Frau
D: **jedem** Mann   **jedem** Kind   **jeder** Frau
G: **jedes** Mannes   **jedes** Kindes   **jeder** Frau.

Jeder Mensch muß arbeiten. (Her insan çalışmak zorundadır.)
Jedes normale Kind muß in die Schule gehen.
Der Lehrer fragt einen jeden Schüler in der Klasse.
Es ist die Pflicht eines jeden Menschen zu helfen.

---

kein: hiçbir

Siehst du einen Schüler?-Nein, ich sehe keinen.
Liegt dort ein Kugelschreiber?-Nein, hier liegt keiner.
Hast du Geld?-Nein, ich habe keins.
Haben sie Kinder?-Nein, wir haben keine.
Warum gibst du mir kein interessantes Buch?

---

manch: bazı

Örnekler:

mancher Mann
mancher kluge Mann
manch kluger Mann
manch ein kluger Mann.

Bei unserem Aufstieg zum Berggipfel hatten wir manche
Schwierigkeiten zu überwinden.
Er hat **manches** wertvolle Buch geschrieben.

---

mehrer: birçok, bazıları, muhtelif

N: mehrere	Jungen		Hier liegen die Geschenke <u>mehrerer</u> guter Freunde.
A: mehrere	Jungen		Hast du dir Bücher gekauft?
D: mehreren	Jungen		Ja, ich habe <u>mehrere</u> gekauft.
G: mehrerer	Jungen		

ein paar-: Birkaç (Çekimi yoktur ve genellikle çoğul isimlerden önce kullanılır)

Meine Reise dauert nur <u>ein paar</u> Tage.
In den paar schönen Tagen des Sommers sind wir zum Baden gefahren.

sämtlich-: bütün, hepsi, herkes

N: sämtliche	Bücher	Ich besuchte <u>sämtliche</u> Bekannte in Elazığ.
A: sämtliche	Bücher	Er hat <u>sämtliche</u> wertvolle Briefmarken verkauft.
D: sämtlichen	Büchern	Meine <u>sämtlichen</u> Freunde gratulierten mir zum Examen.
G: sämtlicher	Bücher	

lauter, eitel: sırf, baştan aşağı, yalnız

(Genel olarak edebiyatta artikelsiz olarak kullanılır)
- Dieser Mann machte mir <u>lauter</u> Schwierigkeiten.
- Über seine Worte empfand ich <u>eitel</u> Freude.

solch: böyle, şöyle, öyle

N: solcher Mann	solch kluger Mann	solcher kluge Mann	solch ein kluger Mann
A: solchen Mann	solch klugen Mann	solchen klugen Mann	solch eines klugen Mann
D: solchem Mann	solch klugem Mann	solchem klugen Mann	solch einem klugen Mann
G: solchen Mannes	solch klugen Mannes	solches klugen Mannes	solch eines klugen Mannes.

Örnekler:

Bei <u>solchem</u> Wetter kann man nicht im Garten arbeiten.
<u>Solche</u> grossen Rosen habe ich noch nie gesehen.
Hast du schon einmal in <u>solch</u> vornehmen Haus gewohnt?

viel-: çok, birçok, birçokları

N: **viele** Freunde	Er hat <u>viele</u> wertvolle Briefmarken.
A: **viele** Freunde	Er kann dafür <u>viel</u> Geld bekommen.
D: **vielen** Freunden	Wir waren mit <u>vielem</u> Vergnügen bei der Arbeit.
G: **vieler** Freunde	Mit <u>viel</u> Zucker macht man den Tee süss.

<u>Vieles</u>, was wir erlebt haben, war erfreulich.
Er hat sich mit <u>viel</u> interessantem beschäftigt.
Hast du die <u>vielen</u> Menschen gesehen?

wenig-: az

N: **wenige** Bücher	Örnek: **wenig** Schnee, **wenig** Geld, **wenig** Milch
A: **wenige** Bücher	(az kar) (az para) (az süt)
D: **wenigen** Büchern	Ich nehme nur <u>wenig</u> Milch in den Kaffee.
G: **weniger** Bücher	Mein Vater darf nur <u>wenig</u> süsse Sachen essen.

Es ist besser, man hat <u>wenige</u> gute Bücher als viele schlechte.
Heute nacht ist nur <u>wenig</u> Schnee gefallen.
Ich bin mit <u>wenigem</u> Geld nach Deutschland gefahren.

Not: Şahıs zamirlerini cümle içinde sıralamada bazı kurallar vardır. Normal olarak isimlerin cümle içindeki sıralanışı: Nominativ, Dativ ve Akkusativ şeklindedir.

Gibt **der Schüler dem Lehrer das Heft?**
Gibt er   es   ihm? Örnekte görüldüğü gibi **Pronomen** (zamir) sıralamasında **Nominativ + Akkusativ + Dativ** kuralı uygulanır. Üçüncü kaide olarak da önce zamirler, sonra isimler sıralanır:

Gibt er **dem** Lehrer das Heft?	Gibt **ihm** der Schüler **das** Heft?
+	
+‑‑‑‑‑‑‑Gibt es **der** Schüler **dem** Lehrer?	Gibt **er ihm das** Heft?
Gibt er es dem Lehrer?	Gibt es **ihm der** Schüler?
Partner A:	Du, **deine** Bilder gefallen **meinem** Bruder gut.
	Er hat eine Frage: Kannst du **sie ihm** leihen?
Partner B:	Gern, aber er muß **sie mir** am Montag zurückgeben.
Partner A:	Ja, ja, ich sage **es ihm**.

Kontrollübung (Alıştırmalar):

Akkusativ oder Dativ: Setzen die passenden Pronomen und Endungen ein.

Mein Sohn kommt morgen. Ich hole .... ab. Es geht .... gut	/ihn-ihm
Er möchte hier ein .... Kollege .... treffen.	/-en -n
Ich schreibe sein...Kollege .... gerade einen Brief	/-em -n
Leider kenne ich .... nicht.	/ ihn
Dieser Kollege hilft mein .... Sohn oft.	/ -em
Deshalb mag er .... auch.	/ ihn
Hoffentlich bekommt er .... Brief schon morgen.	/den-diesen
Er muß mein .... Sohn einige Sachen mitbringen.	/ -em
Vielleicht rufe ich .... auch noch an.	/ ihn
Es geht sein .... Frau und .... Kindern nicht gut.	/ -er -den
Ich schicke .... Süssigkeiten.	/ihnen
Der Arzt erlaubt .... die Reise nicht.	/ihnen.
Meine Tochter kommt morgen. Ich hole .... ab.	/sie
Es geht .... gut.	/ihr
Sie möchte hier ihr .... Kollegin .... treffen.	/-e-
Ich schreibe ihr .... Kollegin .... gerade einen Brief.	/ -er-
Leider kenne ich .... nicht.	/sie
Diese Kollegin hilft mein .... Tochter oft.	/ -er
Vielleicht rufe ich .... auch noch an.	/sie
Ihr .... Mann und ihr .... Kinder .... geht es nicht gut.	/-em-en-n
Ich schicke .... Süssigkeiten.	/ihnen

DAS ADJEKTİV (SIFAT):

Sıfatlar kullanıldıkları isme, ismin durumlarına göre ekler alırlar.
- Sie hat einen <u>neuen</u> Hut. (Onun <u>yeni</u> bir şapkası var)
- Das ist ein <u>schönes</u> Haus. (Bu <u>güzel</u> bir ev)
- Ich bin mit dem schönen Haus zufrieden. (Güzel evden memnunum)

Sıfatlar artikelden sonra ve <u>dieser, jener, jeder, mancher, solcher, folgend, all, derjenige, derselbe, welch</u>, kelimelerinden sonra aşağıdaki ekleri alırlar

Singular (Tekil)

N:	der **alte** Mann	das	**kleine** Haus	die **junge** Frau
G:	des **alten** Mannes	des	**kleinen** Hauses	der **jungen** Frau
D:	dem **alten** Mann	dem	**kleinen** Haus	der **jungsen** Frau
A:	den **alten** Mann	das	**kleine** Haus	die **junge** Frau

Plural (Çoğul)

N:	die	**jungen** Frauen
G:	der	**jungen** Frauen
D:	den	**jungen** Frauen
A:	die	**jungen** Frauen

ein, kein, mein, dein, sein, unser...... den sonraki ekler:

N:	ein	**alter** Mann	ein	**kleines** Haus	eine	**junge** Frau
G:	eines	**alten** Mannes	eines	**kleinen** Hauses	einer	**jungen** Frau
D:	einem	**alten** Mann	einem	**kleinen** Haus	einer	**jungen** Frau
A:	einen	**alten** Mann	ein	**kleines** Haus	eine	**junge** Frau

Sıfatlar yalnız kullanılırken ve folgen, ander, deren, dessen de ekler:

N:	**alter** Vater	**blaues** Licht	**kühle** Luft	**alte** Väter
G:	**alten** Vaters	**blauen** Licht	**kühler** Luft	**alter** Väter.
D:	**altem** Vater	**blauem** Licht	**kühler** Luft	**alten** Väter
A:	**alten** Vater	**blaues** Licht	**kühle** Luft	**alte** Väter.

andere, einige, mehrere, verschiedene, viele, wenige, ile kullanılırken:

N:	**alte** Männer	**kleine** Kinder	**schöne** Frauen
G:	**alter** Männer	**kleiner** Kinder	**schöner** Frauen
D:	**alten** Männern	**kleinen** Kindern	**schönen** Frauen
A:	**alte** Männer	**kleine** Kinder	**schöne** Frauen.

> **Not:** Sıfatlar isim olarak ta kullanılır
> : hasta adam-der kranke Mann → : hasta-der Kranke

Singular (Tekil):   **Çoğul (Çoğul):**

N: der Kranke	ein Kranker	Kranker	die Kranken	Kranken
G: des Kranken	eines Kranken	Kranken	der Kranken	Kranken
D: dem Kranken	einem Kranken	Krankem	den Kranken	Kranken
A: den Kranken	einen Kranken	Kranken	die Kranken	Kranken

A) **_Die Ausnahmen der Adjektivdeklination (Sıfat cekiminde istisnalar):_**

1- Birden fazla sıfat arka arkaya gelirse her sıfat sonuna aynı eki alır:

Örnek:
   Er ist ein ehrlich<u>er</u> erfahren<u>er</u> Lehrer.

2- Bazı renk bildiren sıfatlar sonuna hiç ek almazlar:
   - Das Mädchen trug ein ro<u>sa</u> Kleid. Es hatte ein <u>lila</u> Band im Haar.
   - Auf dem Markt können Sie prima Obst kaufen.
   Einen <u>beigen</u> Schal und eine <u>orange</u> Hose hat sie gekauft.

3- teuer, dunkel, trocken gibi son hecesinde **e** harfi bulunan sıfatlardan bu harf düşer:
   - Konya hat ein <u>trock (e) nes</u> Klima. Es war eine <u>teure</u> Reise.
   - Das <u>dunkle</u> Zimmer-im <u>dunklen</u> Zimmer
   - ein <u>bitterer</u> Kaffee-einen <u>bitteren</u> Kaffee/ein <u>teures</u> Auto
   - eines <u>teuren</u> Autos.
   - Das Haus ist hoch -das <u>hohe</u> Haus, ein <u>hohes</u> Haus.

4- Şahıs zamirlerinden sonra sıfat Artikelsiz çekimdeki gibi çekilir.
   - Wir fleissige <u>Studenten</u> wir erfahrenem Lehrer

5- İki ve üç sayıları çekimde ek alırlar. Bu durumda <u>Genitivde</u> **-er**, **Dativ'de -en eki alır.**
   - Mit zweien Büchern-Einer von dreien Studenten
   - Mit Hilfe dreier guten Menschen.

6- <u>leid, gram, quitt, schuld, schade, gewärtig, allein, barfuss</u> gibi sıfatlar **-ige** eki alır:
   - Ich bin allein. -Das ist seine <u>alleinige</u> Schuld.
   - Die Angelegenheit ist mir leid. -Es ist eine <u>leidige</u> Angelegenheit.
   - Die Kinder waren barfuss.-<u>Barfüssige</u> Kinder spielten vor dem Haus.

7- <u>heute, gestern, vor, hier</u> gibi sıfatlar **-ig** eki alır:
   Ist das die heutige Zeitung oder die gestrige?
   - Wir sahen uns vorige Woche. Er besuchte die <u>hierigen</u> Museen.

Örnek cümleler:

- Bitte, benutzen Sie den vorderen Eingang.
- Schon die äussere Form des Buches gefällt mir.
- Wer wohnt hier in dem unteren Stockwerk?
- Der innere Hof dieses Schlosses ist sehr schön.
- Er gab mir die rechte Hand.

Sizinle özel konuşmak istiyorum. -Ich möchte privat mit Ihnen sprechen.
- die **heutigen** Nachrichten -Bugünkü haberler
- die **hierigen** Bedingungen. -Buradaki şartlar
- Wir **türkischen** Lehrer....-Türk Öğretmenleri olan bizler
- Ihr **ehrlichen** Mädchen...usw...-Dürüst kızlar olan sizler.

Das war ein guter Bekannter von mir.-iyi bir tanıdığımdı benim.
Die Gesellschaft muß alles für Armen und Kranken sorgen.
(Toplum hasta ve fakirlere herşeyi tedarik etmek zorundadır).

B) Sıfatlarda Derecelendirme:

Genel olarak sıfatlar üç derecede kullanılır.
1- schnell-hızlı
2- schnell**er**-daha hızlı (-er) eki ile yapılır.
3- schnell**st-en** hızlı (-st) eki ile yapılır.

Der Bus fährt **schnell**. (Otobüs hızlı gider)
Das Taxi fährt **schneller** als der Bus. (Taksi otobüsten daha hızlı gider.)
Das Flugzeug fliegt **am schnellsten**. (En hızlı uçak gider.)
Das Flugzeug ist **das schnellste** Fahrzeug. (En hızlı giden vasıta uçaktır.)

Örnek cümleler:

Bugün düne nazaran daha serin bir rüzgar esiyor.
(Heute weht ein **kühlerer** Wind als gestern).
Gül lâleden daha güzel bir çiçektir.
(Die Rose ist eine **schönere** Blume als die Tulpe).

a) **Istanbul ist grösser als Izmir.**
b) **Meine Mutter liebt mich mehr als mein Vater.**
c) **Alper ist so fleissig wie Cengiz.**
d) **Griechenland ist nicht so gross wie die Türkei.**

Not: Not: Derecelendirilen sıfat daima karşılaştırma kelimelerinden yapılır

Örnekler:

In diesem Sommer ist das Wetter trockener **als** im vorigen Jahr.
Yavuz hat <u>mehr</u> Geld **als** Yaşar.
Ich habe <u>weniger</u> Zeit **als** du.

Positiv: Sıfatların temel derecesi

Çalışkan bir öğrenci	: ein **fleissiger** Student
Ucuz bir seyahat	: eine **billige** Reise
Karanlık geceler	: **dunkle** Nächte
Becerikli bir çocuk	: ein **fixer** Junge

Komparativ de dikkat edilecek hususlar:

a) **Karşılaştırmada eşitsizlik varsa:**
   Ein Flugzeug ist <u>schneller als</u> ein Auto.
   Heute ist das Wetter <u>besser als</u> gestern.
   Ich habe ein <u>billigeres</u> Buch gekauft <u>als</u> du.

b) **Karşılaştırma Gliedsatz açıklaması ile yapılıyorsa:**
   Der Läufer war <u>schneller, als</u> man erwartet hatte.
   Der Film war <u>besser, als</u> man nach der Kritik annehmen konnte.

c) **Karşılaştırma olumsuz ise:**
   Ich bin <u>nicht älter als er.</u>
   Mein Freund hat kein längeres Studium als ich.

d) **Karşılaştırmada eşitlik varsa:**
   Ich bin <u>so</u> alt <u>wie</u> er.
   Mein Freund studiert <u>ebenso</u> lange <u>wie</u> ich.
   Die Fahrt dauerte <u>so</u> lange, <u>wie</u> ich gedacht hatte.

e) **Karşılaştırma olumsuz bir derecede ise:**
   Mein Sohn ist <u>weniger</u> fleissig <u>als</u> meine Tochter.
   Diese Stadt ist <u>weniger</u> schön <u>als</u> München.

f) **İki komparativ arasında ilişki varsa:**
   <u>Je</u> länger eine Reise ist, <u>desto</u> teurer ist sie.
   <u>Je</u> mehr ich arbeite, <u>desto</u> müder bin ich abends.

g) **İki sıfat birbiriyle karşılaştırılıyorsa:**
   Er ist <u>mehr</u> traurig <u>als</u> ärgerlich (Er ist auch ärgerlich.)
   Er ist <u>eher</u> traurig <u>als</u> ärgerlich. (Er ist also nicht ärgerlich.)

h) **...gibi, ne kadar... ise ... o kadar**
   Diese Stadt ist <u>nicht so schön wie</u> İstanbul.
   Es ist keine <u>so schöne</u> Stadt wie İstanbul.
   Eskişehir ist <u>ebenso</u> gross <u>wie</u> Konya.

1) **iki misli, bir misli, on misli,**
   Er ist noch einmal (nochmal, doppelt) so reich wie ich.
   İstanbul ist zehnmal so gross wie unsere Stadt.
   Sie haben doppelt soviel Zeit wie wir.

Positiv:

   Die Strecke B ist **so lang wie** die Strecke A.
   Arif ist so gross wie Bülent. (Arif Bülent kadar büyüktür.)
   Dieses Bild ist nicht so schön wie jenes.
   Die Ernte ist doppelt so gross wie im vorigen Jahr.

Komparativ:

   Die Strecke C ist **länger als** die Strecke B.
   Arif ist grösser als Mehmet (Arif Mehmet'e nazaran daha büyüktür)
   Not: Als, anders, niemand, keiner, nichts, umgekehrt, Entgegensatz.
   ve zu Positiv, den sonra gelir:
   Er ist anders als ich ... werden
   Es ist hier anders als zu Hause.
   Komparativin kuvvetlendirilmesi noch, viel, weit, bei weitem, erheblich, bedeutend, entschieden, wesentlich, ungleich, wenig, etwas ile olur:
   Asuman ist noch fleissiger als Nevin.
   Sie ist etwas hübscher als Regine.

Superlativ:

   Von allen vier Strecken ist die Strecke D **am längsten, (die längste.)**
   Adnan ist der grösste von allen Schülern. (Adnan bütün öğrencilerin en büyüğüdür.)
   Stahl ist von allen drei Stoffen am härtesten.
   Ahmet ist der grössere von beiden (nicht: der grösste)
   Dieser Student ist am klügsten.
   Superlativin kuvvetlendirilmesi: (mit aller, weitaus, bei weitem ve denkbar)
   In dieser Zeitung stehen die allerneuesten Nachrichten.
   Gestern war der allerschönste Tag meines Lebens.
   Das Buch der Bücher -(das bedeutendste Buch)
   Superlativlerin teşkili: -st ve -est ile olur:
   Frei-frei (e) ste hold-holdeste rasch-rascheste bunt-bunteste
   froh-froheste erhaben-erhabenste grob-gröbste

Superlativler sehr, besonders, recht, höchst gibi sıfatlarla da kullanılır:
Wir haben eine sehr interessante Reise gemacht.
Er war ein besonders fleissiger Schüler.
Haben Sie recht schönen Dank für Ihre Hilfe.
Ich habe ein höchst seltenes Abenteuer erlebt.

Derecelendirme Artikelsiz Attribut durumunda da yapılır:

Artikelsiz Attribut durumunda da olurlar:
Liebster Vater! -Herzlichsten Dank für Ihre freundliche Einladung.
Ich komme mit grösstem Vergnügen.

Elativ (Çok yüksek derecede):

- En sevdiğim annem-**meine liebste** ist meine Mutter
- En iyi dileklerle-**Mit besten** Wünschen
- En güzel hatıra-**Die alle schönste** Erinnerung.
- Çok soğuk bir gün-**ein sehr kalter Tag**.
Mükemmel güzel bir hediye-**ein ausserordentlich schönes Geschenk.**

Elativ; özellikle ein ve jeder den sonra bulunur:
- Es ist ein tiefster Zug der Unternehmungswirtschaft
- Jede leiseste Anspielung.

Sık sık am ve aufs la kullanılır:

-ig, lich ile nezaket halinde:
(gefälligst, baldigst, herzlichst, freundlichst, möglichst, höflichst) Überaus, höchst, äusserst, wirklich, besonders, sehr ve benzeri ile:
- eine höchst ungesunde Luft. (riesig o. schrecklich nett, phantastisch eine
- äusserst glückliche Ehe schön, furchtbar interassant, wahnsinnig
- ein überaus schweres Dasein. (komisch, verblüffend ehrlich)

iki aynı positiv ile:
eine lange, lange Reihe-Das Lied vom rotroten Mohn.

Sıfatla yapılan isimlere örnekler:
Bu bay alman elçisidir.
Dieser Herr ist der deutsche Gesandter.
Yabancı ülkelerde birçok Türk yaşıyor.
(Im Ausland leben viele Türken.)
- Almancadan Türkçeye tercüme yapıyoruz:
(Wir übersetzen aus dem Deutschen ins Türkische).
- Annem bugün iyi şeyler pişirdi: (Meine Mutter hat heute etwas Gutes gekocht).

- Arkadaşımdan hiç yeni bir şey duymadım: (Ich habe von meinem Freund nichts Neues gehört).
- Sarhoş saçmalıyordu: (Der Betrunkene redete Unsinn.)
- Siyaha vurdun: (**Du hast ins Schwarze getroffen.**)
- Gerçekte bu ender bir şey: (**Das ist wirklich etwas Seltenes.**)
- Daha fazla iyilik yapılamaz: (**Mehr Gutes kann man nicht tun.**)
- O hayatta çok sıkıntı çekti: (**Sie hat im Leben viel Schweres ertragen.**)

Bu mektupta az ilgi çekici şey var: (**In diesem Brief steht wenig interessantes.**)
- Yabancı bana postaneyi sordu: **Der Fremde fragte mich nach der Post.**

> **Not:** Bir cümle belirli Artikelli der, die, das ve işaret zamirli dieser, jener sıfatlı isimlerle kurulmuş ise bu cümlelere Welcher, welche, welches, welchen, welchem? soruları sorulur:

- Sie möchte dieses Kleid haben.

(Welches Kleid möchte sie haben?-Hangi elbiseye sahip olmak istiyor) Sıfatlı isimlerin önünde belirsiz Artikel varsa, **Was für ein...?** sorulur.

- Man dankt einem hilfsbereiten Menschen.

(Was für einem Menschen dankt man?- Nasıl bir insana teşekkür edilir?)

Sıfatlı isimler belirli, belirsiz, işaret zamirleriyle bir Präposition ile birlikte bulunuyorlarsa: Präposition soru zamirinden daima önce gelir. **An welcher? Mit welchem? Auf was für eine?** gibi...

a) Mit dem scharfen Hund darfst du nicht auf die Strasse gehen. (Mit welchem Hund darf ich nicht auf die Strasse gehen?)

b) Er leidet an einer schlimmen Krankheit.

(An was für einer Krankheit leidet er? (Nasıl bir hastalıktan yakınıyor?)

-Yukarıdaki açıklanan isimlerin önünde Artikel yoksa sorumuz

Was für welche? was für welcher? was für welches? olur:

> **Not:** Bazen karşılaştırılanlar Präposition'lu olabilir:

Örnekler:

In Samsun regnet es mehr als in Adana.
(Samsun'da yağmur Adana'dakinden çok yağıyor.)
Bei mir wohnte dein Bruder länger als bei dir.
(Kardeşin benim yanımda senin yanında kaldığından daha uzun oturdu.)
Der Weg nach Konya ist kürzer als der Weg nach Diyarbakır.
(Konya yolu Diyarbakır yolundan daha kısadır.)

Positiv	Komparativ	Superlativ	
billig (ucuz)	billiger (daha ucuz)	billigste	(am billgsten) (en ucuz)
schnell (hızlı)	schneller	schnellste	(am schnellsten)
schön (güzel)	schöner	schönste	(am schönsten)
nah (yakın)	näher	nähste	(am nähesten)
hoch (yüksek)	höher	höchste	(am höchsten)
gross (büyük)	grösser	grösste	(am grössten)
viel (çok)	mehr	meiste	(am meisten)
dunkel (karanlık)	dunkler	dunkelste	(am dunkelsten)
teuer (pahalı)	teurer	teuerste	(am teuersten)
trocken (kuru)	trockener	trockenste	(am trockensten)
jung (genç)	jünger	jüngste	(am jüngsten)
alt (yaşlı, eski)	älter	älteste	(am ältesten)
süss (tatlı)	süsser	süsste	(am süssten)
rund (yuvarlak)	runder	rundeste	(am rundesten)
mager (zayıf)	magerer	magerste	(am magersten)
freundlich (samimi)	freundlicher	freundlichste	(am freundlichsten)
passend (uygun)	passender	passendste	(am passendsten)
gewandt (çevik)	gewandter	gewandteste	(am gewandtesten)
logisch (mantıki)	logischer	logischste	(am logischsten)
weit (uzak)	weiter	weiteste	(am weitesten)
kurz (kısa)	kürzer	kürzeste	(am kürzesten)
frisch (taze)	frischer	frischeste	(am frischsten)
fix (basit, becerikli)	fixer	fixeste	(am fixesten).
geschickt (kabiliyetli)	geschickter	geschickteste	(am geschicktesten)
dumm (deli)	dümmer	dümmste	(am dümmsten)
neu (yeni)	neuer	neuerste	(am neuersten)
berühmt (meşhur)	berühmter	berühmteste	(am berühmtesten)
sparsam (tutumlu)	sparsamer	sparsamste	(am sparsamsten)
schlau (kurnaz)	schlauer	schlauste	(am schlausten)
rigoros (şiddetli)	rigoroser	rigoroseste	(am rigorosesten)
angesehen (tanınmış)	angesehener	angesehenste	(am angesehensten)

Merken Sie sich:

Bang, blass, glatt, nass, schmal, fromm, rot, krumm ve gesund gibi birkaç sıfat (Umlaut) suzda derecelenebilir.

Ayrıca, aşağıdaki sıfatlar şu şekildedir:

bald (hemen)	früher	am frühesten
gern (seve seve)	lieber	am liebsten
wenig (az)	weniger	am wenigsten
wohl (iyi, hoş)	besser	am besten, bestens
wenig (az)	weniger	am wenigsten

Aşağıdaki alıştırmaları yapınız!

1- Suna isst Banane lieber... Apfelsinen.
2- Ayhan arbeitet nicht ....fleissig.... Kenan.
3- Der Manager verdient mehr Geld... der Werkmeister.
4- Schreiben Jungen... schön .... Mädchen?
5- Warum bist du nicht.... pünktlich .... dein Arbeitskollege?
6- Ich kaufe lieber im Kaufhaus..... im Supermarkt.
7- Fährt man mit der Bahn sicherer .... mit dem Auto?
8- Er trank mehr Wein, ...er vertragen konnte.
9- Mein Sohn war gross...sein Freund.
10- Ein Projekt, wie er es pant, läßt sich nicht verwirklichen.
11- Dieses Haus ist ebenso klein, ...ich brauche.
12- Deutschland ist grösser.... Österreich.
13- Diese Arbeit ist komplizierter, ...sie aussieht.
14- Silber ist nicht ....teuer....Gold.
15- Mein Bruder ist..... alt..... deine Schwester.
16- Dieses Auto ist nicht....schlecht ....das andere.
17- Die Tasche ist kleiner..... der Koffer.
18- Ararat ist höher....Alpen.
19- Er ist zu mir freundlicher.... zu dir.
20- Ich denke an meinen Vater mehr.... an meine Mutter.
21- Er dankt mir herzlicher.... dir.
22- Er dankt mir herzlicher......du.
23- In Ankara gibt es grössere Häuser.....in Bursa.
24- Sind die Frauen sparsamer.... die Männer?
25- Griechenland ist kleiner.... die Türkei.
26- Ich treffe ihn öfter.... du.

Bitte ergänzen Sie die Sätze!

1- An dem letzt.... Sonntag war ich bei ihm.
2- Du könntest das Buch zu dem halb... Preis kaufen.
3- Wegen der finanziell... Lage kann er nicht nach Deutschland fahren.
4- Wir wollen in einer gut... Gesellschaft leben.
5- Wegen einer ernst.... Angelegenheit konnte er nicht kommen.
6- Aus bestimmt....Gründen möchte ich gar nichts sagen.
7- Unter ander.... Umständen könnte ich alles ganz offen sagen.
8- Wegen unüberwindlich... Schwierigkeiten konnte er nicht weiter studieren.

9- Mit wenig.... Wörtern hat er alles ganz klar gemacht.
10- Nach kurz... Zeit war er fertig.
11- Er versuchte mit ganz....Kraft, ihn zu verhindern.
12- In voll.... Fahrt fuhr er weiter.
13- Geben Sie mir den schwarz... und den blau ... Kugelschreiber.
14- Darf man in einer Einbahnstrasse auf der link...... Fahrbahnseite parken?
15- Er fährt mit dem neu... Auto nach Berlin.
16- Die beid.... Freunde sitzen in dem gemütlich.... Cafe.
17- Der höfliche Polizeibeamte gibt die richtig ....Auskunft.
18- Mietest du das teure..... Zimmer?
19- Sie kauft den kariert ....Mantel.
20- Siehst du das hoh ...Haus dort.
21- Ich gebe dir den rot ...und den blau ...Bleistift.
22- Im Garten dieses klein...Haus....gibt es viele Blumen.
23- Du bist hier auf der richtig.... Strasse zu dem neu... Hotel.
24- Ich fahre mit d...neu ....Bus nach Ankara.
25- Das klein... Kind spielt jetzt Fußball.
26- Die Mutter des klug .... Kind ...kocht das Essen.
27- Ali fragt d... fremd....Mann.
28- Ich lese heute den schön ...Roman.
29- Er gibt der alt.... Frau den neu ....Brief.
30- Du mußt das arm ....Kind besuchen.
31- Wir helfen den alt ... Männer....
32- Die fleissig ....Kinder.... waren zu Haus.
33- Ich bin mit d.... fremd.... Mann ins Kino gegangen.
34- Du bist mit d... klein.... Freund aus Ankara gekommen.
35- Ich habe die schön... Jacke gekauft.
36- Ich kenne die schön... Stadt.
37- Der Beamte trägt die dick... Mappe.
38- Der Kaufmann verkauft die gut... Uhr.
39- Der Herr grüßt den gut ...Freund.
40- Die Schülerin öffnet d... geschlossen....Tür
41- Siehst du d... berühmt... Moschee.
42- Die Dame kauft d... schön...Kleid.
43- Gibt es in Ihrer Stadt auch ein schön...Theater?
44- Der Lehrer fragt d...fleissig.... Schüler.
45- Der Briefträger hat die schwarz ...Tasche.

Ergänzen Sie die Sätze!

1- Hier liegt ein gut...., alt .....Teppich.
2- Herr KURU hat heute einen grau ...Anzug an.
3- Frau YILDIRIM trägt immer einen blau... Hut.
4- In dem Wagen sitzt ein vornehm....Herr.
5- Ich kaufe einen bunt... Pullover.
6- Machst du im Urlaub eine weit ...Reise.
7- Kenan braucht ein neu... Heft.
8- Herr EMİN hat einen herrlich ....Garten.
9- Mit einem alt....Wagen will ich nicht fahren.
10- Ein reich... Herr wohnt in diesem Haus.
11- Mein grün ...Garten hat ein ...breit ...Tür.
12- Mein gut.... Vater isst ein .... heis... .Suppe.
13- Ein weiss .... Hund aß ein ... weich .....Braten.
14- Die studenten lernen ein ....wichtig .....Regel.
15- Ein mutig....Soldat ging vor dem Haus.
16- Der Lehrer gibt ein ....kurz....Antwort.
17- Der Professor ist ein klug.... Mann.
18- Gross.... Herren brauchen mehr Geld für neue Kleidung.
19- Mit schnell...... Flugzeugen reist man gut.
20- Er geht wieder zu alt ....Freunden.
21- Durch fleissig..... Üben lernt man sicher.
22- In schmutzig... Städten gibt es viele kranke Menschen.
23- Bei stark.... Föhnwind (Lodos Rüzgarı) bekommt man Kopfschmerzen
24- Ich raste gerne unter mächtig...Bäumen.
25- Von wild... Bergen kommen klar ...Bäche.
26- Der Professor ist ein klug ....Mann.
27- Die Türkei ist ein gross.... Land.
28- Ankara ist ein.... schön... Stadt.
29- Kızılırmak ist ein lang.... Fluss.
30- Das Pferd ist ein schön...Tier.
31- Der Winter ist ein...kalt....Jahreszeit.
32- Der Diener bringt ein.... weiss ....Tischdecke.
33- Der Freund führt ein.... blind ....Mann.
34- An der Wand hängt ein schön...Bild.
35- Auf d...rund... Tisch liegt m in neu...Buch.
36- Der Vater dies...klein...Kind...ist Offizier.

37- In dies...schön...Gärten stehen viel.....hoh....Bäume und bunt...Blumen.
38- Auf dies...hoh...Bäumen wachsen viel...gut...Früchte.
39- Unser... Stadt hat viel ...lang.... Strassen und breit...Plätze.
40- Auf den breit...Strassen fahren viel...schnell...Autos.

Setzen Sie die richtigen Formen ein!

1- Hier stelle ich dir mein...neu...Freund....vor.
2- Sind Sie die Mutter dies...klein...Mädchens?
3- Wo kann ich frisch.... Blumen kaufen?
4- Was ist die Farbe Ihr...neu.... Schuhe?
5- Gestern habe ich ein.... blind....Frau über die Strasse geholfen.
6- Er ist mit sein.... beid.... Kinder ....ins Kino gegangen.
7- Ich suche ein klein....türkisch....Restaurant.
8- In viel....gross....Städt.... gibt es eine U-Bahn.
9- Wer kann dies....arm....Mann....helfen?
10- Ich habe ein... schwarz....Kaffee bestellt.
11- Kennen Sie den Mann mein....gross .... Schwester?
12- Habe ich ein....schwer... Krankheit, Herr Doktor?
13- Ich habe ihn gestern mit sein.... neu....Wagen gesehen.
14- Darf ich Ihnen ein.... gut.... Zigarre anbieten?
15- Klein....Kinder....sollte man nicht alles erzählen.
16- Ich hätte gern eine von dies...blau....Krawatten.
17- Hier ist ein Foto mein...deutsch .... Freund.....
18- Sie haben drei leicht.....und ein....schwer.... Fehler gemacht.
19- Haben Sie gross ....Hunger? -Ja, hoffentlich kommen wir bald zu ein .... gut.... Restaurant.

Bitte ergänzen Sie die Sätze!

1- Ich habe mit allen drei....gesprochen.
2- Beide ausländisch... Arbeiter sind wieder entlassen worden.
3- Kennen Sie diesen neu.....Lehrer?
4- Hier sind drei modern....Bücher.
5- Wir können bei einem besser....Lehrer alles besser lernen.
6- Wir brauchen vor allem gut.... frische ....Luft für unsere Gesundheit.
7- Das Hotelzimmer hat fliessend.... kalt.... und warm....Wasser.
8- Ein Zimmer mit fliessend... kalt.... und warm... Wasser.
9- Diese schön... bunt.... Blumen gefallen mir.

10- Das ist aus hart.... Metall.
11- Statt warm.... Speise isst er alles kalt.
12- Bei solch ausgezeichnet....Arzt hat man Hoffnung.
13- Wir kaufen mehrere neu...Bücher.
14- Diese alt ...Männer denken immer anders.
15- Jeder gut.... Mensch würde das machen.
16- Meine neu.... Aufgaben sind sehr schwer.
17- Alle gut... Menschen lieben alle klein ....Kinder.
18- Die Meinungen einiger vernünftig....Fachleute helfen dabei viel.
19- Da traf ich viele freundlich.... Studenten.
20- Ein solches wichtig.... Ereignis kann ich nicht vergessen.
21- Unsere drei lieb.... Kinder haben es in der Zukunft schwer.
22- Das sind die Kinder einer hübsch...., gepflegt.... Frau.
23- Die Worte eines Geistlich..... beeinflußten ihn sehr.
24- Die Löhne der Angestellt ....werden steigen.
25- Nach einer lang.... Krankheit ginges ihm wieder besser.
26- Das sind Angestellt.... mit schwer... Problemen.
27- Die Zeugen, deren mündlich....Äußerungen nicht richtig waren, wurden verhaftet.
28- In den Augen mancher deutsch.... Politiker ist alles in Ordnung.
29- Unter ander.... Umständen könnte ich alles ganz offen sagen.

Bitte ergänzen Sie Sätze!

Wir brauchen vor allem gut..., frisch....Luft für unsere Gesundheit. Hier sind drei modern... Bücher. Kennen Sie diesen neu. ... Lehrer? Beide ausländisch.... Arbeiter sind wieder entlassen worden. Ich habe mit allen drei... gesprochen. Ein Zimmer mit fließend..., kalt.... und warm... Wasser. Diese schön..., bunt..... Blumen gefallen mir. Wir kaufen mehrere neu.... Bücher. Nach einer lang.... Krankheit ging es ihm wieder besser. Das sind die Kinder einer hübsch....., gepflegt.... Frau. Ein solches wichtig... Ereignis kann ich nicht vergessen. Sie hatte wenige treu... Freunde. Alle gut... Menschen lieben alle klein .... Kinder. Jeder fleissig.... Mensch würde das machen. Jedes neu.... Überlegen hat einen Vorteil. Meine neu... Aufgaben sind sehr schwer. Die Jungen, deren mündlich... Äußerungen nicht richtig waren, wurden verhaftet. Die interessiert.... jung .....Leute aus unser.... Stadt. Möchten Sie sich gern mit unser... ausländisch... Gästen unterhalten. Wenn ich einmal viel Geld habe, kaufe ich mir ein modern... Haus mit ein... gross... Garten an ein... ruhig... klein... Bach. Viel.... jung.... Leute machen in den Ferien lang.... und abenteuerlich.... Reisen per Anhalter. Alper steht an der recht. ... Ecke ein.... gross.... Warenhaus... und wartet ungeduldig auf das hübsch.... Fräulein, das er neulich in das klein... Cafe am gross... Marktplatz kennengelernt hat. Mein türkisch....Freund zeigt mir die gross... Stadt von der Türkei.

Ergänzen Sie die Adjektivendungen auf dieser Seite!

Ein jung....Franzose machte einmal mit seinem rot... Auto eine lang... Reise durch Österreich. Er besuchte viele alt... Städte dieses schön.... Landes und sah sich die bunt... Landschaft mit ihr... hoh... Bergen und kalt... Seen an. Er fuhr nicht nur auf breit...Hauptstrassen, sondern auch auf eng... Nebenstrassen. Dort konnte er in den klein... Dörfern das regelmäßige Leben der freundlich... Menschen beobachten. Er fuhr an gross..., reich... Bauernhöfen vorbei und sah das sauber... Vieh auf den dunkelgrün... Wiesen. Mit einem schwer... Wagen fuhren die... Bauern der reich.. Ernte nach Haus. Plötzlich kamen viele dunkl... Wolken aus dem fern.... Westen. Der erschocken.... Franzose kam mit sein... neu... Auto in ein leer... Dorf und hielt vor ein... niedrig.... Gasthaus. Er trat in das gemütl....Gästezimmer ein. Der französisch... Gast setzte sich an den lang..., braun... Tisch in der hinter... Ecke und wollte bei dem höflich... Wirt ein gut.... Mittagessen bestellen. Der arm.... Franzose hatte großen Hunger; er konnte aber nicht bestellen, denn er konnte kein... Wort Deutsch. Plötzlich hatte er einen interessant .... Gedanken: Er nahm ein... lang... Bleistift und zeichnete auf ein weiss....Blatt Papier ein... klein... Pilz, denn er hatte gerade goss... Appetit auf Pilze. Der Wirt sah die schlecht... Zeichnung. Der Franzose freute sich zu früh auf ein warm... Essen, denn der österreichisch... Wirt brachte keinen voll... Teller mit gekocht... Pilzen, sondern ein .... groß...., schwarz... Regenschirm.

METİN VE SORULAR

Autodiebstahl

Arolsen, 26. Februar-In der Nacht vom Mittwoch zum Donnerstag ist in der Bahnhofstrasse ein dunkelgrüner Personenwagen verschwunden.

Der Wagen, der einem Studenten des Goethe-Instituts gehört, hatte an der rechten Strassenseite gegenüber dem Gasthaus "Regenbogen" geparkt. Einige Fussgänger haben einen jung... Mann beobachtet, der sich zu dieser Zeit in der Nähe des Wagens aufhielt. Weil er sich sehr für das Auto interessiert hat, nimmt man an, dass er den Wagen gestohlen hat.

Dem verdächtig.... jung.... Mann, der etwa 1,80 m gross ist und eine Brille mit dunkl!... Rand trug, fehlt ein Finger der link... Hand. Er trug eine Kleidung, wie sie jung... Leute tragen: blau.. Bluejeans, gelb... Pullover, kariert... Jacke.

Der Wagen, ein dunkelgrün....VW 1200, trägt das Kennzeichen WA-XX 312. In dem Wagen lag nur eine Aktentasche mit einem Grammatikbuch und einig... Heften, außerdem noch eine Tabakpfeife.

Wenn Sie Angaben über die verdächtig... Person oder den gestohlen... Wagen machen können, bittet die hiesig... Polizei um Ihre Mitarbeit.

Antworten Sie!

1- Wo ist ein Auto verschwunden?
2- Wann verschwand das Auto?
3- Wem gehört das Auto?
4- Was für ein Auto ist verschwunden?
5- Wen beobachteten einige Fußgänger?
6- Warum ist der junge Mann verdächtig?
7- Welches Kennzeichen trägt der Wagen?
8- Er spricht oft mit dem .... (alt)
9- Warum verstehen sich .... und ....nicht? (jung, alt)
10- Helfen die ....in unserer Heimat den...........? (reich, arm)
11- Der.......... und die........passen nicht zusammen. (gross, klein)
12- Ein .... torkelt über die Strasse. (betrunken)
13- Der .... geht zum Krankenhaus. (krank)
14- Der .... wird behandelt. (verletzt)
15- Der .... hilft dem Bettler. (reich)
16- Der .... arbeitet Tag und Nacht. (arm)
17- Der .... macht einen Spaziergang. durch den Wald (alt)
18- Der .... spielt Fussball. (jung)
19- Der .... will die Türkei kennenlernen. (Fremd)
20- Der .... grüsst mich auf der Strasse (bekannt)
21- Der .... vererbt seinen Gut zum Altersheim. (hilfsbereit)
22- Der .... lässt alle Menschen lachen. (spöttisch)

Ergänzen Sie die Sätze!

1- Der Weinen... ärgert sich über den Lachen....
2- Ein Reisend ..... hat sich bei ihm bedankt.
3- In der Türkei leben viele Deutsch....
4- Das Krankenhaus muss jeden Schwerkrank... behandeln.
5- Ein Zollbeamter hat einem Reisend.......geholfen.
6- Die Plätze waren für Schwerbeschädigt........reserviert.
7- Bei dem schrecklichen Unfall gab es vier Schwerverletz....und zwei Leichtverletzt....

Aşağıdaki cümleleri Türkçe'ye çeviriniz!

Herr Pektaş hat einen kleinen Laden. Er verkauft Lebensmittel: Getränke, Obst, Brot. Im Laden hilft die ganze Familie mit. Herr Pektaş ist ein strenger Vater, er möchte gehorsame Kinder. Ungehorsame Kinder sagt er muß man bestrafen. Auch als Chef ist er streng und verlangt viel. Aber seine Kinder suchen jetzt eine andere Arbeit, denn sie wollen weg von zu Hause.

Herr Telli arbeitet in einer grossen Fabrik. Er hat dort eine sehr schwere Arbeit. Abends ist er müde und setzt sich vor den Fernseher. Seine Frau ist ebenfalls berufstätig. Beide haben daher wenig Zeit für die Kinder. Ercan ist schon erwachsen, er hat eine eigene Wohnung. Nurcan ist mit sechzehn auch schon sehr selbständig. Sie hat viele Freundinnen und geht oft aus.

Herr und Frau Gökdoğan arbeiten als Lehrer. Sie sind noch jung und diskutieren viel mit ihren Kindern. Alper ist seit mehreren Monaten ziemlich faul und bekommt in der Schule schlechte Noten. Seine Eltern führen immer wieder lange Gespräche mit ihm, denn harte Strafen finden sie nicht richtig. Fatma ist ein fleissiges und hilfsbereites Mädchen. Mit ihr haben die Eltern keine grossen Sorgen.

Aşağıdaki alıştırmaları yaparak yaptıklarımızı aşağıdaki cevaplarla karşılaştırınız!

1- Ich bin ......sein Gesundheitszustand sehr besorgt.
2- Die Bundesrepublik Deutschland ist arm........Rohstoffen.
3- Er fühlt sich............ all.........verlassen.
4- Er ist nicht weit her .....mein.......Wissen.
5- Der Minister war........dies.........kühl.........Empfang nicht gefasst.
6- Dieser Platz ist wie geschaffen.........ein Picknick.
7- ....Geldsachen ist er sehr gewandt.
8- Er ist halb krank.........Eifersucht.
9- Sie war müde ....d.........lang.............Wanderung.
10- Jetzt bin ich ....ein........Erfahrung reicher.
11- Wir sind ....dein...........Hilfe angewiesen.
12- Ich bin ....politisch..........Kurs der neuen Regierung enttäuscht.
13- Wer kann von sich behaupten, er sei frei....Vorurteilen?
14- Ich habe genug ....dein.....dauernd........Meckerei. (Mızmız)
15- ....Geschicklichkeit ist er mir sicherlich überlegen.
16- Er ist nie........einer Antwort verlegen. (Laf altında kalmamak)
17- ....Ihr......... Papieren ist nicht ersichtlich, welchen Beruf Sie zur Zeit ausüben.
18- Dieser Mann ist gefährlich. Er ist.......all........fähig.
19- Ich bin sehr gespannt.....die Leistungen der deutschen Mannschaft bei den Olympischen Spielen.
20- Sie ist..............sein............Charme sehr angetan.

Antworten: 1) um, 2) an 3) von-en, 4) mit-em, 5) auf, em, en, 6) für 7) in 8) vor 9) von, er, en, 10) um, e 11) auf, e 12) über, 13) von 14) von, er, en 15) an 16) um 17) aus, en 18) zu, en 19) über 20) über, en

---

Aşağıdaki alıştırmaları yaparak, cevaplarla karşılaştırınız!

1- Er wartet ....d......Strassenecke auf mich.
2- Der Unfall ereignete sich........mein.......Augen.
3- .....mein.....Augen ist das keine lebenswerte Aktion.
4- Er ist..........recht............Bein verletzt.
5- Das Auto biegt ....d............Ecke.
6- Er klopfte mir anerkennt... d...Schulter.
7- Das Fenster geht.......d..........Hof.
8- Man kann sich einen Sonnenbrand holen, wenn man stundenlang.... d....Sonne liegt.
9- Bitte gehen Sie....d.....Seite, ich möchte vorbei.
10- Es steht ....Seite 25.
11- Wir mussten....frei....Himmel übernachten.
12- Er hielt das Buch......d....Arm.
13- Er hielt das Glas.......d...........Höhe.
14- Ich glaube, dass es .....d.....Zeit ist, sich wieder auf alte Traditionen zu besinnen.
15- Geben Sie bitte Ihren Mantel.......d.........Garderobe ab.
16- Meine Uhr geht.........d...........Sekunde genau.
17- Wo hat er denn seine Brille? ....sein.........Nase natürlich.
18- Der kleine Junge ist.........Hause weggelaufen.
19- Ich habe ihn......d.....Strasse getroffen.
20- Er ist mit seiner ganzen Familie....d....Stadt....Land gezogen.
21- Die Autos rasen oft rücksichtslos......d......Strassen.
22- Er wollte die alten Sachen.........jeden Preis loswerden.
23- Man sollte alles.....Massen tun.
24- ....normal.........Verhältnissen wäre das nicht passiert.

Antworten (Cevaplar): 1) an der 2) vor, en 3) in-en 4) am en, 5) um, ie 6) auf, ie 7) in-en 8) in-er 9) auf-ie 10) unter 11) unter-em 12) unter-em 13) in, ie 14) an, er 15) an, er 16) auf, ie 17) auf, er 18) von, zu 19) auf, er 20) aus, er, ins 21) durch, ie 22) um 23) mit 24) unter, en

ZAHLADJEKTIVE (Sayı sıfatları):

A) *Grundzahlen (Temel Sayılar):*

0 Null, 1 eins, 2 zwei, 3 drei, 4 vier, 5 fünf, 6 sechs, 7 sieben, 8 acht, 9 neun, 10 zehn, 11 elf, 12 zwölf, 13 dreizehn, ... 20 zwanzig, 21 einundzwanzig, ... 30 dreissig, 40 vierzig, 50 fünfzig, 60 sechzig, 70 siebzig, 80 achtzig, 90 neunzig, 100 hundert.

a) Bir sayıların başında ise "ein" olarak yazılır: 21 **einundzwanzig**

Bir sayıların sonunda ise eins olarak 101 **einhunderteins** şeklinde yazılır.

b) Telefon numaraları genel olarak teker teker okunur:

3159 **drei-eins-fünf-neun**

c) Tahmini veya takriben söylenilen sayılar harfle yazılırlar:

(Man hat sie nicht gezahlt erzählt, sondern nur geschätzt.)

Es waren sicher **zweihundert** Leute da.

Von dem **über hundert** (nicht 100) Meter hohen Turm hat man eine schöne Aussicht.

d) Aşağıdaki sayılar çoğulda -en eki alırlar:

1 000 000 eine Million .... 2 000 000 zwei Millionen

1 000 000 000 eine Milliarde .... (1000 Millionen)

1 000 000 000 000 eine Billion .... (1000 Milliarden)

eine Billiarde (1000 Billionen) eine Trillion........... (1000 Billiarden)

e) Sayılar azalan sayılarla birlikte yazılmazlar

1 500 000 -eine Million fünfhunderttausend.

f) Yıllarla ilgili bilgilerde ya yıl yalnız olarak ya da **im Jahre** ile birlikte yazılır:

- Ich bin 1975 in Ankara gewesen. (Ich bin im Jahre 1985 in Ankara gewesen).

- Atatürk wurde 1881 in Selanik geboren. (oder im Jahre 1881)

g) Para ile ilgili sayılarda "Mark" daima tekil "Pfennig" ise hem tekil hem de çoğul olarak kullanılabilinir:

12.23 DM. -zwölf Mark dreiundzwanzig-3.01 -drei Mark eins -.51 DM einundfünfzig Pfennig.

h) Zamanla ilgili malumatlar daima tekil olarak verilir. Saat için:

Wieviel Uhr ist es? veya Wie spät ist es? soruları sorulur:

8.15 -Uhr = acht (Uhr) fünfzehn (Minuten)

12.32 Uhr -zwölf Uhr zweiunddreissig.

Aşağıdaki kısaltmalarda şöyle okunur:

v. Chr: vor Christus
v.Zr: vor der Zeitrechnung
v.Chr: G: Vor Christi Geburt

n. Chr: nach Christus
n. Zr.: nach der Zeitrechnung
n. Chr.G: Hz.İsanın doğumundan sonra.

Saatler:

7.00- um sieben Uhr
7.15- Viertel nach 7
7.30- halb 8
7.35- 5 nach halb 8

7.40- 20 vor 8
7.45- Viertel vor 8
7.55- 5 vor 8

Matematik ile ilgili sayılarda aşağıdaki gibi yazılır ve okunurlar:

5 + 3 = 8	5 und (plus) 3 ist 8
8 − 3 = 5	8 weniger (minus) 3 ist 5
3 × 5 = 15	3 mal 5 ist 15
12: 4 = 3	12 durch 4 ist 3 (12 geteilt durch 4 ist 3)

Sayı sıfatı olarak eins:

a) **Bir olumsuz Artikel gibi ise:** ....
   - Wir haben alle aus einem Glas Wasser getrunken.
   (Biz hepimiz bir bardaktan su içtik.)

b) **Yüz ve binle kullanılırsa und ile birbirine bağlanır:**
   - Meine Reise hat genau hundert und einen Tag gedauert.
   - Die Märchen aus Tausendundeiner Nacht. (Binbirgece masalları)

c) **"ein" Artikeli işaret sıfatı, şahıs zamiri veya bir Relativpronomu takip ederse .... sıfat gibi kullanılır:**
   - Hast du mit der einen Schülerin gesprochen, die uns neulich besuchte?
   - Der Wagen, dessen Rad zerbrochen war, lag auf der Strasse.

d) **"Ein" zamir olursa artikeline göre ekler ihtiva eder:**
   - Einer der Reisenden fuhr mit mir bis Ankara.
   (Seyahat edenlerden biri benimle Ankara'ya kadar gidiyordu.)
   - Gökhan ist mit einem von ihnen ins Theater gegangen.
   (Gökhan onlardan biri ile tiyatroya gitti)

e) **"der", (das die) "eine" sık sık "der" (das, die) "andere" ile birbirine zıt cümlelerde kullanılır:**
   iki tanınmış şahıs önceden kullanılmış ise daha sonra tekrar olmasın diye "beide" kullanılır:
   - **Die eine ist fleissig, die anderen sind faul.**
   (Birincisi çalışkan, diğerleri tembeldir.)

- Die eine ist Frau KIZIL, die andere kenne ich nicht.
Eben sind zwei Herren gekommen. Beide hatten sich vorher angemeldet.
Ich habe zwei interessante Bücher gesehen und beide gekauft.
Fakat: Die Geschwister hatten beide den gleichen Vorschlag zu machen.
(Kardeşlerin ikiside aynı teklifi yapmak zorundaydılar.)
İsim olarak das Paar, (-e) **Plural** aşağıdaki gibi eşya ve birlikte oldukları şahıslarla kullanılırlar:
- ein Paar Schuhe - ein Paar Strümpfe..., das Brüderpaar, das Ehepaar.

B) *Gebrauch von Zahlen als Nomen (Sayıların isim olarak kullanılışı)*
- Die Neun ist für dich eine Glückszahl.
(Sayıların artikelleri daima die'dir.)
- Die Vier ist gerade abgefahren.
- Steigen Sie in die Zehn ein?
Diploma Notlarında: Yücel hat im Rechnen eine Drei bekommen
Takımlarda: Die Konyaner Elf spielt heute in Afyonkarahisar.
Yaşlarda:
  - Sie hat die Zwanzig längst überschritten.
  - Wenn man die Siebzig erreicht hat, sollte man sich zur Ruhe setzen.
  -er ekiyle: Man liest die Einer vor den Zehnern.
  - Ich habe in der Neunerwette im Fussballotto gewonnen.
Bozuk Paralarda:
  - Können Sie mir Hunderter wechseln?
  - Geben Sie mir bitte eine Mark in Zehnern!
  - Am Postschalter: Bitte 3 Zwanziger und 15 Zehner!
  - Für einen Zehner kann man nicht viel kaufen.
Tahmin edilen yaşlılıkta: Sie ist in den Vierzigern.
Bin ve yüz ile:
  - In der Fabrik arbeiten Hunderte von Arbeitern.
  - Der Politiker hat zu Tausenden gesprochen.

C) *Ordnungszahlen (Sıra Sayıları):*
İkiden 19 a kadar olan sayılar -t eki , 20 den sonraki sayılar ise -st eki alırlar:
- der, die, das erste (birinci), zweite, dritte, vierte, fünfte, sechste... siebte (yedinci)..., zwanzigste, hundertste, tausendste...
Der wievielte Schüler in der Klasse ist Yunus? (Sınıfta Yunus kaçıncı öğrencidir.)
- Er ist der **zehnte** Schüler. (O **onuncu** öğrencidir.)

İsimlerde: Murat der Vierte, den Vierten, dem Vierten, des Vierten.
- Meine Verwandten und Freunde besuchen mich heute.
(Die ersten kommen am Vormittag und die letztren am Abend.)
Tarihlerde: 29.8- der neunundzwanzigste August.
am 6.8 -am sechsten achten, am sechsten August.
Mektup başlarında, dilekçelerde sol üst kenara: Konya, den 19 Mayıs 1983
Der wievielte ist heute?-Heute ist der 10. (Heute ist der 10.Mai)
Wann ist Goethe geboren?-Am 28.August 1749.
Günler tarihlerden önce dativ halinde ise: am Freitag, den 16.August
Belirli gruplar ve belirsizler için: zu dan sonra ek almadan veya -en ekiyle
Die Soldaten marschierten zu dritt in einer Reihe.
(Askerler üçer üçer sırayla yürüyorlardı.)

D) **_Die anderen Zahlen (Diğer Sayılar):_**

a) Einteilungszahlen (Taksimat sayıları belirli bir sıra gösterirler) ve e-ens eki alırlar:

1. erstens 10.zehntens 20.zwanzigstens

2. zweitens 11.elftens 30.dreissigstens

Örnek:

Heute gehe ich nicht ins Kino. <u>Erstens</u> habe ich kein Geld, <u>zweitens</u> habe ich keine Zeit und <u>drittens</u> kenne ich den Film schon.

b) Bruchzahlen (Kesir Sayıları) bir bütünün parçalarını gösterir:

der dritte Teil-drittel -el eki alan sayılarla yapılır:

1/3 ein Drittel 3/100 drei Hundertstel

2/5 zwei Fünftel 1/250 ein Zweihundertfünfzigstel

Örnekler:

Ich habe das erste Drittel meines Studiums beendet.
Teilen Sie den Kreis in Sechstel!

c) Yarım 1/2 halb ve bütün 1/1 ganz (isim olarak ise die Hälfte, das Ganze)

Örnekler:

- Er war ein halbes Jahr in Çankırı.
- Was ist die Hälfte von 24?
- Seine Reise dauerte eineinhalb Jahre (anderthalb-birbuçuk yıl)
- Ich habe zweieinhalb Pfund Obst gekauft. (ikibuçuk kilo)

d) Gattungszahlen (Çeşit sayıları -erlei eki ile yapılır):

- Wievielerlei Mahlzeiten gibt es in der Türkei?

- Es gibt dreierlei Mahlzeiten: Früshtück, Mittagessen und Abendessen.
- Für unseren Ausflug gibt es viererlei Möglichkeiten: Wir gehen zu Fuss.
- Wir fahren mit der Bahn, mit dem Bus oder mit dem Auto.
- Mein Sohn hat immer tausenderlei Fragen (Oğlumun bintürlü sorusu var.)

e) Tekrarlama sayıları (Wiederholungszahlen):
-mal eki ile yapılır. Wie oft veya wievielmal soruları sorulur
-ig eki ile de sıfat yapılır: einmalig, zweimalig, hundertmalig
Wie oft hast du deiner Mutter geschrieben? -Ich habe ihr dreimal geschrieben.
Wievielmal bist du in Deutschland gewesen? - Viermal.
Nach zweimaligem Versuch hatte er Erfolg.

f) Çoğaltma sayıları (Vervielfältigungszahlen):
- **fach eki ile yapılır:** einfach, zehnfach, tausendfach (zweifach için doppelt de kullanılır.)
- Der Motor hat eine zweifache Sicherung.
- Was du den Armen gibst, wird Gott dir tausendfältig wiedergeben.

Örnek Cümleler:

- Büyük bir eser sabır ister: **(Ein grosses Werk erfordert Ausdauer).**
- Bardağı bir dikişte boşalttı: **(Er leerte das Glas auf einen Zug).**
- İmtihan neticeleri bir hafta içerisinde ilan edilecektir.
(Die Prüfungsergebnisse werden in einer Woche bekannt gegeben.)
- Bugünkü hava sıfırın altında üç derecedir.
(Das heutige Wetter ist drei Grad unter Null).
- Devletin ziyanı milyonları buluyor:
(Der Verlust des Staates geht in die Millionen.)
- Kızımız sınıfın birincisidir: **(Unsere Tochter ist die Erste in der Klasse.)**
- Bunu sana ilk ve son defa söylüyorum:
(Ich sage dir das zum ersten und letzten Mal.)
Atatürk'ün doğumunun yüzbirinci yıldönümü kutlandı:
(Es wurde der einundhunderste Geburstag von Atatürk gefeiert.)
- Ayın otuzuna kadar izinliyim: **Ich habe bis zum Dreissigsten Urlaub.**
- İlk fırsatta sizi ziyaret edeceğiz. ....
(Bei erster Gelegenheit werden wir sie besuchen.)
- Tüccar servetinin yarısını kaybetti:
(Der Kaufmann hat die Hälfte seines Vermögens verloren.)
- Fatura tutarının dörtte ikisinin ödenmesini kabul ediyorum:
(Wir sind mit der Zahlung von zwei Viertel des Rechnungsbetrages einverstanden.)
- Öğretmenlerin maaşı beşbinerlira yükseltilmiştir:
(Das Gehalt der Lehrer ist um fünftausend Lira erhöht worden.)

REKTION DER ADJEKTIVE
(Eylemlerin Yönetme İşlevi):

Sıfatlar özelliklerine göre Akkusativ, Dativ, Genitiv ve Präposition isterler ve bu şekilde kullanılırlar.

A) *Das Objekt im Akkusativ (Birlikte bulundukları tümleci Akkusativ yapan sıfatlar):*
- **los sein**-bir kimseden bir şeyden kurtulmuş olmak.
- **satt sein** (haben): bir şeye doymuş olmak, bir şeyden bıkmak.
- **müde sein:** yorulmak
- **gewohnt sein:** kimyese veya birşeye alışmak.
- **Uzunluk, hacim, ağırlık ve yaş bildiren sıfatlar:**

dick sein: kalınlıkta olmak
lang sein: uzunlukta olmak
hoch sein: yükseklikte olmak
entfernt sein: uzaklıkta olmak
wert sein: fiatında, değerinde olmak.
gross sein: büyük olmak
breit sein: genişlikte olmak
tief sein: derinlikte olmak
weit sein: uzaklıkta, olmak
schwer sein: ağırlıkta olmak
alt sein: yaşında olmak.

Örnekler:
Annem, bu arsız insanlardan kurtulmuş olmamdan memnun.
(Meine Mutter ist froh, dass ich diese freche Menschen endlich los bin.)
Onu hergün azarlamaktan bıktım.
(Ich habe es satt, ihn jeden Tag zu tadeln.)
Bunu ikide bir tekrarlamaktan bıkmadınız mı?
Sind Sie nicht müde, das immer wieder zu wiederholen.)
Oğlum soğuk suya alışkın değildir.
(Mein Sohn ist das kalte Wasser nicht gewohnt.)
O senden bir karış daha büyüktür.

(Er ist eine Spanne grösser als du.)
Değnek bir metre uzunluğunda.
(Der Stock ist ein Meter lang.)
Çocuk bir aylık.
(Das Kind ist ein Monat alt.)

B) **_Das Objekt im Dativ (Tümleci Dativ yapanlar):_**

(Bunlar daha ziyade fayda, zararlılık, dostluk-düşmanlık, benzerlik bildirirler)

Örnekler:

- Ein gutes Wörterbuch ist dem Lernenden sehr nützlich.
- Im Charakter ist mein Bruder mir ganz fremd (fremd sein: yabancı olmak)

Ben öğretmenin her sözüne müteşekkirim.
(Ich bin dem Lehrer für jeden nützlichen Rat dankbar.)

C) **_Adjektive, die im Genitiv gebraucht werden (Genitiv isteyen sıfatlar):_**

Der Angeklagte ist des Mordes an seinem Hausbesitzer verdächtig.
Der Sänger war seines Erfolges gewiss.
Der Seemann ist in allen Gefahren der Hilfe seiner Kameraden sicher.

ansichtig sein:	farkına varmak, bir kimseyi görmek.
bar sein:	bir şeyden mahrum olmak, yoksun olmak.
eingedenk sein:	bir şeyi hatırından çıkarmamak, unutmamak.
gewärtig sein:	bir şeyi beklemek.
habhaft werden:	bir kimseyi yakalamak, bir şeyi güçlükle elde etmek.
mächtig sein:	bir şeye hakim olma.
teilhaftig sein:	bir şeye katılmak.
verlustig sein:	bir şeyi kaybetmek.
würdig sein:	layık olmak, hak etmiş olmak.

Örnekler:

Bu avantajı kaybetti	: **_Er ging dieses Vorteils verlustig_**.
Büyük bir mutluluğa kavuştu	: **_Er wurde eines grossen Glücks teilhaftig_**.
Polis hırsızı yakalayamadı	: **_Die Polizei konnte des Diebes nicht habhaft werden_**.

Die Adjektive, die mit präpositionalem Objekt gebraucht werden
(Önemli sıfatların alfabetik sıra ile gösterilişi):

abhold (Dat)	: sevmiyen, muhalif	abtrünnig	: sadakatsiz
ähnlich	: benzer	angeboren	: doğuştan
angemessen	: uygun	angenehm für Akk	: hoş, sempatik
anstössig-für Akk	: müstehcen, ayıp	ärgerlich für Akk	: kızgın, dargın
begreiflich	: anlaşılabilir	behaglich	: rahat, hoş elverişli
behilflich sein	: yardımcı olmak	bekannt sein	: bilinmekte olmak
bekömmlich für Akk	: şifalı	benachbart	: komşu, bitişik
bequem für: Ak	: rahat, konforlu	bewusst sein	: farkında olmak
dankbar sein	: minnettar olmak	dienlich	: faydalı, elverişli
eigentümlich für	: mahsus, hususi olmak	ergeben	: sadık, bağlı
entbehrlich	: zaruri olmayan	erinnerlich sein	: hatırında olmak
erwünscht	: temenni edilir	fern	: uzak, yabancı
feindlich gesinnt	: birine düşman	gefährlich für	: tehlikeli
fremd	: yabancı	geläufig sein	: bilinir olmak
gehorsam	: itaatli	genehm	: hoş, makbul, uygun
gelegen sein für	: uygun gelmek	gewogen	: iyilik sever, dost
geneigt	: meyilli, hazır olmak	gleichgültig sein	: ilgisiz olmak
gleich	: benzer, aynı	gram	: kızgın farketmemek
gnädig gegen	: merhametli	heilsam für	: yararlı
günstig gesinnt sein	: lütufkar olmak	leid sein (tun)	: üzgün olmak
lästig für	: can sıkıcı, rahatsız edici	(Es ist mir leid)	
leicht sein (fallen) für	: kolay gelmek	nachteilig für	: olumsuz
lieb	: hoş	nötig für	: gerekli
möglich für	: mümkün olmak	nützlich für	: faydalı, lüzumlu
nahe	: yakın	recht	: uygun, elverişli
notwendig für	: zaruri	schwer sein für	: birine zor gelmek
schädlich	: zararlı	treu	: sadık, bağlı
teuer	: pahalı, değerli	ugetan	: kalben bağlı, eğilimli
unbegreiflich	: anlaşılmaz	untertan	: tabi, bağlı, kul-köle
verbunden	: bağlı	schäcllich	: zararlı
verhasst	: nefret verici	vorteilhaft für	: yararlı
wert	: değerli, kıymetli, önemli	widerlich	: iğrenç, tiksindirici
willkommen	: memnuniyet verici	zuwider	: zıt, aykırı, can sıkıcı
zuträglich	: sağlığa yararlı		

Örnek Cümleler:

- İnsan inancından ayrılmamalıdır: (Man soll seinem Glauben nicht abtrünnig werden).
- O babasına çok benziyor: (Er ist sieht seinem Vater sehr ähnlich).
- Kimseye kul-köle olmak istemem:
(Ich möchte mich niemandem dienstbar machen).
- Teklifiniz bana uygun geliyor: (Ihr Angebot kommt mir gelegen).
- Bu benim için hiç de kolay değil: (Das gefällt mir gar nicht so leicht).
- Ziyaretinizden her zaman mutluluk duyarız:
(Sie sind uns zu jeder Zeit willkommen.)
- Bu kanuna aykırıdır: (Das ist dem Gesetz zuwider).

Adjektive, die mit Präpositionen gebraucht werden
(Präposition ile birlikte kullanılan sıfatlar):

abhängig von D	: bağlı olmak	angewiesen auf A	: muhtaç olmak
ärgerlich über A	: kızgın olmak	arm an D	: fakir olmak
aufmerksam auf A	: dikkatli olmak	begierig auf A	: istekli, düşkün
bekannt mir D	: tanıdık	beliebt bei D	: sevimli, beğenilen
bereit zu D	: hazır, razı	beschämt über A	: mahcup
besorgt um A	: endişeli, meraklı	bestürzt über A	: şaşkın
bewandert in D	: vakıf, bilgi sahibi	bezeichnend für A	: karakteristik.
blass vor D	: solgun, sararmış	blind auf D	: kör (gerçek anlamda)
blind gegen A	: kayıtsız	blind für D	: kör (mecazi)
böse, zornig auf, über A	: kızgın	blind vor D	: gözü dönmüş
ehrgeizig nach D	: hırslı, düşkün	eifersüchtig auf A	: kıskanç
einverstanden mit D	: anlaşmak	eigebildet auf A	: mağrur
empfänglich für A	: pek hassas	empfindlich gegen A	: duygulu
entschlossen zu D	: kararlı, azimli	erstaunt sein über A	: hayret etmek
fähig sein D	: yetenekli	fertig sein mit D	: bitirmek
frei von D	: kurtulmuş	freigebig gegen A	: cömert, eli açık
freundlich gegen A zu D	: dostça	froh über A	: memnun, sevinçli
geeignet zu D	: yetenekli	gefasst auf A	: memnun, hazırlıklı
gefühllos gegen A	: duygusuz	geneigt zu D	: eğilimli, düşkün.
geschaffen für A	: çok uygun	geschaffen zu D	: bir işe çok uygun
gesund (krank) an D	: sağlıklı	gewant in D	: becerikli, hünerli
gierig nach D	: hırslı, açgözlü	gleichgültig gegen A	: ilgisiz
glücklich über A	: memnun, mutlu	grausam gegen A	: merhametsiz
hart, streng gegen A	: sert	interessiert an D	: alakalı, ilgili
interessiert für A	: meraklı	mildtätig gegen A	: hayırsever
misstrauisch gegen A	: vesveseli	nachlässig in D	: ihmalkar
nachsichtig gegen A	: müsamaha	nachteilig für A	: zararlı
neidisch auf A	: kıskanç, ekemiyen	neugierig auf A	: meraklı
nützlich für A	: faydalı	rot vor D	: yüzü kızarmak
schädlich für A	: zararlı	schmerzlich für A	: kederli, acıklı
sicher vor D	: emin	stolz auf A	: gururlu
streng zu D	: haşin, amansız	taub auf D	: sağır
taub sein gegen A	: söz dinleme	traurig über A	: üzüntülü, kederli
tüchtig in	: kabiliyetli, esaslı	überzeugt von D	: emin, iyice inan
verliebt in A	: aşık, tutkun	verschwenderisch mit D	: tutumsuz
verschieden von D	: farklı	voll von D	: dolu olmak
vertraut mit D	: tanımak, bilmek	wichtig für A	: mühim, önemli
verlobt mit D	: nişanlı	zufrieden mit D	: memnun olmak
		zornig auf D	: öfkeli, hiddetli

Örnek Cümleler:

1- Sana çok kızgınım: **Ich bin sehr ärgerlich über dich.**
2- Tarihi çok iyi bilirim: **In Geschichte bin ich sehr bewandert.**
3- Korkudan sapsarı kesildi: **Vor Schreck wurde er blass.**
4- Salon insanla doluydu: **Der Saal war voll von Menschen.**
5- Yolda engel yok: **Der Weg ist frei von Hindernissen.**

| **Not:** | Adam herşeye ilgisizdi: Der Mann war gegen alles gleichgültig uninteressiert |

6- O her iki akciğerinden rahatsız: **Er ist an beiden Lungen krank.**
7- Bu sonuçtan memnunum: **Ich bin über dieses Ergebnis froh.**
8- Öğrenci çalışkan arkadaşını çekemiyor: **Der Student ist neidisch auf seinen fleissigen Freund.**
9- Ev hırsızlığa karşı korunmuş durumda: **Das Haus ist vor Diebstahl sicher.**

Bitte, ergänzen Sie folgende Sätze mit Präpositionen!

1- ....ihm bin ich gut bekannt.
2- ....Erregung war er blass.
3- Ist er eifersüchtig ......seine Frau?
4- .... diese Nachricht war ich sehr erstaunt.
5- Sind Sie schon mit Ihrer Aufgabe fertig?
6- ....alle ist er freigebig.
7- Warum sind Sie......diesen Vorschlag gleichgültig?
8- Sie müssen da......überzeugt sein, dass ich recht habe.
9- ....Arme muß man mildtätig sein.
10- Darf ich Sie........diesen Film aufmerksam machen?
11- Die gute Mutter ist stolz......ihren Sohn.
12- Der Vereinsvorstand ist <u>zu</u> keinem vernünftigen Satz fähig.
13- Ich bin glücklich ....deinen Erfolg.
14- Enver ist......die Tochter des Geschäftsbesitzers verliebt.
15- Er ist reich............Herz und Gemüt.
16- Der Lehrer war aber sehr freundlich ....mir (ich)
17- Die beiden Brüder sind sehr verschieden ......einander.
18- Er war blind........ die Schönheit des Waldes.
19- Wir treffen uns morgen um 10 Uhr in der Schule.

DAS ADVERB (Zarf):

A) *Lokaladverbien (Yer bildiren zarflar):*
Durum veya olayın yerini belirten kelimelerdir. Genellikle <u>wo</u>?
<u>wohin?</u> <u>woher?</u> sorularına cevap verirler.

ab (ötede)	:
abwärts (aşağıya doğru)	: Die Strasse führt abwärts ins Tal.
allenthalben (heryerde)	: Im Mai blühen allenthalben die Bäume.
anderswo (başka yerde)	: Meine Brille ist nicht hier. Sie muss anderswo liegen.
anderswoher (başka yerden)	: Kommt der Mann aus Köln? Nein, er muß von anderswoher kommen.
anderswohin (başka yere)	: Fährt ihr wieder in die Berge? Nein, anderswohin.
aufwärts (yukarıya doğru)	: Wir müssen warten. Der Fahrstuhl geht jetzt gerade aufwärts.
aussen (dışı, haricinde)	: Die Mauer soll aussen weiss gestrichen werden.
da (orada, şurada)	: Ist Herr Müller da? Ja, er ist da.
daheim (evde)	: Morgen um diese Zeit sind wir wieder daheim.
daher (oradan, şuradan)	: Wir kaufen alles im Kaufhaus. Auch unser Möbel haben wir von daher.
dahin (oraya, şuraya)	: Wir fahren nach Paris. Fahrt ihr auch dahin?
daneben (bunun yanında)	: Hier ist der Sessel. Daneben steht eine Lampe.
Darüber (üzerinde)	: Dort ist die Couch. Darüber hängt ein Bild.
dort (şurada)	: Ist Peter jetzt in der Fabrik? Ja, er arbeitet dort.
dorther (oradan)	: Siehst du dort die Molkerei? Dorther bekommen wir Milch.
dorthin (oraya)	: Kennst du Sydney? Ich möchte gern einmal dorthin reisen.
drin (darin) (içinde)	: Wieviel Milch ist in der Kanne? Es sind ungefähr zwei Liter darin (drin).
draußen (dışarı)	: Schau mal aus dem Fenster, wie es draußen regnet.

drinnen (içeri)	:	Draußen ist es kalt, aber drinnen im Haus ist es warm.
droben (yukarıda)	:	Droben auf dem Berg steht ein Kreuz.
drüben (ötede)	:	Waren Sie lange in Amerika? Ich war etwa 2 Jahre drüben.
drunter (altında)	:	Die Mühle steht drunter im Tal.
fort (gitmiş)	:	Wo ist Karl? Er ist fort.
herab (doğru aşağıya)	:	Komm von der Leiter herab!
herauf (yukarıya)	:	Er kommt zu uns herauf.
herüber (buraya, bu tarafa)	:	Kommt auf diese Straßenseite herüber!
herunter (aşağıya)	:	Peter kommt vom Baum herunter.
hier (burada)	:	Gibt es hier in dieser Stadt ein Theater?
hierher (buraya)	:	Setz dich hierher zu mir.
hierhin (tam buraya)	:	Stell die Tasche hierhin.
hinauf (yukarıya)	:	Wir steigen bis zum Gipfel hinauf.
hinaus (dışarıya)	:	Er geht in den Garten hinaus.
hinein (içeriye)	:	Gehen Sie schon hinein! Ich komme gleich.
hinten (geride)	:	Siehst du dort hinten die Kinder?
hinüber (öteye)	:	Fritz steht auf der anderen Straßenseite. Hans geht zu ihm hinüber.
hinunter (aşağıya)	:	Fall nur nicht die Treppe hinunter!
hüben (bu taraftan)	:	Der Fahrmann bringt die Leute von hüben nach drüben.
innen (içinde)	:	Die Tasche ist innen mit Seide gefüttert.
irgendwoher (herhangi bir yerden)	:	Der Mann hommt irgend woher.
irgendwo (herhangi bir yerden)	:	Hast du meine Brille gesehen? Ich habe sie doch irgendwo gelassen.
irgendwohin (her yere)	:	Wohin fährt Hans? Ich weiß es nicht irgendwohin jedenfalls.
links (sol)	:	Links von dir liegt mein Buch.
nirgends (hiçbir yer)	:	Wo ist nur mein Portemonnaie? Ich habe es niergends gefunden.
nirgendwo (hiçbir yerde)	:	Niergendwo gibt es so viele Hasen wie in dieser Gegend.
nirgendwoher (hiçbir yerden)	:	
nirgendwohin (hiçbir yere)	:	Fahren Sie heute fort? Nein, bei diesem Wetter fahre ich nirgendwohin.

oben (yukarıda)	: Ist mein Koffer hier? Ja, er liegt oben auf dem Schrank.
rechts (sağ)	: Rechts neben dem Hotel ist das Reisebüro.
rückwärts (geri, arka)	: Fahren Sie bitte rückwärts in die Garage!
seitwärts (yan tarafa)	: Er fuhr von der Straße hinunter seitwärts in den Wald hinein.
überall (her yerde)	: Ich habe meine Brille überall gesucht, aber nirgends gefunden.
überallher (her yerden)	: Sportler kamen von überallher in unsere Stadt.
überallhin (her yere)	: Im Sommer fahren Touristen überallhin, wo es schön ist.
unten (altında)	: Ich wohne 2 Stockwerke unten.
vorn (öne)	: Das Geld liegt vorn in der Schublade.
vorwärts (ileri)	: Machen Sie drei Schritte vorwärts!
weg (gitmiş, geçmiş)	: Das Geld is weg. Jemand muß es gestohlen haben.
Woanders (başka yerde)	: In diesem Jahr wollen wir unseren Urlaub woanders verbringen, nicht wieder in den Bergen.
woandersher (başka yerden)	: Er kommt nicht aus Berlin, sondern woandersher.

B) *Temporaladverbien (Zaman bildiren zarflar):*
Wann?, bis wann?, seit wann?, wie lange?, wie oft? sorularını cevaplandırırlar.

abends (akşamleyin)	: Die Läden schließen abends um 19 Uhr.
abermals (yeniden, tekrar)	: Neulich habe ich dir schon Geld geliehen. Heute kommst du abermals und bittest um Geld.
von altersher (eskiden beri)	: Das Fest wird von alters her in dieser Gegend gefeiert.
anfangs (başlangıçta)	: Anfangs war der kleine Junge sehr schüchtern.
augenblicklich (bir an)	: Er hat augenblicklich sehr viel zu tun.
bald (yakında)	: Nochliegen nicht überall Schnee, aber bald werden die ersten Frühlingsblumen zu sehen sein.
bereits (evvelden, önceden)	: Schliessen Sie bitte die Haustür ab! – Ich habe sie bereits abgeschlossen.

bis dahin (oraya kadar)	: In wenigen Tagen ist mein Urlaub zu Ende. Bis dahin werde ich mir aber noch ein paar schöne Tage machen.
bisher (şimdiye kadar)	: Jetzt ist er Kassierer an seiner Bank. Bisher war er in der Devisenabteilung tätig.
bis jetzt (şimdiye kadar)	: Ich warte auf eine Nachricht von der Firma. Bis jetzt hat sie noch nichts von sich hören lassen.
bisweilen (arasıra, bazen)	: In der Nordseeküste kann es auch im Hochsommer bisweilen recht kühl sein.
da (olduğu zaman, esnada)	: Wir hatten uns gerade zu Tisch gesetzt. Da ging plötzlich das Licht aus.
damals (o zaman)	: Ihre wurde 1921 geboren. Ihre Eltern wohnten damals in Berlin.
dann (sonra)	: Zuerst war er Koch in einem Hotel, dann wurde er Schiffskoch.
dann und wann (arasıra)	: Sie hat in ihrem Geschäft sehr viel zu tun. Glücklicherweise hilft ihr dann und wann ihr Bruder im Laden aus.
danach (daha sonra)	: Wir gingen zusammen ins Theater. Danach sassen wir noch ein wenig in einer nahegelegenen Weinstube gemütlich beisammen.
eben (demin, biraz evvel)	: Läuft das Fernsehprogramm schon lange? Nein, es hat eben begonnen.
ehemals (evvelce)	: Das ist Herr Groß, ehemals Vorsitzender des Sportvereins.
einst (vaktiyle)	: Einst lebte in einem fernen Land eine schöne Königstochter.
einstmal (evvelce)	: Diese Ruine war einstmals eine Ritterburg.
einstweilen (şimdilik)	: Der Herr Direktor kommt gleich. Nehmen sie einstweilen hier Platz!
endlich (sonunda)	: Nach einem vielstündigen Marsch langten wir endlich in einem kleinen Dorf an.
erst (evvelce, önce)	: Erst sagst du, dass du Durst hast, und dann trinkst du nichts von dem, was wir dir angeboten haben.
früh (erken)	: Morgen müssen wir früh aufstehen.
gerade (dosdoğru)	: Wo ist Fritz? Dort kommt er gerade.

gestern (dün) : Gestern war ein Feiertag.
gewöhnlich (genellikle) : Wann kommt er? Gewöhnlich kommt er gegen 8 Uhr.
gleich (hemen) : Herr Ober! Ich komme gleich, mein Herr.
häufig (çok defa) : Hans war in letzten Jahr häufig krank.
hernach (daha sonra) : Wir wollen sofort essen. Hernach können wir noch ein wenig spazierengehen.
heute heute morgen, : bugün, bugün sabah
  heute mittag, : bugün öğleyin
  heute abend, : bugün akşam
  heute nacht, : bugün gece
- Heute ist der 12. Juni. Heute abend findet im Kursaal ein Konzert statt.
immer (her zaman) : Du kommst immer pünktlich ins Büro.
auf immer (her zaman) : Er hat uns auf immer verlassen.
für immer (ebediyyen) : Bleibst du für immer bei uns.
immer zu (daima) : Im Käfig ging der Tiger immer zu vor dem Gitter auf und ab.
inzwischen (o arada, esnada) : Du kommst zu spät. Wir sind mit der Arbeit inzwischen fertig geworden.
kürzlich (geçenlerde) : Kürzlich hat uns Onkel Otto besucht.
jährlich (seneden seneye, her sene) : Sein Einkommen beträgt jährlich mehr als hunderttausend Mark.
je. jemals (herhangi bir zamanda) : Sind Sie jemals in Japan gewesen?
jetzt (şimdi) : Wieviel Uhr ist es jetzt?
jüngst (geçenlerde) : Er hat jüngst die Tochter seines Chefs geheiratet
künftig (ilerde) : Er wird künftig die Leitung der Fabrik innehaben
künftighin (ilerdeki) : Wollen Sie mir künftighin die wichtigsten Informationen regelmäßig zu kommen lassen?
lange (uzun uzadıya) : Du hast dich lange in München aufgehalten.
manchmal (bazen) : Im Fernsehen werden manchmal ganz ausgezeichnete Theaterstücke gezeigt.
meistens (pek çok kere) : In den klaren Winternächten sinkt die Temperatur meistens weit unter null Grad.
mitunter (arasıra, bazen) : Wir haben mitunter starke Zweifel, ob der Abgeordnete wirklich immer unsere Interessen vertritt.

morgen (yarın)	: Morgen ist Sonntag. morgen mittag: (yarın öğlen), morgen abend: (yarın akşam)
	- Wir werden morgen früh um 7 Uhr aufstehen und zum Baden an den See fahren.
nachher (daha sonra)	: Der Direktor diktiert gerade Briefe, nachher muß er zu einer Besprechung.
nächstens (gelecek)	: Im Kino bringen Sie nächstens einen spannenden Kriminalfilm.
nachts (geceleyin)	: Das Schloss wird nachts durch Scheinwerfer angestrahlt.
neulich (geçenlerde)	: Warum seid ihr neulich nicht zu uns gekommen? Wir haben auf euch gewartet.
nie (hiç)	: Der Junge war noch nie im Ausland.
niemals (hiçbir zaman)	: Die schöne Urlaubsreise werde ich niemals vergessen.
nimmer (asla)	: Der Alte wird seine Heimat nimmer wiedersehen
noch (daha)	: Warum sind Sie noch hier? Es ist doch schon längst Büroschluss.
nochmals (bir kez daha)	: Ich erinnere dich nochmals an dein Versprechen.
nun (şimdi)	: Alle Vorbereitungen sind abgeschlossen. Nun können wir mit der Arbeit beginnen.
oft (sık sık)	: Im Winter schneit es in unserer Gegend oft.
öfters (çoğu zaman)	: Wir gehen öfters ins Theater.
oftmals (çogu zaman)	: Wir haben oftmals versucht, ihn anzutreffen, aber er war nie zu Hause.
plötzlich (aniden)	: Als wir über das Feld gingen, sprang plötzlich ein Hase vor uns auf und lief davon.
schon (çoktan)	: Wann kommt Peter? Er ist schon da.
seither (o zamandan beri)	: Er ist letztes Jahr nach Amerika gereist. Seither haben wir nichts mehr von ihm gehört.
selten (nadir, az)	: Die alte Frau verlässt nur selten ihr Haus.
soeben (demin, henüz)	: Im Rundfunk wird soeben gemeldet, dass...
sofort (hemen)	: Der Patient mußte sofort operiert werden.
sogleich (hemen)	: Der Arzt bekam soeben einen dringenden Anruf von einem Patienten. Er ist sogleich zu ihm geteilt.
sonst (evvelce)	: Ich verstehe nicht, warum er nicht zu Hause ist. sonst ist er doch um diese Zeit immer da.

spät (geç)	: Ich komme heute Abend spät nach Hause.
später (daha geç)	: Zuerst müssen wir unsere Schulden bezahlen. Später können wir dann neue Anschaffungen machen.
ständig (daima)	: Wir haben ständig Verbindung mit überseeischen Geschäftspartner.
stets (her zaman)	: Er war stets hilfsbereit.
stündlich (her saat)	: Der Postbus verkehrt stündlich zwischen Reichenhall und Salzburg.
täglich (günlük)	: Die Zeitung erscheint täglich.
übermorgen (obürgün)	: Übermorgen sind die Geschäfte den ganzen Tag geschlossen.
unlängst (geçenlerde)	: Unsere Fabrik hat unlängst mit der Produktion eines neuen Artikels begonnen.
unterdessen (bu arada)	: Unterhalte die Gäste ein wenig! Ich hole unterdessen den Wein aus dem Keller.
vorgestern (evvelki gün)	: Vorgestern wurde der Ärztekongress eröffnet.
währenddessen (bu esnada)	: Die Mutter nähte. Die Kinder machten währenddessen ihre Schularbeiten.
wöchentlich (haftalık)	: Der Facharbeiter verdient wöchentlich 450 Mark.
zeitlebens (ömür boyunca)	: Der Mann hat zeitlebens schwer arbeiten müssen.
zuerst (önce)	: Wenn Sie mit dem Chef sprechen wollen, melden Sie sich zuerst im Vorzimmer an.
zuletzt (sonunda)	: Die beiden Parteien stritten sich eine Zeitlang, aber sie einigten sich zuletzt doch noch.
zuweilen (arasıra)	: Die leidet zuweilen an starken Kopfschmerzen.

C) *Modaladverbien (Hal zarfları):*

Bir eylemin yapılış şeklini, derecesini, ölçüsünü bildirir. "Wie"? ve "wie sehr"? sorularını cevaplandırır.

allerdings (doğrusu)	: Habt ihr das Haus gekauft? Ja, wir mussten allerdings zuerst einen Kredit aufnehmen.
allzu (fazlasıyla)	: Sie sind allzu streng mit ihren Kindern.
also (yani)	: Ihr habt also Schulden? Allerdings.
auch (de, da)	: Sie brauchen einen Pass. Anders können Sie nicht ins Ausland fahren. Mein Bruder hat das Sportabzeichen bekommen. Ich habe es auch schon.

ausnehmend (son derece)	: Diese modernen Möbel gefallen mir ausnehmend gut.
äusserst (son derece)	: Ich muß Sie wegen einer äusserst unangenehmen Sache sprechen.
ausserordentlich (mükemmel)	: Die Leichtathleten zeigten ausserordentlich gute Leistungen.
beinahe (hemen hemen)	: Jetzt wärst du mit deinem Wagen beinahe von der Strasse abgekommen.
besonders (herşeyden evvel)	: Das letzte Jahr war ein besonders gutes Obstjahr.
blindlings (körü körüne)	: Die Leute laufen blindlings in ihr Verderben.
bloss (yalnız)	: Wo warst du? Ich war bloss in der Küche.
derart (o surette)	: Die Leute haben derart gut gearbeitet, dass sie früher Feierabend machen konnten.
durchaus (tamamiyle, büsbütün)	: Waren Sie mit dem Essen zufrieden. Ich war durchaus zufrieden.
ebenfalls (keza, dahi, aynen)	: Er muß morgen zu einer wichtigen Besprechung. Ich muß ebenfalls an dieser Besprechung teilnehmen.
ebenso (keza)	: Ich war ebenso von der Theateraufführung enttäuscht wie Sie.
einigermassen (bir dereceye kadar)	: Die politische Lage hat sich seit den letzten Ereignissen wieder einigermassen beruhigt.
fast (hemen hemen)	: Der Bergsteiger wäre fast abgestürzt. Im letzten Augenblick hat er noch einen Halt gefunden.
ferner (ayrıca)	: Das Fabrikgebäude soll instandgesetzt. werden, ferner sollen einige neue Maschinen installiert werden.
freilich (mamafih)	: Unser Fussballverein hat das leztzte Spiel gewonnen, freilich hatten wir ein viel besseres Ergebnis erwartet.
ganz (tamamen)	: Die Blätter der Bäume waren ganz von Insekten zerfressen.
gänzlich (büsbütün)	: Der Mann ist mir gänzlich unbekannt.
gar (son derece)	: Seid ihr gestern gar nicht aus dem Haus gewesen.
genug (kafi)	: Er hat genug Erfahrung, um mit den Problemen fertig zu werden.

gerade (tamamıyle)	: Der Weg verläuft gerade auf den Wald zu. Ihr kommt gerade rechtzeitig zum Mittagessen.
geradeso (böylesi)	: Du bist geradeso ungeschikt wie deine Schwester.
gern (ekseriya)	: Ich gehe gern ins Kino.
gewiss (muhakkak)	: Geht jetzt zu Bett! Ihr seit gewiss müde.
gewissermassen (bir dereceye kadar)	: Er war gewissermassen in offiziellem Auftrag im Ausland.
gleichfalls (keza, dahil)	: Ich wünsche Ihnen viel Glück! Danke gleichfalls. Ich wünsche Ihnen gleichfalls viel Glück.
hauptsächlich (bilhassa)	: Er war in den lateinamerikanischen Ländern tätig, hauptsächlich aber in Brasilien.
höchst (son derece)	: Der Mann erscheint mir höchst verdächtig.
höchstens (olsa olsa)	: Bei uns steigt die Temperatur im Sommer höchstens auf 35 Grad.
jedenfalls (herhalde)	: Wenn du zu Hause bleiben willst, ist das deine Sache Wir jedenfalls gehen aus.
kaum (hemen)	: Nach seinem Misserfolg hat er kaum noch Mut, etwas zu unternehmen.
leider (ne yazık ki)	: Die Strasse zum Bahnhof mußte leider wegen. Bauarbeiten vorübergehend gesperrt werden.
natürlich (tabii)	: Wenn Sie dringende Fragen haben, können Sie mich natürlich anrufen.
nicht (değil)	: Haben wir uns neulich nicht bei Müllers kennengelernt?
nur (sadece)	: Am Sonnabend sind die Geschäfte nur bis um 13 Uhr geöffnet.
recht (oldukça)	: Wir waren doch recht überrascht, als wir dich hier trafen.
rücklings (geriye)	: Der Springer liess sich rücklings ins Wasser fallen.
schwerlich (zannetmem)	: Sie werden schwerlich in zwei Stunden bis Passau kommen, weil die Verkehrverbindung dorthin sehr schlecht ist.
sehr (çok)	: Dieses Bild ist sehr schön. Ich danke sehr für ihre Hilfe.
sicherlich (muhakkak)	: Trink etwas! Du wirst sicherlich Durst haben.
so (böyle, çok)	: Dieses Bild ist so schön, dass ich es kaufe.

sogar (hatta)	: Er hat schon viele Reisen gemacht. Er war sogar in Indien.
sonst (yoksa)	: Fahren Sie vorsichtig, sonst gibt es einen Unfall.
sozusagen (adeta)	: Hans ist der Erfahrenste der Wandergruppe, er ist sozusagen der Führer der Gruppe.
tatsächlich (hakikaten)	: Die Bergsteiger haben tatsächlich den gefährlichen Berg bezwungen.
teilweise (kısmen)	: Sie haben nur teilweise recht, denn...
überhaupt (haddizatında)	: Er hat merkwürdige Ansichten über Afrika. War er überhaupt schon einmal dort?
übrigens (zaten, esasen)	: Der Ingenieur hat eine leitende Stellung in der Fabrik. Er hat übrigens eine wichtige Erfindung gemacht, die...
umsonst (boşuna, bedava)	: Sie haben sich die Mühe umsonst gemacht. Die Angelegenheit ist bereits erledigt. Reiseprospekte gibt es umsonst.
unbedingt (mutlaka)	: Der Film ist wirklich gut. Den müßt ihr euch unbedingt ansehen.
ungefähr (yaklaşık)	: Bei der Tagung waren ungefähr 300 Personen anwesend.
ungemein (son derece)	: Ihr habt ungemein Glück gehabt, der Bus verkehrt Sonntags nämlich nicht.
vergebens (beyhude)	: Ich habe vergebens auf den Bus gewartet. Er verkehrt Sonntags nämlich nicht.
verhältnismässig (nisbeten)	: Die Prüfungsaufgaben waren verhältnismässig schwierig für die Schüler.
viel (çok)	: Wenn Sie gesund bleiben wollen, müssen Sie viel spazierengehen.
vielleicht (belki)	: Morgen kommen vielleicht meine Eltern zu Besuch.
vollends (tamamen)	: Jetzt ist das Essen vollends verdorben, nachdem du so viel Salz hineingetan hast.
völlig (tamamiyle)	: Nachdem er hinter dem Bus war, war er völlig ausser Atem.
voraussichtlich (muhtemel)	: Das Gesetz wird voraussichtlich nächste Woche vom Parlament verabschiedet.
wahrhaftig (hakikaten)	: Die Wissenschaftler haben wahrhaftig eine grosse Leistung vollbracht.

wahrscheinlich (muhtemelen)	:	Die Entdeckung wird wahrscheinlich geheimehalten.
wenig (az)	:	Der Schwerverletzte atmet nur noch wenig.
wenigstens (hiç olmazsa)	:	Wenn du mir keine 10 Mark leihen kannst, kannst du mir dann wenigstens mit fünf Mark aushelfen.
wirklich (gerçekten)	:	Der Fotoamateuer macht wirklich gute Bilder.
wohl (acaba)	:	Haben Sie wohl einen Augenblick Zeit für mich?
zu (çok)	:	Es ist zu dumm, dass ich meinen Schirm zu Hause gelassen habe.
zusammen (beraber)	:	Wir haben zusammen die gleiche Schule besucht.

D) *Kausaladverbien (Sebep bildiren zarflar):*

Warum?, weshalb?, wodurch?, womit?, Unter welcher Bedingung?, wozu?, wofür?, zu welchem Zweck? sorularını cevaplandırırlar.

Örnek Cümleler (Setzen Sie ein):

1. Er hat ihm **deshalb** geholfen, weil er sein Freund ist (..............)
2. Wir sind zur Zeit im Urlaub und können sie **infolgedessen (deshalb, daher, darum)** erst später besuchen. (..............)
3. Er kommt sehr früh an. Er fährt **nämlich** mit dem ersten Zug. (..............)
4. Es regnete, **folglich** mussten wir zu Hause bleiben. (..............)
5. Er hat uns **dadurch (damit)** sehr geholfen. (..............)
6. Hiermit (mit dem Hammer) kannst du den **Nagel** einschlagen. (..............)
7. **Gegebenenfalls** muß auch der Direktor informiert werden. (..............)
8. Ich bin nicht verreist gewesen, **dennoch (trotzdem)** habe ich mich erholt. (..............)
9. Wir wollen uns erholen. **Dazu** fahren wir an die See. (..............)

E) *Richtungsadverbien (Yön bildiren zarflar):*

Konuşana doğru gelerek **her**
Konuşandan giderek **hin** kullanılır.

Örnekler:

(lütfen buraya geliniz!) Kommen Sie doch bitte **herein!**
(Lütfen kağıdı pencereden dışarı atma!)
Wirf doch bitte nicht das Papier zum Fenster **hinaus!**

Ergänzen Sie bitte folgende Sätze mit "hin" und "her"!

1. Ich gehe .... ein, er hat mich gerufen.
2. Hakan, kannst du zu mir .... aufkommen.
3. Warum soll ich zu dir .... untergehen?
4. Öffne die Fenster ! Wir wollen frische luft .... einlassen.
5. Wieviel Geld soll ich denn noch in dieses Geschäft .... einstecken.
6. 6. Er könnte ja einmal .... kommen. Warum sollen wir immer.............gehen?
7. Mutti, ich bin .... gefallen, hilf mir!
8. Warum willst du die Bilder nicht .... geben?
9. Komm bitte .... und hilf mir!
10. Sie ist müde. Sie legt sich ein wenig. ....
11. Geht das Kind allein in die Schule ? - Nein, seine Mutter bringt es ....
12. Cemil fährt mit seinem Motorrad neben dem Zug ....
13. Wir sind von der anderen Flussseite .... übergekommen.
14. Der Knabe sitzt auf dem Apfelbaum, sein Freund steht unten schaut .... und ruft "Wirf mir ein Apfel nach unten"
15. Er geht aus der Tür heraus steigt die Treppe hinauf, öffnet die Haustür und tritt hinaus auf die Strasse.
16. Die Mutter öffnet das Fenster, schaut hinaus und ruft ihr Kind "Komm schnell ...."
17. Der junge Mann lief neben der Strassenbahn .... und sprang schliesslich auf.
18. Kennen Sie den Herrn, der nach Ihnen ins Haus .... einkam?
19. Wir gehen den Berg .... auf.
20. Auf der Strasse ist Glatteis. Man kann sehr leicht .... fallen.

F) "Draussen", "Aussen", "Drinnen" ve "Innen" arasındaki fark:

a) Im Winter ist es **draussen** kalt (.............)

b) Ist es **drinnen** im Raum warm ? (.............)

c) Die Schachtel ist **aussen** schwarz und **innen** weiss. (.............)

Hier, dort, da arasındaki fark:

Mein Vater ist jetzt nicht hier (.............)

Dort steht der Lehrer (.............)

Ist Frau ESEN heute **da** ?(............)
Siehst du das Haus **dort unten?** (............)
Hier oben haben wir eine schöne Aussicht. (............)
Mein Arbeitszimmer ist **hier vorn.** (............)
Wir waren auf dem Berg, aber wir haben **droben** niemanden gesehen.(............)
Drunten im Tal liegt ein kleines Bauernhaus. (............)
Da droben steht ein kleines Haus. (............)
Da drüben kommen zwei Studenten. (............)

Partikeln rauf, rüber, runter, her:

Ich bin gegenüber bei Ali. Komm doch mal .... !	/ rüber
Ich bin unten bei İsmet. Komm doch mal .... !	/ nach Hause?
Ich bin oben bei Erhan. Komm doch mal .... !	/ rauf
Ich bin hier. Komm doch mal .... !	/ her.

Kontrollübung:

Woher kommen Sie?	....	Türkei ?	....	Ihren Eltern?
	....	Büro ?	....	zu Hause?
	....	München?	....	Universität?
	....	Post?	....	Theater?
	....	Stadt ?	....	Ihren Eltern?

G) <u>*Demonstrativadverbien (İşaret zamirleri):*</u>

  a) Weisst du, dass dein Vater heute kommt?
   Nein, damit habe ich nicht gerechnet.
  b) Nein, dafür habe ich kein Geld.
  c) Mein Freund hat einen Spass gemacht.
   Darüber haben wir alle gelacht.

H) <u>*"da" als Pronominaladverb (Pronominal zarf olarak "da"):*</u>

Aşağıdaki präpositionlar 'da' ile birleşir.
an, auf, aus, bei, für, gegen, hinter, in, mit, nach, neben, über, um, unter, von, vor, wieder, zu, zwischen.

<u>**Örnekler:**</u>

  "da" ile "an" - daran, "da" ile "in" - darin.
  "da" ile "gegen" - dagegen, "da" ile "mit" - damit.
  1. Fährst du morgen mit deinem neuen Fahrrad an den See?
   Ja, ich fahre **damit** an den See. **(bununla)**

2. Hast du dich nicht über meinen Besuch gefreut?
   Doch, Ich habe mich darüber gefreut.
3. Worüber freust du dich? - Ich freue mich über das schöne Wetter.

I) **_Relativadverbien (İlgi zarfları):_**

Ich zeige dir hier auf der Karte die Gegend, wohin wir fahren wollen.
Die Leute stehen dort, wo gestern der Verkehrsunfall passiert ist.
Er kommt daher, woher wir auch kommen.
Ich schlafe dort, **wo** du gestern geschlafen hast.
Wo du wohnst, dort möchte ich auch wohnen.

J) **_Frageadverbien (Soru zarfları):_**

Wo? (Ort) - **Wohin?**(Richtung) - **Woher?** - (Herkunft)
Wo liegt der Bleistift? -Auf dem Tisch.
Wohin fahren Sie am Sonntag? - Nach Antalya
Woher kommen Sie? -Aus der Türkei
Wann ? (Ne zaman) - Wie lange ? (ne kadar) - wie oft ? (Wieder holung)
Wann kommst du zu uns? - Morgen
Wie lange bleiben Sie hier ? - Drei Wochen
Wie oft gehst du ins Kino? - Jede Woche einmal
Wie (nasıl) ? Wie war eure Reise? - Sie war sehr interessant.
Wie gefällt dir mein neuer Hut? - Gut.
Warum kommst du heute zu spät ? - Weil ich verschlafen habe.
Weshalb fragst du mich ? - Ich dachte, du weisst es.
Wozu lernst du Fremdsprachen ? - Damit ich eine bessere Stelle bekomme.
Womit schreiben Sie? - mit einem Kugelschreiber.
Wodurch hat er im Leben so grossen Erfolg gehabt ? - Durch seinen Fleiss und seine Ausdauer.

Beachten Sie den Unterschied zwischen warum ? und worum?
Warum tat er es? -Er tat es aus Eifersucht.
Warum zitterte er? - Er zitterte vor Angst.
Worum spielten sie? - Sie spielten um Geld.
Worum geht es? - Es geht um deinen Erfolg.

K) **_Adverbien als Konjuktionen (Bağlaç olarak zarflar):_**

Ich habe heute noch viel zu tun, **deshalb** kann ich nicht mit euch ins Kino gehen.
Er fährt nach Konya, **ausserdem** hat er noch die Absicht, nach Ankara zu fahren.

PRÄPOSITIONEN (İlgeçler):

Präpositionen mit Dativ oder Akkusativ (Dativ ve Akkusativ alan ilgeçler):
(-e hali ve -i hali ile kullanılan edatlar)

Bu gruba giren edatlar olay bildiren cümlelerle kendisinden sonra gelen isimleri Akkusativ -i hali (Bu halde soru wohin? dir.) ne, durum bildiren cümlelerde ise Dativ -e haline (Bu halde soru wo? dur) dönüştürürler.

Örnekler:
Wohin gehst du ? - Ich gehe **an** das Fenster (Pencereye gidiyorum.)
Wo sitzt er? - Er sitzt **an dem** (am) Fenster. (Pencerede oturuyor.)

an : **yanında, yanına** (bitişik) Örnek cümle: Wir setzen uns ans Fenster.
Zaman olarak an:
Ich komme am Montag. Am Vormittag arbeite ich

Örnek cümleler.
- Wir fahren am Sonntag ans Meer.

auf : **Üstünde, üstüne:**
Ich stelle das Glas auf den Tisch . - Das Glas steht auf dem Tisch.
Kitap yerde duruyor. - Das Buch liegt auf dem Boden.
Onu masaya koy. - Lege es auf den Tisch!

hinter : **Arkasında, arkasına:**
Gehen Sie hinter das Haus! - Der Garten ist hinter dem Haus.
Ein Mann kommt hinter mir her. - Das Haus neben uns steht leer.

in : **içinde, içine:**
Heute gehen wir ins Kino. - Die Kinder sind im Kino.
Jetzt gehe ich in die Schule. - In 5 Minuten fliegt der Ball in die Luft.
Im Jahr 1984 kommt er wieder. - Die Regeln stehen in dem Buch.
In welchem Alter? - Er ist in hohem Alter gestorben.
Ich habe den Brief ins Deutsche übersetzt.
Er antwortete mir in freundlichem Ton.

über : **Üzerinde, üzerine:**
Wir hängen die Lampe über den Tisch. - Die Lampe hängt über dem Tisch.
Das Flugzeug fliegt über die Stadt. - Das Flugzeug fliegt über der Stadt.

Das Boot fährt über den See. - Das Gasthaus liegt über dem Fluss.
Ich bin über Stuttgart nach Frankfurt gefahren.
Wie lange? - Die Konferenz dauert schon über zwei Stunden.
Wann ? - Ich besuche dich morgen in einer Woche.

unter : **altında, altına**

Ich gehe unter den Balkon. - Jetzt stehe ich unter dem Balkon.
Die Putzfrau legt den Teppich unter den Arbeitstisch.
Er liegt jetzt unter dem Tisch.
Sie stellte die grosse Vase unter das Fenster.
Wir sassen zusammen unter einem Baum.
Ich bin zehn Meter unter Wasser geschwommen.
Sie trägt die Tasche unter dem Arm.

vor : **Önünde, önüne**:

Ich fahre vor die Garage. - Mein Wagen steht vor der Garage.
Stellen Sie den Tisch vor die Tafel. -Er steht vor dem Fenster nicht gut.
Ich stelle meine Schuhe vor die Tür. Wir fahren vor das Hotel.
Mein Haus steht vor der Stadt.
Ich hatte mit meinem Wagen 10 km vor München einen Unfall.
Mein Freund kann mich nicht vor dem 9. Mai besuchen.
Ich bin vor drei Jahren in Deutschland gewesen.
Kommen Sie vor 5 Uhr in mein Büro ! - Es ist viertel Vor 5 Uhr.

zwischen : **arasında, arasına**

Örnekler:

Legen Sie das Heft zwischen die Bücher ! - Das Heft liegt zwischen den Büchern.
Mein Sohn sitzt zwischen mir und meiner Frau; meine Tochter setzt sich zwischen die Bäume.
Stecken Sie die Zeitung zwischen die Bücher!
Bingöl liegt zwischen Elazığ und Muş.
Wann muss man die Zusammensetzungen benutzen?

1- **Tarihlerde:** Am 30. August - vom 9. bis zum 10 September
2- **Yer İsimlerinde:** (bei Ortsnamen): Eskişehir am Sakarya.
   Frankfurt am Main - Elazığ im Ostanatolien- Konya im Mittel anatolien
3- **İsim olarak kullanılan fiillerde** (bei Infinitiven):
   Zum Schwimmen - beim Einkaufen - am Arbeiten

4- **Belirli atasözlerinde:** Im allgemeinen ist das richtig. Er ist als einziger am Leben geblieben. Ich bringe es nicht übers Herz.

5- **Sıfatların üçüncü derecelerinde** (bei Superlativen):
Am besten - am schönsten - am schnellsten - am meisten

Alıştırmaları yapınız!

1. die Wand: Er hat den Schrank an Wand. geschoben. Der Schrank steht an Wand 2. der Tisch: Die Zeitungen liegen auf .... Tisch Die Mutter legt die Zeitungen auf .... Tisch. 3. der Arm: Das Mädchen trug die Tasche unter .... Arm. 4.der Vorhang: Die Schauspieler traten vor .... Vorhang. - Die Schauspieler standen vor ....Vorhang. 5. die Couch: Sie hat das Regal hinter ....Couch aufgestellt. - Sie hat das Regal .... Couch gestellt. 6. die Schule: Die Kinder sind um acht in .... Schule gegangen. 7. Vater. 8. (über) Ich werde die Lampe .... Schreibtisch hängen. -Ich werde die Lampe .... Schreibtisch aufhängen. 9. (zwischen) Er befestigte das Bild .... Schrank und .... Bett. Er steckte das Bild .... Schrank und .... Bett. 10. Er kam um sieben Uhr .... Bahnhof. - Er kam um sieben Uhr .... Bahnhof an.

Aktion: Wohin ?
Ich lege das Buch **auf den** Tisch.
Ich stelle die Tasse **auf den** Tisch.
Die Mutter setzt das Kind **auf den** Stuhl.
Ich hänge das Bild **an die** Wand .
Ich stecke den Schlüssel **ins** Schloss

Position: Wo ?
- Das Buch liegt **auf dem** Tisch.
- Die Tasse steht **auf dem** Tisch.
- Das Kind sitzt **auf dem** Stuhl.
- Das Bild hängt **an der** Wand.
- Der Schlüssel steck **im** Schloss.

Alıştırmaları yapınız! (Antworten Sie!)

1. Ahmet stellt das Fahrrad hinter das Haus. Wo ist das Fahrrad jetzt ?
2. Ich setze meinen Sohn ins Auto. -Wo ist Ihr Sohn jetzt ?
3. Salih legt seine Bücher auf den Tisch. - Wo sind die Bücher jetzt?
4. Ali stellt seinen Wagen vor die Garage - Wo ist der Wagen jetzt?
5. Nuri legt das Heft zwischen die Bücher. - Wo ist das Heft jetzt?
6. Wohin stellt Mesude seine Tasche? (Tisch)
7. Wohin legen Sie die Brötchen ? (Teller)
8. Wohin stellen wir die Blumen? (Tisch, Fenster, Vase)
9. Wo ist das Fenster? (hinter .... Sessel, über .... Heizung)
Wo ist der Teppich ? (auf .... Boden, unter .... Tisch, unter .... Sessel)
10. Wo hängt das Bild ? - (an .... Wand, neben .... Fenster)
11. Wo ist das Gasthaus. (Post, Universität) Es ist zwischen ....
12. Wo liegt Ankara ? (die Türkei). Es liegt ....
13. Wo liegt die Türkei? ....
Wo liegt Deutschland ? ....

> **Not:** Özel anlamları olan ilgi kelimelerini dört kısma ayırabiliriz. Cümlelerde Präposition'lar çok önemli olduğundan bu kelimelerin (-e hali) mi, (-i hali) mi yoksa (-in hali) mi aldığı bilinmelidir.

a) Präpositionen mit dem Dativ (-e hali alan ilgeçler):

aus: -den, -dan, -içinden
Fazıl geht **aus dem** Haus.
Kaffee trinkt man **aus einer** Tasse.
Aşağıdaki sorulara karşılık şöyle cevaplar verilir.
Woher? Wir kamen um 9 Uhr **aus dem** Theater
Woraus ? Wir trinken immer Tee **aus einem** Glas.
Aus welcher Zeit? Diese Stadt hat noch Bauwerke **aus dem** Mittelalter.
Warum? Weshalb? Er hat mir den Brief nur **aus** Höftlickeit geschickt.
Wie ich **aus** Erfahrung weiss, sind Schüler nicht immer fleissig.
Sie schenkte dem Armen **aus** Mitleid ihr letztes Geld.
Sie verzichtete auf ihr Glück **aus** Liebe zu ihren Eltern.
Woraus ? - Dieser Ring ist **aus** purem Gold.
Woher ? - Der junge Mann stammt **aus** guter Familie.
Wir haben das Auto **aus** zweiter Hand gekauft.
Aus welchem Material besteht dieser Schmuck.
Er hat ein Herz **aus** purem Gold.

von: - den, - dan (- dışından)
Das Geld ist **von meinem** Vater.
Der Zug kommt **von** Kerkük. - Ich komme **von** zu Hause.

Woher ? - von wo?	- Das Glas fiel **vom** Tisch
	Ich hole mein Geld **von der** Bank.
Von wem ?	- Der Brief ist **von meinem** Vater.
Woher? von wo?	- Sein Vermögen stammt **von seiner** Familie.
Wo?	- Meine Wohnung liegt weit **von der** Universität .
	Der Bauernhof liegt weit **von der** Strasse ab.
	Wie weit liegt Çay **von** Afyon entfernt?
Von wo ab?	- **Von hier ab** ist die Strasse gesperrt.
Vom wievielten ?	- Ich habe Ihren Brief **vom** 11. Mai dankend erhalten.
	In Ihrem Schreiben **vom** 5.3 teilten Sie mir mit, dass..
	Gestern hat mich ein junger Mann **von** 25 Jahren besucht.
	Im Alter **von** 18 Jahren verliess ich die Schule.

von wann ab (an) ?	- **Von morgen ab** arbeite ich bei einer anderen Firma. (Von morgen an)
	Vom 1. Juli **ab** habe ich eine andere Adress.
von wann bis wann?	- Der erste Weltkrieg dauerte **von** 1914 **bis** 1918.
	In der Nacht **von** Montag **auf** Dienstag ist er gestorben.
	Wir haben **von** halb 9 **bis** 15 Unterricht.
Von wem?	- Ich kaufe **von** dem Schneider einen neuen Anzug.
Wovon?	- Das Land wurde **von** seinen Unterdrückern befreit.
	Er hat sich **von** den Strapazen seiner Reise erholt.
	Er hat ein Herz **von** Stein.
Von wem? (Passiv)	- Der Student wurde **von einem** berühmten Professor geprüft.
Woran?	- Ich bin müde **von** der Arbeit.
Was für ein ? (Singular)	- Was für ? (im **Plural**)
	Sie war ein Mädchen **von** schöner Gestalt.
	Er ist ein Mann **von** mittlerer Grösse.
Ayrıca:	Die Kleider **von** Kindern muß man waschen können.
	Wir haben gestern ein Buch **von** Gökalp gelesen.
	Er ist der reichste **von** allen Kaufleuten dieser Stadt.
nach	: **ye, ya:**
	- Ich fahre **nach** Semerkant. (Wohin?)
- sonra:	- Ich rauche **nach dem** Essen. (Wann?)
- göre:	- Meinem Vater **nach** bin ich sehr fleissig.
	Nach meiner Meinung hat er recht.
Wohin ?	Im Sommer fahren viele Touristen **nach** Süden.
	Geht das Fenster **nach** Osten.
	Der Ballon steigt **nach** oben.
	Wir schauen **nach** allen Seiten.
	Dieser Weg führt **nach** unserer Heimat.
Wann?	- **Nach** Regen folgt Sonnenschein.
	Ich habe meinen Freund **nach** 20 Jahren wiedergesehen.
Wonach ?	- Er hat sich **nach der** Abfahrt des Zuges erkundigt.
	Ich habe den Wunsch **nach** Ruhe.
	Er sucht **nach einem** Buch, mit dem er gut Deutsch lernen kann.
	Der Vater telefoniert **nach** einem Arzt.

Sıra takip ederken	:	**Nach** dem Direktor sind Sie der wichtigste Mann in dieser Fabrik.
		Nach Istanbul ist Ankara die grösste Stadt in der Türkei.
Nach wem? (Wonach?)	:	Er zeichnet **nach der** Natur.
		Nehmen Sie von den Prospekten nach Beliebtheit.
göre	:	**Meiner Erfahrung nach** muß Ihnen das Experiment gelingen.
		Wie entwickelt sich **deiner Ansicht nach** die Sache weiter. ?
		Seinem Benehmen nach hat er zu Hause keine gute Erziehung gehabt.
		Bitte, treten Sie **der Reihe nach** ein!
Bir şeye göre	:	**Nach türkischem Recht** ist diese Sache strafbar.
Ayrıca	:	Sieht es heute **nach** gutem Wetter aus?
		Es sieht nicht **danach** aus.
zu	:	ye, ya ;e, a.
		Gitmek, gelmek, söylemek, fiilleri bir şahısa yapılırsa ve önceden karar verdiğimiz bir yere giderken "zu" kullanılır.
Wohin ?	-	Er fährt zu seinen Eltern.
		Wir gehen zum Bahnhof.
		Sie sieht zum Fenster herein.
Zu wem ?	-	Ich spreche zu dir.
		Wir beten zu Gott.
Wo ?	-	Die Stadt liegt zu beiden Seiten des Flusses.
		Gestern war ich nicht zu Haus. (istisna)
(artikelsiz)	-	Nasreddin Hodscha starb zu Akşehir.
		Sie heirateten zu Eskişehir am Sakarya.
		Er ist zu Hause. (istisna)
Wie ?	-	Wir gehen immer zu Fuss in die Schule
		Die Feinde kamen zu Land und zu Wasser.
		Mein Vater fährt zur See.
Wann ?	-	Er kam zur verabredeten Zeit.
		Zu unserer Zeit gab es noch nicht so viele Ausländer in der Stadt.
		Der Arzt ist noch zur rechten Zeit zu dem Verletzten gekommen.

Wozu ?	- Dieser Mann eignet sich nicht zum Kaufmann.
	Ich möchte mich zum Studium anmelden.
	Mein Freund ist mir zu Hilfe gekommen.
	Der Dieb wurde zu 5 Jahren Gefängnis verurteilt.
(zweck)	- Zum Dank für deine Hilfe lade ich dich ein.
	Die Kapelle spielte zu Ehren des Gastes.
	Er schenkte ihr zum Beweis für seine Liebe Blumen.
Wozu ? (Veränderung)	- Er entwickelte sich zu einem Künstler.
	Er wurde zum Offizier befördert.
Zu welch - ?	- Zu welchem Preis wollen Sie mir das Haus verkaufen?
	Ich habe das Buch zum grössten Teil gelesen.
Wie ? (Vergleich)	- Das Fussballspiel endete mit zwei zu drei.
Zu wieviel ?	- Geben Sie mir Briefmarken zu 10 Pfennige!
	Die Feinde kamen zu Tausenden ins Land.
Bei	: Yanında
Wo ?	- Das Hotel liegt beim Bahnhof.
	Ich wohne bei der Moschee.
Bei wem ?	- Ich wohne bei meinen Eltern.
	Er hat den Brief beim Kaufmann liegen lassen.
	Haben Sie Ihren Pass bei sich.
Wo ?	- Wir waren gestern bei unserem Direktor.
	Mein Vater ist jetzt beim Bäcker.
Wobei ?	- Er ist gestern bei der Arbeit.
	Ich war bei der Prüfung sehr aufgeregt.
Wann ?	- Bei meiner Ankunft in Köln holte mich mein Freund von der Bahn ab.
	Bei Beginn der Theatervorstellung ging das Licht im Zuschauer raum aus.
Wann ? Wie ?	- Wir sind bei Mondschein spazieren gegangen.
	Haben Sie İstanbul schon bei Nacht gesehen?
	Früher haben die Leute beim Licht der Petroleumlampe arbeiten müssen.
Wobei ?	- In unserer Heimat trinkt man beim Essen immer Wasser. Dürfen wir bei der Arbeit singen?
Wie? Wobei?	- Er ist bei bester Gesundheit.
	- Bei seinem Fleiss muß er im Leben viel Erfolg haben.
	Wir waren gestern bei guter Laune.

Wo? Bei wem?	- Adem ist Ingenieur bei der Firma Arçelik.
	Ich war Leutnant bei der Luftwaffe.
(Beteuerung)	- Ich schwöre bei Gott. Bei meiner Ehre, ich sage die Wahrheit.
bei all (Konzessiv)	- Bei all seinem Fleiss hat er doch immer Mißerfolg.
	Man muß ihn bei all seinem Gold noch bemitleiden.

mit: ile

In welcher Richtung? Wie?	- Unser Boot fuhr mit dem Strom.
	Wir fliegen mit dem Wind.
Wann?	- Er machte mit 25 Jahren sein Doktorexamen.
	Mit der Zeit lernt man viele Probleme.
	Die Natur ändert sich mit der Jahreszeit.
Mit wem ?	- Ich bin mit ihm befreundet.
	Warum vergleichst du mich immer mit seinem Bruder?
	Hast du mit deinem Freund den Platz getauscht?
Womit ?	- Ich habe mir mit dieser Arbeit viel Mühe gegeben.
	Das Mädchen mit den blonden Haaren wurde mit Blumen geschmückt.
	Er fährt mit dem Bus nach Van.
	Ich kann jetzt mit der Schreibmaschine schreiben.
Wie ?	- Mit Freundlichkeit erreicht man im Leben mehr.
	Unterschreiben Sie den Scheck mit Ihrem Vor - und Familiennamen.
	Das Auto fuhr mit hoher Geschwindigkeit auf der Strasse.
	Du hast dein Ziel mit grossem Erfolg erreicht.
	Er hat mich mit der Absicht, über sein Geschäft zu sprechen besucht.

seit: den beri, dan beri

seit wann?	- Ich wohne schon seit sechs Jahren in dieser Stadt.
	Er hat sein Freund seit seiner Kindheit nicht mehr gesehen.
	Seit wann sind Sie in Deutschland?
	Es regnet schon seit Montag.
	Wir wohnen seit dem 1. April 1979 in Konya.
Seit wieviel ?	- Seit wieviel Stunden warten Sie hier?
	(Seit wieviel Jahren? - Seit wieviel Tagen?)
	Seit vier Tagen liegt Beyhan im Krankenhaus.

gegenüber: Karşısında
Wo ?   Gegenüber dem Bahnhof steht ein modernes Hotel.
                                          Ich sitze dem Lehrer gegenüber.
Wem gegenüber ?   - Er ist alten Leuten gegenüber immer freundlich.
                                          Der Vater ist seinem Sohn gegenüber streng.
                                          Mir gegenüber ist er immer hilfsbereit.
                                          Wem gegenüber hast du das von mir behauptet?
                                          Ich bin seinem Plan gegenüber skeptisch.
                                          Ein Mann hat einer Frau gegenüber bessere Berufsaussichten.

ausser   : Dışında
                                          Ausser mir kann jeder eine Reise machen.
Wo ?   - Mein Vater ist seit zwei Stunden ausser Haus.
Wohin ? (Genitiv):   - Er ging ausser Land.
Wie ?   - Der Kranke ist jetzt ausser Gefahr.
                                          Er ist so schnell gelaufen, dass er jetzt völlig ausser Atem ist.
                                          Ich war ausser mir vor Schreck.
ausser wem ?   - Alle meine Freunde ausser dir haben mir geholfen.
                                          Wer ausser dem Lehrer kann so gut Deutsch sprechen.
                                          Niemand ausser dir versteht diese Frage.
ausser was ?   - Ausser diesem Garten habe ich schon alle Grundstücke hier gekauft.
(auch, auch noch) ile   - Auf meiner Reise werde ich ausser Efes auch (noch) Pamukkale besuchen.
                                        - Ich möchte ausser diesem Roman auch noch etwas Geschichtliches lesen.

gemäss: Bir şeye göre, uygun
                                        - Gemäss den Bestimmungen ist das Befahren dieser Straße mit Kraftfahrzeugen über 3,5 verboten.
                                        - Gemäss der Verfassung ist das streng verboten.
                                          Den Bestimmungen gemäss fahren wir hier mit Fahrrädern nicht.

   entgegen   : Karşı (-sına, - sında)
Entegegen meinen Erwartungen war das Wetter gestern schön.
Entegegen der Bitte seines Freundes sprach der doch mit dessen Vater.
Entegegen unserem Schatz hat er diese Wette nicht gewonnen.

nächst: Yakınında, - den sonra
Der Flughafen steht nächst dem Bahnhof.
Nächst dem Krankenhaus steht ein modernes Hotel.

nebst: Yanında, ile birlikte, beraber.
Wir wohnen in eine Wohnung nebst einem grossen Balkon.
Der Fotoapparat nebst Tasche kostet nur 250 DM.
ab: - den itibaren
Von wo ab ? - Ab hier ist die Straße gesperrt.
- Ab Ankara regnete es so schnell.
- Ab fünftem September beginnt Sonderangebot.
- Ab kommendem Sonntag bezahlt er alles.
längs: Boyunca - Die Straße verläuft längs dem Flussufer.
laut: Göre, hükmüne
- Laut ärztlichem Gutachten muß er ein Sanatorium besuchen.
samt, mitsamt, ile, birlikte
- Der Fischdampfer ist bei dem Sturm samt Mannschaft gesunken.
Samt seinem Gepäck ist er gefallen.
trotz: Rağmen
Trotz dem schlechten Wetter gingen heute viele Leute zum Stadion.
zufolge: Göre, neticesinde, gereğince
Der Zeitungsmeldung zufolge ist der Aussenminister wieder abgereist.
Dem Gerücht zufolge soll der König abgedankt haben.

---

b) Präpositionen mit dem Akkusativ (-i hali ile kullanılan ilgeçler):

durch: arasından, içinden

Ich sehe **durchs** Fenster.

Alper geht **durch** Taşkent nach Japan.

Wir bummeln durch die Stadt.

Wo? - Er schwamm durch den Fluss.
Gehen Sie durch diese Tür.

Das Kind stieg durch das Fenster ins Haus ein.

Wie lange ? (-Temporal) - Der Mann musste sein ganzes Leben durch (hindurch) schwer arbeiten.

hindurch: Boyunca anlamını verir.

- Es regnete letztes Jahr den ganzen Sommer durch (hindurch).

Ich könnte den ganzen Tag hindurch schlafen.

Durch viele Jahre müssen die Eltern ihre Kinder ernähren.

Wieviel Uhr ? Wie Spät?	- Es ist drei Uhr.
Wodurch ?	- Er wurde durch einen Unfall verletzt.
	Bingöl wurde im Jahre 1972 durch ein Erdbeben zerstört.
	Er muß seinen Lebensunterhalt durch Handarbeit verdienen.
	Das Theater wurde durch den Rundfunk übertragen.
	Wir haben das Geheimnis durch eine List erfahren.
durch wen ?	- Ich habe diese Arbeitsstelle durch einen Freund gefunden.

gegen: Doğru, karşı

Wogegen ?	- Das Auto fuhr gegen den Baum.
gegen wen ?	- Die türkischen Soldaten marschierten gegen den Feind.
gegen was ?	- Der Arzt kämpft gegen die Krankheiten.
	Wir fuhren gegen Süden.

(hin) ile anlam kuvvetlenir: Ich bemerkte gegen die See hin viele Wolken.
- Die Fussballmannschaft mußte gegen den Wind spielen.

Um wieviel Uhr ?	Kommen Sie gegen 6 Uhr in mein Büro !
Gegen wieviel Uhr ?	Ich reise gegen Ende **des** Jahres nach Turkmenistan.
Wann ?	Gegen Abend sollen wir essen.
gegen wen ?	Du bist nicht immer freundlich gegen den armen Mann.
Verhalten	Seid immer hilfsbereit gegen arme Menschen.
	Der Vater soll immer nicht streng gegen seinen Sohn sein.
Wogegen ?	- Wir haben heute ein gutes Mittel gegen Rheumatismus.
Karşılık verirken	- Wir sind gegen diesen Vortrag.
	Ich bin gegen Sonntagsarbeit.

Karşılaştırma Yaparken	- Du bist reich, aber gegen diesen Mann bist du arm.
	- Gegen früher stehen jetzt viel mehr Häuser in dieser Straße.
	Sie ist jung gegen mich.
Bir şey değiştirirken	- Er möchte sein Motorrad gegen einen Fotoapparat tauschen.
	Ich wette eins gegen 10, dass ich recht habe.
	Bitte, zahlen Sie gegen diesen Scheck 1000 Mark!
Wieviel? Wiviele?	- Gestern waren gegen hundert Personen im Saal.
	Sie ist um die 30.

um: etrafında, civarında, sularında

Wohin? Wo?	- Das Auto fährt um die Kurve.
	Die Studenten sind um den Dozenten versammelt.
	Der Junge läuft um einen Baum.
	Das Rad dreht sich um seine Achse.
	Das Hotel steht rechts um die nächste Straßenecke.

(herum) ile anlam kuvvetlenir: Wir sitzen **um** den Tisch herum.

Die Straße geht **um** die Stadt **herum**.

um wen ?	- Die Mutter sorgt sich um ihr Kind.
	Der Lehrer kümmert sich um seine Schüler.
Worum (Amaç, gaye için)	- Er bat mich um das Buch.
	- Ich beneide dich um dein neues Auto.
	- Der Kampf ums Dasein ist für alle schwer.

Kazanma veya kaybetme durumunda:
- Sein Freund ist bei einem **Unfall** ums Leben gekommen.

Er hat mich um mein Geld gebracht.

Der Arzt hat sich um das Wohl der Kranken verdient gemacht.

Sırayla (Reihenfolge)	- Jahr um Jahr vergeht.
	Er besucht mich einen Tag um den anderen.
	Bei dem letzten Spiel gewann er Zug um Zug.

Değer (Wertangabe)	- Das Auto ist für 500 Mark zu verkaufen.
Farklılıklarda	- Das Thermometer ist seit gestern um 5 Grad gefallen.
um wieviel? um wieviele?	Sein Auto ist um 1000 Mark teurer als meins.
	- Die Tochter ist nur um 19 Jahre jünger als die Mutter.
um wieviel Uhr ?	- Der Unterricht beginnt um 9 Uhr 15.
Um wieviel Uhr herum?	Der Unfall ereignete sich gestern um 8 Uhr herum.
Aşağı yukarı (Wieviele?)	- Es waren gestern nur um die tausend Personen hier.
für: için	Er arbeitet für seine Familie.
	Hier ist ein Brief für unser Lehrer.
Amaç ve gaye için (Wofür?)	- Ich bereite mich für die Prüfung vor.
	Interessieren Sie sich für moderne Musik?
Fayda ve zararlarda	- Willst du für mich sorgen?
Für wen? Wofür	Diese Arbeit ist zu schwer für die Kinder.
	Schlafen ist gut für die Gesundheit.

Wie? (Reihenfolge)

Ich habe den Brief Satz für Satz ins Türkische übersetzt.

Wir gingen im Unterricht Schritt für Schritt vor.

Für wen?	- Wir sind alle für die Kinder verantwortlich.
	- Geh du für mich zum Direktor!
Wofür?	- Er ist für diese Arbeit nicht geeignet.
	Hier habe ich gute Tabletten für Magenschmerzen.
Karşılaştırma	- Für einen Ausländer sprechen Sie sehr gut Deutsch.
Für wieviel? (Preis, Menge, Ersatz)	- Geben Sie mir für 3 Mark Äpfel.
	- Für seine Freundlichkeit erfuhr er nur Undank.
	- Ich habe dieses Auto für 5000 Mark gekauft.
Ohne: Siz, sız	
Ohne wen ? (kimsiz)	- Ohne meine Mutter fühle ich mich sehr einsam.
	Er geht ohne seinen Freund spazieren.

ohne was ? (nesiz) — Er ist seit zwei Jahren ohne Arbeit.
Ohne Geld kann man nicht existieren.
Er war ohne Grund beleidigt.
Ihr arbeitet ohne Erfolg.

Ausnahme: (Ohne was) — Das Essen kostet 4 Mark ohne Getränke.
Das Haus kostet ohne Heizung 4000 Lira.

Konjunktiv'te: (Wenn... nicht gewesen wäre)

— Ohne meinen Freund hätte ich keine Arbeit gefunden.

Ohne Hilfe dieses guten Rechtsanwalts sässe er jetzt im Gefängnis.

Die Türken in Ausland könnten ohne Führer nicht leben.

entlang: Boyunca (Bu halde isimden sonra gelir. İsimden önce gelirse isim Genitiv olur.)

— Wir fahren den Fluss entlang.
Den Zaun entlang stehen schöne Bäume.
Die ganze Strasse entlang sieht man viele moderne Häuser.
Die Feinden gingen die Ostgrenze entlang vor.

ab: itibaren

ab wann? — Ab Diestag ist wieder Schule.

Von wann ab? — Ab fünften Mai bin ich wieder zu Hause.

— Ab nächste Woche wohnen wir in unserem neuen Haus.

bis: kadar

bis wohin? — Er war von oben bis unten schmutzig.
Ich fahre nur bis Kerkük.

Not: (Bis genellikle öntakılarla birlikte kullanılır.)

— Wir steigen bis zur Seite des Berges hinauf.
Er füllt die Gläser bis zum Rand.
Er begleitet seinen Gast bis an die Tür.

Das Wasser ist so klar, dass man bis auf den Grund sehen kann.

Dieser Weg geht bis an den Rand des Kafkasus.

bis wann?
- Die Geschäfte sind bis 7Uhr abends geöffnet.
- Bis Ende des Jahres muß ich meine Arbeit beenden.
- Wir können bis nächsten Sonntag (bis elften Mai, bis kommende Woche) hierbleiben.

bis auf (dışında)
- Jetzt sind alle Gäste bis auf einen gekommen.
- Bei der Katastrophe sind alle bis auf zwei Kinder umgekommen.

"bis" genellikle (in) ve (zu) dan önce bulunur.
- Sein Grossvater war bis ins hohe Alter gesund.
- Ich muß bis zum fünfzehnten (15) dieses Monats die Miete bezahlen.
- Bis zum Jahr 1918 war Deutschland eine Monarchie.
- Die jungen Leute haben in der Hochzeit bis in die Nacht getanzt.

wider: Karşı, zıddına, aykırı, aksine
gegen wen?
Wogegen ?
- Er handelte **wider** das Gesetz.
- Er hat den Fehler **wider** besseres Wissen begangen.
- Das ist eine Sünde **wider** den Geist.

---
c) Präpositionen mit dem Genitiv (-in hali alan ilgeçler)
---

statt, anstatt: Yerine
- Er schickte mir statt des Briefes nur eine Postkarte.
- Statt des Staatspräsidents hat an der Sitzung in Taif der Ministerpräsident teilgenommen.
- Mein Sohn kauft anstatt des Spielzeuges einige Bücher.

trotz: Rağmen
- Trotz des schlechten Wetters gehen wir in die Stadtmitte.
- Trotz des Regens gingen heute viele Leute zum Stadion.
- Er arbeitete trotz des Feiertags, um viel Geld zu verdienen

während: Esnasında, sırasında

- Während meines Urlaubs habe ich auch in einem Betrieb gearbeitet.
- Während des Unterrichts ist Rauchen verboten.
- Ich war während des ganzen Sommers an der See.
- Während meines Studiums in Konya habe ich viele Freunde kennengelernt.

wegen: Dolayı

- Das Geschäft ist wegen Krankheit des Besitzers geschlossen.
- Der Proffessor ist wegen seiner Forschungsarbeiten berühmt.
- Ich konnte ihn wegen seiner Güte nicht vergessen.
- Wegen der grossen Kälte heizen wir jetzt zweimal am Tag.
- Der Vater will seines Sohnes wegen mit dem Lehrer sprechen.

ausserhalb: Dışında haricinde

Wo?
- Unser Haus liegt ausserhalb der Stadt.
- Dieser Pass gilt auch für Länder ausserhalb Europas.
- Ausserhalb des Unterrichts dürfen Sie rauchen.

Wann?
- Die Studenten müssen auch ausserhalb der Unterrichtszeit lernen.
- Ausserhalb der Arbeitszeit können wir uns irgendwo treffen.

innerhalb: İçinde, zarfında

Wo?
- Innerhalb dieser Stadt gibt es viele Sehenswürdigkeiten.

In welcher Zeit ?
- Innerhalb eines Monats werde ich meine Arbeit beenden.
- Sie müssen alles innerhalb eines Jahres erledigen.

Oberhalb: Üst yanında, yukarısında

Wo ?
- Er hat eine Wohnung oberhalb des Tales in Aydın gebaut.

unterhalb: Alt tarafında

Wo?
- Unterhalb der Spitze des Berges sind viele Höhlen.
- Unterhalb des Hauses befindet sich noch ein Zimmer.

jenseits: öbür tarafta, karşısında

Wo ?
- Jenseits des Flusses steht eine grosse Moschee.
- Jenseits der Grenze von unserer Heimat haben wir viele Verwandten.

diesseits: Bu tarafında, beri tarafta

Wo?   - Diesseits des Tales liegt ein schönes Schloss.

Du kannst diesseits des Hauses Wasser trinken.

binnen: İçinde, zarfında

In welcher Zeit?   - Binnen eines Jahres werde ich meinen Referat beenden.

Binnen einer Woche muß ich meine Hausaufgabe machen.

dank: Sayesinde

Warum?   - Dank deiner Abwesenheit haben wir das Fussballspiel gewonnen

Dank seiner grossen Erfahrungen kam er gut vorwärts.

Dank meines Fleisses habe ich die Aufnahmeprüfung gut bestanden.

halber: Dolayı, sebebiyle:

Warum?   - Dieses Haus ist besonderer Umstände halber zu verkaufen.

Weshalb?   - Er fährt seiner Gesundheit halber an den See.

Meines Studiums halber habe ich keine Beziehung mit meinen Freunden.

infolge: Neticesi olarak, yüzünden, - den dolayı

Wie?   - Infolge seines Fleißes hatte er in der Prüfung gute Noten bekommen.

Infolge des Vaters kam ich gut vorwärts. Infolge des Streiks konnten die Fabriken in der Türkei nicht gut laufen.

inmitten: Arasında, ortasında

Wo?   - Inmitten des Sees liegt eine kleine Insel.

Der Lehrer steht inmitten seiner Schüler.

Fatih Sultan Mehmet versuchte die Kaufmänner inmitten der Menschenmenge zu kontrollieren.

kraft: Kuvvetiyle, sayesinde, mucibince

- Er hat kraft seines Amtes viele Vollmachten.

Er wurde kraft des Gesetzes zu zehn Jahren Gefängnis verurteilt.

laut: hükmüne, göre

- Laut ärztlichem Gutachten muß er ein Sanatorium besuchen.

  Laut Gesetz vom 13. März 1981 sind Sie verpflichtet, dem Finanzamt folgende Abgaben zu entrichten.

  Laut seines Berichtes kann man die Türkei wegen der Bodenschätzen entwickeln.

mittels: vasıtasıyla
Wie?

- Die Waren können mittels eines Aufzugs nach gefördert werden.

  Der Dieb hatte alle Türen unseres Hauses mittels Nachschlüssels geöffnet.

seitens:

- Seitens meines Bruders sind keine Schwierigkeiten zu erwarten.

  Seitens des Gerichts ist dieser Sache nichts unternommen worden.

entlang: boyunca

- Siehst du die Häuser entlang der Straße?

  Entlang des Flusses stehen schöne Bäume.

abseits: yan tarafında, dışında
Wo?

- Das Dorf liegt abseits aller Verkehrswege.

  Das Gasthaus steht abseits der Straße.

ob: Dolayı

- Er tadelte sie wegen ihrer Faulheit.

aufgrund: bir sebepten dolayı, bir şeye bağlı olarak

- Aufgrund des Blitzschlages wurde das Haus zerstört.

  Aufgrund amtlicher Erhebungen fuhr er zur fraglichen Zeit 100 km in der Stunde.

vermittels: vasıtasıyla, yardımıyla
durch wen?

- Vermittels des Direktors können Sie Urlaub machen.

Womit ?   - Vermittels einer Stange fischte man den Ertrunkenen aus dem Wasser.

Vermittels eines Hebels kann man grosse Steine nach oben heben.

vermöge: sayesinde, vasıtasıyla

Warum? Wodurch?   - Vermöge seiner guten Sprachkenntnisse kann er in der Industrie einen sehr guten Posten bekommen.

                                - Vermöge der Militär sind die Terroristen verurteilt.

ungeachtet: Rağmen

- Ungeachtet der Schwierigkeiten lernte er die deutsche Sprache sehr gut.
- Ungeachtet des Regens ging ich heute zum Sportplatz.

unweit: Yakınında, civarında

Wo?   - Unweit der Stadt liegt ein schöner, grosser See.

              Unweit des Waldes kann man viele Quellen finden.

um.... willen: uğruna, aşkına, için

- Um seines Erfolges willen vernachlässigte er seine Gesundheit.

Die Mutter opferte um der Gesundheit ihrer Kinder willen ihr ganzes Vermögen.

Um Gottes willen: Allah aşkına, Allah göstermesin!

zeit: Bütün, oldum olası

Wie lange ?   - Er war Seit seines Lebens ein armer Mann.

                    - Seit meines Jugendalters konnte ich nicht viele Bücher über türkische Kultur lesen.

zufolge: Göre, nazaran, gereğince

- Zufolge des Gesetzes wurde sein Vermögen eingezogen.

Zufolge der internationalen Abkommen ist der Visumzwang zwischen den beteiligten Ländern aufgehoben.

---

d) Übersicht über die Postpositionen (Diğer edatlara toplu bakış):

a)   **için:** für, wegen, über, betreffend, bei, auf.

       gibi: wie   **kadar:** wie   **ile:** mit, durch
       üzere: auf .... hin, nach, entsprechend.

| **b- mit dem Dativ** | **- siz, sız: ohne** |

- **e binaen:** infolge, wegen, auf Grund
- **e dair:** betreffs, über   -e **istinaden:** auf Grund.
- **e dayanarak:** auf Grund   -e **karşı:** gegen, gegenüber, zu, für.
- **e değin, dek:** bis (zu)   auf, hinaus.
- **e doğru:** gegen, auf.. zu, in Richtung auf
- **e gelince:** mit Bezug auf, betreffend, was.
- **e göre:** nach, gemäss, wie -e **karşılık:** gegen, entgegen.
- **e kadar:** bis (zu), innerhalb. -e **mukabil:** gegen, für,an, Stelle

| **c- mit dem Akkusativ** | ...... anbetrifft. |

-**i müteakip:** gleich nach   -e **nazaran:** nach, im Vergleich zu, gemäss

| **d- mit dem Ablativ:** |

- **den başka:** ausser   -e **nispeten:** im Vergleich zu
- **den beri:** seit   - **e rağmen:** trotz
- **den dolayı:** wegen   **mütecaviz:** mehr als, über
- **den itibaren:** von.... an   - **den maada:** ausser
- **yardımıyle:** mit Hilfe von   - **den öte:** jenseits
- **marifetiyle:** vermittels   - **den ötürü:** wegen
- **devamınca:** im Verlauf   -**den yukarı:** Oberhalb

o hariç: ausgenommen, ausser.
o bakımından: hinsichtlich, mit Bezug auf, an, vom Standpunkt.
uğruna, uğrunda: für, zugunsten, um .... willen
sırasında: bei, währen, im Verlauf
yerine, yerinde: (an) statt, an Stelle von
hesabına: für Rechnung, zugunsten
dolayısıyle: Anlässlich, wegen infolge
gereğince: kraft, gemäss, auf Grund.
münasebetiyle: anlässlich, im Zusammenhang mit

Örnekler:

Bilim bakımından haklısınız:
Von Standpunkt der Wissenschaft haben Sie recht...
Bugün dahil ayrılalı beş gün oldu:
 (**Einschliesslich** heute waren es fünf Tage seit der Trennung.
Vatan uğrunda: **um** des Vaterlandes **willen (für das** Vaterland)
Senin yerine o gitsin: (**Statt du** soll er gehen.)

Aşağıdaki cümleleri Türkçeye çeviriniz!

(Bitte übersetzen Sie folgende Sätze ins Türkische!)

1. Ab hier ist die Strasse gesperrt.
2. Ab fünftem Mai bin ich wieder zu Hause.
3. Das Dorf liegt abseits aller Verkehrswege.
4. Die Wunde an der Hand verheilte nur langsam.
5. Ich denke an dich. - Sie schreibt an ihren Vater.
6. Am Abend spielen wir immer zusammen Schach.
7. Wer trug die Schuld an dem Unfall.
8. Es fehlt ihm an Mut. - Sie ist reich an Ideen.
9. Wir sind an der Arbeit. - Das Wasser ist am Kochen.
10. Gestern waren an (ungefähr) die fünfhundert Personen im Theater.
11. Der Gast kam auf mich zu.
12. In der Nacht von Sonntag auf Montag wurde hier ein Auto gestohlen.
13. Meine Uhr geht auf die Minute genau.
14. Er bereitet sich auf die Prüfung vor.
15. Wir hoffen auf eine Nachricht von unseren Eltern.
16. Er hat mir auf Türkisch geschrieben.
17. Sage es mir bitte auf Deutsch!
18. Sie zeigte uns Bilder aus ihrer Kindheit.
19. Aus welchem Material besteht dieser Schmuck?
20. Mein Vater ist seit zwei Stunden ausser Haus.
21. Der Kranke ist jetzt ausser Gefahr.
22. Niemand ausser dir versteht diese fremde Sprache.
23. Auf meiner Reise werde ich ausser Mersin auch (noch) Antalya besuchen.
24. Ausserhalb der Bürozeit können Sie mich in meiner Privatwohnung sprechen.
25. Ich war gestern bei meinem Direktor.
26. Ich war bei der Prüfung sehr aufgeregt.
27. Wir sind gestern bei Mondschein spazierengegangen.
28. In unserer Heimat trinkt man beim Essen immer Wasser.

29. Manchmal langweile ich mich beim Fernsehen.
30. Wir waren gestern bei guter Laune.
31. Binnen eines Monats muß ich die Arbeit beenden.
32. Ich muß bis zum 15. des Monats die Miete bezahlen.
33. Herr Müller begleitet seinen Gast bis an die Tür.
34. Dank seinem Fleiss bestand er die Prüfung gut.
35. Ich habe das Haus durch einen Freund gefunden.
36. Entgegen meiner Erwartung war das Wetter gestern schön.
37. Die ganze Straße entlang sieht man viele moderne Häuser.
38. Hier habe ich gute Tabletten für Magenschmerzen.
39. Die Soldaten marschierten gegen den Feind.
40. Er möchte sein Motorrad gegen einen Fotoapparat tauschen.
41. Gegen früher stehen jetzt viel mehr Häuser in dieser Straße.
42. Du bist immer so freundlich gegen den armen Mann.
43. Mir gegenüber ist er immer hilfsbereit.
44. Den Bestimmungen gemäss dürfen hier keine Motorräder fahren.
45. Mein Freund ist in Schulden geraten.
46. Der Lehrer steht inmitten seiner Schüler.
47. Er hat sich innerhalb von fünf Jahren ein Vermögen erworben.
48. Jenseits des Flusses steht ein grosser Bauernhof.
49. Das Auto fuhr mit hoher Geschwindigkeit auf der Straße.
50. Ich habe meinen Freund nach 20 Jahren wiedergesehen.
51. Nach deutschem Recht ist diese Sache strafbar.
52. Nach meiner Uhr ist es genau 9 Uhr.
53. Ohne Hilfe dieses guten Rechtsanwalts sässe er jetzt im Gefängnis.
54. Wir sind schon über ein Jahr in dieser Berufsschule.
55. Das Kind stellt Fragen über Fragen.
56. Der Lehrer kümmert sich um seine Schüler.
57. Ungeachtet der Schwierigkeiten lernte er die deutsche Sprache sehr gut.
58. Ich habe Ihren Brief unter dem 12. dieses Monats erhalten.
59. Zu welchem Preis wollen Sie mir das Haus verkaufen.
60. Das Gespräch mit ihnen hatte ein gutes Ergebnis.

KONSTRUKTIONEN (Tamlamalar):

A) *Genitivkonstruktionen (İsim tamlamaları):*
Adamın otomobili = das Auto des Mannes
  a   b   b   a
Die Strassen unserer Stadt = Şehrimizin Caddeleri
     2   1   1   2

1- Babamın arkadaşının evi =
Das Haus des Freundes meines Vaters
2- Kızkardeşimin kitapları ve defterleri =
Die Bücher und die Hefte meiner Schwester
3- Hakan'ın, Orhan'ın ve Fatih'in kahramanlığı =
Die Heldenmut Hakans, Orhans und Fatihs.
4- Münih Frankfurt ve Köln'ün sinema ve tiyatroları =
Die Kinos und Theater von München, Frankfurt und Köln.

B) *Adjektivkonstruktionen (Sıfat tamlamaları):*

1- Belirli Artikel ile:	büyük ağaç	= der grosse Baum
	çalışkan çocuklar	= die fleißigen Kinder
2- Belirsiz Artikel ile:	güzel bir çiçek	= eine schöne Blume
	akıllı bir hakim	= ein kluger Richter.
	iyi bir ev ödevi	= eine gute Hausaufgabe

C) *Konstruktionen mit Präpositionen (İlgecli tamlamalar):*

Masanın üstündeki kitap	= das Buch auf dem Tisch.
Türkiye'deki limanlar	= die Häfen in der Türkei
Tahtadaki öğrenci	= der Schüler an der Tafel.
Masa ile pencere arasındaki sandalye	= Stuhl zwischen dem Tisch und dem Fenster.
Bizdeki atasözleri	= die Sprichwörter bei uns.
Masanın etrafındaki misafirler	= die Gäste um den Tisch.

D) Diğer Präpositionlar'ın (Edatlar'ın) cevrilisine örnekler:

Onun bu zamandan beri olan başarısı	= sein Erfolg seit dieser Zeit.
İstanbul'dan Ankara'ya giden yol	= der Weg von İstanbul nach Ankara
Mayıs'tan sonraki aylar	= die Monate nach Mai.

İki pencereli oda	= das Zimmer mit zwei Fenstern.
Mavi gözlü bayan	= die Dame mit blauen Augen
Ona olan sevgim	= meine Liebe zu ihr.
Bahçeden geçen yol	= der Weg durch den Garten.
Yardımı sayesinde kazandığım başarı	= mein Erfolg durch seine Hilfe.
Depremin yol açtığı kayıplar	= die Verluste durch das Erdbeben.
Bu teklife karşı olan düşünceler	= die Gedanken gegen diesen Vorschlag.
Çantasız öğrenci	= Schüler ohne Tasche.

D) *"Konstruktionen", die mit "zu" +Partizip Präsens gebraucht werden ("zu +Partizip Präsens ile yapılan tamlamalar):*

Anlaşılamayan bir açıklama = **Eine nicht zu verstehende Erklärung.**

Yazılması gereken mektuplar = **die zu schreibenden Briefe.**

E) *Abstrakte Namen, die mit Infinitivsätzen vervollständigt werden (Soyut isimlerin mastar cümlesiyle tamamlanması):*

(Bu şekildeki cümlelerde dilimize tamlama şeklinde çevrilir.)

- Sinemaya gitme arzusu = **der Wunsch, ins Kino zu gehen.**

- Onunla birlikte çalışma umudum =
meine Hoffnung mit ihm zusammenzuarbeiten.

Bazen bu isimler mastar cümlesi yerine konan bir "dass" cümlesiyle de açıklanabilir.

Onun bana söz vereceği umudu =
die Hoffnung, dass er mir verspricht.

Oğlunun sınıfta kalacağı endişesi =
seine Befürchtung, dass sein Sohn durchfallen wird.

F) *Karışık Tamlamalar:*

- Hans adında yaşlı bir adam = **ein alter Mann namens Hans.**

- Elazığ'a giderken yarı yolda =**auf halben Weg nach Elazığ**

Sanığın ölüm korkusu =**Die Angst des Angeklagten vor dem Tod.**

Basın Yayın Kültür ve Turizm Bakanlığı = **Kultus Ministerium für Presse, Rundfunk und Fremdenverkehr.**

Bir at için duyulmamış fiat = **ein unerhörter Preis für ein Pferd.**

Zengin bir Pers kralını anlatan güzel bir masal = **ein schönes Märchen von einem reichen persischen König**

Bu büyük şehirdeki zengin bir fabrikatörün üç çocuğu = **die drei Kinder eines reichen Fabrikanten in dieser grossen Stadt.**

Güzel bir kral kızının genç bir adama olan aşkını anlatan eski bir halk türküsü = **ein altes Volkslied von der Liebe einer schönen Königstochter zu einem jungen Mann.**

Übungen (Alıştırmalar):

1. Çözülmesi gereken bilmece = **das zu lösende Rätsel.**
2. Bir yabancı dil öğrenme yolları = **Die Wege zum Erlernen einer Fremdsprache**
3. Tasvir edilemeyen bir olay = **ein nicht zu beschreibender Vorgang.**
4. Yanımdaki geçerliliğini kaybetmiş kimlik = **der nicht mehr gültige Ausweis bei mir.**
5. Arkadaşımın babama yazdığı mektup = **der Brief meines Freundes an meinen Vater.**
6. Bu problem hakkındaki fikrim = **Meine Meinung über dieses Problem.**
7. Semantik alanındaki bilgileri = **Seine Kenntnisse auf dem Gebiet Semantik.**
8. Avrupa Asya dillerinin dilbilgisi ve kelime hazinesi = **Die Grammatik und der Wortschatz der europäischen und der asiatischen Sprachen.**
9. Davranışlarından dolayı bu öğretmene olan saygımız = **Unsere Achtung vor diesem Lehrer wegen seiner Haltung.**
10. Bir vatanseverin diğer ülkelere karşı olan kini = **Der Haß eines Patrioten gegen andere Länder.**
11. Almanyadaki Türk işçi çocuklarının problemleri = **Problemen der Kinder der türkischen Gastarbeiters in Deutschland.**
12. Beş yıl süre ile Almanca öğretmeni olarak çalıştığını ispat edecek bir belge = **Eine Bescheinigung zum Beweis, dass er fünf jahrelang als Deutschlehrer gearbeitet hat.**
13. Mavi gözlü ve dalgalı saçlı sarışın güzel bir bayan = **Eine blonde, hübsche Dame mit blauen Augen und lockigen Haaren.**
14. Türkiye'nin modern, gelişmiş bir ülke olduğu düşüncesi = **Der Gedanke, dass die Türkei ein modernes, entwickeltes Land ist.**
15. Çin'in küçük köylerindeki tanınmayan fakir türk köylüler = **Die armen, unbekannten, türkischen Bauern in den kleinen Dörfern von China.**

DAS VERB (Fiil):

Almancada fiiller genellikle **-en** ile biterler. **-en** takısını atarsak fiilin kökünü bulmuş oluruz. Fiil çekimlerinde geriye kalan bu köklere özneye göre ekler getirilir. Genel olarak ekler şöyledir.

ben	- ich sag-**e**	söylerim	-e
sen	-du sag-**st**	söylersin	-st
o	-er, sie, es sag-**t**	söyler	-t
biz	-wir sag-**en**	söyleriz	-en
siz	-ihr sag-**t**	söylersiniz	-t
onlar	-sie sag-**en**	söylerler	-en
siz	-Sie sag-**en**	söylersiniz	-en

Eğer fiil kökü **-t, -d** veya **-m, -n** ile bitiyorsa (yalnız biten harfin önünde **-r** ve **-l** yoksa) du, er-sie-es ve ihr şahıslarındaki çekimde kök ile şahıs eki arasına bir -e kaynaştırma eki gelir:

ich arbeite in der Fabrik	bad-e	atm-e	rechn-e
du arbeitest in der Fabrik	bad-e-st	atm-e-st	rechn-e-st
er, sie arbeitet in der Fabrik	bad-e-t	atm-e-t	rechn-e-t
Wir arbeiten in der Fabrik	bad-en	atm-en	rechn-en
sie arbeiten in der Fabrik	bad-en	atm-en	rechn-en
Sie arbeiten in der Fabrik	bad-en	atm-en	rechn-en

Bu gruba giren fiillerden bazıları: reden (konuşmak), mieten (kiralamak), antworten (cevap vermek), landen (inmek), binden (bağlamak), warten (beklemek), zeichnen (resim çizmek)

Bazı fiiller ikinci ve üçüncü tekil şahıslarda değişik çekilirler:

a) Kökünde a harfi olan bir grup fiil çekiminde ä olur, o harfi ise ö olur:	b) Bir grup fiilde kök değişikliğine uğrar.
Ich fahre nach Antalya	Ich spreche Deutsch.
Du fährst nach Antalya	du sprichst Deutsch.
er, sie, es fährt nach Antalya	er,sie,es spricht Deutsh.
wir fahren nach Antalya	wir sprechen Deutsch.
Ihr fährt nach Antalya	Ihr sprechen Deutsch.
sie, Sie fahren nach Antalya	Sie, Sie sprechen Deutsch.

Aşağıdaki fiiller bu gruba girerler: backen-er bäckt (pişirmek) fallen-fällt (düşmek), halten - er hält (durmak, turmak), laufen - er läuft (koşmak) schlafen-schläft (uyumak), tragen-er trägt (taşımak), waschen-er wäscht (yıkamak)...

Aşağıdaki fiiller bu gruba girerler: helfen - er hilft (yardım etmek), lesen-er liest (okumak), nehmen-er nimmt (almak), sehen-er sieht (görmek), treffen-trifft (raslamak), werfen-er wirft (atmak), wissen- ich weiß (du weißt)... befehlen-befiehlt, bergen, birgt, empfehlen empfiehlt, essen-ißt, fechten-ficht, geben-gibt, messen-mißt, quellen-quillt, schelten-schilt.

Örnek Cümleler:

O Konya'da yaşıyor.	- Er lebt in Konya.
Bir ev arıyorsun.	- Du suchst ein Haus.
Almanca öğreniyoruz.	- Wir lernen Deutsch.
İnsanları severim.	- Ich liebe die Menschen.
Evde telefon ediyor.	- Er telefoniert zu Haus.
Dil öğrenimi görüyorsunuz.	- Sie studieren Sprache.

Haben: Sahip olmak	Sein: Malik Olmak	Werden: olmak
Ich **habe**	bin	werde
du **hast**	bist	wirst
er **hat**	ist	wird
sie **hat**	ist	wird
es **hat**	ist	wird
wir **haben**	sind	werden
ihr **habt**	seid	werdet
sie **haben**	sind	werden
Sie **haben**	sind	werden
Ich habe ein Haus. Bir evim var.	Ich bin Deutschlehrer. Almanca öğretmeniyim.	Ich werde Ingenieur. Mühendis olacağım.

ZEITFORMEN (Zamanlar):

A) *Präsens (Simdiki zaman)*

Fiil özneye göre çekilir

Ich gehe in die Schule.(okula gidiyorum)
Der Student macht seine Dissertationsarbeit.
(öğrenci doktorasını yapıyor).

A) Almancada Präsens simdiki zaman ifadesi olarak kullanılır:

Şu anda çalışıyor — - Er arbeitet gerade.
Ben şimdi okula gidiyorum — - Ich gehe jetzt in die Schule.
Şu anda mektup yazıyorum. — - Ich schreibe gerade einen Brief.

B) Genis zaman ifadesi olarak kullanılır:

Akşamları ne yaparsınız?
Akşamları ne yapıyorsunuz ? } - Was machen Sie abends.
Annen ve baban ne zamandan beri Ankara'da oturuyorlar ?
(Seit wann wohnen deine Eltern in Ankara?)

C) Gelecek zaman ifadesi olarak kullanılır:

Yarın arkadaşım beni ziyaret edecek - Morgen besucht mich mein Freund.
İki yıl içinde memleketime geri döneceğim.
(In zwei Jahren fahre ich in meine Heimat zurück.)
Yorgunum işe gitmeyeceğim. -Ich bin müde, ich gehe nicht zur Arbeit.

B) *Präteritum (Imperfekt) (Simdiki zamanın Hikayesi):*

1- Zayıf fiiller (Schwache Verben)

Zayıf fiillerin köklerine **-te** eklenir. Çekimde 1.ve 3. tekil şahıslarda ayrıca şahıs eki almazlar.

ich sag-**te**	Wir sag-**ten**	Sie wohnte in diesem Haus
du sag-**test**	ihr sag-**ten**	Sie heira**tete** 1983.
er, sie, es sag **te**	sie, Sie sag-**ten**.	Er kochte zu Hause.
		Er spielte oft Fußball.

2- Kuvvetli fiiller (Starke Verben)

Kuvvetli fiiller Präteritumda köklerini değiştirirler ve aşağıdaki ekleri alırlar.

kommen (gelmek)	fahren (gitmek)	gehen (gitmek)
Ich kam vom Büro	Ich fuhr	ich ging
du kam-**st** vom Büro	du fuhr-**st**	du ging-**st**
er kam vom Büro	er fuhr	er ging
wir kam-**en**	wir fuhr-**en**	wir ging-**en**
Ihr kam-**t** vom Büro	ihr fuhr-**t**	ihr ging-**t**
sie kam-**en**	sie fuhr-**en**	sie ging-**en**
Sie kam-**en**	Sie fuhr-**en**	Sie ging-**en**
haben:	**sein:**	**werden:**
Ich hatte	war	wurde
du hattest	warst	wurdest
er,sie,es hatte	war	wurde
wir hatten	waren	wurden
ihr hattet	wart	wurdet
sie, Sie hatten	waren	wurden

Örnek Cümleler:

Ich traf ihn in Ankara.   Er sass im Park.
Er begann eine Unterhaltung.   Ich unterhielt mich mit ihm.
Ich blieb eine Stunde.   Ich ging dann auch.

Kuvvetli fiillerin bazıları: Sehen-sah, geben-gab, sprechen-sprach, befehlen-befahl, helfen-half, stehen-stand, nehmen-nahm, lesen-las, tringen-trank, finden-fand, liegen-lag, tun-tat, ziehen-zog, fahren-fuhr, entschliessen-entschloss, schlafen-schlief, gefallen-gefiel, verlassen-verliess, erhalten-erhielt, rufen-rief, heissen-hiess, schreiben schrieb.

3- Karışık fiiller (unregelmäßige Verben)

kennen: denken - Ich **dachte**, sie bleibt noch.
Ich kann-**te**   kennen - Ich **kannte** sie noch nicht.
er kann-**te**   bringen-Sie **brachte** ein Geschenk.
wir kann-**ten**
ihr kann-**tet**
sie kann-**ten**

Präteritum von	Modalverben:
Sollen	Was mach**ten** Sie nach der Schule?
Ich soll-**te**	wollen - Ich **wollte** gleich arbeiten.
du soll-**test**	können - Ich konnte aber keine Stelle finden
er soll-**te**	**müssen**- Ich **musste** ein Jahr warten.
wir soll- **ten**	Warum **warst** du nicht da?
Ihr soll-**tet**	dürfen- Ich **durfte** nicht kommen.
sie soll-**ten**	sollen - Ich **sollte** meiner Mutter helfen.
	möchte - Ich **wollte** zu Hause bleiben.

Not: Almanca'da Präteritum şimdiki zamanın hikayesi, geniş zamanın hikayesi, ve di-li geçmiş zaman olarak kullanılır:

BSP: Bir zamanlar Bursa'ya gidiyordum, yolda ufak bir kaza geçirdim. (Ich fuhr einmal nach Bursa, da hatte ich einen kleinen Unfall.)

BSP: Eskiden İzmir'de otururduk, o zamanlar yazları her pazar yüzmeye giderdim. (Früher wohnten wir in İzmir. Da ging ich im Sommer jeden Sonntag zum Schwimmen.)

PERFEKT (di-li geçmiş zaman):

Bu zaman şekli fiilin üçüncü durumu ile **(haben)** veya **(sein)** fiillerinin yardımıyla yapılır:

Perfekt teşkil ederken yardımcı fiilin haben veya sein olduğunu şöyle buluruz: Genellikle geçişsiz (intransitiv) olan ve bir hareket bir yer değiştirmeyi ifade eden fiillerin yardımcısı **-sein'dir**. Bütün geçişli fiiller (Bu fiiller neyi?,kimi? sorularına cevap verirler, yani bir nesne isterler) öffnen, machen, schreiben, tragen gibi... Bütün reflexif (işteş, geçişli ve dönüşlü) fiiller (sich waschen, sich freuen, sich entschuldigen), şahıslar kullanılmayan fiiller (es regnet, es fehlt, es gibt gibi), bütün Modalverben'ler ve haben fiili de haben yardımcı fiili ile kullanılır.

a) Zayıf fiiller Partizip Perfekt'te fiil başına ge- sonunada -t eki alır.

Sag -en	Sag-te	**ge**-sag-**t**
einfach:	leben	**ge**-leb-**t**
	arbeiten	**ge**-arbeit-**et**
Trennbar:	ab/holen	ab-**ge**-hol-**t**
	zu/machen	zu-**ge**-mach-**t**
Nicht trennbar:	**besuchen**	be-such-**t**
	übersetzen	über-setz-**t**
-ieren ile bitenler:	studieren	studier-**t**

Perfekt mit haben: Ich **habe** gestern einge**kauft**.
(Dili geçmiş zaman haben yardımcı fiiliyle)
    Ahmet **hat** mich **besucht**.
    Wir **haben** uns mit ihm **unterhalten**.
    Sie **hat** ihren Urlaub **beendet**.
    Der Vater **hat** sie am Zug **abgeholt**.
    Wir **haben** sie auch **getroffen**.

Perfekt mit sein:
(Dili geçmiş zaman sein yardımcı fiiliyle)
    fahren - Ich **bin** in die Stadt **gefahren**.
    sein - Wir **sind** bei den Eltern **gewesen**.
    gehen - Er **ist** aber bald **gegangen**.
    kommen - Ayşe **ist** gestern **gekommen**
    bleiben - Sie **ist** zu Hause **geblieben**.

Kuvvetli fiiller (Starke Verben):

Kuvvetli fiiller Partizip Perfekt'te fiil başına ge sonunada -en eki alırlar ve köklerini değiştirirler.

komm-en	kam	**ge**-komm-**en**
nehmen	nahm	**ge**-nomm-**en**
bieten	bot	**ge**-bo-**ten**
fahren	fuhr	**ge**-fahr-**en**

Partizip ohne Vokaländerung:

anfangen (angefangen-haben), ankommen (angekommen-sein), geben (gegeben-haben) anrufen (angerufen-haben), laufen (gelaufen-sein), einladen (eingeladen-haben) fernsehen (ferngesehen-haben), schlafen (geschlafen-haben), bekommen (bekommen-haben)

Partizip mit Vokaländerung:

einsteigen (eingestiegen-sein), bleiben (geblieben-sein), sprechen (gesprochen-haben), entscheiden (entschieden-haben), treffen (getroffen-haben), helfen (geholfen-haben), schreiben (geschrieben-haben), leihen (geliehen-haben), versprechen (versprochen-haben), befehlen (befohlen-haben), entschliessen (entschloßen-haben), beginnen entschließen (entschloßen-haben), (begonnen-haben), finden (gefunden-haben), trinken (getrunken-haben), tun (getan-haben).

Partizip mit Vokal und Konsanantänderung:

umziehen (umgezogen-sein), gehen (gegangen-sein), nehmen genommen haben (ubringen, gebracht-haben), kennen (gekannt-haben), denken (gedacht-haben) wissen (gewusst-haben)

Die Verben "haben und" sein:

haben (gehabt-haben), sein (gewesen-sein)

Ayrılmayan fiillerin (untrennbare Verben) Partizip Perfekti: bekommen-bekommen, enststehen-entstanden, erzählen-erzählt, vergehen-verging, zerreissen-zerrissen, gehören-gehört.

> **Not:** Almanca'da bir fiil **be-, er-, ge-, ent-, zer, ver-,** ile başlıyorsa fiil Partizip Perfekt'te başına **ge-** almaz. Sonu -ieren ile biten fiillerde de aynıdır:

studieren-studiert, diktieren-diktiert, reservieren-reserviert.

Ayrılan fiillerin (trennbare Verben) Partizip Perfekti aşağıdaki gibidir:

aufmachen-aufgemacht, mitbringen-mitgebracht, ankommen-angekommen

Örnek cümleler:

Tam zamanında geldi.	- Er **ist** pünklich **gekommen.**
Ankara'ya geldi.	- Er **ist** nach Ankara **gekommen.**

Bugün bir mektup aldım.   - Ich **habe** heute einen Brief **bekommen**.
Korktum.   - Ich **habe** Angst **gehabt**.
Hepsini yapabildim.   - Ich **habe** alles **gekonnt**.
Doktor enterasan bir deneme yaptı- Der Arzt **hat** einen interessanten Versuch **gemacht**.
Çocuk çok büyüdü.   - Das Kind **ist** sehr **gewachsen**.
Bu bay sekiz gün otelde kaldı   - Dieser Herr **ist** acht Tage im Hotel geblieben.
Dün ne yaptın?   - Was **hast** du gestern **gemacht**?
Mektup yazdım.   - Ich **habe** einen Brief **geschrieben**.
Geçen hafta çok yağmur yağdı.   - Letzte Woche **hat** es viel **geregnet**.
Bu kitabı okudum.   - Ich **habe** dieses Buch **gelesen**.
Yıkandım.   - Ich **habe** mich **gewaschen**.

A) <u>*Mit dem Hilfsverb "haben" (Haben Yardımcı fiili ile)*</u>:

a) Er **hat** das Heft gefunden.
Ich **habe** Fleisch gegessen.

b) Ich **habe** mich über die Einladung gefreut.
Der Mann **hat** sich nach dem Weg erkundigt.

c) **Unpersönliche Verben:**
Es **hat** gedonnert und geblitzt.
Es **hat** mir gut gefallen.

Not: **Es gelingt, es geschieht, es bekommt ve es kommt vor** gibi şahıs kullanılmayan fiiller sein ile kullanılırlar:

Was **ist** denn hier passiert?
Es **ist** mir nicht gelungen, ihn zu überzeugen.

d) **Modalverben:**
Babam büroya gitmek zorundaydı.-Mein Vater **hat** ins Büro **gehen müssen**.
O hesabı ödeyemedi. - Er **hat** die Rechnung nicht **bezahlen können**.
Çocuk uyumak istemedi. - Das Kind **hat** nicht **einschlafen wollen**.

B) <u>*Mit dem Hilfsverb "sein" (Sein Yardımcı fiili ile)*</u>:

a) **Durum değişikliği gösteren geçişsiz fiillerle:**
Okula gittim: - Ich **bin** in die Schule **gegangen**.
O öğleden sonra gezmeğe gitti. - Er ist am Nachmittag **spazieren-gegangen**.

b) **Hal durum değişikliği:** wachen - einschlafen-schlafen-aufmachen:

Örnekler:

O dün geç vakitte uykuya daldı - Er **ist** gestern spät **eingeschlafen**.
Ben bugün saat yedi de uyandım. - Ich **bin** heute um 7 Uhr **aufgewacht**.

Hasta bu gece öldü. - Der Kranke **ist** heute Nacht **gestorben**.
Göl henüz donmadı. - Der See **ist** noch nicht **zugefroren**.
c) "sein", "bleiben" ve "werden" fiilleriyle:
Osman geçen yıl Konya'da idi. - Osman **ist** im letzten Jahr in Konya **gewesen**.
Orada üç ay kaldı. - Dort **ist** er drei Monate **geblieben**.
Hastalandı. - Er **ist** krank geworden.

C) **_Der Gebrauch des Perfekts (Perfekt'in kullanılış tarzları):_**
a) **Tasvir edilen bir durumu bitirirken Perfekt kullanılır:**
Ich habe mein Studium beendet. (Öğrenimim bitti.)
Wir haben alle Äpfel aufgegessen. (Bütün elmaları yedik)
b) **Geçmiş zamandaki durumu ve geniş zaman anlamı verirken:**
Yunus ist vor einem Jahr nach Bursa gefahren. Er studiert dort Medizin.
İngilizce anlarım, çünkü ben onu okulda öğrendim.
(Ich verstehe Englisch, denn ich habe es in der Schule gelernt.)

Not:	Jetzt, gerade, eben, soeben gibi zaman belirten kelimelerle Perfekt cümle daha da açık anlam taşır.

Örnekler:
Wir **haben** soeben ein Telegramm **bekommen**.
İrfan **ist** gerade **fortgegangen**.
c) **Gelecekteki zamanın açıklanarak gerçek durumun söylenmesinde:**
Wenn Nevin ihre Prüfung gemacht hat, fährt sie in ihre Heimat zurück.
d) **Gelecek zamanmış gibi:**
Ihr seid schon da? Wir haben euch erst morgen erwartet.
e) **Anlatımların sonunda:**
.... Daß die Einbrecher so kurze Zeit nach der Tat gefasst würden, haben sie sicherlich nicht erwartet.
f) **Şimdiki zamanın kullanımı ile birlikte:**
Şimdi müdüre gidiyorum. Ondan bir görüşme rica ettim.
(Ich gehe jetzt zum Direktor. Ich habe ihn um eine Unterredung gebeten.)
Was ich hier aussage, habe ich schon in der Voruntersuchung gesagt.

Jetzt (Präsens)	Vorher (Perfekt)
Er ist heute krank,	weil er gestern zu viel gegessen hat.
Ich lese heute das Buch,	das ich mir gestern gekauft habe.
Gib mir den Schlüssel,	den du gefunden hast.

PLUSQUAMPERFEKT (miş-li geçmiş zaman):

Yapı olarak Perfekt (**di-li geçmiş zaman**) gibi kurulur. Yalnız haben ve sein yardımcı fiillerinin Präteritum şekliyle yani **"hatte"** ve **"war"** ile kullanılır:

Örnekler:

Ona bir mektup yazmıştım. -Ich **hatte** ihm einen Brief **geschrieben**.

Ona bir mektup yazmışsın. - Du **hattest** ihm einen Brief **geschrieben**,

Bir tanıdığa rastlamıştım. - Ich **war** einem Bekannten **begegnet**.

Bir tanıdığa rastlamışsın. - Du **warst** einem Bekannten **begegnet**.

Bunu düşünmüştük. - Wir **hatten** daran **gedacht**.

Onlar iki saat önce gelmişlerdi.- Sie **waren** vor zwei Stunden **gekommen**.

Kullanıldığı yer ve anlamı:

Geçmişte olmuş bitmiş bir eylemin, geçmişteki diğer bir duruma göre önceliğini belirtir.

Eve geldim çocuklar uyumuşlardı.

(Ich kam nach Haus da **waren** die Kinder schon eingeschlafen.)

Yüksek öğrenimini bitirdikten sonra yurt dışına gitti.

(Nachdem er studiert **hatte**, ging er ins Ausland)

Damals (Imperfekt)	Vorher (Plusquamperfekt)
Er **war** gestern krank,	weil er vorgestern zu viel **gegessen hatte**.
Ich **las** damals ein Buch,	dass ich vor drei Tagen **gekauft hatte**.
Er **gab** mir den Schlüssel,	den er am Tage zuvor **gefunden hatte**.

FUTUR (Gelecek zaman):

'**werden**' fiilinden faydalanılarak kurulur. Cümle yapısı aynı modal fiillerde olduğu gibidir. Esas fiil cümlenin sonuna mastar halinde gider.

Örnekler:
- Yarın gelecek. - Er **wird** morgen **kommen**.
- Seni düşüneceğim. - Ich **werde** an dich **denken**.

Yukarıda görüldüğü gibi "**werden**" yardımcı fiili özneye göre çekilerek cümlede ikinci yerini, esas fiilin yerini alır, esas fiil ise mastar halinde cümlenin sonuna gider.

Örnekler:
- Müdür olayı inceleyecek. - Der Direktor **wird** den Fall **untersuchen**.

Futur II dediğimiz, ileride kapanacak bir olayı anlatan zaman şeklinde de esas fiilin yerini yine çekimli fiil olan '**werden**' alır. Ancak fiilin sonunda esas fiil hangi yardımcı fiil ile bulunuyorsa fiilin oluşturduğu bileşik mastar bulunur:

- O bunu bir saat içinde bitirmiş olacak.

(Er **wird** das in einer Stunde **geschaft haben**.)

- Bir mektup almış olacak. - Er **wird** einen Brief **bekommen haben**.
- Evlenmiş olacak. Parmağında bir yüzük var.

(Er **wird geheiratet haben**. Er hat einen Ring am Finger.)

Gebrauch und Bedeutung (Kullanıldığı yer ve anlamı):

Futur Almanca'da gelecek zaman ifadesi olarak çok az kullanılır. Daha çok geleceğe yönelik bir tahmini ve kesin niyeti anlatmakta kullanılır:

a) Tahmin ifadesi olarak Futur.

Konferans yaklaşık olarak bir saat devam edecek.

(Die Konferenz wird etwa eine Stunde dauern.)

b) Kesin niyet ifadesi olarak Futur.

Ich werde diese Arbeit so schnell wie möglich erledigen.

(Bu işi mümkün olduğu kadar çabuk bitireceğim.)

Ich **werde**	in die Schule gehen. (Okula gideceğim.)
du **wirst**	zu Haus Musik hören. (Evde müzik dinleyeceksin.)
er, sie, es **wird**	im Bahnhof warten. (İstasyonda bekleyecek.)
Wir **werden**	die Hausaufgaben machen. (Ödevleri yapacağız.)
Ihr **werdet**	nach Deutschland fliegen. (Almanya'ya gideceksiniz.)
sie **werden**	nach Ankara fahren. (Ankara'ya gidecekler.)
Sie **werden**	in der Klasse arbeiten. (Sınıfta çalışacaksınız.)

Esas fiil olarak : Ich **werde** Lehrer. (Öğretmen olacağım.)
                           Wie **wird** wohl das Wetter? (Hava nasıl olacak?)
Tahmin ifadesi : Es **wird** morgen wohl regnen.
Niyet ifadesi : Wir **werden** ab jetzt sehr viel arbeiten.
Gelecek zaman : Er **wird** nächtes Jahr in der Schweiz studieren.

Yardımcı fiiller yerine kullanılışı:
1- Ich will, ich kann, ich werde: Niyet ve istek.
2- du sollst, du mußt, du wirst: Mecburiyet ve emir.
3- er dürfte, er könnte, er wird: Bir tahmin bildirir.

Örnekler:
Du **wirst** sofort deine Hände **waschen**. (Hemen ellerini yıkayacaksın.)
(Du **sollst** deine Hände **waschen**.) Ellerini yıkamalısın!
Setzen Sie nur das Hilfsverb "werden" ein! (Sadece yardımcı fiil "werden" yerleştirin)
1- Diese Studenten .... Ingenieure.
2- Nazire .... Lehrerin.
3- Aydın .... Industriekaufmann.
4- Ich .... Flugzeugführer.
5- .... Ihr Mitglieder?

Bilden Sie Sätze

1- Türkmen, fliegen, übermorgen, New York..
    Ich, dich, besuchen. ....
2- Wir, machen Reise, Nahe-Osten, in drei Monaten ....
3- Wir bestehen, Aufnahmeprüfung. ....
4- Der Zug, abfahren, um 10 Uhr, morgen früh ....
5- Nach 5 Tagen, Ferien, beginnen. ....

Aşağıdaki boş yerleri yardımcı fiil 'werden' ile doldurunuz.

1- Der Student .... das möblierte Haus mieten.
2- Die Polizei .... den Bankräuber verhaften.
3- Wir .... eine große Reise machen.
4- Ich .... einen Brief an meinen Freund schreiben.
5- Die Politiker .... eine Diskussion führen.
6- Am Abend .... die Läden um 9 Uhr schliessen.
7- In der Türkei .... auch am Sonntag in den Fabriken gearbeitet.
8- Das Mädchen .... bald heiraten.
9- Morgen .... dieses schöne Haus verkauft.
10- .... ihr am Sonntag Fußball spielen?

Setzen Sie die folgenden Sätze ins Futur!
(Aşağıdaki cümleleri gelecek zamana çeviriniz!)

1- Er versucht mich anzupumpen...
   Ich schreibe diesen Brief erst morgen. ....
   Ich glaube, dass er dir hilft. ....
2- Er fährt nach Denizli, wo er seinen Bruder trifft. ....
3- Das ist die letzte Gelegenheit, die du hast. ....
4- Weisst du, ob er das Geld zurückgibt..................................
5- Glaube ihm nicht, er belügt dich. ....
6- Du kannst den Unfall in der Zeitung lesen. ....
7- Er fragt dich, wo du gewesen bist. ....
8- Du bekommst diesen Brief sicher übermorgen. ....

Setzen Sie für das Futur folgende modale Hilfsverben ein:

Ich werde dir das Geld leihen. (können)
....

1- Ich werde in Zukunft ordentlicher schreiben. (wollen)
....

2- Ihr werdet jetzt ins Bett gehen. (müssen)
....

3- İrfan wird inzwischen in İstanbul angekommen sein. (dürfte)
....

4- Die Bauarbeiten an der Tiefgarage werden im Juni beendet sein. (könnten)
....

5- Dieser Mantel wird etwa 30 Mark kosten. (dürfte)
....

6- Du wirst jetzt Nüsse aus dem Keller holen. (sollst)
....

LISTE DER STARKEN UND UNREGELMÄSSIGEN VERBEN
(Kuvvetli ve Kuralsız Fiillerin Listesi):

INFINITIV	PRÄTERITUM	PARTIZIP PERFEKT	BEDEUTUNG
backen	buk	gebacken	fırında pişirmek
befehlen	befahl	befohlen	emretmek
beginnen	begann	begonnen	başlamak
beissen	biss	gebissen	ısırmak
bergen	barg	geborgen	çıkarmak
bewegen	bewog	bewogen	hareket ettirmek
biegen	bog	gebogen	bükmek
bieten	bot	geboten	sunmak
binden	band	gebunden	bağlamak
bitten	bat	gebeten	rica etmek
blasen	blies	geblasen	üflemek
bleiben	blieb	geblieben (ist)	kalmak
bleichen	blich	geblichen (ist)	solmak
braten	briet	gebraten	kızartmak
brechen	brach	gebrochen	kırmak
brennen	brannte	gebrannt	yanmak
bringen	brachte	gebracht	getirmek
denken	dachte	gedacht	düşünmek
dreschen	drosch	gedroschen	harman dövmek
dringen	drang	gedrungen (ist/hat)	zorla girmek
dürfen	durfte	gedurft	izinli olmak
empfehlen	empfahl	empfohlen	tavsiye etmek
erlöschen	erlosch	erloschen (ist)	sönmek
erschrecken	erschrak	erschrocken	korkutmak
essen	aß	gegessen	yemek yemek
fahren	fuhr	gefahren (hat/ist)	gitmek
fallen	fiel	gefallen (ist)	düşmek
fangen	fing	gefangen	yakalamak
fechten	focht	gefochten	eksrim yapmak
finden	fand	gefunden	bulmak
fliegen	flog	geflogen (hat/ist)	uçmak
fliehen	floh	geflohen (ist)	kaçmak
fliessen	floß	geflossen (ist)	akmak
fressen	fraß	gefressen	yemek yemek (hayvanlar için)
frieren	fror	gefroren	üşümek
gebären	gebar	geboren	doğurmak

geben	gab	gegeben	vermek
gedeihen	gedieh	gediehen (ist)	gelişmek
gehen	ging	gegangen (ist)	gitmek
gelingen	gelang	gelungen (ist)	başarılı olmak
gelten	galt	gegolten	geçerli olmak
geniessen	genoß	genossen	tadını çıkarmak
geschehen	geschah	geschehen (ist)	meydana gelmek
gewinnen	gewann	gewonnen	başarmak
giessen	goß	gegossen	dökmek
gleichen	glich	geglichen	benzemek
graben	grub	gegraben	elemek
greifen	griff	gegriffen	tutmak
haben	hatte	gehabt	olmak
halten	hielt	gehalten	tutmak, durmak
hängen	hing	gehangen	asılı durmak
hauen	hieb	gehauen	vurmak, dövmek
heissen	hieß	geheissen	adlandırmak
helfen	half	geholfen	yardım etmek
kennen	kannte	gekannt	tanımak
klingen	klang	geklungen	çınlamak
kneifen	kniff	gekniffen	çimdiklemek
kommen	kam	gekommen	gelmek
können	konnte	gekannt	bilmek
kriechen	kroch	gekrochen (ist)	sürünmek
laden	lud	geladen	yüklemek
lassen	liess	gelassen	bırakmak
laufen	lief	gelaufen (ist)	koşmak
leiden	litt	gelitten	acı çekmek
leihen	lieh	geliehen	ödünç vermek
lesen	las	gelesen	okumak
liegen	lag	gelegen	durmak (yatık)
lügen	log	gelogen	yalan söylemek
meiden	mied	gemieden	kaçınmak
melken	molk	gemolken	sağmak
messen	maß	gemessen	ölçmek
mißlingen	mißlang	mißlungen (ist)	başaramamak
mögen	mochte	gemocht	istemek
müssen	mußte	gemusst	mecbur olmak
nehmen	nahm	genommen	almak
nennen	nannte	genannt	isimlendirmek
pfeifen	pfiff	gepfiffen	ıslık çalmak
raten	riet	geraten	öğütlemek
reiben	rieb	gerieben	sürtmek
reissen	riß	gerissen (hat/ist)	yırtmak
reiten	ritt	geritten (hat/ist)	ata binmek
rennen	rannte	gerannt (ist)	koşmak

riechen	roch	gerochen	kokmak
ringen	rang	gerungen	güreşmek
rufen	rief	gerufen	çağırmak
salzen	salzte	gesalzen	tuzlamak
saufen	soff	gesoffen	fazla içmek
saugen	sog	gesogen	emmek, çekmek
schaffen (1)	schuf	geschaffen	yaratmak
scheiden	schied	geschieden	ayırmak
scheinen	schien	geschienen	görünmek
schieben	schob	geschoben	itmek
schiessen	schoß	geschossen	ateş etmek
schlafen	schlief	geschlafen	uyumak
schlagen	schlug	geschlagen	vurmak, dövmek
schliessen	schloß	geschlossen	kapatmak
schmeissen	schmiss	geschmissen	atmak
schmelzen	schmolz	geschmolzen (hat/ist)	erimek
schneiden	schnitt	geschnitten	kesmek
schreiben	schrieb	geschrieben	yazmak
schreien	schrie	geschrien	bağırmak
schweigen	schwieg	geschwiegen	susmak
schwellen	schwoll	geschwollen (ist)	şişmek
schwimmen	schwamm	geschwommen (hat/ist)	yüzmek
schwören	schwor	geschworen	yemin etmek
sehen	sah	gesehen	görmek
senden (1)	sandte	gesandt	yollamak
singen	sang	gesungen	şarkı söylemek
sinken	sank	gesunken (ist)	batmak
sitzen	saß	gesessen	oturmak
sollen	sollte	gesollt	gerekmek
spalten	spaltete	gespalten	yarmak
spinnen	spann	gesponnen	örmek
springen	sprang	gesprungen (ist)	atlamak
stecken (1)	stack	gesteckt (hat/ist)	sokmak
stehen	stand	gestanden	ayakta durmak
stehlen	stahl	gestohlen	çalmak
steigen	stieg	gestiegen ist	yükselmek
sterben	starb	gestorben	ölmek
stinken	stank	gestunken	kötü kokmak
stossen	stieß	gestossen (hat/ist)	çarpmak
streichen	strich	gestrichen	sürmek
streiten	stritt	gestritten	kavga etmek
tragen	trug	getragen	taşımak
treffen	traf	getroffen	buluşmak
treiben	trieb	getrieben (hat/ist)	harekete geçirmek
treten	trat	getreten (hat/ist)	ayak basmak
trinken	trank	getrunken	içmek

trügen	trog	getrogen	aldatmak
tun	tat	getan	yapmak
verderben	verdarb	verdorben (hat/ist)	bozmak
vergessen	vergass	vergessen	unutmak
verlieren	verlor	verloren	kaybetmek
verzeihen	verzieh	verziehen	bağışlamak
waschen	wusch	gewaschen	yıkamak
weben (1)	wob	gewoben	dokumak
weisen	wies	gewiesen	işaret etmek
wenden	wandte	gewandt	yöneltmek
werben	warb	geworben	reklam yapmak
werden	wurde	geworden (ist)	olmak
werfen	warf	geworfen	fırlatmak
wiegen	wog	gewogen	tartmak
wissen	wußte	gewusst	bilmek
wollen	wollte	gewollt	istemek
ziehen	zog	gezogen (hat/ist)	çekmek
zwingen	zwang	gezwungen (hat/ist)	zorlamak

LİSTENİN KULLANIMI

1- Listeye önemli bütün kuvvetli ve kural dışı fiiller (starke Verben gemischte Verben) alınmıştır.

2- İlk sütunda fiillerin mastar (Infinitiv) halindeki şekli ile şimdiki zaman (Präsens) çekimlerinde kökü değişen fiillerin sadece 3. tekil şahıs çekimi verilmiştir. (backen, bäckt).

3- Bazı fiillerin yanındaki (1) işareti bu fiillerin kurala tabi zayıf fiiller gibi de kullanıldığını belirtir. (backen-buk-gebacken/backen-backte-gebackt).

4- İkinci sütunda bu fiillerin temel anlamları verilmiştir. Bazı fiiller burada verilmeyen anlamları alabilirler.

5- Üçüncü sütundaki fiillerin Präteritum zaman teşkilinde kullanılan şekli verilmiştir. Bu şekil birinci ve üçüncü (1.-3.) şahıslara göre çekilmiş şekildir. Diğer şahıslarda da sütunda verilen şekille ilgili şahıs takıları getirilir.

6- Dördüncü sütunda fiillerin (Partizip Perfekt) denilen şekilleri verilmiştir. Fiillerin bu şekli şahıslara göre çekilmez. Her fiil (haben) veya (sein) yardımcısıyla çekilir. Bu yüzden bu sütunda ayrıca yardımcısı (sein) olan fiillerin bu şeklinin önüne (ist) konmuştur. Diğerlerinin yardımcısı (haben) dir. Bazı fiiller taşıdıkları değişik anlamlarına göre (haben) ve (sein) fiillerini yardımcı olarak kabul ederler. Bu tür fiillerin önüne de (hat/ist) yazılmıştır.

7- Fiillerin sıralanmasında alfabetik sıra izlenmiştir.

TRENNBARE UND UNTRENNBARE VERBEN
(Hem ayrılan hem de ayrılmayan fiiller):

Edatlı (Präpositionlu) fiillerle ayrılmayan fiiller arasındaki farka dikkat ediniz!
Wir **durchreisten** Frankreich. (um in verschiedenen Gegenden etw. zu besichtigen)
Wir **reisten durch** Frankreich. (weil wir von Deutschland nach Spanien fahren wollen)
Diesen Punkt übergehe ich lieber. (Ich spreche nicht davon.)
Wir gehen **über** die Straße.

holen	:	alıp getirmek
wiederholen	:	tekrarlamak alıp getirmek (ayrılan fiil)

- Der Herr hat den Knochen in den Garten des Nachbarn geworfen, aber der Hund hat ihn **sich wiedergeholt**.

wiederholen : tekrarlamak (ayrılmayan fiil)

- Er ist sitzengeblieben, daher muß er die Klasse wieder**holen**.

brechen : kırmak

durchbrechen: ikiye kırmak, ortasından kırmak, kırılmak (ayrılan fiil)
- Das Kind hat den Stock **durch**gebrochen.

durch**brechen**: yaparak geçmek, delerek geçmek (ayrılmayan fiil)
- Die Soldaten haben die feindlichen Truppen durc**brochen**.

schneiden : kesmek

durchschneiden: ortasından kesmek, ikiye biçmek (ayrılan fiil)
- Schneiden Sie bitte den Apfel **durch**!

durch**schneiden**: ortasından geçmek, arasından geçmek (ayrılmayan fiil)
- Das Schiff durchschneidet die Wellen.

gehen : gitmek

übergehen: başka partiye, başka dine, düşman tarafına, başka konuya başka birinin mülkiyetine geçmek. (ayrılan fiil)
- Einige Abgeordnete der Demokratischen Partei sind zur Gerechtigkeitspartei **über**gegangen.

über**gehen** : ihmal etmek, dikkate almamak, atlamak (ayrılmayan)

laufen	:	**koşmak**

überlaufen: taşmak, düşman tarafına geçmek (ayrılan fiil)
- Vergiss die Milch auf dem Herd nicht! Sonst läuft sie **über**.

über**laufen**	:	rahatsız etmek, çok meşgul etmek (ayrılmayan)
laufen	:	- Der Bettler hat den Reichen mit Bitten über**laufen**.
nehmen	:	almak
übernehmen	:	mantoyu, şalı, silahı v.b. omuza almak (ayrılan fiil) über**nehmen**: kabul etmek, üzerine almak, yüklenmek (ayrılmayan)

- Weil der General krank ist, über**nimmt** sein Stellvertreter das Kommando.

setzen	:	(koymak)
übersetzen	:	karşı sahile geçmek, geçirmek (ayrılan fiil)

- ....einem Boot setzen sie ans andere Ufer **über**.

über**setzen**	:	bir dilden başka bir dile çevirmek (ayrılmayan)

- Viele Werke von Heinrich Böll sind ins Türkische über**setzt**.

treten	:	**ayak basmak**
übertreten	:	Başka bir yere, bir dine ya da partiye geçmek, sporda geçilmesi kurallara aykırı olan çizgiyi geçmek. (ayrılan)

- Früher war er Protestant, jetzt ist er zum Katholizismus **über**getreten.

über**treten**	:	Yasaya uymamak (ayrılmayan)

- Wer die Gesetze über**tritt**, wird bestraft.

Kleiden	:	**giydirmek**
um**kleiden**	:	kaplamak, örtmek, (ayrılmayan)

- Die Mutter kleidet ihr Kind **um**.

sich **um**kleiden:		kendi giysilerini değiştirmek

- Unglaublich schnell hat er sich **um**kleidet.

um**kleiden**	:	kaplamak, örtmek (ayrılmayan)

- Die Wahrheit können sie nicht mit schönen Wörtern um**kleiden** !

halten	:	**tutmak**
unterhalten	:	altında tutmak (ayrılan)

- Ich habe dem Verletzten meinen Arm **unter**gehalten.

unter**halten**	:	birinin geçimini sağlamak (ayrılmayan)

- Der Vater unter**hält** seinen Sohn Während des Studiums.

sich unter**halt**en: söyleşmek, sohbet etmek (ayrılmayan)
- Gestern traf ich einen alten Bekannten, wir haben **uns** lange unter**halt**en.

stellen : **dikmek, koymak**
umstellen : yerini değiştirmek, başka yere koymak (ayrılan)
- Ich glaube, dass das Zimmer besser aussehen wird, wenn die Möbel **um**gestellt werden.

umstellen : kuşatmak, etrafını sarmak, çevirmek (ayrılmayan)
Die polizei um**stellt**e das Haus, wo sich die Banditen versteckt hatten.

nehmen : **almak**
unternehmen : kolunun altına almak (ayrılan)
- Weil der Verletzte nicht gehen konnte, nahmen wir ihn **unter**.

unter**nehmen** : teşebbüs etmek, girişimde bulunmak (ayrılmayan)
- Was wollen wir jetzt unter**nehmen**?

schlagen : **vurmak, kanat için çırpmak**
unterschlagen: kollarını çapraz kavuşturmak, bacak bacak üstüne atmak (ayrılan)
- Wenn unser Lehrer die Arme **unter**schlägt, dann ist er bestimmt zornig.

unter**schlagen**: zimmetine para geçirmek (ayrılmayan)
- Der Kassierer floh, nachdem er 100.000.- Lira unter**schlagen** hatte.

machen : **yapmak**
vollmachen : doldurmak (ayrılan)
- Machen Sie den Koffer nicht so **voll**, er wird zu schwer.

bringen : **getirmek, götürmek**
voll**bringen** : tamamlamak, oluşturmak (ayrılmayan)
- Der Schriftsteller hat diese Erzählung in einer Nacht voll**bracht**.

spiegeln : **yansıtma, aksettirmek (ışık için)**
wiederspiegeln: yansıtmak, aksettirmek (bir nesneyi) (ayrılan)
- Das Wasser spiegelt die Bäume **wider**.

sprechen : **konuşmak**
wider**sprechen**: itiraz etmek, aksini iddia etmek (ayrılmayan)
sich wieder**sprechen**: çelişkiye düşmek
- Der Angeklagte hat sich beim zweiten Verhör wider**sprochen**.

fahren : **vasıtayla gitmek.**
umfahren : Birini çiğnemek, ezmek (ayrılan)
- Das Auto fährt den Mann **um**.

um**fahren** : bir yerin etrafında tur atmak (ayrılmayan)
- Wir um**fahren** die **Stadt**.

ÜBUNGEN MIT ZEITFORMEN
(Zamanlarla ilgili alıştırmalar):

A) *Präsens (Simdiki zaman):*

(-iyor, üyor, ıyor, uyor) eklerini ifade eder.

Ich	komme	(geliyorum)	wir	kommen	(geliyoruz)
du	kommst	(geliyorsun)	ihr	kommt	(geliyorsunuz)
er	kommt	(der Mann) (geliyor)			(die Männer)
sie	kommt	(die Frau) (geliyor)	sie	kommen	(die Frauen)
es	kommt	(das Kind) (geliyor)			(die Kinder)
			Sie	kommen	(geliyorsunuz)

Olumsuz Şekli:

ich komme nicht	(gelmiyorum)
ich sehe nicht	(görmüyorum)
ich bleibe nicht	(kalmıyorum)
ich finde nicht	(bulmuyorm) v.b. gibi.

Soru Şekli:

Sehe ich?	Bleiben wir?
Kommst du?	Sagt ihr?
Kommt er (sie, es) ?	Finden Sie?
	Lernen Sie?

Örnekler:

Vaktimizi kaybediyoruz.   - Wir **verlieren** unsere Zeit.
Herkes bize bakıyor.   - Jedermann **schaut** auf uns.
Beni tanımıyor musunuz?   - **Kennen** Sie mich nicht
Öğretmenler görevlerini yapıyorlar .   - Die Lehrer **tun** ihre Pflicht.
Bugün posta gelmiyor mu?   - **Kommt** heute keine Post?

Aşağıdaki cümlelerde uygun olan fiil çekimlerini yazınız!

1- Der Direktor .... eine Tasse Kaffee.   (trinken)
2- Ich .... keinen Bleistift.   (brauchen)
3- Wir .... einen Aufsatz.   (schreiben)
4- Der Lehrer .... eine Geschichte.   (erzählen)
5- .... du ein Paar Schuhe?   (kaufen)
6- .... ihr immer richtig?   (anworten)
7- .... Sie heute ins Theater?   (gehen)
8- Touristen .... nach dem Reisebüro.   (fragen)
9- Die Studenten .... nicht genügend.   (arbeiten)
10- Wir ....in Konya.   (leben)
11- Die Mutter .... ihre weinende Kinder.   (trösten)
12- Die Kinder .... auf den Bus.   (warten auf)
13- Ich .... die Wörter in dem Wörterbuch.   (suchen)
14- Der Lehrer .... seine Tasche auf den Tisch. (legen)

Kuralsız olan fiillerin çekimi (Bazı fiillerin ikinci ve üçüncü tekil şahıslarda kuralsız şekilleri vardır.)

ich esse	wir essen	**Örnekler**	: lesen
du ißt	ihr eßt		sehen
er	sie essen		sprechen
sie ißt	Sie essen		nehmen
es			fressen
			fahren
			laufen

du	liest, siehst, sprichst, ninmmst, frißt, fährst, läufst
er	liest, sieht, spricht, ninmmt, frißt, fährt, läuft

Aşağıdaki cümlelerde doğru olan fiilleri cümledeki şahsa göre çekerek yerleştiriniz!

1- .... du diese Suppe?   (essen)
2- Das Pferd .... gerne Hafer.   (fressen)
3- .... du das Buch noch einmal?   (lesen)
4- Der Sportler .... den Speer 78 m weit.   (werfen)
5- Der Springer .... die 100 m in 10,1 sek. (laufen)
6- .... den Bleistift und schreibe!   (nehmen)

7- Der Autobus .... sehr langsam. (fahren)
8- Der Student .... fliessend Deutsch. (sprechen)
9- Die Mutter .... die Wurst (braten)
10- .... du mit dem Bus in die Schule? (fahren)

Not: "Haben" yardımcı fiili daima Akkusativ (i) hali ister. Yani "haben" ile yapılan cümlelerdeki nesnenin (ismin) artikeli Akkusativ halde olur.

Örnekler:

Der Lehrer **hat eine** Tasche.   (die) keine
Der Fahrer **hat ein** Taxi.   (das) kein
Hast du **einen** Füller?   (den) keinen

Aşağıdaki cümlelerde "haben" fiili ile birlikte Artikellerin doğru kullanılmasına dikkat ediniz!

1- Der Junge Mann .... kein Geld.
2- Ich .... ein .... Schraubenzieher.
3- .... Sie .... Feuer?
4- .... ihr d.......... Bälle ?
5- Wir .... d... Deutschbücher nicht dabei
6- Die Frau .... kein .... Mantel
7- Das Haus .... kein .... Schornstein.
8- Der Schüler .... ein .... Frage
9- Wir .... heute Unterricht.
10- Die Schüler .... Bücher und Hefte.

Ayrılan fiillerin ön ekleri genellikle cümlenin sonunda bulunur. Bu fiiler kelimenin birinci hecesinin sesli okunmasından dolayı kolaylıkla tanınabilir. (Örnekler: **er, ver, zer-, be-, ent-,** ve **ge-** ile başlayan fiiller ayrılmazlar.)

Aşağıdaki fiil ve kelimelerden cümle kurunuz!

1. Der Hund, von zu Hause, weglaufen...
2. Der Zug, um 10Uhr in Konya, angekommen ....
3. Der Onkel, mich, in den Zirkus, mitnehmen ....
4. Hidayet, heute, wieder, heimfahren ....
5. Wir, um 6 Uhr, mit der Arbeit, aufhören ....
6. Das Semester, am 2.Oktober anfangen ....

7. Ich jeden Morgen, um 5 Uhr, austehen ....
8. Die Damen, gern, Schaufensterauslagen, anschauen ....
9. Ich, mein Lehrer, zur Hochzeit, einladen ....
10. Der Lehrling, immer, dreimal, anklopfen ....

Fiillerin ayrılıp ayrılmadığını cümle kurarak bulmaya çalışınız!

1. Die Katze, vom Tisch, herunterspringen ....
2. Grossmutter, eine spannende Geschichte erzählen ....
3. Klein, Junge, die Tasse, zerbrechen ....
4. Mevlüt, Onkel, in Frankfurt, besuchen ....
5. Auto, auf der Strassenkreuzung, stehenbleiben ....
6. Mutter, mit Kindern, spaziergehen ....
7. Reisende, in München, aussteigen ....
8. Arbeiter, Lastwagen, beladen ....
9. Polizei, Verbrecher, verfolgen ....
10. Vater, den Kindern, ein Geschenk, mitbringen ....

B) *Präteritum (Imperfekt) (Yakın Geçmis Zaman):*

Das ist Mustafa. Er ist am 12.5.1948 geboren. Mit sechs Jahren **kam** er in die Grundschule. Die Grundschule **dauerte** vier Jahre. Dann **ging** er in die Haptschule. Die Hauptschule **dauerte** fünf Jahre. Er **wollte** Elektriker werden und **musste** eine Lehrstelle finden. Drei Jahre **machte** er eine Lehre. Jetzt **arbeitet er** bei einer Elektrofirma in Dortmund.

Das ist Emel. Sie ist am 3.4.1959 geboren. Sie **ging** vier Jahre in die Grundschule. Dann **kam** Sie in die Realschule. Die Realschule **dauerte** sechs Jahre. Sie wollte Schauspielerin werden. Aber ihre Eltern waren dagegen. Sie **sollte** Arzthelferin werden. Sie **durfte** nicht an die Schauspielschule.

Das ist Fatma. Sie ist am 5.3.1953 geboren. Sie **ging** vier Jahre in die Grundschule. Dann **kam** sie ins Gymnasium. Das Gymnasium **dauerte** neun Jahre. 1972 **machte** sie das Abitur. Sie **wollte** Chemie studieren. Erst **musste** sie zwei Jahre auf einen Studienplatz warten. Dann **studier**te sie zehn Semester. Jetzt arbeitet sie in einem Institut für Lebensmittel- Chemie.

Erzählen Sie im Präteritum!
(Aşağıdaki Almanca cümleleri yakın geçmiş zaman yapınız!)

Örnek:

Die Zeitungen **schreiben** viel über Heimhausen. Sie **schrieben** viel über Heimhausen.

1. Viele Reporter kommen und sprechen mit den Leuten.
   ....
2. Sie stehen mit der Kamera auf dem Marktplatz.
   ....
3. Georg findet das sehr interessant und ist immer in der Nähe der Kamera.
   ....
4. Am Mittwoch sieht er die Sendung im Fernsehen.
   ....
5. Eine Frau spricht mit einem Reporter.
   ....
6. Da greift ein Mann in ihre Tasche und geht schnell weg.
   ....
7. Georgs Vater ruft: "Das ist doch ein Taschendieb!"
   ....
8. Das Haus meines Vaters ist in der Gartenstrasse.
   ....
9. Wir gehen oft zu meinem Vater.
   ....
10. Dann sitzen wir zusammen um den Tisch und trinken Kaffee.
    ....
11. Dieses Haus gefällt mir sehr gut.
    ....
12. Ich lade Erika zum Abendessen ein.
    ....
13. Wir gehen in eine Weinstube und essen dort zu Abend.
    ....
14. Um 1 Uhr schliesst die Weinstube, und wir fahren nach Hause.
    ....

Erzählen Sie das Präteritum! (Cümleleri Präteritum yapınız!)

1- Du bist krank, deshalb mußt du zu Hause bleiben.
   ....

2- Ihr könnt nicht arbeiten, denn ihr seid müde.
   ....

3- Du kannst die Suppe nicht essen, denn du hast keinen Löffel.
   ....

4- Der Unterricht ist aus, ihr könnt rasch nach Hause gehen.
   ....

5- Ihr müßt jetzt in die Stadt gehen, denn ihr müßt ein Geschenk kaufen.
   ....

6- Du willst Auto fahren, aber du hast kein Auto, also kannst du nicht fahren.
   ....

Imperfekt mit den schwachen Verben (Zayıf fiillerle geçmiş zaman)!

Ein Student aus Frankreich ……….einmal eine Reise durch Österreich……….(machen)

1. Er ………… viele Städte und Dörfer. (besuchen)
2. Die Bauern ………… auf den Feldern. (arbeiten)
3. Der Gast …………… an einen Tisch in der Ecke und ………. ein Mittagessen bestellen. (sich setzen, wollen)
4. Er ………… aber nicht Deutsch. (können)
5. Der Gast ………. ………. auf das Essen und besonders auf die Pilze. (sich freuen)
6. Ein Mann ………… ein Zimmer mit Bad. (suchen)
7. In dem Hotel ………… sie ein Zimmer. (mieten)
8. Am Morgen ………… er eine Uhr. (kaufen)
9. Diese Uhr ………… der Besitzer schnell finden. (sollen)
10. Der Junge ………… einen neuen Anzug. (brauchen)
11. Der Lehrer ………… den fleissigen Schüler. (fragen)
12. ………… ihr ein Fahrrad (haben)
13. Ich ………… ein kurzes und schönes Gedicht (lernen)
14. Der Schutzmann ………… den fremden Herrn den Weg (zeigen)

Imperfekt mit den starken Verben (Kuvvetli fiillerle geçmiş zaman)!

Er .... an Bauernhöfen vorbei und .... das Vieh auf den Wiesen. (fahren, sehen)

Der Franzose .... in ein Dorf und .... vor einem Gasthaus. (kommen, halten)

1. Ein Mann .... eilig um die Ecke einer Seitenstrasse und .... mit dem Kaufmann .... (gehen, zusammenstossen)
2. Er .... ihm die Uhr und der Kaufmann .... zufrieden .... (geben, weitergehen)
3. Im Hotel .... er sofort in sein Zimmer. (gehen)
4. Er ...... in seine Tasche und .... die Uhr des Mannes. (greifen, finden)
5. Die Freunde .... lange .... (zusammensitzen)
6. Das Buch .... auf dem Tisch. (liegen)
7. Ich .... auf dem Stuhl (sitzen)
8. Der Mantel .... am Haken (hängen)
9. Der Junge .... die silberne Tür. (schliessen)
10. Der Kranke .... im langen Bett. (liegen)
11. Ich .... einen schönen Film. (sehen)
12. Ich .... ein Glas Wasser. (trinken)
13. Ich .... einen Apfel und eine Orange. (essen)

Imperfekt mit den gemischten Verben (Karışık fiillerle geçmiş zaman)!

1. Der Wirt .... keinen Teller mit Pilzen, sondern einen Regenschirm. (bringen)
2. Der Junge .... immer an seinen Vater. (denken)

.... sie den berühmten Wissenschaftler? (kennen)

3. Das Pferd .... durch den Wald. (rennen)
4. Die alte Frau .... ihrem Sohn einen Brief. (senden)
5. Er .... alle Leute dumm. (nennen)
6. Der Schüler .... heute seine Bücher nicht .... (mitbringen)
7. Er .... immer an Bier. (denken)
8. Wir .... nicht die Tatsachen von Deutschland. (kennen)
9. Wann .... der Schüler das Buch .... (zurückbringen)
10. Der Läufer .... auf dem Platz drei Stunden lang. (rennen)

11. Wie .... man das Volk im 16 Jh.   (nennen)
12. Der schwache Ringer .... gegen einen starken Ringer.   (ringen)
13. Der Schüler .... jedenTag an seine Prüfung.   (denken)
14. Ich .... meine Ferien in Antalya   (verbringen)

Imperfekt mit "SEİN"!

1. Das Wetter .... schön und die Luft .... warm
2. Es .... gerade Mittagszeit.
3. Es .... einmal ein Mann, der sehr stark ....
4. Berlin .... ihm zu gross
5. Auch die Tasche seiner Weste .... leer.
6. Gestern .... ich noch in Rom.
7. Ich .... in den Ferien in Italien.
8. Gestern Abend .... ich im Theater.
9. Als wir das letzte mal Bier tranken, ... du sehr klein.
10. Die Straßen der Stadt .... sehr dunkel.

Test zur Vorzeitigkeit:

Fatih **wachte** mit Schmerzen **auf**.
Er **schaute** sich **um** (umschauen) und **wußte** (wissen) nicht, wo er war. Er **konnte** sich nicht **erinnern** (erinnern-können), wie er **gekommen war** (kommen). Die Tür **ging auf** (aufgehen), und eine Krankenschwester **trat ein** (eintreten)
"Schwester", **sagte** er ("sagen") "was" **ist passiert?** (passieren)
"Sie **sind** mit ihrem Wagen gegen einen Baum **gefahren**" (fahren)
Er **erschrack** (erschrecken) und **fragte** (fragen) nach seiner Freundin Fatma, die mit ihm im Auto **gesessen** hatte (sitzen)
Die Schwester **beruhigte** (beruhigen) **ihn**.
"Ihr **ist** nichts **passiert**" (passieren).
Plötzlich **fiel** ihm wieder **ein** (einfallen),
Wie sich dieser Unfall ereignet **hatte** (ereignen)
Er war auf nasser Strasse ins Schleudern **gekommen** (kommen), weil er zu schnell **gefahren war** (fahren) und zu heftig **gebremst hatte** (bremsen). "Ach, **hätte** ich doch besser **aufgepasst!**" (aufpassen).

Bilden Sie das Präteritum !

Örnekler:

Heute **leben** die Menschen 65 Jahre.
Früher **lebten** die Menschen nur 34 Jahre.

1. Heute **wohnen** die Leute in Hochhäusern.
   Früher .... sie in Holzhütten.
2. Heute **gibt** es überall Coca Cola.
   Früher .... es nur Milch oder Saft.
3. Heute **gehe** ich nicht ins Kino und sehe fern.
   Früher .... ich immer ins Kino und .... nie fern.
4. Heute **denkst** du so über dieses Problem.
   Aber früher .... du anders darüber.
5. Heute **kommt** er rechtzeitig zum Unterricht.
   Sonst .... er nicht so rechtzeitig.

Erzählen Sie im Präteritum!

1- İrfan studiert in München. ....
2- Sie sucht ein Zimmer. ....
3- Deshalb kauft er eine Zeitung und zeigt seinen Freunden die Anzeigen. ....
4- Er mietet das Zimmer. ....
5- Er bezahlt die Miete sofort. ....
6- Dann holt er seinen Koffer vom Bahnhof. ....
7- Er will sofort einziehen. ....
8- Necati kauft ein Buch. ....
9. Es kostet acht Mark. ....
10. Er gratuliert ihm zum Geburtstag und wünscht ihm alles Gute. ....
11. Er schenkt ihm das Buch. ....
12. Er dankt seinem Freund herzlich. ....
13. Ahmets Mutter macht Kaffee und stellt Kuchen auf den Tisch. ....

Erzählen Sie im Präteritum!

1. Herr Breuer will in die Beethovenstraße fahren, aber er weiss den Weg nicht.
   ....

2. Er fragt einen Mann nach dem Weg.
   ....

3. Der gibt ihm freundlich Auskunft.
   ....

4. Zuerst fährt Herr Breuer mit der Strassenbahn.
   ....

5. Am Marienplatz muß er in die U-Bahn umsteigen.
   ....

6. Er geht zum Bahnsteig.
   ....

7. Viele Leute warten dort.
   ....

8. Da kommt der Zug.
   ....

9. Herr Breuer sieht nur den Zug und steigt ein.
   ....

10. Aber er kommt nicht zur Beethovenstrasse, denn die Richtung ist falsch.
    ....

Erzählen Sie auch diese Geschichte in Präteritum!

"Vor ein paar Tagen............"

1- Ich denke wieder einmal an meinen Freund.
   ....

2- Er wohnt in der Gartenstrasse.
   ....

3- Ich besuche ihn oft.
   ....

4- Seine Wohnung gefällt mir.
   ....

5- Das Wohnzimmer ist ziemlich klein.
   ....

6- In der Ecke steht eine Couch.
   ....

7- Sie ist sehr bequem, und wir sitzen gern dort.
   ....

8- Wir trinken Kaffee oder essen etwas.
   ....

9- Die Frau meines Freundes kocht sehr gut.
   ....

10- Sie bringt immer wieder etwas aus der Küche und bietet es uns an.
   ....

11- Ich finde das sehr schön, denn als Student esse ich sonst nicht so gut.
   ....

12- Leider bleibt mein Freund nicht lange in München (Er wohnt jetzt in Köln.)
   ....

Präteritum von Modalverben!
1- Warum bist du gestern nicht mitgekommen?
   Ich .... nicht (können)
   Wer hat das gesagt.
   Meine Eltern. Ich .... (wollen) zu Hause bleiben und .... (sollen) für die Prüfung lernen.
   Ach so. Wir dachten, du .... nicht mitkommen. (möchten)
   Nein, nein, ich .... leider nicht (dürfen)

Präteritum von starken und unregelmässigen Verben.
1- Wie .... es dir gestern in der Prüfung?   gehen
   Ganz gut. Ich .... sie leicht   finden
   Wirklich? Ich .... viele Wörter nicht   wissen
   Heinz auch nicht. Der .... neben mir.   sitzen
   Ja. Ich .... mein Wörterburch und (nehmen)
   .... ein paar Minuten draussen auf dem Flur.   bleiben
   Dann .... ich jedes Wort.   kennen

C) *Perfekt (Di'li Geçmiş Zaman)*

Zwei Jahre war Asuman in Österreich. Sie ist im Februar 1980 aus der Türkei gekommen. Zuerst ist sie in Graz gewesen, dort hat sie einen Sprachkurs gemacht. Der Sprachkurs hat sechs Monate gedauert und Asuman hat gut Deutsch gelernt. Dann ist sie nach Wien gefahren.

In Wien hat sie studiert. Sie war an der Universität. 1980 hat sie ihr Studium angefangen. Es ist nicht leicht gewesen: Sie ist in Vorlesungen gegangen und hat anfangs nur wenig verstanden. Aber Kollegen haben ihr geholfen.

Asuman hat in Wien ein Zimmer gemietet und bei einer Familie gewohnt. Dort hat sie sich sehr gut gefühlt. Abends hat sie manchmal ferngesehen. Aber oft haben Freunde sie auch eingeladen, und sie haben zusammen Ausflüge gemacht. Asuman hat viele Österreicher kennengelernt.

1982 hat sie ihr Studium beendet und ist in die Türkei zurückgefahren. Zwei Jahre ist sie im Ausland gewesen. In dieser Zeit hat sie ihre Familie nicht gesehen. Manchmal hat sie auch Heimweh gehabt. Aber jetzt denkt sie oft an ihr Studium in Österreich.

Bilden Sie das Perfekt ! (Di'li geçmiş zamanı teşkil ediniz!)

1- Peter kauft die Kinokarten
   ....

2- Er wartet lange auf Inge.
   ....

3- Inge verspätet sich leider sehr.
   ....

4- Dann kommt sie mit einer Freundin.
   ....

5- "Ach, Herr Schmidt, Sie stehen vor dem Kino und warten auf mich!"
   ....

6- "Ich freue mich doch auf diesen Abend", sagt Peter.
   ....

7- Rita geht in die Stadt und kauft sich einen Mantel.
   ....

8- Dann braucht sie auch noch Handschuhe.
   ....

9- Sie gibt ziemlich viel Geld aus.
   ....

10- Sie hat gerade noch das Geld für den Bus.
    ....

11- Heute besuche ich Herrn Braun.
    ....

12- Er wird heute 30 Jahre alt.
    ....

13- Ich gehe in einen Beatkeller, aber ich bleibe nicht lange.
    ....

Wie heisst das im Perfekt? (Di'li geçmiş zamanla nasıl söylenir?)

1- Der Kaufmann liest das Telegramm und ruft seinen Freund an.
   ....

2- Der Dieb kommt um Mitternacht ins Haus und stiehlt einen Koffer.
   ....

3- Der Zug hält nicht lange in Mainz; er fährt gleich weiter.
   ....

4- Die Leute sitzen im Kino, und der Film beginnt.
   ....

5- Fritz kauft Briefpapier und schreibt einen Brief an seine Cousine.
   ....

6- Ich treffe meinen Freund und gehe mit ihm in ein Gasthaus.
   ....

7- Wir setzen uns an einen Tisch essen Fisch und trinken ein Glas Wein dazu.
   ....

8- Rita kommt heute; sie hat Zeit und hilft mir.
   ....

9- Er sieht Herrn Braun und spricht mit ihm, denn er kennt ihn gut.
   ....

10- Ich nehme den Hörer ab, werfe zwei Zehnpfennigstücke ein und telefoniere.
    ....

11- Er steht auf, zieht seinen Mantel an und geht weg.
    ....

12- Sie bittet ihn um das Buch, und er gibt es ihr. Er braucht es nicht mehr.
    ....

Bilden Sie das Perfekt! (Di'li geçmiş zamanla yapınız!)

1- Inge zog gestern in ihre Wohnung ein.
   ....

2- Wir gingen zu ihr und besuchten sie.
   ....

3- Wir brachten ihr ein paar Blumen mit.
   ....

4- Wir sprachen über die Wohnung: sie gefiel uns sehr gut.
   ....

5- Dann kamen noch zwei Freunde.
....

6- Sie halfen ihr und hängten die Bilder an die Wand.
....

7- Wie heissten sie? Kanntest du sie nicht?
....

8- Ich fand sie sehr nett.
....

9- Wir unterhielten uns gut und blieben sehr lange.
....

10- Wir kamen erst sehr spät heim.
....

Ergänzen Sie mit Partizip Perfekt!

1- Der Schüler .... sehr fleissig .... (arbeiten)
2- Die Katze .... auf den Baum .... (klettern)
3- Wir .... Basketball .... (spielen)
4- Ich .... schon dreimal nach Van .... (reisen)
5- .... du deine Arbeit .... (machen)
6- Die Vertreterin .... an der Haustür .... (läuten)
7- Das Pferd .... die Strasse entlang .... (trotten)
8- Die Studenten .... kein Geld .... (sparen)
9- Der Fischer .... auf den See .... (rudern)
10- Ich .... den Schuss nicht .... (hören)
11- Wir .... zum Bahnhof .... (eilen)
12- .... du über die Stange .... ? (hüpfen)
13- .... Ihr euch über die Reise .... ? (sich freuen)
14- .... Ihr über die ganze Ostsee .... ? (segeln)
15- Das Apfelsaft .... sehr gut .... (schmecken)
16- Die Jungen .... durch die Stadt .... (schlendern)

Bilden Sie Perfekt mit "haben" und setzen Sie die Perfektform der Verben ein!

1- Im Sommer ...... mich mein Onkel .... (besuchen)
2- Sie .... sich über die Politik .... (unterhalten)
3- Der Schüler .... den Lehrer um einen Füller .... (bitten)
4- Er .... für die Firma Müller .... (arbeiten)

5- Der Reisende ………. sein Gepäck gegen Diebstahl ………. (versichern)
6- Heute ………. wir den Unterricht mit einer Wiederholung ………. (beginnen)
7- Der Junge ………. von seinem Vater eine Ohrfeige ………. (bekommen)
8- Der Impfling ………. sich vor Krankheit ………. (schützen)
9- Der Student ………. an seiner Doktorarbeit ………. (arbeiten)
10- Die Eltern ………. auf eine gute Erziehung der Kinder ………. (achten)
11- Ein Satz ………. aus mehreren Wörtern ………. (bestehen)
12- Er ………. bei seinem Onkel ………. (wohnen)
13- Du ………. mit grossen Appetit ………. (essen)
14- Der Junge ………. statt seines Mantels den Mantel von Herrn Bumm ………. (anziehen)
15- Wir ………. uns über Peters Worte ………. (sich freuen)
16- Ich ………. das Geld in die Schublade ………. (legen)
17- An diesem Abend ………. das Kind so spät ………. (einschlafen)
18- Nach dem Essen ………. wir den Tee ………. (trinken)
19- Ich ………. mich nach dir ………. (sich sennen)

Bilden Sie das Perfekt mit "sein" und setzen Sie die Perfektform der Verben ein!

1- Ich **bin** von der Schule bis zur Post zu Fuss ………. (gehen)
2- ………. Sie gestern pünktlich zum Theater ………. ? (kommen)
3- Er ………. drei Tage in Konya ………. (bleiben)
4- Herr Çelebi ………. in Wien ………. (aussteigen)
5- Er ………. in das Grundstück ………. (hereinfallen)
6- Er ………. hinter dem Mädchen ………. (herlaufen)
7- Er ………. als Sieger aus dem Kampf ………. (hervorgehen)
8- Ich ………. Ihnen sehr ………. (verbinden)
9- Der Mast des Schiffes ………. im Sturm ………. (brechen)
10- Ich ………. ………. (abbrennen)
11- Mein Vater ………. nach Holland ………. (fliegen)
12- Es ………. ein Wunder ………. (geschehen)
13- Der Chef ………. heute nicht zu ………. (geniessen)
14- Der Gefangene ………. ………. (auskneifen)
15- Seine Schulden ………. jetzt auf 1000 Mark ………. (angelaufen)
16- Meine Zeit ………. leider sehr kurz ………. (bemessen)

17- Der Reis .... in dem Topf .... (quellen)
18- Der Zug .... um 7 Uhr .... (abfahren)
19- Er .... in Istanbul .... (aussteigen)
20- Der Künstler .... nach München .... (verziehen)

Bilden Sie Perfekt mit gemischten Verben und setzen die Perfektform der Verben ein!

1- Ich tue, was ich .... (denken)
2- Du .... eine gute Nachricht .... (bringen)
3- Die ganze Fabrik .... (brennen)
4- Der Ausländer .... Türkei wenig .... (kennen)
5- Der Vogel .... den Kopf nach allen Seiten .... (wenden)
6- Die Kinder .... auf dem Sportplatz hin und her .... (rennen)
7- Der Fabrikant ....einen Katalog zur Ansicht .... (senden)
8- Ihr wisst mehr, als ihr .... (sagen)
9- Ich weiss, dass ich nicht .... (wiesen)
10- Der Beamte .... seine Pflicht .... (tun)
11- Die Sache .... mir schlecht .... (dünken)
12- Ich .... die Hausaufgabe nicht .... können. (machen)
13- Ich .... zwei Jahren in Istanbul .... müssen. (wohnen)
14- Er .... dieses Thema .... wollen (schreiben)

Bilden Sie das Perfekt mit starken Verben und setzen Sie die Perfektform der Verben ein!

1- Wer .... Brot .... (backen)
2- Der sterbende ....dem Herrn seine Seele .... (befehlen)
3- Die Arbeiter .... die Eisenstange .... (biegen)
4- Warum .... wir jeden Tag die Krawatte .... (binden)
5- Warum .... der Bettler .... (betteln)
6- Was für eine Zeitung .... der Lehrer immer .... (lesen)
7- Der Vogel .... auf dem Ast .... (sitzen)
8- Der Lehrer .... den Schüler .... (aufrufen)
9- Franz .... sein Wurstbrot .... (anbeissen)
10- Inge .... ihre Reise .... (abbrechen)
11- Ich .... aus dem Fenster .... (rausschauen)

12- Wovon .... die Ausländer .... (sprechen)
13- Das Mädchen .... den Ring .... (stehlen)
14- Wir .... uns vor dem Kino .... (treffen)
15- Die Fenster .... bei Kälte .... (beschlagen)
16- Ich .... dem Bursche .... (aufsitzen)
17- Die Expedition .... auf Schwierigkeiten .... (stossen)
18- Wir .... in die Schule zu spät .... (kommen)
19- Er .... zwei Jahren in München .... (bleiben)
20- Griechenland .... ungefähr 300 Jahren von der Türkei abhängig .... (sein)

Bilden Sie das Perfekt mit schwachen Verben und setzen Sie die Perfektform der Verben ein!

---

1. Das Volk .... dem Präsidenten............. (achten)
2. Wir .... auf die Fragen des Lehrers .... (antworten)
3. .... Sie Ihre Meinung .... (äussern)
4. Der Student .... ein gutes Examen .... (abschließen)
5. Der Diktator .... das Gesetz .... (beugen)
6. .... Sie einen Satz .... (bilden)
7. Die Sonne .... den Autofahrer .... (blenden)
8. Der Wirt .... die Gläser .... (füllen)
9. Gläubige Menschen .... Gott .... (fürchten)
10. Peter ....die Schwester meines Freundes .... (heiraten)
11. Der Arzt .... gegen die Krankheit .... (kämpfen)
12. Der alte Mann .... durch die Strasse .... (irren)
13. Der Hund .... den Hasen .... (jagen)
14. Die Ware .... in einem Schuppen .... (lagern)
15. Ich .... nicht bis zur Lampe .... (langen)
16. Die Schüler .... viele Fehler .... (machen)
17. Mein Freund .... mir die Augen über Peter .... (öffnen)
18. Ich .... meine Papiere .... (ordnen)
19. Die Schülerin .... ihre Koffer .... (packen)
20. Diese Arbeit .... mit jede freie Minute .... (rauben)

Bilden Sie Perfekt mit Modalverben!

1. Er kann die Schrift nicht lesen. Er hat die Schrift nicht lesenkönnen.
2. Wir müssen die Arbeit fertig machen.
   Wir ..... die Arbeit fertig ....
3. Ihr dürft das Auto des Vetters benutzen ....
4. Der Säugling mag die Milch nicht trinken. ....
5. Willst du diese Fernsehsendung nicht sehen? ....
6. Die Handballspieler sollen sich umkleiden..............................
7. Robert .... heute seinen Eltern einen Brief .... (schreiben, wollen).
8. Der Kranke .... drei Tage im Bett .... (liegen, müssen)
9. Er .... leider nicht Englisch .... (sprechen, können)
10. Mein Bruder .... dich .... (grüssen, lassen)
11. Ich .... sie von meinem Freund .... (grüssen, lassen)
12. Sie .... Ihrem Vater zum Geburt stag eine Krawatte ....
    (kaufen, wollen)
13. Wir .... das Land .... (kennenlernen, wollen)
14. .... er zu uns .... (kommen, dürfen)
15. Ich .... mir einen Anzug in München .... (machen, lassen)
16. Er .... hier .... (übernachten, wollen)
17. Er .... kein Zimmer .... (bekommen, können)
18. Wir .... die Reisen nicht .... (machen, können)
19. Ich .... (bleiben, müssen)
20. Jeder .... in einem Wettlauf .... (siegen, wollen)
21. Ich .... dieses Haus .... (mieten, wollen)
22. Er .... die Rechnung .... (bezahlen, können)
23. Wir .... die Regel der Grammatik nicht .... (verstehen, können)
24. Sie .... die Prüfung nicht .... (bestehen, können)

Bilden Sie das Perfekt mit trennbaren Verben!

1. Der Zug .... um 9 Uhr nach Italien .... (abfahren)
2. Hasan .... seinem Gast eine Zigaratte .... (anbieten)
3. Ich .... das Fenster nicht .... (aufmachen)

4. Der Dörfer .... auf die Versprechungen das Gaukler .... (hereinfallen)
5. Mein Freund .... schon in .... (austeigen)
6. Der Vater .... schon in Bonn .... (einsteigen)
7. Das Auto .... den Mann .... (anfahren)
8. Die Mutter .... den Apfel .... (durchschneiden)
9. Er .... die Leute mit seinem Bot .... (übersetzen)
10. Er .... in Frankfurt nicht .... (unterkommen)
11. .... Sie das Glas nicht so .... ? (vollmachen)
12. Sein Gesicht .... sich im Wasser .... (wiederspiegeln)
13. Er .... heute Abend .... (wiederkommen)
14. Ich .... für mein Kind ein Buch .... (mitbringen)
15. Er .... an die Spitze des Berges .... (emporklettern)

Bilden Sie das Perfekt mit untrennbaren Verben und setzen Sie die Perfektform der Verben ein.

1. Er .... von seinem Vater einen Brief .... (bekommen)
2. Die Schüler .... gar kein Wort des Lehrers .... (verstehen)
3. Er .... sich sehr weit von mir .... (entfernen)
4. Während der Lehrer seinen Unterricht erzählt, ... er gar kein Buch .... (gebrauchen)
5. Wir .... die neue Schwägerin mit offenen Armen .... (empfangen)
6. Der Maler .... dieses Gebäude binnen drei Monaten ..... (erbauen)
7. Der Beamte .... seine Amtsgewalt zu Betrügereien .... (missbrauchen)
8. Er .... seine Feinde .... (besiegen)
9. Er .... von seiner Reise .... (erzählen)
10. Die Germanen .... in mehrere Stämme .... (zerfallen)
11. Ich .... den Brief ins Türkische .... (übersetzen)
12. Wir .... die Stadt .... (umfahren)
13. Der Lehrer .... das Thema .... (wiederholen)
14. Das Schiff .... die Wellen .... (durchschneiden)
15. Er .... ein grosses Werk .... (vollbringen)

16. Ich verlor meinen Geldbeutel.
    - Ich .... meinen Geldbeutel ....
17. Das Kind zerreisst das Buch.
    - Das Kind .... das Buch ....
18. Der Herr entschuldigt sich.
    - Der Herr .... sich ....
19. Harika bekommt ein neues Kleid.
    - Sie .... ein neues Kleid ....
20. Der Bergsteiger erlimmt den Gipfel.
    - Der Bergsteiger .... den Gipfel ....

Sonu "-ieren" eki ile biten fiil'lerle yapılan Perfekt:

telefonieren	- telefonierte	- telefoniert
dividieren	- dividierte	- dividiert
buchstabieren	- buchstabierte	- buchstabiert
marschieren	- marschierte	- marschiert

Not: Böyle olan fiillerde ayrılmayan fiiller gibi Panzitif Perfekt'e başlarına "ge" almadan cümlenin sonunda olurlar.

Örnekler:

Ich **telefoniere** mit meinem Vertreter.
Ich **habe** mit meinem Vertreter **telefoniert**.

Aşağıdaki cümleleri Perfekt yapınız.

1. Wir dividieren diese Zahl durch elf. ....
2. Emel buchstabiert dieses Wort. ....
3. Die Wettkämpfer marschieren in das Stadion. ....
4. Der Lehrer korrigiert die Aufgaben. ....
5. An dieser Kreuzung passierte gestern ein Unfall. ....
6. Der Friseur frisiert die Dame. ....
7. Dieser Filmschauspieler fasziniert mich. ....

IMPERATIV (Emir Cümleleri):

1. Imperativ (emir) yalnız "du"-"ihr" ve "Sie" şahıslarında kullanılır:

Örnekler:	du-Form	Ihr-form	Sie-Form	Sein fiili ise:
bringen	Bringe!	Bringt!	Bringen sie!	Sei höflich!
	Getir!	Getirin!	Getiriniz!	nazik ol!
arbeiten	Arbeite!	Arbeitet!	Arbeiten sie!	Seid höflich!
	Çalış!	Çalışın!	Çalışınız!	Nazik olun!
bleiben	Bleibe!	Bleibt!	Bleiben sie!	Seien Sie höflich!
	Kal!	Kalın!	Kalınız!	Nazik olunuz!
aufpassen	Paß auf!	Paßt auf!	Passen Sie auf!	
	Dikkat et!	Dikkat edin!	Dikkat ediniz!	

Gazeteyi al!   (Nimm (e) die Zeitung!)
Gazeteyi alın!   (Nimmt die Zeitung)
Gazeteyi alınız!   (Nehmen Sie die Zeitung)
Lütfen alınız!   (Bitte, nehmen Sie die Zeitung)

Not: Emir kipindeki fiil daima Akkusativ yani i hali ister.

Bitte, bringen Sie **die Tasche** mit!   Lütfen çantayı getiriniz!
Nimm **das Geld!** gibi.   Parayı al!
du-Form: Sprich nicht so viel!   **Lauf** nicht so schnell!
     Öyle çok konuşma!   Çok hızlı koşma!
     Lass mich in Ruhe!   **Bade** nicht gleich nach dem Essen!
     Beni rahat bırak!   Yemekten sonra hemen yıkanma!
     Sei mir nicht böse !   **Komm** bald wieder!
     Bana kızma!   Tekrar hemen gel!
     Arbeite immer ordentlich!   Daima düzenli çalış!
Ihr-Form: Seid immer fleissig!   **Bleibt** stehen!
     Daima çalışkan olun!   Ayakta durun!
     Antwortet mir!   **Tretet** ein!
     Bana cevap verin!   İçeri girin!
     Passt doch auf!   **Gebt** acht!
     Dikkat edin!   Dikkatli olun!

Sie-Form: Stehen Sie auf!
    Ayağa kalkınız!
    Wiederholen Sie bitte!
    Lütfen tekrar ediniz!
    Kommen Sie sofort zurück!
    Hemen geri geliniz!
    Fahren Sie langsam !
    Yavaş gidiniz!
wir - Form: Essen wir! (Yiyelim)!
wir warten hier auf der Bank!
Unpersönliche Form:
    Nicht rauchen !
    Sigara içmeyiniz!
    Rasen nicht betreten!
    Çimlere basmayınız!
    Einsteigen !
    Bininiz!
    Kein Durchgang!
    Giriş yok!

Wachen Sie auf!
Uyanınız!
Schlagen Sie im Wörterbuch nach!
Sözlüğe bakınız!
Seien Sie bitte vorsichtig!
Lütfen dikkatli olunuz!
Kommen sie näher!
Yaklaşınız!
Gehen wir ! (Gidelim)!
Burada bankada bekliyoruz!

Nicht auslehnen!
………………………
Nicht bügeln!
………………………
Kein Eingang!
………………………
Nicht heiss waschen!
………………………

Türkçe	Almanca
Darılmayınız !	**Ärgern Sie sich nicht** !
Buyurun	**(Bitte sehr!)**
Buyurun oturun	**(Bitte, nehmen Sie Platz!)**
Bir bardak su getir !	**Bring ein Glas Wasser!**
Yaşasın Türkiye !	**Es lebe die Türkei!**
Allah göstermesin!	**Gott behüte!**
Eksik olmayınız!	**Sie sind zu liebenswürdig!**
Kusura bakmayınız!	**Nehmen Sie es nicht übel!**
İnkar etmeyiniz!	**Leugnet nicht!**
Onu ahmak zannetme!	**Halte ihn nicht für dumm!**
Vaziyetimizi tasavvur ediniz!	**Stellen Sie sich unsere Lage vor!**
Herkes yerinde olsun!	**Jedermann soll an seinem Platz sein!**
Yüzüme bak!	**Schau mir ins Gesicht!**
Şu fincanları götür!	**Trage diese Tassen fort!**
Bu sırrı kimseye söyleme !	**Sage dieses Geheimnis niemandem!**
Biraz odama gel !	**Komme ein wenig in mein Zimmer!**
Karanlıkta sokağa çıkmayınız!-	**Gehen Sie nicht in der Finsternis auf die Gasse!**

Deme-**Sage nicht!**)
Sus - **(Schweige!)**
Beni bırak!- **(Lass mich!)**

Bu haberi kimse duymasın !	**Diese Nachricht soll niemand hören!**
Hayri bize vaktinde haber versin!	**Hayri soll uns rechtzeitig Nachricht geben!**
Haydi gidelim!	**Lass uns gehen!**
Bu meseleyi bir kenara bırakınız!	**Lassen Sie diese Frage beiseite!**
Bundan kimseye bahsetmeyiniz !	**Erzählen Sie davon niemandem!**
Fakat ancak 5 dakika yüz !	**Schwimm aber nur 5 Minuten !**
Derse iştirak ediniz!	**Nehmen Sie an der Vorlesung teil!**
Ona söyle ! Çabuk buraya gelsin !	**Sage ihm! Er soll schnell hierher kommen!**

Bilden Sie mit folgenden Sätzen Imperativ! (Emir cümleleri yapınız!)

1. die Tür schliessen
2. die Zigarette bringen
3. das Bett machen
4. die Lehrerin fragen
5. die Bücher öffnen
6. nicht so laut sein
7. sparsam sein
8. Eine fremde Sprache lernen.
9. Das Fenster aufmachen
10. Die Übungen machen (üben)
11. das Wort erklären
12. keinen Fehler machen
13. den Satz verbessern
14. das Wort an die Tafel schreiben
15. die Geschichte hören
16. den Satz langsam diktieren.
17. mich pünktlich wecken
18. sich nicht zu früh freuen
19. sich selbst helfen
20. die Regel nicht vergessen
21. ihn nicht falsch verstehen
22. den Ball mitbringen
23. nicht erschrecken
24. kein Wein trinken

Bilden sie drei Imperativformen!

1. sich nicht verspäten
a)
b)
c)

2. dem Herrn die Hand geben
a)
b)
c)

3. den Mantel mitnehmen
a)
b)
c)

4. meine Briefe nehmen und sie einwerfen
a)
b)
c)

Bitte, ergänzen Sie folgende Sätze!

1. Ich habe noch genug Zigaretten. Bitte, ... dir noch eine!
2. Die Strasse hat viele Kurven. .... nicht so schnell!
3. .... Sie nicht traurig!
4. .... Sie bitte diese Formulare aus, Herr Müller!
5. .... doch etwas lauter! Ich kann dich nicht verstehen.
6. Ich glaube Necati, das kann gefährlich werden, ... vorsichtig!
7. .... keine Angst ! Der Hund beisst euch nicht.
8. Die Prüfung ist wirklich nicht schwer .... Sie nicht nervös.
9. ".............. nicht, mir dein Buch mitzubringen!"
10. Ihr habt so schöne Briefmarken .... mir doch ein paar.

Bitte, antworten Sie mit Imperativ-Satz!

1. Ich bin gleich fertig, Süleyman .... bitte einen Moment!
2. Ich habe soviel zu tun. Bitte, ... mir doch, Ayten!
3. Wo können wir denn hier sitzen ? .... doch auf den Boden!
4. Soll ich Sie heute anrufen? Ja, bitte .... !
5. Du hast Kopfschmerzen ? Dann .... doch ein Aspirin!
6. Möchten Sie die Bilder sehen ? -Ja, bitte .... !
7. Soll ich dich abholen? - Ja, ... um 8 ....!
8. Warum bist du immer so unfreundlich? .... doch etwas netter!
9. Ich warte hier, bis Sie mit der Arbeit fertig sind. ....nicht stören!
10. Der Film ist wirklich gut. .... ihn dir .... !

Cevaplar: nimm, fahr, seien, füllen, sprich, sei, habt, seien, vergiss, gebt, warte, hilf, setzt euch, rufen Sie mich heute an, nimm, zeigen Sie sie mir, hole mich-Uhr ab, sei, du sollst mich, sieh an.

2. Bölüm

SÄTZE MIT DATIVOBJEKT
(Dativ nesne ile cümleler):

absagen	:	b. sin vukua gelmeyeceğini bildirmek.
		Peter kommt nicht zu mir. Er **hat** mir vorhin **abgesagt**.
		(Peter bugün bana gelmiyor.) (O daha önce bana söylemişti.)
ähneln	:	benzemek
		Gisela **ähnelt** ihrer Mutter. (Gisela annesine benziyor.)
antworten	:	cevap vermek
		Der Schüler **antwortet** dem Lehrer.
		(Öğrenci öğretmene cevap veriyor.)
ausweichen	:	yol vermek
		Das Auto **wich** dem Fussgänger rechtzeitig **aus**.
		(otomobil yayaya tam zamanında yol verdi)
begegnen	:	rastlamak
		Gestern **bin** ich deinem Vater **begegnet**. (Dün babama rastladım.)
behagen	:	hoşa gitmek, beğenmek
		Dieser arrogante Mensch behagt mir nicht.
		(Bu küstah insan hoşuma gitmiyor.)
bei/pflichten	:	tasvip etmek, razı olmak
		Wir müssen eure Meinung voll und ganz beipflichten.
		(Biz fikrinizi tamamiyle tasvip etmek zorundayız.)
bei/stehen	:	yardım, etmek
		Mein Freund steht mir in allen Schwierigkeiten bei.
		(Arkadaşım bana bütün güçlüklerde yardım eder.)

bei/stimmen	:	fikrine katılmak,
		Wir können euren Ansichten nur beistimmen.
		(Fikirlerinize katılabiliriz.)
belieben	:	arzu etmek, istemek
		Tun Sie, was Ihnen beliebt. (Ne arzu ediyorsanız, onu yapınız.)
bleiben	:	arta kalmak
		Von meinem ganzen Geld blieben mir nur zehn Mark.
		(Tüm paramdan yalnız 10 Mark kaldı.)
danken	:	teşekkür etmek (Die Kinder danken ihren Eltern.)
		(Çocuklar ebeveynlerine teşekkür ediyorlar)
dienen	:	hizmette bulunmak
		Die Soldaten müssen ihrem Vaterland dienen.
		(Askerler anavatanlarına hizmet etmek zorundadırlar.)
drohen	:	tehdit etmek
		Der Vater drohte seinem Sohn. (Baba oğlunu tehdit ediyordu.)
entfliehen	:	kaçmak, firar etmek
		Die Verbrecher konnten ihren Verfolgern nicht entfliehen.) (Caniler takipçilerden kaçamıyorlardı.)
entgehen	:	b.ye yaklaşmak (bir tehlikeyi atlatmak)
		Wir sind mit knapper Not einem Unglück entgangen.
		(Biz güç belâ bir talihsizliği atlattık.)
entrinnen	:	Kaçıp kurtulmak
		Er ist in letzter Minute der Gefahr entronnen.
		(O tehlikenin son dakikasında kurtuldu.)
entsagen	:	b. si bırakmak, terketmek
		Der Edremit hat der Welt entsagt. (Keşiş dünyayı terketti)
entsprechen	:	arzularını yerine getirmek
		Wir werden gern Ihrem Wunsch entsprechen.
		(Arzularınızı seve seve yerine getireceğiz.)
fehlen	:	b. se muhtaç olmak
		Mir fehlen (zehn Mark) (10 Marka ihtiyacım var.)
fluchen	:	lanet okumak
		Der Verzweifelte fluchte seinem Schicksal
		(Ümitsiz kaderine lanet okuyordu.)
flogen	:	b. ni takip etmek
		Wir folgten dem Mann ins Haus. (Adamı eve kadar takip ettik.)
gefallen	:	b. si beğenmek
		Wie hat dir der Film gefallen? (Film hoşuna gitti mi?)

gehorchen	:	itaat etmek
		Die Kinder sollen ihren Eltern gehorchen
		(Çocuklar ebeveynlerine itaat etmelidir.)
gehören	:	ait olmak
		Wem gehört dieses Buch hier? Buradaki kitap kime ait?
gelingen	:	muvaffakiyetle neticelenmek
		Dem Wissenschafler ist der Versuch endlich gelungen.
		(Deney nihayet başarıyla sonuçlandı. (Âlim deneyi başarı ile sonuçlandırdı.)
genügen	:	yetmek, kâfi gelmek
		Das Geld, das du mir angeboten hast, genügt mir nicht.
		(Bana teklif ettiğin para yeterli değildir.)
geraten	:	faydalı olmak, uygun düşmek, muvaffakiyetle neticelenmek.
		Meine Mutter ist der Kuchen gut geraten.
		(Pasta (iyi oldu). Annem tarafından iyi yapıldı.)
gleichen	:	(benzemek)
		Der Bruder gleicht seiner Schwester sehr.
		(Erkek , kız kardeşine çok benziyor.)
glücken	:	b. şe muvaffak olmak.
		Mir ist der Kopfsprung ins Wasser geglückt.
		(Suya balıklama atlamada başarılı oldum.)
gratulieren	:	kutlamak
		Ich gratuliere dir zum Geburtstag. (Doğum gününü kutlarım.)
grollen	:	b. ne garaz beslemek
		Inge grollt ihrer Freundin. (Inge kız arkadaşına garaz besliyor)
helfen	:	yardım etmek
		Der Arzt hilft dem Kranken. (Doktor hastaya yardım ediyor.)
lauschen	:	dinlemek, kulak kesilmek
		Die Kinder lauschen dem Gesang der Vögel.
		(Çocuklar kuşların ötüşünü dinliyorlar.)
missfallen	:	b.nin hoşuna gitmemek
		Das schlechte Betragen der Schüler missfällt dem Lehrer.
		(Öğrencilerin kötü muameleleri, öğretmenin hoşuna gitmiyor)
misslingen	:	muvaffak olmak
		Dem Physiklehrer ist der Versuch misslungen.
		(Ahçı bugün yemeği becerememiş. (iyi pişirememiş.)

misstrauen	:	b. ne itimat etmemek.
		Einem unehrlichen Menschen muß man mißtrauen.
		(Hilekar insana güvenilmez)
nach/eifern	:	bir kimse gibi olmaya çalışmak
		Der Junge eifert seinem Vater nach.
		(Delikanlı babası gibi olmaya çalışıyor.)
nach/geben	:	b. ne karşı, bir şeyden vazgeçmek
		Mann muß nicht immer den Wunsch eines Freundes nachgeben.
		(Bir arkadaşın arzusuna daima uyulamaz.)
nach/laufen	:	bir kimsenin peşinden koşmak.
		Die Kinder laufen der Militärkapelle nach.
		(Çocuklar askeri bandonun peşinden koşuyorlar.)
nutzen, nützen	:	fayda, istifade sağlamak
		Die Medizin nützt dem Kranken.
		(İlaçlar hastaya faydalıdır.)
passen	:	uymak
		Das Kleid passt dir.
		(Elbise tam sana göre.)
schaden	:	zarar vermek, zararı dokunmak
		Zigaretten schadet der Gesundheit.
		(Sigara sağlığa zararlıdır.)
schmecken	:	çeşnisi olmak, iyi tatta olmak.
		Schokolade sckmeckt den Kindern immer.
		(çocuklar daima çikolatayı severler.)
stehen	:	olmak, bulunmak
		Der Hut steht dir nicht.
		(Şapka sana yakışmamış.)
trauen	:	güvenmek, inanmak
		Ich traue diesem Menschen nicht.
		(Bu insana güvenemiyorum.)
unterliegen	:	tâbi olmak, (yenilmek)
		Die tapferen Soldaten unterlagen der Übermacht.
		(Cesur askerler üstün kuvvetler karşısında yenildiler.)
vergeben	:	b.nin hareketini affetmek
		Gott vergibt den Sündern.
		(Allah günahkârları affeder.)

vertrauen	:	b. ne itimat etmek.
		Vertrauen Sie ihm nicht !
		(Ona güvenmeyiniz.)
weichen	:	(baş eğmek, razı olmak)
		Wir weichen nur der Gewalt. (Yalnız hakimiyet karşısında boyun eğeriz.)
widersprechen	:	b.ne itirazda bulunmak, karşı gelmek
		Du darfst deinem Vater nicht widersprechen.
		(Sen babana karşı gelemezsin.)
widerstehen	:	mukavemet etmek, karşı koymak
		Wir können den Verlockungen nicht widerstehen.
widerstreben	:	b. sden hiç hoşlanmamak
		Diese schmutzige Arbeit wiederstrebt mir.
		(Bu kirli iş hoşuma gitmiyor.)
winken	:	işaret etmek
		Der Gast winkte dem Kellner.
		(Müşteri garsona eliyle işaret ediyor.)
zu/hören	:	b.ni, b. şi dinlemek
		Die Leute hören dem Redner zu. (Halk hatibi dinliyor.)
zürnen	:	darılmak
		Der Vater zürnt seinem undankbaren Sohn.
		(Baba nankör oğluna darılıyor.)
zu/sagen	:	hoşa gitmemek/ hitap etmemek
		Diese schmutzige Arbeit sagt mir nicht zu.
		(Bu kirli iş hoşuma gitmiyor.)
zu/schauen	:	b.ni, b.şi seyretmek
		Wir haben dem Fussballspiel zugeschaut.
		(Futbolu seyrettik.)
zu/stehen	:	b.nin hakkı olmak
		Dem Hausmädchen stehen neben Lohn auch Unterkunft und Verpflegung zu.
		(Hizmetçinin, ücretinin yanında mesken ve iaşe yardımı hakkıdır.)
zu/stimmen	:	razı olmak, muvakat etmek
		Die Zuhörer stimmten den Argumenten des Redners zu.
		(Dinleyiciler hatibin tezlerine muvafakat ediyorlar.)

A) <u>*Sätze mit Präpositionalobjekt (Präpositional nesne ile cümleler)*</u>:

ab/hängen	:	-e bağlı olmak, tabi olmak
		Unser Abreisetermin **hängt** vom Wetter **ab**.
		(Hareket tarihimiz havaya bağlıdır.)

ab/sehen	:	hesaba katmamak, nazarı itibara almamak
		Der Richter **will** von einer Bestrafung des jungen Mannes **absehen**.
		(Hakim genç adamın cezasını nazarı itibara almak istemiyor.)
ab/zielen	:	hedef tutmak
		Die Massnahme der Direktion **zielt** auf eine Pruduktionssteigerung **ab**.
		(Müdürlüğün tedbirleri üretimin yükselmesini hedef tutuyor)
achten	:	dikkat etmek, bakmak
		Das Mädchen **achtet** auf seine kleine Schwester.
		Achten Sie auf die Verkehrszeichen !
		(Kız küçük kardeşine dikkat ediyor. Trafik işaretlerine dikkat ediniz)
anfangen	:	başlamak, girişmek
		Morgen **fangen** wir mit der Arbeit **an**.
		(Yarın işe başlıyoruz.)
		Warum **fängst** du wieder mit dem Streit **an**?
		(Niçin münakaşaya tekrar başlıyorsun!)
an/knüpfen	:	istinad ettirmek, bir sözü mevzua bağlamak.
		Der Abgeordnete **knüpfte** an die Ausführungen seines Vorredners **an**.
		(Milletvekili önceki konuşmacının beyanatlarına istinad ediyor.)
an/setzten	:	kalkmak
		Der Löwe **setzte** zum Sprung **an**. (Aslan atlayışa kalktı.)
an/spielen	:	imâ etmek
		Er **spielte** auf die Mißerfolge seines Gegners **an**.
		(O hasmının muvaffakiyetsizliklerini imâ ediyor.)
an/stossen	:	b. nin sıhhatine kadeh kaldırmak
		Wir wollen auf deine Gesundheit **anstossen**.
		(Sıhhatine kadeh kaldırmak istiyoruz.)
an/treten	:	Taarruza geçmek
		Die Sportler treten jetzt zu einem Wettkampf an.
		(Sporcular şimdi müsabakada taarruza geçiyorlar.)
appellieren	:	Müracaat etmek (hitap etmek)
		Er appellierte an ihre Güte.

		(O iyiliğinize müracaat etti.)
		Ich appelliere an deine Vernunft.
		(Aklına müracaat ediyorum.)
arbeiten	:	çalışmak
		Der Student arbeitet an seiner Doktorarbeit. (Öğrenci doktora tezine çalışıyor.)
auf/hören	:	b. se den vazgeçmek
		Höre mit deinen Prahlereien auf !
		(Övünmelerinden vazgeç!)
bangen	:	üstüne titremek / endişe etmek
		Er bangt um seine Stellung.
		(O işinin üzerine titriyor.)
basieren	:	istinat etmek, dayanmak
		Seine Verdächtigungen basieren nur auf Vermutungen.
		(İhtimalleri yalnız tahminlere dayanıyor.)
beginnen	:	başlamak
		Morgen beginnen wir mit der Arbeit.
		(Yarın işe başlıyoruz.)
beharren	:	b.şde. fikrinden vazgeçmemek, ısrar etmek.
		Der Beleidigte beharrte auf einer öffentlichen Entschuldigung.
beruhen	:	dayanmak
		Deine Ansichten beruhen auf einem Irrtum.
		(Düşüncelerin yanılgıya dayanıyor.)
bestehen	:	teşekkül etmek, terekküb etmek
		Bronze besteht aus Kupfer und Zinn.
		(Bronz, bakır ve kalaydan teşekkül eder.)
		Wir bestehen auf deiner Mitarbeit.
		(Senin işbirliğinde ısrar ediyoruz.)
debattieren	:	müzakere etmek (tartışmak)
		Im Parlament debattierte man über die Sozialreform.
		(Parlamentoda sosyal reformlar üzerinde tartışıldı.)
denken	:	b.şi, b. ni düşünmek
		Die Mutter denkt immer an ihren Sohn.
		(Anne devamlı oğlunu düşünüyor.)
dienen	:	b.şe yaramak
		Die Strassenbahn dient zur Beförderung von Personen
		(Demiryolu insanların taşınmasına yarar.)

drängen	:	b. ş de ısrar etmek
		Die Regierung drängte auf baldige Verwirklichung ihres Programms.
		(Hükümet programın en kısa zamanda gerçekleşmesini arzu ediyor.)
ein/gehen	:	tetkik etmek (b. ne uygun düşmek)
		Ich kann jetzt leider nicht auf Ihre Fragen eingehen.
		(Maalesef sorunuzu şimdi tetkik edemiyorum.)
ein/schreiten	:	b.ne karşı, dava ikame etmek
		Die Polizei schritt gegen die Demonstranten ein.
		(Polis göstericilere karşı dava açıyor.)
ein/willigen	:	b. şe razı olmak
		Er wollte nicht in den Verkauf des Hauses einwilligen.
		(Evin satışını(satılmasını) istemiyordu.)
erkennen	:	karar vermek
		Das Gericht erkannte auf drei Jahre Gefängnis.
		(Evin satışını (satılmasını) istemiyordu.)
erschrecken	:	korkmak, ürkmek
		Das Kind erschrak vor dem grossen Hund.
		(Çocuk büyük köpekten korktu.)
experimentieren	:	deney yapmak
		Die Wissenschaftler experimentieren mit neuen Medikamenten.
		(Bilim adamları yeni ilaçları deniyorlar.)
fahnden	:	b. kimseyi ele geçirmeye çalışmak
		Die Polizei fahndet nach dem vermutlichen Täter.
		(Polis melun suçluyu ele geçirmeye çalışıyor.)
feilschen	:	b. ş için pazarlık etmek
		Bei uns können Sie nicht um die Preise feilschen
		(Bizimle fiyat hakkında pazarlık edemezsiniz.)
fischen	:	elde etmeye çalışmak
		er fischt die Fleischstückchen aus der Suppe.
		(Çorbadaki et parçalarını elde etmeye çalışıyor.
flehen	:	b. ş için yalvarıp yakarmak
		Der Arme fleht um Erbarmen.
		(Fakir merhamet için yalvarıyor.)

fliehen	:	kaçmak
folgen	:	arkası sıra gelmek

Auf Regen folgt Sonnenschein.
(Sabrın sonu selamettir)
Aus der Rede des Ministers folgt, dass die Steuern bald wieder erhöht werden.
(Bakanın sözlerinden, vergilerin yakında tekrar yükseleceği anlaşılıyor.)

forschen : araştırmak, soruşturmak

Der Sohn forschte nach seinem verschollenen Vater.
(Oğul akıbeti meçhul babasını araştırdı.)

fragen : b.ne b.şi sormak

Dort ist der Mann, der nach dir gefragt hat.
(Seni soran adam orada.)

fürchten : b.nden, b.şden korkmak ürkmek, endişelenmek

Der Geizhals fürchtet um sein Geld.
(Pinti parası için endişeleniyor.)
Er fürchtet um seine Gesundheit.
(O sağlığı için endişeleniyor.)
Sie fürchtet um ihr Leben.
(O hayatı için endişeleniyor.)

gebieten : b. şe hakim olmak, hükmetmek

Der Herrscher gebot über viele Völker.
(İmparator birçok millete hükmediyor.)

gegen : b.ş karşı olmak

Die neue Polizeiverordnung geht gegen die rücksichts- losen Autofahrer.
(Yeni polis teşkilatı saygısız otomobil sürücülerine karşıdır.)

gehören : b. ne ait olmak

Die Kinder gehören zu den Eltern.
(Çocuklar ebeveynlerine aittir.)
Du gehörst mir.
(Sen bana aitsin.)

gelten	:	telakki edilmek, sayılmak, geçerli olmak.

Das Verbot gilt für dich wie auch für die anderen.
(Yasak diğerleri için olduğu gibi senin için de geçerlidir.)

gerade/stehen : dik durmak
Wir können für deine Taten nicht geradestehen.

glauben : b.şe ya da b. k. inanmak.
Glaubt ihr an die Zukunft eures Landes?
(Ülkenizin geleceğine inanıyormusunuz?)
Er glaubt nicht an Gott.
(O Allah'a inanmıyor.)

graben : kazmak
Die Archäologen graben nach den Resten einer versunkenen Stadt.
(Arkeologlar batmış bir şehirin kalıntılarını kazıyorlar.)

greifen : el uzatmak b. şeye
Das Kind griff nach den Händen seiner Mutter.
(Çocuk annesinin ellerine uzandı.)

grübeln : zihnini kurcalamak
Er hat lange über ein schwieriges Problem gegrübelt.
(Zor bir problem onun uzun zaman zihnini kurcaladı., (O uzun zamandır, zor bir problem üzerine zihnini meşgul etti.)

handeln : bahsetmek
Der Vortrag handelte von der Entwicklung der modernen Kunst.
(Konferans modern sanatın gelişmesinden bahsetti.)

hängen : bağlı olmak
Die Kinder hängen an ihrer Mutter.
(Çocuklar annelerine bağlıdır.)
Ich hänge an den von meinen Eltern ererbten Sachen.
(Ailemden kalan mirasa (mirasla) ilgiliyim.)

her/fallen : üzerine atılmak
Die Räuber fielen über die Reisenden her.
(Eşkiyalar seyyahların üzerlerine atıldılar.)
Die Kinder fielen über den Kuchen her.
(Çocuklar pastaları kapıştılar (üzerine atıldılar.)

herrschen	:	hakim olmak
		Alexander der Grosse herrschte über viele Länder und Völker.
		(İskender birçok ülke ve millete hükmetti.)
hier/ziehen	:	dışarı çekmek
		Der Politiker zog über seine Gegner her.
		(Politikacı rakibini saf dışı ediyor.)
hinaus/laufen	:	b. şle neticelenmek
		Die Debatte lief auf eine Einigung aller Beteiligten hinaus.
		(Münazara tüm iştirak edenlerin hemfikirliliği üzerine neticelendi.)
hoffen	:	b.şi beklemek, ümit etmek
		Wir alle hoffen auf deine baldige Genesung.
		(Hepimiz en kısa zamanda iyileşmeni bekliyoruz.)
hören	:	b. nin sözünü dinlemek (haber almak)
		Nicht immer hören die Kinder auf den Rat ihrer Eltern
		(Çocuklar daima ebeveynlerinin öğütlerini dinlemezler.)
		Ich habe schon von Ihnen gehört. Sizden haber aldım.
hungern	:	b.şi çok sevmek
		Er hungert nach Vergnügungen. (O eğlenceleri sever.)
intrigieren	:	entrika çevirmek
		Peter muß immer hinter mir intrigieren.
		(Peter daima bana karşı entrika çevirmek zorundadır.)
jammern	:	ümidi kesmek, (b.ş. birisi için ağlamak)
		Das Kind jammert über seinen Ball, den es verloren hat.
		(Çocuk kaybolan topu için feryat ediyor.)
		Jammern Sie nicht über das bisschen Zahnschmerzen!
		Birazcık diş ağrısı için sızlanmayınız!
jubeln	:	Çok sevinmek, şenlik yapmak
		Die Zuschauer jubelten über den Sieg ihrer Fussballmannschaft.
		(Seyirciler futbolcuların zaferi üzerine şenlik yaptılar.)
kämpfen	:	b. şi için b. şe karşı savaşmak, mücadele etmek.
		Die Soldaten kämpfen für ihr Vaterland.
		(Askerler anavatanları için savaşıyorlar).
		Er kämpft um eine bessere Zukunft.
		(İyi bir gelecek için mücadele ediyor.)
		Sie kämpfen gegen die soziale Ungerechtigkeit.
		(Onlar sosyal haksızlığa karşı savaşıyorlar.)

klagen	:	b. şey üzerine yakınmak
		Sie klagte über starke Kopfschmerzen.
		(O kuvvetli bir baş ağrısından şikayet ediyordu.)
kommen	:	elden çıkmak, b. si kaybetmek, b. şe b. ne toz kondurmamak
		Er ist um sein ganzes Vermögen gekommen.
		(O tüm servetini kaybetti.)
		Wie heisst er? Ich komme nicht auf seinen Namen.
		(Adın ne? Adını hatırlayamadım)
		Er kommt zu keiner vernünftigen Arbeit, weil er immer gestört wird.
		(O işinden ayrıldı. Çünkü rahatsız ediliyordu)
korrespondieren	:	mektuplaşmak
		Er korrespondiert mit ausländischen Freunden
		(O yabancı arkadaşlarla mektuplaşıyor.)
lachen	:	b.ne b. şe gülmek
		Sie lachten über meinen Witz.
		(Onlar benim esprilerime güldüler.)
		Lachen Sie nicht über mich! (Bana gülmeyiniz!)
lassen	:	b.ş den, b. den vazgeçmek
leiden	:	ıstırap çekmek
		Er litt an starken Kopfschmerzen.
		(O şiddetli baş ağrısı çekiyor.)
		Die Frau litt unter ihrem brutalen Mann.
		(Kadın vahşi kocasından çekiyor.
		Das Volk litt unter der Diktatur.
		(Halk diktatörlükten çile çekiyor.)
lesen	:	okumak
		Hast du von dem letzten Raketenversuch gelesen?
		(Sonuncu raket denemesini okudun mu?)
		Der Professor liest im kommenden Semester über Existenzial-Philosophie.
		(Profesör gelecek sömestre için felsefe üzerine not topluyor.)
los/kommen	:	b.ş den el çekmek, b.şe kaybolmuş nazarıyla bakmak
		Ich komme nicht von dem Film los, den ich gestern gesehen habe.
		(Dün gördüğüm filmin etkisinden kurtulamıyorum.)

	Diese Frau redet immer so viel: man kommt nicht von ihr los.
	(Kadın daima çok konuşur; ondan kurtulunmaz.)
meditieren	: Kendini birşeye vermek
	(Er meditiert den ganzen Tag über seinen neuen Roman).
	(Bütün gün kendini romana veriyor)
mitwirken	: İşbirliği yapmak (hazırlamak)
	Sie wirkt bei dem Theaterstück mit.
	(Tiyatro eserinin hazırlanmasında onun etkisi var.)
	Er wirkt an dem Projekt mit.
	(O proje hazırlıyor.)
nach /denken	: b.ş üzerine düşünüp taşınmak
	Denke einmal über deine Fehler nach!
	(Hatalaının üzerine bir kez düşün.)
neigen	: b. şe meyletmek
	Ich neige nicht zu deiner Ansicht.
	(Senin görüşünü kabul etmiyorum.)
	Er neigt dazu zu übertreiben.
	(Karşı tarafa geçmeye meylediyor.)
passen	: birbirine b. şe yakışmak
	Die Frau passt zu ihm.
	Kadın ona yakışıyor.
	Das Kleid passt nicht zu dir.
	(Elbise sana gitmiyor (yakışmıyor.))
philosphieren	: b.ş üzerine felsefe yapmak
	Er philosophiert über den Sinn des Lebens.
	(O hayatın anlamı üzerine felsefe yapar.)
protestieren	: b. şi protesto etmek
	Die Arbeiter protestieren gegen den neuen Chef.
	(İşçiler yeni şefi protesto ediyorlar.)
	Wir protestieren gegen die schlechte Behandlung der Arbeiter.
	(Biz işçilerin kötü muamelesini protesto ediyoruz.)
reagieren	: cevap vermek
	Er reagierte nicht auf meine Frage
	(O sorumu cevaplandırmadı.)
rechnen	: b. ni, b. şi beklemek, b. şi istinat etmek
	Wir rechnen auf euch. (Sizi bekliyoruz)

	Er rechnet mit einer guten Bezahlung.
	(O iyi bir ödeme yapıyor.)
referieren	: b.ş hakkında rapor vermek, sunmak
	Der Vortragende referierte über die moderne Literatur.
	(Konferansçı modern edebiyat üzerine bir rapor sunuyor.)
reflektieren	: b.şe talip olmak, b. şi istemek
	Reflektieren Sie nach der Konzertkarte, oder soll ich sie jemand anderem geben.
	(Konser bileti ister misiniz? Ya da başkasına vermelimiyim?)
resultieren	: netice olarak çıkmak, hasıl olmak
	Seine Besserwisserei resultiert aus einem Minderwertigkeitsgefühl.
ringen	: elde etmeye çalışmak, hasıl olmak
	Der Asthmatiker ringt nach Luft.
	(Astımlı nefes almaya çalışır.)
	Der Philosoph ringt um die Wahrheit.
	(Filozof gerçeği bulmaya çalışıyor.)
schelten	: b. ni azarlamak, ayıplamak, b.ne çıkışmak
	Sie schelt ihn. (O onu azarlıyor.)
	Er schalt über deine Unpünktlichkeit.
	(O senin gecikmen üzerine çıkıştı.)
scheuen	: b.ş den korkmak, çekinmek
	Das Pferd scheut vor dem Auto.
	(At arabadan korkuyor.)
schimpfen	: b.ş den, b.n den dolayı şikayet etmek
	Die Frau schimpfte lieber ihren Mann aus. Er schimpfte über ihre schlechte Arbeit.
	(Kadın kocasından şikayet etti. O onun kötü çalışması üzerine şikayet etti.)
schreiben	: yazmak, kaleme almak
	Er schrieb über seine letzte Auslandsreise.
	(O son yurt dışı gezisi hakkında yazdı.)
	Der Journalist schreibt gegen den Krieg.
	(Gazeteci savaşa karşı yazıyor.)
	Du schriebst von grossen Schwierigkeiten bei deinem Studium.
	(Sen tahsil hayatındaki büyük zorlukları yazdın, kaleme aldın).
schwärmen	: b. ne b.şe hayran kalmak
	Die Mädchen schwärmten von dem jungen Lehrer.

		(Kızlar genç öğretmene hayran kaldılar.)
		Er schwärmte von der Schönheit der Natur.
		(O tabiatın güzelliklerine hayran kaldı.)
schwören	:	itimat etmek, güvenmek
		Schwörst du auf diese Medizin?
		(Bu ilaca güveniyor musun?)
		Er schwört auf seinen Freund.
		(O arkadaşına itimad eder.)
sehen	:	ehemmiyet vermek, b.şe bakmak
		Er sieht auf gutes Benehmen. Er schaut / achtet auf .....
		(O iyi davranışa ehemmiyet verir.)
		Ich gehe jetzt in die Küche und sehe nach dem Essen.
		(Ben şimdi mutfağa gider ve yemeğe bakarım.)
sorgen	:	b. şi temin etmek, bulmak, b. şe bakmak
		Der Vater sorgt für seine Familie.
		(Baba ailesine bakar, geçimini temin eder.)
		Sorgen Sie bitte für Ruhe !
		(Sükutu temin ediniz, lütfen!)
sein	:	b.şe karşı olmak, bulunmak (karşı olmamak - für /gegen)
		Wir sind nicht gegen Alkohol. (Alkole karşı değiliz.)
		Sind Sie für Jazz? (Caza karşı mısınız?)
		Die Reihe ist jetzt an dir. (Sıra sende.)
spekulieren	:	spekulasyon yapmak
		Er spekuliert schon lange auf den Posten eines Direktors, hat ihn aber bis jetzt noch nicht bekommen.
		(O uzun zamandır müdürün memuriyeti (vazifesi) hakkında spekülasyon yapıyor, fakat şimdiye kadar onu halâ alamadı.)
sprechen	:	b.ş için b.ş üzerine, b.şe karşı, birinden konuşmak
		Deine Antwort spricht für deine Klugheit.
		(Cevabın senin zekiliğini anlatır.)
		Ich spreche über die Schwierigkeiten in der Politik.
		(Politikadaki zorluklar üzerine konuşuyorum.)
		Seine Eitelkeit spricht gegen ihn.
		(Mağrurluğu ona karşıdır.)
		Sprachen Sie eben von mir?
		(Biraz evvel benden mi bahsettiniz?)
		Willst du mit deinem Bruder sprechen?

	(Kardeşinle konuşmak ister misin?)
	Der Redner sprach zu den Anwesenden.
	(Hatip mevcut durumu konuştu.)
stehen	: olmak, karşılık vermek
	Du kannst beruhigt sein, ich stehe immer zu dir.
	(Daima senin yanında olduğumdan müsterih olabilmelisin)
sterben	: b.ş den ölmek
	(Er ist an Krebs gestorben.)
	(O kanserden öldü.)
stimmen	: b.ne, b.e katılmak uymak
	Die Mehrheit im Parlament stimmte gegen die Gesetzvor-lage. Sie stimmten für eine Steuersenkung. Stimmen die Angaben, die wir haben, zu der Beschreibung des Diebes.
streben	: b.ş elde etmeye çalışmak, hedef edinmek.
	Der junge Mann strebt nach Erfolg.
	(Genç adam başarı elde etmeye çalışıyor.)
streiten	: b.ş den dolayı ya da birisiyle kavga etmek
	Die Kinder streiten um den Ball.
	(Çocuklar top için kavga ediyorlar.)
	Er streitet mit seiner Frau.
	(O eşiyle kavga ediyor.)
suchen	: b. ni, b.şi araştırmak
	Er sucht nach Wahrheit, findet aber nur Lüge.
	(O gerçeği arıyor, fakat yalnız yalanı bulur.)
	Die Polizei sucht nach den entflohenen Gefangenen.
	(Polis kaçan esirleri arıyor.)
taugen	: yaramak, elverişli olmak
	Er taugt nicht zu einer verantwortungsvollen Aufgabe.
	(O mesuliyetli bir iş için uygun değildir.)
	Das Buch taugt nicht für Kinder.
	(Kitap çocuklar için elverişli değildir.)
teil/haben	: b.şe iştirak etmek
	Er möchte auch an unserem Geschäft teilhaben.
	(O bizim dükkanda hisse sahibi olmak istiyor.)
trachten	: gözü b.ş de olmak, b.şi elde etmeye çalışmak.
	Die Menschen trachten nach Wohlstand und Glück.
	(İnsanlar zenginliği ve şansı elde etmeye çalışırlar.)

tragen	:	tahammül etmek, çekmek
		Der alte Mann trägt schwer an seinem Schicksal.
		(Yaşlı adam talihine güç (zor) tahammül ediyor.)
trauern	:	b. nin matemini tutmak
		Die Verwandten trauern um den Toten.
		(Akrabalar ölünün matemini tutuyorlar)
träumen	:	b.şi rüyasında görmek
		Er träumt von Liebe und Glück.
		(O rüyasında sevgi ve şans, görüyor.)
trinken	:	b.nin şerefine içmek
		Wir wollen jetzt auf ihre Gesundheit trinken (Sağlığınıza içmek istiyoruz.)
um/gehen	:	b. yerin etrafında dolaşmak, sakınmak, çekinmek
		Können Sie mit Pferden umgehen?
		(Atlara nasıl davranacağını bilir misiniz?)
		Gehen Sie mit diesen teuren Instrumenten vorsichtig um.
		(Bu pahalı aletleri dikkatli kullanınız.)
urteilen	:	hakkında hüküm vermek
		Wir urteilen nicht über dich.
		(Hakkında hüküm veremeyiz.)
verfügen	:	emretmek, b.şi üzerinde tasarruf etmek
		Verfügen Sie über mich!
		(Bana emrediniz, (iş buyurunuz)
		Wieviel Geld verfügen sie ?
		(Ne kadar para tasarruf ediyorsunuz?)
verlangen	:	istemek, talep etmek
		Sie verlangte nach einem Glas Wasser.
		(O bir bardak su istedi.)
		Der Kranke verlangte nach einem Arzt.
		(Hasta bir doktor talep etti.)
verstossen	:	aykırı hareket etmek, karşı gelmek.
		Er hat gegen das Gesetz verstossen.
		(O kanuna karşı geldi.)
vertrauen	:	b. ne b.şe emniyet etmek
		Wir vertrauen auf deine Geschicklichkeit.
		(Kabiliyetine güveniyoruz.)

		Sie vertraut auf ihn.
		(O ona itimad eder.)
verzichten	:	b.ş den vazgeçmek, feragat etmek
		Wir wollen nicht auf unere Rechte verzichten.
		(Haklarımızdan vazgeçmek istemiyoruz.)
		Der König verzichtete auf seinen Thron.
		(Kral tahtından feragat ediyordu.)
wachen	:	dikkat çekmek, kollamak
		Die Soldaten wachen über die Freiheit ihres Landes.
		(Askerler ülkelerinin istiklâlini kollarlar)
warten	:	b. ni, b. şi beklemek
		Wir warten auf unseren Freund.
		(Arkadaşımızı bekliyoruz.)
		Er wartet auf das Ende des Winters.
		(O kışın sonunu bekliyor.)
weinen	:	b.ş üzerine b.n den dolayı ağlamak
		sie weinte über den Verlust ihres Geldes.
		(O parasının kaybı üzerine ağladı)
		Er weinte um seinen toten Freund.
		(Ölen arkadaşına ağlıyordu.)
witteifern	:	b. ile rekabet halinde bulunmak
		Er wetteiferte mit seinem Bruder.
		(O erkek kardeşi ile rekabet halinde idi.)
wissen	:	b.ş. den haber almak, bilmek
		Wir wissen die Schwierigkeiten deines Berufs.
		(Mesleğinin zorluklarını biliyoruz.)
		Ich weiß von den dunklen Geschäften deines Bruders.
		(Erkek kardeşinin karanlık işlerinden haberim var.)
zählen	:	b.ne, b.şe güvenmek.
		Ihr könnt jederzeit auf mich zählen.
		(Bana her zaman güvenebilirsiniz.)
zerbrechen	:	kafa yormak
		Die Frau ist an ihrem Schicksal zerbrochen.
		(Kadın talihine kafa yordu.)
zögern	:	b.şi tecil etmek, geciktirmek
		Warum zögern Sie mit der Antwort?
		(Niçin cevabınızı geciktiriyorsunuz?)

zurück/kommen	:	bir mevzuya girmek
		Wir kommen noch einmal auf dieses Thema zurück.
		(Tekrar bu konuya geri döneriz.)
zusammen/stossen	:	çarpışmak
		Das Auto ist mit der Strassenbahn zusammengestossen.
		(Araba tramvayla çarpıştı.)
zweifeln	:	şüphelenmek
		Der Arzt zweifelte an der Genesung des Kranken. (Doktor hastanın sağlığından şüpheliydi.)
		Wir zweifeln an den ehrlichen Absichten des Mannes. (Adamın doğru niyetinden şüpheliyiz.)
		Wir zweifeln an diesem Mann. (Bu adamdan şüpheliyiz.)

B) Sätze mit Akkusativ und Dativobjekt (Akkusativ ve Dativ nesne ile cümleler):

ab/nehmen	:	çıkarmak
		Die Polizei **nahm** dem Mann die Waffe **ab**.
		(Polis adamın tabancasını çıkarıp aldı.)
an/bieten	:	takdim etmek, sunmak
		Sie **bot** ihrem Gast eine Tasse Kaffee **an**.
		(O misafirine bir fincan kahve ikram etti.)
auf/drängen	:	zorla kabul ettirmek
		Der Kaufmann **drängte** mir seine Ware **auf**.
		(Satıcı bana malını zorla kabul ettirdi.)
auf/zwingen	:	zorla kabul ettirmek
		Die Sieger **zwangen** den Besiegten ihre Bedingungen **auf**.
		(Galipler mağluplara şartlarını zorla kabul ettirdiler.)
befehlen	:	kumanda, emir etmek
		Der Kommandeur **befahl** seinem Regiment den Angriff.
		(Kumandan alayına hücum emrini verdi.)
bereiten	:	hazırlamak
		Sie **bereitete** den Durchreisenden eine Mahlzeit.
		(O (transit geçen) yolculara yemek hazırladı.)
berichten	:	Malumat vermek, bildirmek
		Er **berichtete** mir den Vorfall.
		(Bana hadiseyi bildirdi.)
bewilligen	:	müsaade etmek, izin vermek
		Der Direktor **bewilligte** ihr einen Sonderurlaub.
		(Müdür onun özel izin isteğini kabul etti.)

bringen	:	getirmek
		Der Kellner **brachte** mir das Essen.
		(Garson bana yemeği getirdi.)
ein/flössen	:	b.ne, b.şi içirmek
		Die Schwester **flösste** dem Schwerkranken die Arznei **ein**.
		(Hemşire ağır hastasına ilaç içirdi.)
empfehlen	:	tavsiye etmek
		Das Reisebüro hat ihm dieses Hotel **empfohlen**.
		(Seyahat bürosu ona bu oteli tavsiye etti.)
entreissen	:	b.şi elinden zorla almak, kapmak
		Der Dieb entriss der Frau die Handtasche.
		(Hırsız kadından çantayı zorla aldı.)
entziehen	:	b.ni, b.şden mahrum bırakmak
		Die Behörde hat dem Händler die Verkaufslizenz entzogen.
		(Hükümet tüccarı satış ruhsatından mahrum bıraktı.)
erlauben	:	izin vermek, müsaade etmek
		Der Ausweis erlaubt mir das Betreten des Fabrikgeländes.
		(Kimlik bana fabrikaya girişte izin verir)
geben	:	vermek
		Er hat ihm das Buch gegeben.
		(O ona kitabı verdi)
gestatten	:	müsade etmek, izin vermek
		Er gestattet ihm das Betreten seines Grundstücks. Meine finanzielle Lage gestattet mir keine grössere Reise.
		(O ona gayrimenkulünun temsilciliğini veriyor. Ekonomik durumum bana daha büyük bir gezi yapmama izin vermiyor.)
gewähren	:	yerine getirmek / izin vermek
		Sie gewährte ihm eine Bitte.
		(Onun arzusunu yerine getirdi.)
gönnen	:	b.ni b.şeden dolayı kıskanmamak
		Wir gönnen dir deinen Erfolg.
lassen	:	müsade etmek, bırakmak
		Wir lassen dir dein Vergnügen .
		(Sana eğlenceyi müsaade ederiz.)
		Er liess mir den Rest des Geldes.
		(Paranın geri kalanını bana bıraktı.)

leihen	:	b. ne, b. şi ödünç vermek
		Leihen Sie mir Ihren Wagen?
		(Arabanızı bana ödünç verirmisiniz?)
liefern	:	tedarik, teslim etmek
		Liefern Sie mir eine Kiste Wein?
		(Bana bir kasa şarap teslim ediniz!)
melden	:	b.ne b. şi bildirmek
		Der Wachhabende meldete dem Offizier vom Dienst die Vorkommnisse.
		(Nöbet amiri nöbetçi subaya olayları bildirdi.)
mit/teilen	:	bildirmek, haber vermek
		Wann teilen Sie mir Ihre Ankunft mit?
		(Bana varışınızı ne zaman bildirirsiniz?)
nehmen	:	almak
		Der Dieb hat mir mein ganzes Geld genommen.
		(Hırsız benim bütün paramı aldı.)
offenbaren	:	açıkca göstermek, ortaya koymak
		Er offenbarte ihr seine Liebe.
		(O ona sevgisini açıkça gösteriyordu.)
opfern	:	feda etmek
		Er opferte der Firma seine freie Zeit.
		(O firmaya boş zamanlarını feda ediyor.)
rauben	:	b.den, b.ş gaspetmek
		Er raubte den Reisenden das ganze Geld.
		(O turistlerin bütün paralarını gaspetti.)
reichen	:	b.ne, b.şi uzatmak
		Reichen Sie mir bitte den Salz!
		(Bana tuzu uzatınız, lütfen)!
schenken	:	hediye etmek
		Ich habe ihm ein Buch geschenkt.
		(Ona bir kitap hediye ettim.)
schicken	:	göndermek, yollamak
		Wir haben unseren Eltern ein Päckchen geschickt.
		(Biz ebeveynlerimize bir paketçik gönderdik.)
schreiben	:	yazmak
		Ich habe meinem Freund einen Brief geschrieben.
		(Arkadaşıma bir mektup yazdım.)

schulden	:	b.ne, b.şi borçlu bulunmak
		Er schuldete mir noch zehn Mark.
		(O bana halâ 10 Mark borçludur.)
senden	:	göndermek
		Wir senden Ihnen die bestellte Ware.
		(Biz size ısmarlanmış olan malı gönderiyoruz.)
stehlen	:	çalmak
		Er hat der Frau die Handtasche gestohlen.
		(O kadından çantayı çaldı.)
übergeben	:	eline vermek, teslim etmek
		Der Bote übergab dem Direktor den Brief.
		(Elçi müdüre mektubu verdi.)
überlassen	:	b.ne birşey devretmek
		Du kannst ihm die Arbeit überlassen.
		(İşi ona devredebilirmisin)
untersagen	:	yasak etmek, men etmek
		Er untersagte den Leuten den Zutritt.
		(Girişi halka yasak etti.)
verbieten	:	yasak etmek
		Man hat den Jugendlichen das Betreten dieses Lokals verboten.
		(Bu lokale gençlerin girişi yasak edildi.)
verhehlen	:	belli etmemek
		Sie konnte mir ihre Neugier nicht verhehlen.
		(Bana eğilimini belli edemiyordu.)
verheimlichen	:	gizlemek, saklamak
		Man verheimlichte ihm die Wahrheit.
		(Ondan gerçek saklanırdı.)
verheissen	:	vaadetmek, söz vermek
		Er verhiess dem jungen Mann eine erfolgreiche Zukunft.
		(O genç adama başarılarla dolu bir istikbal vaad ediyordu.)
verkaufen	:	satmak
		Man verkaufte mir sehr schlechte Ware.
		(Bana çok kötü mal satıldı.)
verkünden	:	ilan etmek, bildirmek
		Der Hodscha verkündete der Gemeinde die Islamsauf-gebote.
		(Hoca cemaate islamın emirlerini bildiriyor.)

verschaffen	:	temin, tedarik etmek
		Er verschaffte der Firma einen Kredit.
		(O firmaya bir kredi temin etti.)
versagen	:	red etmek / başarısız olmak
		Der Vater versagte seiner Tochter ihren Wunsch. (Baba kızının arzusunu reddetti.)
versprechen	:	söz vermek
		Er versprach dem Finder eine Belohnung.
		(O bulana bir mükâfat vaad etti.)
verweigern	:	b.ş reddetmek
		Der Soldat verweigerte dem Offizier die Gehorsamkeit.
		(Asker subaya itaati reddediyordu.)
verzeihen	:	b.ni b.şden dolayı affetmek
		Verzeihen Sie ihm seine Unhöflichkeit.
		(Onu nezaketsizliğinden dolayı affediniz)
vor/lessen	:	b.ne b.şi okumak
		Die Mutter las ihrem Kind eine Geschichte vor.
		(Anne çocuğuna bir hikaye okudu.)
vor/rechnen	:	b.ne, b.şi tafsilatlı anlatmak
		Er rechnete seinem Vater die Schulden vor, die er gemacht hat.
		(Yapmış olduğu suçu babasına tafsilatlı olarak anlattı.)
vor/tragen	:	anlatmak, izah etmek
		Das Mädchen trug ihrer Klasse ein schönes Gedicht vor.
		(Kız sınıfına güzel bir şiir okudu.)
vor/werfen	:	önüne atmak, b.ni b.ş den dolayı muaheze etmek
		Er warf dem Freund seine Lügen vor.
		(O arkadaşına yalanlarını yüzüne vurdu.)
widmen	:	ithaf etmek
		Er widmete sein erstes Buch seinen Eltern.
		(O ilk kitabını ebeveynlerine ithaf etti.)
zeigen	:	göstermek
		Zeigen Sie mir bitte ihre neusten Fotos!
		(Lütfen, bana en yeni fotoğraflarınızı gösteriniz!)
zu/führen	:	sevk, temin etmek
		Er führte dem Kaufmann einen neuen Kunden zu.
		(O tüccara yeni bir müşteri temin etti.)

zu/muten	:	b. nin uygunsuz b. şi yapmasını talep etmek

Du kannst dem Kind eine so schwere Arbeit nicht zumuten
(Çocuğa o kadar ağır bir iş yapmasını talep edemezsin.)

zu/rufen	:	b.k. b.şi söylemek.

Er rief dem Jungen eine Warnung zu.
(O genci ikaz etti.)

zu/werfen	:	geri atmak

Er warf mir den Ball zu. (O bana topu geri attı)

C) <u>Sätze mit Akkusativ und Präpositionalobjekt (Akkusativ ve präpositional nesne ile cümleler):</u>

ab/halten	:	alıkoymak, mani olmak

Das Kind **hat** die Mutter von der Arbeit **abgehalten**.
(Çocuk annesini işten alıkoydu.)

ab/härten	:	alıştırmak

Kaltes Wasser **härtet** einen gegen Erkältung **ab**.

adressieren	:	adres yazmak

Er **adressierte** den Brief an die Firma Müller.
(O mektubu Müller firmasına yazdı.)

ändern	:	değiştirmek

Wir **können** an seiner Entscheidung nichts **ändern**.
(Kararını değiştiremeyiz.)

au/wenden	:	Sarfetmek, harcamak

Für seine Kinder **hat** er eine Menge Geld **aufgewendet**.
(O çocukları için bir yığın para harcadı.)

auf/ziehen	:	kurmak (saat), büyütmek, yetiştirmek

Diese alte Uhr muß man noch mit einem Schlüssel **aufziehen**.
Ich bin der meinung, dass sie ihre Kinder gut aufziehen wird.

aus/geben	:	sarfetmek, takdim etmek

Er **gibt** für sein Hobby eine Menge Geld **aus**.
(O hobisi için çok para harcıyor.)
Gibst du uns eine Runde Bier **aus** ?
(Bize bira ısmarlayacakmısın?)

aus/teilen	:	aralarında taksim etmek

Sie **teilt** die Äpfel an die Kinder **aus**.
(O elmaları çocuklara taksim etti.)

Der Lehrer **teilte** die Arbeitshefte an die Schüler **aus**.
(Öğretmen çalışma defterlerini öğrencilere taksim etti.)

bedrängen : Sıkıntı vermek
Sie bedrängte ihn ständig mit ihren Bitten.
(O onu daimi ricalarıyla sıktı.)

befragen : sormak, sual etmek, malumat istemek
Auf der Polizeiwache befragte man ihn über den Hergang des Unfalls.

befreien : kurtarmak
Bitte befreien Sie mich von diesem lästigen Mann.
(Lütfen beni bu sıkıcı adamdan kurtarınız!)

beglückwünschen : b.ni b.ş den dolayı kutlamak
Wir beglückwünschen Sie zum erfolgreichen Abschluss Ihres Studiums.
(Sizi başarılı tahsilinizin sonundan dolayı kutluyoruz.)

belasten : Zimmetine geçirmek, borca boğmak, göndermek
Wir belasten Ihr Konto mit den Versandkosten.
(Hesabınıza (gönderme) posta ücreti ile göndeririz!)

benutzen : kullanmak, istifade etmek
Dieses Werkzeug benutzt man zum Öffnen von Konservendosen.
(Bu alet konserve kutularının açılmasında kullanılır.)

beschäftigen : Meşgul olmak
Die Eltern beschäftigen ihre Kinder mit Bastelarbeiten.
(Ebeveynler çocuklarını amatörel işlerinde çalıştırıyorlar) (uğraştırı-yor).

beschränken : sınırlandırmak
Die Firma beschränkt ihren Export auf europäische Länder.
(Firma Avrupa ülkelerine ihracaatını sınırlandırıyor.)

beschützen : korumak
Die Polizei beschützt die Bürger vor Verbrechern.
(Polis halkı canilerden korur.)

betrügen : dolandırmak, aldatmak
Der Mann hat mich um 10 Mark betrogen
(Adam beni 10 Mark dolandırdı.)

		Er hat seine Frau mit einer Geliebten betrogen.
		(O karısını bir sevgilisi ile aldattı.)
beurteilen	:	hüküm vermek, rapor vermek, yazmak, değerlendirmek
		Man beurteilt einen Menschen nach seinen Leistungen
		(Bir insan hakkında işine göre hüküm verilir.)
		Er beurteilt das Bier nach seinem Alkoholgehalt.
		(O birayı alkol miktarına göre değerlendiriyor.)
bewahren	:	muhafaza etmek, saklamak
		(Die Impfung bewahrte mich vor einer Infektion). Aşı beni enfeksiyonlardan korudu (muhafaza etti).
		(Arkadaşım beni arabanın satın alınmasına razı etti.)
bewegen	:	b.ni b.şe razı etmek
		Mein Freund bewog mich zum Kauf eines Autos.
		(Arkadaşım beni arabanın satın alınmasına razı etti.)
bitten	:	b.den b. rica etmek
		Viele Theaterbesucher baten den Schauspieler um ihre Unterschrift.
		(Tiyatro seyircileri oyuncunun imzasını rica ediyorlardı.)
bringen	:	götürmek
		Der Betrüger hat den Kaufmann um sein ganzes Vermögen gebracht.
		(Dolandırıcı tüccarın tüm servetini alıp götürdü.)
dispensieren	:	b.ş den muaf tutmak
		Der Minister dispensierte den Beamten von seinem Amt.
		(Bakan memurları hizmetinden muaf tuttu).
dividieren	:	taksim etmek, bölmek
		Dividiere 24 durch 2! (24ü 2 ye böl)
drängen	:	b.ni, b.şyi yapması için sıkıştırmak.
		Er drängte mich zur Arbeise.
		(O beni gitmem için zorladı)
ein/laden	:	davet etmek
		Ich lade dich zum Fest ein.
		(seni bayrama davet ediyorum.)
		Wir laden ihn zu uns ein
		(Onu bize davet ediyoruz.)

ein/stellen	:	b.şe hazırlamak, intibak etmek
		Er stellt sein Verhalten auf die Umstände ein.
		(O davranışını şartlara hazırlıyor.)
ein/teilen	:	dağıtmak, bölmek
		Er teilt die Arbeiter zum Löschen der Schiffsladung ein.
		(O işçileri gemi yükünün boşaltılmasında dağıttı.) (böldü)
entbinden	:	b.ş den affetmek, muaf tutmak
		Er entband den Geschäftsführer von seinen Pflichten.
		(O mağaza müdürünü görevinden muaf tuttu.)
entlasten	:	b.nin yükünü hafifletmek, b.ne yardım etmek
		Der Zeuge entlastete den Angeklagten von dem Verdacht.
		(Şahit zanlıya (şüpheli durumda) yardım etti.
entnehmen	:	almak, çıkarmak
		Er entnahm das Geld aus der Ladenkasse.
		(O dükkan kasasından para çıkardı.)
erinnern	:	hatırlamak
		Ich erinnere mich an dein Versprechen
		(Senin sözünü hatırlıyorum.)
erkennen	:	teşhis etmek, tanımak
		Wir erkennen dich an deinem Schnurrbart.
		(Seni bıyığından teşhis ediyoruz.)
ermahnen	:	b.şe teşvik etmek
		Der Vater ermahnte seinen Sohn zur Redlichkeit.
		(Baba oğlunu doğruluğa teşvik etti.)
ersehen	:	görmek, anlam çıkarmak
		Deine Einstellug zur Arbeit ersehen wir aus deinem Verhalten.
		(İş anlayışını davranışından anlıyoruz.)
ersuchen	:	ricada bulunmak
		Wir ersuchen Sie um eine baldige Nachricht.
		(Sizden acele bir haber rica ediyoruz.)
fragen	:	b. den b.şi sormak
		Er hat mich nach deinem Aufenthaltsort gefragt.
		(O bana senin tatil yerini sordu.)
frei/sprechen	:	beraatına karar vermek
		Der Richter sprach den Angeklagten von jeder Schuld frei.
		(Hakim zanlıyı her suçtan beraat ettirdi.)

gewinnen	:	kazanmak, istifade, temin etmek
		Man gewinnt Teer aus Kohle.
		(Katran kömürden elde edilir)
		Wir haben den fähigen Ingenieur an unsere Firma gewonnen.
		(Firmamız için kabiliyetli mühendis bulduk.)
gewöhnen	:	b.şe alıştırmak
		Die Mutter gewöhnt ihr Kind an die Flasche.
		(Anne çocuğunu şişelere alıştırıyor.)
her/geben	:	bahsetmek, vermek
		Er gab sein Geld für eine hoffnungslose Sache her.
		(O parasını ümitsiz şeyler için harcadı.)
hindern	:	b.ne, b.ş den engel olmak, b.şe mani olmak
		Er hinderte mich am Aufstehen.
		(O bana ayağa kalkarken engel oldu.)
		Der verletzte Finger hindert mich bei der Arbeit.
		(Yaralı parmak işime engel oluyor.)
hin/weisen	:	b. nin nazarı dikkatini, b.şe celbetmek, işaret etmek
		Darf ich Sie auf ein günstiges Angebot hinweisen?
		(Size uygun bir teklif ileri sürebilir miyim?)
		Ich weise Sie auf die Polizeivorschriften hin.
		(Dikkatinizi Polis talimatlarına çekiyorum.)
hören	:	haber almak
		Hast du etwas Neues von deinem Bruder gehört?
		(Kardeşinden yeni haber aldın mı?)
interessieren	:	alakadar etmek, ilgilendirmek
		Ich möchte ihn an unserem Geschäft interessieren.
		(Onu bizim işe karşı alakalandırmayı arzu ediyorum.)
		Er wollte mich für seine politischen Anschauungen interessieren.
		(O beni politik görüşleri için alakalandırmak istiyordu.)
konfrontieren	:	yüzleştirmek
		Er konfrontierte mich mit dem Verleumder.
		(O beni iftira edenle yüzleştirdi.)
liefern	:	teslim etmek
		Die Firma liefert ihre Produkte an die hiesigen Drogerien.
		(Firma mallarını buradaki ecza deposuna teslim eder.)

necken	:	b. ne takılmak
		Er neckt sie mit ihrem neuen Hut. (O onun yeni şapkası ile ona takılır.)
nötigen	:	zorlamak / ihtiyaç duymak
		Sie nötigt das Kind zum Essen
		(çocuğu yemeğe zorluyor.)
orientieren	:	malumat vermek hazırlamak
		Er orientierte mich über den Verlauf der Tagung.
		(oturumun seyri üzerine malumat verdi.)
plagen	:	rahatsızlandırmak
		Er plagte mich mit unbequemen Fragen. (beni can sıkıcı sorularla rahatsız etti.)
rechtfertigen	:	haklı çıkarmak, mazur göstermek
		Er rechtfertigt sein schlechtes Betragen mit seiner Nervosität.
		(Sinirliliği ile kötü hareketini haklı çıkarır.)
richten	:	(mektup) göndermek.
		Wir richten den Brief an die Stadtverwaltung.
		(Mektubu belediyeye gönderiyoruz.)
schliessen	:	b.ş den mânâ çıkarmak
		Wir schliessen aus seinem Verhalten, dass er uns mißtraut.
		(Hareketlerinden bize güvenmediği manasını çıkarıyoruz.)
schreiben	:	b.ne b.ş yazmak
		Ich habe einen Bericht an die Direktion geschrieben.
		(Müdürlüğe bir rapor yazdım.)
schützen	:	himaye etmek, korumak
		Du mußt sie vor dem brutalen Menschen schützen.
		(Onu vahşi adamdan korumak zorundasın.)
tauschen	:	değişmek, mübadele etmek
		Ich tausche meinen Füller gegen einen Kugelschreiber.
		(Dolma kalemimi tükenmez kaleme karşılık değişiyorum.)
		Er hat den Platz mit seiner Schwester getauscht.
		(O yeri kız kardeşi ile değişti.)
überreden	:	kandırmak, ikna etmek
		Er überredete mich zu einer Seereise.
		(Beni bir deniz yolculuğuna ikna etti)
veranlassen	:	sevketmek, teşvik etmek
		Er veranlasste den Minister zur Demission.
		(Beni bir deniz yolculuğuna ikna etti.)

verbergen	:	gizlemek, saklamak
		Er verbarg den Flüchtling (vor der Polizei).
		(Kaçağı polisten sakladı.)
vereinbaren	:	b.le b.ş hakkında anlaşmak
		Wir haben mit der Firma andere Lieferbedingungen vereinbart.
		(Firma ile diğer teslim şartları üzerinde anlaştık.)
verführen	:	b.ş yapmaya teşvik etmek
		Er verführte die Frau zum Diebstahl.
		(Kadını hırsızlığa teşvik etti.)
verheiraten	:	evlendirmek
		Er verheiratete seine Tochter mit dem Sohn eines Industriellen.
		(Kızını sanayicinin oğlu ile evlendirdi).
verkaufen	:	satmak
		Sie verkaufte die Blumen an die Vorübergehenden.
		(Çiçekleri gelip geçenlerin önünde sattı.)
verknüpfen	:	bağlamak, birleştirmek
		Sie verknüpfte die beiden Seile miteinander.
		(Her iki halatı birbirine bağladı).
verlangen	:	talep etmek, istemek
		Er verlangt von ihm die Herausgabe der Dokumente.
		(Ondan dökümanların iadesini talep ediyor.)
		Sie verlangt Geld von ihm.
		(Ondan para istiyor)
verleiten	:	fenalığa teşvik etmek, tahrik etmek
		Er hat sie zum Diebstahl verleitet.
		(Onu hırsızlığa teşvik etti.)
verpflichten	:	b.şi taahhüd etmek, üzerine almak
		Wir verpflichten euch zur Geheimhaltung.
		(Gizliliği vaad ediyoruz.)
verraten	:	belli etmek, meydana koymak
		Er verriet ihn an seine Feinde.
		(Ona düşmanlığını belli etti.)
versehen	:	b. ne, b.şle teçhiz etmek
		Er versah mich mit ausreichenden Geldmitteln.
		(Beni çok para ile teçhiz etti.)
verteilen	:	dağıtmak
		Sie verteilte das Brot unter den Armen.
		(Ekmeği fakirler arasında dağıttı.)

verweisen	:	b.ne, b.ni göndermek, havale etmek. Er hat mich an Sie verwiesen. (Beni size havale etti.)
verwenden	:	sarfetmek, harcamak Verwenden Sie das Geld zum Kauf eines Grundstückes
warnen	:	b.ne, b.ş den sakınmasını ihtar etmek Man warnte mich vor dem Betrüger. (Beni hilakara karşı uyardılar.)

D) _Sätze mit Funktionsobjekt und Präpositionalobjekt/Reflexive Verben_

ab-heben	:	iyice belirmek Auf dem Bild **heben sich** die Personen gut **vom** Hintergrund **ab**. (Resimdeki şahıslar arkadan iyi görünüyor.)
ängstigen	:	korkmak, endişeye düşmek Das Kind **ängstigt sich vor** dem fremden Mann. (Çocuk yabancı adamdan korkuyor.)
ärgern	:	b.ş üzerine kızmak Er **ärgert sich über** seinen Mißerfolg. (O başarısızlığına kızıyor.) Der Vater **ärgert sich über** seinen ungezogenen Sohn. (Baba arsız oğluna kızıyor.)
aufregen	:	heyecanlanmak, sinirlenmek Er **regt sich über** die Faulheit seines Lehrlings **auf**. (Çırağın tembelliği üzerine sinirleniyor.)
auf/schwingen	:	yapmaya karar vermek Er schwing sich zu einem Entschkluss auf.
aus/drücken	:	anlatmak, ifade etmek Dummheit **drückt sich** meistens **in** Hochmut und Stolz **aus**. (Ahmaklık çoğunlukla kibir ve gurur ifade eder.)
aussprechen	:	fikir beyan etmek, b.ş tavsiye etmek (içini dökmek) Sie **sprachen sich** offen **über** ihre Probleme **aus**. (Zor problemler üzerine fikir beyan ettiler.) Der Sohn **sprach sich mit** seinem Vater **aus**. (Oğul babasına içini döktü.) **Sprechen** Sie **sich für** den Verkauf des Hauses **aus**? (Evin satışına razı mısınız?)

aus/weisen	:	ispat etmek
		Können Sie **sich über** Ihre Sprachkenntnisse **ausweisen**?
		(Dilbilginizi ispatlayabilir misiniz?)
bedanken	:	b.ne b.ş den dolayı teşekkür etmek, nezaketle reddetmek
		Ich bedanke mich herzlich für Ihr Geschenk.
		(Hediyeniz için kalpten teşekkür ederim.)
		Wir bedanken uns für eine derartig schlechte Behandlung.
		(Böyle kötü muamele için teşekkür ederiz.)
befassen	:	meşgul olmak
		Er befasst sich seit einiger Zeit mit Fremdsprachen.
		(Uzun zamandan beri yabancı dille uğraşıyor.)
begnügen	:	kanaat etmek, yetinmek
		Die Arbeiter wollen sich nicht mehr ihrem bisherigen Lohn begnügen.
		(İşçiler şimdiye kadarki ücretleri ile daha fazla yetinmek istemiyor.)
belustigen	:	eğlenmek, alay etmek
		Die Kinder belustigen sich mit den neuen Spielsachen.
		(Çocuklar oyuncakları ile eğleniyorlar.)
		Er belustigte sich über die Ungeschicklichkeit des alten Mannes.
		(O yaşlı adamın tahılı ile alay ediyordu.)
bemühen	:	zahmete girmek, bşi elde etmeye çalışmak
		Der Arzt bemühte sich um den Verletzten.
		(Doktor yaralıya çok ilgi gösterdi.)
		Bemühen Sie sich nicht um uns!
		(Bizim için bu kadar uğraşmayınız!)
berufen	:	delil veya şahit olarak göstermek.
		Der Angeklagte berief sich auf die Aussagen des Zeugen.
		(Zanlı şahidin sözlerini delil olarak göstermek)
beschränken	:	sınırlandırmak, kanaat etm.
		Ich kann Ihnen nicht alles erzählen, ich muß mich auf das Notwendigste beschränken.
		(Size her şeyi anlatamam, en lüzumlusuyla sınırlandırmak zorundayım.)
besinnen	:	hatırlamak, düşünmek
		Ich kann mich nicht mehr auf den Mann besinnen, der mir das gesagt hat.

(Bunu söyleyen adamı daha fazla hatırlayamıyorum.)
Können Sie sich noch auf unsere letzte Begegnung besinnen.
(Son karşılaşmamızı hatırladınız mı?)

beziehen : b. nin tavsiyesi, referansı, reyine istinad etmek
Ich beziehe mich auf Ihren letzten Brief.
(Son mektubunuzu delil olarak gösteriyorum.)
Sie können sich auf unsere Unterredung beziehen.
(Son görüşmemize dayandırabilirsiniz.)

distanzieren : b.şden uzak kalmak
Wir distanzieren uns energisch an die Äußerungen des Politikers.
(Politikacının fikirlerinden uzak kalıyoruz)

drücken : kaçamak yapmak, yan çizmek
Er will sich immer von der Arbeit drücken:
(O daima işten kaçamak yapmak ister.)

einigen : anlaşmak, uyuşmak
Wir einigten uns auf einen Kaufpreis von DM 50.000.
(50.000 Marktan satışa anlaştık.)

ein/lassen : tartışmak, münasebete girişmek
Lass dich nicht mit diesem Betrüger ein!
(Bu adamla münasebete girişme!)

ein/stellen : b.ş hazırlanmak
Du mußt dich auf deinen Gesprächspartner einstellen.

entscheiden : lehinde, aleyhinde karar vermek
Sie hat sich immer für das Richtige entschieden.
(O daima doğru olan için karar verdi.)
Ich habe mich für den Verkauf des Grundstücks entschieden.
(Gayri menkulün satışına karşı karar verdim.)

entschliessen : b.şeye azmetmek, karar vermek
Er hat sich zu einer Amerikareise entschlossen.
(Bir Amerika seyahatine karar verdi.)
Ich entschloss mich für dieses Buch.
(Bu kitap için karar verdim.)
Das Parlament hat sich gegen die Gesetzesvorlage entschlossen.
(Parlamento kanun tasarılarını kabul etti.)

entsinnen	:	hatırlamak
		Ich entsinne mich nicht mehr auf diesen Mann.
		(Bu adamı daha fazla hatırlamıyorum.)
erbarmen	:	b. ne acımak
		Er erbarmte sich über das arme Kind.
		(Yoksul çocuğa acıdı.)
erfreuen	:	b.ş den hoşlanmak
		Wir erfreuen uns an dem Gesang der Vögel.
		(Kuşların ötüşünden hoşlanırız.)
erheben	:	ayaklanmak, baş kaldırmak
		Das Volk hat sich von seiner Krankheit erholt.
		(Babam hastalığına şifa buldu.)
erregen	:	telaşa düşmek, hiddetlenmek, heyecanlanmak
		Das Volk erregte sich über die Verordnungen des Finanzministers.
		(Halk maliye bakanının talimatı üzerine telaşa düştü.)
		Der Mann hat sich über den frechen Jungen erregt.
		(Adam utanmaz oğlana hiddetlendi.)
erstrecken	:	b.şe şamil olmak, kapsamak
		Die ministerielle Verordnung erstreckt sich auf alle Männer bis 45 Jahre.
		(Bakanın talimatı 45 yaşına kadar tüm erkekleri kapsıyor.)
freuen	:	b. şi sevinçle beklemek
		Wir freuen uns auf die kommenden Feiertage.
		(Gelecek bayrama seviniyoruz.)
		Peter freut sich über die Geschenke.
		(Peter hediyelere sevindi.)
fügen	:	boyun eğmek, teslim olmak
		Die Menschen müssen sich in ihr Schicksal fügen.
		(İnsanlar kaderlerine boyun eğmek zorundadırlar.)
fürchten	:	b. den, b.şden korkmak
		Die Kinder fürchten sich vor ihrem strengen Vater.
		(Çocuklar sert, haşin babalarından korkarlar.)
heraus/reden	:	beyanı, mazeret etmek
		Niemand wird dir glauben, wenn du dich immer mit deiner vielen Arbeit herausredest.
		(Eğer sen işlerini daima mazeret olarak ileri sürersen, sana kimse inanmayacak.)

hüten	:	sakınmak
		Sie müssen sich vor jenen Menschen hüten.
		(O insanlardan çekinmek zorundasın.)
		Hüten Sie sich vor Erkältung!
		(Soğuktan sakınınız!)
interessieren	:	alâkalanmak, ilgilenmek
		Interessieren Sie sich für Fotografie?
		(Fotoğrafla ilgilenir misiniz?)
		Er interessiert sich sehr für dieses hübsche Mädchen.
		(O bu güzel kızla çok ilgileniyor.)
kahren	:	b.şe aldırış etmek
		Kehren Sie sich nicht an die Beschimpfungen dieses Menschen!
		(Bu insanın hakaretlerine aldırış etmeyiniz!)
konzentrieren	:	Bir araya toplanmak, konsantre etmek
		Wir müssen uns jetzt auf unsere Arbeit konzentrieren.
		(İşimizde konsantre olmak zorundayız)
		Seine Bemühungen konzentrieren sich auf die Verbesserung der Lage. (Çabaların durumun iyileşmesini sağlıyor)
kümmern	:	kulak asmak, b.le meşgul olmak, b. şe aldırış etmemek
		Kümmern Sie sich um Ihre Angelegenheiten!
		(Meselelerinizle meşgul olunuz.)
		Er kümmert sich nicht um seine Familie
		(O ailesine aldırış etmiyor.)
rächen	:	b. den öcünü almak, bşeyin acısını çıkarmak
		Sie rächten sich an ihren Feinden
		(Düşmanlarından öcünü aldılar.)
		Sie rächten sich für die jahrelange Unterdrückung.
		(Onlar uzun yılların baskısının acısını çıkardılar.)
reimen	:	birbirine uymak
		Haus reimt sich auf **Maus**.
		Ev fareyle kafileniyor. (can/kan gibi)
schämen	:	b.n den b.ş den dolayı utanmak
		Sie schämte sich vor den Leuten.
		(O halktan utandı.)
		Er schämte sich wegen seiner Feigheit.
		(Korkaklığından dolayı utanıyordu.)
scheuen	:	b.ş den, b.den korkmak
		Das Kind scheut sich vor fremden Menschen.
		(Çocuk yabancılardan korkuyor.)

sehnen	:	b.şin hasretini çekmek
Die Auswanderer sehnten sich nach ihrer Heimat.
(Göçmenler vatanlarının hasretini çekiyorlardı.)
sorgen	:	b.şe kederlenmek
Die Mutter sorgte sich um ihr krankes Kind.
(Anne hasta çocuğundan endişelendi.)
sträuben	:	b.şe karşı mukavemet etmek.
Wir sträuben uns gegen ven Verkauf des Grundstücks.
(Gayrimenkulün satışına karşı direniyoruz.)
täuschen	:	aldanmak, yanılmak
Wir haben uns sehr in diesem Menschen getäuscht.
(Bu adama aldandık.)
Täuschen Sie sich nicht über die Schwierigkeiten der Probleme.
(Problemlerin zorluklarına aldanmayınız.)
tragen	:	taşımak
Er trägt sich mit dem Gedanken, im Sommer nach Schweden zu reisen.
(Yazın İsviçreye seyahat etme düşüncesinde.)
verlassen	:	b.ne b. şeye güvenmek
Sie können sich auf mich verlassen.
(Bana güvenebilirsiniz.)
Kann man sich heute wohl auf das Wetter verlassen.?
(Acaba bugün havaya güvenilebilir mi?)
verlegen	:	kendini bir işe vermek
Der Junge verlegte sich aufs Lügen.
(Genç kendini yalana verdi.)
Nach dem wir mit Textilien keinen Erfolg hatten, verlegten wir uns auf den Handel mit Zigaretten.
(Tekstilde başarısız olduktan sonra kendi-mizi sigara ticaretine verdik.)
verstehen	:	b. ile iyi anlaşmak, b.ş den anlamak, iyi bilmek
Ich verstehe mich gut mit ihm.
(Onunla iyi anlaşıyorum.)
Verstehst du das Fotografieren?
(Fotoğraftan anlar mısın?)
verwandeln	:	değişmek,.... haline geçmek
Das Wasser verwandelt sich zu Dampf.
(Su buhar haline geçer.)

		Der böse Zauberer verwandelte sich in eine hässliche Kröte.
		(Kızgın büyücü çirkin kara kurbağa haline geçti.)
wehren	:	mukavemet etmek, karşı koymak
		Wehrt euch gegen eure Feinde!
		(Düşmanlarınıza karşı koyun!)
		Wir wehren uns gegen jedes Unrecht.
		(Her haksızlığa karşı koyarız.)
wenden	:	b.ne hitap etmek, b.ne müracaat etmek, başvurmak, aleyhine bir cephe almak.
		Bitte, wenden Sie sich an den Direktor!
		(Lütfen müdüre başvurunuz.)
		Das Schicksal wendete sich gegen uns
		(Kader aleyhimize döndü.)
wundern	:	b. şe hayret etmek
		Die Lehrer wunderten sich über die guten Leistungen der Schüler.
		(Öğretmenler öğrencilerin iyi başarılarına hayret ettiler.)
		Wir wundern uns über euch.
		(Size hayret ediyoruz.)
zusammen/finden	:	buluşmak, toplanmak
		Sie fanden sich in einer gemeinsamen Arbeit zusammen.
		(Ortak işte toplandılar.)

MODALVERBEN (YARDIMCI FİİLLER):

können	: muktedir olmak	**mögen**	: arzu etmek
müssen	: mecbur olmak	**wollen**	: istemek
sollen	: mecbur olmak	**lassen**	: -tirtmek, - tırtmak
dürfen	: izinli olmak		

Yardımcı fiillerle cümle kurulur iken yardımcı fiil özneye göre çekilir ve esas fiil mastar olarak cümlenin sonuna gider.

A) *Können (muktedir olmak):*

Ich kann lesen (okuyabilirim)	**wir können fahren** (gidebiliriz)
du kannst gehen (gidebilirsin)	**ihr könnt lernen** (öğrenebilirsiniz)
er, sie, es, kann kommen	**sie können kaufen** (alabilirler)
(gelebilir)	**Sie können sich anziehen** (giyinebilirsiniz)

Bitte ergänzen Sie folgende Sätze mit "können"!

1. Ich .... morgen nicht zu dir **kommen**.
2. Wir die Maschine nicht **bedienen**.
3. Sabahattin .... den schweren Lastwagen **steuern**.
4. .... du diese schlechte Schrift **lesen**?
5. Güven .... die laute Musik nicht **ertragen**.
6. Die Fussballer .... dieses Spiel nicht **gewinnen**.
7. .... ihr die Mathematikaufgaben **lösen**?
8. Türker .... heute gar nicht zu uns **kommen**?
9. Der junge Mann .... Ausländer **sein**.
10. .... ich Sie zum Restaurant **einladen**.
11. Ich .... diesen Koffer nicht tragen, denn er ist zu schwer.
12. Diese Frau .... aus Frankreich **kommen**.
13. Sie .... recht **haben**.
14. Unsere Nachbarn .... nicht **ausgezogen sein**.
15. Der Dieb .... von der Polizei **schnell gefasst werden**.

Können fiilinin kullanıldığı yerler:
1. **İmkân belirtmede**

    a) Sein Bruder konnte ihm nur 1.000 TL schicken.

    (Erkek kardeşi ona yalnızca 1.000 TL gönderebildi.)

    b) Wir haben die Arbeit nicht schaffen können.

    c) Wir konnten vor Schmerzen nicht aufstehen.

2. **Fırsat belirtirken**

    a. Endlich konnte ich mit ihm sprechen.

    (Nihayet onunla konuşabildim.)

    b. Bei der Feier konnte auch der Bürgermeister begrüsst werden.

    (Bayramda belediye başkanıda selamlanabildi.)

3. **Kabiliyet belirtirken.**

    Ich kann perfekt Deutsch.

    (İyi Almanca bilirim.)

    Ich kann sehr gut schwimmen.

    (Çok iyi yüzebilirim.)

4. **İhtimal belirtirken**

    Sie können heute morgen kommen.

    (Bugün sabah gelebilirler.)

5. **Sevinç ve neşe tesiri ifadesinde**

    Wir freuen uns, ihnen eine positive Nachricht geben zu können.

    (Size olumlu bir haber vermeye seviniriz.)

6. **Müteessir olma durumu ifadesinde**

    Es tut mir leid, euch nicht helfen zu können.

    (Size yardım edemediğim için üzgünüm.)

    Leider kann ich dir nicht helfen.

    (Maalesef sana yardım edemem.)

7. **Nazik olan rica veya sorunun ifadesinde**

    Könnten wir uns heute treffen.

    (Bugün buluşabilirmiydik.)

als Subjektiv

Der Lehrer **kann** vor einer Woche **gekommen sein**.

(Öğretmen bir hafta önce gelmiş olabilir.)

Dein Vater **kann** dieses Inserat nicht **gelesen haben**.

(Baban bu ilanı okumamış olabilir.)

B) **_Müssen (mecbur olmak):_**

Ich **muß** arbeiten.	(çalışmak zorundayım.)
du **mußt** lernen.	(öğrenmek zorundasın.)
er, sie, es **muß** schreiben.	(yazmak zorunda.)
wir **müssen** unterschreiben.	(imzalamak zorundayız.)
ihr **mußt** bestehen.	(başarmak zorundasınız.)
sie **müssen** gewinnen.	(kazanmak zorundalar.)
Sie **müssen** schlafen.	(uyumak zorundasınız.)

Ergänzen Sie die Sätze mit "müssen"

1. Wir ..... um acht uhr am Bahnhof **sein**
2. Der Beamte .... das Formular **ausfüllen**.
3. Ich .... den berühmten Sänger **hören**.
4. .... Sie den Schnee **wegschaufeln?**
5. Ihr .... den Aufsatz noch einmal **schreiben**
6. .... du deinem Vater im Garten **helfen?**
7. Der Autofahrer .... die Beleuchtung überprüfen.
8. Sie .... die Tabletten **lutschen**.
9. Die Türkei .... sich schnell **entwickeln**.
10. Der Gastgeber .... seine Gäste **begrüssen**.
11. Wir .... das bis morgen **erledigt haben**.
12. Das Gemüse .... eine halbe Stunde **kochen**.
13. Er .... jeden Tag fleissig **üben**.
14. Der Vater .... seine Familie **ernähren**.
15. Der Mensch .... **atmen**.
16. Ich .... schnell nach Hause **gehen**, denn mein Vater wartet auf mich.
17. .... du unbedingt etwas **sagen?**

Müssen fiilinin kullanıldığı yerler:

1- Mecburiyet ifade ederken:

Ich muß jeden morgen um 6 Uhr aufstehen.

(Hergün saat 6 da kalkmak zorundayım.)

Die Eltern müssen ihre Kinder gut erziehen.

(Ana babalar çocuklarını iyi terbiye etmelidirler.)
2- Tabii mecburiyet karşısında:
Menschen müssen sterben.
(İnsanlar ölümlüdürler.)
3- mecburi hatırlatma ifadelerinde:
Sie müssen mich nicht immer ärgern
(Beni hep kızdırmak zorunda değilsiniz)
4- Tahmin veya his belirtirken:
Dieser Student muß alles erklärt haben.
(Hepsini bu öğrenci açıklamış olmalı)
Er muß den Täter gesehen haben.
(O soyguncuyu görmüş olmalı)

C) **Dürfen (izinli olmak):**

Ich **darf** ins Kino gehen.	(Sinemaya gidebilirim.)
du **darfst** ins Kino gehen.	(Sinemaya gidebilirsin)
er, sie, es **darf** ins Kino gehen.	(Sinemaya gidebilir.)
Wir **dürfen** ins Kino gehen.	(Sinemaya gidebilirsiniz.)
Ihr müßt ins Kino gehen.	(Sinemaya gidebilirsiniz.)
sie **dürfen** ins Kino gehen.	(Sinemaya gidebilirler.)
Sie **dürfen** ins Kino gehen.	(Sinemaya gidebilirsiniz.)

Ergänzen Sie die Sätze mit "dürfen"

1. Der Kranke ..... nicht **rauchen**.
2. .... du Alkohol **trinken?**
3. Ich .... kein fettreichendes Fleisch **essen**.
4. .... wir den Aufzug **benutzen?**
5. Ihr .... ohne Pass die Grenze nicht **überschreiten**.
6. Die Krankenschwester .... nicht **einschlafen**.
7. Das Kind .... nicht mit Streichölzern **spielen**.
8. Die Jäger .... im Frühling nicht jagen.
9. Niemand .... den Raum **verlassen**.
10. Ein Polizist .... nach den Personalausweis **fragen**.
11. Das Theater .... gegen 11 Uhr zu **sein**.
12. .... ich Ihnen meinen Platz **anbieten**.

13. .... Sie mir Ihre Adresse **geben**.
14. Wir .... in einer Stunde in Paris **sein**.
15. Ihr .... heute zum Schwimmen **gehen**.
16. Kinder .... abends nicht allein **ausgehen**.
17. In der Türkei .... man erst mit 21 Jahren wählen.

Dürfen fiilinin kullanıldığı yerler:

1- İzinli olmayı belirtirken

a- Jeder darf die Volksbücherei benutzen. (Herkes halk kütüphanesini kullanabilir.)
b- In diesem Garten dürfen die Kinder spielen (Çocuklar bu bahçede oynayabilirler.)

2- Yetki ve hak olduğunu belirtirken,

Die einundzwanzig jährigen türkischen Jugendlichen dürfen wählen.
(21 yaşındaki Türk Gençliğinin seçme hakları vardır.)
Ich darf Deutschunterricht erteilen.
(Almanca dersi verme yetkim var.)

3- Tecrübelere dayanan yetki ifadesinde,

a- Unsere Verwandten dürften jetzt in Ankara angekommen sein.
   (Sanırım, akrabalarımız şimdi Ankara'ya varmışlardır.)
b- Dein Kollege dürfte etwa 30 Jahre alt sein.
   (Arkadaşın 30 yaş civarında olabilir)

4- Nezaket durumu halinde

Darf ich Ihnen diese Blume anbieten?
(Size bu çiçeği takdim edebilir miyim)?

D) **_Sollen (mecbur olmak):_**

ich **soll** Deutsch lernen.	(Almanca öğrenmeliyim).
du **sollst** Deutsch lernen.	(Almanca öğrenmelisin).
er, sie, es **soll** Deutsch lernen.	(Almanca öğrenmeli).
wir **sollen** Deutsch lernen.	(Almanca öğrenmeliyiz).
ihr **sollt** Deutsch lernen.	(Almanca öğrenmelisiniz).
sie **sollen** Deutsch lernen.	(Almanca öğrenmeliler).
Sie **sollen** Deutsch lernen.	(Almanca öğrenmelisiniz).

Ergänzen Sie die Sätze mit "sollen!"

1- Evren .... die Zeitung **holen**, aber er geht nicht.
2. Ich ...... eine Übung **schreiben**, aber ich habe keine Lust.
3. Wir .... das Zimmer **aufräumen**.
4. Die Kinder .... nicht in der Garage **spielen**.
5. Du .... endlich deine Hände **waschen**
6. Ihr .... doch eure Hausaufgaben **machen**.
7. Die Sportlerin .... fleissig **trainieren**, aber sie geht spazieren.
8. Dieser Mann .... die Säcke **tragen**, aber er bleibt stehen
9. Sie .... ans Meer **fahren**.
10. Ich .... Ihnen Grüsse von Herrn Schulz **bestellen**.
11. .... ich die Aufgabe noch einmal **machen**.
12. Unsere Lehrerin .... schwer krank **sein**.
13. Du .... nichts **stehlen**.
14. Ich .... eine Kur **machen**.
15. Du .... ihn nicht **töten**.
16. Die Fahrer .... auf die Verkehrszeichen **achten**.
17. Du .... nicht zu viel **essen**, das schadet deinem Magen.
18. Die Hochzeit .... nächsten Sonntag **stattfinden**.
19. Die Bewerber .... ein Grundschuldiplom **haben**.
20. Die Sekräterin .... sofort zu mir kommen.

Sollen Fiilinin Kullanıldığı yerler:

1- **Üçüncü tekil şahısa emir ifadelerinde,**
   Er soll kommen. (gelsin).

2- **Adet ve örflerin gerektirdiği davranış ifadesinde,**
   Wir sollen zu den alten Menschen höflich sein.
   (Yaşlı insanlara karşı nazik gerekir.)

3- **Duyulmuş, okunmuş bir haberin kesin olmayan ifadesinde,**
   Der Aussenminister soll nach Iran gefahren sein.
   (Dışişleri Bakanı İran'a gitmiş olmalı.)
   Der König soll drei Söhne und zwei Töchter **gehabt haben**.
   (Kralın üç oğlu ve iki kızı varmış)

Örnek Cümleler:

Bir dakika beklemelisin.   Du sollst eine Minute warten.
Çocuklar yemeğe gelmeli.   Die Kinder sollen zum Essen kommen.
O kadar çok okumamalısın, bu gözlerine zararlıdır
(Du sollst nicht so viel lesen, das schadet deinen Augen.)

E) *Wollen (istemek):*

ich **will** eine Tasche kaufen.	(Bir çanta almak istiyorum.)
du **willst** eine Tasche kaufen.	(Bir çanta almak istiyorsun.)
er,sie, es **will** eine Tasche kaufen.	(Bir çanta almak istiyor.)
wir **wollen** eine Tasche kaufen.	(Bir çanta almak istiyoruz.)
ihr **wollt** eine Tasche kaufen.	(Bir çanta almak istiyorsunuz.)
sie **wollen** eine Tasche kaufen.	(Bir çanta almak istiyorlar.)
Sie **wollen** eine Tasche kaufen.	(Bir çanta almak istiyorsunuz.)

Wollen yardımcı fiilinin kullanıldığı yerler:

1- Belirli isteklerin ifade edilmesinde;
Ich will in die Schule gehen.
(Okula gitmek istiyorum.)

Der Arbeiter will arbeiten, aber er findet keine Arbeitsstelle.
(İşçi çalışmak istiyor, fakat işyeri bulamıyor).

2- Niyet, karar, planların ifade edilmesinde,
Nächtes Jahr wollen wir eine Reise unternehmen.
(Gelecek yıl seyahat yapmak istiyoruz.)

3- Bir olay için hazır olduğunu belirtirken,
Meine Tochter will bei der Arbeit meiner Frau helfen.
(Kızım eşime işinde yardım etmek istiyor.)

Wir wollten einen Spaziergang machen, aber da hatten wir leider Besuch bekommen.
(Bir gezi yapmak istiyorduk ama ne yazık ki misafirimiz geldi.)

4- Belirli arzuların ifadesinde;
Ich will wieder gesund werden.
(Yine sıhhatlı olmak istiyorum.)
Wir wollen auch ihr Glück.
(Sizinde mutluluğunuzu istiyoruz.)

5- **Belirli bir gayret belirtirken;**
   Die Schüler wollen den Trick des Erzählers durchschauen.
   (Öğrenciler anlatanın püf noktasını görmeye çalışıyorlar.)
   Ich will die Welt verstehen.
   (Dünya'yı anlamak istiyorum.)

6- **İlgi belirtirken ;**
   Ich will mich für die Schwierigkeit der Studenten interessieren.
   (Öğrencilerin zorluklarıyla ilgilenmek isterim.)

7- **Gereklilik bildiren durumların ifadesinde**
   Die Blumen wollen Sonne und Wärme.
   (Çiçekler güneş ve sıcaklık ister.)
   Der Unterricht will gut vorbereitet sein.
   (Ders iyi hazırlanmayı gerektirir.)
   Kinder wollen gut gepflegt werden.
   (Çocuklar iyi bakım isterler.)
   Die Blumen wollen täglich frisches Wasser bekommen.
   (Bu çiçekler hergün taze su ister.)

8- **Olayların gerçekleşmemesi durumu ifadesinde**
   Der Wind will heute nicht mehr aufhören zu wehen.
   (Rüzgar dinmek bilmiyor.)
   Das Feuer will nicht brennen.
   (Ateş yanmak bilmiyor)

9- **Konuşmacının şüphesinin ifadesinde,**
   Er will in Deutschland studiert haben.
   (Almanya'da yüksek öğrenim yaptığını iddia ediyor.)

Ergänzen Sie die Sätze mit "wollen"!

1. Mein Freund .... den Führerschein **machen**.
2. Ich .... den Wettkampf **gewinnen**.
3. Wir .... am Sonntag einen Ausflug **machen**.
4. .... du zu unserer Abschiedsparty **kommen**.
5. Melahat .... uns **besuchen**.
6. .... ihr eure Leistungen nicht **verbessern**.
7. Das Reh .... zur **Wildfütterung wechseln**.

8. Die Arbeiter ………. höhere Löhne **haben**.
9. Diese Pflanzen ………. viel **begossen werden**.
10. Die Maschine ………. gut **gebflegt werden**.
11. Ich ………. mich dort **erholen**.
12. Der alte Mann ………. **arbeiten**, findet aber keine Arbeit.
13. Sie ………. den Brief ins Türkische übersetzen.
14. Der Kranke ………. wieder gesund werden.
15. Der Lehrer hat ihm ein schönes Buch schenken … .
16. Er ………. lange Zeit in Frankreich gewesen sein.
17. Ich ………. nicht mehr rauchen.
18. ………. wir ans Meer gehen?

F) *Mögen (möchten, sevmek, hoslanmak):*

Balı severim	Cay istiyorum
ich **mag** Honig	ich möchte Tee.
du **magst** Honig	du möchtest Tee.
er, sie, es **mag** Honig	er, sie, es möchte Tee.
Wir **mögen** Honig	wir möchten Tee.
Ihr **mögt** Honig	ihr möchtet Tee.
sie **mögen** Honig	sie möchten Tee.
Sie **mögen** Honig	Sie möchten Tee.

Ergänzen Sie die Sätze mit "mögen", "möchten"

1. Das Kind …….. die Speise nicht essen.
2. Wir ………. diesen Spielverderber nicht.
3. Ich ………. keinen Wein.
4. ………. du keinen Rindfleisch.
5. Der Kranke ………. die Medizin nicht.
6. ………. Ihr Tee mit Rum?
7. Die Angestellte ………. ihren Chef nicht.
8. Die Künstler ………. das Konservative nicht.
9. Ich ………. moderne Brille haben.
10. Die Deutschen ………. gern Bier trinken.
11. Der Greis ………. 6 Söhne gehabt haben.
12. Ich ………. gern ein Buch über die islamische Religion.

13. .... du mich morgen besuchen?
14. Wir .... Deutsch lernen.
15. Herr Bulut .... morgen bei mir vorbeikommen.
16. Er .... sich einen Mercedes kaufen.
17. Sagen Sie Bitte Ihrem Vater, er .... mich morgen anrufen.

Mögen fiilinin kullanıldığı yerler:

1- **Hoşlanma veya hoşlanmama durumunda,**
   Ich mag ihn sehr. (Ondan çok hoşlanıyorum.)
   Ich mag Alkohol nicht. (Alkol sevmem.)
   Ich mag nicht länger warten. (Daha uzun beklemek istemiyorum.)

2- **Titiz bir inceleme, düşünce ürünü zannetme ifadesinde,**
   Seine Frau mag 35 Jahre alt sein. (Eşi 35 yaşlarındadır, sanırım.)

3- **Dilek belirtmede,**
   Der Kranke möchte wieder gesund werden.
   (Hasta tekrar sağlıklı olma yolundadır.)

4- **Bir iş veya olaya hazır olduğunu belirtirken,**
   Meine Frau möchte Deutsch lernen.
   (Karım Almanca öğrenmek istiyor.)

5- **Üçüncü şahsa görev, emir verme ifadesinde**
   Sagen Sie bitte dem Leiter, der möchte zu dem Direktor gehen.
   (Lütfen idareciye müdüre gitmesini söyleyin.)

6- **als Subjektiv (çok titiz bir tahmin)**
   Er mag 9 Jahre alt gewesen sein.
   (O dokuz yaşında olmuş olmalı.)

G) ***Lassen (-tırtmek, - tırtmak):***
   ich **lasse** mir die Schuhe putzen. (Ayakkabılarımı temizlettiriyorum)
   du **läßt**
   er,sie,es **läßt**
   wir **lassen**
   ihr **laßt**
   sie **lassen**
   Sie **lassen**

Örnek:

Hat er es reparieren **lassen**? (Onu tamir ettirdi mi?)

Laß mich an seinem Schreibtisch arbeiten! (Beni masasında çalıştır.)

Ergänzen Sie die Sätze mit "lassen"!

---

1. Ich .... mein Auto waschen.
2. Der Ingenieur .... das Kind nicht allein über die Strasse gehen.
3. Die Mutter .... die Maschine laufen.
4. .... du das Buch hier liegen.
5. Warum .... die Katze die gute Milch stehen?
6. Wir .... den Unehrlichen nicht mitspielen.
7. Warum .... ihr die Fahrräder vor dem Haus stehen?
8. .... Sie mich Ihre Bilder von Ihrer Reise anschauen.
9. Die Damen .... sich neue Kostüme machen.
10. Wir .... die Hausarbeiten.
11. Alper........... sich die Haare schneiden.
12. Ich .... mir eine Fleischbrühe bringen.
13. .... Sie den Elektroherd reparieren.
14. Mein Grossvater .... immer seine Brille zu Hause liegen.

H) <u>*Übungen zu den Modalverben (Modalverblerle ilgili alıştırmalar):*</u>

A) Gebrauchen Sie in den folgenden Sätzen Modalverben!

1. Jeder hat die Erlaubnis, hier Zigaretten zu rauchen. (dürfen.)

   ....

2. Der Junge behauptete, alles selbst geschrieben zu haben (wollen)

   ....

3. Ich habe die Absicht, morgen ihn zu besuchen (wollen)

   ....

4. Er war gezwungen, in dieser Stadt zu übernachten. (müssen)

   ....

5. Es stand in der Zeitung: "Der Minister ist nach Deutschland gefahren. (sollen)

   ....

6. Ich war nicht imstande, ihm zu helfen. (können)

   ....

7. Ich empfehle ihnen, diesen Roman zu lesen. (müssen)

   ....

8. Meine Tochter hat eine Vorliebe für Obst. (mögen)
   ....

9. Wir haben ihn beauftragt, alles zu kaufen. (sollen)
   ....

10. Ich rate Ihnen, mir alles zu erklären. (müssen)
    ....

11. Es ist Sitte, dass die Jungen den Damen beim Betreten eines Raumes den Vortritt lassen. (sollen)
    ....

12. Ich habe keine Möglichkeit, dich zu besuchen. (können)
    ....

13. Der Student hat keine Lust an der Diskussion teilzunehmen. (wollen)
    ....

14. Sie haben keine andere Wahl, mir die Wahrheit zu sagen (müssen)
    ....

15. Ich habe den Wunsch, deutsche und türkische Kulturgeschichte zu lernen. (wollen)
    ....

16. Das Mädchen weiss nicht, wie man das macht. (können)
    ....

17. Es ist vorgesehen, hier eine Schule zu bauen. (sollen)
    ....

18. Der Aussenminister hatte keine andere Wahl, als von seinem Amt zurückzutreten. (müssen)
    ....

19. Ich liebe das Klassische. (mögen)
    ....

20. Es ist die Pflicht der Polizei, die Bürger zu schützen. (müssen)
    ....

21. Wir haben das Recht, unsere Meinung zu äussern. (dürfen)
    ....

22. Ich war nicht in der Lage, das zu schaffen. (können)
    ....

23. Der Student erklärte sich bereit, alles zu übernehmen. (wollen)
    ....

24. Wir beabsichtigen, in diesem Sommer nach Antalya zu fahren. ....(wollen)
    ....

25. Der Vater hatte den Kindern erlaubt, auf die Berge zu steigen. (dürfen)
    ....

A) Antworten: (Cevaplar)

1. Jeder darf hier Zigaretten rauchen.
2. Der Junge will alles geschrieben haben.
3. Ich will ihn besuchen.
4. Er muß in dieser Stadt übernachten.
5. Der Minister soll nach Deutschland gefahren sein.
6. Ich konnte ihm nicht helfen.
7. Sie müssen diesen Roman lesen.
8. Meine Tochter mag Obst.
9. Er soll alles kaufen.
10. Sie müssen mir alles erklären.
11. Die Jungen sollen den Damen beim Betreten eines Raumes den Vortritt lassen.
12. Ich kann dich nicht besuchen.
13. Der Student will nicht an der Diskussion teilnehmen.
14. Sie müssen mir die Wahrheit sagen.
15. Deutsche und türkische Kulturgeschichte lernen.
16. Das Mädchen kann das nicht machen.
17. Man soll hier eine Schule bauen.
18. Der Aussenminister mußte von seinem Amt zurücktreten.
19. Ich mag die Klassische Musik.
20. Die Polizei muß die Bürger schützen.
21. Wir dürfen unsere Meinung äussern.
22. Ich konnte das nicht schaffen.
23. Er will alles übernehmen.
24. Wir wollen in diesem Sommer nach Antalya fahren.
25. Die Kinder dürfen auf die Berge steigen.

I) *Sehen, hören, lernen, gehen, helfen yardımcı fiilleri*

Örnek Cümleler:

Pazara alış verişe gidiyorum. Ich **gehe** zum Markt **einkaufen**.
O babasının çalışmasına yardım ediyor. Er **hilft** dem Vater **bei der Arbeit**.
Biz uçağın geldiğini görüyoruz. Wir **sehen** das Flugzeug **kommen**.
Hırsızların fısıldaştığını duyuyorsun. - Du **hörst** die Diebe **flüstern**.
Kızkardeşim yavaş yavaş Almanca konuşmasını öğreniyor.
Meine Schwester lernt langsam Deutsch sprechen.

B) Bitte, ergänzen Sie die Sätze mit "sehen, hören, lernen, gehen, helfen"!

1. Ich .... meiner Mutter den Koffer tragen
2. Wir .... den Motor **laufen**.
3. 3.Du .... das Bild **holen**.
4. Die Kinder .... in der Schule **lesen**.
5. Das Mädchen .... die Wohnung **aufräumen**.
6. Ich werde dir die Koffer **packen** ....
7. Wir .... den Ballon **steigen**.
8. Ich .... dir den Brief zu **übersetzen**.
9. Ich .... Sie hoffentlich bald einmal persönlich **kennen**.
10. Wir .... unserer Mutter **kochen**.
11. Wir .... jetzt **schwimmen**.
12. Ein Fussgänger .... das Licht **ausmachen**.
13. Der Schüler .... die Strasse **zu überqueren**.

B) Antworten; (Cevaplar)

1. helfe	2. hören	3. gehst	4. lernen
5. hilft	6. helfen	7. sehen	8. helfe
9. lerne	10. helfen	11. lernen	12. lernt
13. sehen	14. lernte		

Formen Sie die folgenden Sätze um, indem Sie statt der schräg gedruckten Ausdrücke Modalverben verwenden!

Es besteht die Möglichkeit, dass diese Fehldiagnose das weitere Leben eines Menschen beeinflusst.
Diese Fehldiagnose **kann** das weitere Leben eines Menschen beeinflussen.

a) Dr. Rosenhan **hatte die Absicht**, die Zuverlässigkeit psychiatrischer Gutachten zu testen. (wollen)
b) Sogar Psychiater **sind** oft **ausserstande**, geistig gesunde von Geisteskranken zu unterscheiden. (können)
c) **Es besteht die Notwendigkeit**, psychiatrische Diagnosen mit Skepsis zu beurteilen. (Man muß...........)
d) Im Krieg **ist es erlaubt**, Artgenossen zu töten. (Im Krieg darf man ......)
e) **Ich spreche** der Wiessenschaft **die Aufgabe zu**, die Motive der Aggressivität zu analysieren. (Die Wissenschaft muß (soll) ....)
f) Auch im friedlichen Zustand **sind** asoziale Verhaltensweisen **möglich**. (........... können asoziale Verhaltensweisen vorkommen.)

g) Trotzdem **ist es gelungen,** die ersten grösseren Pläne zu realisieren. (.......... konnten die ersten grösseren Pläne realisiert werden.)

h) Als Bürgermeister **sei er bereit,** die Arbeit des Kollektivs zu unterstützen. (.......... wolle er .... unterstützen.)

ı) Die Behörden **sind verpflichtet,** diese Menschen irgendwie unterzubringen. (.......... müssen .... unterbringen)

i) Der Gesetzgeber **handelt nicht richtig,** wenn er die sozial besser gestellten Bürger bevorzugt. (.......... darf .... nicht bevorzugen)

k) **Es ist** für die Obdachlosen oft **unmöglich,** eine neue Wohnung zu finden (Die Obdachlosen können oft keine neue Wohnung finden.)

l) **Es wäre besser, wenn** die Sozialbehörden die Obdachlosenasyle abreissen liessen. (Die Sozialbehörden **sollten** sie abreisen lassen.)

m) Ich **versuche,** bei dieser Aufgabe keinen Fehler zu machen. (Ich will bei dieser Aufgabe keinen Fehler machen.)

n) Man **bemüht sich darum,** zu erreichen, dass sich die Bevölkerung stärker an den Planungen beteiligt. (Man will erreichen, ...)

o) Daher **ist es erforderlich,** dass sich die Stadtverwaltung mit den sozialen Problemen der Bevölkerung beschäftigt. (Daher muß ich sie .... beschäftigen.)

p) Zum Beispiel **ist** es **dringend nötig,** den Individualverkehr in der Innenstadt einzuschränken. (.......... muß der Individualverkehr .... dringend eingeschränkt werden.)

PASSIV (Edilgen fiil):

Türkçe'de olayın yönünü bildiren etken ve edilgen fiiller vardır. Almanca'da da etken (aktiv) anlam ifade eden fiil "werden" fiilinin yardımıyla edilgen (passiv) yapılır.

Örnek:
Wir schreiben einen schriftlichen Ausdruck.
Ein schriftlicher Ausdruck **wird von uns geschrieben.**
(Kompozisyon **tarafımızdan yazılıyor**)

Aktiv	Passiv
Ich lese jetzt **den Brief.**	**Der Brief wird** jetzt **von mir gelesen.**
Nom. Akk. Obj.	Nominativ Dativ Part.Perf.
(Şimdi mektubu okuyorum)	(Mektup şimdi tarafımdan okunuyor.)
Alle Schüler lieben **ihn.**	**Er wird von allen** Schülern **geliebt.**
Nom. Akk.Obj.	Nominativ Dativ Part.Perf.
(Bütün öğrenciler onu seviyorlar).	(O bütün öğrenciler tarafından seviliyor.)
Die Polizei wird **den Dieb** finden.	**Der Dieb wird von der Polizei gefunden werden.**
	Nominativ Dativ
	Polis hırsızı bulacaktır.
Der Lehrer hat **mich** gesehen.	**Ich bin von dem Lehrer gesehen worden**
Nom. Akk.Obj.	Nom. Dativ
(Öğretmen beni gördü).	(Ben öğretmen tarafından görüldüm.)

Not:
1. Aktiv cümlede kullanılan zamanlar Passiv cümlede de aynen vardır.
2. Aktiv cümledeki **Subjekt (özne),** Passiv cümlede **"von + Dativobjekt"** şeklinde olur.
3. Aktiv cümlenin **Akkusativobjekti** Passiv cümlenin **Subjekt**'i olur.
4. Aktiv cümledeki **(Indikativ-Konjunktiv)** ifade tarzı, Passiv cümledede vardır.
5. Eğer olayın kim tarafından yapıldığı belirtilmek isteniyorsa Aktiv cümlenin öznesine Passiv'de sözde özne bir eşya ise, vasıtasıyla anlamına gelen "durch" ve "mit" kullanılır.

Örnek Cümleler:

1. Die Aufgabe wurde von dem Schüler geschrieben.
2. Wir werden von unserem Nachbarn für heute abend eingeladen.
3. Die ganze Stadt wurde durch Bomben zerstört.
4. Die Lehrstoffe werden heute durch neue Methoden gelehrt.
5. Die Rede wurde von dem Gelehrten gehalten und durch Rundfunk übertragen.
6. Der Brief wird von mir geschrieben und durch Boten überbracht werden.

Aktiv

> **Präs.** Der Herr **grüßt** den Freund. (Bay arkadaşı selamlıyor).
> **Prät.** Der Herr **grüßte** den Freund.
> **Perf.** Der Herr **hat** den Freund **gegrüßt**.
> **Plus.** Der Herr **hatte** den Freund **gegrüßt**.
> **Fut. I:** Der Herr **wird** den Freund **grüßen**.
> **Fut. II:** Der Herr **wird** den Freund **gegrüßt** haben.

Passiv

Er **wird** von dem Herrn **gegrüßt**.	(O bay tarafından selamlanıyor).
Er **wurde** von dem Herrn **gegrüßt**.	selamlanıyordu.
Er **ist** von dem Herrn **gegrüßt worden**.	selamlandı.
Er **war** von dem Herrn **gegrüßt worden**.	selamlanmıştı.
Er **wird** von dem Herrn **gegrüßt werden**.	selamlanacak.
Er **wird** von dem Herrn **gegrüßt worden sein**.	selamlanacaktı.

Wir fuhren sehr schnell. Ein Polizist hielt uns an.
Wir fuhren sehr schnell und wurden (von einem Polizisten) angehalten.
(Çok hızlı gidiyorduk ve bir polis tarafından yakalandık.)

2. Yardımcı fiillerle yapılan 'Passiv'

> **Präs.** Der Herr **will** den Freund grüssen.
> **Prät.** Der Herr **wollte** den Freund grüssen.
> **Perf.** Der Herr **hat** den Freund grüssen **wollen**.
> **Plus.** Der Herr **hatte** den Freund grüssen **wollen**.
> **Fut. 1.** Der Herr **wird** den Freund grüssen **wollen**

Passiv

> Er **will gegrüßt werden**
> Er **wollte gegrüßt werden**
> Er **hat gegrüßt werden wollen**.
> Er **hatte gegrüßt werden wollen**.
> Er **wird gegrüßt werden wollen**.

Aktiv: Der Vater **kann** den Stecker **reparieren**.

Passiv: Der Stecker **kann** vom Vater **repariert werden**.
Aktiv: Der Schneider **sollte** den Anzug **nähen**.
Passiv: Der Anzug **sollte** von dem Schneider **genäht werden**.
Der Stecher hann vom Vater repariert werden
Aktiv: Der Arzt **hatte** dem Kranken **helfen können**.
Passiv: Dem Kranken **hatte** von dem Arzt **geholfen werden können**.

Örnek Cümleler:

- Dilekçeniz kabul edilemez. (Ihr Antrag **kann** nicht **genehmigt werden**.)
- Ev inşa edilecekti. (Das Haus **sollte** gebaut werden.)
- Hırsız cezalandırılmalıdır (Der Dieb **muß** bestraft werden.)
- Radyo tamir edilebilirdi. (Das Radio **hätte** repariert werden können.)
- Diese Schallplatte kann gekauft werden. (Bu plak satın alınabilir.)
- Die Hausaufgabe **soll** bald **geschrieben werden**.
  Ev ödevi hemen yazılmalıdır.
- Fahrräder **dürfen** hier nicht **gestellt werden**.
  (Bisikletler, buraya koyulamaz.)
- Meine Tante **will** jeden Tag **besucht werden**.
  (Teyzem hergün ziyaret edilmek istiyor.)
- Die wichtigen Handelsbriefe **müssen** sofort zur Post **gebracht werden**.)
  (Önemli ticari mektupların hemen postaya verilmeleri gerekir.)

  "Die Schallplatte **kann gekauft werden**" yerine
  "Die Schallplatte **läßt sich** kaufen" veya
  "Die Schallplatte **ist zu** kaufen" veya
  "Die Schalplatte **kann man** kaufen" yazılabilir.

3. Aktiv cümledeki -Dativ - Passiv cümlede aynen kalır:
Mein Freund hilft dem armen Mann.
Dem armen Mann **wird von** meinem Freund **geholfen**. (Passiv)
Präpositionalobjekt'te aynen kalır.
Aktiv : Meine Mitschülerin wartet auf den Brief.
Passiv : Auf denBrief **wird gewartet**. (Passiv)
Aktiv : Wir bleiben bei dieser Meinung.
Passiv : Es **wird** bei dieser Meinung geblieben. (Bu fikirde kalınıyor.)
Aktiv : Niemand hat mir geantwortet. (Kimse bana cevap vermedi.)
Passiv : Es **wurde** mir nicht **geantwortet**. (Bana cevap verilmiyordu.)

Örnek Cümleler:

- Der Stiefsohn tat immer Gutes, aber ihm wurde nicht gedankt.
- An meine Freunde habe ich bis heute viele Briefe geschrieben, aber mir wurde nicht geantwortet.

"in" takılı hal alanlar:

- Toplantıda şehit de anıldı.

 (Bei der Versammlung wurde auch an den gefallenen Helden gedacht.)

Edat alanlar:

- Uçak yarım saat beklendi. (Auf das Flugzeug wurde eine halbe Stunde gewartet.)
- Kardeşimden bahsedilmeyecek. (Von meinem Bruder wird nicht gesprochen werden.)

Hiçbir hal ve edat almayanlar:

- Birkaç aydan bu yana cumartesileri de çalışılmıyor.

 (Seit einigen Monaten her wird auch Samstags nicht gearbeitet.)
- Düğünde gece yarısına kadar dansedildi.

 (Bei der Hochzeit wurde bis in den Mitternacht getanzt.)

4. "Man" kelimesiyle kurulan cümleler Aktif olarak kurulmasına karşılık Passiv anlam taşırlar.

- Türkiye'de Türkçe konuşulur. In der Türkei spricht **man** Türkisch. In der Türkei wird Türkisch gesprochen.

Man vertraut dem Arzt

(Doktora güvenilir.)

Dem Arzt wird vertraut.   oder   **Es wird ihm vertraut.**

Dat.Obj.   Dat.Obj.

Man hat dem Minister widersprochen.

a) Dem Minister ist widersprochen worden.

b) Es ist ihm widersprochen worden.

Örnek Cümleler:

- Man geht heute nicht ans Meer.   (Bugün denize gidilmiyor.)
- Dort läuft **man** besser. (Orada daha iyi koşulur.)
- Beim sonnigen Wetter schwimmt **man** gern.

 (Güneşli havada seve seve yüzülür.)
- **Man** muß unser Vaterland über alle Massen lieben.

 (Vatanımız herşeyin üstünde sevilmelidir.)
- Gestern ist **man** nicht in die Schule gegangen. (Dün okula gidilmedi.)

- Hat **man** diesen Anzug schon verkauft? (Bu elbise satıldı mı?)
- **Man** war dorthin mit einem Privatwagen gefahren.
  (Oraya özel bir arabayla gidilmişti.)
- **Man** muß ehrlich sein ! (İnsan dürüst olmalıdır.)
- Es ist eine heilige Pflicht, dass **man** die Heimat liebt.
  (İnsanın vatanını sevmesi kutsal bir görevdir.)

5. Geçişli fiillerin Partizip Perfektinin "sein" yardımcı fiili ile Passiv cümlelerin teşkili: (Zustandspassiv sein Partizip)

Kapı kapalıdır. -   Die Tür **ist geschlossen**.
Bu mektup daha okunmamıştır.- Dieser Brief **ist noch nicht gelesen**.
Masadaki kitaplar satılmadı.- Die Bücher auf dem Tisch **sind nicht verkauft**.
Feci şekilde yoruldum. -   Ich **bin schrecklich ermüdet**.
Ameliyathane hazırlanmıştır. - Der Operationssaal **ist vorbereitet**.

Aktiv cümleler aşağıdaki gibi Zustandspassiv yapılırlar:
a) Ich habe mich auf alles vorbereitet.
b) Er hatte sich schon wieder betrunken.
c) Er hat sich in sie verliebt.
d) Hat man Sie auch eingeladen
e) Wir haben unser Wohnzimmer frisch tapezieren lassen.

A) **_Zustandspassiv (Durum bildiren edilgen):_**
a) Ich **bin** auf alles **vorbereitet**.
b) Er **war** schon wieder **betrunken**.
c) Er **ist** in sie **verliebt**.
d) **Sind** sie auch **eingeladen**?
e) Unser Wohnzimmer **ist** frisch **tapeziert**.

6. "Haben, sein, werden" fiillerinin Passiv şekli yoktur.
   Ich habe viele Bücher. Das Wetter ist regnerisch.
   Diese Arbeit wird hoffentlich bald fertig.

7. "es" ile bağlı olan fiillerin Passiv şekli yoktur.
   - **Es regnet** seit drei Tagen. - **Es geht** mir gut. Es **gefällt** mir.

8. "sich lassen" fiili Passiv anlam taşır:
   "Diese Ware kann schnell verkauft werden" yerine
   Diese Ware **lässt sich** schnell verkaufen. (Bu mal çabuk satılabilir.)
   "Darüber kann gestritten werden" yerine
   Darüber **lässt sich** streiten. (Bu konuda tartışılabilir.)

9. Dönüşlü fiillerle kurulan Passiv anlamlı cümleler:

Tiyatro salonunun kapısı açılıyor. Die Tür des Theatersaals **öffnet sich**.
Ufukta bir jet görünüyor. Im Horizont **zeigt sich** ein Düsenflugzeug.

Not: Dönüşlü fiillerin Passiv şekli yoktur.

a) Ich habe mich von meinen Freunden verabschiedet.
   (Arkadaşlarımla vedalaştım.)
b) Er hat sich nicht geschämt. (utanmadı.)
c) Er hat sich fremde Gelder angeeignet.
   (Yabancı paraları ele geçirdi.)

10. Önüne "zu" kelimesi alan bir mastarın "sein" yardımcı fiiliyle birlikte passiv anlam belirtmesi (sein+zu: können)

Die Aussprache dieses Lehrers ist nicht zu verstehen.
(Bu öğretmenin telaffuzu iyi anlaşılamıyor.)
Dein Wunsch ist leicht zu erfüllen.
(Arzun kolayca yerine getirilebilir.)
Diese Werke sind nicht zu kaufen, denn sie sind zu teuer.
(Bu eserler satın alınamaz, çünkü çok pahalı.)

11. Passiv ile ilgili değişik durumları aşağıdaki örnek cümlelerde görebilirsiniz:

a) Der Brief **wird** von mir **geschrieben**.
    Auf ihn **wird** lange **gewartet**.
    Ihm **wird** nicht **geholfen**.

b) Der Brief **wird** von dem Direktor **geschrieben**.
    Die Stadt **wurde** durch Bomben **zerstört**.
    Dieser Motor **wird** mit Dieselöl **angetrieben**.

c) Dieses Problem **ist** leicht zu lösen
    Dieses Problem **kann** leicht gelöst werden   ⎫
    Dieses Problem **läßt sich** leicht lösen   ⎬ Bu problem çözülebilir.
    Dieses Problem **ist** leicht lösbar   ⎭

d) Man fragte ihn nie.   (Er wurde nie gefragt.)
    Ich bekam ein Buch geschenkt.   (Mir wurde ein Buch geschenkt.)
    Das Buch geriet in Vergessenheit. (Das Buch wurde vergessen.)
    Die Suppe kocht.   (Die Suppe wird gekocht.)

Das Buch ist im Druck. (Das Buch wird gerade gedruckt.)

Die Tür öffnet sich. (Die Tür wird geöffnet.)

Das lässt sich machen. (Das kann gemacht werden.)

Das Testament ist persönlich zu unterschreiben.

(Das Testament muß persönlich unterschrieben werden.)

Was gibt es zu tun? (Was muß/kann gemacht werden.)

Diese Krankheit ist unheilbar. (Sie kann nicht geheilt werden.)

Ein nicht zu vergessendes Erlebnis.

(Ein Erlebnis, das nicht vergessen werden kann.)

Das bleibt abzuwarten. (Das muß abgewartet werden.)

Heute bekommen Sie die Sachen geliefert.

(Die Sachen werden heute geliefert.)

Sein Wunsch ging in Erfüllung. (Sein Wunsch wurde erfüllt.)

12. Objektlose Sätze und "es" (Das Pronomen "es" ist nicht als Subjekt des Satzes anzusehen)

- Sonntags wird nicht gearbeitet.   - Es wird sonntags nicht gearbeitet.

- Im Saal wurde spät bis in die Nacht getanzt. - Es wurde im Saal bis spät in die Nacht getanzt.

- Bei der Feier ist getrunken und gegessen worden.

- Wurde dir nicht geholfen?   - Nein, es wurde mir nicht geholfen.

  (Mir wurde nicht geholfen.)

- Vor dem Hund wird gewarnt.   - Es wird vor dem Hund gewarnt.

B) *Der Gebrauch des Passivs (Passiv'in kullanımı):*

a) Der Urheber oder die Ursache geänderte Mitteilungsperspektive: ist in der Mitteilungsperspektive und damit Subjekt des Satzes:

Von 10 bis 12 Uhr bereitet der Koch das Mittagessen vor.	Von 10 bis 12 Uhr wird das Mittagessen vorbereitet.
Herr Müller machte mich mit dem neuen Direktor bekannt.	Ich wurde mit dem neuen Direktor bekannt gemacht.
Am Vormittag räumt das Mädchen mein Zimmer auf.	Am Vormittag wird mein Zimmer aufgeräumt.
Den Schmuck hat ein berüchtigter Juwelendieb gestohlen.	Der Schmuck ist gestohlen worden.
Diese Maschine stellt täglich 200.000 Zigaretten her.	Von dieser Maschine werden täglich 200.000 Zigaretten hergestellt.
Letzte Nacht ist ein Dieb in unsere Wohnung eingebrochen.	Letzte Nacht ist in unsere Wohnung eingebrochen worden.
Die Leute halfen sofort dem Verletzten.	Dem Verletzten wurde sofort geholfen.
Meine Freunde mussten eine Stunde auf den Fremdenführer warten.	Auf den Fremdenführer musste eine Stunde gewartet werden.
Die Hersteller müssen bei der Konstruktion eines guten Staubsaugers besonders darauf achten, dass die Düsen richtig angeordnet sind.	Bei der Konstruktion eines guten Staubsaugers muß besonders darauf geachtet werden, dass die Düsen richtig angeordnet sind.
Ekrem hat Fatma das Buch geschenkt.	Das Buch ist Fatma geschenkt worden. Fatma hat das Buch geschenkt bekommen. (kein Passiv)

b) **Urheber:** Der Junge ist **von einem Hund** gebissen worden.
Der Brief wurde mir **von einem Grossfeuer** zerstört worden.
Ursache: Der Bauernhof ist **von einem Grossfeuer** zerstört worden.
Nach den heftigen Regenfällen wurde das umliegende Land **vom Wasser** überschwemmt.
Wenn hinter dem Urheber eines Sachverhalts ein Auftraggeber steht:
Das Todesurteil wurde **durch den Henker** vollstreckt.
Der Brief wurde mir **durch einen Boten** zugestellt.
Wenn hinter der Ursache ein Handelnder zu vermuten ist.
Der Kranke wurde **durch ein neues Medikament** geheilt.
Japan ist **durch Bomben** zerstört worden.
Wenn das Mittel genannt werden soll:
Die Maschine wird **mit Dieselöl** angetrieben.

c) 1. Mit Hilfe des Reflexivpronomens:

Passiv	Aktiv
Der Vorhang vor der Bühne wird geöffnet.	- Der Vorhang vor der Bühne öffnet sich.
Die Unstimmigkeiten wurden aufgeklärt.	- Die Unstimmigkeiten klärten sich auf.

2. Mit dem Verb "lassen" und dem Reflexivpronomen:

Die Besorgungen können schnell erledigt werden.	- Sie lassen sich schnell erledigen.
Dieses Fleisch kann besser gekocht als gebraten werden.	- Dieses Fleisch lässt sich besser kochen als braten.

3. Mit den Verben bekommen, erhalten und dem Partizip II eines Handlungsverbs:

Mir wurde von dem Lehrer ein Buch Geschenkt.	- Ich habe von dem Lehrer ein Buch geschenkt bekommen.
Die Ware wird uns ins Haus geliefert.	- Wir bekommen die Ware ins Haus geliefert.

4. Mit dem Verb sein und einem Infinitiv mit zu:

Wegen des grossen Lärms konnte der Redner nicht verstanden werden.	- Wegen des grossen Lärms war der Redner nicht zu verstehen.
Der Koffer kann abgeschlossen werden.	- Der Koffer ist abzuschliessen.

5. Mit Hilfe von Prädikatsergänzungen und Funktionsverben im Prädikat lassen sich, im Gegensatz zum Passivausdruck, vielfältige Aspekte wiedergeben:

Er wurde oft belästigt.	Er war vielfältigen Belästigungen ausgesetzt.
Die Pflanzen müssen gepflegt werden.	Die Pflanzen bedürfen sorgfältiger Pflege.
Er wurde hart bestraft.	Er bekam eine harte Strafe.
Ihr wurde zugesichert, dass..	Sie bekam die Zusicherung, dass....
Der Mann wurde verletzt.	Der Mann trug mehrere Verletzungen davon.
Der Vorfall wurde vergessen.	Der Vorfall geriet in Vergessenheit.
Das Werk wurde gestern aufgeführt.	Das Werk gelang gestern zur Aufführung.
Die Produktion wird ständig kontrolliert.	Die Produktion steht unter ständiger Kontrolle.
Der Junge wurde getadelt.	Der Junge zog sich einen unnötigen Tadel zu.

Aşağıdaki cümleleri Passiv yapınız!

1. Hasan bringt die Illustrierte. -Sie **wird** von Hasan **gebracht.**
2. Ich beantworte das Schreiben. ....
3. Du schreibst das Gedicht. ....
4. Wir fertigen die Zeichnung an. ....
5. Sie verkauft das Klavier. ....
6. Ihr schneidet die Tomaten. ....
7. Die Eltern fragen das Kind. ....
8. Der Metzger schlachtet das Schaf. ....
9. Der Lehrer unterrichtet den Schüler. ....
10. Der Vater beobachtet die Kinder. ....
11. Ein freundlicher Junge bringt uns die Zeitung ins Krankenhaus. ....
12. Der Polizist verhaftet den Dieb. ....
13. Der Bäcker macht das Brot. ....
14. Der Zollbeamte kontrolliert den grossen Koffer der jungen Dame. ....

Ergänzen Sie die folgende Sätze! (Passiv)

1. Der Sohn .... von seinem Vater .... (loben)
2. Der Brief .... von der Sekretärin .... (schreiben)
3. Die Kinder .... von ihren Eltern .... (lieben)
4. Das Bild .... von dem Maler .... (malen)
5. Ihr .... von dem Direktor .... (rufen)

Aşağıdaki aktif cümleleri pasif yapınız (zamanlara dikkat ediniz)!

1. Bert füttert den Kanarienvogel.
2. Ich habe den Baum gefällt. ....
3. Die Marathonläufer hatten das Ziel erreicht. ....
4. Der Pilot wird die Motoren anlassen. ....
5. Der Direktor hat den Schüler gerufen. ....
6. Die Stewardess kontrollierte die Flugkarten. ....
7. Özkan löst die Aufgabe. ....
8. Man hat die Landebahn von Schnee und Eis befreit. ....

Aşağıdaki yardımcı fiillerle yapılmış olan aktiv cümleleri pasif yapınız!

Örnekler:

Asuman **hat** den Brief **schreiben müssen**.
Der Brief **hat** von Asuman **geschrieben werden müssen**.

1. Der Arzt hatte dem Kranken helfen können.
   ....

2. Auf dieser Strasse darf man nicht halten.
   ....

3. Man mußte den Verletzten operieren.
   ....

4. Wir haben den Knopf nicht finden können.
   ....

5. Die Reinigungsfirma hat die Fenster putzen sollen.
   ....

Aşağıdaki cümleleri Passiv yapınız ve Passiv cümleye Dativobjekt veya 'es' ile başlayınız!

1. Die Matrosen halfen dem Kapitän.
   ....

2. Der Lehrling hat dem Werkmeister gehorcht.
   ....

3. Die Verbrecher drohen der Polizei.
   ....

4. Man dankte dem Retter.
   ....

5. Man hat dem Lügner nicht geglaubt.
   ....

Aşağıdaki Aktif cümleleri Zustandspassiv yapınız!

Örnek:

Ahmet **hat** das Buch **gelesen**. Das Buch **ist gelesen**.

1. Die Schüler haben ihre Aufgaben gemacht.
   ....

2. Luther hat die Bibel übersetzt.
    ....

3. Turgut hat seinen Lehrer besucht.
    ....

4. Der Minister hat über dieses Thema diskutiert.
    ....

5. Der Rechstanwalt hat den Verbrecher verteidigt.
    ....

6. Die Studenten haben den Text abgeschrieben.
    ....

7. Die Schüler haben die Bücher aufgemacht.
    ....

8. Das Kind hat einen Filter gefunden.
    ....

9. Der Bäcker hat das frische Brot gebacken.
    ....

10. Das Auto hat das Kind erschreckt.
    ....

11. Das Mädchen hat den jungen Mann geliebt.
    ....

12. Die Feinde haben für den Gefangenen gekämpft.
    ....

13. Die Journalisten haben eine neue Nachricht gemeldet.
    ....

14. Der Mann hat seine Frau gerufen.
    ....

15. Der Räuber hat ein Kleid gestohlen.
    ....

Wandeln Sie die folgende Passivsätze in Aktiv um.
(Aşağıdaki Pasif cümleleri Aktif cümle haline dönüştürünüz.)

Passiv : Dem Vater **wurde** von seinem Sohn **gedankt**.
Aktiv   : Der Sohn **dankte seinem Vater**.
Passiv : Das Fenster wird von mir **geöffnet**(Pencere tarafımdan açılıyor.)
Aktiv   : **Ich öffne das Fenster**. (Ben pencereyi açıyorum.)

1. Schritte werden von mir gehört.
    ....

2. Die Erde ist mit Schnee bedeckt.
    ....

3. Ein schwerer Satz wird von dem Lehrer diktiert.
    ....

4. Die Kinder werden von dem Vater im Garten beobachtet.
    ....

5. Ein Glas Bier ist von dem Kellner gebracht worden.
    ....

6. Ein neues Theater wird von dem Baumeister gebaut werden.
    ....

7. Die Arbeit war von dem Handwerker beendet worden.
    ....

8. Viele schöne Gedichte wurden von dem Dichter geschrieben.
    ....

9. Die Wörter und Sätze werden von mir gelernt.
    ....

10. Das Museum ist von dem Fremden besucht worden.
    ....

11. Der neue Wagen war von dem unbekannten Dieb gestohlen worden.
    ....

12. Ein schönes Kleid wird von meiner Mutter mir geschickt werden.
    ....

13. Ein Auto ist gestern von Herr Braun gekauft worden.
    ....

14. Das Reisevisum ist mir von dem Konsulat ausgestellt worden
    ....

15. Der Dieb war von der Polizei auf der Straße gesehen worden.
    ....

16. Eine englische Zigarette wurde mir von einem freundlichen Herrn angeboten.
    ....

17. Das Essen ist von dem Koch in zwei Stunden gekocht worden.
    ....

18. Unsere Pässe werden von dem Konsulat nicht verlängert werden.
    ....

19. Die Prüfung war von meinem Bruder bestanden worden.
    ....

20. Eine Veränderung wird von mir bemerkt.
    ....

Bilden Sie die Passivformen im Präsens:

Passiv im Präsens: Das Gepäck wiegen. – Das Gepäck wird gewogen.

Bilden Sie die Passivformen im Perfekt:

Passiv im Perfekt: **das Gepäck wiegen** .

Das Gepäck ist schon gewogen worden.

1. Die Flüge aufrufen

   ....

2. Die Bordkarten ausgeben

   ....

3. Die Pässe kontrollieren.

   ....

4. Das Geld umtauschen.

   ....

5. Die Fluggäste abfertigen

   ....

6. Das Rauchen einstelllen

   ....

7. Die Passagierliste zusammenstellen.

   ....

8. Formalitäten erledigen.

   ....

9. Viel Zeit sparen.

   ....

10. Die Passagierre begrüssen.

    ....

Setzen Sie die Sätze ins Passiv!

Ein Autounfall

Die Leute riefen sofort einen Arzt. Man brachte den Verletzten gleich ins Krankenhaus. Dort untersuchte und verband man ihn. Der Arzt verlangte eine Röntgenaufnahme des Verletzten. Vielleicht operierten sie ihn auch. Man durfte ihn sicher nicht so bald besuchen. Nur seine Familie konnte ihn sehen.

....

....

....

....

Wandeln Sie die Sätze ins Passiv um.

1. Man hat den Dieb beobachtet.
   ....

2. Man hat mir nicht geantwortet.
   ....

3. Der Gast muß seine Rechnungen bezahlen.
   ....

4. Das Reisebüro hat die Fahrkarten bestellt.
   ....

5. Er hatte mich zum Abendessen eingeladen.
   ....

6. Niemand kann ihm helfen.
   ....

7. Hier dürfen sie tanzen und singen.
   ....

8. Wer hat Amerika entdeckt?
   ....

Drücken sie das Passiv anders aus!

1. Abends wurden die Schuhe geputzt.
   ....

2. Diese Panne kann schnell repariert werden.
   ....

3. Der Anzug wird gereinigt.
   ....

4. Einige Verben können nicht getrennt werden.
....

5. Der Himmel wurde langsam hell.
....

Drücken Sie die folgenden Sätze im Passiv aus!

1. Die Vorlesung ist nicht zu verstehen.
....

2. Man erlebt im Leben viele Enttäuschungen.
....

3. Das Zimmer läßt sich durch hübsche Gardinen und Bilder leicht verschönern.
....

4. Am ersten Mai wird man das neue Schwimmbad eröffnen.
....

5. Das Verschwinden des Geldtransports war der Polizei unerklärlich.
....

6. Die Straße ist im Bau.
....

7. Hier lebt es sich billig.
....

8. Ich bekam ein Buch geschenkt.
....

Passiv

1- Ich werde in die Firma eingestellt.   **-Ich bin in die Firma eingestellt worden.**
    Du ..... aus der Schule entlassen.   - Du ....
    Der Junge ..... gut behandelt   - Er ....
    Wir ..... vom Bahnhof abgeholt.   - Wir ....
    Ihr ..... in den Klub aufgenommen.   - Ihr ....

2- Unser Wagen ..... von einem schnelleren Wagen überholt.
    - Unser Wagen ....
    Die Apparate ..... von der Firma exportiert.
    - Die Apparate ....
    Die Zinsen ..... Ihnen von der Bank gutgeschrieben.

- Die Zinsen ....

Das Haus ..... von unserer Baufirma umgebaut.

- Das Haus ....

3- Der Künstler .... lebhaft applaudiert.

- Der Künstler ....

Für den Verlust der Garderobe .... nicht gehaftet.

- Für den Verlust der Garderobe ....

Neben der Autobahn .... viel gebaut.

- Neben der Autobahn..

4- Der Chef will über alles informiert werden.

Der Chef hat über alles informiert werden wollen.

5- Der Verletzte muß sofort operiert ....

- Er hat

Die Rechnungen sollen noch überprüft ....

- Die Rechnungen haben

6- Der Betrug kann schnell aufgeklärt ....

- Der Betrug

Die Grenzkontrollen müssen verschärft ....

- Die Grenzkontrollen

Passiv mit Modalverben:

Ich **muß** die Briefe zur Post bringen. - Was ist mit den Briefen?

Die Briefe müssen zur Post gebracht werden.

1. Das Mädchen soll jeden morgen die Schuhe putzen.

    - Was ist mit den Schuhen? - Sie sollen ....

2. Der Chef muß die Briefe noch unterschreiben.

    - Was ist mit den Briefen? - Sie ....

3. Fussgänger dürfen die Autobahn nicht überqueren.

    - Was ist mit der Autobahn? - Sie darf ....

4. Frau Meiner muß noch heute ihre Wäsche waschen.

    - Was ist mit der Wäsche? Sie muß ....

5. Der Grenzbeamte muß die Reisepässe kontrollieren.

    - Was geschieht mit den Pässen? Sie ....

6. Der Arzt konnte dem Schwerverletzten nicht mehr helfen.

    - Was war mit dem Schwerverletzten? .... konnte ....

7. Auf der Autobahn darf man sehr schnell fahren.
   - Was geschieht auf der Autobahn? Auf der Autobahn darf ....

8. In diesem Hotel kann man vor sieben Uhr nicht frühstücken.
   - Was ist in diesem Hotel vor sieben Uhr? - Vor sieben Uhr ....
   - Was kann man in diesem Hotel vor sieben Uhr nicht machen.

9. Bei rotem Licht darf man die Straße nicht überqueren.
   - Was ist bei rotem Licht? Dann darf ....

10. Bei Nebel muß man sehr vorsichtig fahren.
    - Was ist bei Nebel? Bei Nebel muß ....

Bilden Sie mit den Sätzen der Übungen das Passiv

Örnekler:

a) Die Behandlung des Patienten - **Der Patient wird behandelt.**
   (Der Arzt behandelt den Patienten.)

b) Der Abbruch der diplomatischen Beziehungen: (Die beiden Länder haben die diplomatischen Beziehungen abgebrochen.)
   (Die diplomatischen Beziehungen sind abgebrochen worden. (Passiv)

c) Der Polizeibeamte belehrte mich über die Verkehrsregeln. **Ich wurde von dem Polizeibeamten über die Verkehrsregeln belehrt.**

1. Die Beratung des Klienten: ....
2. Die Befragung der Bevölkerung: ....
3. Die Entführung eines Kindes: ....
4. Die Förderung meines Autos: ....
5. Die Beschädigung meines Autos: ....
6. Die Pflege der Kranken: ....
7. Der Freispruch des Angeklagten: ....
8. Das Überschreiten der Grenze: ....
9. Die Ausstellung seiner Bilder: ....
10. Die Zurücknahme seiner Beleidigungen: ....
11. Die Abwicklung der Geschäfte: ....
12. Die Abwicklung der Kräfte: ....
13. Die Anspannung eines Wettkampfes: ....
14. Die Austragung eines Wettkampfes: ....
15. Die Ausübung des Berufes: ....

16. Die Durchsetzung seines Willens: ....
17. Das Begehen eines Kapitalverbrechens: ....
18. Der Mann hat mich um 10 Mark betrogen: ....
19. Die Firma hat die bestellten Waren an die Kunden ausgeliefert..
20. Der Steuerzahler muß seine Steuern regelmässig an dem Finanzamt ..abführen.
....

d) Die Beschaffung von Wohnungen für die Betriebsangehörigen:
(**Die Fabrik beschafft den Betriebsangehörigen keine Wohnungen**).
negativ:
Den Betriebsangehörigen werden keine Wohnungen beschafft.

1. Die Besorgung von Zimmern für die Teilnehmer der Reisegesellschaft:
....

2. Die Errichtung eines Denkmals für den grossen Staatsmann: ....
....

3. Die Lieferung der Waren an die Kunden: ....
....

4. Die Übergabe einer diplomatischen Note an den Aussenminister:
....

5. Die Überweisung der Kaufsumme an den Verkäufer: ....
....

6. Das Angebot von neuartigen Maschinen an ausländische Importeuere:
....

6. Die Anweisung des Gehalts an die Arbeitnehmer: ....
....

8. Die Durchsage einer wichtigen Verkehrsmeldung an die Autofahrer:
....

9. Die Vorlage eines Gesetzentwurfes vor dem Bundestag: ....
....

10. Die Zustellung von Zeitungen an die Abonnenten:
....

INFINITIV (Mastar Fiil):

Mastar fiilin önüne -**zu** getirmek suretiyle "**Infinitiv zu**" yapılır. Mastarın ne zaman -zu- ya ihtiyacı olup olmadığı cümlenin yapısına bağlıdır.

Örnek:

   Öğrenci **çalışmaya** başlıyor.
   Der Student beginnt **zu** arbeiten.

 zu lernen- öğrenmeye   **zu arbeiten**- çalışmaya
 zu wissen - bilmeye   **zu werden**- olmaya

Infinitiv "zu" icin bazı bilgiler ve acıklamalar:

1- **Aynı cümlede bir anlamda iki fiil yan yana gelirse ikincisi -zu- ile kullanılır:**
   Ich bemühe mich, dein Problem **zu** lösen.
   (Senin problemini **çözmeye** çalışıyorum.)
   Ich versuche, dich **zu** verstehen.
   (Seni **anlamaya** çalışıyorum.)
   Wir folgen der schnellen Entwicklung in unserem Land.
   (Memleketimizde hızlı **gelişmeyi** takip ediyoruz.)

2- **Esas cümle ile yan cümledeki özneler aynı ise (özne birliği varsa)**
   Mein Freund verspricht. Mein Freund kommt pünktlich.
   Arkadaşım tam zamanında **gelmeye** söz veriyor.
   (Mein Freund verspricht, pünktlich **zu** kommen.)
   Er freut sich sehr, dass **er** dieses Auto gekauft hat.
   (O bu otomobili satın **aldığına** sevindi.)
   Er freut sich sehr, dieses Auto **gekauft zu haben.**

Nebensatz		Infinitivsatz
Gegenwart	-..., dass er	kauft.
Zukunft	-..., dass er	kaufen wird. .... zu kaufen.
Vergangenheit	-..., dass er	kaufte.
	-..., dass er	gekauft hat........ gekauft zu haben.
	-..., dass er	gekauft hatte.

3- **Esas cümlenin nesnesi ile yan cümlenin öznesi aynı ise (nesne özne ilişkisi geçerlidir)**
   Ich bitte Sie, dass **Sie** kommen. (Gelmenizi rica ediyorum.)
   Ich bitte Sie, zu mir **zu** kommen. (Sizden bana gelmenizi rica ediyorum.)

(Ich bitte Zeki) (Zeki besucht mich.)
Ich bitte Zeki, mich zu besuchen.
Wir schlagen Mustafa vor.   - Mustafa besucht uns.
Wir schlagen Mustafa vor, uns zu besuchen.
(Mustafa'ya bizi ziyaret etmesini öneriyoruz.)

4- **Her iki cümlede genel anlam yada belirsizlik varsa (veya edilgenlik)**
Vatanda ölmek güzeldir.   - Es ist schön, in der Heimat **zu** sterben.
Burada yaşamak insana zevk verir - Es lohnt sich, hier **zu** leben.

Türkiye'de seyahat yapmak güzel değil mi?
(Ist es nicht schön, in der Türkei Reisen **zu** unternehmen.)

5- **"Haben-zu" Mecbur olmak (müssen) anlamını verir:**
Herkes görevini yapmak zorunda.
(Jeder **hat** seine Pflicht **zu** tun.)

Büyükler konuşurlarsa küçükler susmak zorundadırlar.
(Kinder **haben zu schweigen**, wenn Erwachsene sprechen.)

Ev sahibi olarak misafirlerimle ilgilenmek zorundayım.
(Als Gastgeber muß ich mich um meine Gäste kümmern.)
Als Gastgeber **habe** ich mich um meine Gäste **zu** kümmern.

Oğlum sizden özür dilemek zorunda.
Mein Sohn muß sich bei Ihnen entschuldigen.
(Mein Sohn **hat** sich bei Ihnen **zu** entschuldigen.)

6- **"Sein-zu"-müssen, sollen, können- anlamını taşır, hem de passif anlam verir:**
Die Sprache ist gut **zu** verstehen. (Dil iyi anlaşılıyor.)
(Man versteht die Sprache gut.)

Die politische Lage **ist** nicht mehr **zu** ändern.
(Politik durum daha fazla değişemez.)

Das Buch **ist zu** lesen. (Das Buch kann gelesen werden.) (Kitap okunabilir.)
Die Aufgabe **ist zu** machen. (Sie muß gemacht werden.) (Ödev yapılmalı.)

In der Suppe ist zu viel Salz. **Man kann sie wirklich nicht essen.**
(Die Suppe **ist** wirklich nicht **zu** essen.) (Çorba gerçekten içilmez.)
Sie **brauchen** nur **zu** kommen. (Gelmeniz yeter.)
Sie **brauchen** nicht **zu** kommen. (Gelmenize gerek yok.)

a) (nicht/kein...) ile kullanılırsa müssen ve sollen yardımcı fiillerine karşı cümleyi ifade eder:

- Mußt du heute arbeiten?
- Nein, Ich **brauche** heute **nicht zu** arbeiten.
(Bugün çalışmaya ihtiyacım yok.)

- **Sollen** wir Ihnen den Weg zum Bahnhof zeigen?
- Nein, danke, Sie **brauchen** ihn **nicht zu** zeigen. Ich kenne den Weg.
(Hayır, teşekkürler, yolu göstermeye gerek yok. Ben yolu biliyorum.)

b) (nur veya bloss) ile kullanılırsa sadece bir imkanı belirler:

Sadece para kazanmak istiyorsan çalışmaya ihtiyacın var.
(Du **brauchst nur zu** arbeiten, wenn du Geld verdienen willst.)
Sadece spor yapmaya ihtiyacınız var, o zaman sağlıklı kalırsınız.
(Sie **brauchen nur** Sport **zu** treiben, dann bleiben Sie gesund.)

Örnekler:

Mussten Sie die Waren am Bahnhof abholen?- Nein, wir haben sie am Bahnhof nicht **abzuholen** brauchen. Sie sind direkt ins Haus gebracht worden.
Sollen wir deinem Sohn für seine Reise nicht einige Ratschläge geben?
Ihr braucht ihm für seine Reise keine Ratschläge **zu** geben.
Er weiss ja doch immer alles besser.

8- "scheinen-zu" bir tahmini ifade eder. Bir tahmin **"anscheinend** veya **offenbar"** ile ve **"wie es scheint** veya **wie mir scheint"** ifadeleriyle tekrar verilebilir:

Dein Freund **scheint** im Urlaub **zu** sein. Dein Freund ist **anscheinend (offenbar)** im Urlaub.
(Arkadaşın izinde olmalı veya izinde görünüyor.)

Wie es scheint,
ist dein Freund im Urlaub.   (Arkadaşın tatilde görünüyor.)
Wie mir scheint,

Örnek Cümleler:

Die Kinder sind **anscheinend** sehr müde.
(Çocuklar çok yorgun görünüyorlar.)

Wie es scheint, ist der Campingplatz besetzt.
(Göründüğü gibi kamp yeri dolu.)

Du **scheinst** gestern lange gearbeitet **zu** haben.
(Dün çok çalışmış gibi görünüyorsun.)

Die Touristen **scheinen** in dem Hotel kein Zimmer bekommen **zu haben**.
(Turistler otelde oda bulamamış gibi görünüyorlar.)

Der Reisebus **scheint** schon abgefahren **zu** sein.
(Seyahat otobüsünün çoktan hareket ettiği sanılıyor.)

(Das Rettungsboot **scheint** hier in Bereitschaft **zu** liegen.
(Kurtarma botunun burada hazır halde bulunduğu sanılıyor.)

9- **Drohen, pflegen, vermögen, ve versprechen fiilleride "scheinen-zu", brauchen zu"** gibi kullanılabilirler.

Die Ernte **verspricht (scheint)** in diesem Jahr gut **zu** werden.
(Mahsül bu yılda iyi olacağa benziyor.)

Der Vater **drohte**, seinem Sohn, ihm von der Schule **zu** nehmen.
(Baba oğlunu okuldan almakla tehdit etti.)

Mein Freund **versprach** mir, meinem Bruder sein Fahrrad **zu** leihen.
(Arkadaşım bana kardeşime bisikletini ödünç verecek gibi görünüyor.)

Das alte Haus **droht** ein**zu**stürzen. (Ev yıkılacağa benziyor.)

Alper **pflegt** bis in die Nacht **zu** arbeiten.
(Alper gecelere kadar çalışacak gibi görünüyor.)

10- **Eğer bir cümlede yardımcı fiillerden (müssen, können....) veya "lassen, gehen, sehen, hören, helfen, lernen" gibi fiillerden biri bulunuyorsa o zaman fiil yalnız mastar halinde bulunur ve zu almaz.**

Ich **will** morgen nach Adana fahren. Er **muß** zu Hause sein.

Örnek Cümleler:

1- Ich **sehe** das Kind **spielen**.
Ich **habe** das Kind **spielen sehen**.
Du **kannst** von diesem Fenster aus die Kinder im Garten **spielen** **sehen**.

2- Ich **höre** das Mädchen **singen**.
Hörst du die Kinder in der Schule singen?

3- Ich **fühle** mein Herz **schlagen**.
Ich **habe** mein Herz schlagen **fühlen**.

4- Die Tochter **hilft** ihrer Mutter **kochen**.
Sie **hat** ihrer Mutter kochen **geholfen**.

5- Ich **lasse** mich **operieren**.
Ich **habe** mich operieren **lassen**.

6- Wir **lernen lesen**.
   Wir **haben lesen gelernt**.

7- Ich **gehe** bald **einkaufen**.
   Ich **bin** bald **einkaufen** gegangen.

8- Ich **bleibe** vor der Tür **stehen**. (trennbares Verb)
   Ich **bin** vor der Tür **stehen geblieben**.

> **Not:** Ayrılabilen fiillerde -zu- örnek ve fiil arasında bulunur.

(Ich hoffe, dich wieder**zu**sehen - seni tekrar görmeyi ümid ediyorum.)

II Mastar "werden" fiili ile Futur ve Futur Perfekt teşkil eder. "Werden" yardımcı fiili yalnız olarak kalır.

a) Ahmet **wird** jetzt in Berlin **sein**. (geniş zaman)
   (Ahmet şimdi Berlinde olur.)

b) Morgen **wird** mein Brief bei meinem Onkel **sein**. (gelecek zaman)
   (Mektubum yarın amcamda olacak.)
   Nächstes Jahr um diese Zeit **werde** ich mein Studium **beendet haben**. (Gelecek zaman)
   (Gelecek yıl bu zaman tahsilimi bitirmiş olacağım.)

c) Ich **werde** gleich **kommen**. (Hemen geleceğim.)

A) *Der Infinitiv als Satzglied (cümle öğesi olarak Infinitiv):*

1. Als Subjekt:
- Viel Kaffee zu trinken ist der Gesundheit nicht zuträglich.
   Çok kahve içmek sağlığa yararlı değildir.
- **Es macht Spass, im Sommer in einem See zu schwimmen.**
   Yazın bir gölde yüzmek zevk verir.
- Ich überlegte: Ist es besser zu fahren oder zu bleiben.
   Gitmek mi, yoksa kalmak mı daha iyi diye düşünüyordum.

2. Als Objekt:
- **Er fürchtet, zu spät nach Hause zu kommen.**
   O eve geç gelmeğe korkuyor.
- **Sie begehrt, ihren Bruder zu sprechen.**
   Kardeşini konuşmaya davet ediyor.
- **Langsam begann er, die fremde Sprache zu verstehen.**
   Yavaş yavaş yabancı dili anlamaya başlıyor.

- **Wir gedenken, morgen abzureisen.**
  Yarın hareket etmek niyetindeyiz.

3. Als Lokalergänzung:
Bu durumda "da" işaret zamiri Infinitiv-zu ile bağlantı kurar:

<u>Örnekler:</u>

- **Wir waren gestern drauf und dran abzureisen.**
  - Dün hareket etmek üzere idik.
- **Ich mache mich morgen daran, den Garten in Ordnung zu bringen.**
  - Yarın bahçeyi düzenlemek üzere olacağım.
- **Er pocht darauf, morgen einen freien Tag zu bekommen.**
  - Yarın bir gün izin alacağına fazla güveniyor.
- **Der Mann war darauf, eine gute Stellung in dieser Firma zu bekommen.**
  - Adam bu firmada iyi bir yer almayı hedefliyor.
- **Bleiben wir dabei, die angebotene Arbeit abzulehnen?**
  - Teklif edilmiş işi reddetmeye ısrar edecekmiyiz?

4- Als Prädikatsnominativ, Prädikatsakkusativ:
Unsere Hoffnung ist, bald in die Heimat zurückzukehren.
- Hepimizin ümidi, yakında vatanımıza geri dönmemizdir.

5. Als Angabe (nach der Konjunktion, anstatt)
Anstatt (statt) zu arbeiten, geht Cevdet jeden Tag auf den Fussballplatz.
- Cevdet çalışmak yerine (çalışacağına) hergün futbol sahasına gidiyor.

Es ist einfacher zu telefonieren, statt einen Brief zu schreiben.
- Mektup yazmak yerine telefon etmek daha kolaydır.

6. Als Objektprädikat:
"Was" sorusuna cevap verir ve genellikle aşağıdaki fiillerden sonra (Dativobjekt alan) kullanılır.

- **Ich empfehle dir, den neuen Film anzusehen.**
  (Du sollst dir den neuen Film ansehen)
  - Sana yeni filmi görmeni tavsiye ederim.
- Der Offizier befiehlt Soldaten, in der Kaserne zu bleiben.
  - Subay askerlere kışlada kalmalarını emrediyor.
- **Der Arzt hat dem Kranken verboten, so viele Zigaretten zu rauchen (Dativobjekt)**
  - Doktor hastaya çok fazla sigara içmesini yasakladı.
- **Was hat euch der Lehrer für morgen aufgegeben.**
  - Er hat uns aufgegeben, einen Aufsatz zu schreiben.
  - O bize bir kompozisyon yazmamız için bir ödev verdi.

7. Infinitiv -zu als Attribut:

Der Angeklagte widerrief das Geständnis, den Mann ermordet zu haben.
- Sanık adamı öldürdüğüne (dair) itirafını geri aldı.

Geben Sie mir die Erlaubnis, Ihre Fabrik zu besichtigen?
- Fabrikanızı gezip görmeye bana izin verir misiniz?

Wir gaben endgültig die Hoffnung auf, in diesem Jahr noch Urlaub zu bekommen.
- Bu yıl izin alma ümidimiz kesin (olarak) kalmadı.

Sein Wunsch, in Deutschland zu bleiben, wurde nicht erfüllt.
- Almanya'da kalma arzusu gerçekleşmedi.

Ich habe nicht die Absicht, dich morgen zu besuchen.
- Yarın seni ziyaret etme niyetim yok.

Infinitiv cümleler yapınız!

1. Der Soldat muß gehorchen..
2. Der Soldat hat zu gehorchen. (Asker itaat etmek zorunda)...........
3. Dir ist nicht zu helfen. (Sana yardım edilemez.)....................
4. Dir kann niemand helfen. (Sana kimse yardım edemez.)..............

5. An diese Geschichte kann man nicht glauben.
   ....

6. Du mußt deine Aufgabe erledigen.
   ....

7. Ihr müßt den Schlafsaal aufräumen.
   ....

8. Seine Gedanken kann man nicht verstehen.
   ....

9. Er muß das Formular ausfüllen.
   ....

10. Sie kann für ihre Tat nicht verantwortlich gemacht werden.
    ....

B) *Der Infinitiv als Substantiv (isim olarak Infinitiv):*

Mastar fiil isim olarak kullanılabilir. Bu halde isim 'das' artikeli alır; çoğul şekli yoktur. Örnek:

a) Was verwendet man zum Schreiben und Zeichnen.
   Die Kreide verwendet man zum Schreiben und Zeichnen.
   (Tebeşir yazmak ve çizmek için kullanılıyor.)

b) Worüber lacht ihr? (benehmen, dieser Herren.)
Wir lachen über das Benehmen dieser Herren.
(Bu bayların davranışlarına gülüyoruz.)

c) Man schneidet das Brot mit dem Messer.
Das Messer dient das Brot zu schneiden.

Beantworten Sie folgende Fragen!

1. Wobei verletzte sich der Junge? (putzen seines Fahrrades)
Der Junge verletzte sich beim .... seines Fahrrades.
2. Worauf hoffst du? (gelingen meiner Pläne.)
Ich hoffe auf .... meiner Pläne.
3. Wogegen kämpft das Gesundheitsministerium ? (einnehmen von Drogen und Rauschmitteln.) Das Gesundheitsministerium kämpft gegen .... von Drogen und Rauschmitteln.)
4. Weswegen wurde Herr ARGUN bestraft? (zu schnell fahren)
Herr ARGUN wurde wegen .... bestraft.
5. Wovon kommt seine Krankheit ? (zu viel trinken und rauchen)
Seine Krankheit kommt von .... und ....
6. Wofür erhielt der Künstler ein Honorar? (Vorlesen einer modernen Erzählung)
Der Künstler erhielt ein Honorar für.........einer modernen Erzählung.)
7. Wodurch kann man sich fortbilden?
(lesen von Büchern und guten Zeitschriften)
Man kann sich durch .... von Büchern und guten Zeitschriften fortbilden.
8. Ohne was kann ein Leistungsportler nicht vorwärtskommen? (ständig üben und trainieren)
Ein Leistungsportler kann ohne .... und .... nicht vorwärtskommen.
9. Wozu gebraucht man ein Streichholz. (Zigarette anzünden).
Ein Streicholz gebraucht man um die Zigarette ....
10. Wozu benutzt man eine Bürste ? (Kleider abbürsten.)
Man benutzt eine Bürste um die Kleider................
11. Wobei (wann) stürzte das Flugzeug ab? (Alpen überfliegen)
Das Flugzeug stürzte beim .... der Alpen ab.
12. Wodurch lernt man eine fremde Sprache ? (guter Vorträge anhören)
Man lernt eine fremde Sprache beim Anhören gute Vorträge ...

13. Wogegen kämpfen die Ärzte ? (viel trinken und rauchen)
    Sie kämpfen gegen viel .... und ....
14. Wozu verwendet man ein Spielzeug ? (spielen)
    Man verwendet es zum ....
15. Was ist denn menschlich? (Irren)
    .... ist menschlich.
16. Was ist Ihr eigentliches Hobby ? (lesen, reisen usw)
    Mein eigentliches Hobby ist .... und ....

C) *Subjektsätze (Özne cümleleri)*

Örnekler:

a) Es ist möglich, (lösen, schwierige Aufgaben, gemeinsam)
   Es ist möglich, schwierige Aufgaben gemeinsam zu lösen.
   (Zor ödevleri müşterek çözmek mümkündür)

b) **Ist es wirklich ratsam, Fernsehprogramme ohne Kritik anzuschauen?**
   (Gerçekten televizyon programlarına tenkid etmeden bakmak faydalı mıdır?)

Vollenden Sie folgende Sätze:

1. **Es ist notwendig**, (diskutieren, über wichtige Probleme)
   Es ist notwendig, über wichtige Probleme....................
2. **Es ist schwer**, (treffen, immer, die richtige Entscheidung)
   Es ist schwer, immer die richtige Entscheidung ....
3. **Es ist keine Kunst.** (sich durchsetzen, gegen Schwächere)
   Es ist keine Kunst. .... gegen Schwächere ....
4. **Es ist gesund,** (betätigen, die Glieder des Körpers, regelmässig)
   Es ist gesund, die Glieder des Körpers regelmässig ....
5. **Es ist einfach,** leben in der Gemeinschaft, ohne ....
   Verantwortungsbewusstsein
   Es ist einfach, ohne Verantwortungsbewusstsein in der Gemeinschaft....................
6. **Es ist traurig,** (beobachten müssen, so viele Lebensuntüchtige)
   Es ist traurig, so viele Lebensuntüchtige ....
7. **Es ist unmöglich,** (erreichen, grosse Leistungen, ohne harte Arbeit)
   Es ist unmöglich, grosse Leistungen ohne harte Arbeit ....
8. **Es ist nützlich,** (nachdenken, über die Not, in der Welt)
   Es ist nützlich, über die Not in der Welt ....

9. **Es ist mühevoll,** (Sport, treiben)
   Es ist mühevoll, Sport........... treiben.
10. **Es ist besser**, (für, Kranken, Kur, machen)
    Es ist besser, für die Kranken Kur .... machen
11. Das Schwimmen im Sommer macht Spass.
    ...., im Sommer .... schwimmen.
12. Was ist nicht leicht? (mit Arbeit anfangen)
    ...., mit dieser Arbeit .... fangen.
13. Was ist gut? (alles, gleichzeitig, gepackt haben)
    ...., alles gleichzeitig gepackt .... haben.
14. Die Eroberung Istanbuls war nicht leicht.
    ...., Istanbul .... erobern.
15. Gutes und sicheres Reiten ist eine Kunst.
    ...., gut und sicher .... reiten.
16. Die richtige Erziehung und gute Pflege der Kinder ist oft schwer ...., die Kinder richtig .... erziehen und gut .... pflegen.
17. Der Besuch dieses Museums ist für mich ein grosser Genuss.
    ...., dieses Museum .... besuchen.
18. Die völlige Beherrschung einer fremden Sprache durch Lernen ausserhalb des Landes ist fast unmöglich.
    ...., die völlige Beherrschung einer fremden Sprache .... ausserhalb des Landes .... lernen.
19. Was ist schön ? (Meine Heimat ist über alles, sagen)
    ...., "meine Heimat ist über alles" .... sagen.

D) *Objektsätze (Nesne Cümleleri):*

Örnekler:

a) Er beginnt mit dem Lernen einer Fremdsprache.
   Er beginnt, **eine Fremdsprache zu lernen**.
   (O bir yabancı dil öğrenmeye başlıyor.)

b) Der Arbeiter bemüht sich um die schnelle Beendigung seiner Aufgabe.
   Der Arbeiter bemüht sich, **seine Aufgabe schnell zu beenden**.
   (İşçi vazifesini cabucak bitirmeye uğraşıyor.)

Bilden Sie Infinitivsätze:

1. Wir bitten dich um ein Buch.
   Wir bitten dich uns ein Buch zu geben
2. Der Kommissar fährt mit dem Fragestellen fort.
   Der Kommissar fährt fort, Fragen
3. Das Kleinkind fängt mit dem Gehen an.
   Das Kleinkind fängt an, ...
4. Ihre Eltern erlauben ihr die Heirat mit Mevlüt.
   Ihre Eltern erlauben ihr Mevlüt, ...
5. Ich helfe dir beim Umgraben deines Gartens.
   Ich helfe dir, deinen Garten
6. Der Offizier befiehlt dem Soldaten das Saubermachen seine Uniform.
   Der Offizier befiehlt dem Soldaten, seine Uniform ....
7. Die Verbrecher zwingen den Millionär zur Hergabe eines Lösegelds für die entführte Tochter. ....
   Die Verbrecher zwingen den Millionär, für seine entführte Tochter ein Lösegeld ....
8. Der Student beginnt mit der Arbeit für die Prüfung.
   Der Student beginnt, für die Prüfung .... (arbeiten.)
9. Wir hoffen auf das baldige Wiedersehen mit den Ausländern.
   Wir hoffen darauf, den Ausländern bald wieder .... (sehen.)
10. Der Schüler gewöhnt sich allmählich an freies Sprechen.
    Der Schüler gewöhnt sich, allmählich freies .... (sprechen.)
11. Ich schlage vor. Ich gebe das Buch als Spende.
    Ich schlage vor, das Buch als Spende .... (geben)
12. Ich lese ein Buch. Ich denke eigentlich.
    Ich denke eigentlich, ein Buch .... (lesen.)
13. Ich freue mich auf die lange Reise in den Ferien.
    Ich freue mich darauf, in den Ferien lang .... reisen.
14. Die Schwester fürchtet sich vor der Abreise.
    Die Schwester fürchtet sich, ab .... reisen.

PARTIZIP PRÄSENS (Ortaçlar):

Mastar halindeki fiilin sonuna "d" eklenerek yapılır:

kommen	- **kommend** (gelerek, gelen....)
lesen	- **lesend** (okuyarak, okuyan ....)
lachen	- **lachend** (gülerek, gülen ....)
grüssen	- **grüssend** (selamlıyarak, selamlayan ....)

Endişe eden öğretmen: Der **sorgende** Lehrer.
(Uyuyan çocuk) : Das **schlafende** Kind:
sagen : **nicht sagend** (söylemeyerek, söylemeyen)
Verstehen : **nicht verstehend** (anlamayarak, anlamayan)

Partizip Präsens cümlelerde:

Ortaçlar Almanca'da Partizip I ve Partizip II şeklinde ikiye ayrılır. Partizip I aynı zamanda Partizip Präsens'tir. Partizip II ise Partizip Perfekt'tir.

Partizip I hem sıfat tamlaması olarak hem de zarf olarak şöyle kullanılır.

- Bağıran çocuklar okula geliyorlar.
  Die schreienden Kinder kommen in die Schule.
- Çocuklar bağırarak okula geliyorlar.
  Die Kinder kommen schreiend in die Schule.

A) *als Attribut (sıfat olarak) kullanılır*
Er hat sich die **blutende** Wunde selbst verbunden.
(Kanayan yarayı o kendisi sardı.)
Der Zug, **der ankommt,** besteht aus neun Wagen.
(Gelen tren dokuz vagondan oluşuyor.)
Der **ankommende** Zug, besteht aus neun Wagen.
Muayene eden doktor çok meşhurdu. (hastaları)
(Der die Kranken **behandelnde** Arzt war sehr berühmt.)
Düşen kayalara dikkat ediniz?
(Achten Sie auf herabfallende Steinbrocken.)
Biz politik gelişmeyi büyüyen alakayla takip ettik.
(Wir haben die politische Entwicklung mit wachsendem Interesse verfolgt.)

B) *als Nomen (isim olarak) kullanılır:*

Uyuyan hafifçe kımıldandı: **Der Schlafende** bewegte sich ganz leicht.

Şuradan geleni görüyor musun? Siehst du **den von dort Kommenden?**

Bursa ve Balıkesir yönünde bütün seyahat edenler Ankara'da aktarma yapmak zorundadırlar.(Alle **Reisenden** in Richtung Bursa und Balıkesir müssen in Ankara umsteigen.)

Fazla bilenlerden korkarım: Ich fürchte mich **vor den allzuviel Wissenden.**

Şu salonda oturanlar öğrenci midirler?

(Sind **die in jenem Saal sitzenden** Studenten?)

Misafirimi tanımayanlara takdim ettim:

(Ich stelite meinen Gast **den nicht Kennenden** vor.)

C) *Modalangabe (zarf olarak) kullanılır: (...rek, rak olarak ifade edilir)*

Das Kind kam **weinend** von der Schule heim.
(Çocuk ağlayarak okuldan eve geldi.)

Die Soldaten erreichten **schwimmend** das gerettete Ufer.
(Askerler yüzerek kurtarılan kıyıya ulaştılar.)

Mein Vater verliess **lachend** das Zimmer.
(Babam gülümseyerek odayı terketti.)

D) *als Objektsprädikat (sıfat fiil olarak) kullanılır: (olarak, ken)*

Der Förster fand das Reh **sterbend** am Rande der Autobahn.
(Ormancı Karaca'yı ölü olarak otobanın kıyısında buldu.)

Wir trafen den Kranken **schlafend** an.
(Biz hastalara uyurken rastladık.)

Partizip Präsens tamlama olarak kullanılıp başına -zu- getirildiğinde Passiv anlam verir. (Können, müssen, sollen - Passiv):

<u>Örnek:</u>

Ödenmiş olan vergiler

1- Die Steuern, **die bezahlt werden müssen.**
2- Die **zu bezahlenden** Steuern.

İstiklal Savaşı unutulmaması gereken bir hadise idi.
(Der Unabhängigkeitskrieg war ein **nicht zu vergessendes** Erlebnis.)

Tercüme edilen parçayı bir defa daha okumak istiyoruz.
(Wir wollen das **zu übersetzende** Stück noch einmal lesen.)
Dünyanın keşfedilebilen bölgeleri her on yıllık devirde küçülecek.
(Die **noch zu erforschenden** Gebiete der Erde werden mit jedem Jahrzehnt kleiner.)

Örnek Cümleler:

Tenis oynayan şu baylar kimlerdir?
(Wer sind die **jene Tennis spielenden Herren?**)
Bizi gören köylüler yaklaştılar.
(**Die uns sehenden Landsleute** näherten sich.)
Hiçbir şey görüp işitmeyen bu adamı niçin bekçi yaptınız?
(Warum haben Sie **diesen gar nichts sehenden und hörenden Mann** zum Wächter gemacht?)

Memleketimizin dilini konuşana her yer açıktır.
(Demjenigen, **die die Sprache unseres Landes sprechenden** ist jeder Ort offen) Der die Sprache unseres Landes sprecheden ist jeder Ort offen

Sabahtan akşamlara kadar kahvehanelerde oturanların işleri yok mu?
(Haben, **die vom Morgen bis zum Abend in den Kaffeehäusern sitzenden**, nichts zu tun?)

Bir defa hakikati söylemeyen insanın sözüne kimse inanmaz.
(Dem Wort eines Menschen, **der einmal nicht die Wahrheit sagende** glaubt niemand.)

Biz ağlayan çocuğu teselli ettik.
(**Wir trösteten das weinende Kind**)

Çok geç gelen kişiler bir daha kursa kabul edilmediler.
(**Später eintreffende Personen** konnten nicht mehr in diesen Kurs aufgenommen werden.)

O devrilen ağaç yüzünden yaralandı.
(Er ist **durch einen umstürzenden Baum** verletzt worden.)

Übungen mit dem Partizip Präsens (Partizip Präsens ile ilgili alıştırmalar):

Aşağıdaki relativ cümleleri Partizip Präsens Attribut olarak yapınız.

Örnek: Ein Kind, das schläft - Ein schlafendes Kind.

1. Das Wasser, **das kocht**: ....
2. Ein Zug, **der abfährt**: ....
3. Ein Gast, **der erzählt**: ....
4. Die Beamten, **die kontrollieren**: ....
5. Die Leute, **die winken**: ....
6. Ein Tier, **das lebt**: ....
7. Ein Mensch, **der denkt**: ....
8. Ein Auto, **das parkt**: ....
9. Frauen, **die arbeiten**: ....
10. Ein Schüler, **der schreibt**: ....

Verilen fiilleri Partizip Präsens yapınız!

Örnekler: Der zunehmende Verkehr ist ein wachsendes Problem.
(Büyüyen trafik çoğalan bir meseledir.)

1. Die .... Frau ist die Mutter des Lehrers.   (gehen)
2. Siehst du dort die .... Frau ?   (lachen)
3. Kennen sie die .... Leute ?   (warten)
4. Die .... Männer traten ins Zimmer ein.   (schwingen.)
5. Das .... Kind geht durch die Strassen.   (singen)
6. Tee muß Mann mit dem .... Wasser machen.   (kochen)
7. Ich suche ein Zimmer mit .... Wasser   (fliessen)
8. Fragen Sie den .... Beamten.   (kontrollieren)
9. Siehst du dort die .... Mädchen ?   (tanzen)
10. Springen Sie nicht aus einem .... Zug !   (fahren)

Aşağıdaki boş yerleri Attribut olarak Partizip Präsens yapınız!

1. Die **frierenden** Tiere suchen Schutz.   (frieren)
2. Die .... Bauern trinken Wasser   (schwitzen)
3. Wir helfen den .... Vögeln.   (hungern)
4. Der Jäger beobachtet den .... Hund.   (stehlen)

5. Wer gibt dem .... Mann etwas? (betteln)
6. Schreiben Sie .... Wörter in das Heft ! (folgen)
7. Haben Sie schon einmal .... Mönche gesehen. (tanzen)
8. Unser Meister ist ein .... Mensch. (aufbrausen)
9. Im Winter kommen die .... Wölfe bis zur Stadtgrenze. (heulen)
10. Der Kerl sprang aus dem .... Zug. (fahren)

Örnek:

11. Die Verhandlungen beginnen heute nachmittag.
(Die **heute nachmittag beginnenden** Verhandlungen werden wahrscheinlich eine Woche dauern.)
12. Der Zug kommt fahrplanmässig um 10 Uhr an.
   - Der Zug hat voraussichtlich 20 Minuten Verspätung.
....
13. Zwei Kinder spielten auf der Straße.
   - Zwei .... Kinder wurden von einem Auto erfasst.
14. Der Wind wurde heftiger.
   -Die Segelboote wurden von .... Wind rasch vorwärtsgetrieben.
15. Eine Kolonne Soldaten marschierten über die Straße.
   - Der Verkehr stockte wegen .... Soldaten.
16. Ein Ziegel fiel vom Dach.
   - Ein Mann mußte ins Krankenhaus gebracht werden, weil ihn .... am Kopf getroffen hatte.
17. Autos fuhren langsam.
   Ein Sportwagenfahrer verursachte einen Unfall, als er eine Kolonne von .... Autos überholte.
18. Die Wörter stehen in Klammern.
   - Setzen Sie die .... in den Satz ein.

Ergänzen Sie mit Partizip Präsens!

1. Giessen Sie kochen .... Wasser über den Tee!
2. Besuchen Sie mich am kommen .... Montag!
3. Wann sind die Reisend .... ausgestiegen.
4. Er hat sich für seine ....Worte entschuldigt (verletzen)
5. Gehen Sie zu den .... ! (Warten)
6. Man hat mir eine Aktentasche aus dem .... Auto gestohlen. (parken)

7. Helft den .... Menschen in Afrika   (hungern)
8. Ich hörte mir seine Erzählung .... an.   (schweigen)
9. Der Herr bat .... um Entschuldigung.   (lächeln)
10. Was macht man gegen die .... Preise?   (steigen)
11. Die Einzige .... Möglichkeit scheint mir folgendes zu sein.
    (in Frage kommen)
12. Welche Überlegungen liegen denn zugrunde?
    Die hier .... Überlegungen sind folgende.

Ersetzen Sie die Relativsätze durch das Partizip Präsens!

1. Blumen, **die stark duften**, soll man nicht ins Schlafzimmer stellen.
   ....

2. In dem Gebäude, **das brannte**, waren noch 4 Personen.
   ....

3. Ich weckte den Mann, **der ruhig schlief**.
   ....

4. Sie versuchte, das Kind, **das laut weinte**, zu trösten.
   ....

5. Dieser Hund, **der bellt**, weckt mich jeden Morgen um sechs Uhr.
   ....

6. Wissen Sie, dass es Pflanzen gibt, **die Fleisch fressen**.
   ....

7. In einem Fluss, **der schnell fliesst**, kann man schlecht schwimmen.
   ....

8. Ich habe noch nie einen Mann gesehen, **der so hart arbeitete**.
   ....

9. Wir trafen uns an dem Tag, **der folgte**, wieder.
   ....

10. Der Mechaniker beobachtete den Motor, **der gleichmässg lief**.
    ....

PARTIZIP PERFEKT (Partizip II):

A. Üç ayrı grup ve değişik yapıdaki fiillere göre aşağıda gösterildiği şekilde yapılır. Partizip Präsens gibi sıfat vazifesini görür. Aynen sıfatların çekimindeki tamlama eklerine uyar.

1) **Zayıf fiillerde:**

machen	- **gemacht**	(yapılmış)
arbeiten	- **gearbeitet**	(çalışmış)
verkaufen	- **verkauft**	(satılmış)
telefonieren	- **telefoniert**	(telefon edilmiş)
einkaufen	- **eingekauft**	(satın alınmış)
mißverstehen	- **mißverstanden**	(yanlış anlaşılmış)

2) **Karışık fiillerde:**

bringen	- **gebracht**	(getirilmiş)
denken	- **gedacht**	(alınmış)

3) **Kuvvetli fiillerde:**

geben	- **gegeben**	(verilmiş)
nehmen	-**genommen**	(alınmış)
anrufen	- **angerufen**	(telefon edilmiş)

Örnekler:

Der **beladene** Wagen	(Yüklenmiş olan araba)
Das **verkaufte** Haus	(satılmış ev)
Ein **geschriebener** Artikel	(yazılan makale)
Ein **geschickter** Brief	(gönderilen mektup)

a) **Partizip II di'li geçmiş zamanın (Perfekt'in) kurulmasında kullanılır**

Er hat ein Buch gekauft. (O bir kitap satın aldı.)
Wir haben einen Besuch gemacht. (Biz bir ziyaret yaptık.)
blühen - Die Blume hat geblüht. (Çiçek açtı.)
verblühen - Die Blume ist verblüht. (Çiçek solmuştu.)
Die **verblühte** Blume: (Solmuş çiçek.)

Not: geschlafen, gewohnt, geholfen, geantwortet, gegessen gibi fiiller ve hava durumunu gösteren geregnet, geblitzt, gedonnert gibi fiiller Attribut olarak kullanılmazlar.

B. Hareket bildiren: gelaufen, geteilt, gefahren ve gegangen.... gibi fiiller eğer amacı bildirmek ise aşağıda olduğu gibi Attributiv olarak kullanılır.

Das **auf die Fahrbahn gelaufene** Kind ist von einem Auto erfasst worden. (Tramvaya koşan çocuk bir araba tarafından ezildi.)

Der Junge ist die Strecke in 10 Sekunden gelaufen.

(Genç yolu 10 saniyede koştu.)

Der Sportwart hat die gelaufene Zeit mit der Stoppuhr festgestellt. (Geçen zamanı kronometre ile tesbit etti.)

Der Busfahrer ist 150 km gefahren. (Şoför 150 kilometre gitti.)

Er muß die gefahrenen Kilometer ins Fahrtenbuch eintragen.

(O (gidilen) kilometreleri kilometre defterine kaydetmek zorundadır)

C. Yardımcı fiiller ile (können, wollen...) yalnız Attributiv olarak kullanılır.

Das ist wirklich ein gekonntes Bild.

- (Bu gerçekten (çok iyi) yapılmış bir resimdir.)

D. Reflexiv fiiller (sich schämen, sich freuen vs) Partizip Perfekte attributiv olarak kullanılmazlar. Yalnız bazıları reflexivpronomsuz sıfat olarak aşağıdaki gibi kullanılabilir.

sich verirren: - das **verirrte** Kind (yolunu kaybetmiş (şaşırmış) çocuk.

sich verlieben - der **verliebte** Bräutigam (aşık damat)

sich betrinken - der **betrunkene** Autofahrer (sarhoş şoför)

Ayrıca Partizip II Komperativform olarak kullanılırlar:

Dieses Mittel erscheint mir geeigneter als viele andere.

- Bu araç bana diğerlerinden daha elverişli görünüyor.

Sogar dem erfahrensten Menschen kann einmal ein Fehler unterlaufen.

- En tecrübeli insan bile hata yapabilir.

Ihre Firma gehört zu den angesehensten unserer Stadt.

- Firmamız şehrimizin en gözde firmasıdır.

Du bist mit diesen Dingen vertrauter als ich.

- Sen bütün bu şeylerle benden daha güvenilirsin.

b)   Edilgen yapıların Passiv olarak kurulmasında kullanılır:

Er schliesst die Tür ab.-Die Tür ist abgeschlossen. (Kapı kapatıldı.)

Die Tür wird abgeschlossen. (Kapı kapatılıyor.)

Not: Geçişli fiillerin Partizip Perfekti pasif anlam verir.

Der Schüler, <u>der getadelt wurde</u>, schämte sich.
- Azarlanan öğrenci utandı.
Der <u>getadelte</u> Schüler schämte sich.

> **Not:** "sein" yardımcı fiiliyle çekilen geçişsiz fiiller aktiv anlam verir.

<u>Das, was vergangen ist</u>, muß man vergessen können.
- <u>Geçen şeyler</u> (vuku bulan şeyler) unutulmak zorundadır.
Vergangenes muß man vergessen können.
Das Problem **wurde nicht verstanden.** (Problem anlaşılmadı.)

c) **Zarf olarak kullanılır ve .....miş, ...mış olarak ifade edilir:**
Sie schlug entsetzt die Hände über den Kopf zusammen.
- O dehşetle ellerini başına vuruyor.

Dort steht ein Schirm gänzlich vergessen in der Ecke.
-Tamamen unutulmuş şemsiye köşede duruyor.

Meine Freunde verliessen gekränkt mein Haus.
- Arkadaşlarım gücenmiş olarak evimi terkettiler.

Er sprach gehemmt. - Çekingen konuşuyordu.
Dort kommt Cemil (an) gelaufen: -Cemil koşarak geliyor.

Ein Vogel kam (an) geflogen: - Bir kuş uçarak geldi.
Pass auf, dass der lose Knopf an deinem Mantel nicht verloren geht! - Dikkat et ki mantondaki gevşek düğmeler kaybolmasın.

Der Bote kam herbeigeeilt. - Elçi acele geldi.
Durch das Geräusch aufgeschreckt, sprang der Dieb zum Fenster hinaus.
- Hırsız gürültüden ürkmüş olarak pencereden dışarı atladı.

e) **Yalnız duran Partizip II emir olarak da sık sık "jetzt aber, nun aber ile birlikte" kullanılır:**
Stillgestanden ! (Sessiz durun!)
Aufgepasst! Dort kommt ein Auto! (Dikkat et! Oradan bir araba geliyor!)
Jetzt aber schnell einsteigen ! Der Zug fährt sofort ab!
(Çabuk bininiz! Tren hemen hareket edecek)
Nun aber stillgehalten! (Sessiz durunuz!)

f) İsim olarak kullanılır:

Das Geschriebene	- Yazılan Şey (etwas Geschriebenes)
Die Reichgewordenen	- zengin olanlar - (Reichgewordene)
der Bekannte (tanıdık)	ein Bekannter die Bekannten Bekannte die Bekannte
Der Verwandte (akraba)	ein Verwandter-die Verwandten-Verwandte-die Verwandte
Der Verlobte (nişanlı)	die Verlobten-Verlobte-die Verlobte-meine Verlobte
der Beamte (memur)	ein Beamter-die Beamten-Beamte
die Beamtin	meine Beamtin-die Beamtinnen-Beamtinnen

Gestern habe ich **einen Bekannten** aus meiner Studienzeit getroffen.
- Dün okul (öğrenim) zamanından bir tanıdığa rastladım.

Unter den Geretteten waren zwei Verletzte.
- Kurtarılanlar arasında iki yaralı vardı.

Alt Bewährtes bedarf keiner besonderen Empfehlung.
-Tecrübenin özel bir tavsiyeye ihtiyacı yoktur.

Man konnte **das Geplante** bis jetzt nicht verwirklichen.
- Planlanmış olan şey şimdiye kadar gerçekleştirilemedi.

Partiziplerle yapılan örnek cümleler.
a) als Modalangabe
Laut um Hilfe schreiend, rannte die Frau durch die nächtliche Strasse.
- (Kadın imdat (diye) bağırarak karanlık caddeler arasında koşuyordu.)

Die Expedition versuchte, sich mühsam einen Weg durch den Urwald bahnend, das geplante Tagesziel zu erreichen.
- Sevkiyat dairesi, balta girmemiş ormandan geçen yolu gayret sarfedip açarak günün planlanmış amacına erişmeyi deniyor.

Die Augen vor Angst weit aufgerissen, starrte er auf das Raubtier. - Korkudan gözlerini iyice açarak yırtıcı hayvana bakıyordu.

b) als Kausalangabe:
Von einem Giftpfeil zu Tode getroffen, stürzte der Vogel zur Erde her. (Zehirli bir oktan etkilenen kuş toprağa düşüyordu.)

Die Gazelle war, vor tödlichem Schrecken vollkommen gelähmt, keiner Fluchtbewegung mehr fähig.
- (Ceylan öldürücü korkunun karşısında kötürümleşip kaçamıyordu.)

c) als Temporalangabe:

Das Wild von dem Schuss aufgeschreckt, (das von dem Schuss aufgeschreckte Wild) lief eilend in den Wald zurück.
- (Vahşi hayvan sesten korkarak çabucak ormana kaçıyordu.)

In München angekommen, begaben sich die ausländischen Delegationen zunächst in die für sie reservierten Hotels.
- (Münih'e gelen yabancı delegeler önce kendileri için ayrılan otele yerleşiyorlardı.)

Sofort löschte die Feuerwehr, aus den umliegenden Ortschaften herbeigeeilt, den Brand, der den Bauernhof zu vernichten drohte.
- (İtfaiyeciler yanma yerine yakın olan ve çiftliği tehdit eden yangını söndürüyorlardı.)

Angenommen, dein Vater schickt dir kein Geld; Was machts du dann? - (Babanın sana hiç para göndermediğini kabul edersek, o zaman ne yapacaksın?)

Gesetzt den Fall, Ich hätte morgen keine Zeit, zu dir zu kommen, dann rufe ich dich an. - (Yarın gelecek zamnım olmasada, telefon ederim.)

A) *Der Gebrauch von Partizip Präsens und Partizip Perfekt (Partizip Präsens ve Partizip Perfekt'in kullanımı):*

Man verwendet Partizipien hauptsächlich, um Relativsätze zu ersetzen:

a) Auf der Bank sassen **Kinder, die fröhlich sangen.** (Relativsatz)
   Auf der Bank sassen **fröhlich singende Kinder.** (Partizip Präsens)

b) Ist das **der Ring, der gestohlen wurde?** (Relativsatz)
   Ist das **der gestohlene Ring?** (Partizip Präsens)

Im allgemeinen hat das Partizip Präsens aktivische Bedeutung, das Partizip Perfekt passivische Bedeutung.

Was taten die Kinder? **Sie sangen.** (Aktiv)

Was wurde mit dem Ring getan? **Er wurde gestohlen.** (Passiv)

Bei Verben, die mit Hilfsverb "sein" konjugiert werden, hat jedoch auch das Partizip Perfekt aktivische Bedeutung:

Der Brief, der gestern angekommen ist, war ungenügend frankiert.

Der **gestern angekommene** Brief war ungenügend frankiert.

B) *Verwendung als Substantiv (isim olarak kullanım):*

Wenn der Sinn des Satzes es erlaubt, kann man das auf das Partizip folgende Substantiv weglassen. Dann wird das Partizip zum Substantiv und muß demnach gross geschrieben werden.

a) Der **ertrinkende** Mann   wurde im letzten Augenblick gerettet.
   Der Ertinkende   wurde im letzten Augenblick gerettet.

b) Die **verstorbene** Frau   wurde in aller Stille beerdigt.
   Die Verstorbene   wurde in aller Stille beerdigt.

c) Das **neugeborene** Kind   schreit laut.
   Das Neugeborene   schreit laut.

Unpersönliche Subjekte oder Objekte (Relativpronomen "was") werden durch die neutrale Form des Partizips wiedergegeben:

Das Geschehene   ist **das, was geschehen ist.**

Das Folgende   ist **das, was folgt.**

Das Gesagte   ist **das, was gesagt wurde.**

Örnekler:

Der achtzehnjährige Goethe schrieb im Jahre 1767 ein kleines Theaterstück mit dem Titel: "Die Laune des Verliebten."

Sechzig Jahre später 1827 -bewunderte er den grossen Roman des italienischen Dichters Manzoni, der den Titel **"Die Verlobten"** trug.

Zeit: Das Partizip Präsens bezeichnet ein gleichzeitiges Geschehen, während das Partizip Perfekt ein vorzeitiges Geschehen bezeichnet.

Gleichzeitig:

Ich betrachte die blühenden Blumen.

Ich betrachte (jetzt) die Blumen, die (jetzt) blühen.

Oder:

Ich betrachtete die blühenden Blumen.

Ich betrachtete (vorgestern) die Blumen, die blühten.

Vorzeitig:

Ich stelle **die gepflückten** Blumen in die Vase

Ich stelle (jetzt) die Blumen, die ich (vorhin) gepflückt habe, in die Vase)

Oder:

Ich stelle **die gepflückten Blumen** in die Vase

Ich stelle **die Blumen, die ich (zuvor) gepflückt hatte**, in die Vase.

Der Ertrinkende versucht, sich über Wasser zu halten, er kämpft bereits **mit dem Tode**, aber er kann noch gerettet werden, er lebt noch. **Der Ertrunkene** bewegt sich nicht mehr, er kann nicht mehr gerettet werden, denn er ist schon tot.

Satzbau:

Wie jedes andere Adjektiv steht auch das Partizip vor dem Substantiv. Zwischen den Artikel und das Partizip können andere Satzteile eingeschoben werden. Dadurch ist es möglich, sehr viele Tatsachen in kurzer Form in einem Satz unterzubringen. Nehmen wir als Beispiel den Satz:

Der Hund, der überfahren wurde, gehört Herrn A.
Wir ersetzen den Relativsatz durch das Partizip Perfekt:

Der überfahrene Hund gehört Herrn A.
Der Hund wurde gestern überfahren:

Der gestern überfahrene Hund gehört Herrn A.
Der Hund wurde gegen 18 Uhr überfahren:

Der gestern gegen 18 Uhr überfahrene Hund gehört Herrn A.
Der Hund wurde in der Kölner Strasse überfahren.

Der gestern gegen 18 Uhr in der Kölner Strasse überfahrene Hund gehört Herrn A.
Der Hund wurde von einem Omnibus überfahren:

Der gestern gegen 18Uhr in der Kölner Strasse von einem Omnibus überfahrene Hund gehört Herrn A.
Der Omnibus gehört der Linie 12 an.

Der gestern gegen 18 Uhr in der Kölner Strasse von einem Omnibus der Linie 12 überfahrene Hund gehört Herrn A.
Der Omnibus war vollbesetzt:

Der gestern gegen 18Uhr in der Kölner Strasse von einem vollbesetzten Omnibus der Linie 12 überfahrene Hund gehört Herrn A.

Übungen mit dem Partizip Perfekt (Partizip Perfekt ile ilgili alıştırmalar):

Aşağıda verilen fiillerle Partizip Perfekt teşkil ediniz!

1. Das **verkaufte** Haus gehört mir. (verkaufen)
2. Die gestern zu uns .... Dame hat eine Tochter. (kommen)
3. Der .... Acker gehört meinem Onkel. (pflücken)
4. Die .... Geschenke haben mich sehr erfreut. (aussuchen)
5. Der .... Brief liegt auf dem Tisch. (schreiben)

6. Das .... Buch ist alt. (lesen)
7. Der .... Junge sieht so traurig aus. (fragen)
8. Der von der Polizei .... Dieb lebt in Ankara. (suchen)
9. Eine im vorigen Jahr ....Geschichte ist sehr interessant. (schreiben)
10. Der zu uns gestern .... Nachbar ist ein Deutschlehrer. (kommen)
11. Das aus dem Stall .... Pferd war schön. (stehlen)
12. Der uns gestern auf der Strasse .... Verkäufer ist ein freundlicher Mann. (begrüssen)
13. Der gestern rechtzeitig .... Personenzug ist heute nicht rechtzeitig angekommen. (ankommen)
14. Der farbig .... Himmel gefällt mir. (bemalen)
15. Ich esse morgens das weich .... Ei. (kochen)
16. Nach dem Essen geht der frisch .... Kaffee. (brennen)
17. Die .... Rose gefällt niemanden. (verblühen)
18. Die vom Schüler nicht ....Fragen waren sehr schwer. (fragen)
19. Der vom Lehrer ....Schüler ging ins Krankenhaus. (anrufen)
20. Die nicht .... Arbeit ist die schwerste Arbeit. (machen)

Aşağıda verilen fiillerle Partizip Perfekt yapınız!

1. Das **verlorene** Armband war sehr wertvoll. (verlieren)
2. Hat dir das .... Fleisch geschmeckt? (kochen)
3. Wir müssen den .... Fisch erst auftauen. (gefrieren)
4. Ein .... Kind scheut das Feuer. (brennen)
5. Willst du meinen .... Anzug haben. (tragen)
6. Wir marschieren auf den .... Festplatz. (tragen)
7. Die Mutter pflegt ihr .... Kind. (lieben)
8. Der Hund frisst das .... Fleisch. (stehlen)
9. Wir freuen uns über den .... Abend. (gelingen)
10. Wo sind die .... Bücher? (leihen)

Erzetzen Sie die Relativsätze durch das Partizip Perfekt!

1. Die Vorschläge, **die von Ihnen gemacht wurden**, sind nicht annehmbar.
   ....

2. Die Zahl der Kraftfahrzeuge, **die verkauft wurden**, ist um 12 % gestiegen.
   ....

3. In der Woche, **die vergangen ist**, war ich krank.
   ....

4. Das Mädchen trocknet die Gläser ab, **die gespühlt worden sind**.
   ....

5. In dem Flugzeug, **das abgestürzt ist**, befanden sich 50 Personen.
....

6. Ein Schnitzel, **das angebrannt ist,** esse ich nicht.
....

7. Der Virus, **der neu entdeckt wurde**, ist sehr gefährlich.
....

8. Wann musst du das Geld, **das du geliehen hast**, zurückgeben?
....

9. Ich stand vor der Tür, **die vom Wind zugeschlagen worden war**.
....

10. Er zeigte mir den Brief, **der mit Bleistift geschrieben war**.
....

Bilden Sie Sätze mit Partizipien ohne folgendes Substantiv!

1. Tun Sie nur das, **was notwendig ist**!
....

2. Gib dem Mann, **der hungert**, etwas zu essen!
....

3. Die Kinder, **die spielten**, achteten nicht auf das Auto.
....

4. Die verletzten Menschen wurden in ein Krankenhaus gebracht.
....

5. Hast du gelesen, **was auf diesem Blatt steht**?
....

6. Der Kellner brachte mir das, **was ich bestellt hatte**.
....

7. Zu denen, **die überlebten**, gehört auch der Pilot des Flugzeugs.
....

8. Das, **was geschehen ist,** ist schrecklich.
....

9. Der Mann, **der bestohlen wurde**, meldete den Diebstahl bei der Polizei.
....

10. Die Frau, **die gefragt wurde**, schwieg.
....

11. Wir können stolz sein auf das, **was wir erreicht haben**.
....

12. In diesem Saal liegen die Kranken, **die frisch operiert worden sind**.
....

13. Die Männer, **die betrunken waren**, konnten nicht gerade gehen.
....

14. Ich reichte dem Mann, **der vor mir am Boden lag**, die Hand.
....

KONJUNKTIV (Dilek, İstek Kipi):

Konjunktiv fiilin cümledeki durumunu gerçek olarak değil, sadece düşünülmüş, tahmin edilen, gelecekte olabilecek veya istenilen bir şey olarak tarif eder. Präsens çekimle kurulan şekle **"Konjunktiv I"**, Präteritum şekli ile kurulana ise **"Konjunktiv II"** denir. Konuşmada genellikle **Konjunktiv II** kullanıldığından bu konumuzda **Konjunktiv II**'ye ağırlık verilecektir.

a) Aşağıda verdiğimiz fiillerin mastarlarına bakacak olursak Konjunktiv I çekimlerinde fiillerin köklerinde bir değişiklik olmadığını görürüz. Bu durum bütün fiiller için de geçerlidir. (Zayıf, kuvvetli, karışık)

b) Hem **Konjunktiv I**'de hem de **Konjunktiv II**'de şahıs çekim ekleri aynıdır.

c) Ich fragte, du fragtest... de olduğu gibi zayıf fiillerin **Indikativ-Imperfekt'i** ile **Konjunktiv II** arasında şekil ve çekim ekleri bakımından hiçbir değişiklik yoktur.

d) Präteritum çekiminde köklerinde a,o,u sesleri **Konjunktiv II** de ä,ö,ü seslilerine dönüşür.

e) Bazı fiillerin Präteritum'larında köklerindeki a seslisi **Konjunktiv II** de ü seslisine dönüşür. "kennen-kannte-ich kennte" de de Präteritum'da kökteki a seslisi **Konjunktiv II** de e seslisine dönüşür.

Not: Bugün bunların yerine aynı anlamı veren **Konditional I** kullanılır.

Ich stünde yerine - **Ich würde stehen**.

Ich kennte yerine ise - **Ich würde kennen** olur.

Konjunktiv I		Konjunktiv II	
1. fragen	**arbeiten**	**fragte**	**arbeitete**
Ich frage	arbeite	ich fragte	arbeitete
du fragst	arbeitest	du fragtest	arbeitetest
er,sie,es frage	arbeite	er,sie, es fragte	arbeitete
wir fragen	arbeiten	wir fragtet	arbeitetet
ihr fraget	arbeitet	ihr fragtet	arbeitetet
sie, Sie fragen	arbeiten	sie, Sie fragten	arbeiteten
2. bleiben	**kommen**	**blieb**	**kam**
Ich bleibe	komme	ich bliebe	käme
du bliebest	kommest	du bliebest	kämest
er,sie,es bleibe	komme	er,sie, es bliebe	käme
wir bleiben	kommen	wir blieben	kämen
ihr bleibet	kommet	ihr bliebet	kämet
sie, Sie bleiben	kommen	sie,Sie blieben	kämen

fahren	bieten	fuhr	bot
Ich fahre	biete	ich führe	böte
du fahrest	bietest	du führest	bötest
er,sie,es fahre	biete	er,sie, es führe	böte
wir fahren	bieten	wir führen	böten
ihr fahret	bietet	ihr führet	bötet
sie, Sie fahren	bieten	sie,Sie führen	böten
3. stehen	**helfen**	**stand**	**half**
Ich stehe	helfe	ich stünde	hülfe
du stehst	helfest	du stündest	hülfest
er,sie,es stehe	helfe	er,sie, es stünde	hülfe
wir stehen	helfen	wir stünden	hülfen
ihr stehet	helfet	ihr stündet	hülfet
sie, Sie stehen	helfen	sie,Sie stünden	hülfen
4. kennen	**nennen**	**kannte**	**nannte**
Ich kenne	nenne	ich kennte	nennte
du kennest	nennest	du kenntest	nennest
er,sie,es kenne	nenne	er,sie, es kennte	nannte
wir kennen	nennen	wir kennten	nennten
ihr kennet	nennet	ihr kenntet	nenntet
sie, Sie kennen	nennen	sie,Sie kennten	nennten
5. haben	**sein**	**hatte**	**war**
Ich habe	sei	ich hätte	wäre
du habest	seiest	du hättest	wärest
er,sie,es habe	sei	er,sie, es hätte	wäre
wir haben	seien	wir hätten	wären
ihr habet	seiet	ihr hättet	wäret
sie, Sie haben	seien	sie,Sie hätten	wären
6. werden	**können**	**würde**	**konnte**
Ich werde	könne	ich würde	könnte
du werdest	könnest	du würdest	könntest
er,sie,es werde	könne	er,sie, es würde	könnte
wir werden	können	wir würden	könnten
ihr werdet	könnet	ihr würdet	könntet
sie, Sie werden	können	sie,Sie würden	könnten

müssen	wollen	musste	wollte
Ich müsse	wolle	ich müsste	wollte
du müssest	wollest	du müsstest	wolltest
er,sie,es müsse	wolle	er,sie, es müsste	wollte
wir müssen	wollen	wir müssten	wollten
ihr müsset	wollet	ihr müsstet	wolltet
sie,Sie müssen	wollen	sie,Sie müssten	wollten
dürfen	**sollen**	**durfte**	**sollte**
Ich dürfe	solle	ich dürfte	sollte
du dürfest	sollest	du dürftest	solltest
er,sie,es dürfe	solle	er,sie, es dürfte	solle
wir dürfen	sollen	wir dürften	sollten
ihr dürfet	sollet	ihr dürftet	solltet
sie, Sie dürfen	sollen	sie,Sie dürften	sollten
mögen	**mochte**		
Ich möge	ich möchte		
du mögest	du möchtest		
er,sie,es möge	er,sie,es möchte		
wir mögen	wir möchten		
ihr möget	ihr möchtet		
sie, Sie mögen	sie, Sie möchten		

A) **_Konjunktiv II bei irrealen Aussagen_**
   (Gercek olmayan ifadelerde Konjunktiv II):
   (Konjunktiv II in Aussagesätzen als Ausdruck der Nichtwirklichkeit)

a)	**Er spricht viel.**	a)	**Ich spräche nicht so viel.**
	(O çok konuşuyor.)		(Ben olsam o kadar konuşmam.)
b)	**Du gehst nicht ins Kino.**	b)	**Ich ginge ins Kino.**
	(Sen sinemaya gitmiyorsun.)		(Ben olsam sinemaya giderdim.)

Not: Konjunktiv-Imperfekt asla geçmiş zaman anlamı taşımaz, daima geniş zaman anlamını verir. Sie arbeiten sehr wenig - Siz çok az çalışıyorsunuz - Ben olsam daha çok çalışırım - gibi ifadelerde neyin anlatılmak istendiği açık değildir. Bu durum Imperfektlere ile Konjunktiv II lerin aynı olması bakımından bütün zayıf çekimli fiillerde görülür. Böyle bir karışıklığa yer vermemek için Konjuktiv ifadede genel olarak Konditional I kullanılır. Sie arbeiten sehr wenig.

- Ich arbeitete mehr yerine
- Ich **würde** mehr arbeiten gibi.

> **Not:** Almanca'da genellikle Konditional I kullanılır. Konditional II hemen hemen hiç kullanılmaz. Konditional I doğrudan doğruya Konjunktiv Imperfektin ve Konditional II de Konjunktiv Plusquamperfektin yerini tutar.

Ich schliefe	yerine	Ich würde schlafen
du trügest	yerine	du würdest tragen
er führe mit	yerine	er würde mitfahren
wir redeten	yerine	wir würden reden
Ihr hättet geschrieben	yerine	Ihr würdet geschrieben haben
sie wären gekommen	yerine	sie würden gekommen sein. kullanılır.

Er sprach viel,
Er hatte viel gesprochen,   Ich hätte nicht so viel gesprochen.
Er hat viel gesprochen,   (Ben olsam o kadar çok konuşmam.)

Er ging nicht ins Theater,
Er ist nicht ins Theater gegangen,   Ich wäre ins Theater gegangen.
Er war nicht ins Theater gegangen,   (Ben olsam tiyatroya giderdim)

> **Not:** Bütün Konjunktiv ifadelerde iki zaman anlamı vardır. **Geniş zaman ve geçmiş zaman.** Bütün geçmiş zamanlar Konjunktiv'de Konjunktiv-Plusquamperfekt ile, geniş zaman ise Konjunktiv-Imperfekt ile ifade edilir. Bu durum bütün Konjunktiv ifade şekilleri için geçerlidir.

a) **Herr Bulut fährt nach Antalya**. - Hayri Bey Antalya'ya gidiyor.
   (**Ich würde auch nach Antalya fahren**-Ben de olsam Antalya'ya giderim.)
   Führest du auch nach Antalya? -Sen de olsan Antalya'ya gider misin?
   (**Ich würde nach Mersin fahren**. - Ben olsam Mersin'e giderim.)
   - **Wir führen auch nach İzmir** - Biz de İzmir'e gideriz.
   - **Mein Freund würde auch nach İzmir fahren**. - Arkadaşım da İzmir'e giderdi.

b) - **Er hat mich nicht eingeladen**. - O beni davet etmedi.
   Ich hätte dich eingeladen. - Ben olsam davet ederdim.
   - **Hätten Sie mich auch nicht eingeladen?**
   Siz de mi beni davet etmezdiniz?
   - **Wir hätten dich eingeladen**.   - Biz seni davet ederdik.

c) - **Wir liefen auf die Strasse**.   - Sokağa koştuk.
   Ich hätte das nicht getan.   - Ben bunu yapmazdım.
   Ich wäre zu Haus geblieben.   - Ben olsam evde kalırdım.

d) - **Er ist gleich eingeschlafen.**   - Hemen uykuya daldı.
   Ich hätte nicht so gleich einschlafen können.
   (Ben hemen uyuyamazdım.)

e) - **Warum ist er nicht gekommen ?** Niçin gelmedi.
   Er hätte kommen sollen.
   - Gelmesi gerekirdi, gelmeliydi.

B) *Irreale Bedingungssätze (Gerçek olmayan şart cümleleri):*

a) **Ich habe kein Geld und kann nicht eine schöne Reise unternehmen.** (Param yok ve güzel bir gezi yapamıyorum.)
   - **Wenn ich Geld hätte, könnte ich eine schöne Reise unternehmen.** (Param olsaydı, güzel bir gezi yapardım.)

b) **Du bist krank. Du kannst nicht mitkommen.**
   (Hastasın, beraber gelemezsin.)
   - **Wenn du gesund wärest, könntest du mitkommen.**
   Wenn du gesund wärest, kämest du mit.
   (Sıhhatli olsaydın beraber gelebilirdin.)

c) **Ich habe das Buch nicht gekauft. Denn ich bin nicht in die Stadt gegangen.**
   (Kitabı almadım, çünkü şehire gitmedim)
   - **Wenn ich in die Stadt gegangen wäre, hätte ich es gekauft.**
   Wäre ich in die Stadt gegangen, hätte ich es gekauft. (Ohne wenn)
   Ich hätte es gekauft, wenn ich in die Stadt gegangen wäre. (Şehre gitmiş olsaydım onu satın alırdım.)

d) **Was würdest du tun, wenn du viel Geld hättest?**
   (Çok paran olsaydı ne yapardın?)
   (Ich würde eine Weltreise machen.)
   (Dünya gezisi yapardım.)

   - **Wenn ich Zeit hätte, würde ich dich besuchen.**
   (Zamanım olsa seni ziyaret ederim.)

   - **Wenn ich vor 5 Jahren in Deutschland wäre, hätte ich das Medizinstudium machen können.** (5 yıl önce Almanya'da bulunmuş olsaydım, orada tıp öğrenimi yapabilirdim) Gerçek olmayan şart cümlelerinin şekil olarak diğer şart cümlelerinden tek farkı Konjunktiv yapılı olmalarıdır.

Not: Cümlelere mutlaka "wenn" ile başlamak veya şart cümlesinin önce kullanılması şartı yoktur. (c) Hatta şart cümlesi (d) örneğinde bir soru cümlesi ile bağlanmıştır.

C) *Irreale Wunschsätze*
(Gerçekleşmeyen, gerçekleşmemiş istek veya dilek cümleleri):

Bu şekildeki cümlelerde gerçekleşmemiş veya gerçekleşmeyecek istekler ifade edilir. Cümle yapısında değişmeyen unsur ise <u>wenn.... doch...</u> kelimeleri ile geniş zaman için kullanılan Konjunktiv - Imperfekt ve geçmiş zaman için kullanılan Konjunktiv-Plusquamperfekt'tir. Eğer "wenn" kelimesiyle cümleye başlanmıyorsa mutlaka çekilen fiil ile cümleye başlanır.

    a)   Ich bin jetzt nicht in der Schule.   - **Wenn ich doch jetzt in der Schule wäre!**

    (Ich wünsche es aber.)   (Keşke şimdi okulda olsam!)

    b)   Er ist krank und kann nicht kommen.   - **Wenn er doch kommen könnte!**

    Wenn er doch käme! (Keşke gelebilse ! gelse!)

c) Ich habe das Buch nicht gekauft ! **Wenn ich doch es gekauft hätte!**

(Kitabı satın almadım!)   (Keşke onu satın alsaydım!)

Hätte ich doch es gekauft ! (Keşke onu satın alsaydım)

Wenn ich doch eine Fremdsprache könnte! (Bir yabancı dil bilseydim)

Wenn ich doch ihm geholfen hätte ! (Ona yardım etseydim!)

D) *Vergleichsätze (Karşılaştırma Cümleleri):*

Konjunktiv karşılaştırma cümlelerinde temel cümle daima Indikativ yapılıdır. Konjunktiv yapılı yan cümle "**als ob**", "**als wenn**", "**wie wenn**" kelimelerinden birisiyle başlar ve çekilen fiil cümlenin sonunda bulunur. Eğer yan cümle "**als**" ile başlarda çekilen fiil "**als**" kelimesinden sonra yer alır.

    a)   Sie benehmen sich mir gegenüber, **wie** ein Vater.

        1. Sie benehmen sich mir gegenüber, **als ob** Sie mein Vater wären.

        2. Sie benehmen sich mir gegenüber, **als wenn** Sie mein Vater wären.

        3. Sie benehmen sich mir gegenüber, **wie wenn** Sie mein Vater wären.

Aber: Sie benehmen sich mir gegenüber, **als wären** Sie mein Vater.

1.2.3.4 (Bana babammış gibi (babam gibi) davranıyorsunuz.

Dieser Student tut so, **als ob** er Lehrer wäre.

    (als wenn, wie wenn)

Dieser Student tut so, als wäre er ein Lehrer.

(Bu öğrenci öğretmenmiş gibi yapıyor, görünüyor.)

---

    b)   Du arbeitest **wie** ein Roboter.

        Du arbeitest so, **als wenn** du ein Roboter wärest.

        (Sanki bir robotmuş gibi çalışıyorsun.)

c) Warum sprichst du so? Hast du denn kein Geld?
Du sprichst, **als** hättest du kein Geld.
(Hiç paran yokmuş gibi konuşuyorsun.)

d) Haben Sie ihm geglaubt? - Er war doch nie in Deutschland.
Er hat gesprochen, **wie wenn** er lange in Deutschland wäre.
(Uzun zaman Almanya'da kalmış gibi konuştu.)

E) *Konjunktiv als Ausdruck der Höflichkeit (Nezaket ifadelerinde Konjunktiv):*

Bu ifadeler genellikle soru şeklinde kullanılırlar.

a) Size bir şey sorabilir miyim ?   **Durfte ich Sie etwas fragen?**
                                          Könnte ich Sie etwas fragen?

b) Bana yardım eder misiniz?   **Würden Sie mir bitte helfen?**
                                          Könnten Sie mir helfen?

Würden Sie mir bitte das Buch mitbringen ?
(Bana kitabı lütfen getirir miydiniz?)

c) Wären Sie so freundlich, mir den Brief zu übersetzen!
(Bana mektubu tercüme etmek nezaketini gösterir miydiniz!)

d) Ich hätte gern eine Briefmarke.
(Bir posta pulu rica edeceğim.)

F) *Konjunktiv als Ausdruck der Möglichkeit (Tahmin ifadelerinde Konjunktiv):*

a) Wie alt ist der Lehrer?Ich weiss es nicht, **er kann 30 Jahre alt sein.**
                                                  er könnte 30 Jahre alt sein.
(30 yaşlarında olabilir.)   **Er dürfte 30 Jahre alt sein.**

b) Ist Yusuf da? -   **Nein, aber er müsste jetzt kommen.**
                              Nein, aber er sollte jetzt kommen.
(Hayır ama şimdi gelmesi gerek.)

c) Mein Vater ist um 7 Uhr nach Deutschland abgefahren.
- Er dürfte jetzt in Deutschland angekommen sein.
(Babam şimdi Almanya'ya varmış olsa gerek.)

G) *Sätze mit "Fast" (Beinahe) (Fast (Beinahe) ile cümleler):*

Daima Konjunktiv-Plusquamperfekt zamanla kullanılır. **Az kalsın, hemen hemen** anlamlarını verir.

Fast wäre er gestorben. (Az kalsın ölecekti)
Sie wäre fast (beinahe) ins Wasser gefallen. (Az kalsın suya düşecekti.)
(Fast) Beinahe hätte ich das Flugzeug verpasst. (Uçağı az kalsın kaçıracaktım.)
Beinahe hätte ich vergessen, das Wörterbuch mitzubringen.
(Az daha sözlüğü beraberimde götürmeyi unutuyordum.)

H) *Sätze mit zu ... als dass (zu..........als dass .... cümleleri):*

Temel cümlede mutlaka **"zu"** kelimesi kullanılır, konjunktivin kullanıldığı yan cümlede ise olumsuzluk kelimesi kullanılmaz. Cümle olumsuz anlam taşır.

Er ist krank. Er kann nicht sprechen. yerine

- **Er ist zu krank, als dass er sprechen könnte.**

(O konuşamayacak kadar hastadır.)

Ich habe **zu** wenig Zeit, **als dass** ich einen Brief schreiben könnte.

(Zamanım mektup yazamayacak kadar az.)

Übung (Alıştırma 1-2-3)

Übung 1

Bilden Sie Aussagesätze in Konjuktiv II

Örnek:

Mein Vater arbeitet auch sonntags.
KARA, ich würde nicht sonntags arbeiten.

1. Frau TEKGÖZ bietet ihren Gästen Kaffee an.

   ....

2. Meine Freundin will heute nicht in die Schule gehen.

   ....

3. Du kannst den Zug nach Afyon nicht erreichen.

   ....

4. Mein Bruder schläft morgens sehr lange.

   ....

5. Yavuz bleibt nicht lange im Cafe.

   ....

6. Mein Onkel fährt heute abend nach Istanbul.

   ....

7. Mein Freund geht heute ins Kino.
   ....

8. Mein Sohn will am Opferfest den blauen Anzug anziehen.
   ....

9. Ein fauler Schüler kann diese Übung nicht schreiben.
   ....

10. Der Lehrer kommt um 8 Uhr in die Schule.
    ....

Übung 2

Örnek: Ich bringe heute meine Tasche nicht mit. (du)
   Du brächtest heute auch nicht deine Tasche mit.

1. Ich bleibe drei Tage in Ankara. (Mein Vater)
   ....

2. Wir helfen dem alten Bettler. (ihr)
   ....

3. Er steht morgens um 6 Uhr auf. (ich)
   ....

4. Die Kinder gehen den Fluss entlang spazieren. (wir)
   ....

5. Sie verbieten ihrem Sohn, Samstags ins Kino zu gehen. (ich)
   ....

6. Ich verspreche meinem Kind, ihm einen Füller zu kaufen.(meine Frau)
   ....

7. Die freundliche Dame gibt dem armen Kind ein Brot. (ich)
   ....

8. Bei dem heftigen Regen nimmt der Alte ein Taxi (ich)
   ....

9. Wir essen sonntags im Restaurant zu Mittag. (ihr)
   ....

10. Unser Lehrer kommt jeden Tag pünktlich in den Unterricht. (ich)
    ....

Übung 3:

Örnek:

Mein Freund ist heute nicht zu Fuss gegangen.
Und Sie ? **Hätten** Sie auch das getan?
Nein, ich wäre heute nicht zu Fuss gegangen.

1. Er ist nach Adana gefahren
   ....

2. Der Gastarbeiter hat 500 Mark gewechselt.
   ....

3. Der Fahrer hat nicht gebremst.
   ....

4. Der Ausländer ist 5 Tage in Antalya übernachtet.
   ....

5. Die Alte hat dem Jungen geholfen.
   ....

6. Der Polizist hat sofort den Dieb gefangen.
   ....

7. Nevin ist heute nicht in die Schule gekommen.
   ....

8. Nuri hat seiner Freundin Blumen mitgebracht.
   ....

9. Sie hat auf die Fragen des Lehrers nicht geantwortet.
   ....

10. Der Student ist mit dem Bus nach Haus gefahren.
    ....

IRREALE WUNSCHSÄTZE
(Gerçek Olmayan İstek Cümleleri):

Geniş zaman için Präteritum (lernte, machte, arbeitete) gibi; geçmiş zaman için de Partizip Perfekt - **hätte**, veya **wäre** ile bu şekildeki cümleleri <u>teşkil ederiz.</u>

Örnekler:

Wenn das Kind doch **spielte.**   (Keşke çocuk <u>oynasa</u>.)
Wenn das Kind doch **gespielt hätte.**   (Keşke çocuk <u>oynasaydı</u>.)
Spielte das Kind doch! (ohne wenn)
Hätte das Kind doch **gespielt!** (Ohne wenn)

Irreale Wunschsätze <u>teşkil ediniz!</u>

1. Wenn es doch nicht .... (...................)   (regnen)
2. Wenn der Hund doch .... (...................)   (hören)
3. Wenn sie mir doch das Kleid.......... (...................)   (kaufen)
4. Wenn er doch seine Wörter .... (...................)   (lernen)
5. Wenn der Handwerker doch den Schaden .... (...................)   (reparieren)
6. Wenn er doch nicht soviel .... (...................)   (fragen)
7. Wenn sie doch ein Telegramm .... (...................)   (schicken)

A) *Irreale Wunschsätze*

Kuvvetli fiiller bu şekli Präteritum'la teşkil ederler. Fakat bu fiiller "e" ve ä, ö, ü - gibi Umlaut ihtiva ederler.   İstisna Olanlar:

Ich käme		werfen- würfe
du kämest		sterben - stürbe
er,sie,es käme		helfen- hülfe
wir kämen		stehen-stünde
ihr kämet		gewinnen-gewönne.
sie kämen		
Sie kämen		

Yardımcı Fiil ve Karışık fiiller: müsste, dürfte, könnte, brächte, liesse, dächte, möchte, nennte, rennte, kennte, brennte, sendete gibi.

Örnekler:

Wenn er doch besser (schreiben)
Wenn er **doch** besser schriebe (geschrieben hätte)!
(Keşke o daha iyi yazsa) (yazsaydı)!

Aşağıdaki cümlelerden istek cümleleri yapınız!

1. Wenn er doch (kommen) ....
2. Wenn sie doch die Illustrierte (bringen) ....
3. Wenn die Schüler doch nicht so faul (sein) ....
4. Wenn wir doch rauchen (dürfen) ....
5. Wenn wir doch viel Geld (haben) ....
6. Wenn das Kind doch (essen) ....

Aşağıdaki şart cümlelerini "wenn" siz yapınız!

Örnekler:
Wenn es nicht **regnete**, gingen wir **spazieren**.
Regnete es nicht, so gingen wir spazieren.

1. Wenn er pünktlich gekommen wäre, hätten wir mit der Arbeit beginnen können.
   ....
2. Sie könnte eine berühmte Ärztin werden, wenn sie eifriger übte.
   ....
3. Wenn der Arzt nicht eingegriffen hätte, wäre der Patient gestorben.
   ....
4. Er hätte mich gegrüsst, wenn er mich erkannt hätte.
   ....
5. Ich würde das Bild kaufen, wenn ich Platz dafür hätte.
   ....
6. Wenn er eine Brille trüge, brauchte er seine Augen nicht so anzustrengen.
   ....
7. Die Menschen wären glücklich, wenn es keinen Krieg gäbe.
   ....
8. Wenn es kräftig schneite, könnten wir Ski fahren.
   ....
9. Ich würde sofort antworten, wenn Özkan schriebe.
   ....

B) <u>*Sätze mit "als ob" oder "als wenn"*</u>
   <u>*("als ob" veya "als wenn" (als) cümleleri (-mis gibi, mıs gibi):*</u>
   Bu cümleler daima esas cümleyle başlarlar. Eğer -ob ve -wenn- siz cümle yapmak istersek o zaman fiil hemen bağlaçtan sonra gelir.

Örnek:
Du siehst aus, (du kannst nicht bis drei zählen.)
Du siehst aus, **als ob** du nicht bis drei zählen **könntest.**

Aşağıdaki cümlelerden 'als ob'lu veya "als wenn"li cümle yapınız!

1. Er tut so, (er ist reich) ....
2. Sie geht so, (sie hat Erbsen in ihren Schuhen.) ....
3. Das Gemälde sieht so aus, (es ist echt) ....
4. Kadir benimmt sich so, (er ist betrunken) ....
5. Sie singt so, (sie hat eine Kartoffel im Hals) ....
6. Kenan erzählt die Geschichte so, (er selbst dabei gewesen) ....
7. Der Angeklagte tat so, (er weiss von nichts) ....

Gerçek olmayan cümle şekilleri **-beinahe, fast, es hätte nicht viel gefehlt**, um ein Haar ile yapılırlar ve cümleler daima geçmiş zamandır:

Örnekler:
a) Wir haben das Spiel nicht verloren.
   Beinahe hätten wir das Spiel verloren.
   (Az kalsın oyunu kaybedecektik.)
b) Es hat keinen Streit gegeben.
   Fast hätte es Streit gegeben.
   (Hemen hemen az kalsın kavga olacaktı)

Aşağıdaki cümlelerle beinahe, fast, es hätte nicht viel gefehlt ve um ein Haar ile cümleler kurunuz!

1. Kenan hat gerade noch einen Platz gefunden.
   .... Kenan keinen Platz ....
2. Die wilden Kinder sind nicht ums Leben gekommen.
   .... die wilden Kinder ums Leben ....
3. Der Güterwagen ist nicht aus den Schienen gesprungen.
   ...., so .... der Güterwagen aus den Schienen ....
4. Die Suppe ist nicht angebrannt.
   .... die Suppe angebrannt ....
5. Der Fussgänger ist nicht überfahren worden.
   .... so .... der Fussgänger ....
6. Der Junge ist nicht vom Hund gebissen wurden.
   .... der Junge vom Hund ....
7. Das Geldstück ist nicht in den Abfluss gefallen.
   .... das Geldstück in den Abfluss ....

Höfliche Fragen (Nezaket soruları):

Örnekler:

a) Werden Sie mir behilflich sein? (Bana yardımcı olacak mısınız?)
   Würden Sie mir behilflich sein ? (Bana yardımcı olabilir misiniz?)
b) Können sie 500 DM wechseln ? (500 Markı bozar mısınız)
   Könnten Sie 500 DM wechseln? (500 Markı bozabilir misiniz?)

Aşağıdaki cümleleri nezaket şekliyle tekrar sorunuz!

1. Schliessen Sie bitte die Tür!
   .... Sie bitte die Tür schliessen!
2. Kann ich bitte Feuer haben?
   .... ich bitte Feuer haben?
3. Darf ich Sie um Auskunft bitten?
   .... ich Sie um Auskunft bitten?
4. Können Sie mir Ihren Kugelschreiber leihen?
   .... Sie mir Ihren Kugelschreiber leihen?
5. Reichen Sie mir den Zucker ?
   .... (............) Sie mir den Zucker reichen?
6. Wollen Sie noch einen Tee?
   .... Sie noch einen Tee?
7. Kommen Sie heute nachmittag in mein Büro?
   .... (............) Sie heute nachmittag in mein Büro kommen?
8. Darf ich Sie um einen Gefallen bitten?
   .... ich Sie um einen Gefallen bitten?

İstek cümlelerinin 'dass' bağlacıyla yapılması:

Örnekler:

Mein Vater kommt nicht.
Ich wünschte, dass mein Vater käme.
((keşke) babamın gelmesini arzu ederim.)
Du bist nicht auf dem Mond.
Ich wollte, dass du auf dem Mond wärest.
(keşke) Senin ayda olmanı isterdim.)

Aşağıdaki cümleleri 'dass' bağlacıyla istek cümlesi haline getiriniz!

1. Ich möchte .... du hier .... (du bist nicht hier.)
2. Ich wollte .... er im Toto .... (Er soll im Toto gewinnen.)
3. Ich wünschte, das ich............. erleben können.

   (Ich habe das nicht erleben können)
4. Wir wünschen, ... wir Zeit .... Wir haben keine Zeit.)
5. Ich wollte, ... Grossvater .... noch. (Grossvater lebt nicht mehr.)
6. Ich wünschte, ... ihr Kind ....gesund. (Ihr Kind ist nicht gesund.)
7. Ich wollte, ... du .... mich gern. (Du hast mich nicht gern.)
8. Ich wünschte, ... du .... pünktlich gekommen.

   (Du bist nicht pünktlich gekommen.)

INDIREKTE REDE (Dolaylı Anlatım):

Konjunktiv I sadece "indirekte Rede" dediğimiz dolaylı anlatım şeklinde kullanılır. Dolaylı anlatım şekliyle kastedilen herhangi bir kişiden veya herhangi bir şekilde duyulan bir haberin ikinci şahsa aktarılmasıdır. Aktarmayı yapan kişinin, aktardığı ifadenin gerçek olmayışına karşı kesin bir tutum takınmadığı da bellidir. Duruma göre aktarmayı yapanın aktardığı ifadenin doğruluğuna inanmadığı sezilebilir.

Örnekler:

Mein Freund ist in Deutschland. Ich bekomme von ihm einen Brief.

A) Direkte Rede:	B) Indirekte Rede:
1. a) Ich arbeite bei der Firma Siemens.	Er schreibt, dass er bei der Firma Siemens arbeite.
b) Mein Bruder ist auch bei mir.	Sein Bruder sei auch bei ihm.
c) Wir wohnen zusammen.	Sie wohnten zusammen.
d) Wir haben auch deutsche Freunde.	Sie hätten auch deutsche Freunde.
e) Gestern war ich in Berlin.	Gestern sei er in Berlin gewesen.
f) Ich habe die Stadt besichtigt.	Er habe die Stadt besichtigt.
g) und bin ins Theater gegangen.	und sei ins Theater gegangen.
h) Vor einem Monat war ich auch einmal nach Berlin gefahren.	Vor einem Monat sei er auch einmal nach Berlin gefahren.
i) Ich werde Ende August Urlaub bekommen.	Er werde Ende August Urlaub bekommen.
g) Da werden wir mit einem deutschen Kollegen in die Türkei kommen.	Er schreibt noch, dass sie (er und sein deutscher Kollege) in die Türkei kommen würden.
2-a) Wie geht es dir?	Er fragt, wie es mir gehe und wann ich Urlaub hätte.
b) Wann hast du Urlaub?	
3-a) Können wir uns in Ankara treffen?	Er fragt, ob wir uns in Ankara treffen könnten, und ob ich da Zeit hätte.
b) Hast du da Zeit?	
4-a) Schreib mir bald!	Ich solle (möge) ihm bald schreiben.
b) Sei nicht nachlässig !	Ich solle nicht nachlässig sein.

Yukarıdaki metnin Türkçesi:

1. Siemens firmasında çalıştığını,
2. Kardeşinin de yanında olduğunu,
3. Beraber oturduklarını,

4. Alman arkadaşlarının da bulunduğunu
5. Geçenlerde Berlin'de olduğunu
6. Şehri gezdiğini
7. Tiyatroya gittiğini,
8. Bir ay önce Berlin'e gitmiş olduğunu,
9. Ağustos sonunda izine çıkacağını,
10. İzinde Alman arkadaşıyla Türkiye'ye geleceklerini yazıyor.
11. Benim nasıl olduğumu,
12. Ne zaman izine çıkacağımı
13. Ankara'da buluşup buluşamayacağımızı,
14. Zamanımın olup olmadığını soruyor.
15. Kendisine hemen cevap yazmamı,
16. İhmalkarlık etmememi istiyor.

Zamanlarla ilgili açıklamaya aşağıdaki şekilde gösterebiliriz:

Direkte Rede	Indirekte Rede	Şahıslara göre fiilin çekim ekleri aynı olursa:
Präsens	Präsens	Präteritum
Präteritum		
Perfekt	Perfekt	Plusquamperfekt
Plusquamperfekt		
Futur	Futur	Konditional 1

Präsens:
Indirekte Rede yi fiilin köküne 'e' getirmek suretiyle yaparız.

Ich käme	Ich sei
du kommest	du seist.
er, sie, es komme	er sie, es sei
wir kämen	wir seien
ihr kommet	ihr seiet
sie kämen	sie seien
Sie kämen	Sie seien

Örnekler:
Der Vater sagte zu mir: "Ich komme heute später."
Der Vater sagte zu mir , **dass er heute später komme**.
Die Mutter sagte, "Ich bin sehr müde."

Die Mutter sagte, **dass sie sehr müde sei.**

Bilden Sie die Indirekte Rede:

1. Ich sagte zu ihm: "Ich gehe ins Kino." **(dass ich ins Kino ginge.)**
2. Du hast zu uns gesagt: "Ich bleibe zu Hause'. **(dass du zu Hause bleibest.)**
3. Sie haben gerufen: 'Wir sind hier" **(dass sie dort seien).**

> **Not:** Indirekte Rede de geçmiş zamanı Partizip Perfekt yapılmış fiil ile "habe" veya "sei" ile yapabiliriz:

ich **hätte** getragen	ich **sei** gefahren
du **habest** gesagt	du **seiest** geflogen
er,sie, es **habe** gerufen	er,sie, es **sei** gekommen
wir **hätten**	wir **seien**......
ihr **habet**......	ihr **seiet**.......
sie **hätten**......	sie **seien**
Sie **hätten**......	sie **seien**...

Örnekler:

Ich sagte zu meinem Freund: "Ich war in Ankara"
Ich sagte zu meinem Freund, **dass ich in Ankara gewesen sei.**
Der Lehrer sagte: "Ich kam zu spät." - **dass er zu spät gekommen sei.**
Du hast zu uns gesagt: "Ich trug einen blauen Mantel."
Du hast zu uns gesagt, **dass du einen blauen Mantel getragen habest.**

Bilden Sie die Indirekte Rede !

1. Er äusserte: "Ich war dazu nicht bereit."
2. Sie meinte: "Ich habe keine Ahnung davon." (dass sie keine Ahnung davon gehabt habe.)
3. Wir antworteten: "Wir wollten im Gasthaus essen'
   (......................, dass wir im Gasthaus hätten essen wollen.)

A) *Indirekte Rede de Futur (Dolaylı Anlatımda Gelecek Zaman):*

Ich **würde** kommen
du **würdest** kommen
er,sie, es **würde** kommen
wir **würden** kommen
ihr **würdet** kommen
sie **würden** kommen
Sie **würden** kommen

a) Ich sagte: "Ich werde nach Japan fliegen."
Ich sagte, **dass ich nach Japan fliegen würde.**
(Ben Japonya'ya gideceğimi söyledim.)
b) Wir sagten: "Wir werden Pilze sammeln.)
Wir sagten, dass wir Pilze sammeln würden.

Bilden Sie die Indirekte Rede!
1. Du hast gesagt: "Ich werde einen Spaziergang machen."
   (**dass** du .... **werdest**)
2. Sie hat gesagt: "Ich werde das Zimmer aufräumen."
   (**dass** sie .... **werde.**)
3. Das Kind sagte: "Ich werde im Garten spielen."
   (**dass** es .... spielen **werde.**)

B) *Indirekte Rede de "Soru cümleleri" (Dolaylı konuşma):*

Soru cümleleri soru zamirleri vasıtasıyla yapılır. Eğer Fragepronomen yoksa 'ob' kullanılır. Yine özneye göre çekilen fiil yan cümlenin sonunda bulunur.

Örnekler:
a) Mein Freund fragte mich: "Wohin gehst du?"
Mein Freund fragte mich, **wohin ich ginge.**
(Arkadaşım bana nereye gittiğimi sordu.)
b) Nevin fragte Asuman: "Besuchst du mich bald?"
Nevin fragte Asuman, **ob sie sie bald besuche.**
(Nevin onu, hemen ziyaret edip edemeyeceğini Asuman'a sordu.)

Bilden Sie die Indirekte Rede!
1. Der Direktor sagte zur Sekretärin: "Ich will Ihnen diktieren."
   Der Direktor sagte zur Sekretärin, **er wolle ihr diktieren.**
2. Die Frau sagte zu ihrem Mann: "Du kannst mir ruhig einmal helfen."
   ...., **er könne ihr** ruhig einmal helfen.
3. Der Kellner sagte den Kindern: "Ich bringe Ihnen die Speisekarte.
   ...., **er bringe ihnen** ....
4. Die Lehrerin sagte zu den Kindern: "Ihr müßt schöner schreiben"
   ...., **sie müssten schöner schreiben.**
5. Die Grossmutter sagte zu ihren Enkelkindern: "Wenn ihr die Bilder gemalt habt, möchte ich sie anschauen."
   ...., wenn sie Bilder gemalt **hätten,** möchte sie sie anschauen.

Bilden Sie die Indirekte Rede!

1. Der Zollbeamte fragte den Ausländer: "Haben Sie etwas zu verzollen?"
   ...., **ob er** etwas zu verzollen **habe.**
2. Der Autoverkäufer fragte den Kunden: "Sind Sie mit dem Fahrzeug zufrieden?"
   ...., **ob er mit** dem Fahrzeug zufrieden **sei.**
3. Der Richter fragte den Angeklagten: Was haben sie noch zu sagen?
   "Der Richter fragte den Angeklagten, **was er** noch zu sagen **habe.**
4. Die Frau fragte den Gärtner, "Wie muß man diese Blumen pflegen?"
   Die Frau fragte den Gärtner, **wie man** die Blumen pflegen **müsse.**

Not: Emir cümleleri Indirekte Rede de 'sollen' ile yapılır.

---

a) Der Fahrlehrer sagt zu seinem Schüler: "Fahren Sie rechts!"
   ...., **er solle** rechts **fahren.**
b) Der Vater ermahnte die Kinder: "Seid still!"
   ...., **sie sollten** still **sein.**

Bitte bilden Sie die Indirekte Rede!

1. Der Offizier befahl dem Soldaten: "Halten Sie Ihre Uniform sauber!" ...., **er solle** seine Uniform **sauberhalten.**
   (Subay askere askeri elbisesini temiz tutmasını emretti.)
2. Der Arzt sagte zu dem Kranken: "Nehmen Sie diese Medizin!" ...., **er solle** die Medizin **nehmen.**
3. Der Turnlehrer ruft den Jungen zu, "Springt höher!" ...., **sie sollten** höher **springen.**
4. Der Bürgermeister sagt zu dem Boten: "Bringen Sie den Brief zur Post!"
   ...., **er solle** den Brief zur Post **bringen.**
5. Der Flugzeugführer gibt dem Bodenpersonal das Zeichen: "Nehmt die Bremsklötze weg!"
   ...., **sie sollten** die Bremsklötze wegnehmen.

C) *Der Konjunktiv in der Indirekten Rede (Dolaylı konuşmada Konjunktiv):*

A. Direkte Rede	B. Indirekte Rede
Der König sagte zu dem Müller:	Der König sagte zu dem Müller.
1."**Deine** Mühle stört **mich**"	dass seine Mühle ihn **störe**
	seine Mühle **störe ihn.**

2. "Ich **lebte** früher ruhiger." "Ich **habe** früher ruhiger **gelebt**." "Ich **hatte** früher ruhiger **gelebt**."	dass er früher ruhiger gelebt **habe**. er **habe** früher ruhiger gelebt.
3. "Ich **werde dir** die Mühle abkaufen."	dass **er ihm** die Mühle, abkaufen werde. **er werde ihm** die Mühle abkaufen.
4. "Verkaufe sie mir!"	dass er sie **ihm** verkaufen **solle** (möge). er solle sie ihm verkaufen. er möge sie ihm verkaufen.

D) Punkte in der indirekten Rede, die beachtet werden müssen (Indirekte Rede'de dikkat edilecek hususlar):

1. Indirekt ifade de geçmiş zaman için Imperfektin Konjunktivi hiç bir zaman olmaz. Ama, Perfekt veya Plusquamperfektin Konjunktivi olur.

2. Indirekt ifade fiillere göre kullanılır: erzählen, antworten, sagen, meinen, glauben denken, schreiben gibi (özellikle bu fiiller Imperfekt halinde ise: **Er erzählte, dass** ....

3. Bazen Konjunktiv bir güvensizliği, bir arzuyu ifade eden fiillere göre de kullanılır: man, hoffte (fürchtete, wünschte, vermutete, zweifelte), dass er gekommen sei, dass er bald kommen werde u.s.w.

4. Şahıs zamirlerinin ve mülkiyet zamirlerinin şekillerine dikkat ediniz!

direkt: "ich", "du", "mein", "dein" (erste oder zweite Person!) **Indirekt:** "es", "sein", "ihr" (dritte Person.)

Soru işareti (?), bir soru kelimesinin arkasında ve direkt sorunun arkasında bulunur: Wie heißen Sie? Wo wohnen Sie? Wie, bitte? Wo? Warum denn nicht?

2- B- Ich wollte wissen, wer gekommen sei.

- Ünlem işareti bir **nidanın** arkasında olur ve bir arzudan, bir emirden sonra gelir.

<u>Örnek:</u>

Ach! Welch ein Glück! Herr Ober, ein Helles! Einen Augenblick, bitte! Vorsicht an Züge!

- Indirekt cümlelerinde ünlem işareti değil, bilakis nokta bulunur.

<u>Örnek:</u>

Ich sagte, er solle warten oder morgen wieder kommen.

E) *Freiheit in der Wahl des Konjunktivs (Konjunktiv seciminde serbestlik):*

A. Direkte Rede:	B: Indirekte Rede:	
Mein Freund schrieb mir:	Mein Freund schrieb mir,	
1. Ich bin krank."	er sei krank:	Präs, oder
2. "Ich war beim Arzt."	er wäre krank.	: Imperfekt
"Ich bin beim Arzt gewesen"	er sei beim Arzt gewesen	: Perf, oder
"Ich war beim Arzt gewesen"	er wäre beim Arzt gewesen	: Plusqu:
3. "Ich werde bald abreisen."	er werde bald abreisen.	: Fut. oder
	er würde bald abreisen.	: 1. Konditional
4. a) "Meine Brüder kommen mit."	- seine Brüder kämen mit.	: Imperfekt
b) "Sie haben mich besucht."	- sie hätten ihn besucht	: Plusquampf.
c) "Sie werden mitkommen."	- sie würden mitkommen	: Konditional

Bilden Sie die Indirekte Rede! (Aşağıdaki cevapla karşılaştırınız!)

Herr KARA erzählt: "Wir **waren** im Sommer an der See, Das Wetter **war** meistens gut, nur zweimal **hat** es geregnet, Meine Frau **konnte** sich im Liegestuhl am Strand gut erholen. Ich **schwamm** sehr viel. Die Kinder **spielten** im Sand. Ömer **baute** eine Sandburg, und Suna **sammelte** Muscheln und bunte Steine. Wir **haben** eine Menge Phcotos gemacht, Wir **möchten** unsere Dias in der nächsten Woche vorführen. Wenn wir genug Geld **hätten**, **führen** wir gleich noch ainmal ans Meer. Nächtes Jahr **fahren** wir nach Italien. Die Kinder **wollen** sich bräunen lassen. Ich **freue** mich schon darauf. "

....
....
....
....
....
....

Cevap Anahtarı:

Herr KARA erzählt, sie seien im Sommer an der See **gewesen**. Das Wetter **sei** meistens gut **gewesen** nur zweimal **habe** es geregnet. **Seine** Frau **habe** sich im Liegestuhl am Strand gut **erholen können**. **Er sei** sehr viel **geschwommen**. Die Kinder **hätten** im Sand **gespielt**. Ömer **habe** eine Sandburg **gebaut**, und Suna **habe** Muscheln und bunte Steine **gesammelt**. **Sie hätten** eine Menge Photos gemacht. **Sie möchten** ihre Dias in der nächsten Woche vorführen. Wenn **sie** genug Geld **hätten**, **führen sie** nach Italien. Die Kinder **wollten** sich bräunen laßen. **Er freue sich** schon darauf!

Verwandeln Sie folgenden Bericht in die indirekte Rede!

Ein Journalist berichtet: (Aşağıdaki cevapla karşılaştırınız!)

1. Als ich den Unfallplatz erreichte, waren die beiden Autos in den Flammen
   ....
2. Ich habe einen Polizisten nach dem Unfall gefragt.
   ....
3. Ein Volkswagen fuhr in der Kreuzung gegen einen Mercedes.
   ....
4. Es waren fünf Leute im Volkswagen und zwei Leute im Mercedes.
   ....
5. Die Leute im Volkswagen sind schon gerettet.
   ....
6. Sie sind aus dem Volkswagen herausgeholt, aber alle waren schwer verletzt.
   ....
7. Die Verletzten werden dann ins Krankenhaus gebracht.
   ....
8. Es gibt auch 2 Verletzte im Mercedes.
   ....
9. Die können aber nicht gesehen werden, weil das Auto noch brennt.
   ....
10. Da kommt die Feuerwehr
    ....
11. Die beiden Jungen im Mercedes konnten auch herausgeholt werden, aber sie sind gestorben."
    ....

Cevap Anahtarı: Ein Journalist berichtet,

Als er den Unfallplatz erreicht habe, seien die beiden Autos in den Flammen gewesen. Er habe einen Polizisten nach dem Unfall gefragt. Ein Volkswagen sei in der Kreuzung gegen einen Mercedes gefahren. Es seien 5 Leute im Volkswagen und 2 Leute im Mercedes gewesen. Die Leute im Volkswagen seien schon gerettet. Sie seien aus dem Volkswagen herausgeholt, aber alle seien schnell verletzt gewesen. Die Verletzten würden dann ins Krankenhaus gebracht. Es gebe auch 2 Verletzte im Mercedes. Die könnten aber nicht gesehen werden, weil das Auto noch brennt. Da komme die Feuerwehr. Die beiden Jungen im Mercedes hätten auch herausgeholt werden können, aber sie seien gestorben.

Verwandeln sie die direkte Rede in die indirekte Rede mit dass u. ohne dass!

Örnek:

Der Ministerpräsident hat erklärt: "Ich werde morgen die Regierung bilden."

................, **er werde morgen die Regierung bilden.**

................, **dass er morgen die Regierung bilden werde.**

Verwandeln Sie folgenden Brief in die Indirekte Rede!
Mein Freund schreibt mir: (Aşağıdaki cevapla karşılaştırınız!)

1. Ich danke Dir für Deinen Brief.
2. Leider habe ich Dir keinen Brief schreiben können, weil ich keine Zeit hatte.
3. Wann wirst Du Deine Prüfung ablegen.
4. Kannst Du nach deiner Prüfung zu mir kommen?
5. Meine Eltern sind nach İzmir gefahren.
6. Warst Du schon einmal in İzmir?
7. Ich muß zu Haus bleiben und arbeiten.
8. Vor einer Woche wurde mein kleiner Bruder krank.
9. Aber zum Glück ist er wieder geheilt.
10. Wir wollen diesen Sommer nach Deutschland fahren.
11. Willst Du auch mitfahren?
12. Wenn Deine Eltern es Dir erlauben, fahr bitte mit uns!
13. Wir haben Platz im Auto.
14. Ich muß leider Schluß machen.
15. Schreib bitte schnell!

....
....
....
....
....
....
....
....

Cevap Anahtarı:

Mein Freund schreibt mir 1) Er danke mir für meinen Brief. 2) Leider habe er mir keinen Brief schreiben können, weil er keine Zeit gehabt habe. 3) Wann ich meine Prüfung ablegen würde. 4) Ob ich schon einmal nach meiner Prüfung zu ihm kommen könne. 5) Seine Eltern seien nach Izmir gefahren. 6) Ob ich schon einmal in Izmir gewesen sei. 7) Er müsse zu Haus bleiben und arbeiten. 8) Vor einer Woche sei sien Bruder krank. 9) Aber zum Glück sei er wieder geheilt. 10) Sie wollten diesen Sommer nach Deutschland fahren. 11) Ob ich auch mitfahren wolle. 12) Wenn meine Eltern es mir erlaubten, möge ich mit ihnen fahren. 13) Sie hätten Platz im Auto. 14) Er müsse leider Schluss machen. 17) Ich möge schnell schreiben.

direkt: Seid ihr gut nach Hause gekommen? Warum konntet ihr nicht etwas länger bleiben? Aber ihr müsst ja wieder arbeiten, und ich muß es auch. Ich habe mich über euren Besuch sehr gefreut. Hier bin ich jetzt sehr einsam. Deshalb besuche ich nächste Woche meine Schwester. Wenn das Wetter es zulässt, wollen wir etwas wandern. Wir nehmen Proviant mit und bleiben bis zum Abend im Freien. Schreibt bitte bald und lasst es euch gut gehen!

....
....
....
....
....
....

Cevap Anahtarı: indirekt: Er fragte an, ob wir gut nach Hause gekommen seien und warum wir nicht etwas länger hätten bleiben können. Aber wir müssten ja wieder arbeiten, und er müsse es auch. Er habe sich sehr über unseren Besuch gefreut. Dort sei er jetzt sehr einsam. Deshalb besuche er in der darauffolgenden Woche seine Schwester. Wenn das Wetter es zulasse, wollten sie etwas wandern. Sie nähmen Proviant mit und blieben bis zum Abend im Freien. Wir möchten bald schreiben und sollten es uns gut gehen lassen.

Verwandeln Sie in die indirekte Rede!

Der Vater sagt seinem Sohn:

1) "Ich war einmal Soldat. 2) Deine Mutter ging damals zu ihren Eltern. 3) Sie blieb dort 2 Jahre. 4) Als ich nach Hause zurückkam, hatten wir kein Geld. 5) Ich und deine Mutter mussten Geld verdienen. 6) Hast du alles verstanden? 7) Arbeite auch viel! 8) Mit wem lernst du Deutsch? 9) Wenn du niemand finden kannst, komm zu mir! 10) Wohin sind deine Brüder gegangen. 11) Ich blieb immer zu Haus und arbeitete, als ich ein Kind war. 12) Was willst du, einen Ausflug machen oder ins Kino gehen? 13) Sagt bitte mir! 14) Ich erlaube dir alles, was du willst."

....
....
....
....
....
....

Cevap Anahtarı: 1) Er sei....... gewesen 2) Seine Mutter sei .... gegangen - ...... 3) sei ...... geblieben 4) Als er ...... gekommen sei, hätten sie .... gehabt 5) Er und seine Mutter hätten .... müssen. 6) Ob er ...... habe 7) Er solle .... arbeiten 8) Mit wem er Deutsch lerne 9) Er solle zu ihm kommen, wenn er niemand finden könne 10) Wohin seine Brüder ...... seien 11) Er sei ...... geblieben und habe gearbeitet, als er ...... gewesen sei. 12) Was er Sonntag machen wolle - Ob er ...... wolle 13) Er möge ihm sagen 14) Er erlaube ...., was er wolle.

PARTIKEL (İlgeçler):

UND: Aşağıdaki anlamları verir:

1- ve "Ich bin der Ahmet Yılmaz **und** freue mich ihre Bekanntschaft zu machen."
   Ben Ahmet Yılmaz'ım **ve** sizle tanıştığıma memnun oldum.
2- ...... (ye) le/la/ile "Hans **und** Inge suchen **Knechte** aus."
   – Hans'**la** Inge işçi arıyorlar.
3- **de/da (auch: auch)** "Und Sie haben wohl gehört, ..."
   – Siz **de** .... duymuşsunuzdur.
4- **ya!** "Ich will nicht, **und** du?
   – Ben istemiyorum, **ya** sen?
5- **als Überleitung: eki (auch: gut, in Ordnung)**
   "**Und** wo kommst du jetzt her?" (Peki şimdi nereden geliyorsun?)
6- **kann entfallen**, z.B. "Ich esse mein Butterbrot **und** schlafe ein bisschen." (Ekmeğimi yer biraz uyurum.)

MIT: Aşağıdaki anlamları verir:

1- ..... le/la/ile "Ich möchte mich **mit** dir verloben.'"
   – **Seninle** nişanlanmak istiyorum.
2- ..... li "Der Mann **mit** der Brille geht mir auf die Nerven."
   – **Gözlüklü** adam sinirime dokunuyor.
3- .... Poss. Endung. 3. Pers. + **olan** "Es ist ein Berg **mit** einem Weg."
   – Yolu **olan** bir dağdır.

dass: Aşağıdaki anlamları verir:

1- Die Nebensätze, die durch dass eingeleitet werden im Türkischen durch **Normalisierung** wiedergegeben.

Eine Seltenere, Ausweichmöglichkeit sind untergeordnete Sätze, die durch **ki** eingeleitet werden. **ki** ist als Konjuktion anzusehen. "Oya .... hat sich so aufgeregt, **dass** sie sich ihre Perlenkette zerrissen hat." (Oya kolyesini kopartacak kadar heyecanlandı.) (Oya o kadar heyecanlandı ki kolyesini koparttı.)

2- **diğini**, ... **dığını**: "Du hast verstehen müssen, dass sein Gespräch ohne Sinn war."

So: Aşağıdaki anlamları verir.

1. **şöyle/böyle/öyle**   "Wenn ich so essen würde,..."
   - Ben böyle yemek yesem

2. **(şu/bu/o) kadar**   "Ich weiss überhaupt nicht, weshalb er sich **so** streng verhält . (Niye **o kadar** sert davrandığını bilmiyorum.)

3. **....kadar (=so... wie)**   "Ayşe ist so schön **wie** Nilüfer:
   "Ayşe Nilüfer **kadar** güzeldir.

4. **........ gibi** "Er spricht **so** schnell wie ich."
   - Benim gibi hızlı konuşuyor.

auch: (Aşağıdaki anlamları verir.)

1. **de/dahi (seltener, auch: sogar)** "Ich **auch**" (Ben de.)

für: Aşağıdaki anlamları verir:

I. **Dat. Endung.**   "Ein paar Krebse **für** morgen..."
   " yarına birkaç tane yengeç..."

2. **için** "Für mich?" (Benim için mi?)

3. **Bei Verben,** Adjektiven und Substantiven mit präpositionalem Objekt Wiedergabe im Türkischen durch Kasus oder Postposition:
"Ich bin verantwortlich für die Zukunft meiner Familie."
(Ailemin geleceğinden ben sorumluyum.)

man: Gizli özne, edilgen anlam verir.

"**Man** grup **den** Frieden hier wie die Menschen."
- Barış burada insanlar gibi toprağa gömüldü.

aber: Aşağıdaki anlamları verir.

1. **fakat/ama/oysa**   "Ich gehe **aber** du bleibst."
   -Ben gidiyorum, **fakat sen** kalıyorsun.

2. Wir spielen nicht, **aber** die Kinder spielen Fussball. "
   -Biz oynamıyoruz, **ama** çocuklar futbol oynuyorlar.

durch: Aşağıdaki anlamları verir.

1. **Abl. (-den)**   Wir gingen zu Fuss **durch** Finnland..."
   - Yürüyerek Finlandiya'**dan** geçtik.

2. **(mittels)** vasıtasıyla / yoluyla/sayesinde
   Ich habe dich **durch** sie kennengelernt.
   (Seni onun vasıtasıyla tanıdım.)

3. **(Wegen) yüz-Possessiv Endg ausschreiben.** - den "**Durch** Ihre Schuld haben wir uns verspätet." (Sizin yüzünüzden geciktik.)

4. **ara-Poss. Endung.- dan/orta - Poss. Endg. -dan.**

"Er ist auf dem Pferd **durch** die Stadt geritten."
- Atla şehrin **ortasından** geçti.

NUR: Aşağıdaki anlamları verir.
---

1. **Im Sinne von aber:** "Er hat eine Villa; dagegen habe wir **nur** eine Baracke." (Onun villası var, **buna karşın** bizim barakamız.)

2. **Sırf/sadece/ancak/yalnız:** "**Nur** deswegen fahre ich nicht mit ihm." (**Yalnız** bu yüzden onunla gitmiyorum.)

NOCH: Aşağıdaki anlamları verir.
---

1. **henüz/daha (temporaler Aspekt)** "Ich bin **noch** gar nicht hungrig." (Henüz aç değilim.)
2. **hâlâ:** "Er schläft immer **noch**." (Hâlâ uyuyor.)
3. **daha:** "Wass soll er **noch** tun." (**Daha** ne yapmalı.)
4. **kann entfallen** "... und wer die anderen sind, bringe ich noch heraus." (...... öbürlerinin kim olduğunu **da** çıkartacağım.)
5. **(Weder....noch) ne....ne** "**Weder** in Konya, **noch in** Istanbul..."
   - Ne Konya da **ne** Istanbulda.

ODER: Aşağıdaki anlamları verir:
---

1. **veya/ya da** "Du darfst zwei kleine Nüsse **oder** eine grosse Nuss nehmen." (İki küçük **veya** bir büyük ceviz alabilirsin.)
2. **Yoksa** "Ist ein Wald etwa...**nur** Holz? Oder ist er eine grüne Menschenfreude?
   - .... **yoksa** insanları sevindiren bir yeşillik mi?
3. **(entweder)........ oder)** "Gülfer ist **entweder** krank **oder sie** hat sich verspätet.
   ya... ya (da) (Gülfer **ya hasta ya da** gecikti.)
4. **mi.... mi** "Eine Flasche **oder** zwei?" (Bir şişe **mi**, iki şişe **mi?**)

UM: Aşağıdaki anlamları verir.
---

1. **... de (Bei Angabe für Uhrzeit)** "**Um** 3 Uhr beginnt das Spiel."
   - Oyun saat **üçte** başlıyor.
2. **.... etrafında** "Die Erde dreht sich **um** die Sonne."
   - Dünya güneşin **etrafında** dönüyor.
3. **....... civarında** (in der Umgebung) "Savaş wohnt irgendwo **um** Konya" (Savaş Konya **civarında** bir yerde oturuyor.)

4. **Köşeyi dönmek** (um die Ecke biegen (gehen/fahren)

5. Die ungefähre Zeitangabe kann im Türkischen in der **Plural**endung-mit **ler** ausgedrückt werden. Sie kann auch anders umschrieben werden, z.B. durch Adverbien.

"**Um** das Jahr Zweitausend wird die Welt untergehen."
- 2000 yıllarında dünya batacakmış.

DA: Aşağıdaki anlamları verir.
---

1. **İşte (eben/sieh an..)** "**Da** sind wir!" (İşte geldik.)
2. **orada/burada (lokal)** "**Da** ist jemand, der uns Auskunft geben kann." (**Orada** bize bilgi verecek biri var.)
3. **O sırada/ o anda (temporal)** "Ich schrieb, **da** klingelte es."
   "Yazıyordum, **o sırada** kapı çalındı.

DOCH: Aşağıdaki anlamları verir:
---

1. **evet/hayır/yok** (Als Antwort auf negierte Fragen.)
   "Gehst du nicht in die Schule?" **Doch**, ich gehe in die Schule.
   (Tabii ki, okula gidiyorum.)
2. **Buna rağmen/yine de (trotzdem.)**
   "Neulich habe ich **doch** eine Zigarette geraucht."
   (Geçenlerde **buna rağmen bir** sigara içtim.)
3. ...... **ya** (Verstärkung der Aussage.)
   "Aber wenn er besoffen ist, macht er **doch** keine Kontakte."
   (Ama sarhoşken kontrat yapmaz....)

MEHR: Aşağıdaki anlamları verir:
---

1. **artık** "So jetzt kann's keiner **mehr** bestreiten."
   (İşte, şimdi artık kimse yalanlıyamaz.)
2. **daha/daha çok/ fazla** "Er hat **mehr** Bücher als ich."
   (Benden daha çok kitabı var.)
3. Diese Party ist **mehr** zur Erinnerung der alten Tage gewesen."
   (Bu parti **daha** çok eski günlerin hatırası oldu.)

NUN: Şimdi anlamında kullanılır.

"Nun habe ich keine Zeit." (Şimdi vaktim yok.)

SELBST: Bile/dahi/hatta "Er schlief **selbst** im Theater."

(Tiyatro-da **bile** uyudu.)

SCHON: Aşağıdaki anlamları verir

1. **bile** (auch=sogar) "**schon** ihre Existenz regte mich auf."
   (Varlığı bile beni sinirlendirdi.)
2. **artık** "Es ist **schon** abend geworden. (**Artık** akşam oldu.)
3. **oldukça (auch=ziemlich)** "Es ist **schon** kühl."
   (Hava **oldukça** serin.)
4. **Hakikaten** "Sie ist **schon** sehr intelligent, aber..."
   (Hakikaten çok zeki, ama....)

WIEDER: Yeniden/tekrar/gene/yine/bir daha.

"Er ist **wieder** da." (Tekrar geldi.)

GEGEN: Karşı/doğru "Wir kommen **gegen** Abend."

(Akşama **doğru** geliriz.)

GANZ: Aşağıdaki anlamları verir:

1. **bütün** "Muhammet Ali ist der grösste Boxer in der **ganzen** Welt."
   (Muhammet Ali **bütün** dünyanın en büyük boksörüdür)
2. **çok** "Yeşim, da bin ich **ganz** sicher..."
   (Yeşim, bundan **çok** eminim.)
3. **tam** "Sie ist **ganz** pünktlich gekommen." (Tam vaktinde geldi.)
4. **en** "Er wohnt **ganz** oben." (En yukarıda oturuyor.)
5. **tamamen** "Wir haben es **ganz** vergessen." (Tamamen unuttuk.)

OHNE: Siz,- Sız

"**Ohne** dich kann ich es nicht schaffen."
(Sen olmadan başaramam.)
"Die Wunde ist **fast** verheilt." (Yara hemen hemen iyileşti.)"

AUSDRÜCKE DER VERMUTUNG
(Tahmin İfadesi):

Eğer almanca olarak bir tahmini ifade etmek isterseniz aşağıdaki cümle örnekleriyle tahmini bir ifade edebilirsiniz.

a)	Es kann sein Es ist möglich Es ist anzunehmen Es steht zu vermuten	**dass** der Brief heute **ankommt**. (Mektubun bugün geleceği mümkün olabilir)
b)	**Vermutlich** **Wahrscheinlich**	kommt der Brief heute an. (Tahminen-muhtemelen olarak-mektup bugün gelir)
c)	Dein neuer Kollege ist **schätzungsweise** 30 Jahre alt. (Senin, yeni arkadaşın tahminen 30 yaşında.)	
	Ich **schätze** Ich **denke**	dass dein Kollege etwa 30 Jahre alt ist.
d)	Dein Kollege **dürfe** etwa 30 Jahre alt sein. "**Wohl**" kelimesiyle kuvvetlendirilen "**werden**" ve "**müssen**" fiilleride aynı anlamı verebilir. Der Brief **muß (wohl)** heute ankommen. Der Brief **wird (wohl)** heute ankommen.	
e)	Eğer "**dürfen**" fiilini Konjunktivte kullanırsak tahminimiz hemen hemen nezaket şeklinde ifade etmek istediğiniz kesin bir bilgidir. "Dies ist ein Irrtum" "Dies dürfte ein Irrtum Ihrerseits sein" (daha çok nezaket)	
f)	"**sollen**" fiili de bir tahmin ifadesi verir, fakat bu tahmin diğer bir kanaata, fikre veya ifadeye dayanır: <u>Er soll sehr krank sein</u> (Ich habe gehört, dass er sehr krank ist.) (O çok hasta olmalı). <u>Er soll gestern angekommen sein.</u> (Ich habe gehört, dass er gestern angekommen ist.) O dün gelmiş olmalı.	

Äussern Sie Ihre Vermutung durch "werden" oder "müssen!"

1. Es hat stark geregnet. ....
2. Das ist ein Irrtum. ....
3. Du hast deine Brille verloren. ....
4. Er ist nicht zu Hause. ....
5. Er hat dich nicht erkannt. ....
6. Dieser Film ist sehr spannend. ....

Äussern Sie Ihre Vermutung durch "sollen!"

1. Diese Sprache ist schwer zu erlernen. ....
2. Er ist ein sehr tüchtiger Arzt. ....
3. Bursa ist eine sehr hübsche Stadt. ....
4. Er hält sich gegenwärtig in Frankfurt auf. ....
5. Sie liegt schon seit drei Wochen im Krankenhaus. ....

Äussern Sie Ihre Vermutung durch den Konjunktiv von "dürfen!"

1. Hasan hat, wie immer, zu viel getrunken. ....
2. Die Sache ist damit erledigt. ....
3. Das ist doch kein Grund! ....
4. Das ist wohl übertrieben. ....
5. Das ist ihm zu teuer gewesen. ....

Drücken Sie bei den folgenden Sätzen Ihre Vermutung mit Hilfe von "dürfen" aus!

a) **Ich schätze,** dass wir in einer Stunde in Antalya sind.
   Wir **dürfen** in einer Stunde in Antalya **sein.**

b) **Wenn ich richtig vermute,** ist der Zug jetzt in Konya.
   Der Zug **dürfte** jetzt in Konya sein.

g) Wahrscheinlichkeit, Vermutung oder Annahme:

1. **Wahrscheinlichkeit (vermutlich/sicher)** ist mein Brief inzwischen angekommen.
2. **Ich nehme an,**
   Ich vermute, dass mein Brief inzwischen angekommen ist.
3. Inzwischen **wird** mein Brief **wohl** angekommen sein.
4. Inzwischen **dürfte** mein Brief angekommen sein.

5. Mein Brief **scheint** inzwischen angekommen **zu** sein.
Örnek:
a) Das Kind **scheint** grossen Hunger **zu** haben.
Das Kind hat **vermutlich** grossen Hunger.
b) Warum nur Vater nicht schreibt? Er **wird wohl** keine Zeit haben.
Wir nehmen an, dass er keine Zeit hat.

A) *Möglichkeit (Olabilirlik ifadeleri):*
a) **Ich halte es durchaus für möglich,** dass Nevin schon 22 Jahre alt ist.
(Nevin **kann (durchaus)** schon 22 Jahre alt **sein.**)
b) Er ist verreist. **Ich halte es nicht für möglich,** dass Herr BULUT heute zu uns kommt.
Herr KONAK **kann** heute gar **nicht** zu uns **kommen.** Er ist verreist.
c) **Ich halte es nicht für möglich,** (Ich halte es kaum für möglich.) dass die Nachbarn uns gehört haben. Wir waren sehr leise.
- Die Nachbarn **können** uns nicht gehört haben.)
(Komşularımız bizi duymamış olabilirler.)

B) *Ausdruck der Freude (Sevinc bildiren ifadeler):*
a) Wir **freuen uns,** dass es dem Patienten wieder besser geht.
Wir **sind froh** (Hastanın tekrar iyileştiğine seviniyoruz.)
b) **Gott sei Dank** geht es dem Patienten wieder besser.
(Allah'a çok şükür ki hasta tekrar sağlığına kavuştu.)
c) **Wir freuen uns,** Ihnen eine positive Nachricht geben **zu** können.
(Size olumlu bir haber verebileceğimize seviniyoruz.)
d) **Erfreulicherweise** hat die Firma unser Angebot angenommen.
Die Firma hat unser Angebot **erfreulicherweise** angenommen.
(Çok şükür firma bizim teklifimizi kabul etti.)
erfreuliche Nachricht: Müjde.

C) *Ausdruck des Bedauerns (Üzüntü bildiren ifadeler):*
a) **Es tut mir leid,** dass ich dir nicht helfen kann.
(Sana yardım edemediğime üzgünüm.)
Es tut uns leid, euch nicht helfen zu können.
(Size yardım edemediğimize üzgünüz.)

b) **Leider** kann ich dir nicht helfen. (Maalesef sana yardım edemem.)
    Wir können euch **leider** nicht helfen.(Size maalesef yardım edemiyoruz.)
c) **Wir bedauern sehr.**
    Ihnen kein günstigeres Angebot machen zu können.
    dass wir Ihnen kein günstigeres Angebot machen können.
d) **Zu unserem (größten) Bedauern,**
    Unglücklicherweise, ... ist es möglich,................
    Bedauerlicherweise, (Ne yazık ki bu imkansız,................)
    Leider)

Örnek:
a) Freude: Die bestellten Waren sind pünktlich eingetroffen.
    (Die bestellten Waren sind **erfreulicherweise** pünktlich eingetroffen.)
b) Bedauern: Der Direktor **kann** die Gäste **nicht** pesönlich begrüssen.
    (Er kann die Gäste **leider/bedauerlicherweise** nicht persönlich begrüssen.)

D) *Hoffnung oder Erwartung (Ümit veya beklenti):*
a) **Hoffentlich** hast du dir bei dem Sturz nicht wehgetan!
    (Düşünce inşaallah bir yerin acımamıştır.)
    Du hast dir **hoffentlich** bei dem Sturz nicht wehgetan
b) **Ich hoffe (sehr),** das morgen das Wetter besser wird.
    (Havanın yarın daha güzel olacağını ümit ediyorum).
c) Die Regierung hofft ⎫ dass die Preise **stabil** bleiben werden.
    Die Regierung hat die Hoffnung ⎬ (Devlet fiatlarının değişmeyeceğini
    Die Regierung ist zu versichtlich ⎭ ümit ediyor)
    Man hofft, die Preise senken zu können.
    (Fiatların düşürülmesi ümit ediliyor)
A - Wann ist denn!

Bedauern, Freude, Hoffnung auszudrücken!
a. Wann ist denn der Unfall passiert?
b. Als ich vom Konzert nach Hause fuhr. Die Strasse war nass, und der Wagen kam 1 .... ins Rutschen.
a. Du warst doch 2...................... angeschnallt.
b. Ja, deshalb ist mir 3 .... auch nicht viel passiert. .... Aber du bist 5........................... nicht verletzt.
    Das ist die Hauptsache!

Cevap Anahtarı: 1. unglücklicherweise 2. hoffentlich 3. Glücklicherweise 4. Das tut mir sehr leid. 5. Gott sei Dank.

Setzen Sie in den Geschäftsbrief die folgenden Ausdrücke an die richtigen Stellen ein und machen Sie ihn dadurch verbindlicher!

Sehr geehrter Herr Kramer!

a - .... können wir die von Ihnen bestellte Ware nicht vor dem 1. August liefern, da unsere Zulieferfirma. b-.................... Terminschwierigkeiten hatte. Aber c- ...., dass wir Ihnen zum Herbst weitere günstige Angebote machen können und d- ...., dass Sie darunter etwas Passendes finden werden. e-...................., bald wieder von Ihnen zu hören, verbleiben wir mit freundlichen Grüssen.

Cevap Anahtarı: a) Zu unserem grössten Bedauern. b) leider c) wir freuen uns d) hoffen, e) In der Hoffnung.

E) <u>Gute Wünsche (İyi dilekler.):</u>

Guten Tag (Ich wünsche Ihnen einen guten Tag.)

Guten Appetit ! Alles Gute ! Herzlichen Glückwunsch (zum Geburtstag, zur Hochzeit.)

Viel Glück!	(Mutluluklar)
Gute Besserung !	Geçmiş olsun
Guten Erfolg! Viel Erfolg, gute Leistung!	(Başarılar)
Gute Reise ! Gute Fahrt!	(İyi yolculuklar!)
Viel Vergnügen! viel Spass!	(İyi eğlenceler)

F) <u>Entschuldigung (Af dileme, özür dileme):</u>

a) **Entschuldigung (Verzeihung),** Wie komme ich am besten zum Hauptbahnhof? (Affedersiniz merkez istasyona nasıl gidebilirim?)
Entschuldigen Sie (Verzeihen Sie), dürfte ich mal einen Blick in Ihre Zeitung werfen? (Affedersiniz gazetenize bir göz atabilirmiyim.)

b) Entschuldigen Sie mich! (Entschuldigen Sie meine Abwesenheit!)
Ich muß leider vorzeitig nach Hause gehen, entschuldigen Sie mich bitte!
Wo ist Yılmaz? Er hat sich entschuldigt. Er kann nicht kommen.

c) Bitte, verzeihen Sie mir! (ein ernsthafterer Anlass liegt vor.)
Ich wollte dir nicht wehtun, bitte verzeih mir!
(Seni üzmek istemedim, ne olur beni affet!)

d) Ich muß für meine Verspätung **um Entschuldigung bitten.**
(Geç kaldığım için sizden özür dilerim.)

G) **_Höfliche Fragen und Bitten (Nezaket soruları ve ricalar):_**

a) **Hätten** Sie eine Stunde Zeit für mich?
   (Bir saatinizi bana ayırabilirmiydiniz?)

b) Ich **hätte** mich **gerne** einmal mit Ihnen unterhalten.
   (Sizinle seve seve sohbet etmek isterdim)
   Ich hätte gern- 20 Zigaretten/
   ein Zimmer mit Dusche.

c) **Wären Sie so gut,** ⎫ mir aus der Stadt, eine Zeitung
   Wären Sie so freundlich, ⎭ mitzubringen

d) **Könnten** wir uns heute abend treffen?

e) **Würden** Sie **bitte** die Tür schliessen? (Kapıyı kapatabilirmiydiniz!)

f) **Darf (Dürfte)** Ich hier rauchen?

g) Fräulein Müller hat gesagt, Sie **möchten (du möchtest)** mal ans Telefon kommen.

h) **Macht es Ihnen etwas aus,** sich hier hinzusetzen?
   (Buraya oturulmasının bir mahsuru var mı?)

ı) **Hätten Sie etwas dagegen,** wenn ich das Fenster öffne?
   (Pencereyi açarsam bana kızarmısınız?)

Antworten auf höfliche Fragen und Bitten (Nezaket sorularına cevaplar)

Positiv: Bitte (Bitte Sehr)   **mit Vergnügen**
         Selbstverständlich   **Ich habe nichts dagegen.**
         Natürlich   **Es macht mir nicht aus.**
         Gern (sehr gern)

Negativ: Es tut mir leid.   **Es geht leider nicht.**
         Es ist leider   **Ich kann Ihnen leider nicht helfen.**
         nicht möglich.

Erwiderung auf Danksagungen: (Teşekkür ifadelerine cevaplar):
Bitte - Gern geschehen - Nichts zu danken.

H) **_Rat-Empfehlung (Tavsiye ifadeleri):_**

a) **Der Arzt rät mir** ⎫ eine Kur zu machen.
   Der Arzt gab mir den Rat ⎭
   (Doktor rejim yapmamı tavsiye ediyor)

b) Ich **sollte (ein) mal** eine Kur machen.

c) Machen Sie mal eine Kur!

Örnekler:

a) Der alte Herr raucht zu viel. - Der Arzt............
Der Arzt **sollte** ihm das Rauchen untersagen.

b) Er zieht sich wärmer an, Seine Mutter............
(Seine Mutter **rät** ihm, sich wärmer anzuziehen.)

I) **_Gewohnheit-Wiederholung (Alışkanlık, tekrar ifadeleri):_**

a) Mein Vater schläft gern (oft/häufig/gewöhnlich/meistens/immer) nach dem Mittagessen. (Babam öğleden sonra ekseriya uyur.)

b) Mein Vater **pflegt** nach dem Essen zu schlafen.

c) Mein Vater **ist gewöhnt (hat die Gewohnheit)** nach dem Mittagessen zu schlafen.
(Babamın öğle yemeğinden sonraları uyuma alışkanlığı var.)

J) **_Tendenz-Neigung (Eğilim ifadeleri):_**

a) Um diese Jahreszeit regnet es hier.
(Bu mevsimde burada yağmur yağar)

b) Briefträger werden **gern** von Hunden gebissen. (gern bezieht sich hier nicht auf Briefträger, sondern auf die Gewohnheit der Hunde.)

c) Milch brennt **gern** an.
(Im Urlaub fährt Ercan **meistens** in die Berge.)

K) **_Zweifel-Unsicherheit (Şüphe, emin olmama ifadeleri):_**

a) **Es ist unwahrscheinlich**
   Es ist wenig wahrscheinlich
   Es ist zweifelhaft
   Ich glaube nicht   } dass Ihre Behauptung zutrifft.
   Ich zweifle daran
   Ich bezweifle

(Sizin iddianızın gerçekleşeceği şüpheli.)

b) Ihre Behauptung trifft **wohl kaum** zu.
(Ihre Behauptung **wird wohl kaum** zutreffen.)

c) Ihre Behauptung **kann nicht** zutreffen.

d) Der Zeuge **will** einen Schuss gehört haben.
(Er behauptet, einen Schuss gehört zu haben.)

Drücken Sie in folgenden Sätzen Ihren Zweifel aus!

a) Das Kind sagt die Wahrheit. (Das Kind **wird wohl kaum** die Wahrheit sagen)

b) Die Reise ist sehr billig. (Die Reise **kann nicht** sehr billig sein.)

L) *Befürchtung (Korku bildiren ifadeler.):*

a) Regnet es etwa? - (Yağmur mu yağıyor?)

b) Es regnet **doch nicht etwa?** (Yağmur yağmıyor ya?)

Es wird doch nicht **etwa** regnen? (Yağmur yağmayacak değil mi?

c) Habe ich dich etwa beleidigt? (Yoksa seni kırdım mı?)

Ich werde dich doch **nicht etwa** beleidigt haben?

d) Willst du **etwa** alles Geld ausgeben? (Yoksa bütün paranı harcayacak mısın?)

Örnekler:

a) Ihr Zug ist schon abgefahren.

(Ist Ihr Zug **etwa** schon abgefahren?)

b) Du machst dieses Jahr wieder keinen Urlaub.

(Machst du dieses Jahr etwa wieder keinen Urlaub?)

M) *Erstaunen-Überraschung (Sasırma ve sürpriz ifadeleri):*

a) Da kommt er **ja**! - İşte oradan geliyor ya!

Du hast **ja** ein neues Kleid! - Yeni bir elbisen var ya!

Örnek:

ein neues Hotel, das in dieser Strasse gebaut worden ist.

Das ist **ja** ein neues Hotel!

b) Er ist ja **doch** gekommen! (Ich hätte es nicht erwartet.)

Du hast also die teure Reise **doch** gemacht.

N) *Schlussfolgerungen*

a) So wie es jetzt aussieht, wird das Wetter morgen besser.

(Das Wetter **scheint** morgen besser **zu** werden.)

b) So wie es jetzt aussieht, sind unsere Bekannten jetzt nicht zu Hause.

(Unsere Bekannten **scheinen** nicht zu Hause **zu** sein.

O) _Füllwörter_

Also : Böylece, yani, o halde "**Also** mit dem Wetter hatten wir ja Glück, aber......

Nämlich : Zira, çünkü "Ich kann heute nachmittag nicht zu dir kommen, ich muß **nämlich** zum Arzt.

Eben(genau) : dediğim gibi "Der Motor ist **eben** zu alt; Sie müssen einen Austausch Motor haben."

Sowieso: Zaten, esasen "Ich kann dir deine Zigaretten mitbringen, ich muß **sowieso** einkaufen gehen."

Praktisch: Pratik, tatbiki "Es ist **praktisch** unmöglich, dieses Spiel zu verlieren.

Gewissermassen (sozusagen): adeta, sanki bir dereceye kadar.

"Es ist **sozusagen** meine Pflicht, ihm zu helfen.

"Ich bin **gewissermassen** verpflichtet, ihm zu helfen.

Irgendwie: Herhangi bir surette, nasıl olursa olsun:

"Ich muß sehen, dass ich **irgendwie** hier hinauskomme."

Der Film hat mir **irgendwie** gut gefallen.

Helfen Sie mir, wenn es **irgendwie** möglich ist!

SATZLEHRE (SYNTAX) (Cümle Kuruluşları):

A) *Satzverbindung (Cümlelerin sıralanısı):*
Bildung und Arten der Satzverbindung:

---
1. Anreihung (Sıralanış):

Bu gruptaki cümlelerin herbiri eşit ifadeyi belirtir:
- Akşam oluyor ve askerler marş söyleyerek evlerine dönüyorlar.
(Es wird Abend **und** die Soldaten kehren Militärmarsch singend heim.)

Beyin kahvesini ve kahvemi pişirip getirirsin.
(Du kochst den Kaffee des Herrn **und** meinen Kaffee **und** bringst ihn.)

Babam ile annem bu akşam dönecekler.
(Mein Vater **und** meine Mutter werden heute Abend zurückkehren.)

Ne tuhaf adamsınız, koca sakalımla benim sözüme inanmıyorsunuz.
(Was sind Sie für ein sonderbarer Mensch, meinem grossen Bart **und** meinem Wort glauben Sie nicht.)

Her işte çalışmak ile düşünmek beraber yürümeli.
(Bei jedem Tun müssen Arbeiten **und** Nachdenken zusammengehen.)

und, und dann: de (da) anlamı verir:
Bu mektubu al da oku! (**Nimm diesen Brief und lies!**)
Anlatayım da bakın! (**Ich werde erzählen und dann schaut!**)
Dünyada insanların çok derdi varmış, iyi haberlerde ne kadar azdır.
(Viel Schmerz der Menschen gibt es doch auf der Welt **und** wie wenig gute Nachrichten.)
Karanlıkta ay sahillerin üstünde parlıyordu, sonra da aydınlığı aşağıya iniyor denizin bir kısmını kaplıyordu.
(In der Dunkelheit glänzte der Mond über den Küsten **und dann** stieg sein Licht herab und überzog einen Teil des Meeres.)

Bu gruba giren bağ kelimeleri şunlardır: **und, auch, und auch, eben, so auch, so auch, wie, sowie, ausserdem, zudem, überdies, ja, weiter, hernach, zuletzt, endlich, erstens, zweitens, desgleichen, ebenfalls, gleichfalls, sowohl, wie auch, weder noch, nicht nur,** sondern auch, bald ...bald, teils... teils, erst ... dann, zudem, sogar, überdies, selbst, insbesondere, ja sogar, dann, ferner, sowohl, als auch, halb... halb, zum einen.. zum anderen, sowohl, als darauf, weiter, später, schliesslich, letzlich, weder..., noch, noch.

Örnek Cümleler:

1. Bu memur annesinin ihtiyacını temin etmiyor mu?Ettiğide var etmediği de var.
   (Sichert nicht dieser Beamte die Bedürfnisse seiner Mutter? Es gibt **sowohl** solche, die er sichert,**als auch** solche, die er nicht sichert.)

2. **Gerek (hem)** kaptanın **gerek (hem de)** tayfaların hepsinin kurtulduğu anlaşılmıştır.
   (Es wurde in Erfahrung gebracht, dass **sowohl** der Kapitän **als auch** jeder der Matrosen gerettet worden ist.)

3. Bu fabrikatör daima daha fazla para kazanmaya, hem çalıştırdığı adamlara hem de doğduğu memlekete faydalı olmaya uğraşır. (Dieser Fabrikant bemüht sich, immer mehr Geld zu verdienen und **sowohl** den **Menschen**, die arbeiten lässt, **als auch** dem Land, wo er geboren ist, nützlich zu sein.

4. Babamız cimri değildir **ama** müsrifliğide sevmez.
   (Unser Vater ist nicht geizig, **aber** er liebt auch nicht die **Verschwendung**.)

5. Bu fabrikatör az **fakat** işe yarar işçi kullanırdı.
   (Dieser Fabrikant pflegte wenige, **aber** zur Arbeit geeignete Arbeiter zu verwenden.)

6. Zengin sahibimin evinde bir şeyciğim eksik değil, lakin o bir ihmalimi görür ise iyi bilmiyorum ki beni derhal kapı dışarı eder.
   (Im Hause meines reichen Herrn fehlt mir nicht das Geringste **aber** wenn er eine Nachlässigkeit von mir sehen wird, so weiss ich (sehr) wohl, dass er mich sofort zur Tür hinauswerfen wird.)

7. Onunla görüşmek istedim ama fırsatını bulamadım.
   (Ich wollte mit ihm sprechen, **aber** ich konnte die Gelegenheit dazu nicht finden.)

8. İstasyondan köprüye kadar dolaştım, **ne** soluma **ne** sağıma bakıyordum.
   (Ich bin vom Bahnhof bis zur Brücke gelaufen (und) habe **weder** nach links **noch** nach rechts geschaut.)

9. Ev cayır cayır yanıyordu, nihayet itfaiye geldi.
   (Das Haus brannte lichterloh, **endlich** kam die Feuerwehr.)

10. O bana gerçi söz verdi, **ama** bunu daha sonra yapmadı.
    (Er hat es mir zwar versprochen, **aber** er hat es dann doch nicht getan.) Der alte Mann ist arm, **aber** glücklich/Der Arme, **aber** glückliche Mann. Das Haus ist **nicht** modern, **aber** doch schön.

11. **doch:** Bununla beraber.
    Wir haben sehr viel zu tun, **doch** macht uns die Arbeit Spass.

12. **ebenso:** Aynı suretle.
    Der Proffessor spricht mehrere europäische Sprachen, **ebenso** kennte er einige afrikanische Sprachen.

13. **Einerseits.... andererseits:** Bir taraftan..... diğer taraftan.
    Er weiss nicht, was er will. **Einerseits** will er zu Hause bleiben, **andererseits** möchte er auch mit uns kommen.

14. **Sowie: (auch):** gibi de:
    Mein Freund, **sowie auch** mein Bruder studieren in Deutschland.

15. **teils.... teils (zum Teil):** Biraz..... biraz da
    Teils will er sein Haus verkaufen, **teils** will er es aber auch behalten.

16. **Überdies:** bir de, ayrıca:
    Wir hatten am Sonntag keine Lust, zum Fussballspiel zu gehen.
    Überdies war auch das Wetter schlecht.

17. **Zwar.... aber:** Gerçi ... ama:
    Es fährt **zwar** ein Bus dorthin, **aber** ich gehe lieber zu Fuss.

18. **Bald... bald:** Bazen..... bazen de (kah....... kah)
    Er fährt bald **nach** Antalya, **bald** nach Berlin.
    Bald kommt er, **bald** sein Bruder. (Bazen o, bazende kardeşi gelir.)
    Bald schreibt sie mir einen Brief, **bald** telefoniert sie mit mir.
    Bald fährt er mit dem Auto, **bald** fliegt er mit dem Flugzeug.

19. **nicht nur..... sondern auch:** değil de...... bilakis de.....
    Der zu vermittelnde Stoff wird **nicht nur** umfangreicher, **sondern auch** komplizierter.

20. **selbst (sogar):** Hatta bile.
    Die Arbeit war zu schwer für uns, **selbst (sogar)** für Peter, der der Stärkste von uns ist.

21. **und auch:** ve de
    Hans ist mit deinem Plan einverstanden, **und auch** wir stimmen ihm zu.

22. **Teils...... teils:** Kısmen..... kısmen.

Teils will er sein Haus verkaufen, **teils** will er es aber auch behalten. So steht es in den Lesebüchern, **teils** ausgesprochen und deutlich, **teils** unausgesprochen zwischen allen Zeilen.

> Bu gruba giren örnek cümleleri Türkçe'ye çeviriniz!

a) Ich habe den Präsidenten **nicht nur** gesehen, **sondern** er hat **auch** ausführlich mit mir gesprochen. Sie hatte keine Lust zu bleiben, **(und) ebenso** ging es **auch** mir. Der junge Schiller verkehrte oft im Hause des Pfarrers Moser, **und dort** fand er seinen ersten Unterricht **und** seine erste Freundschaft.

....
....
....
....

b) Es war schon spät, **(und) ausserdem** wurde es kalt. Er hat seine Krankheit gut überwunden, **ja sogar** Überstunden macht er wieder.

....
....

c) Der Kommissar möchte jetzt alle Zeugen vernehmen, **und zwar** soll jeder einzelne zu ihm ins Büro kommen. Ich muß rasch in die Klinik, meine Frau hat nämlich gerade Zwillinge geboren.

....
....
....

ç) Viele sprachen sich gegen den Grossversuch aus; **teils** hielt man seine Durchführung für verfrüht, **teils** sah man ihn für zu kostspielig an. **Erstens** habe ich kein Geld, **zweitens** fehlt mir die Zeit, **(und) drittens** habe ich keine rechte Lust für eine Reise nach Afrika.

....
....
....
....

d) **Anfänglich** standen sich Goethe und Schiller ziemlich ablehnend gegenüber, dann lernten sie sich näher kennen und schätzen, **(und) schliesslich** waren sie sehr eng befreundet.

....
....
....

e) Sie hatte keine Lust zu bleiben, **und auch** ich wollte gehen. Mein Bruder war sehr erschrocken, **und ebenso** ging es auch mir. Dieses grosse Auto hat einen zu hohen Anschaffungspreis, **und überdies** verbraucht es zu viel Benzin. - Halb war er schon vorher zu dem gewagten Experiment entschlossen, **und halb** liess er sich dazu überreden. - Plötzlich verfinsterte sich der Himmel, **und dann** brach ein heftiges Gewitter los. Du hast uns immer gewarnt, **und letzlich** behieltest du recht.

....
....
....
....
....
....

f) Ich habe **weder** Zeit **noch** Geld, **noch** spüre ich Lust zu dieser gewagten Expedition. Der kleine Junge zeigte **weder** Scheu **noch** falsche Scham, **noch** liess er sich einschüchtern.

....
....
....

g) Steige auf den Münstertum, **von dort** kannst du die Stadt und ihre Umgebung gut überschauen. **Von oben** ist der Ausblick ganz herrlich. Der Tag war kaum angebrochen, **da** ging der Gärtner schon an seine Arbeit. Du hast Mitleid mit ihr; **ebenso** geht es mir.

....
....
....
....

2. Die adversative und die disjunktive Satzverbindung:

a) **entgegensetzende Verbindung:** Bu gruba giren cümlelerin ikinci kısmı anlam yönünden birinci cümle ile bağdaşmaz.

b) **ausschliessende Verbindung:** Bu gruba giren cümlelerin ikincisi anlam bakımından birinci cümleyi konu dışında bırakır.

- Onu dürüst bir insan olarak tanıyordum, fakat yanıldım.

(Ich kannte ihn als ein aufrichtiger Mensch, **aber** ich habe mich geirrt.)

-Sen, ona her gün yardım ettin, **buna karşılık** o senin için hiçbir şey yapmadı. (Du hast ihm jeden Tag geholfen, **dagegen hat er** nichts für dich getan.)

- İmtihanın için iyice hazırlan, **aksi halde** mutlaka sınıfta kalırsın.
(Bereite dich für deine Prüfung gut vor, **andernfalls** bleibst du bestimmt sitzen.)

Ya onu Büro'da bulursunuz, **ya da** o evdedir.
(**Entweder** finden Sie ihn im Büro, **oder** er ist schon zu Hause.)

Kullanılan bağ kelimeleri şunlardır: oder, entweder.... oder, sonst, andernfalls aber, allein, doch, jedoch, dagegen, hingegen, indes, indessen, gleichwohl, nur, vielmehr, hinwiederum, nichtsdestoweniger, sondern (olumsuzdan sonra) übrigens, freilich... aber, zwar..aber, wohl... aber, allerdings...aber, widrigenfalls, im andern Fall, es sei denn, trotzdem:

Bu gruba giren örnek cümleleri Türkçe'ye çeviriniz!

a) Ich übernehme den Auftrag gern, **aber** Sie müssen mir etwas Zeit dazu lassen/ **nur** müssen Sie mir etwas Zeit dazu lassen. Er hat sich **zwar** sehr angestrengt, das hochgesteckte Ziel konnte er **aber** nicht ganz erreichen. Sie versuchte mitzuhalten, **allein** es war zuviel für sie. Ich erkannte ihn **wohl**, wusste **aber** seinen Namen nicht mehr.

....
....
....
....

b) Viele deutsche Dichter studierten in ihrer Jugend Theologie oder die Rechte blieben aber **nicht** dabei, **sondern** wandten sich später ganz der Dichtkunst oder der Schriftstellerei zu. **Niemand** wird dich im Stich lassen, **sondern** alle wollen dich unterstützen. Das ist **kein** Opfer, **sondern** eine selbstvertsändliche Pflicht. Seine Ansprüche waren **unbegründet; vielmehr** wusste auch er, dass sie durch die Ausbildungsbeihilfe für sein Studium abgegolten waren.

....
....
....
....
....

c) **Entweder** du beginnst endlich richtig zu arbeiten, **oder** du wirst es nie zu etwas bringen. **Entweder** du kommst jetzt, **oder** wir gehen allein ins Kino. Ich rate Ihnen zu einem längeren Urlaub, **sonst** wird Ihre Gesundheit ernsthaft Schaden nehmen. Wir möchten dich besuchen, **es sei denn** du hättest keine Zeit.

....
....

....
....
....

d) Alle rieten ihm von seinem riskanten Vorhaben ab; **gleichwohl** nahm er es in Angriff. Keiner wollte mir glauben, **und doch** hatte ich recht. Sie hat viele Fehler gemacht, **nichtsdestoweniger muß** man ihr jetzt helfen.

....
....
....

e) **Du** kommst mit, **oder auch** ich bleibe hier. Du **oder auch** ihr beide könnt mitkommen. Wir brauchen einen Babysitter für die Kleinen, **oder aber** wir müssen heute abend zu Hause bleiben. - Elektrische Energie wird in Industrie und Verkehr verbraucht, **oder** man nutzt sie für Beleuchtung und Geräten in privaten Haushalten. **beziehungsweise: (oder):** veya. (bzw.)

Er will kommen, **bzw.** sie will anrufen.

Sie wussten, dass er verloren hatten **bzw.** keine Aussichten auf einen Sieg mehr hatten.

Er **bzw.** seine Frau wird herkommen.(Aber: er und seine Frau werden herkommen)

....
....
....
....
....
....
....
....

Entweder.... oder: ya.... ya da.

Du weisst, dass du **entweder** die Prüfung bestehen musst **oder** dass du nicht mehr weiterstudieren kannst. ....
....

Vielmehr (Berichtigung): Daha ziyade, bilakis

Sein Verhalten ist kein Zeichen von Intelligenz, **vielmehr** ein Zeichen von Dummheit. (Onun davranışı akıllığın işareti değil bilakis deliliğin işareti)

nichtsdestoweniger (trotzdem): Buna rağmen.

Der Zug hatte Verspätung, **nichtsdestoweniger** kam ich pünktlich ins Theater. er hat wenig gearbeitet, **nichtsdestoweniger** hat er die Prüfung bestanden. ....

....

freilich: Elbette

Ich kann noch nicht genug Französisch, **freilich** lerne ich erst kurze Zeit. (Henüz tam olarak Fransızca bilmiyorum, elbette en kısa zamanda öğreneceğim.)

hingegen: (Gegensatz): İse, diğer taraftan, halbuki.

Gestern hatten wir schönes Wetter, heute **hingegen** regnete es.

....

allein: Fakat, ancak şu kadar var ki mamafih.

Er hatte es schon immer sagen wollen, **allein** es fand sich nie die Gelegenheit dazu.

....

| *Not:* | Dennoch ve dessenungeachtet, und doch, immerhin, nichtsdestoweniger bağ kelimeleri trotzdem anlamı verir. |

3. Die kausative Satzverbindung: (Neden belirten cümleler)

a) Bu gruba giren cümlelerin ikincisi anlam bakımından birinci cümlenin sebebini belirtir. Bunlar **denn/nämlich/ja/doch/**

nämlich: Yani demek ki, zira. çünkü.

Mein Freund fährt morgen nach Deutschland, er hat dort **nämlich** eine neue Arbeit gefunden.

(Arkadaşım yarın Almanya'ya gidiyor, zira o orada iyi bir iş buldu.)

Sizinle bu konuda tartışma yapmak istemiyorum, zira samimi değilsiniz.

(Ich möchte mit Ihnen über diese Angelegenheit nicht diskutieren, Sie sind **nämlich** nicht ehrlich.)

Dir Kinder müssen in der Schule viele Dinge lernen, **nämlich** Rechnen, Lesen usw.

Ich bleibe heute zu Hause, meine Eltern wollen mich **nämlich** besuchen.

....

..................**denn:** çünkü

Der Autofahrer muß bestraft werden, **denn** er hat durch seine leichtsinnige Fahrweise viele Menschen gefährdet.

....

....

Bu gruba giren örnek cümleleri Türkçe'ye çeviriniz!

Wir machen unsere Besorgungen, **denn** morgen wird zu Hause ein Fest sein.
Er wird bestimmt am Abend kommen, **denn** er hat es versprochen. Du kannst die Tür ohne Mühe öffnen; es ist **nämlich** nicht abgeschlossen. Du solltest auf ihn nicht hören, **denn** er versteht nichts davon.
Du brauchst nicht zu schimpfen; ich bin ja schon fertig.

....
....
....
....
....

B) *Konsekutiv (Sonuc veren-folgernd):*
Bu cümlelerin ikincisi anlam bakımından birinci cümlelerin neticesini verir.

Also: O halde.
Mein Freund kommt nicht mit, **also** ich muss allein gehen.
Arkadaşım gelmiyor, o halde ben yalnız gitmek zorundayım.
Ich habe kein Geld, ich kann dir **also** nicht helfen.
(Param yok, o halde ben sana yardım edemem.)
(Wir haben kein Geld, so können wir dir nicht helfen.)
(Wir haben kein Geld, wir können dir **also auch** keins leihen.)
Folglich: Bu sebepten dolayı (deshalb)
Du hast dich gar nicht um mich gekümmert, **foglich** darfst du auch kein Geld von mir verlangen. ....
....
In diesem Sommer war das Wetter sehr schlecht, **foglich** ist keine gute Ernte zu erwarten. ....
....

infolgedessen: Bunun neticesinde (deshalb)
Im letzten Jahr sind die Exportaufträge zurückgegangen, **infolgedessen** musste die Firma eine ganze Menge von Gastarbeitern entlassen.
....
....

mithin: sonra (dann) bineaneleyh, demek ki, yani.

Der Kranke soll die Medizin regelmässig nehmen, **mithin** wird er bald wieder gesund. ....

Die Streitenden wollten sich nicht versöhnen. **Mithin** waren unsere ganzen Vermittlungsbemühungen vergebens. ....

demnach: Buna göre, öyle ise, o halde.
Von meinen 100 Mark habe ich heute 45 Mark ausgegeben. Ich habe **demnach** noch 55 mark....................

deswegen: Bundan dolayı.
Heute ist das Wetter schlecht, **deswegen (deshalb)** gehe ich nicht hinaus.
....

Aşağıdaki cümleleri Türkçe'ye çeviriniz!
- Wir haben Ihre neue Preisliste nicht erhalten; **demnach** mussten wir davon ausgehen, dass unsere Bestellung noch nach den alten Preisen erledigt würde. Die Rohstoffpreise und die Arbeitslöhne sind stark gestiegen; **deshalb** waren auch wir zu Preiserhöhungen gezwungen. Die beiden Dreiecke stimmen in zwei Seiten und dem davon eingeschlossenen Winkel überein, **folglich** sind sie **kongruent**. - Ich hatte noch zu tun, **und darum** bin ich nicht gekomen. Das Experiment ist weder völlig gelungen noch ganz missglückt, **und somit** hatte keiner von uns recht.

....
....
....
....
....
....

C) *Zweckgerichtete Sätze*
(Bu grupta bulunan cümlelerin ikincisi anlam bakımından birinci cümlenin maksadını veya niyetini bildirir)
- İbrahim Germanistik kitapları okumak istiyor, bunun için Almanca öğreniyor.
(İbrahim möchte Germanistikbücher lesen; **dazu** lernt er Deutsch)

Aşağıdaki cümleleri Türkçe'ye çeviriniz!
Bilal will in Deutschland studieren, **darum** lernt er jetzt Deutsch. Morgen verreise ich, **deshalb** muß ich heute meinen Koffer packen. Das wäre ein sinnloses Vergnügen, **(und/aber)** dafür ist mir mein Geld zu schade, Ich wundere mich über deine sinnlosen Ausgaben; **(denn) dazu** habe ich dir das Geld nicht gegeben/**dafür** habe ich das Geld nämlich nicht gegeben.

....
....
....
....
....

D) *Einräumende Sätze (konzessiv) (Bağdasma cümleleri):*

Bu grupta bulunan cümlelerin ikincisi anlam bakımından birincisinin önemini kabul eder. Bu bağlaçlar; <u>- trotzdem/zwar-aber/ wohl-aber/zwar- (je) doch/zwar-allein.</u>
Bu konuda gerçi ümidim yok ama bir defa denemek istiyorum.
Ich habe **zwar** bei dieser Sache wenig Hoffnung, **aber** ich will einen Versuch machen.

Aşağıdaki cümleleri Türkçe'ye çeviriniz!

Obwohl die DDR eine geringe Rohstoffbasis hat, entwickelt sie sich wirtschaftlich sehr schnell. ....
....

Er kam zur Arbeit, obwohl er eine Grippe hatte. ....
....

Obwohl das Wetter während des ganzen Urlaubs schlecht war, haben wir uns gut erholt. ....
....

Zwar fallen sehr wenige dieser Unterrichtswerke aus dem Rahmen des Üblichen. Es muß **aber** vermutet werden, dass diese nicht häufig benutzt werden.
....
....

Wohl aber erkennt er jetzt im Dunkel einen Glanz.... (Kafka)
....

Er hat es mir **zwar** versprochen, **aber** er hat es dann **doch nicht** getan.
....
....

E) **_Einschränkende Sätze (Restriktiv) (Sınırlayıcı cümleler):_**

Bu gruptaki ikincisi birinci cümlenin anlamını sınırlar:

Bu tercümede ihtisas ifadeleri vardır; **bu yönden** o kolay değildir. (In dieser Übersetzung gibt es viele Fachausdrücke, **insoweit** ist sie nicht leicht.)

Aşağıdaki cümleleri Türkçe'ye çeviriniz!

Der Abend war interessant, **insofern (als)** es die musikalischen Darbietungen betraf. ....

Die Dissertation war ausgezeichnet, **insoweit (als)** sie theoretische Fragestellungen behandelte. ....

Die Schulbücher näher zu betrachten, ist methodisch zulässig, **insofern** davon ausgegangen werden kann, dass die Autoren.... repräsentativ für die Lehrerschaft sind.(Heigert)
....
....
....

Er hat mir das Geld jetzt zurückgegeben, **insoweit** ist alles in Ordnung. **Insofern** war ich mit dem Hotel zufrieden, **als** das Essen gut war.
....
....
....

- Die Verpflegung war gut: **insoweit** war ich zufrieden. - Einige deiner Voraussagen sind tatsächlich eingetreten, **insofern** hattest du recht.
....
....
....

F) **_Konditionale Sätze (den möglichen Grund, die Bedingung angebend) (Şart cümleleri):_**

Bu gruptaki cümlelerin ikincisi anlam bakımından birinci cümlenin mümkün olan sebebini veya şartını bildirir:

- Paltonu giy yoksa üşüyeceksin. (Ziehe deinen Mantel an, sonst wirst du dich erkälten.)

- Tarihi bana lütfen tarafsız anlat, aksi halde belki sana yanlış bilgi verebilirim. (Erzähle mir diese Geschichte bitte objektiv, **andernfalls** gebe ich dir vielleicht falsche Kenntnisse.)

G) *Vergleichende Sätze (Komparativ) (Karsılastırma cümleleri):*

Bu gruba giren cümlelerin ikincisini birinci cümlenin anlamını kendi ifade ettiği anlam ile mukayese eder. Bu bağlaçlar:

so-wie/wie/also/ebenso/genauso.

Selim Murat **kadar** intizamlı değil.

(Selim ist nicht **so** ordnungsliebend wie Murat)

so gross wie, so viel wie, so umfangreich wie, so hoch wie kadar anlamı verir.

İnsanları seviyorsun, aynı şekilde ben de onları seviyorum.

(Du liebst die Menschen, **genauso** liebe ich sie auch.)

İstanbul Ankara'dan daha büyüktür.

(İstanbul ist **grösser als** Ankara.)

Superlativ: En çabuk araç telefon, telgraf, en geç araç da mektuptur.

Das **schnellste** Mittel ist das Telefon (und) das Telegramm, das **langsamste** der Brief.

Zafer, sınıfın **en çalışkan öğrencilerinden biridir)**

(Zafer ist **einer der fleissigsten** Schüler der Klasse.)

Elektrik son yüzyılın en önemli buluşlarındandır.

(Die Elektrizität gehört zu den wichtigsten Erfindungen des letzten Jahrhunderts.)

Wichtige Komparative: -den (daha) çok: **mehr als, länger als**
   -den (daha) az: **weniger als**
   -den (daha) önce: **früher, eher als**
   -den fazla :   **mehr als**

Ekseri insanları, çoğu insanları, insanların çoğunu deniz tutar.

(Die meisten Menschen werden seekrank.)

H) *Almanca'daki bağlacların Türkçe karsılıkları:*

  a) anreichende Konjunktionen:

  gibi, aynı şekilde : -desgleichen.
  ayrıca : - ferner, ausserdem
  bazen.... bazen : bald..... bald
  bir taraftan....... diğer taraftan : einerseits.....andererseits
  bir....... bir : (ein) mal .... (ein) mal
  bundan başka : ausserdem, zudem, dazu
  bununla birlikte : daneben

dahi	: ebenfalls, auch
..... değil, ...	: nicht nur.... sondern auch
derken	: mittlerweile, inzwischen/da, in diesem Augenblick.
gerek.... gerek, hem.... hem de	: sowohl... als auch
... de (da)	: auch/und/dann
- erek, - ip	: und
evvela	: zuerst, zunächst.
fazla olarak	: ausserdem/zudem/dazu
ile	: und
ne... ne	: weder.... noch
nihayet	: endlich/schliesslich
hem	: und, umsomehr als
hem.... ve hemde	: sowohl... als auch
olsun....... olsun	: Sei es...., sei es; ob nun.... oder
şimdilik	: zuerst, vorläufig
yalnız değil....... aynı zamandada	: nicht nur...., sondern auch
bir yandan.... öbür yandan	: einerseits........ andererseits
ya... ya	: entweder.... oder.

b) ausschliessende Konjunktionen:

veya, veyahut, ya da, yahut	: oder

C)   gegenteilige Konjunktionen:

ama	: aber/dagegen
ancak	: nur
bilakis	: im Gegenteil
buna mukabil	: dagegen
fakat	: aber/dagegen
halbuki, oysa	: jedoch / dagegen / indessen / in Wirklichkeit / nämlich
- diği halde	: während
iken, - ken	: aber
ise	: jedoch
meğer	: jedoch, dagegen, indessen
ya	: (Ja) aber

d) bedingende K: (şart)

aksi takdirde	: sonst/anderenfalls
yoksa	: sonst/anderenfalls
-mek şartıyla	: unter der Bedingung, (Vorussetzung) dass..
-mek üzere	: falls
-diği takdirde	: falls/im Falle, dass
eğer... -se	: wenn/falls
şayet...-se	: falls

e) begründende K.: (sebep bildiren)

bu sebepten dolayı	: deswegen
çünkü	: denn
değil mi ki	: da ja
Madem ki	: da ja, denn... ja
Nasıl ki	: zumal, besonders da
oysa	: denn, nämlich
zira	: denn
- diği cihetle	: da, angesichts der Tatsache, dass
- diği için,-diğinden dolayı,	
- diğine göre	: weil/da
- mesi için	: weil/dafür, dass

f) zeitliche K.: (Zaman belirten)

bunun üzerine	: dann, darauf
evvelce	: vorher, zuvor
ondan sonra	: dann, darauf
o zamandan beri	: seitdem
önce	: vorher, zuvor
- inceye kadar	: bis
- meden (önce)	: bevor
- diği sırada, -diği zaman	: als/wenn
- diğinde	: als/in dem Augenblick da..., wenn
- erek	: während/indem/nachdem
- (i) ken	: während
- mekten sonra	: nachdem
- ir... -irmez	: sobald, kaum .... als
- ince	: als/sobald/wenn/nachdem

g) folgernde K.: (sonuç bildiren)

böylece	: also, somit
buna göre	: folglich
bundan dolayı	: infolgedessen
bunun için	: darum, deswegen
bu suretle	: somit, sonach
demek ki	: also, das heisst.
imdi (buna göre)	: demgemäss
.... ecek kadar	: zu..... als dass/so..., dass
... ecek şekilde	: so...., dass
o kadar..ki	: so.... dass
öyle...ki, öyleyse	: dann... (also), also, demnach
şimdi	: nunmehr
şu halde (o halde)	: demnach/folglich

h) zweckanzeigende K. (amaç, maksat bildiren)

bu maksatla	: dazu/ diesem Zweck
bunun/onun için	: draum/deshalb
- mek için, -mek üzere	: um... zu/ damit
-mek uğruna	: um.. zu/zwecks

ı) einräumende K. (bağdaşma bildiren)

buna rağmen, bununla beraber	: trotzdem
derken	: zwar... aber/wenn auch die Absicht bestand, so... doch
filhakiki (gerçi)	: zwar
hatta	: sogar
- sin diye	: damit
- diği halde,-ken, -mekle beraber	: obwohl, obgleich, wenn auch
mamafih (yine, bununla beraber)	: gleichwohl

i) Art und Weise (tarz bildiren)

böylece	: so
böylelikle	: dadurch
nitekim	: (genau) wie, und .... ja
bu suretle	: dadurch
-mekle, -erek	: indem
- diğine göre	: wie
öyle (ce)	: so

k) vergleichende K. (Karşılaştırma)

aynı suretle	: ebenso wie
kadar	: ebenso wie
kadar	: ebenso wie
nasıl ki	: ebenso, genau (wie)
- cenise	: als ob
..... gibi, .. kadar	: wie
- miş gibi, -güya, sanki	: als ob

l) des Verhältnisses (proportionale) (uygun olan)

daha, şu kadar daha	: um so, desto
ne kadar..... sa o kadar	: je.... desto
o nispette	: um so

Du mußt viel lesen, **um so** umfassender wird dein Wissen.
(Çok okumalısın, o nispette bilgin artar.)

m) einschränkende K: (sınırlayan)

o bakımdan	: in dieser Hinsicht
o noktaya kadar, şu hususta	: insofern
- diği kadar, - eceği kadar	: insoweit, inwiefern (derecede)
yalnız..... ki	: nur, dass

h) das Mittel anzeigende K.

bununla, onunla/şununla	: damit,
bu suretle, bu vasıta ile	: damit, dadurch
--e...-e durch	: viele (s)/dadurch, dass viel
-erek:	dadurch, dass/indem
-mek suretiyle, - mekle	: dadurch, dass

o) verneinende K. (verschiedene Beziehungen)

bile değil	: geschweige denn
değil:	nicht
- eceğine, - ecek yerde	: anstatt zu
- meden, - meksizin	: ohne zu, ohne dass
- mektense	: anstatt zu
- meyerek	: nachdem nicht! indem... nicht ohne... zu

1) Überblick über die nebenordnenden Konjuktionen
(Bağlaclar hakkında bir şema)

Temporal-sätze	Konjunk-tionen	Korrelat (HS)	Beispiel
Präsens/Futur einmalig	als	(da) (dann)	Als wir ankamen, **(da)** begann der Winter. Wenn wir ankommen, **(dann)** beginnt der Winter.
Vergangenheit wiederholt	wenn 1. (immer) wenn	(dann) jedesmal) (dann jedesmal)	(Immer) wenn ich Zeit habe, **(dann)** gehe ich **(jedesmal)** ins Kino.
	2. sooft	-	**Sooft** ich Zeit habe, gehe ich ins Kino.
schnelle Folge	sobald	(da... auch)	**Sobald** es hell wird, (da) singen (auch) schon die Vögel.
vorzeitig	bevor	-	**Bevor** der Zug abfuhr, bat ich den Beamten um Auskunft.
gleichzeitig	während	-	**Während** der Zug abfuhr, winkte ich.
nachzeitg	nachdem	-	**Nachdem** der Zug abgefahren war, ging ich in die Stadt.
Zeitdauer	solange	(solange)	**Solange** er seinen Vortrag hielt, (solange) schweige ich.
späteres Ende	bis	(solange)	Ich schwieg (Solange), **bis** sein Vortrag zu Ende war.
vom Anfang bis jetzt	seit/seitdem	-	**Seit/Seitdem** ich in Freiburg bin, regnet es.
Modalsätze			
Instrumental	indem	-	**Indem** er kommt, zeigt er sein Interesse.
	dadurch dass	-	**Dadurch dass,** er kommt, zeigt er sein Interesse
komparativ - gleich	wie	-	Das Geld kam, **wie** ich gehofft hatte.
	wie	(genau) so	Das Geld kam (genau) so schnell, **wie** ich gehofft hatte.
-ungleich	als	Komp.	Das Geld kam schneller, **als** ich gehofft hatte..
-irreal	als ob	(so)	Er tat (so), **als ob** er Millionär wäre..
- etw. fehlt	ohne dass ohne zu	-	Er ging, **ohne dass** er bezahlte. **ohne zu** bezahlen.
-prortional	je	desto - umso	**Je mehr** Geld du hast, **desto** (umso) **mehr** kannst du kaufen.
	umso	als	Das Argument ist **umso** wichtiger, **als** wir auf dieser Basis weiterdiskutieren können.

spezifizierend	insofern		als	Der Vortrag ist **insofern** / **insoweit** in Fortschritt
	insoweit		als	**als** er neue Informationen bietet.
restriktiv				
- Subjektiv	ausser dass		-	Freiburg gefällt mir, **ausser das**s es immer regnet
	ausser wenn		-	, **ausser wenn** es regnet.
	ausser um zu		-	Er sagt nichts, **ausser um zu** kritisieren.
	(=nur, um zu)		-	Er spricht nur, **um zu** kritisieren.
ersatzweise	(an) statt dass		-	(An) **Statt dass** wir reden, sollten wir handeln.
Kausalsätze				
Grund	da		-	**Da** die Tür offen war, trat ich ein (Schriftsprache)
	weil		(darum) (deshalb) (deswegen)	**Weil** die Tür offen war, (darum) - trat ich ein. (deshalb) (deswegen)
	auf Grund der Tatsache, dass		-	**Auf Grund der Tatsache, dass** er oft fehlte, wurde ihm gekündigt..
	auf Grunddessen, dass		-	**Auf Grund dessen, dass** er oft fehlte, wurde ihm gekündigt
	zumal, da		-	Man mußte ihn entlassen, **zumal** er sehr oft fehlte.
Verstärkung es	umso mehr als		-	Man mußte ihn entlassen, **umso mehr** als er seine
Grundes			-	Arbeit nicht mehr schaffte.
	umso weniger als		-	Man konnte ihn nicht mehr auf seinem Posten lassen **umso weniger als** er seine Arbeit nicht mehr schaffe.
Konditionalsätze				
Bedingung - Folge	wenn		(dann)	**Wenn** ruhiger Verkehr ist, **(dann)** fahren wir durch die Stadt.
	falls		(so)	**Falls** ruhiger Verkehr ist, **(so)** sind wir schneller im Zentrum
	sofern		-	**Sofern** es regnet, bleiben wir zu Haus
	unter der Bedingung, dass unter der Voraussetzung, dass im Falle, dass vorausgesetzt, dass		-	**Unter der Bedingung** / **unter der Voraussetzung**/ **Im Falle**/ **Vorausgesetzt**/ .... **dass** die Wunde schnell heilt, können Sie bald aus dem Krankenhaus entlassen werden. Heilt die Wunde schnell, können Sie bald entlassen werden.

Eventualität	sollte	(dann)	**Sollte** der Zug Verspätung haben, **(dann)** rufe ich an.
Irrealität	Konj. II	Konj. II	**Hätten** wir Kinder, **kämen** wir mit dem Geld nicht aus.

Konzessivsätze

Ursache ohne Wirkung	obwohl obgleich	(so) (doch/dennoch/ trotzdem)	**Obwohl / Obgleich / Wenn auch** / der Arzt es verboten hat, **(so)** raucht er (**dennoch/doch/trotzdem**) 20 Zigaretten pro Tag.

Konsekutivsätze

Folge des HS	so dass	-	Er verspricht sich immer wieder, **so dass** alle irritiert sind. (nervös sein = irritieren)
Folge einer Qualität	dass	so	Er spricht **so** leise, **dass** niemand etwas versteht.
neg. Folge einer	als dass	zu	Er spricht zu schnell, **als dass** man ihn verstehen (könnte).

Adversativsätze

Gegensatz	während	-	**Während** er gestern sehr **höflich** war, ist er heute sehr unfreundlich
	wo ..... doch	-	Er raucht, **wo** es ihm der Arzt **doch** verboten hat.

Finalsätze

Ziel/Zweck	damit	(deshalb) (zu dem Zweck)	Er sagt das (**deshalb/zu dem Zweck**), **damit** ihn alle bewundern
	um zu	-	Er sagt das, **um** unsere Bewunderung **zu** gewinnen
	dass	(zu dem Zweck) (in der Absicht)	Er sagt das (**in der Absicht / zu dem Zweck**), **dass** wir es weitererzählen.

GERUNDIUM (FORM DES TÜRKISCHEN VERBALADVERBS) (Zarf Fiil):

Türkçedeki fiillere gelen takılar cümlelerin anlamını değiştirir. Bu anlamı veren ifadeler Almancada bağ kelimeleri ile yapılır:

a) **- ip (-up, ıp, up): und** ile yapılır:

Oğlu çorbayı tasa boşaltıp sofraya koyar.
(Sein Sohn füllt die Suppe in die Schüssel und stellt (sie) auf den Tisch.)
Çocuk bir kaşık çorba alıp içer.
(Das Kind nimmt einen Löffel Suppe und isst.)
Kalkıp çıkarsın: **(Du stehst auf und** gehst hinaus.)
Kalkıp çıksın! **(Er soll aufstehen und** hinausgehen.)
- Evime dönüp yatak odasındaki şemsiyemi aldım.
(Ich kehrte in mein Haus zurück **und** nahm aus dem Kasten im Schlafzimmer meinen Regenschirm.)
- Her gün yemekten sonra yatıp yarım saat uyurum.
(Ich lege mich jeden Tag nach dem Essen nieder **und** schlafe eine halbe Stunde.)
- İşçiler kumu nehirden alıp kamyonlarla götürüyorlar.
(Die Arbeiter nehmen den Sand aus dem Flusse **und** führen ihn mit Lastkraftwagen fort.)
- Temsilcimize bugün bir mektup yazıp postaya veriniz!
(Schreiben sie heute unserem Vertreter einen Brief und geben Sie ihn heute auf die Post!)
- Bu ayna adi mal olmayıp lüks eşyasına girer.
(Dieser Spiegel ist keine gewöhnliche Ware, sondern fällt (tritt ein) unter die Luxusgegenstände.)
- Hekim gelip yaralıları muayene etmiştir.
(Der Arzt ist gekommen **und** hat die Verletzten untersucht.)

B) **-erek,- arak:** (gelerek, bekleyerek) **während, indem, als**
Adverbialpartizip: - end, beim... en, nachdem, dadurch, dass Indem - ile yapılır.
verneint: - meyerek, - mayarak: nachdem... nicht/ indem....nicht/ ohne.... zu:

Örnekler:

Hoca derinden bir ah çekerek.... ondan ağlıyorum cevabını verir.

Der Hodscha seufzt tief auf und antwortet: "Darüber weine ich."

Während (indem) der Hodscha tief aufseufzt, antwortet ....

Nachdem der Hodscha tief aufgeseufzt hat, antwortet er..

Tief aufseufzend antwortet der Hodscha.

Birinci adam elini ağzına koyarak: "sus" der.

Der erste Mann legt seine Hand an seinen Mund und sagt: "Schweig"

Indem (während) der erste Mann seine Hand an seinen Mund legt, sagt er: "Schweig!"

- **Koşarak** köye döndük. (Wir kehrten **im Lauf** nach ins Dorf zurück.)

Arkadaşım **gülerek** soruma cevap verdi.

(Mein Freund gab auf meine Frage **lachend** Antwort.)

Çocuğun başını **okşayarak** adını sordum.

(Den Kopf des Kindes **streichelnd** fragte ich nach seinem Namen.)

İhtiyar bize bakarak oğluna birkaç söz söyledi.

(Der Greis sagte, **indem** er dabei zu uns herblickte, zu seinem Sohn einige Worte.)

Elçi Dışişleri Bakanını ziyaret ederek açıklama yapmıştır.

(Indem der Gesandte den Aussenminister besucht hat, hat er Aufklärung gegeben.)

- **Altın olarak** yüz lira verdim. (Ich habe hundert Pfund **in Gold** gegeben)

- Bu tutarı **avans olarak** aldım. (Ich habe diesen Betrag **als Vorschuss** erhalten.)

bilerek: wissend d.h. wissentlich

bilmeyerek: nicht wissend (unwissentlich)

isteyerek: wollend (mit Willen, absichtlich)

istemeyerek: nicht wollend (ohne Willen-unabsichtlich.)

Bilmeyerek bir kusur yaptım. (Ich habe **unwissentlich** einen Verstoss begangen.

Buraya **isteyerek** girdim. (Ich bin **absichtlich** hier hereingegangen.)

İstemeyerek sırımı açtım. **(Ohne es zu wollen,** offenbarte ich mein Geheimnis.)

olarak:
a) **Öğretmen olarak** (als Lehrer), **orjinal olarak** (im Original)
b) **Son olarak**: zum Schluss, **genel olarak**: im allgemeinen, **ödemeli olarak: als Nachnahme**
c) **-ince/ünce/ınca/unca** (gelince, görünce, olunca, alınca, bekleyince, başlayınca): bu gerundiumlar **als-sobald-wenn-und-nachdem** ile yapılırlar.

   Hoca çocuğun yaşlı gözlerini görünce: - Oğlum, niçin ağlıyorsun diye sorar. (**Als der Hodscha die tränenvollen Augen seines Kindes sieht,** fragt er: "Mein Sohn, warum weinst du?")

   Konuşma bitince telefonu yerine koyun.
   (**Wenn das Gespräch beendet ist,** Hörer wieder auflegen.)

   Teklifinize gelince (**was Ihren Vorschlag anbetrifft.**)
   beni görünce kaçar: (**Sobald er mich sieht, läuft er davon.**)

   Orhan nişanlısından mektup alınca sevincinden kendinden geçer.
   (**Wenn Orhan von seiner Verlobten einen Brief erhält,** gerät er vor Freude ausser sich.)

   Fırsat olmayınca planımızı nasıl gerçekleştirelim.
   (Wie sollen wir unseren Plan ausführen, **sobald keine Gelegenheit ist?**)

   Bu meseleye gelince hiçbirşey söylemeyeceğim.
   (**Was diese Frage betrifft,** werde ich gar nichts sagen.)

   Size gelince endişeye neden yok. (**Was** euch **betrifft,** ist kein Grund zur Besorgnis.)

   Ölünceye kadar karşı koyacağız.
   (Wir werden Widerstand leisten, **bis zum Tad.**)

   Biz çalışmayınca arkadaşlarımız da çalışmazlar.
   (**Wenn wir nicht arbeiten,** arbeiten auch unsere Kollegen nicht.)

d) **-e, (-a) ..... -e (-a):** (güle güle - damlaya damlaya)
   Bu gerundiumlar **indem** ile veya **Adverbialpartizip -end** veya **wenn... viel dadurch, dass... viel** ile yapılırlar.

   Damlaya damlaya göl olur: **Durch vieles Tropfen** entsteht ein See.) (**Tropfend, tropfend.**)

   İnsan demiri döğe döğe demirci olur.
   (Der Mensch wird, **indem er das Eisen viel schmiedet,** Schmied.)
   (**Durch vieles Schmieden** wird der Mensch Schmied.

gele gele: immer wieder kommend (durch ständiges Kommen.)

okuya okuya: immer wieder lesend (durch ständiges Lesen.)

ola ola: immer wieder werdend.

Baka baka vaktini kaybetme ! (Verliere nicht deine Zeit **durch ständiges Herumschauen!**)

- Yeni müdür büroları teftiş ede ede işleri kontrol ediyor.

(Der neue Direktor kontrolliert die Arbeiten, **indem er die Büros ständig inspiziert.**)

- yürüye yürüye o tepeye yaklaştık.

(**Ständig gehend** näherten wir uns jenem Hügel.)

e) **diye:** sagend - Oğlum, niçin ağlıyorsun? diye sorar.

Babam en çalışkan olana hediye alacağım diye bizleri işe teşvik etti.

(Mein Vater ermunterte uns zur Arbeit, **indem er sagte**" ich werde dem, der am fleissigsten ist, ein Geschenk kaufen."

- Evet **diye** cevap verdi. (Er antwortete „Ja")

- İstasyon nerededir **diye** sordum. (Ich fragte "Wo ist der Bahnhof?")

- İşler akşamdan önce bitsin **diye** acele ettik.

(Wir beeilten uns, **damit** die Arbeiten vor dem Abend fertig werden sollten.)

("Die Arbeiten sollten vor dem Abend fertig werden" sagend.)

(Wir blieben nicht stehen, **da unsere Zeit knapp war.**)

Vaktimiz dardır diye durmadık.

'unsere Zeit ist knapp' sagend.

f) **-iken: (-ir, er, ür, ır, ar, ur)**

ken/ - yorken: (gelirken - alırken - geçerken - bakarken - görürken - dururken) Bu gerundiumlar **während ... (ist); solange; (immer) wenn; als.. (ist), bei... aber (im Folgesatz) -obwohl, obgleich....** ile yapılırlar:

- Ben söylerken siz dinliyorsunuz.

(**Während ich spreche,** hören Sie zu.)

- Bütün dünya savaşta iken memleketimiz barışı korumaya çalışıyor.

(**Während** die ganze Welt im Kriege ist, bemüht sich unser Land, den Frieden zu wahren (schützen).

- Bu kadar güzel ve ucuz dana eti **varken** niçin koyun eti arıyorsunuz?

(Warum suchen Sie Hammelfleisch, **während** es so schönes und billiges Kalbfleisch gibt?)

- Halı piyasasında İran malı yokken Anadolu seccadeleri kafi miktarda arzedilmektedir.)

(Während auf dem Teppichmarkt persische Ware nicht vorhanden ist, werden anatolische Gebetsteppiche in genügender Menge angeboten.)

- Çocuklar **oynarlarken** nerede olduklarını büsbütün unuturlar.

Während die Kinder spielen, vergessen sie vollkommen, wo sie sind.)

- İnsanlar evlerinde uyurlarken tabiat hayat ile doludur.

(Während die Menschen in ihren Häusern schlafen, ist die Natur voll Leben.)

- Başlangıçta hiçbirşey **söylemeyecekken** susmamın faydalı olmadığını anlamaya başladım.

(Während ich anfangs gar nichts hatte sagen wollen, begann ich zu verstehen, dass mein Schweigen nicht nützlich sei.)

- Rahmetli annen **ölürken** bana senin gibi bir oğlanı yadigar bıraktı.

(Als deine selige Mutter starb, hinterliess sie mir einen Sohn wie dich **als Andenken.)**

g) **-dikce, - eli,-alı:** Bu gerundiumlar Je... **desto-soweit-seitdem, allmählich, ziemlich** ile yapılır:

- Hedefinize **yaklaştıkça** sabırsızlandık.

"**Je** näher wir unserem Ziele kamen, **desto** ungeduldiger wurden wir.)

- Sermaye mevcut **olmadıkça** memleketin imarı imkansızdır.

(Soweit kein Kapital vorhanden ist, ist der Wiederaufbau des Landes unmöglich)

- Bu dağlar **oldukça** yüksektir. (Diese Berge sind **ziemlich** hoch.)
- Buhran **gittikçe** hafifliyor. (Die Krise nimmt **allmählich** ab.)
- Arkadaşım o kıza aşık **olalı** tahsilini ihmal ediyor.

(Seit mein Kollege sich in jenes Mädchen verliebt hat, vernachlässigt er sein Studium.)

İnsan gayret **sarfettikçe** işinde başarılı olur.

(In dem Masse, der Mensch Eifer aufwendet, hat er bei seiner Arbeit Erfolg.)

AUSDRÜCKE AUS DEM TÜRKISCHEN INS DEUTSCHE:

a) **gelse:** angenommen, er kommt. wenn er kommen sollte.
   wenn er käme
   gelirse: wenn er kommt. (Immer wenn)
   Kışın güneş sabahları saat 7 de doğsa, akşamları da saat 17 de batsa gündüz kaç saat sürüyor demektir ?
   Nehmen wir an, die Sonne geht im Winter morgens um 7 Uhr auf und abends um 17 Uhr unter, wieviel Stunden dauert dann der Tag?)
   Duvar takviminize dikkat edersek, her yaprağın üzerinde şunları görürüz. **(Wenn wir** den Wandkalender **betrachten,** so sehen wir auf jedem Blatt folgendes.)

b) **li, lik:**
   bulutlu: **(Wolkig, bewölkt)**   üç heceli: **(dreisilbig)**
   Berlinli: **(Berliner)**   Amerikalı: **(Amerikaner (in),**
   Güzellik: **(Schönheit)**   iyilik: Güte, Gesundheit)
   bir saatlik yol: **(Weg von einer Stunde)** İşçilik: Arbeitslohn.
   350 sayfalık uzaklıkta bir bir ansiklopedi **(ein Lexikon im Umfang von 350 Seiten.)**
   25 kişilik yer **(Platz für 25 Personen)**
   2 km yer **(ein 2 km entfernter Ort.)**

c) **- misti:**
   Gecenin onu olmuştu: **(Es war zehn Uhr nachts.)**
   Temmuzun sonlarıydı: **(Es war Ende Juli, es war in den letzten Julitagen)**
   Daha sabahın altısı bile olmamıştı. **(Es war nicht einmal sechs Uhr morgens gewesen.)**
   Hüseyin Rahmi Gürpınar İstanbul'da **doğmuştur.** 'Ben deli miyim?" **adlı romanı** yazmıştır. (Hüseyin Rahmi Gürpınar wurde in İstanbul geboren. Er schrieb den Roman mit dem Titel "Bin ich verrückt?")

d) **- di** (-dim, - din, - dik, - diniz, -diler)
   Kırıldı.   **(Es ist kaputt.)**
   Susadım.   **(Ich bin durstig.)**
   Hoşuma gitti.:   **(Es gefällt mir. Es hat mir gefallen.)**

Bu yemekten vazgeçtim: (Ich verzichte auf dieses Essen.)
Bugünkü yayınımız sona erdi. **(Damit) ist unsere heutige Sendung beendet.)**
Merke: Man achte in diesem Punkt auf die Ähnlichkeiten mit dem Deutschen.
Subjekt: Bay TUNA yazı masasına oturuyor. **(Herr TUNA** setzt sich an seinen Schreibtisch.)
Nehirler düzlüklerde sakin sakin akarlar. **(Die Flüsse** fliessen ruhig in den Ebenen dahin.)
Objekt: Yetim ve öksüz kalan Muhammed'i amcası Ebutalip yanına aldı.
(Den vater-und mutterlosen Muhammed nahm sein Onkel Ebutalip zu sich.)
Umstandsangaben des Ortes: **(Von den Abhängen der Berge** fliessen sprudelnde Flüsse.)
Dağların yamaçlarından coşkun nehirler akar. **Yeryüzünün ayrı kısımlarında** tabiat çok çeşitlidir.
(In den einzelnen Teilen der Erdoberfläche ist die Natur sehr verschiedenartig.)
der Zeit: Karısının vefatından sonra bir gün Hoca çorba pişirir.
(Eines Tages nach dem Tode seiner Frau kocht der Hodscha eine Suppe.)
der Art und Weise: (Böylece)
Böylece Amerika Birleşik Devletleri de savaşa katılmış olur.
(Auf diese Weise (somit) waren die USA in den Krieg hineingezogen.)
Aus dem Grund: Bu yüzden sürat düşer.
(Aus dem Grunde (deshalb) sinkt die Geschwindigkeit.)
Çünkü bunlar okumanın hızını azaltır. **(Denn** das verringert die Leseschnelligkeit.)
Umstandsangaben: Rahmetli annesi bu çorbayı **pek çok** severdi.
(Seine selige Mutter liebte diese Suppe **ungemein)**
Sıcak çorba çocuğun ağzını ve boğazını adamakıllı yakar.
(Diese heisse Suppe verbrennt dem Kind den Mund und Schlund **ganz gehörig.)**

e) **kendine (kendi kendine):**
Kendi kendine diyor   : **(Er sagt zu sich selbst.)**
O kendine güveniyor   : **(Er verlässt sich auf sich selbst.)**
Kendimi iyi bulmuyorum : **(Ich fühle mich nicht wohl.)**
Belliki kendini çok üşütmüş : **(Es ist klar,dass** sie sich sehr erkältet hat.)
Kendinize bir hastalık sigortası belgesi alınız! (Holen Sie **sich** einen Krankenschein!)

f) edilmek/olunmak:

işgal edilmek: **besetzt werden**   işgal etmek: **besetzen**
esir etmek: **gefangennehmen**   esir olmak: **gefangen werden**
rahatsız etmek: **stören/belästigen (in Gefangenschaft geraten.)**
rahatsız olmak: **gestört werden/sich stören.**
gönderiliyorum: **Ich werde (gerade) geschickt.**

soruldu: es wurde gefragt.   **beslenirsin:** du wirst ernährt.
görüldük: Wir wurden gesehen.   **alınmıştır:** es ist genommen worden
aranıyorlar: sie werden gesucht.   **bulundunuz:** Ihr wurdet gefunden.
sıkılırsın: du langweilst dich.   **seviniyorum:** Ich freue mich.
bulunur: er befindet sich (ist vorhanden.)
görünmüştür: es hat sich gezeigt.   **beslendik:** wir ernährten uns.
yıkanıyorlar: sie waschen sich gerade   **korundunuz:** ihr schütztet euch.

Merke: Bulunur **(vorrätig, ist zu haben.)**
Soğuk meyve suyu bulunur: **Kühler Obstsaft ist vorrätig, (hier) zu haben.**

g) - en, an:

Hükümet başında olanlar...: **(Die an der Spitze der Regierung Stehenden..)**

Ağlamayan çocuğa meme vermezler: **(Dem Kind, das nicht weint, gibt man nicht die Brust.)** -**Dem nicht weinenden Kind, gibt man nicht die Brust.**

Bunu gören ve için için gülen yaramaz: **Der Taugenichts, der das sieht und innerlich lacht.**

Ucuz alan-pahalı alır: Der billig Kaufende **(Wer billig kauft, kauft teuer.)**

Pahalı alan aldanmaz: **(Wer teuer kauft, wird nicht betrogen.)**

Çok konuşan çok yanılır: **(Wer viel redet, irrt sich viel.)**

Yıkanan, taranan yünler iplik eğiren makinelere takılır:
(Die gewaschene und gekämmte Wolle kommt in die Spinnmaschine.)

En iyileri Erzurum ve dolaylarında yetiştirilenleridir.
Die besten (ziegen) sind die in Erzurum und Umgebung **gezüchteten.**
oder: ...
diejenigen, die in Erzurum und Umgebung **gezüchtet werden.**

Türk: Eski ve zengin kültürü, yiğitliği, ağırbaşlılığı, vatanperverliği ve gönül yüceliğiyle tanınan, çok eski çağlardan beri Orta Asya'da ki Anayurdundan türlü yönlere dalga dalga yayılarak büyük devletler kuran ve bugün Balkanlardan Çin içlerine kadar uzanan alanda yerleşmiş bulunan bir milletin adı ve bu milletten olan kimse.

Cevap Anahtarı:

Türke: Name eines Nationsstammes, der durch seine alte und reiche Kultur, seine Tapferkeit, seine Besonnenheit, seine Vaterlandsliebe und seine Hochherzigkeit bekannt ist, der seit alten Zeiten sich von seiner Heimat in Zentralasien nach verschiedenen Richtungen in Wellen ausgebreitet und grosse Staaten gegründet hat, und heute auf einem vom Balkan bis in das Innere Chinas sich erstreckendes Gebiet (sich angesiedelt befinden) siedelt sowie (jemand, der ist von...) ein Angehöriger dieses Nationsstammes.

h) - <u>ebilir:</u> Nerede balık avlanabilir? **Wo kann man angeln?**
   - il Nerede ata binilebilinir? **Wo kann man reiten?**

Örnekler:

19 Mayıs 1919'da Samsun'a çıkan Atatürk ve arkadaşları, Ankara'da 23 Nisan 1920 de Büyük Millet Meclisini kurdular.

(Atatürk und seine Kameraden, die am 19. Mai 1919 in Samsun landeten, gründeten am 23. April 1920 in Ankara die Grosse Nationalversammlung.)

23 Nisan, milletin kendi iradesini eline aldığı gündür.

(Der 23. April ist der Tag, an dem die Nation ihre Führung selbst in die Hand nahm.)

Cumhuriyet Bayramı 29 Ekim günüdür. Anayasanın en önemli maddesi olan, "Türkiye Devletinin hükümet şekli Cumhuriyettir" maddesi Ankara'da Büyük millet Meclisi binasında <u>kabul edildi.</u>

(Tag der Republik ist der 29. Oktober . Der Artikel "die Regierungsform des Türkischen Staates ist die Republik", der der wichtigste Artikel der Verfassung ist, wurde in der Grossen Nationalversammlung in Ankara <u>angekommen</u>.)

1923 yılı 29 Ekim günü saat 20.30 da Cumhuriyet, top sesleriyle bütün yurda ve bütün dünyaya ilan edildi.

(Am 29. Oktober 1923 um 20.30 Uhr wurde dem ganzen Lande und der ganzen Welt mit Kanonendonner die Republik verkündet.)

Bütün Türkiye'de her yıl Artırma ve Yerli Malı haftası açılır.

(In der ganzen Türkei wird jedes Jahr die Woche des Sparens und der inländischen Waren (oder: der einheimischen Produkte) eröffnet.)

I) <u>-cek, cak: / -ecek:</u>
Konya'da hava parçalı bulutlu geçecek, günün en yüksek sıcaklığı 29, gecenin en düşük sıcaklığı ise 18 derece civarında bulunacaktır. Hava sıcaklıkları Marmara, Ege, Karadeniz, Akdeniz, İç Anadolu ve Doğu Anadolu bölgelerinde biraz azalacak.

(Das Wetter in Konya wird stellenweise wolkig sein, die Höchsttemperatur wird 29 Grad, die niedrigste Nachttemperatur dagegen etwa 18 Grad betragen.)

Die Lufttemperatur wird in den Gebieten des Marmarameeres, der Ägäis, des Schwarzen Meeres, des Mittelmeeres, Inner-und Ostanatoliens etwas sinken.

Güneydoğu Anadolu bölgesinde değişmeyecek, rüzgarlar genel olarak kuzey ve doğu yönlerden hafif, yer yer orta kuvvette esecektir.

Im Gebiet Südostanatoliens wird es unveränderlich bleiben, die Winde werden im allgemeinen aus nördlicher und östlicher Richtung schwach, gebietsweise mit mittlerer Stärke wehen.

O kızına kavuşacak: (Er **wird** seine Tochter **wiedersehen.**)

-aktivisch: gelecek hafta: (die Woche, die kommen wird.) **kommende (nächste) Woche.**

-passivisch: Oturacak yer: **Sitzplatz** (Platz, auf dem gesessen wird.)

duracak yer: **Stehplatz** (Platz, auf dem gestanden wird.)

okuyacak kitap: **ein Buch zum Lesen, ein zu lesendes Buch**

okunacak/okunulacak: **ein Buch, das gelesen werden kann**

-als Partizip/substantivisch:

a) inecek var mı - (Ist einer da, der aussteigen wird.)

Will jemand aussteigen? ....

Başka gelecek var mı? **Will** noch jemand mitkommen?)

b) **İçecek: Getränk** (Was getrunken werden kann)

Sana kavuşacağım zaman...: **wenn ich dich wiedersehen werde.**

die Partikel ki:

bir güneş var **ki**, doğmak üzeredir. (.. es gibt eine Sonne:)

(Sie ist im Begriff aufzugehen.)

Bir zaman gelecek ki, Rusya'da ki Türkler hür olacak.

- Es wird eine Zeit kommen: Die Türken im Russland **werden frei sein.**

- Es wird eine Zeit kommen, **da werden** die Türken im Russland **frei sein.**

Herkes bilir ki, dünya yuvarlaktır.

(Jeder weiss, **dass** die Erde rund ist.)

Anlaşıldı **ki,** bu işi yapan odur. (-Es stellte sich heraus, **dass** er diese Sache gemacht hat)

Ümit ediyorum ki, bütün derslerden tam not alacağım.

(Ich hoffe, **dass** ich in allen Fächern eine sehr gute Note bekommen werde.)

Bana dediki hastayım (direkte Rede) - Er sagte zu mir, **dass er krank sei.**
- Ziya'nınki: **das, was Ziya gehört.**
şimdiki: **gegenwärtig, der (die, das) Gegenwärtige.**
hususundaki: **betreffend, betreffs.**
- **de ki:**   odanızdaki telefon   : (das Telefon in Ihrem Zimmer.)
          önümüzdeki hafta   : (die **nächste** Woche)
          bahçedekiler   : (**diejenigen, die** im Garten sind.)
          hususundaki ısrar (das Beharren betreffs..., auf...)

demek ki (demek oluyor ki): das heisst also, eben.

Bu işe girişmişler, **demek oluyor ki** kuvvetlerine güveniyorlar.
(Sie haben diese Sachen unternommen, sie verlassen sich **eben** auf ihre Kräfte.)

Söyleyecek ne varki? **(Was wäre denn zu sagen?)**

Diyecek yok. **(Dagegen lässt sich nichts sagen.)**

- **da bulunmak:** Sana bir açıklamada **bulunacağım.**
(Ich muß dir etwas erklären (eröffnen/gestehen)

c) - **mek:** Gitmeğe değer mi? **(Lohnt es sich, hinzugehen?)**
Ahlak, sadece kötülük etmekten çekinmek değildir.
(Die Ethik besteht nicht darin, einfach zu vermeiden, Böses zu tun.)

- **me:** Sizin yapmamanız yetmez. (Es genügt nicht, **dass ihr es nicht tut.**)
Gönderenin isim ve adresini bildirmeniz icap ediyor.
(Sie müssen Name und Adresse des Absenders angeben.)
Bunun kaynatılmaması gerekir. **(Das darf nicht gekocht werden.)**
Okumada sürat işi önemlidir. (Beim Lesen ist die Frage der Geschwindigkeit wichtig.) - Lokativ -

Bunlar okumanın hızını azaltır. (Das verringert die Schnelligkeit des Lesens.)

d) **-is:** Güneşin baktığımızda ufak görünüşünün sebebi, uzakta oluşudur. **(Dass die Sonne in unserer Sicht winzig erscheint,** liegt daran, dass sie weit entfernt ist.)
(**Indem** die Grammatik uns die richtigen Regeln der Sprache zeigt, lehrt Sie uns die Methode, richtig zu sprechen und korrekt zu schreiben.)

e) <u>**memezlik:**</u>
Bana bilmemezlikten gelmeyin. **(Spielen Sie mir gegenüber nicht den Unwissenden.)**
İşitmemezlik ediyor: **(Er tut so, als ob er nicht höre.)**
(Er hörte absichtlich nicht.)

f) **-eceği gelmek:** (Lust haben zu/ am liebsten etw. tun wollen.)
   -eceği tutmak: (auf den Gedanken kommen, zu/den Einfall haben, zu)
   Ağlayacağım geliyor: (**Ich möchte am liebsten weinen.**)
   Seni çok göreceğim geliyor: (**Ich möchte dich gar zu gern wiedersehen.**)
   (Es ist wirklich Zeit, dich mal wiederzusehen.)
   Bugün gezeceğim tuttu: (**Heute hatte ich den Einfall spazierenzugehen.**)
   (**Ich wollte heute nun mal spazierengehen.**)

g) **-mektense:**
   Aç gezmektense tok ölmek yeğdir: (**-Es ist besser, satt zu sterben, als hungrig zu leben.**)
   Yağmurda ıslanmaktansa okula girelim. (**-Anstatt im Regen nass zu werden, lasst uns in die Schule gehen.**)

h) **-i (ü, ı, u) vermek:** schnell (sofort, gleich) etw.tun.
   -e (a) kalmak:
   -e (a) gelmek: **weiter (hin), immer noch etw. tun.**
   -e (a) durmak:
   -e (a) yazmak: **fast, nahe daran sein, etw.zu tun.**
   Üzülür diye söyleyivermekten çekindim. (**Ich schämte mich, so ohne weiteres "betrüblich" gesagt zu haben.**)
   (Yorgundum uyuyakalmışım. (**Ich war müde; ich war eingeschlafen**)
   Bu durum öteden beri süre gelmektedir. (**Dieser Zustand besteht schon seit eh und je.**)

m) .... üzere:

1. **im Begriff sein:** (Gelmek üzere kalktı.) Er **ist im Begriff** zu kommen. Er kommt gerade.

2. **um... zu:** (Gitmek üzere kalktı) Er stand auf, **um zu** gehen.

3. **falls:** Akşama geri vermek üzere bu kitabı alabilirsiniz.
   (**Falls Sie das Buch bis zum Abend wieder zurückgeben, können Sie es nehmen.**)

4. **wie:** Yukarıda yazıldığı üzere: (**wie oben beschrieben, erwähnt.**)

5. **..... sind, davon:**
   İkisi kız olmak üzere üç çocuğu vardır.
   (Sie hat drei Kinder, **davon sind** zwei Mädchen.)
   (Sie hat drei Kinder, **von** denen zwei Mädchen sind.)
   Görüşmek üzere samimi selamlar: (**Herzliche Grüsse auf ein Wiedersehen.**)

n) **derken:**

   a) Nebenordnung: **Mittlerweile, inzwischen/a, in diesem Augenblick (soll) zwar .. aber/ .. aber da ... (schon)**

   b) Unterordnend: **(gerade) als.../obwohl (wenn auch) die Absicht besteht..., so... (doch) obwohl... soll.**

   Derken oğlu delikanlı olmuş. **(Mittlerweile) inzwischen wurde sein Sohn zum Jüngling.**

   Yazı yazıyordum, derken misafir geldi.

   - **Ich schrieb einen Artikel (war dabei, einen Artikel zu schreiben), da (in diesem Augenblick) kamen Gäste.**
   - **Gerade als ich einen Artikel schrieb, kamen Gäste.**

   Akşamdan önce varacağız derken ancak gece yarısı varabildik.

   (Wir wollten **zwar** noch vor dem Abend eintreffen, konnten **aber** erst um Mitternacht da sein.)

   (**Wenn** wir **auch** beabsichtigen, vor dem Abend einzutreffen, **so** konnten wir **doch** erst um Mitternacht da sein.)

   Yeni havaalanı bitti bitiyor derken hala bitmedi. - (Der neue Flugplatz soll **zwar gerade** fertig sein, ist **aber** noch nicht fertig).

o) **Obwohl** der neue Flugplatz fertig sein **soll,** ist er es noch nicht.

   die Hauptbedeutungen von "de (da)":

   1) auch: Onu ben de gördüm: (**Auch** ich habe ihn gesehen.)

   Ben onu da gördüm: (**Auch** ihn habe ich gesehen.)

   Onu ben de gördüm. (Ich habe ihn **auch** gesehen. (nicht nur gehört.)

   2) bu iş **hiç te** doğru değil: (Diese Sache ist **ganz und gar nicht** richtig.)

   Ne **de** güzel şey?: (**Was für** eine schöne Sache!)

   Ne o geldi ne **de** öbürü (**Weder** er **noch** der andere kam.)

   3) dass: Ne iyi ettin de geldin (Wie gut du tatest, **dass du kamst.**)

   Yemin edecek **de** gitmeyecek. (Er wird schwören, **dass er nicht geht.**)

   4) Gegensatz aber, zuweilen und:

   Gördü **de** selâm vermedi: (Er sah mich), grüsste **aber** nicht.)

   Gezdi **de** çalışmadı: (Er ging spazieren, arbeitete aber nicht.)

   Okudum **da** öğrendim: (Ich las **und** lernte dadurch)

   5) und: Çalışmış **da** kazanmış: (Er hat gearbeitet **und** verdient..)

   Çabuk koş **da** gel.: (Lauf schnell **und** komm!)

- Şimdiye kadar toplanılan tecrübelerden istifade edilmedikçe başarı sağlanamaz. **(Solange die bis jetzt gesammelten Erfahrungen nicht ausgenützt werden, kann der Erfolg nicht sichergestellt werden.)**

- Radyoda verilen konferansları dinliyeli siyasi hadiseleri daha iyi anlıyorum. **(Seit ich die im Radio gehaltenen Vorträge höre, verstehe ich die politischen Ereignisse besser.)**

Präpositionale Wortgruppe Nebensatz

Aşağıdaki Präpositionlar karşılarındaki Konjunktion'un (bağlaç) anlamını verir:

a)	aufgrund (Genitiv) ein Grund, eine Ursache	- da-weil-denn
b)	bei (Dativ) eine Zeitangabe eine Bedingung- wenn-als-falls	- wenn-als
c)	durch (Akkusativ) mit Hilfe eines Vorgangs einer Sache:	unter der Bedingung, dass
d)	infolge (Genitiv) ein Grund, eine Ursache	- da-weil-denn
e)	nach (Dativ) eine Zeitangabe	- nachdem
f)	ohne (Akkusativ) eine Negation ein Faktor wird ausgeschlossen	- ohne dass ohne-Infinitiv mit zu
g)	seit (Dativ) eine Zeitangabe	- seitdem
h)	trotz (Genitiv) ein Gegensatz trotzdem	-obwohl-obgleich-obschon
ı)	vor (Dativ) eine Zeitangabe	- bevor-ehe
i)	während (Genitiv) eine Zeitangabe (Gleichzeitigkeit)	- während-solange
j)	wegen (Genitiv) ein Grund, eine Ursache	- da-weil-denn
k)	zu (Dativ) ein Zweck	-um+Infinitiv mit zu damit

Örnekler:

Zu seinen Lebzeiten hatten sich alle strikt an diese Regelung zu halten. **Solange** er lebte, hatten..................

Kurz von seiner Abreise besuchte er uns noch einmal. **Kurz bevor** er abreiste, besuchte..................

Nach tagelangen ergebnislosen Beratungen wurde die Konferenz abgebrochen. **Nachdem** man tagelang ergebnislos beraten hatte, wurde..................

Bei Ausbruch des Zweiten Weltkriegs befanden wir uns auf einer Reise durch die Vereinigten Staaten. **Als** der Zweite Weltkrieg ausbrach, befanden..................

In einem Beisein darf von diesen Dingen nicht gesprochen werden. **Wenn er** da ist, darf..................

Er blieb **bis zum Abbruch der Verhandlungen** in Genf. Er blieb in Genf, **bis** die Verhandlungen abgebrochen wurden.
Sofort nach Klärung dieser Fragen werden Sie wieder von uns hören. **Sobald** diese Fragen geklärt sind, werden ....
Bei ihrer Ankunft auf dem Flughafen wurde die siegreiche Fussballmannschaft stürmisch gefeiert. **Als** die siegreiche Fussballmannschaft auf dem Flughafen ankam, wurde ....
Seit seinem Tode steht das Haus leer.
Seit (dem) er gestorben ist, steht...
Bei jedem Treffen erörterten sie erst stundenlang Verfahrensfragen.
Jedesmal wenn sie sich trafen, erörteten ....
Während unseres Urlaubs ist bei uns eingebrochen worden.
Während wir auf Urlaub waren ist..
Bei seinem Eintreten erhoben sich alle von ihren Plätzen.
Als er eintrat, erhoben..
....
Mich von Kopf bis Fuss musternd, fragte er mich, warum ich ausgerechnet bei ihm arbeiten wolle.
Indem er mich von Kopf bis Fuss musterte, **fragte**........................
Diese Aufgabe ist **zwar** schwierig, **aber** interessant.
So schwierig diese Aufgabe ist, **so** interessant ist sie auch.
So unfähig dieser Mensch ist, **so** anmassend ist er auch.
Dieser Mensch ist **ebenso** unfähig **wie** anmassend.
Dieser Job ist **zwar** gefährlich, man kann **aber** auch viel Geld dabei verdienen.
So gefährlich dieser Job ist, **so** viel Geld kann man dabei verdienen.
In dem Masse, in dem die Schädlichkeit des Zigarettenrauchens erkannt wird, **desto** mehr scheint..
Man versuchte, seine Freiheit einzuschränken. Dadurch wurde er nur noch rebellischer. **Je** mehr man seine Freiheit einzuschränken versuchte, **desto** rebellischer wurde er.

Ersetzen Sie die adverbialen Bestimmungen durch Nebensätze!

---

1. **Noch vor Tagesanbruch** konnte die Polizei den Dieb fassen.
   ....

2. **Nach Eröffnung der Sitzung** begrüsste der Vorsitzende die zahlreich erschienenen Gäste.
   ....

3. **Wegen seines schlechten Verhaltens** wurde der Student von der Universität verwiesen.
   ....

4. **Bei Verlassen seiner Wohnung** wurde er von einem Auto angefahren.
   ....

5. **Gegen Zahlung einer Gebühr** erhalten Sie eine Aufenthaltsgenehmigung.
   ....

6. **Über die Zulassung zur Prüfung** entscheidet ein Ausschuss der Fakultät.
   ....

7. Die Eintrittskarten sind **auf Verlangen** vorzuzeigen.
   ....

8. **Mit Erreichen der Altersgrenze** scheidet ein Beamter aus dem Dienst aus.
   ....

9. **Während seines 14 tägigen Aufenthalts in der Türkei,** lernte er die wichtigsten Städte des Landes kennen.
   ....

10. **Auf Empfehlung ihres Musiklehrers,** bewarb sie sich **um die Aufnahme ins Konservatorium.**
    ....

11. **Bei meiner Ankunft** wurde ich von meinen Freunden herzlich begrüsst.
    ....

12. **Mit deiner Hilfe** könnten wir alle Schwierigkeiten leicht überwinden.
    ....

13. **Trotz meiner vielen Bitten** hat er mir nie geholfen.
    ....

14. Er wurde **wegen Volltrunkenheit** in Polizeigewahrsam genommen.
    ....

15. Er hat das Geständnis nur **unter Zwang** abgelegt.
    ....

VERWANDELN SIE DIE ADVERBIALEN AUSDRÜCKE IN NEBENSÄTZE!

1. **In Abwesenheit** des Chefs kann nur ein Prokurist für die Firma unterschreiben.
   ....

2. **Während der Fahrt** sind alle Fenster des Zuges zu schliessen.
   ....

3. **Beim Verlassen des Bahnsteiges** muß man die Fahrkarten vorzeigen.
   ....

4. **Nach glücklicher Beendigung des ersten Weltraumfluges** wird der Pilot des Raumschiffes der Held des Tages sein.
   ....

5. Er wird **zeitlebens** an den Folgen des Unfalls leiden.
   ....

6. Oft erkennt man erst **bei der Arbeit** die ganze Problematik der gestellten Aufgabe.

7. **Während des Regens** ist die Rutschgefahr auf den Straßen besonders gross.

8. Der Redner hat **wegen Terminschwierigkeiten** sein Erscheinen abgesagt.

9. Auch **mit wenig Geld** kann man recht glücklich sein.

10. **Schon in der Morgendämmerung** packten wir unser Zelt zusammen.

11. **Beim ersten Überfliegen des Pols** herrschte im Flugzeug **andlächtige** Stille.

12. Der Bergsteiger überlebte den Schneesturm **durch die Übernachtung** in einer Felsspalte.

13. **Unter tiefen Verbeugungen** begleitete der Geschäftsführer den hohen Gast zur Tür.

14. **Bei Kohlenknappheit** müssen wir mit Holz heizen.

15. **Nur durch den Irrtum** eines Polizeibeamten konnte der Verbrecher entkommen.

16. **Trozt seiner Unterlegenheit** konnte er das Spiel gewinnen.

17. **Mit deinem Einverständnis** werde ich ihm die Bitte vortragen.

18. **Trotz der Drohungen** des schönen Wetters findet der Unterricht statt.

19. **In Anbetracht** des schönen Wetters findet der Unterricht im Garten statt.

20. **Auf sein Verlangen hin** wurde ihm das Geld ausbezahlt.

Verwandeln Sie die adverbialen Bestimmungen in Nebensätze!

1. **Nach Ende des Kurses** beginnt er ein Praktikum in Kassel.

2. **Auf meiner Reise nach München** lernte ich eine nette junge Dame kennen.

3. **Nach der Beschreibung des Polizisten** muß der Dieb eine Brille tragen.

4. **Während seines ganzen Lebens** wirkte Ghandi für die Befreiung Indiens.

5. **Nachdem Zusammenstoss mit dem Radfahrer** konnte er wegen seiner Verletzung nicht aufstehen.
   ....

6. **Vor dem Unterricht** frühstücken wir.
   ....

7. **Nach Vollendung des 65. Lebensjahres** wird man in Deutschland pensioniert.
   ....

8. **Vor Ablauf dieser Zeit** erhält man nur in Krankheitsfällen die Pension.
   ....

9. **auf Anraten des Arztes** macht sie eine Kur in Bad Neuenahr.
   ....

10. **Unter Verzicht auf seine Pension** trat der Minister zurück. (indem)
    ....

11. **Unter Beachtung aller Vorsichtmassnahmen** wurde die Mine entschärft. (wobei)
    ....

12. **Über Erwarten** machte er **schnell** seine Examen. (Komparativ)
    ....

13. **Bei genügender Beteiligung** fahren wir zum Volkswagenwerk. (sollte..)
    ....

14. **Nachdem Flug von Lintberg über den Atlantik** begann eine neue Epoche für die Welt.
    ....

15. Der **mit der Wahrung des Geschäfts** beauftragte Beamte hat jede Vollmacht.
    ....

16. **Unter Vorspiegelung falscher Tatsachen** erschliess er sich das Vertrauen der alten Dame.
    ....

17. Diese Medizin ist nur **nach genauer Vorschrift** des Arztes einzunehmen.
    ....

18. **Einer Anordnung des Innenministers von Nordrhein/Westfalen gemäss** müssen die Polizeibeamten ihren Dienst unter Wahrung der wichtigsten Höflichkeitsformen verrichten.
    ....

19. Diese Übung ist nur **auf besondere Anweisung des Kursleiters** von den Studenten zu schreiben.
    ....

20. **Bei Besatzung dieser Stelle** sind Schwerkriegsbeschädigte zu berücksichtigen.
    ....

3. Bölüm

NEBENSÄTZE (Yan Cümleler):

A) Subjekt, Objekt-und Attributsätze:

1.) "dass" - Sätze: diğini, dığını

    Es freut mich sehr, **dass** er Erfolg hatte.   O   başarısına   seviniyor.
    Daß er Erfolg hatte, freut mich sehr.   (başarılı olduğuna)

SUBJEKT
    Sein Erfolg freut mich sehr. (Başarısı beni sevindiriyor.)

2.) Ich halte es für richtig, dass er sich entschuldigt hat.
    Daß er sich entschuldigt hat, halte ich für richtig.

OBJEKT
    Seine Entschuldigung halte ich für richtig.
    (Onun özürünü doğru buluyorum)

3) Seine **Behauptung, dass er nicht informiert war**, stimmt nicht.

4) Ich bin der **Meinung, dass er einen Fehler gemacht hat**.

<u>Subjektsätze:</u>

5) Es wundert mich sehr, dass niemand zu Hause ist.
    Daß niemand zu Haus ist, (das) wundert mich sehr.

6) Wie kommt es, dass wir uns so verspätet haben?

<u>Objektsätze:</u>

7)   Ich finde es gut, **dass er uns genau informiert hat**.
    Daß er uns genau informiert hat, (das) finde ich gut.

8)   Ich kann (es) verstehen, **dass Metin unzufrieden ist**.

    Der "dass-Satz" entspricht einem Genitivobjekt:

9) Er war sich **(dessen)** ganz sicher, **dass** er es schaffen würde.
   Daß er es schaffen würde, dessen war er sich ganz sicher
   Der "dass-Satz" vertritt ein Präpositionalobjekt:
10) Achten Sie bitte darauf, **dass** die Kamera nicht nass wird.
11) Wir danken Ihnen viemals (dafür), **dass** Sie uns geholfen haben.
    Daß Sie uns geholfen haben, dafür danken wir Ihnen vielmals:
12) Mich beunruhigt **(es), dass** Kenan nicht schreibt.
13) Beunruhigt es dich nicht auch, **dass** Kenan nicht schreibt?
14) Ich möchte **(denke/glaube/bezweifle/vermute...), dass** er das macht.
    A: Möchtest du, **dass** er das macht?
    B: Ich möchte es **auf keinen Fall, dass** er das macht.
15) Ich konnte sie daran erkennen, **dass** sie einen roten Hut trug.
16) Ich konnte erkennen, **dass** sie einen roten Hut trug. (bemerken!)
17) Einige stimmten dafür (befürworteten es)- **dass** man es so macht.
18) Ich freue mich **(daran), dass** die Rosen so schön blühen.
19) Ich freue mich **(darüber), dass** du gekommen bist.
20) Ich freue mich **(darauf), dass** ich sie morgen wiedersehe.
21) Freust du dich denn nicht, **dass** du die Prüfung bestanden hast?
    Natürlich freue ich mich darüber, **dass** ich es geschafft habe.
22) Was hindert dich daran, **dass** du dein Vorhaben ausführst?
    Was hindert dich (daran) dein Vorhaben auszuführen?
23) Schön (Es ist schön), **dass** Sie gekommen sind.
24) Ein Glück (Es ist ein Glück), **dass** niemand verletzt wurde.
25) Verben mit obligatorischem Akkusativ-Korrelat "es" vor Objektsätzen:
    Zum Beispiel: es ablehnen:
    A) Er lehnt es ab, **dass** der Plan geändert wird.
    B) Er lehnt es ab, den Plan **zu** ändern.

- es abgesehen haben auf A
- es sich D angelegen sein lassen
- es jdm. anlasten als A
- es jdm. hoch anrechnen
- es ansehen als A
- es begrüssen: a) Ich begrüsse es, **dass** er uns unterstützt.

es aufgeben
es positiv/kritisch aufnehmen
es nicht aushalten
es ausnutzen
es befürworten

b) Ich begrüsse es, seine Unterstützung **zu** haben.
c) Ich begrüsse es, wie er für uns eintritt.

- es beklagen
- es betrachten als
- es bewundern
- es teuer bezahlen müssen
- es mit dem Leben bezahlen müssen
- es bezeichnen als A
- es mit sich bringen
- es jdm. (schlecht/nicht) danken
- es sich D erlauben können
- es jdm, erleichtern
- es jdm, ermöglichen
- es (nicht) ertragen (können)
- es fertigbringen
- es gewohnt sein
- es sich zu Herzen nehmen
- es einen Zufall/ein Wunder.. nennen
- es schätzen

- es jdm. übelnehmen
- es unterlassen
- es verachten
- es versäumen
- es verdienen

es eilighaben
es leicht/schwer haben
es gern/satt haben.
es für richtig/falsch... halten
es für einen Nachteil/Vorteil halten
- es hassen
- es jdm heimzahlen
- es nicht dazu kommen lassen
- es jdm. zur Last legen
- es sich leisten können
- es lieben
- es jdm. schlecht
es schwer/leicht/tragisch nehmen
es in die Hand nehmen
es falsch verkehrt/richtig... nennen
es rechnen zu D
es mit Humor/Geduld/Fassung... tragen
es jdm. überlassen
es verabscheuen
es jdm. nicht verdenken können
es jdm. verübeln können.
es vermeiden.

Ergänzen Sie die "dass-Sätze!"

a) Ahmet kommt auch mit. - **Es freut mich sehr, dass er auch mitkommt.** (Onunda bizimle gelmesine sevindim)

b) Sie kennen doch sicher dieses berühmte Schloss
Nein, ich muß gestehen, dass ich es nicht kennte.
(Hayır bunu tanımadığımı söylemeliyim)

c) **Vermutlich,** dass er gar nichts davon wußte, ist falsch.
Die Vermutung, dass er gar nichts davon wußte, ist falsch.
(Onun bundan hiçbir şey bilmediği tahmini yanlış.)

1. Was meinst du, ändert sich das Wetter?
   -Es ist schon möglich, dass..
2. Ich glaube, diese Massnahme war falsch.
   -Ich bin nicht der Meinung, dass..

3. Wird er es tun? -**Es ist nicht zu erwarten, dass** ....
....

a) **Auf diese Weise kommen wir nicht zu erwarten, dass**
Es ist klar, dass wir auf diese Weise nicht zum Ziel kommen.
Daß wir auf diese Weise nicht zum Ziel kommen, ist klar.
(Bu suretle amaca ulaşamayacağımız açıktır.)

b) Niemand hat sich um uns gekümmert.
Ich finde es unglaublich, **dass sich niemand um uns gekümmert** hat.
Daß sich niemand um uns gekümmert hat, finde ich unglaublich.
(Hiçkimsenin bizimle ilgilenmediğini doğru bulmuyorum.)

1- Er hat nichts gesagt. Das war ein Fehler. Ich finde es auch verkehrt,...
2- Wird der Minister zurücktreten? - Es gilt als sicher,........................
3- Stimmt diese Behauptung wirklich? -Es ist nicht ausgeschlossen,........

c) Wird Ahmet die Prüfung bestehen?
Ich bin fest davon überzeugt, **dass** er sie bestehen wird.
(Onun bu imtihanı kazanacağına inanıyorum)

1- Wird er uns helfen? - Ich verlasse mich...
2- Das Programm soll schon wieder geändert werden! Was meinen Sie denn dazu?
Ich werde mich entscheiden ...., ...
3- Diese Sache muß noch heute erledigt werden.
Sorgen Sie bitte........................, ...

d) Ich freue mich sehr, **dass** du mitkommst.
Daß du mitkommst, darüber freue ich mich sehr.
(Birlikte geldiğine çok seviniyorum)

1- Ich bin nun überzeugt, **dass** ich das Richtige getan habe.
2- Er zweifelt nicht, **dass** er sein Ziel erreichen wird.
3- Ich danke dir herzlich, **dass** du mir geholfen hast.

e) a) Zunächst bemerkte man das Fehlen des Geldbetrags nicht.
(Şimdilik para yekûnunun eksik olduğu farkedilmedi.)
b) Er ist Kritik gewohnt. (Eleştirilmeye alışkın.)
Er ist es gewohnt, dass man ihn kritisiert.
c) Es gibt Anzeichen für eine baldige Regierungsumbildung.
Es gibt Anzeichen dafür, dass die Regierung bald
umgebildet wird.
(Bu hükümetin yakında değiştirileceğinin bir belirtisidir.)

Aşağıdaki cümleleri "dass" ile yapınız.

1- Eine baldige Änderung dieses Zustands ist ausgeschlossen.
   ....

2- Ich verlasse mich auf deine Unterstützung.
   ....

3- Ich bin mit der Verschiebung der Veranstaltung einverstanden.
   ....

4- Die zunehmende Umweltverschmutzung ist leider eine Tatsache.
   ....

5- Die Soziologen stellten eine Veränderung der Lebensgewohnheiten fest.
   ....

6- Ich begrüsse sein Eintreten für soziale Gerechtigkeit.
   ....

7- Ich halte eine baldige Verbesserung dieses Weltrekords für möglich.
   ....

8- Die Firma hält eine Vergrösserung der Produktionsanlagen für notwendig.
   ....

B) *Fragewort-Nebensätze und "ob" Sätze:*
Wie hat er das gemacht.
Es interessiert mich sehr, **wie** er das gemacht hat.
(Bunu nasıl yaptığı beni çok ilgilendirir.)

Ich weiss nicht, **mit welchem Zug Hasan fährt.**
(Hasan'ın hangi trenle gittiğini bilmiyorum.)

Wann kommst du? - Das hängt davon ab, **wann** ich Zeit habe.
War seine Entscheidung richtig?
Er dachte lange (darüber) nach, ob seine Entscheidung richtig war. (Kararının doğru olup olmadığını uzun süre düşündü.)

Die Frage, ob das Unglück vermeidbar war, beschäftigt viele Leute.
(Felâketin kaçınılmaz olup olmadığı meselesi bir çok insanı meşgül ediyor.)
Inhaltlicher Aspekt:
Er fragte mich: "Darf **ich Sie** begleiten?"
Er fragte mich, **ob er mich** begleiten dürfe.
Ich wüsste gern, **was** er vorhat.

als Bezeichnung der Urkenntnis, Unbestimmtheit oder Gleichgültigkeit Gleichgültigkeit:
1) Ich habe keine Ahnung, **wohin** Osman gegangen ist.
2) Es ist nicht sicher / Es ist mir egal, **ob** er mitkommt.
   (als Bezeichnung eines Wissens oder einer Gewissheit.)
3) Ali weiss bestimmt, **ob** die Mannschaft gewonnen hat (oder nicht).
4) Es steht nun fest, **wann** der Ausflug stattfindet. (als indirekte Mitteilung.)
5) İrfan hat mir erzählt, **wo** er gestern gewesen ist.

<u>Anmerkungen:</u> Zur Unterscheidung von ob und dass:
Die Konjunktion "ob" hat <u>einen doppelten Aspekt</u> (Ja-Nein)
Die folgende Tabelle soll dies verdeutlichen:

Ob	
Keine Tatsache	: es ist noch offen, <u>ob</u> es nicht fest steht, <u>ob</u> ....
Ungewissheit	: es ist ungewiss, <u>ob</u> ....
Unsicherheit	: es ist unsicher, <u>ob</u>............
Unbestimmtheit	: es ist unbestimmt, <u>ob</u> es fraglich ist, <u>ob</u> ....
Unkenntnis	: es ist nicht bekannt, <u>ob</u> man nicht weiß, <u>ob</u> man nicht sagen kann, ob............

dass	

Tatsache: es ist eine Tatsache, <u>dass</u> es fest steht, dass ....
Gewissheit: es ist gewiss, <u>dass</u> ....
Sicherheit: es ist sicher, <u>dass</u> ....
Bestimmtheit: bestimmt wissen, <u>dass</u> es ausser Frage steht.
Kenntnis: es ist bekannt, <u>dass</u> wissen, dass sagen können, dass ....

Fragewort oder "ob" ? Ergänzen Sie die Sätze ?
a) Kommt er noch heute? - Ich kann dir nicht sagen, **ob** er noch heute kommt.
b) Wann kommt er? - Es steht noch nicht fest, **wann** er kommt.
1- Wo hat er denn den Schlüssel hingelegt? - Ich habe keine Ahnung.................
2- Bekommt Alper die Stelle? - Es ist noch nicht sicher, ...
3- Wohin ist sie denn gegangen? - Ich wüßte auch gern, ...
Ergänzen Sie die Nebensätze mit Fragewort/ob und die Korrelate!

<u>**Örnekler:**</u>
a) Kommt er noch heute ? - Ich kann dir nicht sagen, **ob** er noch heute kommt.
b) Kommt auch Salim ? -Es ist noch nicht sicher, **ob** er kommt.
c) Der Erfolg der Party hängt davon ab, wie die Stimmung ist.

1- Dieser Egoist! .... mit den anderen passiert, ... kümmert er

2- Was denkt er darüber? - .... ist mir nicht ganz klar/sich nicht.
3- Werden wir heute noch fertig? - ....spielt keine Rolle, ...

Örnekler:

(Ich kenne **seine Adresse** nicht.) (Onun adresini bilmiyorum.)
Es ist mir nicht bekannt, **wo er wohnt.**
(Der Beginn der Arbeiten ist unsicher)
Wann die Arbeiten beginnen, (das) ist unsicher.

1- **Die Verwirklichung dieses Plans** ist noch nicht sicher.
2- **Die Bedeutung dieser Worte** ist mir unklar.
3- **Seine Absichten** sind mir unbekannt.

c) "ob" oder "dass'? Ergänzen Sie die Konjunktionen!

Ich bin sicher, **dass** er uns gern helfen würde.
Die Frage ist nur, **ob** er es auch könnte.

1- Es ist fraglich, ... er das tut.
   Ich bin sicher, ... er es tun wird.

2- Ich habe keine Ahnung, ... Cengiz noch im Haus ist. Aber die Sekretärin weiss bestimmt, ... er noch hier ist oder beim Mittagessen.

3- Ich bin sicher .... Fatma informiert ist. Sie kann uns sagen, ... das Theater um 8 Uhr beginnt oder um 9.

C) *"Wie" Sätze:*

Modale:

1) Sein Gesicht drückte aus, **wie** enttäuscht er war.
   (Nasıl şaşkın olduğu yüzünden belliydi.)

2) Ich war überrascht (darüber), **wie** sehr er sich verändert hatte.
   Wie sehr er sich verändert hatte, **darüber** war ich höchst überrascht.

3) Es gefällt mir, **wie** bescheiden dieser Mann auftritt.
   Wie bescheiden dieser Mann auftritt, (das) gefällt mir.
   (Alçak gönüllü bu insanın nasıl ortaya çıkacağı hoşuma gidiyor.)

4) Sein Vorschlag, wie der Plan zu verbessern sei, fand grosse Zustimmung.
   (Planın nasıl düzeltileceği teklifi büyük destek gördü.)

Vergleichende Relativsätze:

5) Der Musiker hat einen **Stil, wie er** den Leuten gefällt.
   (Müzisyenin insanların hoşuna giden bir stili var.)
   Der Musiker hat einen Stil, der (dem entspricht, was) den Leuten gefällt.

6) **Musikstücke, wie** er **sie** komponiert, kommen gut an.
Musikstücke (wie die), er komponiert, kommen gut an.
(Müzik parçasının bestelenişi iyi karşılanıyor.)

"wie- Sätze als Nebenbemerkung:
7) Das Konzert ist, **wie ich gerade erfahren habe,** schon ausverkauft.
8) **Wie** ich schon erzählt habe, war dies meine erste größe Reise.
9) Wie man sich denken kann, kostete der lange Flug eine Menge Geld. Der lange Flug kostete eine Menge Geld, **wie** man sich denken kann.

Hinweissätze:

10) Verkehrsschilder dienen, **wie** schon der Name sagt, der Verkehrsregelung. (Sözü edildiği gibi (adı üstünde) trafik işaretleri trafik kurallarına hizmet eder.)

Bilden Sie Sätze mit "wie!"

Örnekler:

(Ich sah ihn morgens fortgehen.)
Ich sah, **wie er morgens fortging.**(Sabahleyin nasıl kaçtığını gördüm.)

b) Vergleichende Relativsätze: (Eine solche Hitze hatte ich nie erlebt.)
Es herrschte eine Hitze, **wie ich sie noch nie erlebt hatte.**
Er war schon früher abgereist, **wie ich vom Portier erfuhr.**

c) (Die Art von Musik, die diese Gruppe macht, gefällt mir.)
Die Musik, **wie diese Gruppe sie macht,** gefällt mir.

d) (Er war schon früher abgereist. Das erfuhr ich vom Portier.)
Er war schon früher abgereist, **wie ich vom Portier erfuhr.**

- (Die Stelle ist-so hat man uns gesagt-ganz leicht zu finden.)
Die Stelle ist, **wie man uns gesagt hat,** ganz leicht zu finden.

Aşağıdaki cümleleri "wie" ile yapınız!

1- (Ich fühlte mein Herzschlagen.) Ich fühlte, ...
2- (Ich hörte das Telefon läuten.) Ich hörte, ...
3- (Einen solchen Menschen trifft man nicht alle Tage)...........................
4- (Die Art von Methode, die er einführen möchte, finde ich falsch.)
Die Methode, ...finde ich falsch.
5- (Ich hatte einen Fehler begangen. Das wurde mir jetzt klar.)
Ich hatte einen Fehler begangen, ...
6- (Die Frage ist, - so meine ich- von grosser Bedeutung.)
7- (Die Frage ist, ..., von grosser Bedeutung.)

D) **_Der Infinitiv mit "zu":_**
als Subjekt:

Es macht ihm Freude, anderen **zu** helfen.
(Diğerlerine yardım etmek ona zevk verir.)
Anderen zu helfen, (das) macht ihm Freude.

als Akk. Obj.

Er hat (es) leider vergessen, die Kinokarten **zu** kaufen. (Maalesef sinema biletini almayı unuttu.)
Die Kinokarten **zu** kaufen, (das) hat er leider vergessen.
Ich lehne es ab, so etwas **zu** tun.
So etwas **zu** tun, (das) lehne ich ab.

als Präpositional:

Ich erinnere mich (daran), schon einmal hier gewesen **zu** sein.
Ich habe mich inzwischen daran gewöhnt, so früh auf**zu**stehen.
(Öyle erken kalkmaya alıştım.)
So früh auf**zu**stehen, daran habe ich mich inzwischen gewöhnt.
Seine Behauptung, es nicht getan **zu** haben, stimmt nicht.

Subjekt:

Ich verspreche dir, dich bald **zu besuchen.**
Aktives Subjekt des **Infinitiv-Geschehens.**
Ich verspreche dir, dass **ich** dich bald **besuche.**
(Seni hemen ziyaret edeceğime söz veririm.)

Objekt: Es ärgerte **ihn**, dass **er** nicht **eingeladen worden wurde.**
Passives Subjekt des **Infinitiv – Geschehens.**
Es ärgerte **ihn**, dass **er** nicht **eingeladen worden war.**
(Davet edilmemesi onu sinirlendirdi.)

Possessivpronomen:

Es gehört zu **seiner** Art, ein wenig **zu übertreiben.**
Aktives Subjekt des **Infinitiv Geschehens.**
Es gehört zu **seiner** Art, ein wenig **zu übertreiben.**
(Birazcık abartmak ona ait bir üsüldür.)

Genitivattribut:

Die Aufgabe **des Reiseleiters** ist es, die Reise **zu organisieren.**
Akk. Subj. des **Infinitiv - Geschehens.**
Die Aufgabe **des Reiseleiters** ist es, dass **er** die Reise **organisiert.**
(Turizm rehberinin görevi seyahati organize etmektir.)

man:

> Es ist schön, am Bahnhof **abgeholt zu werden.**
> **Passives Subjekt** des **Infinitiv-Geschehens.**
> Es ist schön, wenn **man** am Bahnhof **abgeholt wird.**
> (İnsanın istasyondan alınması güzeldir.)
>
> Das Mädchen bat die Eltern, tanzen gehen zu dürfen.
> Der Student war es gewohnt nachts **zu** lernen und lange **aufzubl**eiben. (Öğrenci geceleri öğrenmeye ve uzun zaman yatmamaya alışıktı.)
>
> Es macht ihm Spass, sich mit ihm **zu** unterhalten.
> Es ist angenehm, im Restaurant gut bedient **zu** werden.
> Er glaubte, den Zug noch erreichen **zu** können.
> Ich hoffe, bald abgeholt **zu** werden.
> Ich bin glücklich, das Examen bestanden **zu** haben.
> Er beklagte sich darüber, benachteiligt worden **zu** sein.
> Wir rechnen damit, unser Ziel bald erreicht **zu** haben.

Aşağıdaki cümleleri Türkçe'ye çeviriniz.

a) Verstehst du die Leute? - Es ist nicht leicht, sie **zu** verstehen.
   ....

b) Kennen Sie diesen Mann? - Ich glaube, ihn **zu** kennen.
   ....

c) Hast du den Schlüssel gefunden? - Nein, aber ich habe die Hoffnung, ihn **zu** finden, noch nicht aufgegeben.
   ....
   ....

d) Kaufst du heute ein? Du hast mir versprochen, heute ein**zu**kaufen.
   ....

e) Emel ist krank **und** kann nicht tanzen gehen.
   ....

f) Willst du dieses alte Haus etwa mieten **oder** kaufen? Wie kommst du denn darauf? Ich denke nicht daran, es **zu** mieten oder **zu** kaufen.
   ....
   ....

g) Weiss er denn nicht von der Sache? Er behauptet, nichts davon **zu** wissen.
   ....
   ....

h) Wusste er denn nichts von der Sache?
   Hat er denn nichts von der Sache gewusst?

Er behauptet, nichts davon gewusst **zu** haben.
Kam er pünktlich ?
Ist er pünktlich gekommen? Er behauptet, pünktlich gekommen **zu** sein.
....
....

i) Haben Sie das Licht ausgemacht?
    a) Ich glaube, es ausgemacht **zu** haben.
    b) Ich habe vergessen, es aus**zu**machen.
    ....
    ....

j) Werden Sie es schaffen? - Ich hoffe, es **zu** schaffen.
    Nun haben Sie es ja bald geschafft! - Ja, Ich hoffe auch, es bald geschafft **zu** haben.
    ....
    ....

k) Ich benachteilige ihn nicht !
    Er wird nicht benachteiligt ! Er glaubt aber, benachteiligt zu werden.
    Ich habe ihn nicht benachteiligt.
    Er ist nicht benachteiligt worden. Er glaubt aber, benachteiligt worden **zu** sein
    ....
    ....

l) Haben Sie die Prüfung bestanden? Ja, und ich bin sehr froh, sie bestanden **zu** haben.
    ....
    ....

m) Ich konnte ihn nicht **davon** abbringen, seinen Plan **zu** verwirklichen. (Plânını gerçekleştirmekten onu vazgeçiremedim.)
    ....
    ....

RELATIVSÄTZE (İlgi Cümleleri):

Relativpronomen:
1. Man zeigte einen Film, **der** sehr berühmt ist.
   (Der Film ist sehr berühmt.)
2. Man zeigte einen Film, **den** ich nicht kannte.
   (Ich kannte den Film nicht.)
3. Man zeigte einen Film, **in dem** Eşref Kolçak mitspielt.
   (Eşref Kolçak spielt in dem Film mit.)
4. Man zeigte einen Film, **dessen** Handlung spannend ist.
   (Die Handlug des Films ist spannend.)
5. Ich will mir ein Auto kaufen, **mit dem** ich lange fahren kann.
   (Das Auto verbraucht wenig Benzin.)
6. Ich will mir ein Auto kaufen, **das** ich auch bezahlen kann.
   (Ich kann das Auto auch bezahlen.)
7. Ich will mir ein Auto kaufen, **mit dem** ich lange fahren kann.
   (Ich kann mit dem Auto lange fahren.)
8. Ich will mir ein Auto kaufen, **dessen** Kofferraum gross ist.
   (Der Kofferaum des Autos ist gross.)
9. Ich habe eine Wohnung gefunden, **die** mir gefällt.
10. Ich habe eine Wohnung gefunden, **die** ich dir zeigen möchte.
    (Ich möchte dir die Wohnung zeigen.)
11. Ich habe eine Wohnung gefunden, **in der** ich mich wohl fühle.
    (Ich fühle mich in der Wohnung sehr wohl.)
12. Ich habe eine Wohnung gefunden, **deren** Räume gross sind.
    (Die Räume der Wohnung sind gross.)
13. Der Betrunkene sprach alle Leute an, **die** vorbeigingen.
    (Die Leute gingen vorbei.)
14. Es waren auch Leute zur Party gekommen, **die** ich nicht kannte.
    (Ich kannte die Leute nicht.)
15. Ich sah die Leute, **mit denen** er zum erstenmal, sprach.
    (Er sprach mit den Leuten.)
16. In dem Haus wohnen Leute, **deren** Namen ich nicht kenne.
    (Ich kenne die Namen der Leute nicht.)

Aşağıdaki cümleleri Türkçeye çeviriniz.

a) Der Wagen gefällt mir. - Welcher? Der Wagen, **der** dort steht.
   ....

b) Ich suche den Koffer. Diesen hier? Nein, das ist nicht der Koffer, **den** ich suche
   ....

c) Der Koffer gehört dem Herrn,- Nein, das ist nicht der Herr, **dem** der Koffer gehört.
   ....

d) Die Leute stammen aus Afyon. Die dort?- Nein, das sind nicht die Leute, die aus Afyon stammen.
   ....

e) Ich habe den Studenten den Weg gezeigt.- Denen dort?- Nein, das sind nicht die Studenten, **denen** ich den Weg gezeigt habe.
   ....

g) Ich habe mit dem Herrn gesprochen. Wie heisst der Herr, **mit dem** sie gesprochen haben.
   ....

h) Mehmet hat mir einen Brief geschickt. Darin schildert er seine Reise. Mehmet hat mir einen Brief geschickt, **indem** er seine Reise schildert.
   ....

i) Sie ist eine kluge Frau, **auf deren** Ratschläge man hören kann.)
   (Sie ist eine kluge Frau. Auf ihre Ratschläge kann man hören.)
   ....

j) Ich bestieg das Flugzeug, **das** schon startbereit war.
   Das Tempo, **mit dem** er fuhr, war beängstigend.
   ....

Örnekler:

a) **Bürodan çıkan adam** bir memurdur.
   (Der Mann, **der aus dem Büro kommt**, ist ein Beamter.)

b) **Çok fazla pahalı olan** kitabı almıyorum.
   (Ich kaufe das Buch nicht, **das zu teuer ist.**)

c) **Satın almak istediğin** araba çok pahalı.
   (Der Wagen, **den du kaufen willst**, ist sehr teuer.)

d) **Senin çoktan okuduğun** romanı ben de okumak istiyorum.
   (Ich möchte den Roman auch lesen, **den du schon gelesen hast.**)

e) **Kendisine yardım ettiğim** bayan teşekkür ediyor.
   (Die Dame, **der ich geholfen habe,** dankt mir.)

f) **Kendisine yolu gösterdiğim** adam yabancıdır.
   (Der Mann, **dem ich den Weg gezeigt habe,** ist ein Ausländer.)

g) **Kendilerine herşeyi açıkladığım** çocuklar seviniyorlar.
   (Die Kinder, **denen ich alles erklärt habe,** freuen sich.)

h) **Kendisi ile konuştuğum hanım** öğretmendir.
   (**Die Dame, mit der ich spreche,** ist eine Lehrerin.)

i) **Sözünü ettiğim** araba budur.
   (Das ist der Wagen, **von dem ich erzählt habe.**)

j) **Eşi Alman olan öğretmen** iyi Almanca konuşuyor.
   (**Der Lehrer, dessen Frau eine Deutsche ist,** spricht gut Deutsch.)

k) **Annesi ölen öğrenciyi** tanıyorum.
   (Ich kenne die Studentin gut, **deren Mutter gestorben ist.**)

l) **Oradan oğlu ile arkadaş olduğum** bayan geliyor.
   (Da kommt die Frau, **mit deren Sohn ich befreundet bin.**)

Bilden Sie Relativsätze!

1- Alle Menschen sind dankbar. Die Jungen haben den Menschen geholfen.
   ....

2- Das Kind wohnt in der Nähe. Du hast das Kind nach dem Weg gefragt.
   ....

3- Das war der Schüler. Der Lehrer hatte dem Schüler ein Buch geschenkt.
   ....

4- Die Türkei ist ein schönes Land. Wir leben in der Türkei.
   ....

5- Die Familie war freundlich zu mir. Ich wohne bei der Familie.
   ....

6- Die Autos standen da. Die Fahrer der Autos waren nicht zu sehen.
   ....

7- Ich habe das Buch gelesen. Ich habe den Titel des Buches vergessen.
   ....

8- Die Reisenden sind unruhig. Das Geld der Reisenden wurde gestohlen.
   ....

9- Die Zeitung war neu. Ich habe aus der Zeitung ein Bild gestohlen.
   ....

10- Der Bus fährt sehr schnell. Mit dem Bus fahre ich nach Antalya.
    ....

Aşağıdaki cümleleri Türkçeye çeviriniz.

1- Der Zug, **mit dem** du fahren willst, hat Verspätung.
   ....

2- Die Klasse, **wo** wir Unterricht machen, ist hell.
   ....

3- Der Tisch, **auf dem** die Bücher liegen ist altmodisch.
   ....

4- Die Terrasse, **auf die** du gehen willst, ist heute abend geschlossen.
   ....

5- Der Lehrer, **den** du auch gut kennst, wurde entlassen.
   ....

6- Die Beamten, **denen** man Vorwürfe macht, sind ehrlich.
   ....

7- Dort spielen die Kinder, **denen** du den Ball gegeben hast.
   ....

8- Ich miete die Wohnung, **deren** Zimmer heller sind.
   ....

9- Ich mag die Bücher nicht, **deren** Inhalt zu sachlich sind.
   ....

10- Der Roman, **dessen** Preis ich zu hoch finde, ist sehr interessant.
    ....

Besonderheiten bei der Bildung der Relativsätze:
1. **Die Welche** (für: die) die Spielregeln nicht einhalten, werden bestraft.
2. Ahmet jenigen war einer der ersten, **die** uns halfen (nicht: der uns half.)
3. Dieses Theaterstück ist eines der bekanntesten, **die** der Dichter schrieb. (nicht: das der Dichter schrieb)
4. Mehmet ist der einzige meiner Schulkameraden, **mit dem** ich noch Kontakt habe.
5. **Ich, der** (f: die) ich hier fremd bin, kenne mich hier nicht aus.

6. **Du, der (f: die)** du hier zu Hause bist, weiss sicher Bescheid.
7. **Ihr, die** ihr nichts zu tun habt, könntet mir helfen.
8. **Ihr, die** ich schon so lange kenne, seid mir immer willkommen.
9. Du bist **es, der** für diese Panne verantwortlich ist.
10. Als **gute Freunde, die sie** waren, verstanden sie sich ausgezeichnet.
11. Ich möchte **Sie,** der (f: die Sie so gut informiert sind, etwas fragen)
    Ich möchte **Sie,** der (f: die) Sie so gut informiert sind, eine Frage stellen.

Anmerkungen

12. Sein Verhalten, **dessentwegen** man ihn kritisiert, war sehr unbedacht.
13. Ich las einen Artikel, **demzufolge** das Klima sich ändern soll.

Aşağıdaki cümleleri Türkçe'ye çeviriniz.

a) Sie sind schon früh gegangen. Ja, ich war einer der ersten, **die** gingen.
....
b) **Du, der** du hier aufgewachsen bist, kennst doch diese Gegend.
....
c) Du bist es, **der** den Schaden verursacht hat.
....
d) Können Sie, **der** Sie dabei waren, uns den Unfall kurz schildern.
....
e) Als Rechthaber, **der** er ist, muß er immer das letzte Wort haben.
....

Relativpronomen: wer / wen / wem / was / wo / wohin / woher.
1. **Wer** diese schöne Reise machte, (der) kehrte begeistert zurück.
   (**Jeder, der** diese schöne Reise machte, kehrte begeistert zurück.)
2. **Wen** dieses Mädchen einmal heiratet, der ist zu beneiden.)
   (**Derjenige, den** dieses Mädchen einmal heiratet, ist zu beneiden.)
3. **Für wen** er sich interessiert, den lädt er häufig ein.
   (**Alle, für die / Jemanden, für den** er sich interessiert, lädt er....)
4. **Wem** es hier nicht gefällt, der soll woanders hingehen.
   (**Jeder, dem** es hier nicht gefällt, soll woanders hingehen)
5. **Wem** er half, von dem erwartete er keine Gegenleistung.
   (**Von jemandem, dem** er half, erwartete er keine Gegenleistung.)

Anmerkungen:

6. Der wieder einmal zu spät kam, (das) war natürlich Salih. (Ist der) Relativsatz in der Anfangstellung auf eine bestimmte Person bezogen.)

7. Haben Sie eine Ahnung, **wer** das getan hat? (als Fragewort)

8. Er sagte manches,   **was** mich nicht wunderte.   N was
                           was ich nicht wusste.   A was
                           dem ich nicht zustimmen konnte.   D dem
                           dessen Sinn mir unklar war.   G dessen.

9 a. Er tat etwas **worüber** (besser als: über das) ich mich ärgerte.
   b. Er tat etwas, **womit** (besser als: mit dem) ich nicht einverstanden war.
   (nichts, einiges, weniges, vieles, alles, sonstiges, folgendes, mancherlei, vielerlei, allerlei, allerhand)

10 a. **Das was** ich am meisten denke, ist meine Zukunft.
    b. **Das, woran** ich am meisten denke, ist meine Zukunft.

11 a. Ich bleibe bei dem, **was** ich vorher gesagt habe.
    b. ...., **wovon** ich überzeugt bin.

12 a. Dies ist ein Vorgeschmack dessen, **was** Sie erwartet.
    b. .... **womit** sie rechnen müssen.

13 a. Ich erinnere mich noch an das (daran), **was** er damals sagte.
    b. .... , **worüber** er sprach.

14 a. Was mich stört, ist schwer zu sagen.
    b. Womit ich unzufrieden bin, ist schwer zu sagen.

15 a. Ich ahnte, **was** er beabsichtige.
    b. ...., **worum** es ihm ging.

16 a. **Was** mich beunruhigt, ist **ihre schlechte Gesundheit**.
    b. **Worum** ich mir Sorgen mache, ist **ihre schlechte Gesundheit**.

17 a. Es war etwas ganz Neues, **was** er erreichen wollte.
    b. ...., **wonach** er strebte.

18 a. Das ist das Schönste, **was** man sich denken kann.
    b. ...., **wovon** man träumen kann.

19 a. Das wäre das erste, **was** ich täte.
    b. ...., **woran** ich dächte.

20 a. Er weckte mich nachts durch seinen Anruf, **was** mich ärgerte.
    b. ...., **worüber** ich mich ärgerte.

21. Der Ort, **wo (an dem)** sie sich trafen, blieb geheim.
22. Mit Ankara, **wo** er studiert hat, verbinden ihn schöne Erinnerungen.
23. Ich stieg auf den höchsten Kirchturm, **von wo aus** (von dem aus) ich die ganze Stadt überblicken konnte.
24. Die Stadt, **wohin (in die)** er fuhr, kannte er von früher.
25. Wir begegneten uns dort, **wo** ich es am wenigsten erwartet hatte.
26. Kiefersfelden, **woher** sie stammt, liegt an der österreichischen Grenze.

Gördüğün herşeyi bana anlat!
(Erzähle mir **alles, was du gesehen hast.**)

Bana kim sorarsa ona severek cevap veririm.
(**Wer mich fragt,** dem antworte ich gern.)

Bilden Sie Relativsätze!

1. Hast du den Mann gesehen? Der Brief gehört dem Mann.
   ....
2. Die Übung war schwer. Ich habe viel Zeit für die Übung verloren.
   ....
3. Ich kenne eine Dame. Ihr Onkel hat einen Sportwagen.
   ....
4. Da geht ein Mann. Er hat viele Sorgen.
   ....
5. Das Auto ist kaputt. Mit dem Auto kannst du nicht fahren.
   ....

Örnekli Alıştırmalar:

1. Mach alles, **was** du kannst.
2. **Das**, was du sagst, stimmt gar nicht.
3. Ich habe endlich verstanden, **um was** es sich handelt. (worum)
4. Er fährt immer dahin, **wohin** seine Frau will.
5. Die Frage, **wer** das Buch geschrieben hat, blieb unbeantwortet.
6. **Wer** den Boden bebaut, dem muß er gehören.
7. Ich glaube an **das**, was in den wissenschaftlichen Büchern steht.
8. Das ist die Wohnung, **wo** wir zur Zeit wohnen.
9. Jetzt weiss ich, **was** ich will.
10. Ich lebte in einer Stadt, **wo** es viele Moscheen gab.

KAUSALSÄTZE (Sebep Cümleleri):

mit "weil/da/nun da / weshalb/ weswegen":

(Kausalsätze stehen allein und antworten auf eine Frage mit **warum?/weshalb?/ weswegen?/ wieso?/ aus welchem Grund?:**)

Örnekler:

– **Çok işim olduğu için** gelmem imkansız. (Es ist mir nicht möglich, zu kommen, **weil ich viel Arbeit habe**.)

– **Öğrenci iyi hazırlanamadığı için** imtihanını veremedi. (**Da der Schüler nicht gut vorbereitet war**, konnte er seine Prüfung nicht bestehen.)

1. Warum ist Ali nicht gekommen? -**Weil er sich nicht wohl fühlt.**

2. Ich kritisiere ihn nicht, **weil** er noch unerfahren ist, sondern weil er nachlässig gehandelt hat.

3. Alper ist böse auf mich, **nur weil** ich ihm die Wahrheit gesagt habe. **(schon weil, eben weil einfach weil, nur weil)**

4. Der Schaden ist **deshalb** so schlimm, **weil** er sich nicht wieder gutmachen lässt.. (deswegen/daher/darum/nur/bloss/ ganz einfach)

5. Ich habe alles mitangehört, **da** ich in der Nähe stand.

6. **Da** dieser Punkt der Tagesordnung erledigt ist, können wir zum nächsten übergehen.

7. Es herrschte strenger Frost, **und da** wir froren, beeilten wir uns, nach Hause zu kommen.

8. Damals beging er einen Fehler, **da (temp: als /Kausal: weil)** er diese Entscheidung traf.

9. Schliesslich kam auch Türker. **Nun da** wir vollständig waren, konnten wir mit dem Spiel beginnen.

10. a. Sein Vater starb unerwartet, **deshalb brach** er seinen Urlaub.
    b. **Weil** sein Vater unerwartet starb, **brach** er seinen Urlaub.

> **(GEFÜGE/BEDEUTUNGSEINHEIT)**
>
> (Trägersatz-Teilsatz) (Nebensatz-Teilsatz)
> Ich bin **deshalb** so müde, **weil** ich den ganzen Tag gearbeitet **habe**.
> (Korrelat) (Bindeglied) (Nebensatzrahmen) (finites Verb)
> **Weil es Mittag war** und **weil er Hunger hatte**, **ging er ins Gasthaus**,
>   Nebensatz a   Nebensatz b   Trägersatz
> **um zu essen.** Nebensatz c

DIALOGE

A: Haben Sie sich das Zimmer in der Nalçacı Strasse angesehen?
B: Ja
A: Und haben Sie es genommen?
B: Nein!
A: Und warum nicht?

> B: Ich nehme das Zimmer nicht, weil es zu klein ist.
>   weil es keine Zentralheizung hat.
>   weil es ungemütlich ist.
>   weil es ungünstig liegt.
>   weil es zu teuer ist.

A: Ich kenne das Programm nicht. Wissen Sie vielleicht, wie es jetzt weitergeht?
B: Keine Ahnung.
A: Weisst du auch nicht Bescheid?
C: Nein
A: **Da keiner Bescheid weiss**, müssen wir eben fragen.

Örnek:

    Da keiner informiert ist, müssen wir eben fragen.
    Da keiner das Programm kennt, ...
    Da keiner etwas Genaues weiss, ...
    Da keiner etwas gehört hat, ...

Anmerkung:
Zu dem Unfall kam es nur **dadurch, dass (deshalb, weil)** er falsch überholte.

Ergänzen Sie die Nebensätze mit "weil, da, nun da, weshalb/ weswegen?

> Ich kritisiere ihn nicht **aus** Spass an der Kritik.
> Ich kritisiere ihn nicht, **weil ich** Spass an der Kritik habe.
>   , **weil mir** das Kritisieren Spass macht.

> (Eleştiri yapmak bana zevk veriyor diye onu eleştirmiyorum.)
> (So geht es jedenfalls nicht! **Mangels Erfolg** müssen wir unsere Methode eben ändern.) - So geht es jedenfalls nicht! **Da wir keinen Erfolg haben (hatten)**, müssen wir unsere Methode eben ändern.
> (Der Schlusspfiff ertönte. Jetzt stand der Sieg der Fussballmannschaft fest, **und daher** jubelten ihre Anhänger) - Der Schlusspfiff ertönte. **Nun da** der Sieg der Fussballmannschaft feststand, jubelten ihre Anhänger.
> (Er mußte noch etwas erledigen, **deshalb (deswegen/aus diesem Grund)** kam er später) Er mußte noch etwas erledigen, **deshalb kam er später**.

Kausalsätze mit "zumal (da)/um so mehr, als/um so" Komp. "als/wo... doch"

Ich möchte das noch heute erledigen, **zumal die Sache eilt**.
Ich möchte das **auch deshalb** noch heute erledigen, **weil die Sache eilt**.
(İş acele olduğu için bugün onu bitirmek istiyorum.)
Der Fussballspieler ist noch nicht in bester Form, **zumal er lange verletzt ist**.
(Futbolcu uzun zaman yaralı olduğundan henüz formunda değil.)
Der Fussballspieler ist **vor allem deswegen** noch nicht in bester Form, **weil er lange verletzt war**.
Der grosse Erfolg dieses jungen Sportlers kam ganz überraschend, **um so mehr, als er selbst nicht damit gerechnet hatte**.
Der grosse Erfolg dieses jungen Sportlers kam **um so** überraschender, **als er selbst nicht damit gerechnet hatte**.
Diese Bemerkung ist erstaunlich **um mehr, als sie im Gegensatz zu seinen früheren Äusserungen steht**.
Diese Bemerkung ist **um** so erstaunlicher, **als sie im Gegensatz zu seinen früheren Äusserungen steht**.
Tülay fühlt sich in dieser Stadt zu Haus, **wo doch (zumal) seine Familie hier lebt**.
Türker kann es uns bestimmt sagen, **wo** er sich **doch** so gut auskennt.
Denken wir nicht mehr an diese unangenehme Geschichte, **wo** man **doch** sowieso nichts mehr daran ändern kann.

<u>Anmerkungen:</u>
1. **Der um so mehr, als-Satz wird gelegentlich noch durch dies (seltener das) hervorgehoben:**
   Ich halte eine solche Politik für sehr gefährlich, **dies um so mehr, als** die unkalkulierbare Risiken in sich birgt.
2. **manchmal wird wo... doch konzessiv für obwohl verwendet**
   Warum ist er eigentlich unzufrieden, **wo** es ihm **doch** so gut geht.

3. **Bei wo.. doch -Sätzen wird gelegentlich in der gehobenen Sprache das wo durch das finite Verb ersetzt:**
   Wir mieten diesen Weg, **wo** er **doch** als gefährlich **galt**.
   Wir mieten diesen Weg, **galt** er **doch** als gefährlich.

Gebrauchen Sie "zumal/um so mehr, als/um so-Komparativ, als!
Örnek: Der Sportler gewann die Meisterschaft ganz überlegen.

a) Das war sehr erstaunlich, **zumal er nicht zu den Favoriten gehörte**.

b) Das war sehr erstaunlicher, **um so mehr, als er nicht zu den Favoriten gehörte**.
   (Favoriler arasına giremediği için çok şaşkındı.)

Bilden Sie Kausalsätze mit zumal/um so mehr, als/um so. / als/ wo? doch!
(Ich hatte auch deshalb wenig Lust zum Arbeiten, **weil das Wetter schön war**.)
Ich hatte wenig Lust zum Arbeiten, **zumal das Wetter schön war**.
(Hava güzel olduğundan çalışmaya çok az isteğim vardı.)

Dieser Erfolg war für ihn wichtig, **um so mehr, als** er ihm Selbstvertrauen gab.
Dieser Erfolg war für ihn **um so wichtiger, als er ihm Selbstvertrauen gab**.

Bu başarı kendine güven verdiği için önemliydi.)
(Warum soll ich ihn einladen? Ich kenne ihn doch gar nicht.)
Warum soll ich ihn einladen, **wo ich ihn doch gar nicht kenne?**

KONDITIONALSÄTZE (Şart Cümleleri):

Örnekler:

- Mektubu postaya **verdiyseniz**, artık onu geri alamayız.
  (**Wenn Sie den Brief schon zur Post gebracht haben**, können wir ihn nicht mehr zurücknehmen.)
- Burada uzun süre beklememiz mecburi ise, bir şemsiyeye ihtiyacımız var.
  (**Wenn wir hier lange Zeit warten müssen**, brauchen wir einen Regenschirm.)
- Eğer beni ziyaret etmek istiyorsanız, sizi saat 9.00 da bekliyorum.
  Falls sie mich besuchen wollen, warte ich auf sie um 9.00 Uhr.)
- Bütün tanıdıkların bize gelmesi şartıyla, iş anlaşmasını imzalayabiliriz. (**Im falle, dass alle Bekannten zu uns kommen**, können wir den Arbeitsvertrag unterschreiben.)
- Hergün işinin başına gelmen şartıyla kısa sürede terfii edebilirsin.(**Unter der Bedingung, dass du jeden Tag an die Arbeit kommst**, kannst du in kurzer Zeit befördert werden.)
- Bu iş ancak her akşam toplanmamız ön şartıyla yürür.
  (Es geht nur **unter der Voraussetzung, dass** wir uns jeden Abend versammeln.)
- Çocuk geç dönmemek şartıyla sinemaya gidebilir.
  (**Sofern das Kind nicht zu spät zurückkommt**, darf es ins Kino gehen.

A) Konditionalsätze mit **wenn/falls/sofern**:
Wenn du uns hilfst, schaffen wir bestimmt
Mit deiner Hilfe,
(Bize yardım edersen onu mutlaka başarırız.)

1) Es wäre schön, **wenn** du mich abholen könntest.

2) Ich würde es bedauern, **wenn** Tülin nicht mitkäme.

3 a) **Wenn** ich es vergessen **sollte**, (**dann/so**) erinnern Sie mich bitte daran.
   (Unutursam bana lütfen hatırlatınız.)
   b) **Sollte** ich es vergessen, (**dann/so**) erinnern Sie mich bitte daran.

4 a) Die Leistungen des Sportlers verbesserten sich **dann, wenn** (nicht: falls) er härter trainierte.

5) Wann? Unter welcher Bedingung verbesserten sich die Leistungen des
& Sportlers - **Wenn** er härter trainierte.

6) **Wenn ich das Examen bestehe**, mache ich eine grosse Party.

7) **Wenn ich seine Adresse wüsste,** könnte ich ihm schreiben. (**doch weil** ich seine Adresse nicht weiss, kann ich ihm nicht schreiben.)

8) Es würde mich freuen, **wenn** er die Stelle bekäme.

9) Würde Sie das tun, **wenn (falls/sofern)**Sie dazu in der Lage wären?

10) a) Ich würde es vorziehen, **wenn** (nicht: falls) wir früher nach Hause kämen.
   b) Ich würde es vorziehen, wir kämen früher nach Hause.

11) a) Es wäre besser, **wenn** (nicht: falls) Sie das nicht täten.
   b) Es wäre besser, Sie täten das nicht.

12) a) **Wenn ich mehr Freizeit hätte, wäre ich froh.**
   b) **Wenn ich doch/nur/bloss mehr Freizeit hätte!**

Die zeitlichen Verhältnisse beim Konjunktiv II:

> **Vorzeitig u. abgeschlossen: Wenn du aufgepasst hättest, wäre** das nicht passiert. (Geçmişte olan.)
> **Gleichzeitigkeit: Wenn** ich seine Telefonnummer **wüsste, könnte** ich ihn anrufen. (Şimdi olan.)
> **Nachzeitig: Wenn** sie mittags **käme, könnten/würden** wir zusammen essen gehen. (sonra olan.)

1) **Wenn er die Prüfung bestehen würde,** dann **hätte** er schon viel **erreicht.**

2) **Wenn ich es wüsste, würde** ich es dir sagen (für: sagte ich es dir.)

3) **Wenn ich mehr Wein trinken würde (tränke), könnte** ich nicht mehr Auto fahren.
   Merke: Im Unterschied zu **wenn** haben die Konjunktionen **falls** und das mehr schriftsprachliche **sofern** nur konditionale Bedeutung. Der Nebensatz mit **falls/sofern** nennt immer eine nicht verwirklichte Bedingung:

4) Ich werde Sie informieren, **falls/sofern** ich etwas erfahre.

5) In folgenden Fällen ist **wenn** nicht durch **falls/sofern** ersetzbar:

6) Er konnte sehr liebenswürdig sein, **wenn er es wollte.** (Die Bedingung ist bereits verwirklicht.)

7) **Wenn ich mit der Arbeit fertig bin,** habe ich Zeit für dich. (Der wenn Satz hat auch temporale Bedeutung.)

8) **Wir werden erst dann Erfolg haben, wenn** uns die anderen unterstützen.

9) **Falls** er den früheren Zug genommen hat, muß er bald hier sein.

10) **Falls** ich noch einen Parkplatz finde, parke ich im Zentrum.

Anmerkungen:

a) 1- Ich fahre **nur dann** mit **wenn ich wieder gesund bin.**
   2- **Wenn ich mich nicht irre,** steht dort Ritas Wagen.
   3- **Was machen wir, wenn er nicht einverstanden ist?**
   4- **Beeil dich, wenn du noch rechtzeitig da sein willst!**

b) Wenn Sie auch dieser Meinung **sind,** wovon ich überzeugt bin, dann **müssten** Sie mir eigentlich zustimmen.
   Ich **hielt** die Verwirklichung unseres Vorhabens für möglich, wenn sich keine unerwarteten Schwierigkeiten **ergäben.**

c) (Während) so etwas früher noch möglich war, so ist es heute ganz ausgeschlossen.

d) **Sofern** wird auch konditional (nur wenn) o. anstelle von vorausgesetzt, dass verwendet.

e) **Nebensätze mit um... zu + können auch konditionale Bedeutung haben:**

Um das **zu** erreichen,
Wenn wir das erreichen wollen, müssen wir uns sehr anstrengen
(Buna ulaşmak istersek çok çaba sarfetmeliyiz.)

Konditionalsätze'ye örnek cümleler:

a) (Wir müssen uns beeilen, **sonst** verpassen wir den Bus.)
   Wenn wir uns nicht beeilen, verpassen wir den Bus.
   (Acele etmezsek otobüsü kaçırırız.)

b) **Bei näherem Hinsehen,**
   Wenn man näher hinsieht, erkennt man den Fehler im Material.

c) Ich kann es dir nicht sagen, weil ich es selbst nicht weiss.
   Glaube mir:
   Wenn ich es wüsste, würde ich es dir sagen.

d) Ich habe zu spät angerufen und ihn nicht mehr erreicht. Die Frage ist:
   Hätte ich ihn noch erreichen können, wenn ich vor zwei Stunden **angerufen hätte.**

e) (Ich rate Ihnen, vorsichtiger zu sein.)
   Es wäre besser, wenn sie vorsichtiger wären/Sie wären vorsichtiger.

f) (Kann ich das nicht selber machen? Das wäre mir lieber.)
   Es wäre mir lieber,   **wenn ich das selber machen könnte.**
   Es wäre mir lieber,   **ich könnte das selber machen.**

g) Ein Gewinn des letzten Spiels würde für ihn die Meisterschaft bedeuten.

h) **Ohne seine Unterstützung** hätten wir es nicht geschafft.
   Wenn er uns nicht unterstützt hätte, hätten wir es nicht geschafft.
   Hätte er uns nicht unterstützt, dann/so hätten wir es nicht geschafft.

Konditinalsätze mit "vorausgesetzt, dass/es sei denn, dass:

Ich kann das Gerät reparieren, **vorausgesetzt, dass/sofern** ich die nötigen Ersatzteile bekomme

Ich kann das Gerät reparieren **es sei denn, das** ich nicht die nötigen Ersatzteile bekomme.

Ali kommt um 9 Uhr an, **vorausgesetzt, dass** der Zug keine Verspätung hat.
Ali kommt um 9 Uhr an, **es sei denn, dass** der Zug Verspätung hat.
........**es sei denn,** der Zug hat Verspätung.

Anmerkung:
Ich leihe dir das Geld **nur unter der Voraussetzung (...., aber nur unter Bedingung), dass** ich nächste Woche zurückbekomme.
Fährt er nächste Woche nach Wien?
Wenn der Wagen wieder in Ordnung ist, ja.
Er fährt also, **vorausgesetzt,** dass der Wagen wieder in Ordnung ist.

Ergänzen Sie 'vorausgesetzt, dass/es sei denn, dass'!

Örnekler:

a) Er findet schon hierher, **vorausgesetzt, dass** ihm jemand den Weg zeigt.
b) ...., **es sei denn, dass** ihm niemand den Weg zeigt.
c) ...., **es sei denn,** niemand zeigt ihm den Weg.

1- Es wird sicher ein schöner Ausflug, ..., ... wir auch gutes Wetter haben.
2- Der Flugzeug wird gegen 4 Uhr landen, ..., ... es Verspätung hat.
3- In einer Woche habe ich das Examen hinter mir, ... alles klappt.
4- Ich werde noch heute mit ihm sprechen, ..., ... ich ihn erreiche
5- In einer halben Stunde bin ich bei Ihnen, ..., ... ich unerwartet aufgehalten werde.

Konditionalsätze mit "je..., umso/je.., desto/ immer-Komp..., je/ je nachdem ob/je nachdem + Fragewort":

Örnekler:

Je schneller wir gehen, **um** so früher sind wir zu Haus.
(**Wenn wir schneller gehen,** dann sind wir auch früher zu Haus.)

Je dichter der Nebel wurde, **desto vorsichtiger** mussten wir fahren.
(**Als/Weil der Nebel immer dichter wurde,** mussten wir auch immer vorsichtiger fahren.)

Je mehr wir uns beeilen, **um so schneller** sind wir fertig.

(Je+Komp....f. Verb, um so+Komp. + f. Verb....)

Aşağıdaki cümleleri Türkçeye çeviriniz!

Je mehr Überstunden er macht, **einen desto höheren Lohn** bekommt er.
....

Die Schüler denken **um so** schlechter von ihren Lehrern, **je älter** sie werden. Dies hat eine Umfrage ergeben. ....
....

Eine Umfrage hat ergeben **dass,** die Schüler **um so** schlechter von ihren Lehrern denken , **je älter** sie werden.
....

Ich wurde **immer** ungeduldiger, **je länger** ich warten mußte.
....

Immer stiller wurde es, **je tiefer** wir in den Wald kamen.
....

Morgen fahre ich in die Berge oder gehe ins Deutsche Museum, **je nachdem ob** dass Wetter schön oder schlecht ist.
(Wenn das Wetter schön ist, fahre ich morgen in die Berge, **wenn es schlecht ist,** gehe ich ins Deutsche Museum.)
....
....

Wir können heute abend ins Kino, Konzert, Theater oder auch tanzen gehen, **je nachdem wozu** du Lust hast.
....

1) **Mit zunehmendem Erfolg** wird er immer stölzer.
a) **Je mehr** Erfolg er hat, desto stölzer wird er.
b) Er wird **immer stölzer, je mehr** Erfolg er hat.
....
....

2) - **Wenn der Kaufmann mehr verkauft,** hat er auch einen höheren Gewinn. **Je mehr** der Kaufmann verkauft, **einen um so höheren Gewinn** hat er.
....
....

3) **Als der Prüfungstermin näher rückte,** wurde seine Nervosität immer grösser.
Immer grösser wurde seine Nervosität, **je näher** der Prüfungstermin rückte.
....
....

KONZESSIVSÄTZE
(Kabul Cümleleri: Karşıt Neden Bildirir):

Bunların hepsi aşağı yukarı aynı anlamları kapsarlar: **(Her ne kadar ise de/diği halde/mesine karşen/rağmen/ise de vb. gibi.)**

- Kalın bir palto giymeme **rağmen** yine de üşüyorum.
  (**Obwohl** ich einen warmen Mantel trage, friere ich doch.)
- Pek zengin **olmadığı halde** her fırsatta fakirlere yardım eder.
  (**Obgleich** er nicht so reich ist, hilft er den Armen bei jeder Gelegenheit.)
- Görüşümüzü iyi **açıkladıksada** bizi kimse dinlemek istemedi.
  (Wenn wir unsere Ansicht **auch** gut erklärten, wollte uns niemand doch zuhören.)
- Herşeyi bil**mesine rağmen**, bir şey söylemedi.
  (**Obwohl** er alles wusste, sagte er nichts.)

Wenngleich (her ne kadar ise de): Er hat die Stelle bei der Firma nicht bekommen, **wenngleich** er sie sofort darum sich beworben hat und die besten Zeugnisse besitzt.

Wie ... auch (immer): ne kadar....... olsa da: (Wir werden diese Arbeit schaffen, **wie** schwierig sie **auch** immer sein mag.

wenn... auch: olmasına rağmen:
Er hat eine schlechte Prüfung gemacht, **wenn** er **auch** in der Klasse ein fleissiger Schüler war.

Konzessivsätze mit "obwohl/ obgleich/ obschon/ obzwar/ wiewohl/ wenngleich/trotzdem:

Er hat mir nicht geantwortet, **obwohl** ich ihm dreimal geschrieben habe.
(Ona üç defa yazmama rağmen bana cevap vermedi.)
(Ich habe ihm dreimal geschrieben, **trotzdem** hat er mir nicht geantwortet.

Obgleich/Obschon der Kranke viele Medikamente nahm, verschlechterte sich sein Zustand.
(Der Kranke nahm viele Medikamente, **dennoch** verschlechterte sich sein Zustand.)

Obwohl ich deinen Plan im grossen und ganzen gut finde. **(so)** muß ich **doch/dennoch/trotzdem** einiges kritisieren.

Obwohl er nicht viel kann, hat er **trotzdem** eine gute Stelle bekommen.

Ahmet hatte ziemlich viel zu tun, **trotzdem/dennoch/und doch/ nichtsdestoweniger** nahm er sich Zeit für mich.
(Ahmet'in oldukça çok işi vardı, buna rağmen vaktini bana ayırdı.)

> Obwohl/obgleich Ahmet ziemlich viel zu tun hatte, nahm er sich (doch/trotzdem/dennoch) Zeit für mich.

Trotz/Ungeachtet des strengen Frostes wollte der Junge Ski laufen.

Bei allem Verständnis für seine Situation kann ich sein Verhalten nicht gutheissen.

Obwohl ich sehr viel Verständnis für seine Situation habe, kann ich sein Verhalten nicht gutheissen.

Obwohl /Obgleich veya auch wenn/selbst wenn/ und wenn ile yapılan kabul cümleleri:

> **Aşağıdaki cümleleri Türkçeye çeviriniz.**

Obwohl/obgleich   **auch wenn/selbst wenn/und wenn**

1a) **Obwohl** er ein Taxi nahm, konnte er den Zug nicht mehr erreichen.
....
....

b) Auch wenn er ein Taxi genommen hätte, hätte er den Zug nicht mehr erreichen können.

2a) **Obgleich** er mit dem Taxi fährt, kann er den Zug nicht erreichen (Er fährt tatsächlich mit dem Taxi trotzdem kann er den Zug nicht erreichen.)
....
....

b) **Selbst wenn** er mit dem Taxi fährt, kann er den Zug nicht mehr erreichen. (Nehmen wir an, er fährt mit dem Taxi auch in diesem Fall kann er den Zug nicht mehr erreichen.

3a) Er nimmt an der Prüfung teil, **obwohl** er sie nicht bestehen wird. (Man erwartet mit Sicherheit, dass er die Prüfung nicht bestehen wird.)
....
....

b) Er hat tatsächlich vor weiterzustudieren, **auch wenn** er die Prüfung nicht bestehen sollte. (Eventuell besteht er die Prüfung nicht.)

4a) Haben Sie diesen teuren Wagen gekauft? - Nein, ich habe es nicht getan, **obwohl** ich es hätte tun können.
....
....

b) Hätten Sie einen so teuren Wagen gekauft? - Nein, ich hätte es nicht getan, **selbst wenn** ich es hätte tun können.

5a) Ich muß über Ostern zu Haus bleiben, **obgleich** ich natürlich lieber verreisen würde.
....
....

b) Ich würde über Ostern zu Haus bleiben, **auch wenn** ich verreisen könnte.

Übungen:

a) **Obwohl** ich sehr schnell gehe, brauche ich für diese Strecke 10 Minuten.
b) **Auch wenn/selbst wenn** ich schnell ginge, würde ich für diese Strecke 10 Minuten brauchen.
c) Ich muß das noch heute erledigen, ... es dabei sehr spät wird.
d) .... er operiert wurde, konnte der Kranke nicht mehr gerettet werden.
e) .... er operiert worden wäre, hätte man den Kranken nicht mehr retten können.
f) Ich würde diesen Mann nicht heiraten, ... er steinreich wäre.

Konzessivsätze mit "auch wenn" /wenn... auch, (so.. doch)/ wenngleich:

> **Auch wenn** die Wohnung allen meinen Wünschen entsprechen sollte, werde ich sie nicht mieten.
> (Ev isteklerime uygun olmasına rağmen kiralamıyacağım.)
> **Wenn** die Wohnung allen meinen Wünschen entspricht, **so** bin ich **doch** zufrieden.
>
> Die Fussballmannschaft kann dieses Spiel nicht mehr gewinnen, **auch wenn** sie in der zweiten Halbzeit eine sehr gute Leistung bietet.
> (Takım ikinci yarıda iyi bir başarı sunmasına rağmen bu oyunu kazanamaz.)
> Die Fussballmannschaft hat dieses Spiel verdient gewonnen, **wenn sie auch/wenngleich** sie in der zweiten Halbzeit keine sehr gute Leistung bot.

Aşağıdaki cümleleri Türkçe'ye çeviriniz.

a) **Auch wenn ihm** das alles gelingen sollte, wird er sich nicht zufrieden geben.
....

b) Er hat viel erreicht, **wenn ihm auch** nicht alles gelungen ist.
....

c) (Zwar hat er nicht alles erreicht, was er wollte, dennnoch war er sehr erfolgreich.) **Wenn er auch** nicht alles erreicht hat, was er wollte, **so war er doch sehr erfolgreich.** ....
....

d) (Es gibt Leute, die nicht zu sagen haben, aber nichtsdestoweniger bei jedem Gespräch mitreden wollen.) Es gibt Leute, die bei jedem Gespräch mitreden wollen, **auch wenn sie nichts zu sagen haben.**
....

e) Ich tue, was ich für richtig halte, **auch wenn sie nichts zu sagen haben.**
....

Konzessivsätze mit "so/wie Adjektiv/Partizip/Adverb... (auch):

So sehr der Student **auch** suchte, er fand kein billiges Zimmer.
(Öğrenci çok aramasına rağmen ucuz bir oda bulamadı.)
Der Student suchte und suchte, **doch** er fand kein billiges Zimmer.)

Ich kann deinen Wunsch nicht erfüllen, **so leid** es mir **auch** tut.
(Es tut mir ausserordentlich leid, **aber** ich kann deinen Wunsch nicht erfüllen.)

So schmerzlich es für mich ist, muß ich dich jetzt verlassen.
(**Obwohl es für mich sehr schmerzlich ist,** muß ich dich jetzt verlassen.)

Wie sehr er es **auch** versuchte, er konnte die Tür nicht öffnen.

So kompliziert dieses Problem **auch** sein **mag**, man wird es doch lösen.
Mag dieses Problem auch **(noch so) kompliziert** sein, man wird es doch lösen.

Aşağıdaki cümleleri Türkçeye çeviriniz!

1. (Der betrunkene Autofahrer wurde zur Polizeiwache gebracht, obwohl er heftig protestierte.) - **So heftig der betrunkene Autofahrer auch protestierte, er wurde** zur Polizeiwache gebracht.

....
....

2-. (Es ist sehr bedauerlich, doch ich kann es leider nicht ändern.)
So bedauerlich es (auch) ist, kann ich es leider nicht ändern.

....

Konzessivsätze mit "**so+Adjektiv/Partizip/Adverb..., so+ Adjektiv/ Partizip Adverb:**

So leicht dieser Schüler Fremdsprachen lernt, **so schwer** fallen ihm Mathematik und Physik.
(Bu öğrenci yabancı dili o kadar kolay öğrenmesine karşılık Matematik ve Fizik ona zor geliyor.)

Aşağıdaki cümleleri Türkçeye çeviriniz!

Zwar lernt dieser Schüler sehr leicht Fremdsprachen, doch Mathematik und Physik fallen ihm (sehr)schwer.

....

So kompliziert diese Kamera aussieht, **so einfach** ist sie zu bedienen.
(Obwohl diese Kamera sehr kompliziert aussieht, ist sie doch sehr einfach zu bedienen)

....

So leicht diese Arbeit auf den ersten Blick zu sein scheint, **so schwierig** ist sie in Wirklichkeit.

....

So gut mir die Romane dieses Autors gefallen, **so wenig** halte ich von seinen Theaterstücken.
(**Einerseits** gefallen mir die Romane dieses Autors gut, **andererseits** halte ich wenig von seinen Theaterstücken.)

....

Übungen:

zwar... aber: gerçi... ama.

Es fährt **zwar** ein Bus dorthin, **aber** ich gehe lieber zu Fuss.

So .. so (einerseits... andererseits): Bir taraftan... diğer taraftan.

(Dieses Spiel sieht **zwar** sehr einfach aus, ist **aber in Wirklichkeit** sehr schwierig.)
So einfach dieses Spiel aussieht, **so** schwierig ist es in Wirklichkeit.
(**Einerseits** sind die wilden Streiks verständlich **andererseits** wäre es gefährlich, sie generell zu billigen.)
So verständlich die wilden Streiks sind, **so** gefährlich wäre es, sie generell zu billigen.

Konzessivsätze mit **Fragewort+(auch) immer/Fragewort... auch (immer)**

Wer(auch) immer diese Behauptung aufgestellt hat, sie ist falsch.
(Kim bu iddiayı ileri sürse de bu yanlıştır)
(Es ist gleichgültig, wer diese Behauptung aufgestellt hat.
Sie ist jedenfalls falsch.)

Aşağıdaki cümleleri Türkçeye çeviriniz!

Wie (auch) immer man ihn beurteilen **mag**. Ich finde ihn sympathisch.
(Es spielt für mich keine Rolle, wie man ihn beurteilt, ich finde...

....

Wenn er auch (immer) nach dem Weg fragte, niemand konnte ihm Auskunft geben.

....

(Niemand konnte ihm Auskunft geben, ganz gleich, wen er nach dem Weg fragte.)

....

Diese Entwicklung lässt sich nicht mehr aufhalten, **was man auch (immer)** dagegen unternehmen **mag.**

....

(Man kann alles mögliche dagegen unternehmen, diese Entwicklung lässt sich trotzdem nicht mehr aufhalten.)

....

<u>Bilden Sie verallgemeinernde Konzessivsätze **mit und ohne"mögen!"**</u>
(Ich werde es tun, ganz gleich, was die Leute von mir denken.)

Was (auch) immer die Leute von mir denken, ich werde es tun.

Was (auch) immer die Leute von mir denken **mögen**, ich werde es tun.

Was die Leute auch (immer) von mir denken, ich werde es tun.

Was die Leute auch (immer) von mir denken **mögen**, ich werde es tun.

(İnsanlar benim hakkımda ne düşünürlerse onu yapacağım.)

Übungen
Willst du ihn etwa heiraten?

....

Der Himmel bewahre mich davor! Wie kommst du nur auf diesen Gedanken!

....

Ich habe seinen Heiratsantrag natürlich sofort abgelehnt, denn ich finde diesen Kerl äusserst unsympathisch!

....

Ich würde ihn nie heiraten, selbst wenn er berühmt **wäre** oder viel Geld **hätte.**
(O meşhur veya çok parası olsa da ben onunla asla evlenmem.)

Ich könnte es nicht tun, selbst wenn er Millionär oder Filmschauspieler **wäre** oder ein bekannter Künstler.

Beginnen Sie den Satz mit "So sehr..."!
Er suchte und suchte, doch er konnte den Schaden nicht finden.
Sosehr er **auch** suchte, er konnte den Schaden nicht finden.
(Çok aramasına rağmen arızayı bulamadı.)
Sosehr er sich **auch** bemühte, er hatte keinen Erfolg.
(O çok uğraşmasına rağmen başarılı olamadı.)

Aşağıdaki cümleleri Türkçeye çeviriniz!

Ich bedauere es ausserordentlich, doch kann es nicht ändern.
....

Sosehr es ich auch bedaure, ich kann es nicht ändern.
....

Ich überlegte hin und her, doch mir fiel nichts ein.
....

So sehr ich **auch** überlegte, mir fiel nichts ein.
....

Er strengte sich enorm an, doch er konnte es nicht schaffen.
....

So sehr er sich **auch** anstrengte, er konnte es nicht schaffen.
....

Er bemühte sich ausserordentlich, doch er hatte keinen Erfolg.
....

Sosehr er sich **auch** bemühte er hatte keinen Erfolg
....

Was tun wir, wenn das Wetter schlecht ist?
....

Auch wenn das Wetter schlecht ist, machen wir den Ausflug!
....

Ich verstehe nicht, was du an ihm besonderes findest.
....

Er ist nicht sehr unterhaltsam.
....

Ich mag ihn eben, **wenn** er **auch** nicht sehr unterhaltsam ist.
....

FINALSÄTZE (Maksat, Amaç Bildiren Cümleler):

um.....zu /damit/dass/ auf dass bağlaçları kullanılır. **Wozu?/Zu welchem Zweck? Mit welcher Absicht?** gibi sorulara cevap verirler.

- Birlikte sinemaya gid**elim diye** bu biletleri satın aldım.)
  (Ich habe diese Eintrittskarten gekauft, **um** zusammen ins Kino zu gehen.)
- Ağaçtan düşmemek için dikkat et!
  (Pass auf, **dass du nicht vom Baum fällst**.)
- Sana bu mektubu kaybol**masın diye** taahhütlü gönderiyorum.
  (Ich schicke dir diesen Brief per Einschreiben, **damit** er nicht verloren geht.)
- Bu kitabı (onu) beraber **okuyalım diye** satın aldım.
  (Ich habe dieses Buch gekauft, um es zusammen zu lesen.)
- **Emin olabilmek için** bu anlaşmayı imzaladım.
  (Ich habe diesen Vertrag unterschrieben, **um sicher sein zu können.**)
  - Ich habe ihn unterschrieben, **damit ich sicher sein kann.**
- İyi bir kompozisyon yazabilmeniz için bağlaçları çok iyi öğrenmeniz gerekir.
  (Sie müssen die Konjunktionen gut lernen, **damit** Sie einen guten Aufsatz schreiben.)

Der Motor wird ausgebaut, **um repariert zu werden.**
(Er soll repariert werden.)

Man baut den Motor aus, **um ihn zu reparieren.**
(Man will ihn reparieren.)

Die Wäsche hing an der Leine, **um zu** trocknen/ **damit** sie trocknete.
Man hatte die Wäsche an die Leine gehängt, **damit** sie trocknete.

Ich mache das Fenster zu, **damit** uns der Strassenlärm nicht stört.
(Cadde gürültüsü bizi rahatsız etmesin diye pencereyi kapatıyorum.)
(Ich mache das Fenster zu, **denn** der Strassenlärm **soll** uns nicht stören.

Der Patient bekam eine Spritze, **damit** er keine Schmerzen spürte.
(Hasta hiç ağrısı olmasın diye bir iğne vurundu.)
(Man gab dem Patienten eine Spritze, **denn er sollte** keine Schmerzen spüren.
Der Student aß in der Mensa, **um** Geld **zu** sparen.

(Öğrenci para biriktirmek için yemekhanede yemek yiyordu.)
(Der Student aß in der Mensa, **denn** er **wollte** Geld sparen.)

Um die Krankheit fest**zu**stellen, **werden** Blutuntersuchungen **gemacht**. (Passiv)
(**Damit man** die Krankheit feststellt, macht **man Blutunter**suchungen.)
Um die Krankheit fest**zu**stellen, ist **es** notwendig,
Blutuntersuchungen zu machen/dass man Blutuntersuchungen macht.
(Hastalığı tesbit etmek için kan tahlili yapmak gereklidir.)
Um die Krankheit festzustellen, **sind Blutuntersuchungen** notwendig.

Gib acht, **dass (damit)** du nicht hinfällst!
Mach, **dass (nicht: damit)** du verschwindest!
Sieh zu, **dass (nicht: damit)** du die Prüfung bestehst!

Aşağıdaki Cümlelerin Kuruluşlarına Dikkat Ediniz!

- Turfandaki bu meyva, alamaya**cağımız kadar** pahalıdır.
  Dieses Frühobst ist zu teuer, **als dass** wir es kaufen könnten.

Geh früh ins Bett, **damit** du morgen ausgeschlafen bist.
(Nicht: um morgen ausgeschlafen zu sein.)
Wozu hast du die Klingel abgestellt? -**Damit** ich nicht gestört werde.
Die Inflation ist kein **geeignetes Mittel,** um die Arbeitslosigkeit zu bekämpfen.

Er schrie laut   , **dass** alle ihn hörten.
                   , **damit** alle ihn hörten. (finaler Sinn)
                   , **so dass** alle ihn hörten (konsekutiver Sinn.)
Er schrie laut, **dass** auch jeder ihn **höre (hören würde)**(Konjunktiv. II)

"Fouls werden von vielen Trainern unmissverständlich gefordert, **auf dass** Gegner auch den gehörigen Respekt bekomme."

Um auf unser Thema zurück**zu**kommen, halte ich den Plan für gut. (Das folgende sage ich) um auf unser Thema zurückzukommen...

Er war, **um es vorsichtig zu sagen,** nicht gerade fleissig.

Der Stürmer bekam den Ball, **um** ihn gleich wieder **zu** verlieren.
Der Stürmer bekam den Ball **und** verlor ihn gleich wieder.

"İsidor... ging durchs Gartentor, **um** nie wieder**zu**kommen." (M. Frisch) İsidor ging durchs Gartentor **und** sollte nie wiederkommen.

Aşağıdaki Cümleleri Türkçeye Çeviriniz!

Helga nahm den kürzeren Weg. Sie wollte schneller zu Hause sein.
Helga nahm den kürzeren Weg, **um schneller zu Hause zu sein.**

....
....

Sprich mit niemand darüber! Es soll keiner erfahren.
Sprich mit niemand darüber, **damit es keiner erfährt.**

....

Schliess bitte das Fenster, sonst zieht es!
Schliess bitte das Fenster, **damit es nicht zieht!**

....

Haben Sie sich schon das Zimmer in der Schillerstrasse angesehen?
Noch nicht. Aber ich gehe gleich hin, **um es mir anzusehen.**

....

Fast niemand kann Sie verstehen. Würden Sie bitte lauter sprechen, **damit** auch die Leute dort hinten Sie **verstehen (können.)**
Diese Sachen sind leicht zerbrechlich. **Geben Sie acht, dass/damit** Sie nichts kaputt machen!

....
....

Was! Du bist immer noch hier? Mach endlich **dass** du raus kommst!
Zur Feststellung der Unfallursache sind genaue Untersuchungen notwendig.
Um die Unfallursache festzustellen, sind genaue Untersuchungen notwendig.

....
....

(Für die Physikalischen Versuche stellte man den Studenten alle Geräte zur Verfügung.)
Mann stellte den Studenten alle Geräte zur Verfügung, **damit sie die physikalischen Versuche machen (durchführen) konnten.**

....
....

Zur besseren Orientierung gab ich ihm meinen Stadtplan.
(Ich gab ihm meinen Stadtplan, **damit er sich besser orientieren konnte.)**
Für die Beseitigung dieser Mängel muß man deren Ursachen kennen.

....

Um diese Mängel zu beseitigen, muß man deren Ursachen kennen.)

....

KONSEKUTIVSÄTZE (Sonuç Cümleleri):

Sonuç belirten cümleler dass'lı cümlelerdir. dass bağlacı temel cümleden sonra gelir.

a) Temel cümlede sıfat önünde ise: **So/dermassen/derart /derartig.., dass.....**
b) İsmin önünde ise: **Solch-/derartig-....., dass..**
c) **So, dass.**
d) Yan cümlenin başında ise **sodass** bütün cümleyle ilgilidir.

Örnekler:

- Bu ailenin bütün fertleri evde olmamış **olacak ki** kimse kapıyı açmıyor.
  (Alle Mitglieder dieser Familie sollen nicht zu Hause sein, **so dass** niemand die Tür öffnet.)

- Sana yetişemeyeceğim kadar hızlı koşuyorsun.
  (Du läufst **so** schnell, **dass** ich dich nicht einholen kann.)

- Bu kitap üç günde okuyamayacağın kadar kalın.
  (Dieses Buch ist **zu dick, so dass** du es nicht in drei Tagen lesen könntest.

Not: "Als, dass" yan cümlesinde "nicht" olumsuzu kullanılmaz. Cümlede olay yerine getirilmediği içinde Konjunktiv zaman vardır. Temel cümlede, bir netice cümleciğin geleceğini, Korrelat olarak "**so, derart/ dermassen/ dergestalt/ derartig** gibi **zarflar** bildirir.

- Hüseyin, o kadar kabiliyetli bir öğrenci idi ki, çeşitli yabancı üniversitelerin bursunu kazandı.
  (Hüseyin war ein **derart** begabter Student, **dass** er **Stipendium** von verschiedenen ausländischen Universitäten erhielt.)

- Bütün otobüsler o kadar fazla dolu idi ki, eve yaya gitmeye mecbur oldum.
  (Alle Autobusse waren **dermassen** überfüllt, **dass ich zu Fuß nach Hause gehen musste.**)

Konsekutivsätze mit "..., so dass/so (...), dass-dermassen (.....), dass derart (...), dass-dergestalt (...), dass-solch-... dass-derartig..., dass."

1. Wir verpassten den Bus, **so dass** wir zu spät kamen.
   (Biz öyle geç geldik ki otobüsü kaçırdık.)

2. Der Fernsehfilm war **so** langweilig, **dass** ich abschaltete.
   (Televizyon filmi o kadar can sıkıcı idiki seyretmedim.)

3. Er machte mir ein **so** verlockendes Angebot, **dass** ich es sofort annahm.
   (O bana öyle uygun bir teklif yaptı ki hemen onu kabul ettim.)

4) Das Kind fror **so** sehr, **dass** es am ganzen Körper zitterte.
   (Çocuk o kadar üşüyordu ki bütün vücudu titriyordu.)

5) Es blitzte und donnerte **so dass** die Kinder Angst bekamen.
   (Öyle şimşek çakıyor ve gök gürlüyordu ki çocuklar korkuyorlardı.)

6) Dieser Computer ist **dermassen** kompliziert, **dass** nur wenige Fachleute ihn bedienen können.
   (Bu bilgisayar o kadar karışıkki sadece çok az uzmanı onu kullanabilir.)

7) Der Zustand des Kranken hat sich **derart** verschlechtert, **dass** die Ärzte das Schlimmste befürchten.
   (Hastanın durumu o kadar kötüleşiyorduki, doktorlar korktular.)

8) Die Maschinen machen einen **solchen/ derartigen** Lärm (oder so einen Lärm), **dass** man sein eigenes Wort nicht mehr verstehen konnte.
   (Makinalar öyle bir gürültü kopardı ki, onun sözü daha fazla anlaşılamadı)
   Not: (Yukarıdaki cümlede 2 den 8 e kadar tarz cümlesi (modal) anlamıda verir.

9) Schreiben sie bitte so deutlich, **dass** ich alles lesen kann.
   (Lütfen öyle açık yazınız ki, hepsini okuyabileyim.)

Aşağıdaki cümleleri Türkçeye çeviriniz!

Es ist nicht so, dass wir schon alles erreicht hätten.
....

Es ist nicht so, als hätten wir schon alles erreicht.
....

Ich kann seine Äußerungen nur so verstehen, dass er seine Absichten geändert hat.
....

Er läutete mehrmals an der Haustür, ohne dass jemand öffnete.
....

Ich fragte ihn nach seiner Meinung, ohne eine klare Antwort zu erhalten.
....

Er schrie laut, dass alle ihn hörten.
....

Plötzlich ging das Licht aus , **so dass** wir im Dunkeln sassen.
....

Sie war hübsch, **so hübsch, dass** sie die Männer ganz verrückt machte.
....

Er hatte Angst, **solche Angst, dass** er kein Wort hervorbrachte.

Ist es sehr heiss draussen?-**So/dermassen heiss, dass** man es in der Sonne nicht aushalten kann.
....
....

Haben Sie grossen Durst? - Einen **solchen/derartigen Durst, dass** ich ein Fass Bier austrinken möchte.
....

Man hatte das Unterhaltungsprogramm sehr abwechslungsreich gestaltet, **so dass** keine Langeweile aufkam.
....

Es gab nur noch Karten zu 8 Mark, **infolgedessen** hatten wir keine andere Wahl.
....

Es gab nur noch Karten für 8 Mark, **so dass** wir keine andere Wahl hatten.
....

Ich konnte einfach nicht sprechen, **so masslos** empört war ich.
....

Ich war **dermassen/derart/so empört, dass** ich nicht sprechen konnte.
....

Es herrschte eine **schreckliche Hitze.** Ich war in Schweiss gebadet.
....

Es herrschte **eine solche/derartige/so eine Hitze, dass** ich in Schweiss gebadet war.
....

Konsekutivsätze mit "zu.., als dass-nicht genug.., als dass- (nicht) genügend.. als dass-zu..., um ... zu + Infinitiv-(nicht) genug... um.. zu+ Infinitiv- (nicht) genügend.., um ..., zu + Infinitiv:

> Das Angebot ist **zu** günstig, **als dass** ich es ablehnen könnte.
> (Bu teklif reddedemiyeceğim kadar uygundu)
> (Das Angebot ist **so** günstig, **dass** ich es nicht ablehnen kann.)
>
> Ich hatte **zu wenig/nicht genug/nicht genügend** Geld mit, **um** die Kinokarte bezahlen **zu** können.
> (Sinema bilet ücretini ödeyebilmek için yanımda yeteri kadar param yoktu.)
> Ich hatte **so** wenig Geld mit, **dass** ich die Kinokarte nicht bezahlen konnte.
>
> Der Mann war **zu** weit entfernt, **als** dass man ihn hätte erkennen können.
> (Adam tanınamayacak kadar çok uzaktaydı.)
>
> Der Film ist **zu** schlecht, **als dass** ich ihn mir noch einmal ansehen **würde**.
> (Film tekrar seyredilmeyecek kadar kötüydü.)
>
> Er verliess das Haus **zu** spät **um** noch pünktlich ins Büro **zu** kommen.

(O büroya vaktinde varamayacak kadar evden geç çıkmıştı.)

Emel lernt noch **nicht** lange genug Deutsch, **um** sich schon gut verständigen **zu können**.

(Emel Alman diliyle anlaşılabilecek kadar henüz yeteri kadar Almanca öğrenmiş değil.)

Um mir einen Mercedes **zu** leisten/leisten **zu können, fehlt** mir das nötige Geld.

(Kendime bir Mercedes alabilecek kadar yeterli param yok.)

Aşağıdaki cümleleri Türkçeye çeviriniz!

a) Hast du ihn verstanden?
 - Nein, er war zu weit entfernt, **als dass ich ihn hätte verstehen können.**
 ....

b) Begreift der Junge das denn schon?
 - Nein, er ist noch nicht alt genug, **um das schon zu begreifen.**
 ....

c) Die Mannschaft spielte zu überlegen, sie konnte nicht verlieren.
 Die Mannschaft spielte zu überlegen, **um zu verlieren.**
 ....**,als dass sie hätte verlieren können.**
 ....

d) Der Apparat ist zu kompliziert, daher kann ich ihn nicht reparieren. Der Apparat ist zu kompliziert, **als dass ich ihn reparieren könnte.**
 ....

MODALSÄTZE
(Tarz bildiren cümleler: "Instrumental"):

Die Angabe der Art und Weise oder des Mittels: (Hakiki tarz cümleleri) "indem/dadurch.., dass" (-erek, arak/suretiyle):
Yabancı bizi saygıyla selam**layarak** yaklaştı.
(Der Unbekannte näherte **sich, indem** er uns höflich grüsste.)

Ödevini, öğretmeni dikkatle dinle**yerek** doğru yazabilirsin.
(Du kannst deine Aufgabe **dadurch** richtig schreiben, **dass** du dem Lehrer aufmerksam zuhörst.)

Türk işçisi, Almanya'da beş yıl süre ile çalı**şarak** bu evi satın aldı.
(Der Türkische Gastarbeiter kaufte dieses Haus **damit, dass** er in Deutschland fünf Jahre lang tätig war.)

(Düğmeye basarak cihazı açtılar.)
Sie schalten das Gerät ein, **indem** sie auf diesen Knopf drücken.

(Osman başıyla işaret ederek kabul etti.)
Indem er mit dem Kopf nickte, zeigte Osman sein Einverständnis.

(Yaralı hemen ameliyat edilmek suretiyle kurtarıldı.)
Der Verletzte war nur **dadurch** zu retten, **dass** er sofort operiert wurde.

(Paul hiçbir şeyden memnun olmamak suretiyle her yerde sevilmez hale geldi.)
Dadurch, dass er mit nichts zufrieden ist, macht Paul sich überall unbeliebt.

Dikkatle incelenecek olan cümleler:

a) "Und **indem (modal: dadurch, dass/temporal: Während)** er das dachte, fühlte er sich auf einmal im Recht... **(p.H)**

b) **Indem (modal dadurch, dass/temporal: als)** Otto Hahn die erste Kernspaltung durchführte, leitete er eine neue Epoche der Technik ein.

c) Er setzte sich an den Tisch zurück, **indem (temporal: wobei)** er die Armbanduhr aufzog."

d) Die Fussballmannschaft verlor nur **dadurch, dass (deshalb, weil)** sie in der Verteidigung versagte.

e) **Dadurch, dass (Da/weil)** er uns half, wurden wir früher fertig.

f) Die schwache Form des Sportlers lässt sich nur **damit** erklären, **dass** er so lange verletzt war.

Übungen:
- Genç öğretmen, en iyi öğrencisini, hayatta ve meslekte başarılar dileyerek tebrik etti.
  (Der junge Lehrer gratulierte seinem besten Studenten, **indem er ihm Erfolg im Leben und Beruf wünschte.**)
- Annesi ile, kucaklaşarak vedalaştı.
  (Er verabschiedete sich von seiner Mutter, **indem er sie umarmte.**)
- Herkes çok okumakla bilgisini derinleştirebilir.
  (Jeder kann seine Kenntnisse vertiefen, **indem er viel liest.**)

a) (Sie drehen an diesem Knopf. **Auf diese Weise/ So/ Dadurch** können Sie die Lautstärke regeln.) Sie können die Lautstärke regeln, **indem/dadurch, dass Sie an diesem Knopf drehen.**

b) (Keine Seite wollte nachgeben. **Nur dadurch** ist es **gekommen, dass keine Seite nachgeben wollte.**

c) (**Mit chemischen Mitteln** konnte ich den Farbfleck entfernen.)
Ich konnte den Farbfleck entfernen, **indem/dadurch entfernen, dass ich chemische Mittel benutzte.**

d) (**Durch zu langes Zögern** verpasste er die günstige Gelegenheit.) **Dadurch, dass/indem** er zu lange zögerte, verpasste er die günstige Gelegenheit.

Örnekler:

1. **Mit Unterstützung mehrerer Parteien** wurde der Politiker zum Präsidenten gewählt.
   Dadurch, dass/Indem mehrere Parteien ihn unterstützen, wurde er.....
2. **Durch eine sofortige Operation** wurde der Verletzte gerettet.
   Der Verletzte wurde **dadurch** gerettet, **dass** er sofort operiert wurde.
3. Sie überzeugte ihre Zuhörer **durch vernünftige Argumente.**
   Sie überzeugte ihre Zuhörer **dadurch, dass/indem** sie vernünftig argumentierte/vernünftige Argumente vorbrachte.

Modalsätze mit "**ohne dass/ohne.. zu+ Infinitiv/anstatt dass/ ansttat.. zu+Infinitiv**":
- Arkadaşımı ziyaret etmeden (etmeksizin) geri dönmem.
  (Ich kann nicht zurückfahren, **ohne dass ich meinen Freund besuche.**)
- Öğrenciler ödevlerini yapmaksızın sınıfa geliyorlar.
  (Die Schüler kamen in die Klasse, **ohne seine Aufgaben zu machen.**)

- Önemli kitaplar okumak yerine, önemsiz şeyleri okuyor.
  (**Anstatt gute Bücher zu lesen,** liest er unwichtige Sachen.)
- Bir özel dersten diğerine koşacağın yerde, kendi kendine çalışmalısın.
  (**Statt dass du von einem Privatunterricht zum anderen läufst,** solltest du lieber allein arbeiten)
- Tatilimizi deniz kenarında geçireceğimiz yerde memleketime gitmeyi tercih ederim.
  (**Anstatt dass wir unsere Ferien am Meer verbringen,** möchte ich lieber in meine Heimat fahren.)
- Şoför yaralılarla ilgilenmeksizin yoluna devam edip gitti.
  (Der Autofahrer fuhr weiter, **ohne sich um den Verletzten zu kümmern.**)

Aşağıdaki cümleleri Türkçeye çeviriniz!

Die bewärte Methode wurde lange Zeit angewendet, **ohne dass man sie änderte.**
....

Die veraltete Methode wurde zu lange angewendet, **statt dass man sie änderte.**
....

Ohne dass er es merkte, machte der Fussgänger einen grossen Umweg.
....

Anstatt/Statt dass er den kürzesten Weg wählte, machte der Fussgänger einen grossen Umweg.
....

Ohne es zu merken, machte der Fussgänger einen grossen Umweg.
Anstatt/Statt den kürzesten Weg zu wählen, machte der Fussgänger einen grossen Umweg.
....
....

Die Konferenz ging zu Ende, **ohne dass** es zu der erwarteten Einigung gekommen **wäre.** (Konjunktiv II)
....

Auf der Konferenz wurde nur debattiert, **statt dass** man Beschlüsse gefasst **hätte.** (Konjunktiv II)
....

Ich drückte auf den Lichtschalter, **ohne dass** es hell wurde.
....

Ich schrieb ihm zweimal, **ohne** eine Antwort **zu** erhalten.
....

Anstatt ins Theater **zu** gehen, ging er ins Kino.

Statt dass die Sonne schien, regnete es.

Er sagte es mir, **ohne dass** ich ihn danach gefragt hatte.

Statt/Anstatt das Wetter sich besserte, regnete es noch zu stärker.

Ohne zu zögern, traf er seine Entscheidung.

Statt/Anstatt eine schnelle Entscheidung **zu** treffen, zögerte er zu lange.

Hat den niemand etwas bemerkt? - Nein, das Feuer ist ausgebrochen, **ohne dass** jemand etwas bemerkt hat (hätte)

Hat er denn keine Adresse hinterlassen? Nein, er ist abgereist, **ohne** eine Adresse **zu** hinterlassen.

War er denn nicht hier? Oder hat er angerufen - Nein, er ist wieder abgereist, **ohne hier gewesen zu sein oder angerufen zu haben.**

Bilden Sie Nebensätze mit "ohne dass/ohne.. zu Infinitiv/ anstatt... zu Infinitiv..!

(Man hat das ohne mein Einverständnis getan.)
Man hat das getan, **ohne dass ich damit einverstanden war.**

(Sie warf den Brief ungelesen in den Papierkorb.)
Sie warf den Brief in den Papierkorb, **ohne ihn gelesen zu haben.**

(Man fasste keine Beschlüsse. Stattdessen wurden neue Vorschläge gemacht. Statt dass man Beschlüsse fasste, wurden neue Vorschläge gemacht. (............. gefasst hätte............)

(Statt des Anoraks hätte ich besser meinen Mantel angezogen.)
Statt den Anorak anzuziehen, hätte ich besser meinen Mantel angezogen.

(Ich hatte Regen erwartet, doch es schien die Sonne.)
Statt das es regnete, schien die Sonne.

(Der berühmte Schauspieler verliess unerkannt sein Hotel.)
Der berühmte Schauspieler verliess sein Hotel, **ohne dass** ihn jemand erkannte/ **ohne** erkannt **zu** werden.

VERGLEICHSÄTZE (Karşılaştırma Cümleleri):

mit "(nicht) so.., wie /..., wie/solch.., wie/als" (Mukayese cümleleri)

- Söylediği gibi denize gitti.
  (Er ist an die See gefahren, **wie** er es gesagt hat.)
- Bu kitap söylediğiniz kadar (gibi) ucuz değil.
  (Dieses Buch ist nicht **so** billig, **wie** Sie mir gesagt haben.)
- Otobüs umduğumuz**dan daha** erken geldi.
  (Der Bus kam früh**er, als** wir gehofft haben.)
- Bu arkadaş, (sanki) bir avukat**mış gibi** konuşuyor.
  (Dieser Freund spricht so, **als wäre** er ein Rechtsanwalt.)
- Almanca zannettiğim gibi o kadar zor değil. (Die deutsche Sprache ist nicht **so** schwer, **wie ich gedacht habe**.)
- Sanki beni anlamamış gibi davranıyorsun.
  (Sie tun so, **als ob Sie mich nicht verstanden hätten.**)
- Bütün şartlarda seyahatim, bir yıl önce tahmin ettiğimden daha uzun devam edecek. (Meine Reise wird unter den ganzen Umständen länger dauern, **als ich noch vor einem Jahr angenommen habe**)
- (Meşhur bir sanatçı olmuş gibi resim yaptı)
  Er malte so, **als wäre** er ein berühmter Künstler gewesen.
- ...., **als ob**............ wäre. (als wenn/wie wenn)
- (Kaleci, topu tut**muş olacağından daha çok** alkış topladı.)
  Der Torwart, erntete **mehr** Beifall, **als wenn** er den Ball gehalten hätte.

Aşağıdaki cümleleri Türkçeye çeviriniz!

Die Kamera ist **so** teuer, **wie** Fuat gesagt hat.
....

Die Kamera ist **nicht so** teuer, **wie** Abdullah gesagt hat.
....

Die Mannschaft spielte (nicht) so, wie man es von ihr **gewohnt war**.
....

Die Mannschaft zeigte **ein so gekonntes Spiel, wie** man **es** selten zu sehen bekommt.

In dem Fotogeschäft gab es keinen solchen **Film, wie** ich **ihn** brauche.

Hier kostet das Buch **genausoviel/ebensoviel, wie** ich in dem anderen Geschäft bezahlt habe.

Mehmet Ali trank **mehr** Wein, **als** er vertragen konnte.

Diese Arbeit ist komplizierter **als** sie aussieht.

Die Wirklichkeit ist oft ganz **anders, als** man sie sich vorstellt.

Die Reihenfolge des Programms war **umgekehrt, als wir gedacht hatten.**

So wie/Wie er das machen möchte, geht es bestimmt nicht.

Man beachte den Unterschied zwischen dem vergleichenden wie und dem attributiven wie:
Wie (so wie) er es plant, lässt sich das Projekt nicht verwirklichen.

Ein Projekt, **wie er es plant,** lässt sich nicht verwirklichen.

Es ist so warm, wie wenn die Sonne scheint.

Es ist besser, **wenn** der Kranke noch einige Tage im Bett bleibt, **als wenn/als dass** er einen Rückfall erleidet.

(der zweite Nebensatz wird dann durch als wenn oder als dass eingeleitet.)

Alıştırmalar:

War der Film spannend?
    So spannend, wie ich erwartet hatte.
    Nicht so spannend, wie ich erwartet hatte.
    Spannender, als ich erwartet hatte.

War die Prüfung schwierig?
    .... ich befürchtet hatte.
    .... ich befürchtet hatte.
    .... ich befürchtet hatte.

Aşağıdaki cümleleri Türkçeye çeviriniz!

Man behauptet, dieser Wagen sei schlecht.
....

Ich glaube, er ist gar **nicht so schlecht, wie man behauptet**.
....

Der Verletzte schrie, **wie** ich noch nie jemanden habe schreien hören.
....

Auf dem riesigen Platz hatte sich eine **solche** Menschenmenge versammelt, wie ich sie noch niemals gesehen habe.
....

Du sollst nichts anderes tun, **als was ich dir sage**.
....

Örnek Cümleler:

a) Die neue Regierung will Reformen durchführen. Sie hatten das ja gehofft. Ja, es ist so gekommen, **wie ich gehofft hatte**.

b) Ist der Beruf eines Piloten wirklich so schön, wie viele meinen?
   So schön, wie viele meinen, ist er gar nicht.

c) Ist die Arbeit so leicht, wie Sie geglaubt haben?
   Sogar noch leichter, als ich geglaubt habe.

d) Kann İbrahim wirklich vergessen haben, was damals geschehen ist? Ganz bestimmt nicht!
   Er tut aber so, **als ob er sich nicht daran erinnern könnte.**

e) Still! Geht dort jemand?
   Mir ist, **als wenn** ich Schritte hören würde.
   Mir kommt es auch so vor, **als würde ich Schritte hören.**

VERGLEICHSÄTZE mit "als...zu+ Infinitiv/als dass/während/wohingegen/ wogegen:

Hat dieser Mensch denn **nichts besseres** zu tun, **als nur über andere zu reden?**
(Bu insanın diğerlerinin hakkında konuşmaktan başka yaptığı iyi birşey yok mu?)

Nichts ist **schwieriger, als** es allen recht **zu** machen.
(Herşeyi düzeltmekten başka zor birşey yok.)

Wir hatten **keine andere** Möglichkeit **als** ein Taxi **zu** nehmen.
(Bir taksiye binmekten başka hiçbir seçeneğimiz yoktu.)

Es blieb uns **nichts anderes** übrig, als ein Taxi **zu** nehmen.

Ich erwarte von ihm **nicht mehr und nicht weniger, als dass** er seine Pflicht tut.
(Ondan görevini yapmaktan başka birşey beklemiyorum.)

Lieber fahre ich vorsichtig, **als dass ich einen Unfall riskiere.**
(Bir kazayı göze almayacak kadar dikkatli giderim.)

Karl ist ein Dickkopf! **Eher** geht die Welt unter, **als dass** er nachgibt.
(Karl kalın kafalıdır. Kıyamet kopsada umurunda değil.)

Eher hätte er sein Leben riskiert, **als** seinen gefährlichen Plan aufzugeben.

Während es gestern in Stömen regnete, herrscht heute herrliches Wetter.
(Dün sicim gibi yağmur yağarken, bugün açık bir hava var.)

Seine Frau schlief schon, **während** er noch wach lag.
(O uyanıkken hanımı uyuyordu.)

Die einen gehen von der Theorie aus **wohingegen** die anderen sich an der Praxis orientieren.
(Biri teoriye dayanıyor, buna karşılık diğerleri uygulamada bilgi veriyor.)

Der Fremde benahm sich so ungezwungen, **wie wenn.... wäre.**
Der Fremde benahm sich so ungezwungen, **als wäre er hier zu Hause.**
(Yabancı sanki evindeymiş gibi serbest hareket ediyordu.)

Können sie diese Frage beantworten?
- Nichts ist einfacher, **als diese Frage zu beantworten.**
....
Du heiratest doch nicht etwa diesen Kerl?
- Wie kommst du den darauf? Lieber werde ich eine alte Jungfer, **als das ich diesen Kerl heirate!**
....
(Ich mußte sein Angebot annehmen, denn ich hatte keine andere Wahl.) Es blieb mir nichts anderes übrig, **als dass ich die Launen des Chefs noch länger ertrage.**
....
....
(Die Launen des Chefs ertrage ich nicht mehr länger. Lieber kündige ich.) Lieber kündige ich, **als dass ich die Launen des Chefs noch länger ertrage.**

(Die meisten reisen schon ab, wir dagegen blieben noch ein paar Tage.) **Während die meisten schon abreisten,** blieben wir noch ein paar Tage.

....

....
"Keine Rippen schienen das Herz mehr zu schützen.
Es schlug, **als ob** nur noch die Haut darüber sei." (P.Handke)
....

....
Der Fremde benahm sich **so** ungezwungen, **als wenn** er hier zu Haus **wäre.**
....

Der Schwimmer hatte plötzlich das Gefühl, **als hätte** sich das Wasser abgekühlt.
....

Ich werde den Eindruck nicht los, **als ob** etwas nicht in Ordnung sei.
....

Im Traum kam es mir **so** vor, **als würden** die Wände auf mich einstürzen.
....

Er weiss es natürlich, doch er tut so, als wüßte er es nicht.
        "   "   , als ob er es nicht wüßte.
        "   "   , als wenn er es nicht wüßte.
        "   "   , wie wenn er es nicht wüßte.
....

Wird sich das Wetter ändern?
Ich weiss es nicht, aber es sieht so aus, **als würde es sich ändern.**
....

....

Der Ausdruck gesteigerter Intensität: "so+Adektiv/Adverb

Das Kind bekam Angst und lief weg, **so schnell** es konnte.
(Das Kind .... lief weg **so schnell, wei es** konnte.)
(Çocuk korkup becerebildiği kadar koşarak kaçtı.)

Ich beeilte mich **so sehr** ich konnte.
(Yapabildiğim kadar acele ettim.)

Ich nahm von dem Gepäck, **so viel** ich tragen konnte.
(Taşıyabildiğim kadar yük aldım.)

Der Junge warf den Stein, **so weit er konnte,** (möglichst weit)
(Genç taşı mümkün olduğu kadar uzağa fırlattı.)

RESTRIKTIVE SÄTZE (Sınırlama Cümleleri):

Soviel, Soweit, ausser dass/ausser wenn, außer um....zu, + Infinitiv/nur dass ile yapılırlar:

- Hatırlayabildiğim kadarıyla o kalp hastasıdır.
  (**Soweit ich mich erinnern kann,** ist er herzkrank.)

- Ova göz alabildiği kadar karla örtülü.
  (**Soweit das Auge reicht,** ist die Ebene mit Schnee bedeckt.)

- Benim bildiğime göre bu kitap daha bir hafta önce basıldı.
  (**Soviel ich weiss,** ist dieses Buch noch vor einer Woche gedruckt worden.)
- Sakınca görülmediği takdirde, evrakınız bir günde işlem görür.
  (**Sofern keine Bedenken bestehen,** werden ihre Papiere in einem Tag bearbeitet.)

- Para durumum yeteri derecede kötü, bereket versinki ailem yok.
  (Meine finanzielle Lage ist schlimm genug, **nur dass** ich keine Familie habe.)

- Gücüm yettiği kadar sana yardım edeceğim.
  (**Soweit es in meiner Kraft liegt,** werde ich dir helfen.)

- Duyduğuma göre 'Ömer Seyfettin'in Hikayeleri Almanca'ya çevrilmiştir.
  (**Soviel ich gehört habe,** sind die Geschichten von Ömer Seyfettin ins Deutsche übersetzt worden.)

Aşağıdaki cümleleri Türkçeye çeviriniz!

1. **Soviel/Soweit** ich gehört habe, ist das Konzert schon ausverkauft.
   ....

2. Das Haus wurde, **soweit/soviel** ich mich erinnere, erst vor drei Jahren gebaut.
   ....

3. Ich unterstütze seine Pläne, **soweit (nicht: soviel)** ich sie für richtig halte.
   ....

4. Über sein Privatleben weiss ich nichts Genaues, **ausser dass** er verheiratet ist und zwei Kinder hat.
   ....

5. Er trieb regelmässig Sport, **ausser wenn** er auf Dienstreisen war.
   ....

6. Ich schaltete das Radio nicht an, **ausser um** die Nachrichten **zu** hören
   ....

7. Ömer ist ein begabter Schüler, **nur dass** er kein Talent zum Zeichnen hat.
   ....

8. Ich halte ihn für einen guten Kerl, **nur dass** er manchmal etwas grob ist.
   ....

9. Das Projekt kann verwirklicht werden, **soweit (in dem Umfang wie)** es keine gesetzlichen Bestimmungen verletzt.
   ....

10. Er hat nichts dagegen, dass auch die Kinder mitkommen, nur **dass (konditionale Bedeutung) vorausgesetzt, dass/sofern)** sie sich anständig benehmen.
    ....

11. **Aber soviel ich gehört habe**, geht es ihm gut.
    ....

12. **Soviel ich gehört habe**, ist er verheiratet und hat schon einen Sohn.
    ....

13. Ich habe bei der Prüfung mit allem gerechnet, **ausser dass** ich eine so gute Note bekomme.
    ....

14. In dem teuren Laden nebenan kaufe ich nicht mehr ein, **ausser wenn** ich etwas vergessen habe.
    ....

15. Den ganzen Tag verliess er die Wohnung nicht, **ausser um** die Post aus dem Briefkasten **zu** holen.
    ....

Ergänzen Sie folgenden Sätze!
1- Ich will ihre Wünsche, ... ich dazu in der Lage bin, gern erfüllen.
2- ....ich informiert bin, fährt der Bus alle 10 Minuten.
3- Tagelang benutzte ich das Auto gar nicht, ... einzukaufen.
4- Über diesen Mann ist mir nichts bekannt, ... er in diesem Haus wohnt.
5- An den Wochenenden fahre ich aufs Land, ... das Wetter sehr schlecht ist.

Cevaplar:
1) soweit, 2) Soweit/Soviel, 3) ausser um, 4) ausser das, 5) ausser wenn

DER SPEZIFISCHE GELTUNGSBEREICH
(Was ... betrifft):

"Was.... betrifft (angeht/ anlangt/anbelangt)/insofern (..), als/...., insofern (als)in/ insoweit (...), als/insoweit (als):

Insoweit: O bakımdan

> Er hat mir das Geld zurückgegeben, **insoweit ist alles in Ordnung.**
> (O bana parayı geri verdi, o bakımdan herşey yolunda.)

Insofern: O noktaya kadar, o bakımdan

> Das Essen war immer gut, **insofern war ich mit dem Hotel zufrieden.**
> (Yemek daima iyi idi, o bakımdan otelden memnundum.)

Örnekler

1. Der Wagen ist, **was** seine Fahreigenschaften **betrifft,** sehr zu empfehlen.
   (Arabanın gidiş özelliklerine gelince tavsiye edilebilir.)

2. Salih hat uns, **was** seine Beziehungen **zu** dem Mädchen angeht, ganz im dunkeln gelassen.
   (Salih kendini kıza verince bizi yapayalnız bıraktı.)

3. **Was** dieses Thema **anlangt, so** gibt es darüber ganz unterschiedliche Meinungen.
   (Bu konuya gelince üzerinde çok farklı düşünceler vardır.)

4. **Was** deinen Vorschlag **anbelangt, so** habe ich keine Einwände dagegen.
   (Senin teklifine gelince itirazım yok.)

5. Diese Theorie ist **insofern** fragwürdig, **als** sie von falschen Voraussetzungen ausgeht.
   (Teori yanlış varsayımlara dayandığından şüphelidir.)

6. Ayhan hatte bei dem Schweren Unfall grosses Glück, **insofern (als)** er mit leichten Verletzungen davon kam.
   (Ayhan'a hafif yaralarla kurtulduğuna göre tehlikeli kazada büyük şansı vardı.)

7. Die beiden Pläne ähneln sich **insoweit, als** bei den die gleiche Methode zugrunde liegt.
   (Her iki plan aynı metodu gerçekleştirdiğinden birbirine benziyor.)

8. Die Diskussion war interessant, **insoweit (als)** sie wichtige Fragen berührte.
   (Tartışma önemli meselelere temas ettiğine göre çok enterasandı.)

> **Aşağıdaki cümleleri Türkçeye çeviriniz!**

Seine Anschuldigungen sind **insofern (deshalb)** nicht gerechtfertigt, **als** (weil) sie nicht den Tatsachen entsprechen.

....
....

Insoweit (soweit) es sich machen lässt, sollen die Mängel an dem Gerät beseitigt werden.
(Von meiner Seite aus bestehen keine Bedenken gegen den Plan.)
....
....

Was mich betrifft/anbelangt, so bestehen keine Bedenken gegen den Plan.

....
(Hinsichtlich meiner Berufsaussichten bin ich recht optimistisch.) Ich bin recht optimistisch, **was** meine Berufsaussichten **angeht/ anlangt/ betrifft**.
....
....

Diese Theorie ist in bestimmter Hinsicht fragwürdig: sie geht nämlich.
Diese Theorie ist **insofern** fragwürdig, **als** sie von falschen Voraussetzungen ausgeht.
Diese Theorie ist fragwürdig, **insofern (als)** sie falschen Voraussetzungen ausgeht.
....
....

(Ich stimme seinen Äusserungen nur **in dem Masse zu, wie** sie meinen Ansichten entsprechen).

Ich stimme seinen Äusserungen **insoweit** zu, **als** sie meinen Ansichten entsprechen.
Ich stimme seinen Äusserungen zu, **soweit/insoweit (als)** sie meinen Ansichten entsprechen.
....

(In Bezug auf diese Angelegenheit bin ich anderer Meinung als er.)
Was diese Angelegenheit **betrifft, so** bin ich anderer Meinung als er.
....

(Mit seinen Vorschlägen bin ich einverstanden.)
Was seine Vorschläge **angeht, so** bin ich einverstanden.
....

(Ich für meine Person kann dieser Entscheidung nicht zustimmen)

Was mich anbelangt, so kann ich dieser Entscheidung nicht zustimmen.

(Soziale Reformen sind in dem Umfang möglich, in dem sie sich finanzieren lassen.)
Soziale Reformen sind **insoweit** möglich, **als** sie sich finanzieren lassen.
Soziale Reformen sind möglich, **soweit/insoweit (als)**..........

(Dieser Techniker ist aus einem bestimmten Grund unentbehrlich: nur er allein kann mit den komplizierten Geräten umgehen.
Dieser Techniker ist unentbehrlich, **insofern** nur er allein mit den komplizierten Geräten umgehen kann.
Dieser Techniker ist **insofern unentbehrlich, als** nur er allein mit den komplizierten Geräten umgehen kann.

(Auf Ihre letzte Frage kann ich Ihnen leider keine Antwort geben.) **Was Ihre letzte Frage betrifft, so** kann ich darauf leider keine Antwort geben.

(Seine Darstellung der Dinge ist in gewisser Weise unvollständig denn sie lässt einige Umstände ausser acht.)
Seine Darstellung der Dinge ist unvollständig, **insofern als** sie einige Umstände ausser acht lässt.

TEMPORALSÄTZE (Zaman bildiren cümleler):

a) Yan cümledeki eylemin temel cümledeki eylemle aynı olduğunu bildiren bağlaçlar: **Während, indessen, sooft, indem, solange, als, wenn, wie, nun.**

b) Yan cümledeki eylemin temel cümledeki eylemden **önce** olduğunu bildiren bağlaçlar: **nachdem, als, wenn, sobald, seit, seitdem.**

c) Yan cümledeki eylemin temel cümledeki eylemden sonra olduğunu bildiren bağlaçlar: **bevor, bis, ehe.**

Arkadaşımdan bir mektup alırsam sevinirim.
(**Wenn ich von meinem Freund einen Brief bekomme**, freue ich mich.)

Kız kardeşim bir köpek gördüğünde (gördüğü zaman) korkardı.
(**Wenn meine Schwester einen Hund sah**, fürchtete sie sich.)

İstanbul'daki amcanı ziyaret ettinmiydi bana telgraf çekersin.
(**Wenn du deinen kranken Onkel in İstanbul besucht hast**, gibst du mir einen Telegramm auf.) (Nachdem anlamı var.)

Dün bana gelmiş olsaydınız birlikte sinemaya giderdik.
(**Wenn Sie zu mir gestern gekommen wären, wären** wir zusammen ins Kino gegangen.)

Kız kardeşim hemen bir mektup yazsaydı daha iyi olurdu.
(**Wenn meine Schwester bald einen Brief geschrieben hätte, wäre** es besser **gewesen.**)

Keşke evde kalsam: (**Wenn** ich **doch** zu Hause **bliebe.**)

Babam bana keşke bir dolmakalem hediye etmiş olsaydı:
(**Wenn** mein Vater mir **doch nur** einen Füller **geschenkt hätte.**)

Ben altı yaşındayken babam ve annem Afyon'da bulunuyordu.
(**Als** ich sechs Jahre alt **war, befanden** sich meine Eltern in Afyon.)

İkinci Dünya Savaşı çıktığında İngiltere'nin kuvvetli bir ordusu yoktu.
(**Als** der zweite Weltkrieg **ausbrach hatte** England keine starke Armee.)

Postacı geldiği zaman kapının önündeydim.
(**Als** der Briefträger **kam, war** ich vor der Tür.)

Not: **Als ile yapılan cümlelerde zaman genelde Präteritum olur. Yapılan cümle** yan cümlenin zamanı Plusquamperfekt temel cümlede Imperfekt olursa nachdem anlamı taşır.

Örnekler:

Als wir eine Tasse Kaffee **getrunken hatten, machten** wir uns auf den Weg.
(Birer fincan kahve **içtikten sonra** yola koyulduk.)

Yeni gelen mektubu okuduğum sırada kapı çalındı.
(**Während** ich den neu gekommen Brief **las, klingelte** es.)

Siz gezide bulunduğunuz sırada burada çok yağmur yağdı.
(**Während** Sie auf der Reise **waren, regnete** es hier sehr viel.)

Not: Während bağlacı "**diği halde ve halbuki**" anlamlarını verebilir:
Kışın güneş erken battığı **halde** yazın geç batar.
(**Während** die Sonne im Winter früher **untergeht, geht** sie im Sommer später unter.)
Bu türküyü ne zaman duysam seni hatırlarım.
(**Sooft** ich dieses Volkslied **höre, erinnere** ich mich an dich.)
Bu mektup masanın üstünde kaldığı sürece onu herkes okumak ister.
(**Solange** dieser Brief auf dem Tisch **liegt, will** jeder ihn lesen.)

Örnekler

Nachdem bağlaçlı yan cümlede zaman:	Temel cümlede zaman
Plusquamperfekt	– Präteritum (Imperfekt)
Perfekt	– Perf.Präsens/Futur

– Ben indikten sonra tren hareket etti.
(**Nachdem** ich aus dem Zug **ausgestiegen war, fuhr** er ab.)

– İmtihanı kazandıktan sonra seyahat yapabilirsin.
(**Nachdem** du die Prüfung **bestanden hast, darfst** du eine Reise **unternehmen.**)

– Arkadaşım bu mektubu postaya verdikten sonra amcasını ziyaret edecek.
(**Nachdem** mein Freund diesen Brief zur Post **gebracht hat, wird** er seinen Onkel besuchen.

– Komşumuzun oğlu Almanya'ya gittiğinden beri orada bir dil kursuna katılıyor.
(**Seitdem** der Sohn unseres Nachbarn nach Deutschland **gefahren ist, nimmt** er dort an einem Sprachkurs **teil.**)
– Sömestri tatili başlar başlamaz, bir sigorta şirketinde stajyer olarak çalışmak istiyor.

(**Sobald** die Semesterferien **beginnen, will** er als Praktikant bei einer Versicherungsgesellschaft **arbeiten.**)

Not: - Almanya'ya <u>varır varmaz</u> sana bir mektup yazarım. (**Sobald** ich in Deutschland angekommen bin, schreibe ich dir einen Brief) Her insan konuş**madan önce** iyi düşünmelidir. (**Jeder mensch soll, bevor er spricht, denken**)

Not: - Soruma cevap vermeden önce iyi düşün.(Denke gut nach, **bevor du meine Frage beantwortest.**)

Not: - Bir uçak havalanmadan önce, mütehassıs teknisyenler tarafından itina ile gözden geçirilir. (**Ehe ein Flugzeug startet,** wird es von ausgebildeten Technikern sorgfältig überprüft.)

Not: - Siz Ankara'dan dönünceye kadar inşaallah bu işi bitirmiş olacağım. (**Bis Sie aus Ankara zurückkommen, werde** ich diese Arbeit hoffentlich **beendet haben.**)

Not: - Arkadaşımız gelinceye kadar bahçede bekleyeceğiz. (Wir werden im Garten warten, **bis unser Freund kommt.**)

Not: - Bir yabancı Almanya'da öğrenim görmeden önce mutlaka Almanca öğrenmeli (**Bevor** ein Ausländer in Deutschland studieren kann, muß er Deutsch lernen.)

Not: - Ondan yardım istemektense kendi kendime yardım etmeyi denerim. (**Ehe ich ihn um Hilfe bitte,** versuche ich mir selbst zu helfen.)

A) *Temporalsätze mit "als/wie und wenn:*

Als (Nachdem) er das Haus verlassen hatte, begann es zu regnen.
Wann begann es zu regnen? - **Als** er das Haus verlassen hatte.

Aşağıdaki cümleleri Türkçeye çeviriniz!

Der Zug war schon abgefahren, **als ich den Bahnhof erreichte.**
....
Ich musste, **als ich studierte,** sehr sparsam leben.
....
Sie erschrank, **wie/als** er plötzlich auf sie zukam.
....
An dem **Tag/damals, als** es passierte, war ich verreist.
....

Er wollte schon die Diskothek verlassen, **als** ihm ein blondes Mädchen auffiel.
....
Kaum hatten wir das Haus erreicht, **als** ein Gewitter niederging.
....
Als er ernsthaft erkrankte, (da) hörte er mit dem Rauchen auf.
....
Wenn es blitzte, warteten die Kinder gespannt auf den Donner.
....
Wann warteten die Kinder auf den Donner? **Wenn** es blitzte.
....
Wenn ich jetzt in dieser unangenehmen Situation bin, **so** ist das nicht meine Schuld.
....
Wenn ich an meinen Entschluss aufs neue überdenke, **dann** kommen mir auch jedesmal neue Zweifel.
....
Wenn ich dich nachher abhole, habe ich schon die Konzertkarten besorgt.
....
Ich bin nur glücklich, **wenn** ich genau weiss, was ich will."
....
Heinrich war erst sechs Jahre alt, **als sein Vater starb.**
....
Diese Nachricht kommt allen unglaublich vor. Auch Martin will sie nicht glauben, als man sie ihm mitteilt. (Historisches Präsens)
....
Meistens besuchte er mich, **wenn er in der Gegend war.**
....

Zum Zeitpunkt des Unglücks befanden sich 20 Personen in dem Bus.
Als das Unglück geschah, befanden sich 20 Personen in dem Bus.

Auf meine Fragen nach seinen Plänen antwortete er meist nur allgemein.
Wenn ich ihn nach seinen Plänen fragte, antwortete er meist nur allgemein.

Aşağıdaki cümleleri bağlaçla yapınız.

1- Bei meinen Wanderungen in den Bergen entdeckte ich immer neue Naturschönheiten.
....

2- Zu Beginn der zweiten Halbzeit griff die Fussballmannschaft entschlossen an.
....

3- Am Ende der Konferenz hatte man sich endlich geeinigt.
....

4- Bei unseren Unterhaltungen waren wir selten der gleichen Meinung.
....

5- In Augenblicken des Glücks erschien ihm alles wie neu.
....

B) _Temporalsätze mit "bevor/ehe/worauf" (Önce, meden evvel):_

> Er zögerte ein wenig, **bevor/ehe** er die Frage beantwortete.
> (Soruya cevap vermeden önce biraz kızdı.)
> Wann zögerte er? - **Bevor/Ehe** er die Frage beantwortete.

> **Aşağıdaki cümleleri Türkçeye çeviriniz!**

Noch ehe man es verhindern konnte, wurde die Sache bekannt.
....

Glücklicherweise war sie ausgestiegen, **kurz bevor (nicht ehe)** der Bus verunglückte.
....

Einen Tag, bevor ich abreise, werde ich mich bei euch verabschieden.
....

Bevor ich einkaufen gehe, schreibe ich mir gewöhnlich auf, was ich brauche.
....

Er bemerkte seinen Fehler, **worauf er sich korrigierte.**
....

Es dauerte einige Zeit, **ehe/bis** ich mich an das Klima gewöhnt hatte.
....

Bevor er sich **nicht** entschuldigt hat, spreche ich nicht mit ihm.
....
(Nur wenn/Erst wenn er sich entschuldigt hat, spreche ich mit ihm.)
....

Ich hole dich ab, vorher besorge ich noch die Konzertkarten.
....

Bevor/Ehe ich dich abhole, besorge ich noch die Konzertkarten.
....

Zuerst/Zunächst machte ich eine Probefahrt, erst dann/erst danach kaufte ich den Wagen Ich machte eine Probefahrt, **ehe/bevor** ich den Wagen kaufte.
....

Er hatte noch nicht zu Ende gesprochen, da war mir schon alles klar.
....

Noch ehe er zu Ende gesprochen hatte, war mir alles klar.

....

Ich wollte ihn gerade etwas fragen, doch **bevor/ehe** ich dazu kam, klingelte das Telefon.

....

Es wurde ihm bewusst, dass er eine Taktlosigkeit begangen hatte, **worauf** er sich sofort entschuldigte.

....

> **Vor dem ersten Gebrauch des Gerätes** sollte man die Bedingunsanleitung lesen.
> **Bevor/Ehe man das Gerät zum erstenmal / das erstemal gebraucht,** sollte man die Bedienungsanleitung lesen.

Aşağıdaki cümleleri bağlaçla yapınız!

1- Vor Beginn seines Studiums musste er ein Praktikum machen.
....
2- Vor meiner Abreise habe ich noch viel zu erledigen.
....
3- Er besuchte seine Freundin, vorher kaufte er ihr noch ein Geschenk.
....
4- Mach bitte das Licht aus........... du weggehst.
....
5- Auf der Autobahn kam es zu einem schweren Unfall, ... die Polizei den Verkehr umleiten mußte.
....

C) *Temporalsätze mit "nachdem"(-den/dan sonra):*

> Er bestellte, **nachdem** er die Speisekarte gelesen hatte.
> Menüyü okuduktan sonra ısmarladı.
> Wann bestellte er? -**Nachdem** er die Speisekarte gelesen hatte.

Örnek Cümleler:

> Drei Jahre, **nachdem** sie geheiratet hatten, liessen sie sich scheiden.
> **Nachdem (als)** Ahmet diesen Unfall hatte (stilistisch besser als): gehabt hatte), mußte er zwei Stunden auf Hilfe warten.
> **Nachdem (Wenn)** ich das erledigt habe, komme ich **gleich** zu dir.
> **Sobald/Sowie** ich das erledigt habe, komme ich zu dir.
> Ich werde dich anrufen, **nachdem (wenn)** ich angekommen bin.
> **Nachdem (Wenn)** ich gegessen habe, trinke ich oft ein Glas Wasser.

Aşağıdaki birbirine benzeyen cümleleri Türkçeye çeviriniz!

Sie heiratete einen Diplomaten, danach gab sie ihren Beruf auf.
....

Die Post wird sortiert und anschliessend ausgetragen.
Nachdem/Wenn die Post sortiert (worden) ist, wird sie ausgetragen.
....

Ich hole zuerst Brigitte ab, und dann fahre ich zu dir/und dann werde ich zu dir fahren.
Wenn/ Nachdem ich Brigitte abgeholt habe, fahre ich zu dir / werde ich zu dir fahren.
....

Erst nach dem dritten Klopfen wurde mir die Tür geöffnet.
Erst nachdem ich dreimal geklopft hatte, wurde mir die Tür geöffnet.
....

Nach langem Warten erhielt ich endlich eine Nachricht von ihr.
Nachdem ich lange gewartet hatte, erhielt ich endlich eine Nachricht von ihr.
....

Nach tagelangen Regenfällen treten die Flüsse über die Ufer.
Nachdem es tagelang geregnet hatte, traten die Flüsse die Ufer.
....

D) *Temporalsätze mit "seitdem" seit: ("-den beri, - dan beri"):*

Seitdem er wegging, habe ich ihn nicht mehr gesehen. O gittiğinden beri ben onu hiç görmedim. **Seitdem er sein Studium beendet hat,** sucht er eine Stelle. O tansilini bitirdiğinden beri bir iş yeri arıyor. Er verdient besser, **seit** er bei dieser Firma arbeitet. O bu firmada çalıştığından beri iyi para kazanıyor.

Aşağıdaki cümleleri Türkçeye çeviriniz!

Seitdem (oder: Nachdem) der verstorbene Schauspieler den ersten Herzanfall erlitten hatte, war er nicht mehr aufgetreten.
....

Seit (oder: Solange) sie verheiratet sind, hatten sie noch keinen Streit.
....

Wir haben einen neuen Chef, und seitdem/seither ändert sich manches.,
Seit (dem) wir einen neuen Chef haben, ändert sich manches.
....

Seit unserer letzten Begegnung ist viel Zeit vergangen.
Seit (dem) wir uns das letztemal begegnet sind, ist viel Zeit vergangen.
....

Seitdem er auf ärztliches das Rauchen aufgegeben hat, geht es ihm besser.
....

Aşağıdaki cümleleri "seitdem" ile yapınız!

1- Wir haben uns etwas gestritten, und seither ist er nicht mehr zu Besuch gekommen.
....
2- Ahmets sind ausgezogen, und seither steht die Wohnung leer.
....
3- Seine Frau hat ihn verlassen, und seitdem trinkt er.
....
4- Seit dem Tod ihres Mannes lebt Frau Kuru allein.
....
5- Seit ihrem letztem Besuch sind drei Monate vergangen.
....
6- Seit seinem Umzug nach Konya habe ich nichts mehr von ihm gehört.
....
7-a) .... er diesen schweren Unfall hatte, ist er teilweise gelähmt.
....
   b) ...., er diesen schweren Unfall hatte, wurde er sofort ins Krankenhaus gebracht und operiert.
....

E) _Temporalsätze mit "bis"_

Er suchte (so lange), **bis** er das Richtige fand.
(O doğruyu buluncaya kadar aradı.)

Bis wann/wie lange suchte er? - **Bis** er das Richtige fand.
O ne zamana kadar aradı?   O doğruyu buluncaya kadar.

Wartest du auf mich, **bis** ich zurück bin?
(Ben geri dönünce kadar beni bekle.)

Wir mußten die Fahrt unterbrechen, **bis** man den Wagen repariert hatte.
(Araba tamir edilinceye kadar yolculuğu kesmek zorundaydık.)

Es dauert immer einige Zeit, **bis man sich woanders eingelebt hat.**

> Glaubst du, dass der Regen bald aufhört?
> Nein, es wird sicher noch einige Zeit dauern, **bis er aufhört.**
>
> Bis **zur Ankunft des Notarztes** vergingen noch 10 Minuten.
> Es vergingen noch zehn Minuten, **bis der Notarzt kam.**
> **Bis der Notarzt kam,** vergingen noch zehn Minuten.

> **Aşağıdaki cümleleri "bis" ile yapınız!**

1- İst İsmail schon mit dem Studium fertig?
    Nein,es wird auch noch einige Zeit dauern, **bis er damit fertig ist.**
2- Die Kinder spielten bis zur Dunkelheit im Garten.
    ....
3- Bis zur Klärung dieser Angelegenheit wird noch einige Zeit vergehen.
    ....
4- Bis zu seinem zehnten Lebensjahr lebte er auf dem Land.
    ....
5- Der Aussenminister blieb bis zum Ende der Konferenz in Belgrad.
    ....
6- Der Bus war schon abgefahren, und so mussten wir bis zum nächsten warten.
    ....

F) *Temporalsätze mit "während/indem/indes/ indessen/ wobei":*

> Sie dachte schon an das Wochenende, **während** sie zum Fenster hinaussah.
> (O pencereden dışarıya bakarken hafta sonunu düşünüyordu.)
>
> **Wann** dachte sie an das Wochenende? - **Während** sie zum Fenster hinaussah.
>
> **Während er auf den Zug wartete,** las er die Zeitung oder beobachtete die Leute.
> (Treni beklerken gazete okuyor ve de halka dikkatlice bakıyordu.)
>
> Man hat oft nach Ihnen gefragt, **während Sie verreist waren.**
>
> **Während er sich rasiert,** kam ihm plötzlich ein guter Gedanke.
> (Traş olurken aklına birdenbire iyi bir fikir geldi.)
>
> **Indem/Während** er die letzten Worte sprach, öffnete er schon die Tür.
> (Son sözlerini söyleyerek kapıyı açtı.)
>
> Der Junge erschrak, **indem (oder: als) er die Gefahr erkannte.**
> (Genç tehlikeyi bilerek korktu.)

Aşağıdaki cümleleri Türkçeye çeviriniz!

Ich habe ihm geraten, mehr zu arbeiten, **indes** er tat es nicht.
(ise, bununla beraber)
....

Ich ging in die Post, um ein Telegramm aufzugeben, **indessen** wartete mein Freund im Wagen auf mich. (Bu esnada)
....

Während ich langsam durch den Zoo ging, beobachtete ich die Tiere.
....

Während um sie herum tiefe Ruhe herrschte, gab sie sich ihren Erinnerungen hin.
....

Den ersten Unfall an dieser Stelle gab es vor drei Monaten, den zweiten vergangene Woche, **Während der letzte erst vor wenigen Minuten** passierte.
....

Ich decke den Tisch, du kannst inzwischen die Flasche öffnen.
Während ich den Tisch decke, kannst du die Flasche öffnen.
....

Wir warteten auf den Bus, währenddessen fing es an zu regnen.
Während wir auf den Bus warteten, fing es an zu regnen.
....

Er sah sich das Fussballspiel im Fernsehen an, seine Frau besuchte unterdessen eine Freundin.
Während er sich das Fussballspiel im Fernsehen ansah, besuchte seine Frau eine Freundin.
....

Während der Arbeit möchte ich nicht gestört werden.
Während ich arbeite, möchte ich nicht gestört werden.
....

Auf der nächtlichen Fahrt durch den Schwarzwald wäre ich fast am Steuer eingeschlafen.
Während ich nachts durch den Schwarzwald fuhr, wäre....
....

G) _Temporalsätze mit "solange" (olduğu müddetce):_

Solange sie Fieber hat, muß sie im Bett bleiben.
(Ateşi olduğu müddetçe yatakta kalmak zorunda.)

Wie lange muß sie im Bett bleiben? -**Solange** sie Fieber hat.
Er hörte aufmerksam zu, **solange das Konzert dauerte.**

Solange/Seit (dem) ich ihn kenne, war er noch nie unfreundlich.
(Onu tanıdığımdan beri hiç te samimi değil.)

Solange dieser Konflikt nicht beigelegt ist. (so lange) gibt es **keinen** Frieden.

Bevor dieser Konflikt **nicht** beigelegt ist, gibt es **keinen** Frieden.
(Bu anlaşmazlık önem kazanmadığı müddetçe barış olmaz.)

Nur wenn/Erst wenn dieser Konflikt beigelegt ist, gibt es Frieden.

Ich habe noch kein Zimmer gefunden.
Solange Sie noch kein Zimmer gefunden haben, können Sie bei uns wohnen.

Zu Lebzeiten seines Vaters ging es der Familie noch gut.
Solange sein Vater lebte, ging es der Familie noch gut.

In Abwesenheit des Chefs kann in dieser Sache nichts entschieden werden.
Solange der Chef abwesend ist, kann.....

Aşağıdaki cümleleri "solange" ile yapınız!

Sein ganzes Leben lang hatte dieser Mann Paris nicht verlassen.
....

Kleine Kinder kann man nicht allein lassen.
....

Während des gesamten Fluges hatte das Mädchen Angst.
....

In der Regierungszeit dieses Monarchen wurde das Volk ständig unterdrückt.
....

Für die Dauer seines Urlaubs ist er in der Firma nicht zu erreichen.
....

H) Temporalsätze mit "sobald/sowie" und "kaum dass": eder etmez

Sobald/Sowie (oder: Gleich Nachdem/Als) er das Haus verlassen hatte, spürte er die Kälte.
(Evi terkeder etmez soğukluğu farketti.)
Wann spürte er die Kälte? **Sobald/Sowie** er das Haus verlassen hatte.

Sobald oder: Wenn wir den Hafen erreicht haben, sind wir in Sicherheit.
(Limana varır varmaz güvenlik içinde oluruz.)

Gewöhnlich fuhr er schneller, **sobald er auf der Autobahn war.**

Sowie dieser Junge dabei ist, gibt es Streit unter den Kindern.
Wenn dieser Junge dabei ist, gibt es gleich Streit unter den Kindern.
(Bu genç burada olur olmaz hemen çocuklar arasında kavga çıkar.)

Es hörte zu regnen auf, **kaum dass (oder: kurz nachdem)** es begonnen hatte. (kurze Zeit nachdem)
(Yağmur başlar başlamaz dindi.)

Not: Sobald ve sowie de zaman yoktur, kaum dass da zaman kısadır, nachdem ise belirsizdir.

Anmerkungen:

a) **Kaum dass** der Junge mich erblickt hatte, kam er auf mich zu.
   Kaum hatte der Junge mich erblickt, **da** kam er auf mich zu.

Aşağıdaki cümleleri Türkçeye çeviriniz!

Wir wollten natürlich nicht nass werden: deshalb kehrten wir um, **sobald/ sowie** die ersten Regentropfen fielen.

....

Regnete es lange? - Nein, **kaum dass** es begonnen hatte, hörte es schon wieder auf.

....

So dass der Fisch angebissen hatte, befand er sich auch schon im Boot.
Sobald der Fisch angebissen hatte, spannte sich die Angelleine.

....

Das Kind entdeckte das Spielzeug und griff sofort danach.
Sobald/Sowie das Kind das Spielzeug **entdeckt hatte/entdeckte, griff** es danach.

....

Kaum war ich eingeschlafen, **da** wurde ich durch ein Geräusch geweckt.

....

Unmittelbar nach meiner Ankunft ging ich in mein Hotelzimmer.
Sobald/Sowie ich angekommen war, ging ich in mein Hotelzimmer.

Wir müssen **gleich nach dem Frühstück** losfahren.

Sofort nach Erhalt ihres Briefes rief ich sie an.

Er fuhr sofort nach der Vorlesung ins Studentenheim.

Sofort nach dem Öffnen des Fensters flogen mehrere Mücken ins Zimmer.

Gleich nach dem Klingeln des Weckers stand sie auf.

I) **_Temporalsätze mit "sooft/immer wenn/ jedesmal wenn/ wann immer" (dikce, dıkca):_**

> Er traf sich mit ihr, **sooft es ging.**
> (O geçtikçe ona rastlar.)
>
> **Wann/Wie oft** traf er sich mit ihr? - **Sooft es ging.**
>
> **Jedesmal wenn** ich vorbeigehe, bellt dieser Hund mich an.
> (Her önünden geçtiğimde köpek bana havlar.)
>
> **Immer wenn** Karl zu viel getrunken hatte, wurde er aggressiv.
>
> **Wenn** sie in die Stadt fuhr, benutzte sie **stets** die gleiche Strecke.
> (O şehre gittikçe daima aynı yolu kullanır.)
>
> Er ging spazieren, **wann immer** er Lust dazu hatte.

> Bu köpek gördükçe bana havlar.
> Wenn dieser Hund mich sieht, bellt er mich regelmässig an.
> Dieser Hund bellt mich an, **sooft er mich sieht.**
> **Immer wenn/Jedesmal wenn** dieser Hund mich sieht, bellt er mich an.
> **Wenn** dieser Hund mich sieht, bellt er mich **immer/stets** an.
>
> (O seyahat ettikçe otel odasında bir şeyler unuturdu.)
> **Auf jeder Reise** vergass er etwas im Hotelzimmer.
> **Sooft** er eine Reise machte, (unternahm), vergass er etwas im Hotelzimmer.
> **Jedesmal wenn/immer wenn** er eine Reise machte, vergass er etwas im Hotelzimmer.
> **Wenn er eine** Reise machte, vergass er **jedesmal/ immer/regelmässig/ stets** etwas im Hotelzimmer.

Aşağıdaki cümleleri sooft/jedesmal wenn immer wenr ile yapınız!

1) Bei jeder Kritik an seinem Verhalten wurde er böse.
   ....
2) Bei jedem Gedanken an das Examen bekam sie ein banges Gefühl.
   ....
3) Auf jedem Ausflug in die Berge entdeckten wir neue Naturschönheiten.
   ....
4) Bei jeder Diskussion muß dieser Rechthaber das letzte Wort haben.
   ....
5) Jedes Konzert dieses Orchesters war ausverkauft.
   ....

J) *Temporale Attributsätze mit da/wo/als oder Präposition + Relativpronomen:*

"Das ist der **Augenblick, da** wir zu lachen anfangen,... (C. Wolf)
Es gab eine **Zeit, wo (in der)** es ihm schlecht ging.
"**Jetzt, wo** Sie mich fragen, wird es mir erst klar." (H.Böll)
Es wird an einem **Tag** geschehen, **da (wo/an dem)** keiner damit rechnet.
Damals, als ich ihn besuchte, war er noch optimistisch.
An dem Tag, als (an dem) ich ihn besuchte, war er noch optimistisch.

Not: Konuşma dilinde daha çok "wo" kullanılır.

Endlich kam der **Tag, wo/da (nicht: als)** er sein Ziel erreicht hatte.

Örnek cümleler:

(eines Tages musste er seinen ehrgeizigen Plan aufgeben.)
Es kam der Tag **wo/an dem er seinen ehrgeizigen Plan aufgeben musste.**

Warum müssen wir das gerade jetzt machen? Jetzt habe ich keine Zeit.)

Warum müssen wir das gerade jetzt machen, **wo ich keine Zeit habe.**

Ich glaube, niemand rechnete damit.
Ja, das Unglück passierte zu einem Zeitpunkt, **wo/da/als** niemand damit rechnete.

Setzen Sie die passende Konjunktion ein!

1- Jetzt habe ich genug! Der Zeitpunkt ist gekommen, ... meine Geduld erschöpft ist.

2- Erst .... ich die Tür öffnen wollte, vermisste ich meinen Schlüssel.

3- Vergiss nicht, den Brief zu frankieren .... du ihn einwirfst.

4- Ich hatte schrecklichen Durst .... ich das erste Glas ausgetrunken hatte, war auch schon das zweite leer.

5- Ich fragte ihn so lange aus .... ich alles erfahren hatte.

6- Der Minister konte seine Rede nicht beenden. Er wurde niedergeschrien, ... er empört den Saal verliess.

7- Er zögerte keine Sekunde .... er die Gefahr erkannt hatte, handelte er entschlossen.

8- Ist er immer so lustig? - Ja, ... ich mit ihm zusammen bin, machte er Witze.

9- Er antwortete mir erst, ... ich ihm dreimal geschrieben hatte.

10- Wie lange willst du in Paris bleiben? - .... mein Geld reicht.

11- .... eine Sportsendung kam, sass der Vater meist vor dem Fernsehen.

12- .... ich wieder Sport treibe, geht es mir besser.

13- Die Schiffe können nicht entladen werden .... die Hafenarbeiter streiken,

14- Der Junge sprang von einer Mauer herunter, ... er sich den Fuss brach.

15- Die Polizei überraschte die Einbrecher, ... es zu einer Schiesserei kam.

16- .... der Fernsehfilm lief, gab es mehrere Bildstörungen.

17- Die Zeiten, ... es in der Innenstadt noch genug Parkplätze gab, sind längst vorbei.

18- Ist Hans schon zurück? - .... ich ihn vorher anrief, meldete sich niemand.

19- Informieren Sie mich bitte unverzüglich! .... ich etwas erfahre, rufe ich Sie an.

20- Kurz .... es gestartet war, stürzte das Flugzeug ab.

Cevap Anahtarı: Wo/da - als- bevor - kaum dass-bis-worauf-Sobald-Sooft / Jedesmal wenn/Immer wenn-nachdem-Solange-wenn-Seitdem-Solange/ Seitdem-Wobei-Worauf- während-wo/da/in denen-als Sobald-nachdem.

LOKALSÄTZE (Yer Bildiren Cümleler):

Relativardverbien **wo/wohin/woher** oder durch die Konjunktion **soweit**.)
Not: "Wo" soru kelimesi ülke, yer ve şehir isimlerinde ilgi zamiri olarak kullanılır.

Ich fahre heute nach Deutschland, **wo** mein Vater arbeitet.
Çay, **woher** ich stamme, liegt in der Westtürkei. Doğduğum yer olan Çay, Batı Türkiye'dedir.
In İzmir, **wo** meine Schwester studiert, gibt es eine grosse Universität. Kız kardeşimin yüksek tahsil yaptığı İzmir'de büyük bir Üniversite var.
Alanya, **wohin** wir fahren, liegt am Mittelmeer.

Örnek Cümleler

(Dort) wo das Land bewässerd wird, sind die Ernteerträge hoch.
"Geschichte ist nur, **wo** Veränderung ist."
Wo so viel auf dem Spiel steht, **da** fällt die Entscheidung nicht leicht.
Der Junge ging **(dorthin), wohin** seine Freunde gegangen waren.
Auch er kam **(von dort), woher** die anderen gekommen waren.
Soweit das Auge reichte, **(so weit)** erstreckte sich die Wüste.
Wo (auch) immer der Sänger auftrat, **wurde** es vom Publikum gefeiert.
Wo (auch) immer der Sänger auftrat, es **wurde** vom Publikum gefeiert.
Wohin ich **auch (immer)** ging **folgte** mir der Hund.
Wohin ich **auch (immer)** ging der Hund **folgte** mir.

KARŞILAŞTIRMALI TÜRKÇE VE ALMANCA CÜMLELER

1. Romanı okuyor. : Er liest gerade den Roman.
2. Romanı okudu. : Er hat den Roman durchgelesen.
3. Romanı gelişigüzel okudu. : Er las den Roman oberflächlich; er überflog ihn; er blätterte in ihm.
4. Romanı bize okudu. : Er las uns den Roman vor.
5. Parkta gezdik. : Wir gingen im Park spazieren.
6. Tüm Avrupa'yı gezdik. : Wir bereisten ganz Europa.
7. Öğrenciler müzeyi gezdi. : Die Schüler besuchten das Museum.
8. Turistler Köln'ü gezdi. : Die Touristen besichtigten Köln.
9. General bölüğü gezdi. : Der General inspizierte die Kompanie.
10. Memur yeni binayı gezdi. : Der Beamte beging das neue Gebäude.
11. Çocuğun elinden tuttum. : Ich fasste das Kind an der Hand.
12. Çocuğu elinden tutuyordum. : Ich hielt das Kind an der Hand.
13. Sende param kaldı. : Ich bekomme noch Geld von dir; du schuldest mir noch Geld.
14. Param sende kaldı. : Mein Geld ist noch bei dir.
15. Hava bozacak görünüyor. : Das Wetter scheint umzuschlagen.
16. Kendini beni yener sanıyorsun! : Du glaubst wohl, du könntest mich besiegen!
17. Seni Türkiye'ye gitti biliyordum. : Ich dachte, du bist in die Türkei gefahren.
18. Su buhar haline geldi. : Das Wasser wurde zu Dampf; es verdampfe; es verwandelte sich in Dampf.
19. Suyu buhar haline getirdi. : Er verwandelte das Wasser in Dampf.
20. Seçmenler saat 18.00'a kadar oy kullandı. : Ihre Stimmen haben die Wähler bis 18.00 Uhr abgegeben.
20. Oyunu seçmenler saat 18.00'a kadar kullandı. : Ihre Stimmen haben die Wähler bis 18.00 Uhr abgegeben.

21. Çocukları bahçede oynatmadı.   Kann je nach Kontext bedeuten:

   a) Er liess die Kinder im Garten nicht spielen.

   b) Er erlaubte den Kindern nicht, im Garten zu spielen.

   c) Er verhinderte, dass die Kinder im Garten spielten.

22. Size birşey sorabilir miydim acaba? **Dürfte ich Sie wohl etwas fragen.**

23. Her an gelebilir.   **Er kann/könnte jeden Augenblick kommen.**

24. Yüzebilirim; yüzmeyi bilirim; yüzmesini bilirim.

    Ich kann schwimmen; ich vermag zu schwimmen.

    a) gelemez.   : er/sie   kann/darf nicht kommen

    b) gelmeyebilir   : Es kann/ könnte sein, dass er/sie nicht kommt.

25. Güldü.   : Er lachte

    Gülüverdi.   : Er lachte auf;

    Birden güldü.   : Er lachte plötzlich

26. Polis adama vuru vuruverdi.

    Der Polizist schlug auf den Mann mehrmals ein.

27. Kafam atmayıversin!   **Paß auf, dass ich ja nicht in Wut gerate!**

28. Bakakaldı.   : **Er stand erstaunt da.**

29.a. Sen yazadur, ben hemen geliyorum.

   Schreib du weiter, ich bin gleich wieder da.

29.b. Yazıp duruyorsun! **Du schreibst ja unentwegt! (immer wieder)**

30. Düşünceye dalıp gitti.   **Er versank in Gedanken**

31. İşte, yaşayıp gidiyoruz.

    Nun, wir leben so vor uns hin; es geht irgendwie weiter.

32. Ağladı durdu.   : **Er weinte immer wieder (unentwegt)**

    İkide bir ağladı.   : **Er weinte immer wieder**

33. a) Düşüyordum   : **Ich wäre beinahe hingefallen**

    b) Az kaldı düşüyordum   : **Ich wäre beinahe hingefallen**

    c) Düşecektim   : **Ich wäre beinahe hingefallen**

    d) Düştüm düşecektim   : **Ich wäre beinahe hingefallen**

34. Güleceğim tuttu (Gülmem geldi, gülesim geldi, güleceğim geldi)

Ich musste lachen; mir war plötzlich danach zu lachen; mir war zum Lachen zumute; ich bekam das Verlangen zu lachen; mich überkam das Lachen; ich konnte mir das Lachen nicht verkneifen; ich konnte nicht umhin zu lachen.

35. Tuttun konuştun! (finit) : **Auf einmal musstest du eben reden!**

    Konuşacağın tuttu! (infinit) : **Auf einmal musst-musstest du eben/nun einmal reden**

36. Kalktım ona telefon ettim.

    Ich bekam die Idee, ihn anzurufen. (was ich auch tat)

37. Seni göreceğim geldi. : **Mir ist danach, dich zu sehen.**

38. Seni görmek istiyorum : **Ich will/ möchte dich sehen.**

39. Beni görmezlikten geldi. : **Er übersah mich; er ignorierte mich; er tat so, als würde, er mich nicht sehen.**

40. Aldım gitti. : **Ich habe es gekauft, und damit basta!**

41. Selam verip geçti. : **Er grüsste flüchtig (u.ging so ohne weiteres weiter).**

42. Yazmayı görsün! ebenso: Yazmasın da görsün!

    Wehe, er schreibt nicht!

43. Bebek yürür oldu. : **Das Baby kann schon laufen.**

44. Bize uğramaz oldun : **Du kommst ja nicht mehr zu uns.**

45. Okula gittin mi? : **Bist du zur Schule gegangen.**

    Gitmez olur muyum! : **Geht es etwa, dass ich nicht hingehe; wie kommst du darauf,...?!**

PRÜFUNGEN UND TESTS
(Sınavlar ve Testler):

A) *Verben mit Besonderheiten*

abbeissen	von+D	von der Wurst abbeissen
abberufen	von+D	jemanden von einer Stelle abberufen
abbrechen	von+D	einen Ast vom Baum abbrechen
abbringen	von+D	jemanden von einer Idee abbringen
abbuchen	von+D	die Miete wird jeden Monat vom Konto abgebucht
abfahren	von+D	von einem Ort abfahren
abfärben	auf+A	seine Erziehung ist auf die Kinder abgefärbt
abfinden	mit+D	Jemanden mit einem Geldbetrag abfinden
sich abfinden	mit+D	er hat sich mit seiner Lage abgefunden
abführen	an+A	Geld an das Finanzamt abführen
	von+D	seine Zwischenfrage führt vom Thema ab
abgeben	an+A	Bonbons an seinen Bruder abgeben
	für+A	seine Stimme für jemanden abgeben
	über+A	ein Urteil über etwas abgeben
sich abgeben	mit+D	sich mit kleinen Kindern abgeben
(sich) abgrenzen	von+D	die Astronomie grenzt sich von der Astrologie ab/Pflichten gegeneinander abgrenzen
abhalten	von+D	jemanden von einer Dummheit abhalten
abhängen	von+D	etwas hängt vom Wetter ab
sich abhärten	gegen+A	sich gegen eine Infektion abhärten
abhauen	aus+D	aus dem Elternhaus abhauen
	von+D	von den Eltern abhauen
sich abheben	von+D	sich vom Durschschnitt abheben
abhellen	+D	einem Übel abhellen

Verb	Präposition	Beispiel
abholen	**an+D**	jemanden am Bahnhof abholen
	von+D	jemanden vom Bahnhof abholen
sich abkehren	**von+D**	sich von der alten Tradition abkehren
abkommen	**von+D**	vom richtigen Weg abkommen
abladen	**von+D**	die Fracht vom Schiff abladen
ablassen	**von+D**	die Fracht vom Schiff ablassen.
ablenken	**von+D**	jemanden von der Arbeit ablenken
ablesen	**von+D**	jemandem etwas von den Lippen ablesen
abmachen	**von+D**	das Preisschild vom Geschenk abmachen
abmelden	**bei+D**	sein Kind beim Lehrer abmelden
	von+D	sein Kind von der Schule abmelden
abmessen	**mit+D**	die Strecke mit einem Bandmass abmessen
sich abmühen	**mit+D**	sich mit dem schweren Koffer abmühen
abnehmen	**an+D**	an Umfang abnehmen
	um+A	um einige Kilo abnehmen
abordnen	**zu+D**	jemanden zum Dienst abordnen
sich abplagen	**mit+D**	sich mit dem schweren Gepäck abplagen
sich abrackern	**mit+D**	sich mit der Feldarbeit abrackern
abraten	**von+D**	jemandem von einer Dummheit abraten
abrücken	**von+D**	von seiner ursprünglichen Meinung abrücken
absagen	**+D**	jemandem (einen Termin) absagen müssen
abschirmen	**vor+D**	einen Politiker vor Reportern abschirmen
abschleppen	**mit+D**	einen Wagen mit einem Seil abschleppen
abschliessen	**mit+D**	das Tor mit einem Schloss abschliessen
abschneiden	**von+D**	jemanden von Informationen abschneiden
abschreiben	**bei+D**	die Lösung beim Nachbarn abschreiben
	von+D	die Lösung vom Nachbarn abschreiben
abschweifen	**von+D**	vom Thema abschweifen
abschwören	**+D**	der Terrorist muß abschwören
absehen	**von+D**	von der gerechten Strafe absehen
absenden	**an+A**	den Brief an den Brieffreund absenden
abspallen	**von+D**	den Ast vom Baum abspallen
abspringen	**mit+D**	mit einem Fallschirm abspringen
	von+D	vom fahrenden Zug abspringen
abstammen	**von+D**	vom Affen abstammen
absteigen	**in+A**	in die zweite Mannschaft absteigen
	in+D	in einem schlechten Hotel absteigen
	von+D	vom ersten Platz absteigen
abstimmen	**auf+A**	die Politik auf die Erfordernisse abstimmen
	über+A	über einen Antrag abstimmen
sich abstimmen	**mit+D**	sich mit den Kollegen abstimmen
	über+A	über einen Antrag abstimmen

abstossen	**von+D**	das Boot vom Steg abstossen
sich abstossen	**mit+D**	sich mit dem Fuss abstossen
abtreten	**an+A**	seine Rechte an jemanden abtreten
	von+D	von der politischen Bühne abtreten
abwaschen	**von+D**	den Schmutz von der Scheibe abwaschen
abwehren	**von+D**	eine Attacke von jemandem abwehren
abweichen	**von+D**	von einer Meinung abweichen
abwenden	**von+D**	Gefahr von jemandem abwenden
abziehen	**von+D**	ein Etikett von der Verpackung abziehen
abzielen	**auf+A**	auf technische Verbesserungen abzielen
achten	**auf+A**	auf die Rechtschreibung achten
achtgeben	**auf+A**	auf spielende Kinder achtgeben
addieren	**mit+D**	die Mehrwertsteuer mit dem Betrag addieren
adressieren	**an+A**	den Brief an den Minister adressieren
ähneln	**+D**	der Mutter ähneln
sich amüsieren	**über+A**	sich über einen Witz amüsieren
anbieten	**zu+D**	die Ware zum Kauf anbieten
anbinden	**an+A**	den Hund an die Leine anbinden
	an+D	den Esel am Baum anbinden
ändern	**an+D**	nichts an einer Sache ändern können
	in+A	der Richter änderte die Strafe in eine mildere
anerkennen	**als+A**	jemanden als politischen Flüchtling anerkennen
anfangen	**mit+D**	mit der Arbeit anfangen
anfragen	**bei+D**	bei der Auskunft anfragen
angeben	**mit+D**	mit der Arbeit anfangen
angehen	**gegen+A**	gegen ein ungerechtes Urteil angehen
angehören	**+D**	einer politischen Partei angehören
angeln	**nach+D**	er angelte nach seinem Hut im Wasser
angrenzen	**an+A**	die Bundesrepublik grenzt an die Schweiz an
sich ängstigen	**vor+D**	sich vor dem Gewitter ängstigen
anhalten	**um+A**	um die Hand der Prinzessin anhalten
anklagen	**wegen+G**	er wurde wegen Landesverrats angeklagt
	+G	jemanden eines Verbrechens anklagen
anklopfen	**an+A**	an die Tür anklopfen
anknüpfen	**an+A**	an eine lange Tradition anknüpfen
ankommen	**auf+A**	es kommt auf den richtigen Zeitpunkt an
anlegen	**an+D**	am Ufer anlegen
	auf+A	es auf einen Streit anlegen
	in+D	Geld in Immobilien anlegen
sich anlegen	**mit+D**	sich mit den Nachbarn anlegen
anlehnen	**an+A**	die Leiter an den Baum anlehnen
anmachen	**mit+D**	den Salat mit Öl und Essig anmachen

(sich) anmelden	bei+D	den Gast/sich beim Pförtner anmelden
	in+D	sein Kind/sich im Gymnasium anmelden
	zu+D	seine Tochter/sich zu einem Deutschkurs anmelden
annähen	an+A	den Knopf ans Hemd annähen
annehmen	als+A	jemanden als sein Adoptivkind annehmen
	von+D	Geschenke von jemandem annehmen
sich annehmen	+G	sich einer Angelegenheit annehmen
sich anpassen	an+A	sich an die Umwelt anpassen
anreden	mit+D	jemanden mit seinem Titel anreden
anregen	zu+D	jemanden zu einer Idee anregen
anreichern	mit+D	den Salat mit Kräutern anreichern
anreizen	zu+D	jemanden zum Kauf anreizen
sich anschicken	zu+D	sich zum Gehen anschicken
(sich) anschliessen	+D	sich einer Gruppe anschliessen
	an+D	sich an eine Gruppe anschliessen
sich anschmiegen	an+A	sich an die Mutter anschmiegen
anschuldigen	wegen+G	jemanden wegen einer Schlägerei anschuldigen
ansehen	als+A	jemanden als Führungskraft ansehen
ansetzen	zu+D	zum Sprung ansetzen
anspielen	auf+A	auf eine Schwäche anspielen
anspornen	zu+D	jemanden zu höheren Leistungen anspornen
ansprechen	auf+A	jemanden auf ein Problem ansprechen
	mit+D	jemanden mit seinem Vornamen ansprechen
anstecken	mit+D	jemanden mit einer Krankheit anstecken
anstehen	nach+D	vor dem Geschäft nach Lebensmitteln anstehen
	zu+D	ein Problem steht zur Beratung an
anstellen	als+A	jemanden als seinen Fahrer anstellen
sich anstellen	nach+D	sich nach Lebensmitteln anstellen
anstiften	zu+D	jemanden zum Mord anstiften
anstossen	auf+A	auf die Gesundheit anstoßen
anstrengen	gegen+A	eine Klage gegen jemanden anstrengen
anstürmen	gegen+A	gegen das gegnerische Tor anstürmen
antreffen	bei+D	jemanden bei bester Gesundheit antreffen
antreiben	zu+D	jemanden zu mehr Arbeit antreiben
antreten	gegen+A	die Dänen treten gegen die Deutschen an
	zu+D	zum Kampf antreten
antworten	+D	jemandem schnell antworten
	auf+A	auf eine Frage antworten
anwenden	auf+A	viel Mühe auf eine Sache anwenden
anzeigen	bei+D	jemanden bei der Polizei anzeigen
appellieren	an+A	an die Vernunft appellieren

arbeiten	**als+N**	als ein Hilfsarbeiter arbeiten
	an+D	am Entwurf eines Vertrages arbeiten
sich ärgern	**über+A**	sich über den Vertreterbesuch ärgern
aufbauen	**auf+D**	jemanden zu seinem Nachfolger aufbauen
sich aufbäumen	**gegen+A**	sich gegen die Unterdrücker aufbäumen
auffahren	**auf+A**	auf den Vordermann auffahren
	aus+D	aus einem leichten Schlaf auffahren
auffallen	**+D**	dem Chef unangenehm auffallen
	zu+D	jemanden zu einem Nachfolger aufbauen
auffordern	**zu+D**	jemanden zum Duell auffordern
aufgeben	**bei+D**	ein Paket bei der Post aufgeben
aufgehen	**in+D**	ganz in seiner Arbeit aufgehen
aufhalten	**mit+D**	jemanden mit einer langen Erzählung aufhalten
aufheben	**für+A**	das Gesparte für seine Kinder aufheben
	von+D	ein Taschenbuch vom Boden aufheben
aufhören	**mit+D**	mit dem Streit aufhören
aufklären	**über+A**	jemanden über die Wahrheit aufklären
aufkommen	**für+A**	für einen Schaden aufkommen
aufladen	**auf+A**	die Kisten auf den LKW aufladen
auflauern	**+D**	jemandem hinter einer Ecke auflauern
sich auflehnen	**gegen+A**	sich gegen die Diktatur auflehnen
auflesen	**von+D**	Papier von der Straße auflesen
sich aufmachen	**auf+A**	sich auf den Weg aufmachen
aufmucken	**gegen+A**	gegen die Autorität aufmucken
aufnehmen	**mit+D**	es mit einem Gegner aufnehmen
sich aufopern	**für+A**	sich für seine Kinder aufopfern
aufpassen	**auf+A**	auf seine kleine Schwester aufpassen
aufprallen	**auf+A**	auf eine Mauer aufprallen
sich aufraffen	**zu+D**	sich endlich zur Arbeit aufraffen
aufräumen	**mit+D**	mit einem Vorurteil aufräumen
sich aufregen	**über+A**	sich über eine ungerechte Behandlung aufregen
aufrufen	**zu+D**	zum Boykott aufrufen
aufschauen	**zu+D**	zu seinem Idol aufschauen
aufsehen	**zu+D**	zu den Wolken aufsehen
aufsetzen	**auf+D**	auf der Landebahn aufsetzen
aufspielen	**zu+D**	zum Tanz aufspielen
aufspringen	**auf+A**	auf den langfahrenden Zug aufspringen
aufstapeln	**zu+D**	die Dosen zu einer Pyramide aufstapeln
aufstehen	**von+D**	vom Boden aufstehen
aufsteigen	**auf+A**	auf einen Berg aufsteigen
	in+A	in die Bundesliga aufsteigen
	zu+D	zum Gipfel aufsteigen

sich aufstützen	**auf+A**	sich auf einen Stock aufstützen
aufwachen	**aus+D**	aus tiefer Bewusstlosigkeit aufwachen
aufwenden	**für+A**	viel Geld für die Sanierung aufwenden
aufziehen	**mit+D**	jemanden mit einer Anspielung aufziehen
ausarten	**in+A**	das Fussballspiel artete in eine Schlägerei aus
ausbrechen	**aus+D**	aus dem Gefängnis ausbrechen
	in+A	in schallendes Gelächter ausbrechen
sich auseinandersetzen	**mit+D**	sich mit theologischen Fragen auseinandersetzen
ausfüllen	**mit+D**	die Freizeit mit Fernsehen ausfüllen
ausfüttern	**mit+D**	das Kleid mit Seide ausfüttern
ausgeben	**an+A**	Lebensmittelmarken an die Einwohner ausgeben
	für+A	sein ganzes Taschengeld für Bonbons ausgeben
sich ausgeben	**als+N**	sich fälschlicherweise als Doktor ausgeben
ausgehen	**+D**	das Geld geht ihm aus
	von+D	von einer realistischen Einschätzung ausgehen
ausgiessen	**mit+D**	das Kind mit dem Bade ausgiessen
ausgleiten	**+D**	das Tablett ist ihm ausgeglitten
	auf+D	auf dem nassen Fussboden ausgleiten
aushalten	**bei+D**	es nicht mehr bei den Eltern aushalten können
	mit+D	es nicht mehr mit dem Schmerz aushalten können
aushelfen	**mit+D**	jemandem mit ein paar Mark aushelfen
ausholen	**zu+D**	er holte zu einem Kräftigen schlag aus
sich auskennen	**in+D**	sich in einem Spezialgebiet auskennen
	mit+D	sich mit Jazzmusik auskennen
auskommen	**mit+D**	mit dem Taschengeld/Vater nicht auskommen
auslassen	**an+D**	seine Aggressionen an jemandem auslassen
sich ausruhen	**auf+D**	sich auf seinen Lorbeeren ausruhen
	von+D	sich von den Strapazen ausruhen
(sich) ausrüsten	**mit+D**	sich/jemanden mit Proviant ausrüsten
ausscheiden	**aus+D**	aus dem Berufsleben ausscheiden
	in+D	Im Europaclub-Finale ausscheiden
ausschliessen	**aus+D**	jemanden aus der Partei ausschliessen
	von+D	jemanden von der Teilnahme ausschliessen
ausschmücken	**mit+D**	das Zimmer mit Blumen ausschmücken
sich ausschweigen	**über+A**	sich über seine Vorstrafen ausschweigen
aussehen	**nach+D**	der Himmel sieht ganz nach einem Gewitter aus
sich äussern	**über+A**	sich über tagespolitische Themen äussern
sich aussöhnen	**mit+D**	sich mit seinem Feind aussöhnen
sich aussprechen	**für+A**	sich für Reformen aussprechen
	gegen+A	sich gegen die Todesstrafe aussprechen
	mit+D	sich mit ihr über ein Problem aussprechen

	über+A	sich über einen Streit aussprechen
ausstatten	mit+D	das Auto war mit einer Klimanlage ausgestattet
aussteigen	aus+D	aus dem Rauschgifthandel aussteigen
ausstossen	aus+D	jemanden als der Gemeinschaft ausstossen
austeilen	an+A	Kleidung an Bedürftige austeilen
	unter+D	die Hefte wurden unter den Schülern ausgeteilt
austreten	aus+D	aus einer Partei austreten
ausüben	auf+A	er übt einen starken Einfluss auf die Kinder aus
auswandern	in+A	in ein anderes Land auswandern
	nach+D	viele Verfolgte sind nach Amerika ausgewandert
auswechseln	gegen+A	den Motor gegen einen neuen auswechseln
ausweichen	+D	er konnte dem Auto gerade noch ausweichen
ausweisen	aus+D	jemanden aus einem Land ausweisen
sich ausweisen	als+N	er wies sich als ein Kontrolleur aus
	durch+A	sich durch seinen Personalausweis ausweisen
sich auswirken	auf+A	Kohlendioxid wirkt sich auf das Weltklima aus
auszeichnen	mit+D	jemanden mit einem Orden auszeichnen
bangen	um+A	um seinen Gesundheitszustand bangen
basieren	auf+D	die Ergebnisse basieren auf einer Hochrechnung
bauen	auf+A	auf seine eigenen Kräfte bauen
beauftragen	mit+D	jemanden mit einer Arbeit beauftragen
beben	vor+D	er bebte vor Wut
sich bedanken	für+A	sich für ein Geschenk bedanken
bedecken	mit+D	man bedeckte den Verletzten mit einer Decke
bedenken	mit+D	man hatte das Paar mit Geschenken bedacht
sich bedienen	+G	er bediente sich häufig einer Wahrsagerin
bedrängen	mit+D	jemanden mit einer unangenehmen Frage bedrängen
bedrohen	mit+D	jemanden mit einem Messer bedrohen
bedürfen	+G	Behinderte bedürfen unserer Hilfe
beehren	mit+D	jemanden mit seinem Besuch beehren
sich beeilen	mit+D	sich mit der Arbeit beeilen
befähigen	zu+D	das Abitur befähigt zum Studium
sich befassen	mit+D	sich mit einem Problem befassen
befinden	für+Adj.	eine Ware für gut befinden
	über+A	die Jury befand über die Leistungen
sich befinden	in+D	sich in einer unangenehmen Situation befinden
befragen	nach+D	man befragte die Passanten nach ihrer Meinung
befreien	aus+D	jemanden aus einer schlimmen Lage befreien
	von+D	jemanden von Schmerzen befreien
sich befreunden	mit+D	sich mit den Nachbarn befreunden
befristen	auf+A	das Visum ist auf drei Monate befristet
begegnen	+D	einem alten Bekannten auf der Straße begegnen

begehen	an+D	einen Mord an einem Kind begehen
(sich) begeistern	für+A	sich/jemanden für eine neue Idee begeistern
beginnen	als+N	er begann seine Karriere als Tellerwäscher
	mit+D	mit einer Diskussion beginnen
beglückwünschen	zu+D	jemanden zum Jubiläum beglückwünschen
sich begnügen	mit+D	sich mit zu wenig Lohn begnügen
begrenzen	auf+A	den Schaden auf ein Minimum begrenzen
behagen	+D	die unbequeme Frage behagt dem Politiker nicht
behalten	für+sich	ein Geheimnis für sich behalten
beharren	auf+D	er beharrt auf seinem Standpunkt
sich behaupten	gegen+A	sich gegen einen überlegenen Gegner behaupten
sich behelfen	mit+D	sich mit einem Draht behelfen
behüten	vor+D	sein Schutzengel hat ihn vor dem Unfall behütet
beiliegen	+D	der Zeitschrift liegt ein Prospekt bei
beipflichten	+D	dem Vorredner ist seiner Meinung beipflichten
beissen	auf+A	sie biss auf einen Kern
	in+A	in einen sauren Apfel beissen
beistehen	+D	jemandem in höchster Not beistehen
beistimmen	+D	man konnte seinen Argumenten nur beistimmen
beitragen	zu+D	die Band trug zum Gelingen des Festes bei
beitreten	+D	einem Verein beitreten
bekannt machen	mit+D	seine Freundin mit den Eltern bekannt machen
bekehren	zu+D	die Missionare bekehrten sie zum Christentum
sich bekennen	zu+D	er bekennt sich zum Judentum
sich beklagen	bei+D	sie beklagt sich beim Chef über ihren Job
	über+A	sich über die Raucher beklagen
beklecksen	mit+D	er hat seine Hose mit Spaghettisosse bekleckst
bekommen	+D	mir bekommt das fette Essen nicht
beladen	mit+D	das Auto mit Sand beladen
belasten	mit+D	jemanden mit einer Aussage schwer belasten
belästigen	mit+D	jemanden mit seinem Klavierspiel belästigen
sich belaufen	auf+A	der Schaden beläuft sich auf eine Million
belegen	mit+D	das Brötchen mit Salami belegen
belieben	+D	tun Sie, wie (es) Ihnen beliebt
beliefern	mit+D	der Milchmann beliefert uns mit frischer Milch
belohnen	für+A	er belohnt seine Tochter für das gute Zeugnis
	mit+D	er hat das Kind mit einem Eis belohnt
belustigen	mit+D	der Redner belustigte uns mit seinen Anekdoten
sich bemächigen	+G	man bemächtigte sich seines Eigentums
bemerken	zu+D	er bemerkte etwas zur Geschäftsordnung
sich bemühen	um+A	sich um eine Klärung des Problems bemühen
benachrichtigen	von+D	man benachrichtigte sie von ihrem Lottogewinn

beneiden	**um+A**	jemanden um sein Geld beneiden
benennen	**nach+D**	sein Kind nach dem Grossvater benennen
benützen/benutzen	**als+A**	er benutzt Kinder als billige Arbeitskräfte
	zu+D	den Teller zum Trinken benützen/benutzen
beraten	**in+D**	jemanden in einer Angelegenheit beraten
sich beraten	**mit+D**	sich mit einem Arzt beraten
beratschlagen	**über+A**	man beratschlagte über die beste Lösung
berauben	**+G**	die Schönheit beraubte ihn seiner Sinne
sich berauschen	**an+D**	er berauschte sich an der Musik Wagners
berechtigen	**zu+D**	die Reifeprüfung berechtigt zu einem Studium
berichten	**über+A**	über die Reise um die Welt berichten
	von+D	von einer Reise berichten
berufen	**zu+D**	der Präsident berief ihn zum obersten Richter
sich berufen	**auf+A**	sich auf die Menschenrechte berufen
beruhen	**auf+D**	die Mitteilung beruht auf einem Mißverständnis
(sich) beschäftigen	**mit+D**	sich/jemanden mit einem Spiel beschäftigen
bescheißen	**bei+D**	er hat ihn beim Pokerspielen bescheißen
beschießen	**mit+D**	man beschoß die Stadt mit schwerer Artillerie
beschmieren	**mit+D**	die Tapete mit Buntstiften beschmieren
sich beschränken	**auf+A**	sich auf das Minimum beschränken
beschuldigen	**+G**	man beschuldigte ihn des Landesverrats
beschützen	**vor+D**	jemanden vor einer Gefahr beschützen
sich beschweren	**bei+D**	er beschwert sich beim Nachbarn über die Musik
	über+A	sie beschweren sich über den Fluglärm
besetzen	**mit+D**	die Stelle mit einem Spezialisten besetzen
sich besinnen	**auf+A**	sich auf das Wesentliche besinnen
	+G	er besann sich eines Besseren
bespannen	**mit+D**	den Drachen mit Papier bespannen
(sich) besprechen	**mit+D**	sich/etwas mit seinem Vorgesetzten besprechen
bespritzen	**mit+D**	die Kinder mit der Wasserpistole bespritzen
bestehen	**auf+D**	auf der getroffenen Vereinbarung bestehen
	aus+D	die Verpackung besteht aus Plastik
bestellen	**bei+D**	er bestellt den Wein direkt beim Winzer
	zu+D	er bestellte sie zu sich/zu 8 Uhr/zum Ausgang
bestimmen	**über+A**	über das Schicksal der Gefangenen bestimmen
	zu+D	er bestimmte seinen Sohn zum Nachfolger
bestrafen	**für+A**	jemanden für ein Verbrechen bestrafen
beteiligen	**an+D**	seinen Partner am Gewinn beteiligen
beten	**für+A**	für die Hinterbliebenen beten
	zu+D	Menschen in Not beten zu Gott
betrachten	**als+A**	er betrachtet seine Frau als Eigentum
betrauen	**mit+D**	jemanden mit einer Aufgabe betrauen

betrügen	**mit+D**	er betrog seine Frau mit seiner Sekretärin
	um+A	jemanden um sein Erbe betrügen
betteln	**um+A**	um ein Stück Brot betteln
sich beunruhigen	**über+A**	sich über das Ozonloch beunruhigen
beurteilen	**als+A**	man beurteilte ihn als einen Versager
	nach+D	jemanden nach seinen Taten beurteilen
bevollmächtigen	**zu+D**	sich/eine Armee mit chemischen Kampfstoffen bewaffnen
(sich) bewaffnen	**mit+D**	jemanden zum Empfang der Post bevollmächtigen
bewahren	**vor+D**	Kinder vor Gewalt im Fernsehen bewahren
sich bewegen lassen	**zu+D**	er liess sich nicht zum Nachgeben bewegen
sich bewerben	**bei+D**	sie bewirbt sich bei der Firma um die Stelle
	um+A	sich um eine ausgeschriebene Stelle bewerben
bewerfen	**mit+D**	die Kinder bewarfen die Besatzer mit Steinen
bewerten	**als+A**	man bewertete das Projekt als Erfolg
bezahlen	**für+A**	für die Speisen und Getränke bezahlen
	mit+D	mit einem Hundertmarkschein bezahlen
bezeichnen	**als+A**	sie bezeichneten ihn als ihren Führer
beziehen	**aus+D**	Nachrichten aus einer sicheren Quelle beziehen
	mit+D	das Bett mit einem frischen Laken beziehen
sich beziehen	**auf+A**	sich auf ein Schreiben beziehen
biegen	**um+A**	das Fluchtauto bog um die Ecke
bieten	**für+A**	einen Höchstpreis für die Antiquitäten bieten
(sich) binden	**an+A**	sich an eine Frau binden/das Pferd an den Baum binden
bitten	**um+A**	jemanden um einen Gefallen bitten
blättern	**in+D**	gelangweilt in einer Illustrierte blättern
bleiben	**+D**	ihnen bleibt nur wenig Hoffnung
	bei+D	er bleibt bei seiner Meinung
brauchen	**für+A**	einen Nagel für das Bild brauchen
bringen	**auf+A**	er hat mich auf eine gute Idee gebracht
	um+A	man brachte ihn um seinen Anteil an der Beute
sich brüsten	**mit+D**	sich mit seinen Erfolgen brüsten
buchen	**für+A**	einen Platz im Hotel für jemanden buchen
bürgen	**für+A**	für den Kredit seines Freundes bürgen
büssen	**für+A**	für seine Verbrechen büssen müssen
danebentreffen	**mit+D**	mit einem Stein danebentreffen
danken	**+D**	man dankt den Helfern
	für+A	jemandem für seine Hilfsbereitschaft danken
d(a) reinreden	**+D**	du solltest mir nicht immer d(a) reinreden
sich darstellen	**als+N**	er stellte sich als ein Opfer dar
davonkommen	**mit+D**	mit einem blauen Auge davonkommen
davonlaufen	**+D**	er ist seinen Eltern davongelaufen
debattieren	**über+A**	über Gott und die Welt debattieren

sich decken	mit+D		die Anayse deckt sich mit unserer Erkenntnis
degradieren	zu+D		der Offizier wurde zum Rekruten degradiert
denken	an+A		an seine Freunde denken
	über+A		schlecht über Zigarettenwerbung denken
	von+D		nur das Beste von jemandem denken
dienen	+D		dem Umweltschutz dienen
	als+N		der Korken dient häufig als Verschluss
	zu+D		der Schlüssel dient zum Öffnen
diskutieren	mit+D		mit den Studenten diskutieren
	über+A		über die Konsequenzen diskutieren
dispensieren	von+D		der Priester wurde von seinem Amt dispensiert
sich distanzieren	von+D		sich von einer Falschmeldung distanzieren
dividieren	durch+A		eine Zahl durch drei dividieren
dotieren	mit+D		der reste Preis war mit 1000 DM dotiert
drängen	auf+A		auf eine schnelle Änderung drängen
	zu+D		man drängte ihn zu einer raschen Entscheidung
(sich) drehen	um+A		die Planeten drehen sich um die Sonne/ etwas dreht um 90°
dringen	auf+A		er drang auf schnelles Handeln
drohen	+D		dem Aggressor drohen
	mit+D		mit dem Abbruch der Beziehungen drohen
drucken	auf+A		etwas auf ein T-Shirt drucken
drücken	auf+A		auf den Klingelknopf drücken
duften	nach+D		ihr Parfüm duftet nach Rosen
durchfallen	in+D		er ist im Staatsexamen durchgefallen
sich durchringen	zu+D		er konnte sich nicht zum Handeln durchringen
sich durchsetzen	mit+D		sich mit seinen Ansichten durchsetzen
sich eignen	für+A		er eignet sich nicht für diesen Beruf
	zu+D		auch Männer eignen sich zu sozialen Berufen
(sich) einarbeiten	in+A		sich/jemanden in ein neues Arbeitsgebiet einarbeiten
einbauen	in+A		einen Tresor in die Wand einbauen
einbeziehen	in+A		jemanden in ein Gespräch einbeziehen
sich einbilden	auf+A		sich etwas auf seine Herkunft einbilden
einbrechen	bei+D		bei einer Bank einbrechen
	in+A		in einen verschlossenen Raum eindringen
einfallen	+D		das Wort fällt mir nicht ein
(sich) einfügen	in+A		sich gut in ein Team einfügen/einen neuen Text in ein Kapitel einfügen
einführen	bei+D		den Freund bei den Eltern einführen
	in+A		jemanden in die Astrologie einführen
eingeben	in+A		Daten in den Computer eingeben
eingehen	auf+A		auf die Sorgen der Bevölkerung eingehen

	in+A	in die Geschichte eingehen
eingemeinden	**in+A**	das Dorf in die Stadt eingemeinden
eingreifen	**in+A**	in die Kämpfe eingreifen
sich einigen	**auf+A**	sich auf einen Kompromiss einigen
	mit+D	sich mit dem Gegner auf einen Kompromiss einigen
	über+A	sich über die Vertragsbedingungen einigen
einkehren	**in+D**	die Wanderer kehrten in einem Gasthof ein
einladen	**in+A**	jemanden in die Oper einladen
	zu+D	er lud ihn zu seiner Geburtstagsfeier ein
sich einlassen	**auf+A**	sich auf ein gefährliches Spiel einlassen
	mit+D	sich mit dem Fremden auf ein Geschäft einlassen
einlegen	**gegen+A**	Berufung gegen ein Urteil einlegen
einleuchten	**+D**	seine Erklärung leuchtet mir ein
einliefern	**in+A**	jemanden ins Krankenhaus einliefern
einmarschieren	**in+A**	die Truppen marschierten in die Stadt ein
sich einmischen	**in+A**	er mischte sich in ihren Streit ein
einmünden	**in+A**	der Nil mündet in das Mittelmeer ein
einordnen	**in+A**	die Dokumente in den Aktenordner einordnen
(sich) einreiben	**mit+D**	sich/jemand mit Sonnencreme einreiben
sich einrichten	**auf+A**	sich auf einen längeren Zeitraum einrichten
einschleusen	**in+A**	Schmuggelware in ein Land einschleusen
einschliessen	**in+A**	jemanden in einen Raum einschliessen
	in+D	das Geld in dem Tresor einschliessen
(sich) einschmieren	**mit+D**	sich/jemandem die Haut mit Sonnencreme einschmieren
(sich) einschreiben	**in+A**	sich/jemanden in einen Sprachkurs einschreiben
einschreiten	**gegen+A**	gegen die Demonstranten einschreiten
einschüchtern	**mit+D**	jemanden mit einer Drohung einschüchtern
einsenden	**an+A**	eine Karte an die Redaktion einsenden
sich einsetzen	**für+A**	sich für die Rechtlosen einsetzen
einsperren	**in+A**	ein Betrüger ins Gefängnis einsperren
einspringen	**für+A**	für einen kranken Kollegen einspringen
einstehen	**für+A**	für einen guten Freund einstehen
einsteigen	**in+A**	in die Strassenbahn einsteigen
sich einstellen	**auf+A**	sich auf eine neue Situation einstellen
einstufen	**in+A**	Jemanden in einen Anfängerkurs einstufen
eintauchen	**in+A**	die Ruder ins Wasser eintauchen
eintauschen	**gegen+A**	Briefmarken gegen andere eintauschen
einteilen	**in+A**	das Essen in Portionen einteilen
	zu+D	jemanden zur Frühschicht einteilen
(sich) eintragen	**in+A**	sich/jemanden in eine Liste eintragen
eintreten	**für+A**	für die bedrohte Tierwelt eintreten
	in+A	ins Zimmer eintreten

einwandern	**in+A**	in die Schweiz einwandern
einweihen	**in+A**	seinen Freund in ein Geheimnis einweihen
einweisen	**in+A**	jemanden in die psychiatrische Klinik einweisen
einwenden	**gegen+A**	etwas gegen ein Argument einzuwenden haben
einwickeln	**in+A**	etwas in Silberpapier einwickeln
einwilligen	**in+A**	in eine Operation einwilligen
einwirken	**auf+A**	die Feuchtigkeitscreme wirkt auf die Haut ein
einzahlen	**auf+A**	Geld auf ein Konto einzahlen
einziehen	**in+A**	in eine neue Wohnung einziehen
	zu+D	die Männer wurden zum Wehrdienst eingezogen
(sich) ekeln	**vor+D**	sich vor grossen Spinnen ekeln/es ekelt ihn vor Spinnen
empfinden	**als+A**	wir empfanden ihn als einen Angeber
sich empören	**über+A**	sich über die Tiefflieger empören
enden	**auf+D**	viele Nomen enden auf der Silbe "-heit"
	mit+D	das Fest endete mit einem Feuerwerk
entbinden	**von+D**	die Frau von einem gesunden Kind entbinden
entfallen	**+D**	sein Vorname ist mir entfallen
sich entfernen	**von+D**	sich unerlaubt von der Truppe entfernen
entfliehen	**+D**	der Wirklichkeit entfliehen
entgegengehen	**+D**	dem Freund entgegengehen
entgegenkommen	**+D**	jemandem ein Stück entgegenkommen
entgegnen	**+D**	jemandem freundlich entgegnen
	auf+A	etwas Freundliches auf eine Frage entgegnen
entgehen	**+D**	seine Antwort ist mir entgangen
entgleiten	**+D**	die Porzellanvase ist dem Verkäufer entglitten
sich enthalten	**+G**	sie enthielten sich der Stimme
entheben	**+G**	man enthob den Präsidenten seines Amtes
entkommen	**aus+D**	aus einer Strafanstalt entkommen
	+D	den Verfolgern entkommen
entlassen	**aus+D**	jemanden aus dem Krankenhaus entlassen
	in+A	jemanden in die Freiheit entlassen
entlasten	**von+D**	den Angeklagten von einem Verdacht entlasten
entlaufen	**+D**	unserem Nachbarn ist seine Katze entlaufen
sich entledigen	**+G**	er entledigte sich seiner Verantwortung
entnehmen	**aus+D**	man entnahm das Geld aus der Portokasse
entrinnen	**+D**	niemand kann seinem Schicksal entrinnen
sich entrüsten	**über+A**	sich über den Ausländerhass entrüsten
entscheiden	**auf+A**	der Schiedsrichter entschied auf einen Elfmeter
	über+A	die Operation entschied über Leben und Tod
sich entscheiden	**für+A**	sich (bei jemandem) für das Versehen entschuldigen
sich entsinnen	**an+A**	sich an seine Jugend entsinnen
	+G	er konnte sich keiner Schuld entsinnen

entsprechen	+D	seinem Wunsch gern entsprechen
sich erbarmen	+G	sie erbarmte sich des Bettlers an der Tür
sich erbauen	an+D	sich an einer Predigt erbauen
erben	von+D	ein Vermögen von seinem Onkel erben
erblicken	in+D	er erblickt in ihm den Messias
sich erfreuen	an+D	sich an der Natur erfreuen
	+G	sie erfreut sich bester Gesundheit
sich ergeben	+D	sich dem Gegner ergeben
	aus+D	der Preis ergibt sich aus der Kalkulation
	in+A	sich in sein Schicksal ergeben
ergehen	+D	ihm ist es im Gefängnis schlecht ergangen
sich ergötzen	an+D	sich an einem Konzert ergötzen
erheben	zu+D	die Stadt wurde zum Bischofssitz erhoben
sich erheben	gegen+A	sich gegen die Besatzer des Landes erheben
sich erholen	von+D	sich von den Anstrengungen erholen
(sich) erinnern	an+A	sich/jemanden an die Kindheit erinnern
erkennen	an+D	jemanden an den Augen erkennen
	auf+A	auf einen Freispruch erkennen
erklären	für+Adj.	jemanden für tot erklären
erkranken	an+D	er ist an einer unheilbaren Krankheit erkrankt
sich erkundigen	bei+D	sich bei der Auskunft nach dem Zug erkundigen
	nach+D	sich nach dem Weg erkundigen
erliegen	+D	er ist seinen schweren Verletzungen erlegen
ermächtigen	zu+D	jemand zur Verfügung über das Konto ermächtigen
ermahnen	zu+D	jemanden zur Jahrheit ermahnen
sich ermässigen	um+A	der Preis ermässigt sich um die Hälfte
sich ernähren	von+D	sich von vitaminreicher Kost ernähren
ernennen	zu+D	jemanden zum Ehrenbürger der Stadt ernennen
sich erregen	über+A	sich über eine Ungerechtigkeit erregen
erröten	über+A	sie erröte über seinen Heiratsantrag
	vor+D	vor Scham erröten
erschrecken	über+A	über einen plötzlichen Knall erschrecken
	vor+D	vor dem bellenden Hund erschrecken
ersehen	aus+D	den Preis aus der Preisliste ersehen
ersetzen	durch+A	eine Person durch eine andere ersetzen
erstarren	vor+D	vor Kälte erstarren
sich erstrecken	auf+A	die Untersuchungen erstrecken sich auf 5 Jahre
	über+A	das Gebiet erstreckt sich weit über den Fluss
ersuchen	um+A	jemanden um Hilfe ersuchen
erwachen	aus+D	aus einem tiefen Schlaf erwachen
	von+D	von dem Lärm erwachen
erwachsen	aus+D	aus dem häufigen Trinken erwuchsen ihm Probleme

erwarten	von+D	Hilfe von jemandem erwarten
sich erwehren	+G	der Star konnte sich kaum seiner Fans erwehren
sich erweisen	als+N	er erwies sich als ein besonderes Talent
erweitern	um+A	die Autobahn um eine dritte Spur erweitern
erzählen	über+A	Oma erzählte immer über ihre Kindheit
	von+D	von seinen Abenteuern erzählen
erzeugen	aus+D	Mehl aus Getreide erzeugen
erziehen	zu+D	den Hund zum Gehorsam erziehen
essen	aus+D	den Salat aus der Schüssel essen
experimentieren	mit+D	mit neuen Arzneimitteln experimentieren
fahnden	nach+D	nach dem entlaufenen Verbrecher fahnden
sich fassen	an+A	sich an den Kopf fassen
fehlen	+D	ihm fehlt die nötige Zivilcourage
	an+D	es fehlt an Medikamenten
feilschen	um+A	um einen höheren Preis feilschen
fernbleiben	+D	er ist der Veranstaltung ferngeblieben
(sich) fernhalten	von+D	die Kinder/sich von dem bissigen Hund fernhalten
fernstehen	+D	er steht marxistischem Gedanken fern
festbinden	an+D	jemanden am Stuhl festbinden
festhalten	an+D	an seiner Meinung festhalten
sich festklammern	an+D	sich an der Felswand festklammern
sich festkrallen	an+D	die Katze krallt sich am Baumstamm fest
festmachen	an+D	das Boot macht am Ufer fest
fevern	auf+A	die Soldaten feuerten auf die Rebellen
fiebern	nach+D	er fiebert nach dem neuen Computerspiel
finden	bei+D	er findet nichts beim Schwarzfahren
	zu+D	er findet keine Zeit zum Urlaub
fischen	nach+D	er fischt nach dem Stück Fleisch in der Suppe
flehen	um+A	er flehte um Gnade
fliehen	aus+D	aus der Gefangenschaft fliehen
	vor+D	vor den Verfolgern fliehen
fliessen	durch+A	Wasser fliesst durch ein Rohr
	in+A	der Fluss fliesst in einen See
fluchen	auf+A	auf den Streik der Müllabfuhr fluchen
	über+A	er flucht über die Arbeitsbedingungen
flüchten	vor+D	das Zebra flüchtete vor dem Löwen
folgen	+D	die Polizei folgte ihm
	auf+A	auf Regen folgt Sonnenschein
	aus+D	die Lösung aus der Aufgabenstellung folgern
fordern	für+A	Geld für den Unterhalt der Kinder fordern
	von+D	die Rückzahlung des Geldes von jemandem fordern
	zu+D	jemandem zum Duell fordern

forschen	**nach+D**		nach einem Impfstoff gegen AIDS forschen
fortfahren	**mit+D**		mit seinen mündlichen Ausführungen fortfahren
fortlaufen	**von+D**		von zu Hause fortlaufen
fragen	**nach+D**		nach der Adresse fragen
	um Rat		jemandem um (einen) Rat fragen
sich freimachen	**von+D**		sich von seinen Vorurteilen freimachen
freisprechen	**von+D**		jemanden vom Vorwurf des Betruges freisprechen
freistehen	**+D**		es steht dir frei, wie du entscheidest
sich freuen	**+G**		sie freut sich ihres Lebens
	an+D		sich an einem Geschenk freuen
	auf+A		sich auf den kommenden Urlaub freuen
frieren	**über+A**		sie freut sich über seine Grüsse
	+D		ihm fror die Nase
	an+D		an den Füssen frieren
sich fügen	**+D**		sich seinem Schicksal fügen
fühlen	**in+A**		sie mußte sich in ihr Schicksal fügen
füllen	**mit+D**		mit den Trauernden fühlen
fürchten	**um+A**		um sein Leben fürchten
sich fürchten	**vor+D**		sich vor agressiven Menschen fürchten
fussen	**auf+D**		das Urteil fusst nur auf Indizien als Beweisen
füttern	**mit+D**		die Kühe mit Heu füttern
garantieren	**für+A**		für die Qualität der Ware garantieren
gären	**in+D**		Weissbier gärt in der Flasche
geben	**auf+A**		nichts auf eine fremde Meinung geben
	für+A		eine Spende für die Waisenkinder geben
gebieten	**über+A**		Napoleon gebot über fast ganz Europa
gebühren	**+D**		der Rettungsmannschaft gebührt unser Dank
gedenken	**+G**		man gedachte der Opfer des Faschismus
gefallen	**+D**		das Mädchen gefällt mir
sich gegenüber sehen	**+D**		sich einer wachsenden Opposition gegenübersehen
geheimhalten	**vor+D**		die Wahrheit vor jemandem geheimhalten
gehorchen	**+D**		er gehorcht seinem Vater
gehören	**+D**		das Fahrad gehört mir
	zu+D		zum Rinderbraten gehört ein guter Rotwein
geizen	**mit+D**		mit seinem Geld geizen
gelangen	**zu+D**		zum Ende eines Vortrags gelangen
gelingen	**+D**		das Experiment ist den Forschern gelungen
gelten	**+D**		die Warnung gilt dir
	als+N		er galt als grösster Maler der Epoche
	für+A		die Parkerlaubnis gilt nur für Behinderte
genesen	**von+D**		von einer schweren Krankheit genesen

genügen	+D		mein Gehalt genügt mir nicht
	für+A		das Essen genügt für alle Gäste
geradestehen	für+A		für eine Dummheit geradestehen müssen
geraten	+D		der Kuchen ist ihr gut geraten
	an+A		an den Falschen geraten
	in+A		in einen Hinterhalt geraten
	nach+D		das Mädchen gerät ganz nach ihrer Grossmutter
geschehen	+D		dir wird nichts Schlimmes geschehen
	mit+D		niemand weiss, was mit dem Müll geschehen soll
sich gesellen	zu+D		er gesellte sich zu unserer Tischrund
gewinnen	an+D		im Alter gewinnen manche an Weisheit
	aus+D		man gewinnt Benzin aus Rohöl
	für+A		jemanden für seine Pläne gewinnen
(sich) gewöhnen	an+A		sich ans Rauchen gewöhnen/das Pferd an den Sattel gewöhnen
glänzen	vor+D		das Auto glänzt vor Sauberkeit
glauben	+D		ich kann dir nicht glauben
	an+A		an den technischen Fortschritt glauben
gleichen	+D		sie gleicht ihrer Zwillingsschwester aufs Haar
gleichtun	+D		der Junge wollte es seinem Vater gleichtun
gleiten	über+A		das Segelboot gleitet über die Wellen
glücken	+D		ihm sind sechs Richtige im Lotto geglückt
graben	nach+D		nach einem vergrabenen Schatz graben
gratulieren	+D		ich gratuliere dir herzlich
	zu+D		ich gratuliere ganz herzlich zum Geburtstag
grauen	vor+D		ihm graut vor seiner Steuererklärung
grausen	vor+D		es graust ihr vor Fledermäusen
greifen	nach+D		nach den Sternen greifen
	zu+D		er griff zum Messer
	um sich		die Cholera hat weiter um sich gegriffen
grenzen	an+A		an ein hohes Gebirge grenzen
sich gründen	auf+A		sich auf frühere Erfahrungen gründen
sich gruseln	vor+D		der Junge gruselt sich vor Gespenstern
grüssen	von+D		die Eltern von einem Bekannten grüssen
guttun	+D		die Seeluft tat ihr gut
haften	an+D		der Zettel haftet am schwarzen Brett
	für+A		Eltern haften für ihre Kinder
halten	auf+A		er hält viel auf sich und seine Kleidung
	von+D		mein Arzt hält nichts von Akupunktur
(sich) halten	für+A		jemanden/sich für einen grossen Künstler halten
sich halten	an+A		sich an die Vorschriften halten

handeln	**mit+D**	er handelt mit Münzen und Briefmarken
	von+D	eine Fabel handelt von Tieren
sich handeln	**um+A**	bei Walfischen handelt es sich um Säugetiere
hängen	**an+A**	etwas an den Nagel hängen
	an+D	der Junge hängt an seiner Mutter
hauen	**auf+A**	jemandem auf die Schulter hauen
heissen	**nach+D**	nach einem christlichen Heiligen heissen
helfen	**+D**	ich helfe dir gern
	bei+D	sie hilft ihm bei der Arbeit
	gegen+A	Kaffee hilft gegen Müdigkeit
	mit+D	er hilft mir mit seiner Erfahrung
herabfallen	**von+D**	der Schnee ist vom Dach herabgefallen
herangehen	**an+A**	an eine neue Aufgabe herangehen
sich heranmachen	**an+A**	er versuchte, sich an das Mädchen heranzumachen
sich heran schleichen	**an+A**	sich an das Lagerfeuer heranschleichen
heranwachsen	**zu+D**	das Mädchen wuchs zu einer schönen Frau heran
sich heranwagen	**an+A**	keiner wagte sich an den entlaufenen Bären heran
herausfordern	**zu+D**	er forderte ihn zum Duell heraus
(sich) herauslesen	**aus+D**	er las ihre Gedanken aus ihrem Brief heraus
sich herausreden	**aus+D**	sich aus der Schuld herausreden wollen
	mit+D	er wollte sich mit einer Ausrede herausreden
hereinbrechen	**über+A**	die Nacht brach über das Land herein
hereinfallen	**auf+A**	auf einen Plumpen Trick hereinfallen
herfallen	**über+A**	die Wölfe fielen über ihr Opfer her
hergeben	**für+A**	sein letztes Hemd für jemanden hergeben
sich hermachen	**über+A**	sie machten sich über ihre Beute her
herrschen	**über+A**	der König herrschte über ein grosses Reich
herrühren	**von+D**	der Riss rüht von einem Materialfehler her
herstellen	**aus+D**	Leder wird aus Tierhäuten hergestellt
herumreden	**um+A**	um den heissen Brei herumreden
herumstochern	**in+D**	er stocherte lustlos in seinem Essen herum
sich herumtreiben	**in+D**	er treibt sich in den Kneipen herum
herunterfallen	**von+D**	er ist vom 10-Meter-Brett heruntergesprungen
hervorbrechen	**aus+D**	der Löwe brach aus dem Gebüsch hervor
hervorkommen	**aus+D**	aus seinem Versteck hervorkommen
herziehen	**über+A**	die Schüler zogen über den Neuen her
hinabsteigen	**in+A**	in die Kanalisation hinabsteigen
hinarbeiten	**auf+A**	auf eine Verbesserung hinarbeiten
hinaufblicken	**zu+D**	zu den Wolken hinaufblicken
hinaufschauen	**zu+D**	zum Berggipfel hinaufschauen
hinaufsehen	**zu+D**	zu der Baumhütte hinaufsehen

hinausgehen	auf+A	das Fenster geht auf den See hinaus
	über+A	der Preis ging über seine Möglichkeiten hinaus
hinauslaufen	auf+A	der Streit läuft auf einen Kompromiss hinaus
hindern	an+D	niemand hat ihn an der Flucht guehindert
	bei+D	die nasse Kleidung hinderte ihn beim Schwimmen
hindeuten	auf+A	auf das Segelflugzeug hindeuten
hindurchsehen	durch+A	durch ein Loch hindurchsehen
hineinlassen	in+A	Wasser in die Bedewanne hineinlassen
sich hineinversetzen	in+A	sich in die Lage eines anderen hineinversetzen
hinfinden	zu+D	sie konnte nicht zum Bahnhof hinfinden
hinführen	zu+D	der Weg führt zum See hin
sich hingeben	+D	sich einer Illusion hingeben
hinkommen	mit+D	er kommt nicht mit seinem Geld hin
hinsehen	zu+D	die Kinder sahen lachend zu dem Clown hin
hinterherfahren	+D	das Polizeiauto fuhr dem Motorrad hinterher
hinterherlaufen	+D	einem Hasen hinterherlaufen
hinwegkommen	über+A	sie kam nicht über den Tod ihres Kindes hinweg
hinwegsehen	über+A	sie sah über manche seiner Fehler hinweg
sich hinwegsetzen	über+A	er setzte sich über ihre Warnungen hinweg
sich hinwegtrösten	über+A	sich über seinen Liebeskummer hinwegtrösten
hinweisen	auf+A	auf eine Gefahr hinweisen.
hinwirken	auf+A	auf eine Verbesserung der Zustände hinwirken
hinzukommen	zu+D	oft kommt ein Unglück zu einem anderen hinzu
hinzuziehen	zu+D	jemanden zu einer Beratung hinzuziehen
hoffen	auf+A	auf eine rasche Genesung hoffen
horchen	auf+A	sie horchte auf das Geräusch an der Tür
hören	auf+A	auf seine Eltern hören
	von+D	sie hat noch nichts von der Neuigkeit gehört
huldigen	+D	die Fans huldigten ihrem Idol
hungern	nach+D	es hungert sie nach Gerechtigkeit
sich hüten	vor+D	sich vor Skorpionen und Giftschlangen hüten
sich identifizieren	mit+D	sich mit den Zielen der Partei identifizieren
imponieren	+D	er wollte den Frauen imponieren
(sich) infizieren	mit+D	sich/jemanden mit einer Hepatitis infizieren
(sich) informieren	aus+D	sich aus der Zeitung informieren
	über+A	man informierte mich/sich über seine Vergangenheit
inspirieren	zu+D	die Musik inspirierte ihn zu einem Gedicht
interessiert sein	an+D	er ist an moderner Musik interessiert
sich interessieren	für+A	sich für moderne Architektur interessieren
intrigieren	gegen+A	gegen seinen Vorgesetzten intrigieren
sich irren	in+D	er irrt sich in der Uhrzeit
jagen	nach+D	sie jagen nach den Tigern im Dschungl

jammern	über+A	er jammert über sein verlorenes Geld
jubeln	über+A	die Kinder jubeln über den hitzefreien Tag
kämpfen	für+A	für die Unabhängigkeit des Landes kämpfen
	gegen+A	gegen die Ausbreitung der Malaria kämpfen
	mit+D	sie kämpfen mit schwerer Artillerie
	um+A	er kämpft um sein Leben
kandidieren	für+A	er kandidiert für das Amt des Bürgermeisters
kennen	als+A	wir kennen ihn als Liebling vieler Zuschauer
kennzeichnen	als+A	sein Akzent kennzeichnet ihn als einen Fremden
	mit+D	gefangene Vögel mit einem Ring kennzeichnen
klagen	auf+A	auf hohen Schadensersatz klagen
	gegen+A	gegen den Unfallgegner klagen
	über+A	sie klagt über Schmerzen in den Beinen
	um+A	sie klagt um den Verlust ihres Arbeitsplatzes
klappen	mit+D	es klappt nicht mit seiner neuen Freundin
klarkommen	mit+D	er kommt dir der Gebrauchsanweisung nicht klar
sich klarwerden	über+A	sich über die Konsequenzen klarwerden
klettern	auf+A	auf einen hohen Baum klettern
klingeln	an+D	an der Haustür klingeln
klopfen	an+A	er klopft an die Fensterscheibe
knausern	mit+D	er knausert mit seinem Vermögen
kollidieren	mit+D	die Fähre kollidierte mit einem Rachter
kommen	auf+A	nicht auf die Lösung der Aufgabe kommen
	um+A	viele sind bei dem Unglück ums Leben gekommen
	von+D	die Schmerzen kommen von dem Unfall
	zu+D	er kommt zu spät zum Abendessen
konfrontieren	mit+D	jemanden mit der Realität konfrontieren
konkurrieren	mit+D	die Deutschen konkurrieren mit den Japanern
sich konzentrieren	auf+A	sich auf das Wesentliche konzentrieren
korrespondieren	mit+D	mit einer Brieffreundin korrespondieren
kramen	in+D	in einem Karton mit alten Fotos kramen
kränken	mit+D	jemanden mit einer dummen Bemerkung kränken
krönen	zu+D	man krönte Karl den Grossen zum Kaiser
sich krümmen	vor+D	sich vor Schmerzen krümmen
sich kümmern	um+A	sich um pflegebedürftige Menschen kümmern
kündigen	+D	jemandem wegen Unpünktlichkeit kündigen
kurieren	mit+D	er kurierte seine Grippe mit Vitamin C
	von+D	jemanden von einem Leiden kurieren
lächeln	über+A	über seine Tolpatschigkeit lächeln
lachen	über+A	über einen gelungenen Witz lachen
landen	auf+D	auf dem Flugplatz landen
	in+D	sie landen um 8 Uhr in Frankfurt

	bei+D	sie konnte bei ihrem Chef nicht landen*
langweilen	mit+D	jemanden mit alten Witzen langweilen
sich langweilen	bei+D	er langweilte sich immer beim Schachspielen
lassen	von+D	die Katze liess nur kurze Zeit von der Maus
lasten	auf+D	die Verantwortung lastet auf seinen Schultern
lästern	über+A	über einen Abwesenden kann man gut lästern
lauern	auf+A	der Räuber lauerte hinter einem Busch auf sie
lauschen	+D	sie lauschen den Worten des Dichters
leben	für+A	für eine Idee leben
	von+D	er lebt von früheren Ersparnissen
leichtfallen	+D	ihm fällt die Arbeit leicht
leiden	an+D	an einer schweren Krankheit leiden
	unter+D	unter häufigen Migränenanfällen leiden
sich leihen	von+D	sie leiht sich die Schallplatte von ihr
leiten	an+A	ein Schreiben an jemanden leiten
	durch+A	Wasser durch ein Rohr leiten
	in+A	Abwasser in den Fluss leiten ist verboten
lenken	auf+A	den Verdacht auf einen anderen lenken
lernen	aus+D	aus den gemachten Erfahrungen lernen
	von+D	sie hat vieles von ihm gelernt
lesen	an+A	Ware an den Kunden liefern
liegen	+D	ihm liegt die Arbeit in der freien Natur
	an+D	seine Müdigkeit liegt am Wetter
(sich) lösen	von+D	die Briefmarke vom Umschlag lösen/sie hat sich von ihm gelöst
loskommen	von+D	vom Rauschgift loskommen
loslassen	auf+A	den Hund auf den Einbrecher loslassen
losmachen	von+D	das Boot vom Steg losmachen
(sich) losreissen	von+D	der Hund riss sich von der Kette los/der Sturm riss das Boot los
sich lossagen	von+D	sich von einer Jugendsekte lossagen
losstürzen	auf+A	die Plünderer stürzten auf das Geschäft los
machen	aus+D	Wein wird aus Traubensaft gemacht
sich machen	an+A	sich endlich an die Arbeit machen
mahlen	zu+D	der Müller mahlt das Getreide zu Mehl
mahnen	zu+D	man mahnte den Schludner zur Zahlung
mäkeln	an+D	die Kinder mäkelten an dem Essen
malnehmen	mit+D	eine Zahl mit einer anderen malnehmen
mangeln	an+D	es mangelte im Lager an Lebensmitteln
meditieren	über+A	er meditierte über den Sinn des Lebens
	zu+D	etwas zur Politik der Regierung meinen
(sich) melden	bei+D	sich/jemanden beim Pförtner melden

meutern	**gegen+A**	gegen den Kapitän meutern
sich mischen	**in+A**	sich in fremde Angelegenheiten mischen
missfallen	**+D**	seine freche Antwort hat ihr missfallen
missglücken	**+D**	der erste Versuch ist ihm missglückt
misslingen	**+D**	auch der zweite Versuch ist ihm misslungen
missraten	**+D**	die Sahnetorte ist ihr leider heute missraten
misstrauen	**+D**	jeder misstraut den Sonntagsreden der Politiker
mithalten	**bei+D**	er konnte beim Marathonlauf nicht mit ihm mithalten
mithelfen	**bei+D**	dem Bauer bei der Ernte mithelfen
mitwirken	**an+D**	am Gelingen des Festes mitwirken
	bei+D	bei einem Konzert mitwirken
sich mokieren	**über+A**	sich über eine Ungeschicklichkeit mokieren
multiplizieren	**mit+D**	die Summe mit zwei multiplizieren
munden	**+D**	der Wein mundete ihnen ganz vorzüglich
murren	**über+A**	über die schlechte Bezahlung murren
nachblicken	**+D**	sie blickte lange dem fahrenden Zug nach
nachdenken	**über+A**	über Raum und Zeit nachdenken
nacheifern	**+D**	er eifert seinem Vater nach
nacheilen	**+D**	die Reporter eilten dem Politiker nach
nachfahren	**+D**	er fuhr dem Taxi nach
nachfolgen	**+D**	der Vizepräsident folgte seinem Vorgänger nach
nachgeben	**+D**	er gab ihrem Drängen nach
nachgehen	**+D**	der Detektiv ging einem Verdacht nach
nachhelfen	**+D**	er wollte dem Prüfungskandidaten etwas nachhelfen
nachlaufen	**+D**	der fremde Hund ist ihm immer nachgelaufen
nachlesen	**bei+D**	ein bestimmtes Zitat bei Goethe nachlesen
nachschlagen	**in+D**	etwas in einem Wörterbuch nachschlagen
nachstellen	**+D**	ein fremder Mann hat ihr nachgestellt
nachsuchen	**um+A**	er suchte um eine Audienz beim Papst nach
nachtrauern	**+D**	er trauerte seiner verstorbenen Frau nach
nachwinken	**+D**	sie winkte dem Schiff nach
nagen	**an+D**	der Hund nagt an seinem Knochen
nähen	**an+A**	den Knopf an die Bluse nähen
sich nähern	**+D**	wir näherten uns unserem Ziel
nahestehen	**+D**	meine Geschwister stehen mir sehr nahe
neigen	**zu+D**	sie neigt leider zu hysterischen Anfällen
nennen	**nach+D**	einen Stern nach seinem Entdecker nennen
nippen	**an+D**	an seinem Glas nippen
nörgeln	**an+D**	an der Bedienung im Hotel nörgeln
	über+A	über das schlechte Essen nörgeln
nötigen	**zu+D**	er nötigte ihn zu einem weiteren Bier

nützen/nutzen	+D	sein Reichtum hat ihm nicht viel genützt
	zu+D	er nützte die gute Gelegenheit zur Flucht
offenstehen	+D	dir stehen alle Türen offen
ordnen	nach+D	die Akten nach dem Alphabet ordnen
(sich) orientieren	über+A	man orientierte ihn/sich über den Stand der Dinge
sich orientieren	an+D	sich an den Hinweisschildern orientieren
packen	an+D	jemanden am Kragen packen
	bei+D	jemanden beim Kragen packen
passen	+D	mein Konfirmationsanzug passt mir nicht mehr
	zu+D	der Hut passt wunderbar zum Kleid
passieren	+D	mir ist heute eine komische Geschichte passiert
pfeifen	auf+A	er pfeift auf die ständigen Ermahnungen
	auf+D	auf dem letzten Loch pfeifen
philosophieren	über+A	Plato philosophierte über die Ideenlehre
plädieren	für+A	für eine sofortige Aktion plädieren
(sich) plagen	mit+D	er plagt seine Mutter/sich mit vielen Fragen
plaudern	mit+D	mit der Nachbarin plaudern
pochen	auf+A	er pocht auf sein Recht
polemisieren	gegen+A	die Opposition polemisierte gegen die Regierung
prahlen	mit+D	er prahlte mit seinen Erfolgen bei den Frauen
prallen	gegen+A	gegen einen Baum prallen
prasseln	auf+A	der Hagel prasselte aufs Dach
produzieren	aus+D	aus der Müllverbrennung wird Strom produziert
profitieren	von+D	von seiner Investition profitieren
protestieren	gegen+A	gegen untragbare Zustände protestieren
prüfen	auf+A	jemanden auf Herz und Nieren prüfen
	in+D	jemanden in einem Hauptfach prüfen
sich prügeln	mit+D	er prügelt sich mit seinen Klassenkameraden
	um+A	sich um den Fussball prügeln
quälen	mit+D	die Katze qualt die Maus mit ihrem Spiel
sich qualifizieren	für+A	sich für die Teilnahme am Spiel qualifizieren
quellen	aus+D	aus dem Loch quoll heisses Wasser
rasen	vor+D	der Chef rast vor Wut
(sich) rasieren	mit+D	er rasiert ihn/sich nass mit einer Klinge
raten	+D	man riet ihm zu schweigen
	zu+D	man riet ihm zu einer Kreditaufnahme
rauchen	+D	mir raucht der Kopf
raufen	mit+D	meine Tochter rauft gern mit den Jungen
reagieren	auf+A	unfreundlich auf eine Frage reagieren
rebellieren	gegen+A	der Stamm rebelliert gegen die Zentralregierung
rechnen	mit+D	mit einem hohen Gewinn rechnen
	zu+D	Heroin rechnet man zu den schlimmsten Drogen

sich rechtfertigen	mit+D	sich mit einer Enschuldigung rechtfertigen
reden	mit+D	Er rede nicht mit mir/mit gespaltener Zunge reden (idiom)
	über+A	über die Nachbarn reden
	von+D	von wichtigen Dingen reden
reduzieren	auf+A	sie reduzieren die Einfuhren auf die Hälfte
referieren	über+A	er referierte über die Bebauungspläne
reflektieren	auf+A	er reflektiert auf eine Beförderung zum Chef
sich reimen	auf+A	"weiss" reimt sich auf das Wort "heiss"
reinigen	mit+D	die Schuhe mit einem Lappen reinigen
	von+D	das Hemd von den Flecken reinigen
reissen	an+D	der Hund reisst an der Leine
reizen	zu+D	ein rotes Tuch reizt den Stier zum Angriff
reservieren	für+A	einen Tisch für jemanden reservieren
resultieren	aus+D	die Ergebnisse resultieren aus einer Umfrage
retten	aus+D	jemanden aus grosser Gefahr retten
	vor+D	jemanden vor seinen Verfolgern retten
sich revanchieren	für+A	sich für eine Niederlage revanchieren
revoltieren	gegen+A	die Gefangenen revoltierten gegen die Zustände
richten	an+A	eine Frage an jemanden richten
	auf+A	das Gewehr auf jemanden richten
	über+A	über die Kriegsgefangenen richten
sich richten	nach+D	wir richten uns ganz nach Ihren Wünschen
riechen	nach+D	sie riecht nach einem verführerischen Parfüm
sich ringeln	um+A	die Pythonschlange ringelt sich um ihr Opfer
ringen	mit+D	sie ringt mit dem Tode
	nach+D	der Taucher rang nach Luft
	um+A	um die Wahrheit ringen
rufen	nach+D	er ruft nach seinem entflogenen Wellensittich
	um+A	um Hilfe rufen
rütteln	an+D	sie rüttelte ihn an der Schulter
sagen	zu+D	er sagt nichts zu meinem Vorschlag
sammeln	für+A	Kleider für die Erdbebenopfer sammeln
schaden	+D	Rauchen schadet der Gesundheit
schalten	auf+A	die Ampel schaltet auf Rot
sich schämen	+G	er schämte sich seiner Tat
	vor+D	sich vor seinen Mitschülern schämen
sich scharen	um+A	sich um den Gruppenleiter scharen
schätzen	auf+A	man schätzt sein Einkommen auf viele Millionen
schaudern	vor+D	ihn schauderte vor dem schrecklicken Gedanken
schauen	auf+A	er schaut auf die Uhr
scheiden	aus+D	aus dem Leben scheiden
sich scheiden	von+D	sich von seinem Ehepartner scheiden lassen

scheinen	auf+A	die Sonne scheint auf die Fensterbank
sich scheren	um+A	wenige scheren sich um Randgruppen
scherzen	über+A	man soll nicht über Behinderte scherzen
sich scheuen	vor+D	sich vor dem Sprung in die Tiefe scheuen
schicken	an+A	ein Telegramm an jemanden schicken
	nach+D	man schickte nach dem Landarzt
	zu+D	er schickte mich zur Post
schieben	auf+A	die Schuld auf einen anderen schieben
schiessen	auf+A	er schoss mit der Schleuder auf den Vogel
schimpfen	auf+A	er schimpft auf seine Nachbarin
	über+A	er schimpfte über die niedrigen Renten
schlafen	mit+D	mit seiner Ehefrau schlafen
schlagen	nach+D	nach einer Fliege schlagen
schliessen	auf+A	von sich auf andere schliessen
	aus+D	eine Prognose aus der Statistik schliessen
	mit+D	ich schliesse den Brief mit einem lieben Gruss
schlingen	um+A	ein Seil um einen Pfahl schlingen
schmecken	+D	ihm schmeckt das Essen
	nach+D	der Wein schmeckte nach Wasser
schmeicheln	+D	er schmeichelt seinem Vorgesetzten
schmeissen	nach+D	mit Steinen nach den Polizisten schmeissen
schmücken	mit+D	sie schmückte den Christbaum mit Kugeln
schnappen	nach+D	der Hund schnuppert an dem Baum
schöpfen	aus+D	Wasser aus dem Brunnen schöpfen
schreiben	an+A	einen Brief an jemanden schreiben
	über+A	er schrieb ein Buch über die Indianer
	von+D	er schrieb mir von seiner Verlobung
schreien	vor+D	der Verletzte schrie vor Schmerzen
(sich) schützen	vor+D	die Impfung schützt vor einer Ansteckung
	gegen+A	sich durch eine Impfung gegen Grippe schützen
schwarmen	für+A	Uta schwarmt für ihren Tennislehrer
	von+D	von dem Skilehrer schwärmen
schweben	in+D	er schwebte lange Zeit in grosser Gefahr
schweigen	zu+D	er schweigt zu den Anschuldigungen gegen ihn
schwelgen	in+D	die Ölscheichs schwelgten in grossern Luxus
schwerfallen	+D	morgens fällt der Tanja das Aufstehen schwer
schwören	auf+A	auf ein Waschmittel schwören
sehen	nach+D	der Babysitter sieht heute abend nach dem Kind
sich sehnen	nach+D	sich nach seiner Heimat sehnen
sein	an+D	es ist an uns zu antworten/er ist an der Reihe (Wendung)
	für+A	für oder gegen die Todsstrafe sein
	gegen+A	für oder gegen die Abtreibungsreform sein

senden	an+A	ein Paket an jemanden senden
siegen	über+A	sie siegte über ihre Tennispartnerin
sinnen	auf+A	er sann auf Rache an dem Richter
sich sorgen	um+A	sich um die Zunahme der Kriminalität sorgen
sich spalten	in+A	die Partei spaltete sich in zwei Flügel
sparen	für+A	Geld für eine Weltreise sparen
spekulieren	auf+A	auf einen hohen Gewinn spekulieren
sich sperren	gegen+A	sich gegen vorschnelle Entscheidungen sperren
sich spezialisieren	auf+A	sich auf Gentechnologie spezialisieren
sich spiegeln	in+D	sich im Wasser spiegeln
spielen	mit+D	mit seinem Schachpartner spielen
	um+A	um die Weltmeisterschaft spielen
spotten	über+A	sie spotteten über seine lange Nase
sprechen	für+A	vieles spricht für einen Militäreinsatz
	mit+D	er spricht mit seiner Frau
	über+A	sie sprachen über die Urlaubspläne
	von+D	sie sprach immer nur von ihren Krankheiten
	zu+D	der Minister sprach zu den Versammelten
spriessen	aus+D	Blumen spriessen aus dem Boden
sprudeln	aus+D	heisses Wasser sprudelt aus der Quelle
stammen	aus+D	er stammt aus einer Arbeiterfamilie
standhalten	+D	die Soldaten hielten dem Angriff stand
stattgeben	+D	man gab seiner Beschwerde statt.
staunen	über+A	die Kinder staunten über die Akrobaten
stecken	in+A	Geld in eine Investition stecken
	in+D.	in einer schwierigen Lage stecken
stehen	+D	das Kleid steht ihr wirklich wunderbar
steigen	aus+D	sie steigt aus dem Auto
	in+A	sie steigen in den Zug
	auf+A	sie steigen auf einen Berg
sterben	an+D	an einer Seuche sterben
	vor+D	bei dem Lehrer stirbt man vor Langeweile*
stillhalten	bei+D	beim Haareschneiden stillhalten
stimmen	für+A	viele stimmten für seine Wiederwahl
	gegen+A	gegen den Entwurf der Regierung stimmen
stinken	nach+D	in der Garage stinkt es nach Benzin
stöhnen	vor+D	er stöhnt vor Schmerzen
stolpern	über+A	über einen Stein stolpern
stören	bei+D	jemanden bei der Arbeit stören
sich stören	an+D	sie stört sich an seinem Schnarchen
stossen	auf+A	auf eine Ölquelle stossen
	gegen+A	den Kopf gegen einen Balken stossen

sich stossen	**an+D**	er stösst sich an seinem Kopf
sich sträuben	**gegen+A**	sich gegen den väterlichen Willen sträuben
streben	**nach+D**	er strebt nach künstlerischer Anerkennung
streiken	**für+A**	für kürzere Arbeitszeiten streiken
streiten	**für+A**	sie stritten für eine gerechte Sache
sich streiten	**mit+D**	sich mit seinem politischen Gegner streiten
	über+A	sie streiten sich über ihr Urlaubsziel
	um+A	sich um das Erbe streiten
strotzen	**vor+D**	der Athlet strotzt vor Kraft
(sich) stürzen	**auf+A**	sich auf das kalte Buffet stürzen
	aus+D	er stürzte die Frau aus dem Fenster
	in+A	ins Zimmer stürzen
	auf+A	sich auf die Krücken stützen
subtrahieren	**von+D**	einen Betrag von einem anderen subtrahieren
suchen	**nach+D**	er suchte nach seinen Autoschlüsseln
suspendieren	**von+D**	er wurde fristlos vom Dienst suspendiert
tadeln	**wegen+G**	jemanden wegen seiner Kleidung tadeln
tasten	**nach+D**	er tastete im Dunkeln nach dem Lichtschalter
taugen	**zu+D**	ein stumpes Messer taugt nicht zum Schneiden
tauschen	**gegen+A**	Computerspiele gegen andere tauschen
	mit+D	Briefmarken mit seinem Freund tauschen
sich täuschen	**in+D**	wir haben uns in ihm/unserer Wahl getäuscht
	über+A	sie täuschten sich über seine wahren Absichten
teilen	**durch+A**	den Kuchen durch zwölf Teile teilen
	in+A	den Apfel in vier Teile teilen
	mit+D	er teilte sein Brot mit dem Bettler
teilhaben	**an+D**	an dem Erfolg teilhaben
teilnehmen	**an+D**	an der Eröffnungsveranstaltung teihnehmen
telefonieren	**mit+D**	stundenlang mit der Freundin telefonieren
trachten	**nach+D**	jemandem nach dem Leben trachten
tragen	**an+D**	er trägt schwer an seiner Schuld
	mit+D	er trägt sein Unglück mit Gelassenheit
trauen	**+D**	traue keinem über dreissig
trauern	**um+A**	um den Verstorbenen trauern
träumen	**von+D**	von einer Reise in die Karibi träumen
sich treffen	**mit+D**	er traf sich hemilich mit dem Agenten
treiben	**zu+D**	der Hunger trieb ihn zum Ladendiebstahl
sich trennen	**von+D**	er trennte sich ungern von seinem Hund
triefen	**vor+D**	die Kleidung trieft vor Nässe
trinken	**auf+A**	auf das Wohl des Chefs trinken
	aus+D	Bier aus der Flasche trinken
triumphieren	**über+A**	der Sportler triumphierte über seinen Gegner

(sich) trösten	mit+D	er wollte sie/sich nicht über den Verlust trösten
trotzen	+D	sie trotzen den Angreifern
sich üben	in+D	sich in freier Rede üben
überbacken	mit+D	die Zwiebelsuppe mit Käse überbacken
überbieten	um+A	den Auktionspreis um 100 DM überbieten
übereinkommen	über+A	(mit jemandem) über einen Vertragsentwurf überein kommen
sich überessen	an+D	sich am Pudding überessen
übergeben	an+A	die Waffen an den Sieger übergeben
übergreifen	auf+A	die Seuche greift auf die Nachbarländer über
überhäufen	mit+D	er überhäufte sie mit Vorwürfen
überlaufen	zu+D	die Soldaten sind zum Gegner übergelaufen
überraschen	bei+D	jemanden beim Diebstahl überraschen
	mit+D	jemanden mit einem Geschenk überraschen
überreden	zu+D	sie überredete ihn zum Kauf des Kleides
überschütten	mit+D	man überschüttete den Preisträger mit Lob
übersetzen	in+A	Luther übersetzte die Bibel ins Deutsche
überspielen	auf+A	das Videoband auf ein anderes überspielen
übertragen	auf+A	die Verantwortung auf den Kollegen übertragen
übertreffen	an+D	jemanden an Schnelligkeit übertreffen
übertreiben	mit+D	es mit dem Trinken übertreiben
überweisen	an+A	einem Geldbetrag an jemanden überweisen
	auf+A	den Betrag auf ein Konto überweisen
sich überwerfen	mit+D	sich mit seinen Eltern überwerfen
überzeugen	von+D	jemanden von der Dringlichkeit überzeugen
überziehen	um+A	sein Konto um 100 DM überziehen
übriglassen	von+D	nichts vom Nachtisch übriglassen
sich umdrehen	nach+D	er drehte sich nach jeder hübschen Frau um
sich umgeben	mit+D	der Filmstar umgab sich gern mit Blondinen
umgehen	mit+D	mit Kindern gut umgehen können
umkommen	bei+D	bei einem Schiffsunglück umkommen
umrechnen	in+A	Meilen in Kilometer umrechnen
umrüsten	auf+A	militärische Produktion auf Zivile umrüsten
umschalten	auf+A	ein Gerät auf ein anderes Programm umschalten
umschulen	auf+A	die Piloten auf moderne Maschinen umschulen
sich umsehen	nach+D	sich nach einem günstigen Angebot umsehen
umsetzen	in+A	die Pläne in die Wirklichkeit umsetzen
umsteigen	auf+A	auf ein anderes Studienfach umsteigen
	in+A	in eine andere Linie umsteigen
umstellen	auf+A	die Produktion auf Konsumgüter umstellen
umwandeln	in+A	das Dachgeschoss in Wohnraum umwandeln
umwickeln	mit+D	das Paket mit einer Schnur umwickeln

untergehen	in+D	die Sonne geht im Meer unter
(sich) unterhalten	mit+D	jemanden mit Witzen/sich mit Kollegen in der Kantine unterhalten
sich unterhalten	über+A	sich über das Wetter unterhalten
unterliegen	+D	sie unterlagen der gegnerischen Mannschaft
unterrichten	in+D	jemanden in modernem Tanz unterrichten
	über+A	jemanden über eine Neuigkeit unterrichten
(sich) unterscheiden	von+D	Insekten unterscheiden sich/wir unterscheiden sie von Säugetierer
unterstützen	in+D	wir unterstützen sie in ihren Bemühungen
	mit+D	die Studenten mit einem Stipendium unterstützen
untersuchen	auf+A	das Wasser auf Krankheitserreger untersuchen
unterweisen	in+D	die Schüler in Religion unterweisen
unterziehen	+D	sie werden einer Dopingkontrolle unterzogen
urteilen	nach+D	nach seinem ersten Eindruck urteilen
	über+A	über den Geschmack des Weines urteilen
sich verabreden	mit+D	sich mit einem Bekannten verabreden
	zu+D	sie verabredeten sich zu einem Treffen
sich verabschieden	von+D	sich von den Gästen verabschieden
sich verändern	zu+D	sie hat sich zu ihrem Vorteil verändert
veranlasen	zu+D	der günstige Preis veranlasste ihn zum Kauf
verarbeiten	zu+D	Kakao wird zu Schokolade verarbeitet
(sich) verbergen	vor+D	sein Gesicht/sich vor den Fotografen verbergen
verbessern	um+A	den Weltrekord um einen Meter verbessern
sich verbeugen	vor+D	sich vor dem applaudierenden Publikum verbeugen
verbinden	mit+D	jemanden telefonisch mit Herrn X verbinden
verbrennen	zu+D	die geheimen Papiere verbrannten zu Asche
sich verbrüdern	mit+D	sich mit seinen früheren Feinden verbrüdern
sich verbünden	mit+D	Deutschland verbündete sich mit Japan
sich verbürgen	für+A	sich für einen Freund verbürgen
verdächtigen	+G	man verdächtigte ihn des Diebstahls
verdammen	zu+D	Pestkranke wurden zur Isolation verdammt
sich verderben	mit+D	es sich mit seinem Vorgesetzten verderben
verdienen	an+D	gut an einem Geschäft verdienen
	mit+D	viel mit seiner Arbeit verdienen
verdrängen	aus+D	jemanden aus der Sitzposition verdrängen
vereidigen	auf+A	den Präsidenten auf die Verfassung vereidigen
sich vereinen	mit+D	der Rhein vereint sich mit der Mosel
	zu+D	sich zu einer Koalition vereinen
sich vereinigen	mit+D	das Bündnis 90 vereinigte sich mit den Grünen
	zu+D	die Parteien vereinigten sich zum Bündnis 90 (die Grünen)
verfügen	über+A	über einen scharfen Versand verfügen

verführen	zu+D	Zigarettenreklame verführt Kinder zum Rauchen
vergeben	+D	er hat dem Mörder nie vergeben können
	an+A	einen Auftrag an jemanden vergeben
sich vergehen	an+D	sich an unschuldigen Kindern vergehen
	gegen+A	sich gegen ein ungeschriebenes Gesetz vergehen
vergelten	mit+D	Böses mit Gutem vergelten
vergleichen	mit+D	ein Angebot mit einem anderen vergleichen
verhandeln	über+A	über den Kaufpreis verhandeln.
verhängen	über+A	das Kriegsrecht über das Land verhängen
verheimlichen	vor+D	die Wahrheit vor jemandem verheimlichen
sich verheiraten	mit+D	er verheiratet sich mit der jüngsten Tochter
verhelfen	zu+D	seine Erbschaft hat ihm zum Reichtum verholfen
verkaufen	an+A	seinen Computer an jemanden verkaufen
	zu+D	eine Ware zu einem guten Preis verkaufen
verkehren	mit+D	er verkehrte mit den einflussreichsten Leuten
verklagen	auf+A	Jemanden auf Schadensersatz verklagen
verknüpfen	mit+D	er verknüpft seine Hobbys mit der Arbeit
verlangen	nach+D	er verlangte beim Verhör nach seinem Anwalt
	von+D	der Erpresser verlangt Lösegeld vom Opfer
verlängern	auf+A	die Arbeitszeit auf sechs Wochentage verlängern
	um+A	die Ärmel um ein paar Zentimeter verlängern
sich verlassen	auf+A	sich auf seine Freunde verlassen können
sich verlaufen	in+D	die Spur verläuft sich im Sand
(sich) verlegen	auf+A	sich auf den Handel mit Autos verlegen/ihn auf Station 5 verlegen
verleiten	zu+D	jemanden zu einer kriminellen Tat verleiten
sich verlieben	in+A	sich in einen interessanten Mann verlieben
verlieren	an+D	Entfernungen verlieren immer mehr an Bedeutung
sich verloben	mit+D	Peter verlobt sich mit meiner Schwester
vermieten	an+A	ein Auto an jemanden vermieten
veröffentlichen	bei+D	ein Werk bei einem Verlag veröffentlichen
	in+D	einen Leserbrief in der Zeitung veröffentilchen
verpachten	an+A	sein Land an einen Bauern veröffentlichen
(sich) verpflichten	zu+D	sie/sich zu höheren Leistungen verpflichten
verraten	an+A	ein Geheimnis an jemanden verraten
sich verschanzen	hinter+D	sich hinter einer Barrikade verschanzen
verschenken	an+A	Blumen an das Brautpaar verschenken
verschieben	auf+A	den Termin auf die nächste Woche verschieben
sich verschliessen	+D	er verschliesst sich seinen Argumenten
verschonen	mit+D	jemanden mit seinen Witzen verschonen
verschwinden	aus+D	das Geld ist aus dem Tresor verschwunden
sich verschwören	gegen+A	sich gegen den Präsidenten verschwören

versehen	**mit+D**	man versah das Bild mit einem wertvollen Rahmen
sich versetzen	**in+A**	sich in die Lage eines anderen versetzen
(sich) versichern	**bei+D**	das Auto/sich bei einer Versicherung versichern
	gegen+A	(die Wohnung) sich gegen Wasserschäden versichern
sich versöhnen	**mit+D**	sich nach dem Streit mit seiner Frau versöhnen
versorgen	**mit+D**	die Flüchtlinge mit dem Nötigsten versorgen
sich verspäten	**mit+D**	wir haben uns mit dem Essen verspätet
(sich) verstecken	**vor+D**	sein Geld/sich vor möglichen Einbrechern verstecken
verstehen	**unter+D**	unter H-milch versteht man haltbare Milch
	von+D	er versteht etwas von Elektronik
sich verstehen	**auf+A**	sich auf den Umgang mit Tieren verstehen
	mit+D	sie versteht sich wunderbar mit ihrem Freund
verstossen	**aus+D**	jemanden aus der Gemeinschaft verstossen
	gegen+A	gegen die Verehrsregeln verstossen
sich verstricken	**in+A**	sich in Widersprüche verstricken
sich versuchen	**als+N**	er versuchte sich als Clown im Zirkus
	in+D	sich in der Politik versuchen
(sich) verteidigen	**gegen+A**	jemanden/sich gegen einen Vorwurf verteidigen
	vor+D	jemanden/sich vor dem Untersuchungsausschus verteidigen
verteilen	**an+A**	Flugblätter an die Passanten verteilen
	auf+A	die Last auf alle Schultern verteilen
	unter+D	Flugblätter unter den Passanten verteilen
sich vertiefen	**in+A**	sich in eine spannende Lektüre vertiefen
sich vertragen	**mit+D**	sich mit seinen Geschwistern gut vertragen
vertrauen	**+D**	er vertraute seinem Hausarzt
	auf+A	auf die göttliche Hilfe vertrauen
vertreiben	**aus+D**	Adam und Eva wurden aus dem Paradies vertrieben
verüben	**an+D**	Verbrechen an den Gefangenen verüben
verurteilen	**zu+D**	jemanden wegen eines Delikts zu einer Haftstrafe verurteilen
sich verwandeln	**in+A**	sich in einen Prinzen verwandeln
verwechseln	**mit+D**	ich habe ihn aus der Ferne mit dir verwechselt
verweisen	**+G**	jemanden des Landes verweisen
	an+A	einen Ratsuchenden an jemanden verweisen
	auf+A	auf ein Zitat Kants verweisen
	von+D	er wurde von der Schule verwiesen
verwenden	**als+A**	man verwendet Kümmel als ein Gewürz
	auf+A	viel Mühe auf sein Hobby verwenden
	zu+D	eine Lupe zum Lesen verwenden
sich verwenden	**für+A**	sich beim Chef für einen Kollegen verwenden
verwickeln	**in+A**	jemanden in ein Gespräch verwickeln

verzeihen	+D	er konnte ihr nicht verzeihen
verzichten	auf+A	auf eine Beförderung verzichten
verzieren	mit+D	das Haar mit einer hübschen Schleife verzieren
(sich) verzinsen	mit+D	das Sparguthaben mit 3 Prozent verzinsen/etwas verzinst sich mit 3 Prozent
verzweifeln	an+D	sie verzweifelte an ihren Geldsorgen
vorangehen	+D	der Politiker ging dem Demonstrationszug voran
vorausgehen	+D	sie gingen den anderen Wanduern voraus
vorauslaufen	+D	der Hund lief den Spaziergängern voraus
vorbeifahren	an+D	an einer Sehenswürdigkeit vorbeifahren
vorbeigehen	an+D	an einem Schuhgeschäft vorbeigehen
vorbeikommen	an+D	an der Schule vorbeikommen
(sich) vorbereiten	auf+A	sich/jemanden auf die Prüfung vorbereiten
vorhergehen	+D	dem Absturz ging eine heftige Explosion vorher
vorkommen	+D	die Geschichte kommt mir unglaubwürdig vor
vorlesen	aus+D	einem Kind etwas aus einem Buch vorlesen
vorliegen	+D	die Ergebnisse der Untersuchung liegen mir vor
vorschweben	+D	mir schwebt ein technischer Beruf vor
sich vorsehen	vor+D	sich vor gefährlichen Spalten im Eis vorsehen
vorsorgen	für+A	für sein Alter finanziell vorsorgen
vorübergehen	an+D	einfach an dem Bettler vorübergehen
wachen	über+A	über die Gesundheit seiner Kinder wachen
wachsen	+D	ihm ist ein grauer Bart gewachsen
wählen	unter+D	unter verschiedenen Optionen wählen
	zu+D	jemanden zum Vorsitzenden wählen
warnen	vor+D	die Bevölkerung vor dem Sturm warnen
warten	auf+A	auf den Bus warten
weglaufen	+D	seine Katze ist ihm weggelaufen
	von+D	sie ist öfter von zu Hause weggelaufen
	vor+D	vor dem Verfolger weglaufen
sich wehren	gegen+A	sich gegen einen Angriff wehren
weh tun	+D	mir tut der Bauch weh
weichen	+D	wir weichen nur der Gewalt
weinen	über+A	über die Trennung von einem Freund weinen
	um+A	um meinen geliebten Menschen weinen
weisen	auf+A	auf den Polarstern am Himmel weisen
weitergeben	an+A	eine Nachricht an jemanden weitergeben
sich wenden	an+A	sich an einen Arzt wenden
	gegen+A	sich gegen eine falsche Autorität wenden
	zu+D	sich zum Publikum wenden
werben	für+A	für ein neues Waschmittel werben
	um+A	die Bahn wirbt mit Aktionen um mehr Passagiere

werden	aus+D	aus seinen Kindern sind Geschäftsleute geworden
	zu+D	Gäste werden manchmal zu einer Belastung
werfen	nach+D	Steine nach dem Hund werfen
wetteifern	mit+D	er wetteifert mit seinem grossen Bruder
	um+A	die Schüler wetteifern um den ersten Platz
wetten	um+A	wir wetten um eine Kiste Cahmpagner
wickeln	um+A	Geschenkpapier um das Buch wickeln
sich widersetzen	+D	man widersetzte sich dem Befehl der Okkupanten
sich widerspiegeln	in+D	Frustration spiegelt sich im Wahlergebnis wider
widersprechen	+D	sie widersprach seiner Meinung
widerstehen	+D	das Volk widerstand dem Diktator
widerstreben	+D	mir widerstrebt der Nationalismus der Völker
(sich) widmen	+D	sie widmet sich ganz ihren Kindern/er widme ihr das Buch
wimmeln	von+D	am Strand wimmelt es von Touristen
sich winden	um+A	die Schlange windet sich um den Ast
winken	+D	die Kinder auf der Brücke winkten den Autos
wirken	auf+A	das Medikament wirkt auf das Nervensystem
wissen	über+A	er weiss nichts über ihre Liebe zu ihm
	um+A	man weiss um die Gefahren für Kinder im Verkehr
	von+D	er wusste nichts von ihrem Geheimnis
wohltun	+D	die Ruhe tat ihr wohl
sich wundern	über+A	sie wundert sich über den Fremden an der Tür
würdigen	+G	sie würdigte ihn keines Blickes
zahlen	an+A	seine Schulden an seine Gläubiger zahlen
	für+A	für die Zeche zahlen
zählen	auf+A	wir zählen auf deine finanzielle Unterstützung
	zu+D	Helium zählt zu den Edelgasen
sich zanken	mit+D	er zankt sich immer mit seinem älteren Bruder
	über+A	sie zanken sich über das Haushaltsgeld
zehren	an+D	der Stress im Büro zehrte an seinen Kräften
zeigen	auf+A	das Kind zeigte auf den Behinderten
	nach+D	das Fenster zeigt nach Süden
zerbrechen	an+D	das Schiff zerbrach an einem Riff
zerschellen	an+D	das Boot zerschellte an den Klippen
zielen	auf+A	auf die Zielscheibe zielen
zittern	vor+D	die Schiffbrüchigen zitterten vor Kälte
zögern	mit+D	sie zögert noch mit der Vertragsunterzeichnung
sich zubewegen	auf+A	sich langsam auf den Schmetterling zubewegen
zubinden	mit+D	er bindet den Sack mit einem Strick zu
(sich) zudecken	mit+D	sie deckte ihr Kind/sich mit ihrem Mantel zu
zufliessen	+D	die Hundestreuer fliesst der Gemeinde zu
sich zufriedengeben	mit+D	er gibt sich mit der Antwort nicht zufrieden

zufriedenlassen	mit+D	er lässt ihn mit seinen Wünschen nicht zufrieden
zugehen	auf+A	auf einen Bekannten zugehen und ihn grüssen
sich zugesellen	+D	er gesellte sich der lustigen Gruppe zu
zugrunde liegen	+D	jeder Ehe liegt ein Vertrag zugrunde
zuhören	+D	wir hörten seinem Vortrag zu
zujubeln	+D	man jubelte der siegreichen Mannschaft zu
zukommen	auf+A	die Gewitterwolken kamen auf uns zu
zulächeln	+D	die Stewardes lächelte den Passagieren zu
zulaufen	+D	ihr ist eine fremde Katze zugelaufen
	auf+A	der Hund lief auf sein Herrchen zu
zumarschieren	auf+A	die Soldaten marschierten aufs Parlament zu
zunehmen	an+D	an Umfang und Gewicht zunehmen
zunicken	+D	der Professor nickte dem Fragesteller zu
zurechtkommen	mit+D	ich komme mit der Gebrauchsanweisung zurecht
zureden	+D	er versuchte, der verzweifelten Frau zuzureden
zürnen	+D	die Götter zürnten den Menschen
zurückführen	auf+A	man führt die Pest auf mangelnde Hygiene zurück
zurückgehen	auf+A	der Brauch geht auf eine lange Tradition zurück
zurückgreifen	auf+A	auf ein bewährtes Heilmittel zurückgreifen
zurückhalten	mit+D	er hält noch mit der vollen Wahrheit zurück
	von/vor+D	jemanden von/vor einer dummen Reaktion zurückhalten
zurückkommen	auf+A	er kam nach dem Exkurs auf sein Thema zurück
zurückschrecken	vor+D	vor negativen Konsequenzen zurückschrecken
zurückweichen	vor+D	vor der Übermacht der Angreifer zurückweichen
zusagen	+D	die Qualität der Ware sagt mir nicht zu
sich		
zusammenfinden	zu+D	sie fanden sich zum Klassentreffen zusammen
zusammenhängen	mit+D	Eifersucht hängt mit Angst zusammen
sich zusammensetzen	aus+D	Luft setzt sich aus mehreren Gasen zusammen
zusammenstossen	mit+D	das Motorrad stiess mit einem LKW zusammen
zuschauen	+D	ich schaue heute abend dem Endspiel zu
	bei+D	dem Maler bei der Arbeit zuschauen
zusehen	+D	sie sahen den Rettungsarbeiten zu
zusetzen	+D	die Krankheit hat ihr schwer zugesetzt
zustehen	+D	einer Schwangeren steht Mutterschaftsurlaub zu
zusteuern	auf+A	das Auto steuerte auf einen Baum zu
zustimmen	+D	man stimmte seinen Vorschlägen zu
zustossen	+D	ihr ist etwas Schlimmes zugestossen
	mit+D	der Torero stiess mit dem Degen zu
zutreffen	auf+A	die Beschreibung des Täters trifft auf ihn zu
zuvorkommen	+D	man konnte einer Katastrophe zuvorkommen
sich zuwenden	+D	er wandte sich seinen Zuhörern zu
zweifeln	an+D	an der Wahrheit zweifeln
(sich) zwingen	zu+D	man sollte niemanden zu seinem Glück zwingen/man sollte sich zu nichts zwingen

B) *Verbliste (Fiil Listesi):*

> **Verben, sortiert nach Kasus und Präpositionen.**
> (i hali, e hali, in hali ve edatlarla kullanılan fiiller)

DATIV	einfallen	(sich) gegenübersehen	mißraten
abhelfen	einleuchten		mißtrauen
absagen	entfallen	gehorchen	munden
abschwören	entfliehen	gehören	nachblicken
ähneln	entgegengehen	gelingen	nacheifern
angehören	entgegenkommen	gelten	nacheilen
(sich) anschließen	entgegnen	genügen	nachfahren
antworten	entgehen	geraten	nachfolgen
auffallen	entgleiten	geschehen	nachgeben
ausgehen	entkommen	glauben	nachgehen
ausgleiten	entlauten	gleichen	nachhelfen
ausweichen	entrinnen	gleichtun	nachlaufen
begegnen	entsprechen	glücken	nachstellen
behagen	entstammen	gratulieren	nachtrauern
beiliegen	entwischen	guttun	nachwinken
beipflichten	sich ergeben	helfen	(sich) nähern
beistehen	ergehen	sich hingeben	nahestehen
beistimmen	erliegen	hinterherfahren	nützen
beitreten	fehlen	hinterherlaufen	nutzen
bekommen	fernbleiben	huldigen	offenstehen
belieben	fernstehen	imponieren	paßen
bleiben	folgen	kündigen	paßieren
danken	freistehen	lauschen	raten
da reinreden	frieren	leichtfallen	rauchen
davonlaufen	sich fügen	liegen	schaden
dienen	gebühren	mißfallen	schmecken
drohen	gefallen	mißglücken	schmeicheln

schwerfallen	sich zugesellen	(sich) entledigen	kennzeichnen
standhalten	zugrunde liegen	(sich) entsinnen	sich versuchen
stattgeben	zuhören	(sich) erbarmen	verwenden
stehen	zujubeln	(sich) erfreuen	**AN+AKKUSATIV**
trauen	zulächeln	(sich) erwehren	abführen
trotzen	zulaufen	(sich) freuen	abgeben
unterliegen	zunicken	gedenken	absenden
unterziehen	zureden	(sich) schämen	abtreten
vergeben	zürnen	verdächtigen	adressieren
sich verschließen	zusagen	verweisen	anbinden
vertrauen	zuschauen	würdigen	angrenzen
verzeihen	zusehen	annehmen	anklopfen
vorangehen	zusetzen	ansehen	anknüpfen
vorausgehen	zustehen	anstellen	anlehnen
vorauslaufen	zustimmen	arbeiten	annähen
vorhergehen	zustossen	ausgeben	sich anpaßen
vorkommen	zuvorkommen	ausweisen	sich anschmiegen
vorliegen	(sich) zuwenden	beginnen	appellieren
vorschweben	**GENITIV**	benützen	ausgeben
wachsen	anklagen	benutzen	austeilen
weglaufen	(sich) annehmen	betrachten	(sich) binden
weh tun	(sich) bedienen	beurteilen	denken
weichen	bedürfen	bewerten	einsenden
sich widersetzen	belehren	bezeichnen	sich entsinnen
wiedersprechen	(sich) bemächtigen	darstellen	sich erinnern
wiederstehen	berauben	dienen	sich faßen
wierstreben	beschuldigen	empfinden	geraten
(sich) widmen	(sich) besinnen	sich erweisen	sich gewöhnen
winken	besichtigen	fühlen	glauben
wohltun	(sich) enthalten	gelten	grenzen
zufließen	entheben	kennen	sich halten

hängen	ändern	mitwirken	**AUF+AKKUSATIV**
herangehen	anlegen	nagen	abfärben
sich heranmachen	sich anschließen	nippen	abstimmen
sich heranschleichen	arbeiten	nörgeln	abzielen
sich heranwagen	auslassen	orientieren	achten
klopfen	begehen	packen	achtgeben
leiten	sich berauschen	sich rächen	ankommen
liefern	(sich) beteiligen	reißen	anlegen
sich machen	sich erbauen	rütteln	anspielen
nähen	sich erfreuen	schnuppern	ansprechen
richten	sich ergötzen	schreiben	anstoßen
schicken	erkennen	sterben sein (Perfekt)	antworten
schreiben	erkranken	sich stören	anwenden
senden	fehlen	sich stoßen	auffahren
übergeben	festbinden	teilhaben	aufladen
überweisen	festhalten	teilnehmen	sich aufmachen
vergeben	sich festklammern	tragen	aufpaßen
verkaufen	sich festkrallen	sich übereßen	aufprallen
vermieten	festmachen	übertreffen	aufspringen
verpacken	sich freuen	verdienen	aufsteigen
verraten	frieren	sich vergehen	sich aufstützen
verschenken	gewinnen	verlieren	ausüben
verteilen	hängen	verüben	sich auswirken
verweisen	haften	verzweifeln	bauen
weitergeben	hindern	vorbeifahren	befristen
sich wenden	interessieren	vorbeigehen	begrenzen
zahlen	klingeln	zehren	beißen
AN+DATIV	leiden	zerbrechen	sich velaufen
abholen	liegen	zerschellen	sich berufen
abnehmen	mäkeln	zunehmen	(sich) beschränken
anbinden	mangeln	zweifeln	sich besinnen

(sich) beziehen	hindeuten	schwören	(sich) vorbereiten
bringen	hinweisen	sinnen	warten
drängen	hinwirken	spekulieren	weisen
dringen	hören	sich spezialisieren	wirken
drucken	hoffen	steigen	zählen
drücken	horchen	stoßen	zeigen
sich einbilden	klagen	(sich) stürzen	zielen
eindringen	klettern	(sich) stützen	sich zubewegen
eingehen	kommen	trinken	zugehen
sich einigen	sich konzentrieren	übergreifen	zukommen
sich einlaßen	lauern	überspielen	zulaufen
sich einrichten	lenken	übertragen	zumarschieren
(sich) einstellen	loslaßen	überweisen	zurückführen
einwirken	loßstürzen	umrüsten	zurückgehen
einzahlen	pfeifen	umschalten	zurückgreifen
entgegnen	pochen	umschulen	zurückkommen
entscheiden	praßeln	umsteigen	zusteuern
erkennen	prüfen	umstellen	zutreffen
erstrecken	reagieren	untersuchen	**AUF+DATIV**
feuern	reduzieren	vereteidigen	aufbauen
fluchen	reflektieren	verklagen	aufsetzen
folgen	(sich) reimen	verlängern	ausgleiten
sich freuen	richten	sich verlaßen	sich ausruhen
geben	schätzen	sich verlegen	basieren
sich gründen	schalten	verschieben	beharren
halten	schauen	sich verstehen	beruhen
hauen	scheinen	verteilen	bestehen
hereinfallen	schieben	vertrauen	fußen
hinarbeiten	schießen	verweisen	landen
hinausgehen	schimpfen	verwenden	lasten
hinauslaufen	schließen	verzichten	pfeifen

AUS+DATIV	sich herausreden	anfragen	veröffentlichen
abhauen	herstellen	(sich) anmelden	(sich) versichern
auffahren	hervorbrechen	antreffen	zuschauen
aufwachen	hervorkommen	anzeigen	**DURCH + AKKUSATIV**
ausbrechen	(sich) informieren	arbeiten	ausweisen
ausscheiden	lernen	aufgeben	dividieren
außschließen	machen	aushalten	ersetzen
außsteigen	produzieren	sich beklagen	fließen
ausstoßen	quellen	bescheißen	hervorrufen
austreten	ragen	sich beschweren	hindurchsehen
ausweisen	resultieren	bestellen	leiten
befreien	retten	sich bewerben	teilen
bestehen	scheiden	bleiben	**FÜR+AKKUSATIV**
beziehen	schließen	einbrechen	abgeben
entkommen	schöpfen	einführen	(sich) anmelden
entlaßen	sprießen	sich erkundigen	aufheben
entnehmen	spudeln	finden	aufkommen
entstehen	stammen	helfen	sich aufopfern
entweichen	steigen	hindern	aufwenden
sich ergeben	(sich) stürzen	landen	ausgeben
ersehen	trinken	sich langweilen	sich aussprechen
erwachen	verdrängen	(sich) melden	sich bedanken
erwachsen	verschwinden	mithalten	befinden
erzeugen	verstoßen	mithelfen	(sich) begeistern
essen	vertreiben	mitwirken	behalten
fliehen	vorlesen	nachlesen	belohnen
folgen	werden	packen	bestrafen
folgern	sich zusammensetzen	stillhalten	beten
gewinnen	**BEI+DATIV**	stören	bezahlen
sich heraushalten	abmelden	überraschen	bieten
herauslesen	abschreiben	umkommen	brauchen

buchen	sammeln	helfen	beißen
bürgen	schwärmen	intrigieren	sich einarbeiten
büßen	sein	kämpfen	einbauen
danken	sorgen	klagen	einbeziehen
sich eignen	sparen	meutern	einbrechen
sich einsetzen	sprechen	polemisieren	eindringen
einspringen	stimmen	prallen	(sich) einfügen
einstehen	streiken	protestieren	einführen
eintreten	streiten	rebellieren	eingehen
sich entscheiden	sich verbürgen	revoltieren	eingemeinden
sich entschuldigen	(sich) verwenden	(sich) schützen	eingreifen
erklären	versorgen	sein	einladen
fordern	werben	sich sperren	einliefern
garantieren	zahlen	stimmen	einmarschieren
geben	**GEGEN+AKKUSATIV**	stoßen	sich einmischen
gelten	(sich) abhärten	sich sträuben	einmünden
genügen	angehen	tauschen	einordnen
geradestehen	anstrengen	vergehen	einschleusen
gewinnen	anstürmen	sich verschwören	einschließen
haften	antreten	sich versichern	(sich) einschreiben
(sich) halten	sich aufbäumen	verstoßen	einsperren
hergeben	sich auflehnen	(sich) verteidigen	einsteigen
sich interessieren	sich aussprechen	sich wehren	einstufen
kämpfen	auswechseln	(sich) wenden	eintauchen
kandidieren	behaupten	**IN+AKKUSATIV**	einteilen
leben	einlegen	absteigen	(sich) eintragen
plädieren	ein schreiten	ändern	eintreten
sich qualifizieren	eintauschen	aufsteigen	einwandern
sich rächen	einwenden	ausarten	einweihen
reservieren	(sich) entscheiden	ausbrechen	einweisen
sich revanchieren	(sich) erheben	auswandern	einwickeln

einwilligen	anlegen	sich verlaufen	sich auseinandersetzen
einziehen	(sich) anmelden	veröffentlichen	ausfüllen
entlaßen	aufgehen	sich versuchen	ausfüttern
sich ergeben	sich auskennen	sich widerspiegeln	ausgießen
fließen	ausscheiden	**MIT+DATIV**	aushalten
sich fügen	sich befinden	(sich) abfinden	aushelfen
geraten	beraten	sich abgeben	sich auskennen
hinabsteigen	blättern	abmeßen	auskommen
hineinlassen	durchfallen	sich abmühen	sich ausrüsten
sich hineinversetzen	einkehren	sich ablagen	ausschmücken
leiten	einschließen	sich abrackern	(sich)aussöhnen
(sich) mischen	erblicken	abschleßen	sich aussprechen
schneiden	gären	abschließen	ausstatten
(sich) spalten	herumstochern	abspringen	auszeichnen
stecken	sich herumtreiben	sich abstimmen	beauftragen
steigen	sich irren	(sich) abstoßen	bedecken
stürzen	kramen	addieren	bedenken
teilen	landen	anfangen	bedrängen
übersetzen	lesen	angeben	bedrohen
umrechnen	nachschlagen	sich anlegen	beehren
umsetzen	prüfen	anmachen	sich beeilen
umsteigen	schweben	anreden	sich befaßen
umwandeln	schwelgen	anreichern	sich befreunden
sich verlieben	sich spiegeln	ansprechen	beginnen
(sich) versetzen	stecken	anstecken	sich begnügen
sich verstricken	(sich) täuschen	aufhalten	sich behelfen
sich vertiefen	(sich)üben	aufhören	bekanntmachen
(sich)verwandeln	untergehen	aufnehmen	beklecksen
(sich) verwickeln	unterrichten	aufräumen	beladen
IN+DATIV	unterstützen	aufziehen	belästigen
absteigen	unterweisen		

belasten	(sich) einschmieren	(sich)plagen	(sich) umgeben
belegen	einschüchtern	plaudern	umgehen
beliefern	enden	prahlen	umwickeln
belohnen	experimentieren	(sich)prügeln	sich unterhalten
belustigen	fortfahren	quälen	unterstützen
sich beraten	fühlen	(sich)rasieren	sich verabreden
(sich) beschwäftigen	füllen	raufen	verbinden
beschießen	füttern	rechnen	sich verbrüdern
beschmieren	geizen	(sich) rechtfertigen	sich verbünden
besetzen	geschehen	reden	sich verderben
bespannen	handeln	reinigen	verdienen
sich besprechen	helfen	ringen	(sich) vereinen
sich bespritzen	sich herausreden	schlafen	sich vereinigen
betrauen	hinkommen	schließen	vergelten
betrügen	(sich) identifizieren	schmücken	vergleichen
sich bewaffnen	(sich) infizieren	sich solidarisieren	(sich) verheiraten
bewerfen	kämpfen	spielen	verkehren
bezahlen	kennzeichnen	sprechen	verknüpfen
beziehen	klappen	streiten	sich verlonen
sich bürsten	klarkommen	tauschen	verschohen
danebentreffen	knausern	teilen	versehen
davonkommen	kollieren	telefonieren	(sich) versöhnen
sich decken	konfrontieren	tragen	versorgen
diskutieren	konkurrieren	sich treffen	(sich) verspäten
dotieren	korrespondieren	(sich) trösten	sich verstehen
drohen	kränken	überbacken	sich vertragen
sich durchsetzen	kurieren	überhäufen	verwechseln
(sich) eindecken	langweilen	überraschen	verzieren
sich einigen	malnehmen	überschütten	verzinsen
sich einlaßen	meinen	übertreiben	wetteifern
(sich) einreiben	multiplizieren	sich überwerfen	sich zannen

zögern	jagen	sich amüsieren	sich hermachen
zubinden	nennen	aufklären	herrschen
zudecken	ordnen	sich aufregen	hinausgehen
sich zufriedengeben	pfeifen	sich ausschweigen	hinwegkommen
zufriedenlaßen	(sich) richten	sich aussprechen	hinwegsehen
zurechtkommen	riechen	befinden	sich hinwegsetzen
zurückhalten	ringen	sich beklagen	(sich) hinwegtrösten
zusammenhängen	rufen	beratschlagen	(sich) informieren
zusammenstoßen	schicken	berichten	jammern
zustoßen	schlagen	sich beschweren	jubeln
NACH+DATIV	schmecken	bestimmen	klagen
angeln	schmeißen	sich beunruhigen	sich klarwerden
anstehen	schnappen	debattieren	lachen
sich anstellen	sehen	denken	lächeln
aussehen	sich sehnen	diskutieren	lästern
auswandern	stinken	sich einigen	lesen
befragen	streben	sich empören	meditieren
benennen	suchen	sich entrüsten	sich mokieren
beurteilen	tasten	entscheiden	murren
duften	trachten	sich erregen	nachdenken
sich erkundigen	sich umdrehen	erröten	nörgeln
fahnden	sich umsehen	erschrecken	(sich) orientieren
fiebern	urteilen	sich erstrecken	philsophieren
fischen	verlangen	erzählen	reden
forschen	werfen	fliegen	referieren
fragen	zeigen	fluchen	richten
geraten	**ÜBER+AKKUSATIV**	sich freuen	scherzen
graben	abgeben	gebieten	schimpfen
greifen	abstimmen	gleiten	schreiben
heißen	sich ärgern	hereinbrechen	siegen
hungern	sich äußern	herfallen	spotten

sprechen	sich drehen	verbessern	abladen
staunen	sich ermäßigen	verlängern	ablassen
stolpern	ersuchen	weinen	ablenken
sich streiten	erweitern	werben	ablesen
sich täuschen	feilschen	wetteifern	abmachen
triumphieren	flehen	wetten	abmelden
(sich) trösten	fragen	wickeln	abraten
übereinkommen	fürchten	(sich) winden	abrücken
sich unterhalten	geben	wißen	abschirmen
unterrichten	sich greifen	**UNTER+AKKUSATIV**	abschneiden
urteilen	sich handeln	verteilen	abschreiben
verfügen	herumkommen	**UNTER+DATIV**	abschweifen
verhängen	herumreden	leiden	absehen
verhandeln	kämpfen	verstehen	abspalten
wachen	klagen	wählen	abspringen
weinen	kommen	**VON+DATIV**	abstammen
wissen	sich kümmern	abbeißen	absteigen
sich wundern	nachsuchen	abberufen	abstoßen
sich zanken	sich prügeln	abbrechen	abtreten
UM+AKKUSATIV	sich ringeln	abbringen	abwaschen
abnehmen	ingen	abbuchen	abwehren
anhalten	rufen	abfahren	abweichen
bangen	sich scharen	abführen	abwenden
sich bemühen	sich scheren	sich abgrenzen	abziehen
beneiden	schlingen	abhängen	annehmen
betrügen	sich sorgen	abhalten	aufheben
betteln	spielen	abhauen	auflesen
sich bewerben	sich streiten	sich abheben	aufstehen
beigen	trauern	abholen	ausgehen
bitten	überbieten	sich abkehren	sich ausruhen
bringen	überziehen	abkommen	ausschließen

befreien	lassen	**VOR+DATIV**	triefen
benachrichtigen	leben	sich ängstigen	verbergen
berichten	sich leihen	beben	sich verbeugen
denken	lernen	behüten	verheimlichen
dispensieren	(sich) lösen	beschützen	verstecken
sich distanzieren	loskommen	bewahren	verteidigen
entbinden	losmachen	sich drücken	sich vorsehen
(sich) entfernen	sich losreißen	sich ekeln	warnen
entlasten	sich loßagen	erröten	weglaufen
erben	profitieren	erschrecken	zittern
sich erholen	reden	erstarren	zurückhalten
(sich) ernähren	reinigen	fliehen	zurückschrecken
erwachen	(sich) scheiden	flüchten	zurückweichen
erwarten	schreiben	sich fürchten	**ZU+DATIV**
erzählen	schwärmen	geheimhalten	abordnen
fernhalten	sprechen	glänzen	anbieten
fordern	subtrahieren	grauen	(sich) anmelden
fortlaufen	suspendieren	grausen	anregen
(sich) freimachen	träumen	sich gruseln	anreizen
freisprechen	(sich) trennen	sich hüten	sich anschicken
genesen	überzeugen	sich krümmen	ansetzen
grüßen	übriglaßen	rasen	ansporen
halten	(sich) unterscheiden	retten	anstehen
handeln	sich verabschieden	sich schämen	anstiften
herabfallen	verlangen	schaudern	antreiben
herrühren	verstehen	sich scheuen	antreten
herunterfallen	verweisen	schreien	aufbauen
herunterspringen	weglaufen	schützen	auffordern
hören	wimmeln	sterben	sich aufraffen
kommen	wißen	stöhnen	aufrufen
kurieren	zurückhalten	strotzen	aufschauen

aufsehen	sich eignen	hinführen	überreden
aufspielen	einladen	hinsehen	sich verabreden
aufstapeln	einteilen	hinzukommen	(sich) verändern
aufsteigen	einziehen	hinzuziehen	veranlassen
ausersehen	entscheiden	inspirieren	verarbeiten
ausholen	sich entschließen	kommen	verbrennen
befähigen	(sich) entwickeln	krönen	verdammen
beglückwünschen	erheben	mahlen	(sich) vereinen
beitragen	ermächtigen	mahnen	(sich) vereinigen
bekehren	ermahnen	meinen	verführen
sich bekennen	ernennen	neigen	verhelfen
bemerken	erziehen	nötigen	verkaufen
benutzen	finden	nützen	verleiten
benützen	fordern	nutzen	verpflichten
berechtigen	gehören	passen	verurteilen
berufen	gelangen	raten	verwenden
bestellen	sich gesellen	rechnen	wählen
bestimmen	gratulieren	reizen	sich wenden
beten	greifen	sagen	werden
bevollmächtigen	heranwachsen	schicken	zählen
(sich) bewegen	herausfordern	schweigen	sich zusammenfinden
degradieren	hinaufblicken	sprechen	
dienen	hinaufschauen	taugen	zwingen
drängen	hinaufsehen	treiben	
sich durchringen	hinfinden	überlaufen	

Ergänzen Sie die Präpositionen/Endungen

abbringen- brachte ab- abgebracht
1. Nur mit Mühe haben wir ihn .... seinem Plan abgebracht.
abgewöhnen- gewöhnte ab - hat abgewöhnt
2. Der Lehrer gewöhnt sein .... Schülern die Aussprachefehler ab.
ablesen - las ab - hat abgelesen
3. Er liest seiner Liebsten seinen Wunsch .... den Augen ab.
ausweichen - wich aus - ist ausgewichen
4. Er ist mein............. Frage ausgewichen.
basieren- basierte - hat basiert
5. Sein Verdacht basierte .... reinen Vermutungen.
beauftragen - beauftragte - hat begnügt
6. Er wurde .... der Geschäftsleitung der Firma beauftragt.
begnügen - begnügte - hat begnügst.
7. Er wollte sich nicht .... seinem Lohn begnügen.
besinnen- besann - hat besonnen
8. Ich kann mich nicht dar............. besinnen, ihn getroffen zu haben.
distanzieren - distanzierte - hat distanziert
9. Der Pressesprecher distanzierte sich .... des Äußerungen.
einlassen - ließ ein - hat eingelassen.
10. Obwohl er kaum Zeit hat, läßt er sich .... ein Gespräch ein.
ereignen - ereignnete - hat ereignet
11. Die Geschichte ereignete .... vor einigen Jahren.
erweisen - erwies - hat erwiesen
12. Man hat ihm .... letzte Ehre erwiesen.
fassen - faßte - hat gefaßt
13. Der Betrüger konnte .... einen Hinweis .... werden.
geraten- geriet - ist geraten
14. Das Kind ist ganz .... seinem Vater geraten.
hineinlassen - ließ hinein - hat hineingelassen
15. Man ließ uns nicht .... die Diskothek hinein.
jammern - jammerte - hat gejammert
16. Er jammerte .... den Verlust seines Führerscheins.
kommen - kam - ist gekommen.

17. Das Problem wird auf der Sitzung .... Sprache kommen.

kündigen - kündigte - hat gekündigt
18. Wegen Unregelmäßigkeiten hat man ein.......... Kollege gekündigt.

langweilen - langweilte - hat gelangweilt.
19. Seine alten Erzählungen langweilen m............. auf Dauer.

lenken - lenkte - hat gelenkt
20. Der Zeitungsartikel lenkte die Aufmerksamkeit .... ihn.

neigen - neigte - hat geneigt
21. Sie neigt bei ihrer Geschichte immer .... Übertreibungen.

offenstehen - stand offen - hat offengestanden
22. Mit abgeschlossenem Studium steht dir d............. Welt offen.

passieren - passierte - hat/ist passiert
23. Mein............. Vater ist neulich eine komische Geschichte passiert.

recht fertigen - rechtfertigte - hat gerechtfertigt
24. Er versuchte, sich .... faulen Ausreden zu rechtfertigen.

repräsentiren - repräsentierte - hat repräsentiert
25. Ein Botschafter repräsentiert sein eigen............. Land im Ausland.

scheiden - schied - hat / ist geschieden
26. Die Sprachgrenze scheidet Belgien .... zwei Teile.

Seine Eltern haben .... scheiden lassen.

schwören - schwor - hat geschworen
27. Er schwor .... seiner Ehre, unschuldig zu sein.

sorgen - sorgte - hat gesorgt
28. Sie sorgt sich .... die Gesundheit ihrer Eltern.

teilhaben - hatte teil - hat teilgehabt
29. Behinderte möchten auch gern .... Geschehen teilhaben.

treten - trat - hat / ist getreten
30. In vielen Diktaturen wird das Recht .... Füßen getreten.

überarbeiten überarbeitete - hat überarbeitet.
31. Der Lektor überarbeitete .... kurze Manuskript des Autors.

überholen - überholte - hat überholt.
32. Es ist verboten, ein............. Wagen rechts zu überholen.

übernehmen - übernahm - hat übernommen.
33. Niemand will die Verantwortung .... das Unglück übernehmen.

unterbrechen - unterbrach - hat unterbrochen

34. Man unterbrach d...... Sendung wegen einer Verkehrsmeldung.
unterlassen - unterließ - hat unterlassen
35. Er unterließ .... , seine Kollegen zu informieren.
veranlassen - veranlasste - hat veranlasst
36. Der Chef hatte ihn veranlasst, die Stelle .... wechseln.
verbergen - verbarg - hat verborgen.
37. Der Ausbrecher hat sich .... der Polizei verborgen.
vergehen - verging - hat / ist vergangen
38. Sie ist fast .... Sehnsucht nach ihrer Heimat vergangen.
verweisen - verwies - hat verwiesen
39. Die Mannschaft wurde .... den zweiten Platz verwiesen.
zurechtkommen - kam zurecht - ist zurechtgekommen
40. Er .... mit der Gebrauchanweisung nicht zurechtgekommen.
zurückhalten - hielt zurück - hat zurückgehalten
41. Der Regierungssprecher hielt .... der Wahrheit zurück.
zustimmen - stimmte zu - hat zugestimmt
42. Die Verteidigung stimmte d.............. Gerichtsurteil zu.
weigern - weigerte - hat geweigert
43. Der Fahrer weigerte s.............. , einen Alkoholtest zu machen.
stellen - stellte - hat gestellt
44. Stell einen Antrag .... Verlängerung der Arbeitserlaubnis!
schlagen - schlug - hat/ist geschlagen.
45. Die schlechte Nachricht ist ihm .... den Magen geschlagen.

Cevap Anahtarı

1. von	2. seinen	3. von	4. meiner	5. auf	6. mit
7. mit	8. darauf	9. von	10. auf	11. sich	12. die
13. durch-gefaßt	14. nach	15. in	16. über	17. zur	18. einem
19. mich	20. auf	21. zu	22. die	23. meinem	24. mit
25. eigenes	26. sich	27. bei	28. um	29. am	30. mit
31. das	32. einen	33. für	34. die	35. es	36. zu
37. vor	38. vor	39. auf	40. ist	41. mit	42. dem
43. sich	44. auf	45. auf			

C) *Nomenliste Nomen mit Präpositionen*

die Abgabe, -n	an+A	die Auflehnung	gegen+A
die Abhärtung	gegen+A	der Aufstieg	auf+A
das Abkommen,-	über+A		zu+D
die Abneigung	gegen+A	der Auftrag, "-e	für+A
der Abschied	von+D		zu+D
der Abstand, "-e	zu+D	der Ausbau	zu+D
	zwischen+D	der Ausbruch, "-e	aus+D
die Achtung	vor+D	die Ausleihe	an+A
die Ähnlichkeit	mit+D	die Auslieferung	an+A
	zwischen+D	der Ausschluss, "-sse	aus+D
die Anerkennung	als+N	der Ausschnitt, -e	aus+D
die Anfrage, -n	an+A	die Aussicht	auf+A
	bei+D	die Aussprache	gegen+A
die Angleichung	an+A		über+A
die Angliederung	an+A	die Ausstattung, -en	mit+D
der Angriff, -e	auf+A	der Ausstieg	aus+D
die Angst	um+A	der Bedarf	an+D
	vor+D	die Befähigung	zu+D
die Anhebung, -en	um+A	der Befehl, -e	zu+D
das Anrecht, -e	auf+A	die Beförderung	zu+D
der Anschlag, "-e	auf+A	die Befreiung	aus+D
der Anschluss, "-sse	an+A		von+D
die Ansprache, -n	an+A	der Beitrag, "-e	zu+D
der Anspruch, "-e	auf+A	die Bekanntschaft, -en	mit+D
die Ansteckung	mit+D	das Bekenntnis, -se	zu+D
der Anteil, -e	an+D	die Beliebtheit	bei+D
die Anteilnahme	bei+D	die Belohnung, -en	für+A
	an+D		mit+D
der Antrag, "-e	auf+A	die Bemühung, -en	um+A
	an+A	die Benennung, -en	nach+D
die Antwort, -en	auf+A	die Benutzung	als+N
die Anwendung, -en	auf+A	die Berechtigung	für+A
der Appetit	auf+A	die Bereitschaft	zu+D
die Arbeit, -en	an+D	die Berufung	auf+A
der Ärger	mit+D		gegen+A
	über+A		zu+D
die Armut	an+D	der Beschluss, "-sse	über+A
das Attentat, -e	auf+A	die Beschränkung, -en	auf+A
die Aufforderung, -en	zu+D	die Beschwerde, -n	über+A

die Besinnung	auf+A		gegen+A
die Bestrebung, -en	nach+D	die Entschlossenheit	zu+D
der Besuch, -e	bei+D	der Entschluss, "-sse	zu+D
die Beteiligung, -en	an+D	die Entschuldigung	für+A
die Bewerbung, -en	auf+A	die Entsendung	zu+D
die Beziehung, -en	zu+D	die Erhebung, -en	gegen+A
die Bitte, -n	an+A	die Erinnerung, -en	an+A
	um+A	die Erkrankung, -en	an+D
der Dank	an+A	die Ermächtigung	zu+D
	für+A	die Ernennung, -en	zu+D
der Druck	auf+A	die Erwiderung, -en	auf+A
der Durst	auf+A	die Kritik	an+D
der Eid	auf+A	die Lehre, -n	als+N
die Eifersucht	auf+A		aus+D
die Eignung	für+A		von+D
	zu+D	das Leiden, -	an+D
die Einbindung	in+A	die Lesung, -en	aus+D
der Eindruck, "-e	auf+A	die Liebe	zu+D
der Einfluss "-sse	auf+A	der Lohn, "-e	für+A
die Einführung, -en	in+A	die Lust	auf+A
der Eingang	in+A		zu+D
der Eingriff -e	in+A	der Mangel,-	an+D
die Einladung, -en	in+A	die Meldung, -en	an+A
	zu+D		über+A
die Einmündung, -en	in+A	das Mißtrauen	gegen+A
der Einschnitt, -e	in+A		gegenüber+D
die Einschreibung, -en	an+D	die Mithilfe	bei+D
	in+A	die Mitsprache	bei+D
die Einsicht	in+A	die Mitteilung - en	an+A
die Einsparung, -en	an+D	das Mittel.-	gegen+A
der Einspruch, "-e	gegen+A	die Möglichkeit, -en	zu+D
die Einstellung, -en	als+N	das Monopol, -e	auf+A
	zu+D	der Mut	zu+D
der Eintrag, "-e	in+A	die Nachfrage	nach+D
der Eintritt	in+A	die Nachricht, -en	an+A
der Einwand, "-e	gegen+A		über+A
die Einweisung	in+A		von+D
die Einwirkung	auf+A	die Neugier	auf+A
der Ekel	vor+D	der Nutzen	für+A
die Empfindlichkeit	gegen+A	das Opfer.-	an+D
die Entlassung, -en	aus+D		für+A
die Entscheidung, -en	für+A		

das Pech	bei+D	der Streik, -s	gegen+A
	in+D		um+A
	mit+D	der Streit	mit+D
die Produktion	von+D		über+A
die Prüfung, -en	auf+A		um+A
	in+D	die Suche	nach+D
die Qualifizierung	zu+D	die Sucht, -e	nach+D
die Rache	an+D	das Talen, .-e	zu+D
	für+A	die Teilnahme	an+D
der Rausschmiss, -sse	aus+A	die Teilung	in+A
die Reaktion, -en	auf+A	die Tendenz. -en	zu+D
die Rechnung, -en	für+A	die Trauer	über+A
	über+A		um+A
das Recht, -e	auf+A	die Treue	zu+D
	zu+D	der Trieb, -e	zu+D
der Reichtum, -er	an+D	der Überblick	über+A
die Rekord, -e	an+D	der Überfall,"-e	auf+A
	über+A	der Überfluss,"-sse	an+D
der Respekt	vor+D	die Übergabe	an+A
die Rettung	vor+D	der Übergang,"-e	zu+D
die Reue	über+A	die Übersetzung, -en	in+A
das Ringen	um+A	die Umfrage, - n	unter+D
der Ritt	auf+D	der Umgang	mit+D
die Rücksicht, -en	auf+A	der Umstieg	auf+A
der Ruf, -e	nach+D	die Unterbringung	in+D
die Scheu	vor+D	der Untergang	in+D
der Schrei, -e	nach+D	die Unterhaltung	mit+D
das Schreiben	an+A	der Unterricht	in+D
die Schuld	an+D	der Unterschied, -e	zwischen+D
der Schuss,-e	auf+A	die Unterweisung	in+D
	nach+D	die Urkunde, -n	über+A
der Schutz	vor+D	die Verantwortung	für+A
die Sehnsucht	nach+D	die Verarbeitung	von+D
der Sieg, -e	über+A		zu+D
die Sorge, -n	um+A	die Verbindung, -en	mit+D
die Spaltung, -en	in+A	das Verdienst, -e	um+A
das Spiel, -e	mit+D	die Vergeltung	mit+D
	um+A	der Vergleich, -e	mit+D
die Steigerung	um+A	das Verhalten	gegenüber+D
der Stolz	auf+A	das Verhältnis	zu+D
das Streben	nach+D	die Verheimlichung	vor+D
		der Verkauf, "-e	an+A

das Verlangen	nach+D	der Vortrag, "-e	vor+D
die Verleihung	an+A	die Wahl, -en	zu+D
die Verlobung	mit+D	die Warnung, -en	vor+D
der Verlust, e	an+D	die Wendung, -en	zu+D
der Verrat	an+D	die Werbung	für+A
der Versand	an+A		um+A
die Verschwörung, -en	gegen+A	der Widerstand	gegen+A
das Verstoss, "- e	gegen+A	das Wissen	um+A
das Verständnis	für+A	die Zahlung, -en	an+A
der Verstoss, "-e	gegen+A	der Zorn	über+A
das Vertrauen	in+A	der Zugriff, -e	auf+A
	zu+D	die Zulassung	zu+D
die Vertreibung	aus+D	die Zunahme	an+D
die Verurteilung	zu+D	die Zurückhaltung	bei+D
die Verwandtschaft	mit+D	der Zusammenschluss"	von+D
der Verweis	auf+A	das Zusammentreffen	mit+D
die Verwendung	zu+D	der Zuschuss, "-e	zu+D
die Verwunderung	über+A	die Zuständigkeit, -en	für+A
der Verzicht	auf+A	die Zustimmung, -en	zu+D
die Voraussetzung, -en	für+A	der Zutritt	zu+D
der Vorrat, "-e	an+D	der Zuwachs, "-e	an+D
der Vorschlag, "-e	zu+D	der Zwang, "-e	zu+D
der Vorsprung	vor+D	der Zweifel,-	an+D

Übungen zu Nomen

Welche Präposition fehlt?

Wenn Sie Hilfe brauchen, dann schauen Sie in der Liste auf den Seiten von 394-44 nach.

die Abgabe, -n

Die Abgaben ---------die Gemeinde für die Müllabfuhr sind gestiegen.

die Abhärtung
Eine Sauna dient zur Abhärtung ---------------- Erkältungskrankheiten.

das Abkommen,
Die Diplomaten schlossen ein Abkommen ---------------- den Reiseverkehr.

die Abneigung
Er hatte eine Abneigung ---------------- lange Reden.

der Abschied
Der Abshied ---------------- ihren Eltern fiel ihr schwer.

der Abstand, "- e
Der Abstand vom Fenster ———— Tür beträgt zwei Meter.
Der Abstand ———— den Läufern betrug wenige Meter.

die Achtung
Man hatte grosse Achtung ———— seinen sportlichen Leistungen.

die Ähnlichkeit, -en
Die Ähnlichkeit des Films ———— der Romanvorlage ist nur gering.
Die Ähnlichkeit ———— den Zwillingen war verblüffend.

die Anerkennug
Die Anerkennung ———— politischen Flüchtling ist nicht einfach.

die Anfrage, -n
Unsere Anfrage ———— Finanzamt brachte keine Ergebnisse.

die Angleichung
Die Angleichung des Ostens ———— den Wesen wird Jahre dauern.

die Angliederung
Die Angliederung der Türkei ———— die EG wurde vollzogen.

der Angriff, -e
Der Angriff ———— die Stadt begann aus der Luft.

die Angst, -e
Die Mutter hatte Angst ———— ihr krankes Kind.
Deine Angst ———— Mäusen ist übertrieben.

die Anhebung, -en
Die Anhebung der Gehälter ———— 6% wurde beschlossen.

das Anrecht, -e
Er hat als Sohn ein Anrecht ———— die Erbschaft.

der Anschlag, - e
Das Attentat war ein Anschlag ———— die Demokratie.

der Anschluss, - e
Sie haben Anschluss ———— den Zug nach München von Gleis 5.

die Ansprache, -n
Der Redner hielt nur eine kurze Ansprache ———— die Gäste.

der Anspruch, -e
Arbeitslose haben einen Anspruch ———— Unterstützung.

die Ansteckung
Die Ansteckung ———— der Krankheit ist lebensgefährlich.

der Anteil, -e
Er wollte den Hauptanteil ―――――― der Beute haben.

die Anteilnahme
Sie dankte für die Anteilnahme ―――――― Tod ihres Mannes.
Die Anteilnahme ―――――― Schicksal der Flüchtlinge war anfangs gross.

der Antrag, -e
Er stellte einen Antrag ―――――― Sozialhilfe.
Sie stellte den Antrag ―――――― das Amt für Wohngeld.
die Antwort ―――――― seine Frage ein.

die Anwendung, -en
Die Anwendung des Strafgesetzes ―――――― Kinder ist unzulässig.

der Appetit
Ich habe jetzt Appetit ―――――― Erdbeertorte mit Sahne.

die Arbeit, -en
Die Arbeiten ―――――― seinem Manuskript machen Fortschritte.

der Ärger
Der Ärger ―――――― der Baubehörde nahm keine Ende.
Der Ärger ―――――― seine Nachbarn lässt ihn nicht schlafen.

die Armut
Das Land leidet unter der Armut ―――――― Rohstoffen.

das Attentat, -e
Das Attentat ―――――― den Minister misslang glücklicherweise.

die Aufforderung, -en
Die Aufforderung ―――――― Solidarität wurde kaum beherzigt.

die Auflehnung
Die Auflehnung ―――――― die Diktatur kam unerwartet.

der Aufstieg
Der Aufstieg ―――――― den Berggipfel wurde verschoben.
Der Aufstieg des Landes ―――――― führenden Industriemacht begann nach 1945.

der Auftrag, -e
Die Aufträge ―――――― dieses Gerät sind **storniert** worden.
Die Polizisten haben den Auftrag ―――――― Hausdurchsuchung.

der Ausbau
Der Ausbau des Daches ―――――― einer Wohnung wird geplant.

der Ausbruch, -e
Der Ausburch ―――――― der Zelle war von langer Hand vorbereitet.

die Ausleihe
Die Ausleihe ———————— die Bibliotheksbenutzer erfolgt nur morgens.

die Auslieferung
Die Auslieferung der Zeitung ———————— die Kioske wurde verhindert.

die Ausrüstung, -en
die Ausrüstung der Polizei ———————— neuen Waffen wurde diskutiert.

der Ausschluss, - e
Der Ausschluss ———————— der Partei war dem Schriftsteller egal.

der Ausschnitt, -e
Der Schriftsteller las einen Ausschnitt ———————— seinem Buch.

die Aussicht
Deine Bitte hat kaum Aussicht ———————— Erfolg.

die Aussprache
Die Aussprache ———————— die geplanten, Reformen kam überraschend.

die Ausstattung, -en
Die Ausstattung ———————— neuen Computern kostet viel Geld.

der Ausstieg
Der Ausstieg ———————— der Nuklearwirtschaft ist umstritten.

der Bedarf
Der Bedarf ———————— hochwertigen Waren ist gestiegen.

die Befähigung
Die Befähigung ———————— Studium muss man durch das Abitur nachweisen.

der Befehl, -e
Er gab den Befehl ———————— Angriff.

die Beförderung
Seine Beförderung ———————— Abteilungsleiter war vorherzusehen.

die Befreiung
Die Befreiung ———————— dem Gefängniskrankenhaus wurde verhindert.
Die Befreiung ———————— der Besatzungsarmee wurde überall gefeiert.

der Beitrag, -e
Seine Politik war ein wichtiger Beitrag ———————— Entspannung.

die Bekanntschaft, -en
Ich habe leider noch keine Bekanntschaft ———————— ihr gemacht.

das Bekenntnis, -se
Sein Bekenntnis ———————— einer Sekte hat alle überrascht.

die Beliebtheit
Die Beliebtheit der neuen Lehrerin ———————— den Schülern ist gross.

die Belohnung, -en
Die Belohnung ———————— den ehrlichen Findr beträgt DM 500,-.
Die Belohnung ———————— Zuckerstücken ist ungesund für Tiere.

die Bemühung, -en
Alle Bemühungen ———————— eine Wohnung sind erfolglos geblieben.

die Benennung, -en
Die Benennung der Stadt ———————— Karl Marx wurde wieder geändert.

die Benutzung
Die Benutzung der Strasse ———————— Spielplatz ist zu gefährlich.

die Berechtigung
Ihre Berechtigung ———————— einen Aufenthalt in diesem Land ist befristet.

die Bereitschaft
Die Bereitschaft der Bevölkerung ———————— Geldspenden war groß.

die Berufung
Die Berufung ———————— das geltende Recht half ihm nicht.
Er legte Berufung ———————— das Urteil der ersten Instanz ein.
Die Berufung———————— Minister geschieht immer durch den Kanzler.

der Beschluss, -e
Der Beschluss ———————— die Gesetzesvorlage wurde vertagt.

die Beschränkung, -en
Die Beschränkung ———————— das hesentliche ist manchmal nötig.

die Beschwerde, -n
Beschwerden ———————— ruhestörenden Lärm sind Sache der Polizei.

die Besinnung
Wir erleben eine Rückbesinnung ———————— alte Traditionen.

die Bestrebung, -en
Alle Bestrebungen ——————— Erhöhung der Verkehrssichherheit sind gut.

der Besuch, -en
Mein Besuch ———————— meinem Freund dauert nur zwei Tage.

die Beteiligung, -en
Die Beteiligung der Arbeiter ———————— Gewinn ist eine gute Sache.

die Bewerbung, -en
Ihre Bewerbung ———————— die ausgeschriebene Stelle ist aussichtslos.

die Beziehung, ,en
Unsere Beziehungen ---------- die ausgeschriebene Stelle ist aussichtslos.

die Beziehung, -en
Unsere Beziehungen ---------------- den Nachbarländern sind erfreulich.

die Bitte, -n
Ich habe eine kleine Bitte ---------------- Sie.
Seine Bitte ---------------- eine Gehaltserhöhung war erfolgreich.

der Dank
Der Chef vergass nicht den Dank ---------------- die Kollegen.
Hier ist ein Geschenk als Dank ---------------- Ihre Hilfe.

der Druck
Der Druck der Opposition ---------------- der Regierung nahm zu.

der Durst
Ich hätte jetzt Durst ---------------- eine Cola!

der Eid
Der Präsident legte einen Eid ---------------- die Verfassung ab.

die Eifersucht
Ihre Eifersucht ---------------- andere Frauen ist völlig grundlos.

die Eignung
Die Eignung ---------------- Studium wird durch das Abitur nachgewiesen.

die Einbindung
Die Einbindung der Bundersrepublik ---------------- die EG ist wichtig.

der Eindurck, -e
Der Neue hat einen guten Eindruck ---------------- mich gemacht.

der Einfluss, -e
Kohlendioxid hat einen gefährlichen Einfluss ---------------- das Klima.

die Einführung, -en
Der Professor gibt eine Einführung ---------------- die Politikwissenschaft.

Repartuarder Eingang
Dem Aussenminister ist der Eingang ---------------- die Geschichte sicher.

der Eingriff, -e
Das Abhören des Telefons war ein Eingriff ---------------- seine Rechte.

die Einladung, -en
Ihre Einladung ---------------- die Oper kann ich nicht annehmen.
Die Einladung ---------------- Hochzeit kam per Telegramm.

die Einmündung, -en
Er wohnt an der Einmündung des Weges ----------------- die Hauptstrasse.

der Einschnitt, -e
Die Krankheit war ein schwerer Einschnitt ----------------- sein Leben.

die Einschreibung, -en
Die Einschreibung ----------------- der Volkshochschule beginnt heute.
Die Einschreibung ----------------- der Deutschkurs hat schon begonnen.

die Einsicht
Es fehlt ihr an Einsicht ----------------- die Notwendigkeit zum Handeln.

die Einsparung, -en
Unsere Einsparungen ----------------- Kosten für Energie sind gestiegen.

der Einspruch, -e
Der Einspruch ----------------- den Busgeldbescheid war erfolgreich.

die Einstellung, -en
Die Einstellung von Frauen ----------------- Möbelpacker ist keine gute Idee.
Wie ist Ihre Einstellung ----------------- den Zielen der Rechtsradikalen?

der Eintrag, -e
Schlechte Schüler bekommen einen Eintrag ----------------- Klassenbuch.

der Eintritt
Beim Eintritt ----------------- Gymnasium muß man keine Prüfung ablegen.

der Einwand, -e
Meine Einwände ----------------- den Autokauf wollte sie nicht hören.

die Einweisung
Er hat keinerlei Einweisung ----------------- seine neue Tätigkeit erhalten.

die Einwirkung
Die Einwirkung der Gewalt im Fernsehen ----------------- Kinder ist bekannt.

der Ekel
Sie kann ihren Ekel ----------------- Spinnen nicht überwinden.

die Empfindlichkeit
Die Empfindlichkeit der Haut ----------------- Sonne ist unterschiedlich.

die Entlassung, -en
Nach der Entlassung ----------------- dem Gefängnis war er arbeitslos.

die Entscheidung, -en
Die Opposition fordere eine Entscheidung ----------------- den Autobahnbau.

die Entschlossenheit
Die Entschlossenheit der Arbeiter ----------------- Streik war deutlich.

der Entschluss, -e
Der Entschluss ―――― Handeln kam zu spät
die Entschuldigung ―――― seine Verspätung.

die Entsendung
Die Entsendung eines Delegierten ―――― dem Kongress scheiterte.

die Erhebung, -en
Die Erhebung der Bauern ―――― den Fürsten wurde niedergeschlagen.

die Erinnerung, -en
Sie erzählt gern von ihren Erinnerungen ―――― ihrer Kindheit.

die Erkrankung, -en
Die Erkrankungen ―――― Hautkrebs nehmen zu.

die Ermächtigung
Der Bote erhielt eine Ermächtigung ―――― Empfang des Geldes.

die Ernennung, -en
Seine Ernennung ―――― Präsidenten kam völlig überraschend.

die Erwiderung, -en
Die Erwiderung des Redners ―――― die Frage war unbefriedingend.
die Fähigkeit ―――― schneller Reaktion lässt bei Alkoholkonsum nach.

die Fahndung
Die Fahndung ―――― den Tätern verlief ergebnislos.

der Fall, -e
Bei uns ist noch nie ein Fall ―――― Diebstahl vorgekommen.

die Flucht
Die Flucht ―――― dem Gefängnis gelang durch einen Tunnel.
Die Flucht ―――― eine Krankheit ist psychologisch zu erklären.
Sie hatte ihm auf der Flucht ―――― der Polizei geholfen.

die Forderung, -en
Ich verstehe die Forderung der Studenten ―――― mehr Wohnheimen.

die Frage, -n
Die Frage ―――― dem Gefängnis geschah am nächsten Tag.
Die Freilassung erfolgte ―――― eine Kaution.

die Freude
Sie hatte immer viel Freude ―――― der Natur.
Die Freude der Kinder ―――― die kommenden Ferien war gross.
Die Freude ―――― das Bestehen der Prüfung war verständlich.

die Furcht
Du brauchst keine Furcht ―――― einem Elefanten zu haben!

die Garantie, -n
Die Garantie ---------------- die neue Uhr beträgt ein Jahr.

der Gedanken, -n
Schon bei dem Gedanken ---------------- Fliegen wird mir schlecht.

die Geduld
Unser Lehrer hat einfach keine Geduld ----------------Erklären.
Die Lehrerin hat viele Geduld ---------------- den Schülern bewiesen.

die Geheimhaltung
Die Geheimhaltung des Angriffsplans ---------------- dem .... Gegner gelang.

die Gelegenheit, -en
Die Gelegenheit---------------- Kauf darfst du dir nicht entgehen lassen.

die Genehmigung
Man gab uns keine Genehmigung ---------------- Ausreise.

der Gestank
Der Gestank ---------------- Chemikailen ist hier unerträglich.

die Gewandtheit.
Seine Gewandtheit ------------- Reden machte ihn zum Regierunssprecher.

die Gewissheit
Man hat noch keine Gewissheit ---------------- die Zahl der Opfer.

die Gewöhnung
Die Gewöhnung ---------------- Tabletten ist gefährlich.

der Glaube
Der Glaube ---------------- einen Gott ist für einen Atheisten irrational.

der Griff, -e
Der Griff ---------------- Zigarette nach dem Essen ist eine Gewohnheit.

der Gruss, -e
Viele Grüsse ---------------- deine Eltern von mir!

die Haftung
Wir übernehmen keine Haftung ---------------- die Garderobe der Gäste.

der Hass
Sein Hass ---------------- alle Ausländer macht ihn mir unsympathisch.

die Herkunft
Seine Herkunft ---------------- einer armen Familie hat er nie verleugnet.

die Herrschaft
Man muß die Herrschaft des Menschen ---------------- Menschen beseitigen.

die Hilfe, -n
Der Hund leistete Hilfe ------------ der Bergung der Opfer.

der Hinweis, -e
Sein Hinweis ------------ die Gefahr nützte nichts.

die Hoffnung
Es gibt kaum mehr Hoffnung ------------ Überlebende des Unglücks.

das Interesse, -n
Ich habe kein Interesse ------------ einem Stierkampf.

die Jagd
Man machte Jagd ------------ den entstehenen Häftling.
Die Jagd der Reporter ------------ Sensationen ist nun mal ihr Beruf.

der Jubel
Der Jubel der Fans ------------ den Fussballsieg dauerte die ganze Nacht.

der Kampf, -e
Der Kampf ------------ die Unterdrücker dauerte viele Jahre.
Die Kampfe ------------ die belagerte Stadt nahmen an Heftigkeit zu.

die Kapitulation
Der Krieg ender 1945 mit der Kapitulation ------------ den Allierten.

die Klagen, -n
Ihrer Klage ------------ Zahlung von Unterhalt wurde stattgegeben.
Die Klage ------------ das Unternehmen war erfolgreich.
Ihre Klage ------------ ständige Migräne konnte er nicht mehr hören.

die Konzentration
Die Konzentration ------------ den Verkehr beim Fahren.

die Kritik
Es gab viel Kritik ------------ den Verkehr ist beim Fahren wichtig.

die Kritik
Es gab viel Kritik ------------ den Zuständen in den Gefängnissen.

die Lehre, -n
Er macht eine Lehre ------------ Bankkaufmann.
Viele haben keine Lehren ------------ der Geschichte gezogen.
Die Lehren ------------ Karl Marx gelten als nicht mehr zeitgemäss.

das Leiden, -
Die Leiden der Menschen ------------ chronischen Krankheiten nehmen zu.

die Lesung, -en
Die Lesung ------------ seinen eigenen Werken war ein voller Erfolg.

die Liebe
Die Liebe ---------------- Heimat wird in vielen Liedern besungen.

der Lohn, -e
Er erhielt den Lohn---------------- seine Arbeit erst einige Monate später.

die Lust
Ich hatte keine Lust ---------------- einen langen Spaziergang.
Hast du Lust ---------------- einem Waldlauf?

der Mangel, -
Der Mangel ---------------- Nachwuchs ist ein Problem für die Klöster.

die Meldung, -en
Der Soldat macht seine Meldung ---------------- den Offizier.
Die Meldung ---------------- das Unglück ging durch die Presse.

das Misstrauen
Viele Jugendliche haben Misstrauen ---------------- Erwachsene.
Das Misstrauen ---------------- der Regierung ist gewachsen.

die Mithilfe
Die Mithilfe der Eltern ---------------- den Hausaufgaben ist nötig.

die Mitsprache
Die Mitsprache der Bürger ---------------- der Entscheidung ist ihr Recht.

die Mitteilung, -en
Der Zeuge machte eine Mitteilung über die Tat ---------------- die Polizei.

das Mittel, -
Wissen Sie ein gutes Mittel ---------------- Kopfschmerzen?

die Möglichkeit, -en
Ich hatte nie die Möglichkeit ---------------- einer Weltreise.

das Monopol, -e
Die Post hatte das Monopol ---------------- den Telefonverkehr.

der Mut
Ihm fehlte der Mut ---------------- einem Arbeitsplatzwechsel.

die Nachfrage
Die Nachfrage ---------------- schnellen Autos ist gestiegen.

die Nachricht, -en
Nachrichtenagenturen geben ihre Nachrichten ---------------- die Presse.
Die Nachricht ---------------- das Attentat kam an erster Stelle.
Er hörte die Nachricht ---------------- einem Unglück im Bergwerk.

die Neugier
Ihre Neugier ---------------- das Weihnachtsgeschenk war zu stark.

der Nutzen
Der Nutzen von Tierversuchen ---------------- die Menschen ist umstritten.

das Opfer, -
Er muss grosse Opfer ---------------- Zeit für sein Hobby aufbringen.
Das Opfer ---------------- die Ärmsten in der Gemeinde kam spontan.

das Pech
Er hatte Pech ---------------- Skatspielen gehabt.
Wer Pech hat ---------------- Spiel, hat Glück in der Liebe.
---------------- seinen Blumen hat er immer Pech.

die Produktion
Die Produktion ---------------- Lebensmitteln ist zurückgegangen.

die Prüfung, -en
Die Prüfung ---------------- Echtheit des Schmucks verlief negativ.
Die Prüfung ---------------- Geschichte hat er nicht bestanden.

die Qualifizierung
Durch die Qualifizierung ---------------- Chefsekretärin verdiente sie mehr.

die Rache
Er nahm Rache ---------------- seinem Richter.
Er nahm Rache ---------------- den Mord an seiner Schwester.

der Rausschmiss, -sse
Der Rausschmiss ---------------- dem Lokal endete mit einer Schlägerei.

die Reaktion, -en
Wie war eigentlich ihre Reaktion ---------------- die Nachricht?

die Rechnung, -en
Die Rechnung ---------------- die Repartur beträgt DM 740,-.
Ich habe eine Telefonrechnung ---------------- DM 350,- gekriegt.

das Recht, -e
Jeder sollte ein Recht ---------------- Arbeit haben.
Beamte haben kein Recht ---------------- Streik.

der Reichtum. -er
Der Reichtum des Landes ---------------- Bodenschätzen ist bekannt.

der Rekord, -e
Dieses Jahr haben wir einen Rekord ---------------- Verkehrsunfällen.
Er hat einen neuen Rekord ---------------- 10 000 m gelaufen.

der Respekt
Die Schüler haben wenig Respekt ———— ihrer neuen Lehrerin.

die Rettung
Ein Hubschrauber brachte die Rettung ———— dem Tod.

die Reue
Er empfindet keinerlei Reue ———— seine Tat.

das Ringen
Beim Ringen ———— die Medaille war die Mannschhaft erfolgreich.

der Ritt
Der Ritt ———— einem Kamel durch die Wüste ist anstrengend.

die Rücksicht, -en
Autofahrer nehmen zu wenig Rücksicht ———— spielende Kinder.

der Ruf, -e
Der Ruf ———— einer starken Regierung nimmt im Land zu.

die Scheu
Er gab seinen Fehler aus Scheu ———— einer Blamage nicht zu.

der Schrei, -e
Man hörte die lauten Schreie der Jungen ———— dem Muttertier.

das Schreiben, -
Der Eingang des Schreibens ———— die Behörde wurde bestätigt.

die Schuld
Wer hatte die Schuld ———— dem Verkehrsunfall?

der Schuss, -e
Man gab einen gezielten Schuss ———— den Flüchtling ab.
Der Schuss ———— dem Vogel ging daneben.

der Schutz
der Baum bot ihnen Schutz ———— dem Regen.

die Sehnsucht
Er hatte grosse Sehnsucht ———— seiner Heimat.

der Sieg, -e
der Sieg ———— den Schachweltmeister war eine grosse Leistung.

die Sorge, -n
Die Sorge ———— ihr krankes Kind liess sie nicht schlafen.

die Spaltung, en
Die Spaltung der Partei ———— zwei Flügel ist ein Problem.

das Spiel, -e
Beim Spiel ---------------- den Europapokal gewannen die Holländer.
Beim Spiel ---------------- der Schere hat sie sich verletzt.

die Steigerung
Eine Steigerung des Goldpreises ---------------- 20 % scheint undenkbar.

der Stolz
Man sah ihm den Stolz ---------------- sein neues Cabriolet an.

das Streben
Das Streben ---------------- Glück unterscheide den Menschen vom Tier.

der Streik, -s
Der Streik ---------------- die schlechten Arbeitsbedingungen war nötig.
Der Streik ---------------- höhere Gehälter dauert schon Wochen.

der Streit
Der Streit ---------------- meinen Nachbarn geht mir auf die Nerven.
Der Streit ---------------- das Emanzipationsthema ist ein alter Hut.
Der Streit der Kinder ---------------- ihr Spielzeug hat mich genervt.

die Suche
Die Suche ---------------- dem Verschollenen wurde eingestellt.

die Sucht, -e
Die Sucht des modernen Menschen ---------------- Unterhaltung nimmt zu.

das Talent, -e
Leider hatte ich nie Talent ---------------- **Singular**en.

die Teilnahme
Die Teilnahme ---------------- der Demonstration war gefährlich.

die Teilung
Die Teilung der Torte ---------------- gleich grosse Stücke ist nicht leicht.

die Tendenz, -en
Die Tendenz ---------------- wachsender Kriminalität ist abzusehen.

die Trauer
Die Trauer ---------------- das Unglück war gross.
Die Trauer ---------------- ihren gefallenen Mann war gross.

die Treue
Die Treue eines Hundes ---------------- seinem Herrn ist natürlich.

der Trieb, -e
Der Trieb ---------------- Spielen steckt in jedem Kind.

der Überblick
Ich habe keinen Überlick mehr ―――――― die Situation.

der Überfall, -e
Überfälle ―――――― Banken und Sparkassen haben zugenommen.

der Überfluss, -e
In den Kaufhäusern gab es einen Überfluss ―――――― Waren.

die Übergabe
Die Übergabe des Lösegelds ―――――― den Kindnapper fand nicht statt.

der Übergang, -e
Der Übergang vom Sozialismus ―――――― Marktwirtschaft ist schwer.

die Übersetzung, -en
Er hatte die Übersetzung des Buches ―――――― Deutsche geschrieben.

die Umfrage, -n
Man macht eine Umfrage ―――――― den Einwohnern der Stadt.

der Umgang
Den Umgang
Den sparsamen Umgang ―――――― Geld hat sie nie gelernt.

der Umstieg
Der Umstieg ―――――― ein anderes Studienfach bedeutet Zeitverlust.

die Unterbringung
Die Unterbringung ―――――― Studentenwohnheim war eine gute Idee.

der Untergang
Der Untergang des Schiffes ―――――― Sturm ging durch alle Medien.

die Unterhaltung
Die Unterhaltung ―――――― dem Chef war nicht sehr erfreulich.

der Unterricht
Der Unterricht ―――――― Englisch fällt heute aus.

der Unterschied, -e
Die Unterschiede ―――――― ihren Ansichten sind ziemlich gering.

die Unterweisung
Die Unterweisung der Kinder ―――――― Religion ist freiwillig.

die Verantwortung
Der Lehrer trug die Verantwortung ―――――― der Klasse.

die Verarbeitung
In der Raffinerie geschieht die Verarbeitung ―――――― Rohöl.
Die Verarbeitung von Rohöl ―――――― Benzin ist kompliziert.

die Verbindung, -en
Die Verbindung ---------------- dem Piloten ist unterbrochen.

das Verdienst, ,e
Ihre Verdienste ---------------- den Aufbau einer Krankenstation sind gross.

die Vergeltung
Er predigte die Vergeltung von Bösem ---------------- Gutem.

der Vergleich, -e
Der Vergleich von Menschen ---------------- Tieren stimmt nicht immer.

das Verhalten
Sein Verhalten ---------------- seinem Chef sollte höflicher sein.

das Verhältnis
Er hat ein gutes Verhältnis ---------------- seinen Eltern.

die Verheimlichung
Die Verheimlichung der Krankheit ---------------- seiner Frau war falsch.

der Verkauf, "-e
Der Verkauf von Alkohol ---------------- Kinder ist verboten.

das Verlangen
Ältere Menschen haben mehr Verlangen ---------------- Ruhe.

die Verleihung
Die Preisverleihung ---------------- den Dichter wurde im Radio übertragen.

die Verlobung
Seine Verlobung ---------------- ihr durfte niemand erfahren.

der Verlust, -e
Zum Glück war kein Verlust ---------------- Menschenleben zu beklagen.

der Verrat
Seine Flucht war ein Verrat ---------------- unserer gemeinsamen Sache.

der Versand
Der Versand ---------------- den Kunden erfolgt per Express.

die Verschwörung, -en
Die Verschwörung ---------------- den Diktator wurde aufgedeckt.

das Verständnis
Ihm fehlt jedes Verständnis ---------------- höhere Mathematik.

der Verstoss, -e
Jeder Verstoss ---------------- die Bestimmungen wird bestraft.

das Vertauen
Sie hat kein Vertrauen mehr ---------------- ihn.
Er hat auch kein Vertrauen mehr ---------------- ihr.

die Vertreibung
Die Vertreibung ---------------- den Ostgebieten bleibt ein Problem.

die Verurteilung
Die Verurteilung ---------------- Tode wurde in "lebenslang" umgewandelt.

die Verwandtschaft
Seine Verwandtschaft ---------------- dem Politiker brachte ihm Vorteile.

der Verweis
Unter Verweis ---------------- die Schulden gab man ihm keine Kredit mehr.

die Verwendung
Die Verwendung von Braunkohle ---------------- Heizen ist umweltschädlich.

die Verwunderung
Man sah ihm seine Verwunderung ---------------- den plötzlichen Besuch an.

der Verzicht
Der Verzicht ---------------- die gewohnte Zigarre fiel ihm nicht leicht.

die Voraussetzung, -en
Kreativität ist die Voraussetzung ---------------- jeden Erfolg.

der Vorrat, -e
Unsere Vorräte ---------------- Trinkwasser gingen zu Ende.

der Vorschlag, "e
Sein Vorschlag ---------------- Verbesserung wurde angenommen.

der Vorsprung
Er hatte einen grossen Vorsprung ---------------- seinen Verfolgern.

der Vortrag, "-e
Den Vortrag hielt er ---------------- einem grossen Publikum.

die Wahl, -en
Seine Wahl ---------------- Vorsitzenden war einstimmig.

die Warnung, -en
Warnungen ---------------- Taschendieben hört man oft auf Bahnhöfen.

die Wendung, -en
Die Medikamente haben eine Wendung ---------------- Guten bewirkt.

die Werbung
Die Werbung ---------------- Zigaretten sollte man verbieten.
Seine Werbung ---------------- die Braut war vergeblich.

der Widerstand
Widerstand ---------------- Diktatoren wird oft mit dem Leben bezahlt.

das Wissen
Das Wissen ---------------- die Probleme allein hilft uns nicht weiter.

die Zahlung, -en
Die Mietzahlung ---------------- den Regierung kann ich gut verstehen.

der Zugriff, -e
Die Bank verwehrte ihm den Zugriff ---------------- das Konto seiner Frau.

die Zulassung
Voraussetzung für die Zulassung ---------------- Studium ist ein Sprachtest.

die Zurückhaltung
Zurückhaltung ---------------- Trinken ist wichtig, wenn man Auto fährt.

der Zusammenschluss, "-e
Zusammenschlüsse ---------------- gewerkschaftlichen Gruppen sind erlaubt.

das Zusammentreffen
Das Zusammentreffen ---------------- dem Agenten geschah konspirativ.

der Zuschuss, "e
Das Arbeitgeben gibt einen Zuschuss ---------------- Krankenversicherung.

die Zuständigkeit, -en
Die Zuständigkeit ---------------- die Autobahnen liegt beim Bund.

die Zustimmung, -en
Man gab endlich die Zustimmung ---------------- dem Kompromissvorschlag.

der Zutritt
Nur Betriebsangehörige haben Zutritt ---------------- Kantine.

der Zuwachs, "-e
Der Zuwachs ---------------- Asylanten ist eine Folge politischer Christen.

der Zwang, "-e
Der Zwang ---------------- einem Kompromiss liess ihm kein Wohl.

der Zweifel.-
Man hatte keinen Zweifel ---------------- der Echtheit des Gemäldes.

D) Adjektivliste (Adjektive mit Präpositionen)

abgekämpft von+D	eingeschworen auf+A	klar zu+D
abhängig von+D	einig in+D / über+A	konsequent in+D
angewiesen auf+A	einverstanden mit+D	krank vor+D
ansässig in+D	empfänglich für+A	matt in + D / von+D
anwesend bei+D	empfindlich gegen+A	nachteilig für+A
arm an+D	entrüstet über+A	neidisch auf+A
aufgebracht über+A	entschlossen zu+D	nützlich für+A
aufgelegt zu+D	erfahren in+D	reich an +D
aufgeschlossen für+A	erhaben über+A	reif für+A/zu +D
gegenüber +D	ersichtlich aus+D	schädlich für+A
bedeutsam für+A	erstaunt über+A	scharf auf+A
befangen in+D	fähig zu+D	schmerzlich für+A
behaftet mit+D	fern von+D	schwach gegenüber +D
behilflich bei+D	fertig mit+D / zu+D	schwer für+A
bekannt bei+D / für+A	frei für + A / von+D	sorgfältig in+D
beliebt bei+D	freundlich zu+D	stolz auf+A
benommen von+D	froh über+A	streng mit+D/zu+D
breit zu+D	geeignet für+A / zu+D	traurig über+A
berufen zu+D	gefasst auf+A	tüchtig in+D
besessen von+D	geheuer bei+D	überlegen in+D
besorgt über+A/um+A	genug von+D	überzeugt von+D
beständig gegen +A	geschickt zu+D	vergleichbar mit+D
bestürzt über+A	gespannt auf+A	verliebt in+A
bewandert in+D	gesund für+A	verlobt mit+D
bezeichnend für+A	gierig nach+D	verwandt mit+D
blass vor+D	gleichgültig gegenüber+D	verwurzelt in+D
böse auf+A /mit+D	gut zu+D	voll mit + D
dankbar für+A	haftbar für+A	wichtig für+A
durstig nach+D	hart zu+D	wild auf+A
ehrlich mit+D/zu+D	hungrig nach+D	wütend auf+A / über +A
eifersüchtig auf+A	immun gegen+A	zornig auf+A / über + A
eilig mit+D	interessiert an+D	zufrieden mit + D
eingebildet auf+A	kitzlig an+D	

Übungen zu Adjektiven

Wie heissen die fehlenden Präpositionen?
Wenn Sie Hilfe brauchen, dann schauen sie in der Liste auf Seite 470 nach.
Bitte beachten sie auch, dass alternative Satzstellungen möglich sind.

Beispiel:
Er ist **bei** seinen Nachbarn gut angesehen.
Er ist gut angesehen **bei** seinen Nachbarn.

abgekämpft
Er sah ziemlich abgekämpft ------------- Joggen aus.

abhängig
Viele Menschen sind ------------- Schlaftabletten abhängig.

ansässig
Der Maler war ------------- einem kleinen Dorf ansässig.

anwesend
Der Minister war ------------- der Eröffnung anwesend.

arm
Deutschland ist arm ------------- Erdgasvorkommen.

aufgebracht
Er war ------------- die freche Antwort ziemlich aufgebracht.

aufgelegt
Er ist immer ------------- Witzen aufgelegt.

aufgeschlossen
------------- seinen Kollegen galt er als aufgeschlossen.
Er war aufgeschlossen ------------- alles Neue.

bedeutsam
Sein Buch war bedeutsam ------------- die Theologie.

befangen
Der Richter war ------------- seiner Meinung befangen.

behaftet
Die Übersetzung war ------------- vielen Fehlern behaftet.

behilflich
Können sie mir mal eben ------------- Tragen behilflich sein?

bekannt
Ich bin ------------- meinen Nachbarn kaum bekannt.
Das Restaurant ist ------------- sein gutes Essen bekannt.

beliebt
Der Friseur war -------------- seinen Kunden beliebt.

benommen
Der Fahrradfahrer war -------------- dem Sturz noch etwas benommen.

bereit
Er ist -------------- finanziellen Unterstützung unseres Vereins bereit.

berufen
Der junge Mozart war schon -------------- Künstler berufen.

besessen
Sie war -------------- Ehrgeiz besessen.

besorgt
Man ist -------------- die wirtschaftliche Entwicklung besorgt.
Wir sind -------------- unseren alten Vater besorgt.

beständig
Der Lack ist -------------- Wasser beständig.

bestürtzt
Man war bestürtzt -------------- die Nachricht von seinem plötzlichen Tod.

bewandert
Goethe war auch -------------- den Naturwissenschaften bewandert.

bezeichnend
Die Arbeitslosigkeit ist bezeichnend -------------- die Wirtschaftslage.

böse
Die Lehrerin wurde böse -------------- die ungezogenen Kinder.
Bist du noch -------------- mir böse?

dankbar
Ich bin Ihnen -------------- jede Unterstützung dankbar.

durstig
Die Arbeiter waren richtig durstig -------------- einem kühlen Bier.

ehrlich
Ich war immer ehrlich -------------- dir.
Ich habe es ehrlich ..... dir gemeint.

eifersüchtig
Sie war ganz im Unrecht -------------- seine Sekretärin eifersüchtig.

eilig
Er hat es -------------- der Arbeit nicht so eilig.

eingebildet
Sie ist ———— ihren Doktortitel ziemlich eingebildet.

eingeschworen
Sie sind ———— ihren alten Urlaubsort eingeschworen.

einig
Wir sind uns ———— der Sache einig.
Wir waren uns nicht ———— allen Punkten einig.

einverstanden
Bist du ———— meinem Vorschlag einverstanden?

empfänglich
Jeder ist ———— ein Lob empfänglich.

entrüstet
Er war entrüstet ———— ihre schlechte Allgemeinbildung.

entschlossen
Alle redeten nur, aber niemand war ———— Handeln entschlossen.

erfahren
Der Forscher war ———— vielen Kulturen erfahren.

erhaben
Er war ———— jede Kritik erhaben.

ersichtlich
Die Fragestellung war ———— der Rechenaufgabe nicht ersichtlich.

erstaunt
Jeder war erstaunt ———— sein Zahlengedächnis.

fähig
Viele Menschen sind ———— ganz erstaunlichen Leistungen fähig.

fern
Meine Schwiegereltern leben nicht fern ———— uns.

fertig
Er war ———— seinen Hausaufgaben schnell fertig.
Das Paket war schon ———— Versand fertig.

frei
Der Parkplatz ist nur ———— Behinderte frei.
Sein Manuskript war frei ———— Fehlern.

freundlich
Der Polizeibeamte war sehr freundlich ———— dem Parksünder.

froh
Wir waren natürlich froh ----------- seine Beförderung.

geeignet
Er scheint mir ----------- seine neue Stelle sehr geeignet.
Dieses Material ist ----------- Wiederverwertung geeignet.

geheuer
Mir war ----------- dem Gedanken an einen Einbrecher nicht geheuer.

genug
Ich habe jetzt genug ----------- dem Lärm, Ruhe bitte!

geschickt
Ihr Ehemann ist ----------- Kochen nicht sehr geschickt.

gespannt
Ich war ----------- das Ende des Films gespannt.

gesund
Sport ist auch ----------- ältere Menschen gesund.

gierig
Die Erben waren nur gierig ----------- Geld.

gleichgültig
Er ist seiner Frau ----------- ziemlich gleichgültig.

gut
Die Grosseltern waren immer gut ----------- ihren Enkeln.

haftbar
Man machte die Eltern ----------- den Schaden der Kinder haftbar.

hart
Sie könnte ruhig etwas härter ----------- den Kinder sein.

hungrig
In der Diktatur war man hungrig ----------- unzensierten Zeitungen.

immun
Die Schutzimpfung macht ----------- Kinderlähmung immun.

interessiert
Ich bin ----------- abstrakter Malerei nur wenig interessiert.

kitzlig
Bist du ----------- den Füssen kitzlig?

klar
Das Flugzeug war klar ----------- Start.

konsequent
Seine Mutter war nicht immer konsequent ------------- der Erziehung.

krank
Sie war krank ------------- Sehnsucht nach ihrem Geliebten.

matt
Der Schachspieler war ------------- wenigen Zügen matt.
Die Überlebenden waren matt ------------- den Strapazen.

neidisch
Die Nachbarin ist richtig neidisch ------------- meinen Pelzmantel.

nützlich
Gute Beziehungen sind nützlich ------------- eine Karriere.

reich
Nur wenige afrikansiche Länder sind noch reich ------------- Elefanten.

reif
Ich bin kaputt und fühle mich reif ------------- die Insel.
Der Artikel ist noch nicht ------------- eine Veröffentlichung reif.

schädlich
Zucker ist schädlich ------------- die Zähne

scharf
Ich bin nicht so scharf ------------- eine Versetzung ins Ausland.

schmerzlich
Der Verlust des Arbeitsplatzes war schmerzlich ------------- ihn.

schwach
Man sollte sich seinen Feinden ------------- nicht schwach zeigen.

schwer
Das Paket ist viel zu schwer ------------- dich.

sorgfältig
Sie war sehr sorgfältig ------------- allen geschäftlichen Dingen.

stolz
Du kannst stolz ------------- deine guten Noten sein.

streng
Früher war man strenger ------------- den Kindern als heute.

traurig
Das Kind war traurig ------------- die gestorbene Katze.

tüchtig
Er war sehr tüchtig ------------- Immobiliengeschäft.

überlegen
Sie war ihm ----- logischen Denken weit überlegen.

überzeugt
Der Richter war ----- seiner Unschuld überzeugt.

vergleichbar
Die neuen Computer sind ----- den älteren nicht vergleichbar.

verliebt
Sie war bis über beide Ohren ----- ihn verliebt.

verlobt
Zu Weihnachten hat sich Peter ----- meiner Schwester verlobt.

verwandt
Ich bin ----- ihm nur um drei Ecken verwandt.

verwurzelt
Viele Feste sind ----- der christlichen Tradition verwurzelt.

voll
Deine Schuhe sind ganz voll ----- Sand!

wichtig
Die Tropenwälder sind wichtig ----- das Weltklima.

wild
Der Junge ist ganz wild ----- Fussballspielen.

wütend
Er war wütend ----- seine verschwenderische Frau.
Sie war wütend ----- den Geiz ihres Mannes.

zornig
Der Vater ist zu Unrecht zornig ----- seinen Sohn gewesen.
Der Lehrer ist ziemlich zornig ----- den dummen Streich.

zufrieden
Dert Arzt war ----- ihrem Gesundheitzustand zufrieden.

PRÜFUNG 1

Ergänzen Sie folgende Sätze richtig!

1) Er ist mit dem Zug nach München .... (gitti)
2) Er wollte das Licht .... (açmak)
3) Der Film war sehr .... (heyecanlı)
4) Als ich klein war, wollte ich Lehrer .... (olmak)
5) Sie .... auf der Universität Englisch. (okuyor)
6) Er hat die Prüfung .... (kazandı)
7) Ich habe drei Jahre bei meiner Tante .... (kaldım)
8) Hast du das Geld in die Tasche .... (koydun mu)
9) Ich habe ...., dass deine Mutter gestorben ist. (öğrendim)
10) Dieser Sessel ist sehr .... (rahat)
11) Auf der Hochzeit haben die Gäste die ganze Nacht .... (oynadılar)
12) Das kranke Kind hatte hohes .... (ateş)
13) Ich habe zum Geburtstag fünf Briefe .... (aldım)
14) Die Schwester .... die Kranken. (bakıyor)
15) Wie .... Schnee? (meydana gelir)
16) Wer hat den Benzinmotor .... ? (buldu)
17) Er hat .... gefragt. (seni)
18) Der Lehrer hat die Hefte wieder .... (topladı)
19) Dieser Schüler ist .... fleissig. (çok)
20) Obwohl ich ihn Jahre nicht gesehen habe, habe ich ihn gleich .... (tanındım)
21) Was .... "Flugzeug" auf Türkisch? (demek)
22) .... den Fernseher .... (kapat)
23) Sag mir Bescheid, ... du gehst. (önce)
24) Die Suppe ist so ...., dass ich sie nicht essen kann. (sıcak)
25) Sie hat sich ...... vielen Stellen .... (başvurdu)
26) Können Sie sich .... fremde Sitten .... ? (uyuyabilirmisiniz)
27) Wann wird der Zug ....? (hareket edecek)
28) Er hat den Reis in den Sack .... (döktü)
29) Wo haben Sie Ihr Auto .... ? (aldınız)
30) Meine Schwester ist fünf Jahre .... als ich. (daha büyük)
31) Ich habe das Problem nicht verstanden. .... es mir noch einmal (anlat)
32) Sind Sie ...... Ihrem Lehrer .... ? (memnun musunuz)

33) Wann wurde Amerika ....? (bulundu)
34) Der Artikel steht in der ersten .... der neuen Zeitschrift. (sayıda)
35) Wir haben unser Haus an Freunde .... (kiraladık)
36) .... Sie, dass mein Vater schon 80 ist? (biliyor musunuz)
37) Sie können den Direktor nicht sprechen. Er ist gerade .... (meşgul)
38) An der Hauptstrasse mussten wir .... (durmak)
39) .... Sie, jeden Tag zwei Übungen zu machen. (çalışınız)
40) Wenn wir morgen früh aufstehen wollen, müssen wir heute früh .... (yatmak)
41) Wo ist Atatürk ....? (büyüdü)
42) Als er ins Haus kam, ... er den Hut .... (çıkardı.)
43) Wenn es kalt ist, musst du deine Mütze .... (giymelisin)
44) .... er den Brief geschrieben hatte, ging er. (sonra)
45) Wir haben am Sonntag die Burg .... (gezdik)
46) Im letzten Winter sind viele Vögel .... (dondu)
47) Ich habe das Geld auf den Tisch .... (bıraktım)
48) .... du dich .... die nächsten Ferien? (seviniyormusun)
49) Ich ...., dass dieser Weg falsch war. (anladım)
50) Wer hat diese Firma .... ? (kurdu)

CEVAPLAR:

1. gefahren
2. anmachen
3. spannend /aufregend
4. werden
5. studiert
6. bestanden
7. gewohnt
8. gesteckt (cebe)
   gelegt (çantaya)
   getan (ikisi)
9. erfahren
10. bequem
11. getanzt
12. Fieber
13. bekommen
14. pflegt
15. entsteht
16. erfunden
17. nach dir
18. eingesammelt
19. sehr
20. wiedererkannt
21. heisst
22. mach .... aus
23. bevor
24. heiss
25. bei..... beworben
26. an ... anpassen
27. abfahren
28. geschüttet
29. gekauft
30. älter
31. erklär(e)
32. mit .... zufrieden
33. entdeckt
34. Nummer
35. vermietet
36. Wissen (Nur varba)
37. beschäftigt
38. stehenbleiben
39. versuchen
40. ins Bett gehen
41. aufgewachsen
42. hat..... abgenommen/
    nahm ...... ab
43. aufsetzen
44. Nachdem
45. besichtigt
46. erfroren
47. gelegt
48. Freust ... auf
49. erkannte
50. gegründet

PRÜFUNG 2

Bitte ergänzen Sie Präpositionen, ggf. auch Artikel bzw. Endung!

1- Ich bin .... sein .... Gesundheitszustand sehr besorgt.
2- Die Bundesrepublik Deutschland ist arm .... Rohstoffen.
3- Er fühlt sich .... all ..... verlassen.
4- Er ist nicht weit her .... mein...... Wissen.
5- Der Minister war .... dies..... kühl..... Empfang nicht gefasst.
6- Dieser Platz ist wie geschaffen ..... ein Picknick.
7- ...... Geldsachen ist er sehr gewandt.
8- Er ist halb krank ...... Eifersucht.
9- Sie war müde .... d..... lang... Wanderung.
10- Jetzt bin ich ....ein... Erfahrung reicher.
11- Wir sind .... dein... Hilfe angewiesen.
12- Ich bin ...... politisch... Kurs der neuen Regierung enttäuscht.
13- Wer kann von sich behaupten, er sei frei .... Vorurteilen?
14- Ich habe genug .... dein.... dauernd... Meckerei.
15- .... Geschicklichkeit ist er mir sicherlich überlegen.
16- Er ist nie ..... eine Antwort verlegen. (Laf altında kalmamak)
17- .... ihr.... Papieren ist nicht ersichtlich, welchen Beruf Sie zur Zeit ausüben.
18- Dieser Mann ist gefährlich. Er ist .... all... fähig.
19- Ich bin sehr gespannt .... die Leistungen der deutschen Mannschaft bei den, olympischen Spielen.
20- Sie ist ..... sein.... Charme sehr angetan.

Antworten (Cevaplar)

um, en - an - von, em - mit, em - auf, en, en - für - in - vor - von, er, en - um, e - auf, e - über, en – von - von, er, en - an - um - aus, en - zu, em - auf - von, em.

1- Er wartet ...... d..... Strassenecke auf mich.
2- Der Unfall ereignete sich .... mein.... Augen.
3- .... mein.... Augen ist das keine lebenswerte Aktion.
4- Er ist .... recht .... Bein verletzt.
5- Das Auto biegt ..... d.... Ecke.
6- Er klopfte mir anerkennend.... d.... Schulter.
7- Das Fenster geht .... d... Hof.
8- Man kann sich einen Sonnenbrand holen, wenn man stundenlang .... d... Sonne liegt.
9- Bitte gehen Sie .... d... Seite, ich möchte vorbei.
10- Es steht .... Seite 25.
11- Wir mussten .... frei .... Himmel übernachten.
12- Er hielt das Buch ... d.... Arm.
13- Er hielt das Glass .... d.......... Höhe.
14- Ich glaube, dass es .... d.... Zeit ist, sich wieder auf alte Traditionen zu besinnen.
15- Geben Sie bitte Ihren Mantel .... d..... Gardorobe ab.
   Meine Uhr geht ...... d.... Sekunde genau.
16- Wo hat er denn seine Brille? .... sein... Nase natürlich.
17- Der kleine Junge ist .... Hause weggelaufen.
18- Ich habe ihn .... d..... Straße getroffen.
19- Er ist mit seiner ganzen Familie .... d.... Stadt .... Land gezogen.
20- Die Autos rasen oft rücksichtslos .... d... Straßen.
21- Er wollte die alten Sachen ..... jeden Preis loswerden.
22- Man sollte alles .... Maßen tun.
23- .... normal ...... Verhältnissen wäre das nicht passiert.

Antworten (Cevaplar)							
an, er	vor, en	in, en	am, en	um, ie	auf, ie	in, en	in, er
auf, ie	unter,	unter, em	em	in, ie	an, er	bei, er	auf, ie
von, zu	auf, er	aus, er, aufs	durch, ie	um		mit	unter, en

PRÜFUNG 3

A. Bilden Sie aus den folgenden Wörtern Sätze und verwenden Sie darin die richtigen Präpositionen!

1- Unterricht, Schüler, kommen, 8 Uhr.
....

2- Krankenhaus, liegen, Universität.
....

3- gehen, Hans und Robert, Essen, 12 Uhr, Gasthaus.
....

4- Schreiben, ich, Füller, Brief, Onkel,
....

5- Bruder, wohnen, 3 Jahre, England, Onkel.
....

6- stehen, Bücher, Bücherregal und liegen Wäsche, Kleiderschrank.
....

7- Zug, Montag, ankommen, 17 Uhr, München.
....

8- Jahr, 1972, machen, Examen, wir.
....

9- kommen, vorig, Semester, Assistent, statt Professor, Unterricht.
....

10- schlechtes Wetter, bleiben, zu Haus, gestern, ihr.
....

B. Bilden Sie Sätze im Präteritum und Perfekt:

1. viele Neugierige = vor, brennendes Haus, stehenbleiben.
....

2. wir, der letzte Sommer, nicht früh, aufstehen brauchen.
....

3. Ayşe, bekannt, Schneiderin, neu, Kleid, sich machen lassen.
....

4. Frau und Herr Hartmann, gestern Abend, ein Abendlokal, tanzen gehen.
....

5. berühmt, Arzt, Verletzte, nicht retten können.
....

C. Verwenden Sie die Infinitive in der Perfektform!
1. Das Kind .... um 9 Uhr .... (einschlafen)
2. Der Hund .... die schöne Dame .... (erschrecken)
3. Ich ...... gestern mit Ahmet .... (telefonieren)
4. .... du gestern deinen Freund .... ? (treffen)
5. Wir .... eine Woche in Köln .... (bleiben)

D. Setzen sie Reflexivpronomen ein!
1. Ich habe .... Gesicht und Hände gewaschen.
2. Hast du .... einen Füller gekauft?
3. Robert hat .... schnell angezogen.
4. Hans hat .... die Jacke ausgezogen.
5. Ich habe .... das Haus angesehen.

E. Finden Sie die richtigen Verben und ergänzen Sie die fehlenden Wörter!
1. Ich will bei der Post ein Telegramm ....
2. Ali wollte gestern bei der Bank Geld ....
3. Gestern habe ich .... Freund .... Wagen gebeten.
4. Peter hat den ganzen Tag .... Freund gewartet.
5. Die Schule ist zu Ende . Die Schüler freuen sich .... die   Ferien.
6. Die Klasse will im nächsten Sommer einen Ausflug machen. Die Schüler freuen sich ....

F. Bilden sie Fragen zu unterstrichenen Wörtern und antworten Sie mit Pronomen!
1. Herr Hartmann hat Herrn Meier für seine Hilfe gedankt.
    a)
    b)
2. Fräulein Büchner hat sich <u>von ihrem Freund</u> verabschiedet.
    a)
    b)

G. Ergänzen Sie die Adjektivendungen!
Wir haben vorig .... Jahr eine schöne Reise nach Marmaris gemacht. Dort haben wir ausländisch .... Touristen getroffen.
Kennen Sie den jung .... Herrn? Ein fremd .... Student sucht ein billig .... Zimmer mit fliessend .... Wasser.
Wer ist dieser jung .... Herr mit der grün .... Jacke? Am wievielt .... kommt Ihr Vater?

H.   Verbinden Sie die folgenden Sätze mit entsprechenden Konjunktionen! (bevor, nachdem, obwohl, um ... zu, damit, während, wenn als, dass)

1- Peter kam in München an. Dann besuchte er seine Freunde.
   ....

2- Viele Menschen stehen vor dem Bahnhof. Sie wollen den Minister empfangen.
   ....

3- Man überquert die Straße. Vorher muß man einmal nach links und einmal nach rechts schauen.
   ....

4- Ich habe an meinen Freund geschrieben. Er soll mich nächste Woche besuchen.
   ....

5- Meine Hauswirtin weckt mich morgen pünktlich. Ich kann dann meinen Zug erreichen.
   ....

6- Er bekommt im Juli keinen Urlaub. Es ist schade.
   ....

7- Ich kam nach Ankara. Damals war ich in Ankara.
   ....

8- Dieser Mann ist reich. Aber er ist nicht glücklich.
   ....

9- Das Orchester spielt. Dabei schweigen die Zuhörer.
   ....

I.   Bilden Sie Relativsätze!

1. Die Kaufleute sind ins Ausland gefahren. Dieses grosse Geschäft gehört den Kaufleuten.
   ....

2. Alanya ist eine schöne Stadt im Süden der Türkei. Viele Touristen verbringen ihre Ferien in Alanya.
   ....

3. Mein Onkel in Deutschland ist zurückgekehrt. Wir haben seit langer Zeit auf ihn gewartet.
   ....

4. Dort kommt Peter. Von seiner reichen Schwester wurde ich eingeladen.
   ....

5. Meine Tante hat ein Haus. In dem kleinen Garten des Hauses blühen rote Nelken.
   ....

6. Die Polizei konnte den Wagen schnell finden. Ein junger Mann hatte ihn gestohlen.
   ....

7. Hast du alles erzählt? Du hast es erlebt.
   ....

8. Wir wollen ins Gebirge fahren. Wir freuen uns schon darauf.
   ....

I. Setzen Sie die folgenden Sätze ins Passiv:

1. Wir haben in der Klasse den Text gelesen.
   ....

2. Herr Braun kaufte gestern einen Mantel.
   ....

3. Der Professor hat den Studenten nach seiner Arbeit gefragt.
   ....

4. Der Arzt musste heute einen Kranken operieren.
   ....

5. Wen hattest du gestern abend eingeladen?
   ....

6. Man wird in diesem Restaurant sehr gut bedient
   ....

7. Man hat mich um den Füller gebeten.
   ....

J. Setzen Sie die folgenden Sätze in die indirekte Rede um!

Gerhard fragte seinen Freund: "Konntest du den Weg zum Bahnhof finden, nachdem du den Polizisten gefragt hattest: Wann ist der Zug abgefahren?"

Die Mutter sagt zu ihren Kindern: "Passt auf, wenn ihr über die Straße geht!"

Frau Schulz sagte zu ihrem Mann: "Zieh dir bitte den Mantel an, damit du dich nicht erkältest. Es ist draussen sehr kalt"

....
....
....
....

K.   Bilden Sie irreale Bedingungssätze!

Gestern hatte ich Kopfschmerzen, und ich konnte die Aufgabe nicht machen.

Wenn ich .... , ...

Du sprichst leise. Ich verstehe dich nicht gut.

Wenn du .... , ...

Den Kranken hat man gestern nicht ins Krankenhaus gebracht. Er wurde daher nicht operiert.

Wenn man .... , ...

L.   Bilden Sie Wunschsätze!

Der Zug ist nicht rechtzeitig gekommen.

....

Ich konnte meinen kranken Freund nicht besuchen.

....

M.   Bilden Sie Wunschsätze!

Walter ist nicht der beste Schüler in der Klasse. Aber er tut als ob

....

Meine Hauswirtin ist so gut zu mir wie eine Mutter .

....

PRÜFUNG 4

Cevap anahtarı ile kontrol ediniz!

55-60 Punkte - ausgezeichnet, sehr gut (Pekiyi)
50-55 Punkte - gut (iyi)
40-50 Punkte - befriedigend (orta)
10-40 Punkte - nicht gut (iyi değil)

1- Suchen Sie einen Platz? Da ist noch .... frei.
   a) eins   b) eine   c) einer   d) einem

2- Ich habe mich oft .... dieser Frage beschäftigt.
   a) für   b) bei   c) auf   d) mit

3- Kann ich Ihnen .... Packen helfen?
   a) beim   b) fürs   c) zum   d) am

4- .... den Urlaub in Italien erinnere ich mich gern.
   a) für   b) mit   c) bei   d) an

5- Das Institut .... 1958 eröffnet.
   a) wird   b) wurde   c) worden   d) geworden

6- Die Maschine wird von zwei Motoren ....
   a)   b)   c)   d)

7- .... 1960 war ich nicht mehr in Berlin.
   a) seit   b) in   c) vor   d) von

8- Unsere Gruppe arbeitet ...... einem interessanten Projekt.
   a) bei   b) an   c) mit   d) für

9- Eva ist noch nicht da. Wollen wir .... warten?
   a) dafür   b) auf sie   c) darauf   d) für sie

10) 30 Zigaretten am Tag? Sie .... selten etwas weniger rauchen!
    a) könnten   b) dürften   c) sollten   d) müssten

11) Endlich eine Gehaltserhöhung! .... habe ich lange gewartet.
    a) darauf   b) dafür   c) dazu   d) damit

12) Die Ansichten .... Städteplaner sind sehr verschieden.
    a) des   b) der   c) die   d) den

13) .... Samstag gehen wir zum Fussballspiel.

   a) jeder   b) jede   c) jedes   d) jeden

14) Wir haben uns schon oft .... unterhalten.

   a) darüber   b) damit   c) davon   d) darauf

15) Energiesparen .... ich für absolut notwendig.

   a) halte   b) weiss   c) denke   d) glaube.

16) Heute nacht habe ich .... geschlafen.

   a) schlechte   b) schlecht   c) schlechtesten   d) schlechten

17) Von hier können sie den Garten nicht sehen, der ist .... dem Haus.

   a) nach   b) zu   c) mit   d) hinter

18) .... den Unterrichtsstunden gibt es kurze Pausen.

   a) zwischen   b) mit   c) bei   d) zu

19) Das ist der .... Wagen!

   a) besten   b) beste   c) besser   d) bestes

20) Diese Bestimmungen gelten .... Deutsche und Ausländer.

   a) in   b) für   c) als   d) bei

21) Türkischer Kaffee schmeckt .... !

   a) am schönsten   b) am meisten   c) am liebsten   d) am besten

22) Frau Beckmann arbeitet im Büro .... Architekten.

   a) eines   b) einen   c) ein   d) einem

23) Wie geht es Ihnen? Wir haben oft ...... Sie gedacht.

   a) von   b) für   c) nach   d) an

24) Wie wärs mit .... Bier?

   a) ein   b) eines   c) einem   d) eins

25) .... einer Filmkamera kaufe ich mir lieber einen Fotoapparat.

   a) mit   b) statt   c) zu   d) Für

26) Darf ich Sie .... aufmerksam machen, dass unser Geschäft morgen geschlossen ist.

   a) darauf   b) dafür   c) davon   d) damit

27) Autofahrer .... zur Umweltverschmutzung bei.

   a) arbeiten   b) tragen   c) helfen   d) machen.

28) .... Wagen wollen Sie denn kaufen?

   a) Was für einen   b) was für ein   c) was für   d) was für eins

29) Sie ist Lehrerin ....

   a) werden   b) worden   c) geworden   d) wurde

30) .... habt ihr denn so heftig diskutiert?
   a) worüber   b) womit   c) wogegen   d) worum

31) Haben sie ihn nach der Adresse .... ?
   a) gebeten   b) gefragt   c) gesucht   d) fragen

32) Der Sprecher ...... gut zu verstehen.
   a) braucht   b) muß   c) hat   d) war

33) Sie .... die Prüfung nicht zu machen.
   a) müssen   b) können   c) sollen   d) brauchen

34) In der Westschweiz spricht man nicht Deutsch, ... Fransözisch.
   a) sondern   b) auch   c) aber   d) vielleicht

35) Die Zeitungen .... über die Konferenz.
   a) sprachen   b) sagten   c) berichteten   d) erzählten

36) Darf ich Sie .... Abendessen einladen?
   a) für   b) zum   c) beim   d) nach

37) Die Gewerkschaften haben zum Streik ....
   a) aufgerufen   b) angerufen   c) ausgerufen   d) angefangen.

38) Mit 45 wechselte er den Beruf; vorher .... er als Fotograf gearbeitet.
   a) war   b) wollte   c) hatte   d) konnte

39) .... er jahrelang gespart hatte, baute er sich sein Haus.
   a) danach   b) nachdem   c) nach   d) als

40) Vom Bahnhof .... Institut? Höchstens 10 Minuten!
   a) bis   b) nach   c) zu   d) zum

41) Das Orchester spielte eine Sinfonie .... Beethoven.
   a) von   b) bei   c) für   d) mit

42) Würden Sie auf die Straße gehen, ... protestieren.
   a) zu   b) für   c) um   c) um zu

43) Ich .... die Schreibmaschine reparieren.
   a) habe   b) brauche   c) lasse   d) mache

44) Es ist unmöglich, ihn von seinem Plan ....
   a) abbringen   b) abzubringen   c) abgebracht   d) brachte ab

45) Brigitte .... sich nicht gern helfen.
   a) lässt   b) kann   c) hat   d) möchte

46) .... nicht raucht, spart Geld.
   a) der   b) wer   c) man   d) jemand
47) Begüm hat angefangen, Deutsch ....
   a) lernen   b) zu lernen
   c) gelernt   d) um zu lernen
48) Er wurde .... Professor Bernard operiert.
   a) durch   b) an   c) mit   d) von
49) Haben Sie an der Konferenz .... ?
   a) gefahren   b) teilgenommen c) eingeladen   d) gewesen
50) Der Flugverkehr wurde ....
   a) eingeschränkt b) einschränken c) einzuschränken d) schränkte ein
51) 100 000 Mark? .... Geld habe ich nicht.
   a) sehr viel   b) zuviel   c) so viele   d) soviel
52) Wenn ich Zeit ...., würde ich jetzt Urlaub machen.
   a) hätte   b) wäre   c) würde   d) hatte
53) Energie .... immer teurer
   a) wird   b) ist   c) hätte   d) würde
54) Ich habe viel Spass .... dieser Arbeit
   a) an   b) mit   c) von   d) zu
55) Schade, wir waren in Eile, wir .... Sie gern besucht.
   a) werden   b) hätten   c) hatten   d) würden
56) Was .... denn passiert ?
   a) ist   b) hat   c) hatte   d) wird
57) Ich habe mir ein Haus gemietet. Da kann ich machen, ... ich will.
   A) wann   b) wie   c) wo   d) was
58) Einmal im Toto gewinnen! Stell dir vor, was wir damit machen .... !
   a) möchten   b) könnten   c) müssten   d) sollten
59) Er hat versprochen, mir beim Umzug ....
   a) zu helfen   b) um zu helfen c) helfen   d) hilft
60) .... sofort sprechen wir nur noch Deutsch!
   a) von   b) ab   c) bis   d) seit

Cevaplar

1.c	2.d	3.a	4.d	5.b	6.c	7.a	8.b	9.b	10.c
11.a	12.b	13.a	14.a	15.a	16.b	17.d	18.a	19.b	20.b
21.c	22.a	23.d	24.c	25.b	26.a	27.b	28.a	29.c	30.a
31.b	32.d	33.d	34.a	35.c	36.b	37.a	38.c	39.b	40.d
41.a	42.d	43.c	44.b	45.a	46.b	47.b	48.d	49.b	50.a
51.d	52.a	53.a	54.b	55.b	56.a	57.d	58.d	59.a	60.b

PRÜFUNG 5

Aşağıdaki Türkçe cümleleri Almanca'ya çevirerek cevap anahtarıyla kontrol ediniz!

1) Bu öğretmenin telaffuzu iyi anlaşılmıyor.

2) İsteğin kolayca yerine getirilebilir.

3) Bu eserler satın alınamaz, çünkü çok pahalı.

4) Babaları fabrikada çalışan çocuklar okula gidiyor.

5) Babası fabrikada çalışan çocuk okula gidiyor.

6) Yaşadığı her üzüntülü şeyi sonunda unuttu.

7) Anlattığı birçok şey yalan.

8) Okuduğum herşey ona ait.

9) Burada gördüğüm birkaç şey hoşuma gidiyor.

10) Gitmek istediği şehirde iyi bir otel vardır.

11) Geldiğim şehir eski yapılarla meşhurdur.

12) Geçen hafta gittiğimiz yerde iyi yemek var.

13) Hatırladığım hikaye çok eski.

14) Çok sevindiğim tatil maalesef suya düştü.

15) Başlamak istediğin konu bizi ilgilendirmiyor.

16) Bahsettiğin hikaye hiç hoşuma gitmiyor.

17) Bahçede görülen çocuk sekiz yaşında.

18) Tamir edilen makina yine bozuk.

19) Babası işten çıkarılan çocuk okula gidiyor.

20) Soyulan polise gider.
21) Üstüne vazo koyulan masa orada duruyor.
22) Doktora gitmeye mecbur olacağım.
23) İyi yüzebileceğim.
24) Herhalde kaza geçirmiş olmalı.
25) Bir ev satın almak isteyerek para biriktirdi.
26) Ev temizlensin.
27) Gelebilirdi.
28) Gelmek isterdi.
29) Gelmeliydin.
30) Geleydi!

CEVAP ANAHTARI

1) Die Aussprache dieses Lehrers ist nicht zu verstehen.
2) Dein Wunsch ist leicht zu erfüllen.
3) Diese Werke sind nicht zu kaufen, denn sie sind zu teuer.
4) Die Kinder, deren Vater in der Fabrik arbeitet, geht in die Schule.
5) Das Kind, dessen Vater in der Fabrik arbeitet, geht in die Schule.
6) Alles Traurige, was sie erlebt hat, hat sie endlich vergessen.
7) Vieles, was er erzählt, ist gelogen.
8) Alles, was ich gelesen habe, gehört ihm.
9) Einiges, was ich hier gesehen habe, gefällt mir gut.
10) In der Stadt, wohin er fahren will, gibt es ein gutes Hotel.
11) Die Stadt, woher ich komme, ist berühmt durch alte Bauten.
12) Dort, wo wir letzte Woche waren, gibt es gutes Essen
13) Die Geschichte, an die ich mich erinnere, ist sehr alt
14) Der Urlaub, auf den ich mich so gefreut habe, fiel leider ins Wasser.
15) Das Thema, mit dem du anfangen willst, interessiert uns nicht.
16) Die Geschichte, wovon du sprichst, gefällt mir gar nicht.
17) Das Kind, das im Garten gesehen wurde, ist acht Jahre alt.
18) Die Maschine, die man repariert hat, ist wieder kaputt.
19) Das Kind, dessen Vater entlassen wurde, geht in die Schule
20) Wer ausgeraubt wird, geht zur Polizei.
21) Der Tisch, auf den man die Vase gestellt hat, steht dort.
22) Ich werde zum Arzt gehen müssen.
23) Ich werde gut schwimmen können.
24) Er muß wohl verunglückt sein.
25) Ein Haus kaufen wollend hat er Geld gespart.
26) Die Wohnung soll geputzt werden.
27) Er hatte kommen können.
28) Er wollte kommen.
29) Du hättest kommen müssen. (sollen)
30) Wäre er gekommen.

PRÜFUNG 6

1- Ergänzen Sie folgende Sätze.

Computer sind neugierig. Seit ich auf Arbeitssuche bin, stelle ich das immer wieder fest. Formulare sind das Fressen, ... dem Computer vorgeworfen wird. Ein Formular fragt zum Beispiel, ... ich geboren bin. Am 5. Mai 1964. Es will auch wissen, ... ich geboren bin. In Berlin. Ich muß ins Formular schreiben, ... gross ich bin, ... ich wiege, ... Augenfarbe ich habe und .... mein Haar dunkel oder hell ist. Eigentlich habe ich nichts dagegen, ... der Computer solche Formulare zu fressen bekommt. Aber der Hunger des Computers ist gross, und .... er genug kriegt, gibt's noch mehr Futter. Damals, ... ich mich um die erste Stelle bewarb, sass da ein Beamter, ... sehr höflich zu mir war. Nachdem er mir eine Tasse Kaffee hingestellt hatte, mußte ich seine Fragen beantworten. Er wollte sehr Persönliches wissen, ... sich ein Urteil über meine Person machen .... können, ... er über

Einstellung entschied. .... ich irgendwo einen Computer gesehen hätte, wäre ich vielleicht vorsichtiger gewesen, ... ich auch dann hätte antworten müssen. Ich erzählte also, wie/wo ich meine Freizeit verbringe, für .... Ziele ich mich engagiere und ich meistens gern arbeite, ... immer gleich ans Geld .... denken. .... länger das Gespräch dauerte, ... persönlicher wurden die Fragen: .... ich verheiratet bin, und .... es eine gute Ehe sei. Ganz offen meinte ich, es werde nicht mehr lange dauern, ... es zur Scheidung komme. Ja warum denn? Nun, weil ich eben andere Interessen hätte als meine Frau. Welche? Und so ging es weiter. Vieles von dem, ... ich erzählt habe, hat sich der Computer gemerkt- für immer. Und dabei sind das doch Sachen, ... eigentlich nur mich etwas angehen. Oder?

Cevap Anahtarı: , das, wann, wo, wie, wieviel, welche, ob, dass, damit, als, der, um..zu, bevor.

Wenn, obwohl, welche, , ohne...zu, je...desto, Seit wann, ob, bis, was, die.

Aşağıdaki Türkçe cümleleri Almanca'ya çevirerek cevap anahtarıyla karşılaştırınız ve benzer cümleler yapınız!

a) Kendimi iyi hissedemiyorum.
....

b) Bütün dediklerinizi seve seve yapacağım.
....

c) Kim olduğumu, nereden geldiğimi sordu.
....

d) İkinci okuyuşta evvela çıkan güçlüklerin kendiliğinden ortadan kalktığı görülür.
....

e) İnsanların çoğunu deniz tutar.
....

f) Cevap vermeden önce arkadaki açıklamaları okuyunuz.
....

g) Türk: eski ve zengin kültürü, yiğitliği, ağırbaşlılığı, vatanseverliği ve gönül yüceliğiyle tanınan ve bu milletten olan kimse.
....
....

h) Orhan annesine özür dilercesine baktı.
....

ı) Bir haftadan beri yaptığı işleri bir kağıda yazdı.
....

i) En iyileri Ankara ve dolaylarında yetiştirilenleridir. (keçilerin)
....

k) Bugün dahil, ayrılalı beş gün oldu.
....

l) Bosna-Hersek Avusturya'nın askeri işgali altında bırakılarak Osmanlı İmparatorluğu'nda kaldı.
....

CEVAP ANAHTARI

a) Ich fühle mich nicht wohl. Ich kann mich nicht wohl fühlen.

b) Alles, was Sie gesagt haben, werde ich gern tun.

c) Er fragte, wer ich sei und woher ich käme.

d) Es zeigt sich, dass die anfänglich aufgetretenen Schwierigkeiten beim zweiten Lesen von selbst verschwinden.

e) Die meisten Menschen werden seekrank.

f) Bevor sie antworten, lesen Sie die Erklärungen auf der Rückseite.

g) Türke: Name eines Nationstammes, der durch seine alte und reiche Kultur, seine Tapferkeit seine Besonnenheit, seine Vaterlandsliebe und seine Hochherzigkeit bekannt ist.

h) Orhan schaute seine Mutter an, als ob er um Verzeichung bäte.

ı) Die Arbeiten, die er seit einer Woche machte, schrieb er auf einen Zettel. (Die von ihm seit einer Woche gemachten Arbeiten, schrieb er...)

i) Die besten sind die in Ankara und Umgebung gezüchteten.

j) Einschliesslich heute waren es fünf Tage.

k) Bosnien Herzegowina wurden unter der militärischen Besatzung Österreichs belassen, verblieben aber im Osmanischen Reich.

Prüfung 7

ÖRNEK ALMANCA TEST SINAVI
(Cevap anahtarı ile kontrol ediniz!)
1'den 46'ncı soruya kadar, cümlede boş bırakılan yere uygun düşen kelime ya da ifadeyi bulunuz.

1. Diese Information ist .... Das musst du nur für dich behalten.

   A) öffentlich   B) offenkundig   C) allgemein
   D) gemeinnützig   E) vertraulich

2. Viele Wissenschaftler haben ihre Aufmerksamkeit auf Umweltschutz gerichtet. ..... konnte man dieses Problem nicht bewältigen.

   A) Deswegen
   B) Dennoch
   C) Deshalb
   D) Auf diesem Grunde
   E) Obschon

3. .... eines Abkommens zwischen Deutschland und der Türkei werden mehrere kulturelle Aktivitäten realisiert.

   A) Vorgeblich   B) Infolge   C) Massgeblich
   D) Interdisziplinär E) Deswegen

4. .... der weltweiten Anerkennung der Produkte findet die Firma viele neue Kunden.

   A) Anfangs   B) Vorsorglich   C) Vornehmlich
   D) Trotz   E) Aufgrund

5. Wer über ausreichende Kenntnisse und Erfahrung ...., bekommt die Stelle.

   A) ärgert   B) lacht   C) verfügt
   D) verblüfft   E) verdreht

6. Der Abteilungsleiter ist für seine Abteilung .... .

   A) entlassen   B) zuständig   C) exmatikulliert
   D) erprobt   E) abgesetzt

7. Die Teilnahme an einem Orientierungskurs .... mit einem Zeugnis nachzuweisen.

A) werden B) lassen C) lässt sich
D) kann E) ist

8. Es scheint so, als wenn er sich um die ausgeschriebene Stelle bewerben .... .

A) kann B) würde C) würden
D) konnte E) wird

9. .... seit geraumer Zeit kein Geburtenrückgang in Deutschland gewesen, so .... mehr Deutsche gelebt.

A) Wären / hätten B) Sei / wären C) Hätte / wären
D) Wäre / hätten E) Hätte / hatten

10. Nachdem das Parlament den neuen Gesetzentwurf .... , ... es ihn.

A) verhandelt hat / verabschiedete
B) verhandeln wird / verabschiedet
C) verhandelt hatte / verabschiedete
D) verhandelt / verabschiedet
E) verhandelte / verabschiedete

11. Wenn Sie meine Hilfe brauchen, lassen Sie es mich bitte ....

A) studsieren B) befehlen C) wissen D) untersuchen E) verführen

12. Man braucht nicht immer mit allen Menschen Freundschaft .... .

A) zu holen
B) abzuwürgen
C) zu verwelken
D) zu schliessen
E) herbeizuführen

13. Wenn Sie über Grundkenntnisse der deutschen Sprache ......, können Sie sich mit Deutschen verständigen.

A) vorziehen
B) verfügen
C) bevorzugen
D) bescheren
E) beziehen

14. Diese mittellose Frau ist einer Unterstützung sehr ..... .
    A) bedürftig   B) voreingenommen   C) anerkannt
    D) rührend   E) berührt

15. Als ein netter Kollege .... er sich bereit, jedesmal den anderen zu helfen.
    A) ernannte   B) erzählte   C) erwähnte
    D) erklärte   E) erlaubte

16. Ich hätte diese Stelle nicht bekommen können, wenn sich mein Chef für mich nicht .... hätte.
    A) eingeschlagen B) eingebürgert   C) eingesetzt
    D) eingenommen   E) einverstanden

17. Es .... sich nicht leicht voraussehen, wie die Zukunft Europas aussehen wird.
    A) kann   B) lässt   C) ist
    D) sieht   E) würde

18. Ein grosser Teil der Verkehrsunfälle .... durch die Nichtbeachtung der Vorschriften verursacht worden.
    A) werden   B) war   C) wird   D) wurde   E) entstehen

19. Statt einer .... Arbeit legte er nicht mehr als einen Entwurf vor.
    A) abgeschlossenen B) umstrittenen   C) veralteten
    D) altmodischen   E) brüchigen

20. .... man rechtzeitig sparsam vorgehen können, so .... man keinen Bankrott erklärt.
    A) Wäre / wäre   B) Wäre / hätte   C) Hätte / hätte
    D) Hätte / wäre   E) Sei / hätte

21. Nachdem man für neue Krankenhäuser viel investiert ...., ... man zu guten Ergebnissen.
    A) habe / gelangte   B) hatten/gelangt   C) hatte / gelangte
    D) haben / gelangt   E) hätte / gelangt

22. Die .... der Übersetzung mit dem Original muss beglaubigt werden.
    A) Betroffenheit   B) Befremdung   C) Abweichung
    D) Übereinstimmung   E) Nachsicht

23. Es ist nicht leicht, die Nachfrage und das Angebot ... zu bringen.

    A) in Appell   B) in Regeneration   C) in Einklang

    D) zur Zwiespältigkeit   E) zum Paradox

24. Zur .... einer ärztlichen Tätigkeit braucht man die Genehmigung der Ärztekammer.

    A) Ausrüstung   B) Abrüstung   C) Ausübung

    D) Abwechslung   E) Abneigung

25. Ungeachtet aller .... raste der Fahrer in die Kurve.

    A) Ladenschilder   B) Bremsen   C) Fehler

    D) Nervosität   E) Warnschilder

26. .... Intensivierung zwischenstaatlicher Beziehungen müssen sich alle Seiten Mühe geben.

    A) Zur   B) Zuliebe   C) Trotzdem

    D) Im Hinblick   E) Vorsorglich

27. Das Umwelt-problem, ... Lösung man nicht mehr hoffen konnte, fand in der Öffentlichkeit einen grossen Widerhall.

    A) über deren   B) auf dessen   C) auf deren

    D) über dessen   E) für deren

28. Der Buchdruck ist seit langem .... den neuesten Methoden vertraut.

    A) mit   B) vor   C) zu   D) nach   E) über

29. Das ist der Generaldirektor, ... Erfolgen seine Arbeitskollegen schwärmen.

    A) von dessen   B) über deren   C) zu dessen

    D) für deren   E) in seine

30. Die Auslandvertretung der Firma ist an einem guten Informationsaustausch ...

    A) bevollmächtigt   B) zurückgescheut   C) zugewiesen

    D) interessiert   E) tendiert

31. Diese altmodische Vorgehensweise ist schon längst .....

    A) überholt   B) überquert   C) aktuell

    D) neu   E) modern

32. Das Ergebnis der Untersuchung war völlig .... als erwartet.

    A) anders   B) gut   C) schlecht   D) erfreulich   E) schädlicher

33. Er ist jedes Mal entmutigt, ... er eine Prüfung nicht besteht.

    A) wenn   B) wann   C) inwieweit
    D) insofern   E) als

34. Der unerfahrene Redner wusste nicht, ... er zuerst anreden sollte.

    A) wem   B) wessen   C) wer   D) voraus   E) wen

35. An jenem Tag, ... die Nationalmannschhaft gewann, wurde überall gefeiert.

    A) wie   B) wann   C) als   D) woher   E) woraus

36. Sie hat den Antrag noch nicht gestellt, ... die Formulare hat sie sich schon besorgt.

    A) dabei   B) aber   C) denn   D) dennoch   E) demgemäss

37. .... war die neue Vorschrift in Kraft getreten, da wurde sie von mehreren Seiten eingehalten.

    A) Kaum   B) Als   C) Davor   D) Wenn   E) Obschon

38. Die Türkei bietet alles, ... sich ein Urlauber nur wünschen kann.

    A) wie   B) wann   C) wo   D) was   E) wen

39. Privattheater in der Türkei sind .... staatliche Unterstützung angewiesen.

    A) ohne   B) in   C) für   D) gegen   E) auf

40. Die Präsenzplicht müssen Sie erfüllen, ... Sie nicht verhindert sind.

    A) auch wenn
    B) solange
    C) als
    D) wiewohl
    E) sowohl

41. Wenn ein Naturwissenschaftler einen Fehler übersieht oder ihn zu verdecken sucht, ... wird dieser Fehler fast immer mit der Zeit von anderen Forschern gefunden werden.

    A) dass   B) darum   C) gleich
    D) wenn   E) so

42. .... war die Diskussion über Atomkraftwerke abgeschlossen worden, ... beschäftigte sich die Öffentlichkeit mit einer Bestechungsaffäre.

   A) Somit / so   B) Sobald / als   C) kaum / da
   D) Sooft / das   E) Da / wie

43. Die Einrichtung einer neuen Abteilung bedarf .... Genehmigung des Ministeriums.

   A) des   B) dessen   C) deren
   D) der   E) denen

44. Wissenschaft ist Wahrheitssuche, und .... Ziel ist die Annäherung an die Wahrheit.

   A) der   B) derzeitiger   C) desen
   D) ihr   E) sein

45. Ich habe eigentlich keine Lust, an diesem Projekt zu arbeiten. Dir .... kann ich doch mitmachen.

   A) zugehörig   B) dank   C) zuliebe
   D) undankbar   E) vornehmlich

46. ..... Erhöhung des Bruttosozialproduktes hatten mehrere Institutionen Massnahmen zu treffen.

   A) Damit   B) Gegen   C) Stat
   D) Zur   E) Trotz

> 47-62. sorular arasındaki cümlelerde cümleleri uygun şekilde tamamlayan ifadeleri bulunuz!

47. Die Vermutung, ..., ist falsch.
   A) dass sie gar nichts davon wusste
   B) wer sie immer noch sei
   C) weil die Arbeitsproduktivität steigt
   D) um die Freizeitbeschäftigung beliebter zu machen
   E) indem sie viel von ihrem Beruf versteht

48. Es steht nun fest, ...
   A) dafür interessieren sich viele Experten
   B) wann die erste Fremdsprachenprüfung für Beamte stattfindet
   C) doch unentschlossen sieht er immer aus
   D) er macht einen positiven Eindruck auf mich
   E) wovon ich fest überzeugt bin

49. Keiner der Kollegen konnte bestätigen, ...

A) worauf man sehr scharf war

B) im Nachhinein war er zurückgezogen

C) deren Vorhandensein war reiner Zufall

D) wessen Leistung die beste war

E) bedenklich ist doch die Situation

50. Der Trainer der Mannschaft weiss bestimmt, ...

A) ob die Mannschaft im nächsten Spiel offensiv spielen wird.

B) womit ist die Mannschaft beschäftigt?

C) wie fährt die Mannschaft zum Stadion?

D) wer schiesst Elfmeter?

E) wann fängt das Spiel denn an?

51. ...., wenn ich vor einer Stunde angerufen hätte?

A) Sie haben mich erreicht

B) Konnte ich Sie erreichen

C) Habe ich Sie noch erreichen können

D) Wäre ich von ihr erreicht

E) Hätte ich Sie noch erreichen können

52. ...., als das letzte Zugunglück passierte.

A) Die Bevölkerung protestiert stark

B) Die Zahl der Verkehrsmittel nimmt zu

C) Niemand war dabei

D) Jeden Sonntag gibt es einen Sondertarif

E) Es wird sicher eine Lösung geben

53. ..., woran Sie interessiert sind.

A) Ich kann es nämlich nicht ertragen

B) Man kann leicht ihren Äusserungen entnehmen

C) Er ist immer so hilfsbereit

D) Wie kann man Sie telefonisch erreichen.

E) Ehe sie Verständnis dafür haben

54. **..., um repariert zu werden.**

A) Der Motor wird ausgebaut

B) Das Auto ist funkelnagelneu

C) Man muss einen neuen Motortyp entwickeln

D) Wohlbemerkt, dass man immer keinen Gebrauchtwagen kaufen muss

E) Das Auto fährt nicht mehr

55. **...., dass ein Auto im Stadtverkehr mit 120 Stundenkilometer gefahren ist.**

A) Der Verkehrspolizist hat festgestellt

B) Der Beamte hat erlaubt

C) Der Fahrer hat einen Unfall gemacht

D) Der Polizist hat geparkt

E) Der Mann ist in die Stadt gefahren

56. **..., wenn es ein gutes Einvernehmen zwischen den Partnern besteht.**

A) Eine gute Zusammenarbeit ist nicht mehr zu erwarten.

B) Die Juristen hatten es sehr schwer gehabt.

C) Man kann nicht leicht beschliessen.

D) Es wäre nicht die Rede von einer guten Partnerschaft.

E) Die Zusammenarbeit funktioniert gut

57. **...., als dass ich mir eins leisten könnte.**

A) Man musste lange diskutieren

B) Die Bewilligung der Angelegenheit dauerte lange

C) Die Autopreise sind zu hoch

D) Die Berufschancen für manche Fachgebiete sind gering

E) Es besteht keine Möglichkeit

58. **...., ob es sinvoll ist, diese Massnahme zu treffen.**

A) Viele Firmen haben sich gemeldet

B) Es soll untersucht werden

C) Es ist wirklich notwendig

D) Vorher hatte man es verboten

E) Mit gutem Gewissen hat man zugesagt

59. Die Reisegesellschaft wurde angefragt, ….. ,

A) dass sie Billigflüge anbietet

B) ob sie bedeutende Vergünstigungen für Reisen aller Art gewährt

C) nachdem sie die Garantieerklärung übernommen hatte

D) es ist zum Interesse der Rentner

E) aus ihrer Äusserung ging hervor

60. Man konnte nicht feststellen, ….. .

A) somit konnte man keinen Widerspruch aufkommen lassen.

B) obwohl man sehr sorgfältig vorging

C) weil alles durcheinander war

D) da die Gutachter sich nicht einigen konnten

E) in wessen Geschäft eingebrochen wurde

61. Es ist jedem Bürger offen, ….. .

A) sich an eine höhere Instanz zu wenden

B) dass man den Prozess gewonnen hätte

C) damit die dritte Instanz wie die zweite entscheiden kann

D) wer das immer getan haben muss

E) zu welchem Anlass er sich vor Gerichte findet

62. Die Kommission bestand darauf, …., wessen Leistung die beste war.

A) womit man nicht begründen kann

B) wie es immer der Fall war

C) dass man begründen sollte

D) obschon sich viele Mitglieder dagegen erklärten

E) wenn sie korrekt gearbeitet hätte

> 63-82. sorular arasında verilen Almanca cümlelerin Türkçe karşılıklarını bulunuz.

63. **Die Suche nach neuen Werten kann als erster Schritt zu einer Renaissance in der Psychologie betrachtet werden.**
    A) Psikolojide rönesansa atılan ilk adım, yeni değerler arayışından kaynaklanmaktadır.
    B) Psikolojide rönesans, henüz yeni değerler arayışı aşamasındadır.
    C) Yeni değerlerin ortaya çıkmasından sonra, psiklolojide rönesansa ilk adım gerçekleşebilir.
    D) Yeni değerler arayışı psikolojide rönesansa atılan ilk adımla başlamıştır.
    E) Yeni değerler arayışı, psikolojide bir rönesansın ilk adımları olarak kabul edilebilir.

64. **Nebenwirkungen von Medikamenten lassen sich nur auf dem experimentellen Wege feststellen.**
    A) Bir ilacın yan etkisi varsa onu denemeden önce almamalıdır.
    B) İlaçların yan etkileri, yalnızca deney yoluyla belirlenebilir.
    C) Bazı ilaçların yan etkilerini deney yaparak belirlemek mümkündür.
    D) İlaçların yan etkilerini belirlemek için deney yapılmalıdır.
    E) Deney yoluyla, ilaçların yan etkileri kolayca belirlenebilir.

65. **Manche Entwicklungsländer leiden immer noch unter unzureichender Ernährung.**
    A) Bazı gelişmiş ülkelerde hâlâ yetersiz beslenme sorunu vardır.
    B) Bazı az gelişmiş ülkelerde yetersiz beslenme bir sorun olmaktan çıkmıştır.
    C) Bazı ülkeler, gelişme süreçleri içinde yetersiz beslenme sorununu da çözmüşlerdir.
    D) Gelişmekte olan bazı ülkeler hâlâ yetersiz beslenme sıkıntısı çekmektedir.
    E) Az gelişmiş bazı ülkeler, henüz yetersiz beslenme sorununun üstesinden gelememiştir.

66. **Seine Bitte, ihm einen neuen Arbeitsraum zu geben, wurde abgewiesen.**
    A) Kendisine yeni bir çalışma odası verilmesi konusunda ricası geri çevrildi.
    B) Yeni bir çalışma odası verilmesini rica ettiyse de bu gerçekleşmedi.
    C) Kendisine yeni bir çalışma odası verilmesine ilişkin isteği uygun görüldü.
    D) Kendisine yeni bir çalışma odası tahsis edilmesi önerisi idare tarafından reddedildi.
    E) Yeni bir çalışma odası tahsis edilmesi yolundaki ricasını geri aldı.

67. Die Versicherung erhob sofort Einspruch, als der wahre Sachverhalt bekannt wurde.

A) Sigorta, ortaya çıkan yeni duruma itiraz etti.

B) Gerçeği herkes kabul edince, sigorta da kabullendi.

C) Sigorta itiraz ederse, gerçek hemen ortaya çıkabilir.

D) Gerçeği öğrenince sigorta derhal itirazda bulunacak.

E) Gerçek durum ortaya çıkınca, sigorta derhal itiraz etti.

68. Es besteht die Gefahr, dass manche Städte in Anatolien von Erdbeben heimgesucht werden.

A) Birçok Anadolu şehrinde deprem olması olasılığı yüksektir.

B) Anadolu'nun bazı şehirlerinde deprem tehlikesi bulunmamaktadır.

C) Anadolu'nun bazı şehirlerinde deprem olma tehlikesi vardır.

D) Bazı şehirlerde Anadolu'dakine benzer depremler oluyor.

E) Deprem olması halinde, Anadolu'daki bazı şehirlerde tehlike diğerlerinden daha büyüktür.

69. Das Gerücht von der bevorstehenden Bankrotterklärung des Geschäftsmannes verbreitete sich schnell.

A) İş adamının iflas edeceğinden korku duyulmaya başlandı.

B) İş adamının iflas edeceği korkusu çevrede telaş uyandırdı.

C) İş adamının iflas edeceği söylentisi hızla yayıldı.

D) İş adamının iflasının kaçınılmaz olduğu söylentisi yayıldı.

E) İş adamının iflas etme tehlikesinin olmadığını söyleyenlerin sayısı hızla arttı.

70. Sein Antrag auf eine erneute Einstellung wurde mit Vorbehalt genehmigt.

A) Yeni bir işe alınması için verdiği dilekçe tereddütle karşılandı.

B) İşe alınması konusundaki dilekçesi ikinci defa reddedildi.

C) Yeniden dilekçe verdiyse de işe alınması mümkün olmadı.

D) Yeniden işe alınması konusundaki dilekçesi şartlı olarak kabul edildi.

E) Dilekçe vermekte geciktiği için yeniden işe alınması kabul edilmedi.

71. Dank unserer Willensstärke können wir unsere schlechten Gewohnheiten loswerden.

A) İrade gücümüze rağmen kötü alışkanlıklarımızdan kurtulmamız mümkün olmayabilir.
B) İrade gücümüz sayesinde kötü alışkanlıklarımızdan kurtulabiliriz.
C) İrade gücümüzün zayıflamasıyla kötü alışkanlıklar edinebiliriz.
D) İrademiz kuvvetli olursa kötü alışkanlıklarımızdan kurtulmamız zor olmaz.
E) İrade gücümüz bizi kötü alışkanlıklardan korur.

72. In manchen Ländern kann die Landwirtschaft nicht mit der Entwicklung der Technologie Schritt halten.

A) Bazı ülkelerde tarımın gelişmesi, teknolojideki gelişmelerle ilgili olmayabilir.
B) Tarım teknolojisi, bazı ülkelerde beklenen gelişmeyi gösterememiştir.
C) Teknolojinin gelişmesi, bazı ülkelerde tarımın gelişmesini engellememiştir.
D) Bazı ülkelerde teknoloji, tarımsal gelişmenin gerisinde kalmıştır.
E) Tarım, bazı ülkelerde teknolojinin gelişmesine ayak uyduramıyor.

73. Auf Antrag der Mitglieder wurde die Sitzung um drei Tage verschoben.

A) Üyelerin ısrarı sonucu oturum üç gün sonra başlatılabildi.
B) Üyelerin çabasına rağmen toplantı üç gün gecikti.
C) Üyelerin isteği üzerine toplantı üç günde bitirildi.
D) Üyelerin müracaatı üzerine oturum üç gün sonraya ertelendi.
E) Üyelerin isteği üzerine oturum üç gün öne alındı.

74. Die Zunahme an Importgütern verlangt mehr Devisen auszugeben.

A) İthal mallarının çoğalmasına paralel olarak döviz sarfiyatı da artıyor.
B) İthal mallarındaki artış döviz rezervini olumsuz yönde etkiliyor.
C) İthal mallarının artması dövizle ihracatı hızlandırıyor.
D) İthal mallarının artması daha fazla döviz kullanımını gerektiriyor.
E) İthal mallarının artması ile daha fazla döviz kullanımı arasında bir ilişki vardır.

75. Der Beitritt der Türkei in die EG wird Reihe von Massnahmen seitens der Türkei voraussetzen.

A) Türkiye'nin AT'ye girmesi, Türkiye tarafından bir dizi önlem alınmasını zorunlu kılacak.
B) Türkiye'nin AT'ye girememesinin nedeni, vaktiyle gerekli tedbirlerin alınmamasıdır.
C) Türkiye'nin üyelik için AT'ye başvuruda bulunması bir dizi formaliteyi beraberinde getirmiştir.
D) Türkiye'nin AT'ye girmezden evvel bir dizi önlem alması gerekecek.
E) Türkiye'nin AT'ye girebilmesi, bir dizi engelin aşılmasına bağlıdır.

76. Laut des neuen Steuergesetzes werden die Steuern zum ersten Male vorausbezahlt.

A) Yeni vergi kanununa göre vergileri peşin olarak ödemek mümkün olacak.
B) Yeni vergi kanununa göre vergiler ilk defa peşin olarak ödeniyor.
C) Eski vergi kanununun aksine, vergiler artık peşin olarak ödenecek.
D) Yeni vergi kanununa göre vergiler ilk kez borçlanma yoluyla tahsil ediliyor.
E) Yeni vergi kanununa göre vergiler ilk kez gecikme faizi alınmadan ödeniyor.

77. Die vom Verwaltungsrat zu beschliessenden Punkte der Tagesordnung wurden ausgelassen.

A) Yönetim kurulunca karara bağlanmak istenen gündem maddeleri ele alınamadı.
B) Yönetim kurulunca ele alınan gündem maddeleri karara bağlanamadı.
C) Yönetim kurulu konuyu gündem dışı ele alarak bir karara bağladı.
D) Yönetim kurulunca karara bağlanması istenen konu gündeme alınmadı.
E) Yönetim kurulunca karara bağlanması gereken gündem maddeleri ele alınmadı.

78. Die Gefahr der Hungersnot ist in manchen Teilen der Erde so gross, dass er zu Massensterben kommen kann.

A) Açlık tehlikesi dünyanın neredeyse tamamında kitle ölümlerine yol açabilecek ölçüde büyümüştür.
B) Dünyanın bazı bölgelerini tehdit eden açlık tehlikesi kitle ölümlerine yol açabilecek ölçüde büyük değildir.
C) Açlık tehlikesi ile karşı karşıya bulunan dünyanın birçok bölgesinde kitle ölümleri görülmektedir.
D) Açlık tehlikesi dünyanın bazı bölgelerine kitle ölümlerine yol açabilecek ölçüde büyüktür.
E) Dünyanın bazı bölgelerinde görülen açlık tehlikesi kitle ölümlerine yol açabilecek boyutlara henüz ulaşmamıştır.

79. **Infolge des äusserst geringen Regenfalls in der Umgebung von Istanbul rechnet man mit einer Dürrekatastrophe.**

   A) İstanbul çevresindeki aşırı yağışların bir sel felaketine yol açması bekleniyor.

   B) İstanbul çevresinde son derece az yağış olması sonucu kuraklık başgöstermiştir.

   C) İstanbul çevresine son derece az yağış düşmesi sonucu kuraklık felaketi bekleniyor.

   D) İstanbul çevresinde son derece az olan yağış, halkı susuzluk sorunuyla karşı karşıya bıraktı.

   E) İstanbul çevresine son derece az yağış düşmesi tarım alanlarında sıkıntı yaratmıştır.

80. **Das Verhältnis zwischen der Lohnhöhe der Arbeiter und ihrem Ausbildungsstand als qualifizierte Arbeitskräfte darf nicht übersehen werden.**

   A) İşçilerin ücretleri ile kalifiye işgücü olarak gördükleri eğitim arasındaki dengesizlik gözardı edilemez.

   B) İşçilerin ücretlerinden yapılan kesintiler ile kalifiye işgücü olarak gördükleri eğitim arasındaki ilişki gözardı edilemez.

   C) Niteliksiz ve kalifiye işçilerinin ücretleri arasındaki farkın eğitim durumlarından kaynaklandığı gözardı edilemez.

   D) İşçilerin günlük ücretleri ile kalifiye işgücü olarak görmek zorunda oldukları eğitim arasında ilişki çok açıktır.

   E) İşçilerin ücretleri ile kalifiye işgücü olarak eğitim durumları arasındaki ilişki gözardı edilemez.

81. **Der in der Soziologie geläufiger Begriff "Familienplanung" kann in manchen Ländern der Dritten Welt nicht in demselben Masse eingehalten werden.**

   A) Sosyolojide kullanılan "aile planlaması" kavramına bazı Üçüncü Dünya Ülkelerinde aynı ölçüde uyulamamaktadır.

   B) Sosyolojide kullanılan "aile planlaması" kavramı Üçüncü Dünya Ülkelerinin birçoğunda pek bilinmemektedir.

   C) Sosyolojide kullanılan "aile planlaması" kavramına bazı Üçüncü Dünya Ülkelerinde pek sıcak bakılmıyor.

   D) Sosyolojide kullanılan "aile planlaması" kavramına pek çok Üçüncü Dünya Ülkelerinde uyulmamaktadır.

   E) Sosyolojide kullanılan "aile planlaması" kavramına bazı Üçüncü Dünya Ülkelerinde beklenen ölçüde uyulması mümkün olmamaktadır.

82. **Die bevorstehende Zusammenführung der Deutschen Demokratischen Republik und der Bundesrepublik Deutschland wird höchstwahrscheinlich zu neuen Entwicklungen in Europa führen.**

A) Almanya Demokratik Cumhuriyeti ile Almanya Federal Cumhuriyeti'nin yakın gelecekte birleşmeleri büyük ihtimalle Avrupa'da yeni sorunları gündeme getirecektir.

B) Almanya Demokratik Cumhuriyeti ile Almanya Federal Cumhuriyeti'nin birleşmeyi kabul etmemeleri halinde Avrupa yeni gelişmelere sahne olacaktır.

C) Almanya Demokratik Cumhuriyeti ile Almanya Federal Cumhuriyeti'nin yakın gelecekte birleşememeleri Avrupa'da bazı gelişmeleri engelleyecektir.

D) Almanya Demokratik Cumhuriyeti ile Almanya Federal Cumhuriyeti'nin yakın gelecekte birleşmek istemeleri büyük ihtimalle Avrupa'da yeni gelişmelere yol açacaktır.

E) Almanya Demokratik Cumhuriyeti ile Almanya Federal Cumhuriyeti'nin yakın gelecekte birleşmeleri büyük ihtimalle Avrupa'da yeni gelişmelere yol açacaktır.

83-102. sorularda, verilen Türkçe cümlenin Almanca karşılığını bulunuz!

---

83. **Enflasyonla mücadelede en etkili araç fiyatları sabit tutmaktır.**

A) Das wirksamste Mittel bei der Bekämpfung der Inflation ist die Stabilisierung der Preise.

B) Eines der wirksamsten Merkmale der Preiserhöhung ist die Stabilisierung der Inflation.

C) Das wirksamste Mittel gegen die Preiserhöhung ist die Inflation.

D) Damit die Preise stabil bleiben, ist die Inflation zu bekämpfen.

E) Die Preise muss man unter Kontrolle halten, um die Inflation wirksamer zu bekämpfen.

84. **Amir ağırlığını koymasaydı, memur kadro alamayacaktı.**

A) Hätte der Vorgesetzte sich eingesetzt, hätte er die Stelle bekommen können.

B) Wenn der Vorgesetzte nicht gewollt hätte, hätte er die Stelle verloren.

C) Hätte sich der Vorgesetzte nicht hineinmischen wollen, hätte man die Stelle ihm nicht geben können.

D) Hätte sich der Vorgesetzte für den Beamten nicht eingesetzt, hätte er die Stelle nicht bekommen können.

E) Wenn er die Stelle nicht bekommen hätte, hätte der Vorgesetzte sich durchgesetzt.

85. **Sigaranın sağlığı tehlikeye soktuğu bilinmekle beraber, gene de bir çok insan aşırı ölçüde sigara içiyor.**

   A) Auch wenn man behauptet, dass viele Zigaretten die Gesundheit gefährden, rauchen viele trotzdem in Unmengen.

   B) Obwohl jeder weiss, dass Zigaretten der Gesundheit schaden, rauchen viele Menschen doch mässig.

   C) Man weiss jedoch, dass Zigaretten die Gesundheit gefährden, dennoch rauchen viele Menschen übermässig.

   D) Wer weiss, dass Zigaretten der Gesundheit schaden, raucht extra deswegen in Unmengen.

   E) Viele Menschen rauchen mässig, weil sie wissen, dass Zigaretten die Gesundheit gefährden.

86. **Evrakınız, onaylamak üzere bir üst makama sunulacağından emin olabilirsiniz.**

   A) Sie können sicher sein, dass ihre Akte zur Genehmigung einer höheren Instanz zurückgewiesen wird.

   B) Sie brauchen daran nicht zu zweifeln, dass Ihre Akte ihren normalen bürokratischen Gang macht.

   C) Zweifellos wird Ihre Akte zur Überprüfung einer höheren Instanz weitergeleitet.

   D) Ihre Akte wird sicher dem hohen Gericht vorgelegt, damit sie genehmigt werden kann.

   E) Sie können sicher sein, dass Ihre Akte zur Genehmigung einer höheren Instanz vorgelegt wird.

87. **Turizm sektöründe dengeli bir gelişme, çok yönlü bir altyapı ile yakından ilgilidir.**

   A) Eine ausgeglichene Entwicklung im Tourismusgewerbe hängt mit einer vielseitigen Infrastruktur eng zusammen.

   B) Um das Tourismusgewerbe auf eine ausgeglichene Entwicklungsstufe zu bringen, muss man eine vielseitige Infrastruktur ermöglichen.

   C) Eine vielseitige Entwicklung im Tourismusgewerbe ist für eine ausgeglichene Infrastruktur notwendig.

   D) Wenn sich das Tourismusgewerbe ausgeglichen entwickelt, entsteht eine vielseitige Infrastruktur.

   E) Wenn die Infrastruktur ausgeglichen ist, ist die Entwicklung im Tourismusgewerbe vielseitig.

88. **Sürücü belgesi alabilmek için sürücü okullarında bir süre ders almak zorunludur.**

   A) Wer den Führerschein machen will, muss eine Zeit lang Kurse in einer Fahrschule eröffnen.
   B) Es ist Pflicht, sich eine Zeit lang in den Fahrschulen Stunden geben zu lassen, um den Führerschein machen zu können.
   C) Der Führerschein berechtigt die Kandidaten, nach einiger Zeit Auto .... zu fahren.
   D) Der Inhaber eines Führerscheins muss eine bestimmte Zeit lang Kurse besucht haben.
   E) Den Führerschein darf man erst bekommen, wenn man die Fahrschule eine gewisse Zeit lang besucht hat.

89. **Yeni yönetmeliğin yürürlüğe girmesiyle işler daha çok arttı.**

   A) Wenn die neue Vorschrift abgeschafft wird, wird die Arbeit immer mehr.
   B) Die neue Vorschrift hinderte daran, dass sich die Arbeit anhäufte.
   C) Nach der Ungültigkeitserklärung der Vorschrift hatte man mehr zu erledigen.
   D) Damit die Arbeit immer mehr wird, ist die neue Vorschrift in Kraft getreten.
   E) Als die neue Vorschrift in Kraft trat, häufte sich die Arbeit immer mehr an.

90. **Boş zamanları değerlendirme, ülkemizde de önemli bir ihtiyaç haline geldi.**

   A) Die Zeit frei zu gestalten ist auch in unserem Land zu einer Gepflogenheit geworden.
   B) Freizeitbeschäftigung ist auch in unserem Land zu einem wichtigen Bedürfnis geworden.
   C) Auch in unserem Land ist es üblich gewesen, die Freizeit beliebig zu gestalten.
   D) Auch in unserem Land hat man die Freizeit für ein wichtiges Mittel gehalten.
   E) Die Freizeitgestaltung hat auch in unserem Land an Bedeutung gewonnen.

91. **Şehirlerin planlı olarak gelişmesinde, yerel yönetimlerin önemi göz ardı edilemez.**

   A) Die planmässige Entwicklung der Städte bedarf einer guten Lokalverwaltung.
   B) Die Kommunalverwaltung hat für eine planmässige Verwaltung zu sorgen.
   C) Die Bedeutung der planmässigen Entwicklung der Städte kann niemand bestreiten.
   D) Die Bedeutung der Kommunalverwaltung bei der planmässigen Entwicklung der Städte lässt sich nicht übersehen.
   E) Die planmässige Entwicklung der Städte kann von der Kommunalverwaltung nicht vorgesehen werden.

92. Göreve başlaması, meslektaşları arasında memnuniyetle karşılandı.
A) Ihre Kollegen gratulierten mit Beifall zu ihrer Entlassung.
B) Es wurde unter ihren Kollegen gerne gesehen, dass sie ihren Dienst angetreten hat.
C) Seitdem sie ihre neue Planstelle bekommen hat, freuen sich ihre Kollegen genauso wie sie.
D) Für ihre Kollegen bedeutete ihr neuer Dienstantritt fast eine Beförderung.
E) Unter ihren Kollegen führte es zu Spannungen, dass sie ihren Dienst angetreten hat.

93. Toplumumuzda, bayram günlerinde karşılıklı ziyaretlerde bulunmak adet haline gelmiştir.
A) Es ist in unserer Gesellschaft üblich geworden, an Ferientagen einander zu besuchen.
B) Es wird in unserer Gesellschaft üblich sein, an Festtagen einander zu besuchen.
C) Es ist in meiner Gesellschaft üblich geworden, an Festtagen einander zu besuchen.
D) Es ist in unserer Gesellschaft üblich geworden, an Festtagen einander zu besuchen.
E) Es ist in unserer Gesellschaft üblich geworden, an Festtagen Bekannte und Verwandte zu besuchen.

94. Başkalarını sayan kimsenin sayılmak hakkıdır.
A) Wer vor sich selbst Respekt hat, hat Recht darauf, respektiert zu werden.
B) Wer vor anderen Respekt hat, hat Recht darauf, respektiert zu werden.
C) Wer vor anderen keinen Respekt hat, hat kein Recht darauf, respektiert zu werden.
D) Wer vor anderen Respekt hat, hat Recht darauf, die anderen zu respektieren.
E) Wer vor anderen Respekt hat, hat die Ehre, respektiert zu werden.

95. Bakanlıkça ilan edilen kadroya birçok aday başvurdu.
A) Mehrere Kandidaten haben sich um die vom Ministerium ausgeschriebene Stelle beworben.
B) Mehrere Kandidaten werden sich um die vom Ministerium ausgeschriebene Stelle bewerben.
C) Mehrere Kanditaten haben sich um die offene Stelle im Ministerium beworben.
D) Mehrere Bewerber haben sich um die vom Ministerium abgeschaffte Stelle beworben.
E) Mehrere Kandidaten haben sich für die vom Minister ausgeshriebene Stelle interessiert.

96. Yeni vergi reformunun yürürlüğe girebilmesi için bir dizi hazırlık yapılması gerekiyordu.

A) Es war notwendig, eine Reihe Vorbereitungen zu treffen, damit die alte Steuerreform ausser Kraft gesetzt wird.

B) Es wird notwendig, eine Reihe Vorbereitungen zu treffen, damit die neue Steuerreform für ungültig erklärt werden kann.

C) Es war notwendig, eine Vorbereitungsreihe zu treffen, damit die neue Steuerreform in Kraft trat.

D) Es war notwendig, eine Reihe Vorbereitungen zu treffen, damit die letzte Steuerreform aufgehoben wird.

E) Es war notwendig, eine Reihe Vorbereitungen zu treffen, damit die neue Steuerreform in Kraft treten kann.

97. Basından öğrendiklerimize göre trafiğe, günde 300 yeni araba çıkmaktadır.

A) Wie wir in den Nachrichten gehört haben, werden täglich 300 neue Autos zugelassen.

B) Soweit wir der Presse entnommen haben, werden an diesem Tag 300 neue Autos zugelassen.

C) Soweit wir der Presse entnommen haben, werden täglich 300 neue Autos zugelassen.

D) Wie wir der Presse entnommen haben, werden täglich 300 neue Lastwagen zugelassen.

E) Wie wir der Presse entnommen haben, werden täglich 300 neue Autos abgemeldet.

98. Su taşkını, yerleşim bölgelerinde büyük zarara yol açtı.

A) Die Überschwemmung richtete in den Wohngebieten grossen Schaden an.

B) Die Überschwemmung kann in den Wohngebieten grossen Schaden anrichten.

C) Die Überschwemmung richtete in den Wohnungen grossen Schaden an.

D) Die Flut führte in den Wohngebieten zu lang anhaltenden Schäden.

E) Die Überschwemmung verursachte in den abgelegenen Wohngebieten grosse Verluste.

99. Dünya Günü'nün amacı, çeşitli toplumlarda çevreye karşı bir sorumluluk duygusu geliştirmektir.

   A) Mit dem Welttag will man in unterschiedlichen Gesellschaften die Umweltprobleme aktuell halten.
   B) Das Ziel des Welttages ist es, in verschiedenen Gesellschaften ein Verantwortungsgefühl für die nahe Umgebung herbeizuführen.
   C) Der Welttag kann in verschiedenen Gesellschaften den Umweltproblemen gegenüber eine Verantwortung entwickeln.
   D) Das Ziel des Welttages ist es, in verschiedenen Gesellschaften ein Verantwortungsgefühl für die Umwelt zu entwickeln.
   E) Das Ziel des Welttages ist es, in vielen Gesellschaften ein Gefühl für das benachbarte Milieu zu stärken.

100. Son yıllarda sevilen bir tatil ülkesi olan Türkiye'nin turizm gelirlerinde, bu yıl % 70'lik bir artış beklenmektedir.

   A) Bei den Einnahmen der Türkei vom Fremdenverkehr, die im letzten Jahr ein beliebtes Ferienland wurde, erwartet man auch in diesem Jahr einen Zuwachs von 70 %.
   B) Man erwartet in diesem Jahr einen Zuwachs von 70 % bei den Einnahmen aus dem Fremdenverkehr der Türkei, die in den letzten Jahren zu einem beliebten Ferienland geworden ist.
   C) Bei dem Fremdenverkehr in der Türkei, die in den letzten Jahren ein beliebtes Ferienland wurde, erwartet man in diesem Jahr einen Zuwachs von 70 %.
   D) Bei den Charterflügen der Türkei aufgrund des Fremdenverkehrs, der in den letzten Jahren sehr lebhaft wurde, erwartete man im letzten Jahr einen Zuwachs von 70 %.
   E) Im Rahmen des Fremdenverkehrs in der Türkei, die in den letzten Jahren ein beliebtes Ferienland wurde, erwarten wir in diesem Jahr einen Zuwachs von 70 % der ausländischen Gäste.

101. Yeni birimlerin ihdas edilmesiyle, yerel yönetimler işlevlerini daha kolay yerine getireceklerdir.

   A) Vor der Einführung neuer Einheit haben viele Kommunalverwaltungen unter Funktionsverlust gelitten.
   B) Nach der Abschaffung neuer Einheiten haben die Kommunalverwaltungen die Möglichkeit, ihre Funktion leichter zu erfüllen.
   C) Mit der Einrichtung neuer Einheiten werden die Kommunalverwaltungen ihre Funktionen leichter erfüllen.
   D) Die Einführung neuer Einheiten im Rahmen der Kommunalverwaltungen führt zu neuen Funktionen.
   E) Die Kommunalverwaltungen hatten vor der Einrichtung neuer Einheiten das Bedürfnis ihre Funktionen leichter zu erfüllen.

102. Avrupa kültür başkenti ilân edilen Glasgow, yıl boyunca toplam 2000 etkinliğe ve binlerce ziyaretçiye ev sahipliği yapacak.

A) Glasgow, die als kulturelle Hauptstadt Europas erklärt wurde, wird das ganze Jahr hindurch Gastgeber von insgesamt 2000 Veranstaltungen und von tausenden von Besuchern sein.

B) Glasgow, die als kulturelle Hauptstadt Europas bekannt ist, wird während des ganzen Jahres Gastgeber von insgesamt 2000 Veranstaltungen und tausenden Besuchern sein.

C) Glasgow, die als kulturelle Hauptstadt der europäischen Gemeinschaft berühmt wurde, wird während des ganzen Jahres Gastgeber von insgesamt 2000 Veranstaltungen und tausenden Besuchern sein.

D) Glasgow, die im kulterellen Leben Europas eine grosse Rolle spielte, wird im kommenden Jahr Gastgeber von insgesamt 2000 Veranstaltungen und tausenden Besuchern sein.

E) Glasgow, die sich als kulturelle Hauptstadt Europas durchsetzte, wird während des ganzen Jahres Gastgeber von insgesamt 2000 Besuchern und tausenden Veranstaltungen sein.

---

103. - 112. sorularda, parçada boş bırakılan yere uygun düşen ifadeyi bulunuz.

---

103. In den meisten europäischen Ländern sind Lokomotiven längst abgeschafft. Was viele Anhänger des "Dampfrosses" bedauern, erfüllt Naturfreunde mit Freude. ..... . Deshalb setzt man heute lieber moderne E-Loks ein: Diese belasten die Umwelt weit weniger.

A) Lokomotiven geben einfach zu viele Schadstoffe an die Aussenwelt ab

B) Denn wenn zu viel Dampf erzeugt wird, nimmt auch die Hitze zu

C) Lokomotiven haben überall in der Welt noch viele Anhänger und Freunde

D) Denn wo Dampflokomotiven im Einsatz sind, sinkt auch die Abgabe von Schadstoffen an die Natur

E) Diese haben E-Lok schon lange den Kampf angesagt.

104. Hollywood-Filme spielen immer mehr Geld ein. Lange Zeit galt "Vom Winde verweht" als der erfolgreichste Film aller Zeiten-dann aber folgte Steven Spielbergs 'E.T.' und heute füllt "Batman" die Kassen: Ein Film, der alle Rekorde zu brechen scheint. .... Damit hatte wirklich niemand gerechnet.

   A) Kaum,das "Batman" in die Kinos kam, da war er auch schon wieder verschwunden
   B) Der Streifen handelt von einem fliegenden Menschen, der dem Bösen den Kampf ansagt
   C) Wer "Batman" sagt, denkt vor allem an den erfolgreichen Comic-Strip
   D) Schon im Laufe einer einzigen Woche spielte "Batman" seine Produktionskosten ein
   E) Der Film erfüllte so alle Erwartungen, die man in ihn setzte

105. ..... Japanische, Industrielle und Manager geben Millionenbeträge für wertvolle Gemälde aus. Immer häufiger sorgen gerade japanische Kunstsammler dafür, dass Bilder für Rekordbeträge verkauft werden. Offensichtlich ist Geld kein Problem. Man hat den Eindruck, als gehörte ein gewisses Mass an Stil und Kunst zum Erscheinungsbild des japanischen Industriellen.

   A) Im Lande 'Nippons' wird immer mehr verbraucht
   B) Auf den Kunstmärkten der Welt tut sich etwas
   C) In Japan spielt die Kunst praktisch keine Rolle
   D) Im fernöstlichen Japan sorgen sich die Politiker um den Umweltschutz
   E) Japan wird auch als Reiseland immer beliebter

106. In England wird die Position Margaret Thatchers immer schwieriger. Ihre Wirtschaftspolitik wird von Kreisen der eigenen Partei kritisiert. Auch ihre Haltung zu Südafrika wird von vielen Parteifreunden angegriffen. Die Entlassung des englischen Schatzkanzlers Nigel Lawson sorgte schliesslich für einige Unruhe in den Rängen der konservativen Partei Frau Thatchers. ..... .

   A) Es gilt, die aussenpolitische Stellung Englands wieder zu festigen.
   B) Ein Einlenken der britischen Oppositon, der Labour-Partei, ist nicht zu erwarten
   C) Es verstärkt sich der Eindruck, dass die Parteichefin etwas allzu selbstherrlich regierte
   D) Ein entsprechendes Gesetz liegt vor
   E) Es zeigt sich, dass die getroffenen Massnahmen nicht ausreichen

107. In der Dritten Welt mehren sich schwere Naturkatastrophen. Immer mehr Menschen werden das Opfer der Natur. Wissenschaftler glauben, dass ein Zusammenhang zwischen der Klimaveränderung und dem Abholzen der Tropischen Regenwälder besteht. Der Raubbau an den Wäldern muss sofort gestoppt werden.

A) Neue Autobahnen zerschneiden die Landschaft
B) Grössere Erträge sind vor allem in der Landwirtschaft zu erwarten
C) Ursache ist meist die zu schlechte Auftragslage
D) Vor Camping im Freien wird deshalb dringend gewarnt
E) Wirbelstürme entwurzeln die Bäume; Flüsse treten über ihre Ufer

108. ..... . Wichtig ist vor allem gutes Schuhwerk, dass das Gefühl von Sicherheit beim Auftreten vermittelt. Eine gute Kenntnis der Gegend, in die man sich begibt, ist ebenfalls unabdingbar. Niemals sollte man eine Bergwanderung ohne eine Landkarte unternehmen. Die Anzahl der Unfälle, die jedes Jahr passieren, sollte allen Bergsteigern eine Warnung sein.

A) Eine Fahrt mit der Eisenbahn erfordert die Einhaltung ganz bestimmter Regeln
B) Wer einen hohen Berg ersteigen will, sollte ganz bestimmte Dinge bedenken
C) Regenfälle können jedes Zeltlager gefährden
D) Wie jeder weiss, hat die Wildnis ihre Tücken
E) Der Entschluss zu einer Bergwanderung sollte so spontan wie nur möglich erfolgen

109. Im Mittelalter waren viele europäische Städte von hohen Stadtwällen umgeben. ..... . Zugleich gelang es auf diese Weise, den Zustrom von Reisenden zu kontrollieren. Nur das gut bewachte Stadttor garantierte den Zugang zum Inneren der Stadt. So wurde auch der Zustrom von Gütern und Waren kontrolliert.

A) Diese wurden von Wolkenratzern überragt
B) Diese schützten die Stadt vor eventuellen Angreifern und sicherten so einen Vorteil bei der Verteidigung
C) Eine entsprechende Meinung wurde jüngst auf einem archäologischen Kongress vertreten
D) Ein Gutachten in eigener Sache liegt nun vor
E) Die Stadtväter berieten oft tagelang über entsprechende Gesetze

110. Immer mehr Menschen in der Welt suchen politisches Asyl. Sie verlassen ihre Heimatländer aus politischen, religiösen oder einfach auch wirtschaftlichen Motiven, um in einem Land des freien Westens Aufnahme zu finden. Besonders viele Flüchtlinge kommen aus sogenannten Militärdiktaturen oder Ländern, in denen die Freiheit des Glaubens und der politischen Meinung bedroht ist. ..... Langwierige Gerichtsverfahren entscheiden über die Anträge auf politisches Asyl.
    A) Deshalb nimmt der Westen Flüchtlinge immer schneller und in immer grösserer Zahl auf
    B) Gesetzlich geregelt ist seit neuestem die Frage des Militärdienstes
    C) Wer so freiwillig in den Westen kommt, kann in der Regel auch bleiben
    D) Keinesfalls besteht ein Anspruch auf eine Rücküberführung des Flüchtlings in sein Geburtsland
    E) Doch der Westen kann schon längst nicht mehr alle Flüchtlinge ungehindert ins Land lassen

111. Der Mörder des schwedischen Ministerpräsidenten Olaf Palme ist noch immer nicht gefunden. Zwar hatte die Witwe des Getöteten vor Gericht eine klare Aussage gemacht und den Täter identifiziert. ..... . Ausser der Aussage von Frau Palme gab es kaum Beweise oder auch nur schlusskräftige Indizien, die einen klaren Schuldspruch zwingend gemacht hätten. So wurde ein zunächst der Tat Verdächtiger wieder auf freien Fuss gesetzt.
    A) Doch hielt der Ruf des Angeklagten dem Verfahren nicht stand
    B) Doch die Vergesslichkeit des Opfers machte einen Strich durch die Rechnung
    C) Aber ein eindeutiges Bekenntnis zum Grundgesetz blieb dennoch aus
    D) Doch konnte sich das Gericht nicht zu einem klaren Schuldspruch durchringen
    E) Auch wurde die Tat vor Gericht restlos aufgeklärt

112. Nach wie vor zählt die Gitarre zu den beliebtesten Musikinstrumenten Gitarren finden nicht nur in der populären Musik Verwendung, sondern auch als klassische Soloinstrumente. Überall in der Welt geben solo konzertierende Gitarristen umjubelte Vorstellungen. Rock-Gitarristen haben es dagegen wesentlich leichter als ihre Kollegen in der klassischen Musik. ..... .
    A) Sie brauchen häufig Jahre, um einen einzigen Griff zu beherrschen.
    B) Sie setzen sich einem ständigen Wettbewerb aus.
    C) Sie spielen so leise, dass man sie kaum hört
    D) Sie müssen viel mehr arbeiten und verdienen vergleichsweise wenig
    E) Sie kommen meistens mit wenigen Akorden aus, aus denen sie ihre Lieder zusammenstellen

113. - 122. sorularda, sırasıyla okunduğunda anlam bütünlüğünü bozan cümleyi bulunuz!

113. I. Der öffentliche Nahverkehr erfüllt eine immer wichtigere Aufgabe.

II. Da immer mehr Autos auf den Strassen sind, muss der Verkehr unbedingt entlastet werden.

III. Eben deshalb sollten Busse und Bahnen so attraktiv wie nur irgendmöglich sein.

IV. Derselbe Gedanke findet sich bereits in der Verfassung.

V. Denn nur, wenn die öffentlichen Verkehrsmittel eine echte Alternative bedeuten, werden Autofahrer auch "umsteigen."

A) I B) II C) III D) IV E) V

114. I. Immer mehr ausländische Sportler und Trainer arbeiten in der Türkei

II. Mustafa Denizli und Tınaz Tırpan sind zwei Namen, die immerwieder genannt werden.

III. Gewöhnlich verdienen diese Persönlichkeiten so viel wie in ihren Heimatländern.

IV. Ausserdem begegnen ihnen die Türken mit grosser Freundlichkeit und Verehrung.

V. Deshalb kommen Ausländer sehr gern in ihr Land.

A) I B) II C) III D) IV E) V

115. I. Videotheken werden in der Türkei immer beliebter.

II. Immer mehr Türken nutzen die Möglichkeit, ausländische Fernsehprogramme zu empfangen.

III. Über Satellit werden Stationen wie Sat 1 oder Sat 3 eingespeist.

IV. Meist teilen sich die Bewohner eines Hauses die Kosten für die Umstellung auf Satellitenempfang.

V. So ist das türkische Fernsehen nicht mehr ohne Konkurrenz.

A) I B) II C) III D) IV E) V

116. I. In Deutschland haben rechtsradikale Strömungen grossen Zulauf.

II. Vor allem die sogenannten "Republikaner" erfreuen sich immer grösserer Beliebtheit.

III. Diese Partei tritt offen gegen die Ausländer in Deutschland auf und fordert ihre allmähliche Ausgliederung.

IV. In einigen Bundesländern kamen die "Republikaner" gar auf zehn Prozent der Stimmen.

V. Der deutsche Bundestag berät zur Zeit über ein entsprechendes Gesetz.

A) I B) II C) III D) IV E) V

117. I. Ein Mittel gegen "Aids" ist immer noch nicht gefunden.

II. Die unheimliche Immunschwäche - Krankheit fordert weltweit immer mehr Opfer.

III. Dennoch gelang es in San Francisco, einen Mann lebend aus den Trümmern einer Brücke zu bergen.

IV. Vor allem in Frankreich und in den USA arbeitet man seit Jahren an der Entwicklung eines Medikaments, das die Krankheit stoppen oder abschwächen kann.

V. Trotzdem ist ein eigentlicher Durchbruch noch nicht gelungen.

A) I B) II C) III D) IV E) V

118. I. Mediziner in aller Welt warnen vor den Gefahren des Rauchens.

II. Nikotin kann zu Lungenkrebs führen und greift die Atemwege an.

III. Und auch, wer Nikotin nur "passiv" einatmet, schadet sich selbst: Auch Nichtraucher sind gefährdet.

IV. Diese Tatsachen veranlassen Mediziner und Nichtraucher gleichermassen, gegen den "Glimmstengel!" zu Felde zu ziehen.

V. Ein Erfolg der Verhandlungen wird sich jedoch erst nach Abschluss der ersten Protokollrunde einstellen.

A) I B) II C) III D) IV E) V

119. I. Hörspiele sind nach wie vor ein fester Bestandteil des Radioprogramms.

II. Jeder Sender hat eine eigene Hörspielredaktion, die fortwährend Hörspiele produziert und ausstrahlt.

III. Jedoch ist die Zahl der Hörer derartiger Programme im Laufe der Zeit stark zurückgegangen.

IV. Eine gute Fernsehsendung sollte eine Länge von 30 Minuten nicht überschreiten.

V. Trotzdem kommen die Hörspiele gut an.

A) I   B) II   C) III   D) IV   E) V

120. I. Beim Ankauf von Antiquitäten heisst es vorsichtig sein.

II. Es ist auch in der Türkei die Rede von einer Massenproduktion.

III. Nicht jedes Stück, dass da frisch aufpoliert in neuem Glanz erstrahlt, ist auch tatsächlich antik.

IV. Gewiefte Schwindler haben sich darauf spezialisiert, einfache Möbelstücke in vermeintliche wertvolle zu verwandeln.

V. Der antike Schrank, der für teures Geld erstanden wurde, kann so unter Umständen weit weniger wert sein als erwartet.

A) I   B) II   C) III   D) IV   E) V

121. I. Immer wieder suchen schwere Unwetter verschiedene Bereiche der Erde heim.

II. Das Erdbeben von San Francisco im Jahre 1989 richtete insgesamt weniger Schaden an als befürchtet.

III. Zwar kamen 15 Menschen ums Leben, und eine Reihe von Brücken brachen zusammen.

IV. Doch mussten alle Experten einräumen, dass sich die spezielle erdbebensichere Bauweise vieler Gebäude bewährt hat.

V. Sollte es allerdings eines Tages zu einem noch stärkeren Beben kommen, so wäre die Stadt ernsthaft gefährdet.

A) I   B) II   C) III   D) IV   E) V

122. I. Die Medizin bemüht sich bislang vergeblich, ein Mittel gegen Aids zu finden.

II. Die tödliche Immunschwäche - Krankheit hat bereits Hunderttausende von Opfern gefordert.

III. Ein entsprechendes Serum kann hier Abhilfe schaffen.

IV. Vor allem in den USA erkranken immer mehr Menschen und geben den Virus an andere weiter.

V. Die amerikanische Regierung hat deshalb eine umfassende Kampagne gestartet, um auf die Gefahren einer Aids-Infektion aufmerksam zu machen.

A) I B) II C) III D) IV E) V

123-132. sorularda, verilen duruma uygun düşen ifadeyi bulunuz!

---

123. Sie begegnen nach langer Zeit einem alten Freund auf der Strasse. Was sagen Sie?

A) Na so etwas, dass es dich auch noch gibt!
B) Wie können wir weitermachen?
C) Warum bleibt die Zeit nicht stehen?
D) Was soll der Unsinn?
E) Schade, dass es so kommen musste.

124. Sie wollen ein Auto kaufen und erkundigen sich nach dem Preis.
- Was fragen Sie?

A) Läuft das jetzt über Import und Export?
B) Ich würde gern wissen, wie teuer der Wagen ist.
C) Haben Sie sich das auch wirklich überlegt?
D) Ich würde gern mehr bezahlen - wie schaffe ich das?
E) Wie soll ich denn meine Kosten decken?

125. Ihr Vater liegt im Karankenhaus; er hat eine kritische Operation vor sich. Was sagen Sie?

A) Das darf doch alles nicht wahr sein!
B) Da kennt sich einer aus!
C) Ich habe gehört, dir soll es jetzt besser gehen?
D) Ich wünsche mir, dich heil und gesund wiederzusehen.
E) Das müssen wir jetzt besprechen.

126. **Bei Ihnen läutet das Telefon, doch der Anrufer hat sich verwählt. Was sagen Sie?**

   A) Tut mir leid, falsch verbunden!
   B) Ich rufe zurück!
   C) Da müssen Sie einen Moment warten.
   D) Das haben Sie mit Absicht gemacht!
   E) Am besten, Sie erkundigen sich bei der Störungsstelle!

127. **Im Fernsehen läuft ein spannender Film, da fällt plötzlich der Strom aus. Was sagen Sie?**

   A) Der Zusammenhang ist mir nicht klar.
   B) Das machen die mit Absicht.
   C) Ich glaube, gestern um diese Zeit war es viel heller.
   D) Das hat mir jetzt gerade noch gefehlt!
   E) Ob der Film jetzt weiterläuft?

128. **Sie wollen eine Theaterkarte kaufen und möglichst dicht an der Bühne sitzen. Was fragen Sie?**

   A) Was kosten die Plätze in der ersten Reihe?
   B) Sieht mich auch der Schauspieler?
   C) Ich habe gehört, vorn an der Bühne sieht man nicht gut?
   D) Ist der Platz auch gut besetzt?
   E) Wie lautet denn die Seriennummer der Karte?

129. **Sie möchten von Ihrem Chef einen Abschlag auf das nächste Gehalt bekommen. Was sagen sie?**

   A) Kann ich wohl eine Anzahlung leisten?
   B) Wären Sie wohl so nett, mich bevorzugt zuzulassen?
   C) Dürfte ich wohl die erste Rate gleich bezahlen?
   D) Würden Sie mir wohl den entsprechenden Kontoauszug zustellen?
   E) Könnte ich wohl einen Vorschuss erhalten?

130. Vor Ihren Augen geschieht ein Unfall. Sie stellen sich der Polizei als Zeuge zur Verfügung. Was sagen Sie?

A) Ich leide seit Tagen unter einem schweren Schuldgefühl.

B) Es wäre gut, wenn Sie mich über alles informieren könnten.

C) Die Berechnung der Schadenssumme ist ja wohl Sache der Versicherung und nicht der Polizei.

D) Ich habe alles ganz genau beobachtet!

E) Sie haben mich von Anfang an durchschaut.

131. Sie warten auf einen Zug, der nicht kommt. Sie gehen zum Aufsichtsbeamten und erkundigen sich nach dem Grund für die Verspätung. Was sagen Sie?

A) Ich wüsste gern, auf welchem Gleis ich den Zug erwarten kann.

B) Sehe ich das richtig, dass mein Zug vor fünf Minuten durchgefahren ist?

C) Wie lange dauert es noch, bis der Zug abfährt?

D) Können sie mir sagen, warum der Zug noch nicht eingetroffen ist?

E) Ich frage mich, wie lange der Zug noch halten will.

132. Sie waren im Kino, doch der Film missfiel Ihnen auf das Äusserste. Was sagen Sie zu Ihrem Bekannten?

A) Mein Puls ging schneller, mir stockte der Atem

B) Ich kann mich nicht erinnern, je etwas so langweiliges gesehen zu haben.

C) Ich fand es unwahrscheinlich, wie der Regisseur das Tempo der Inszenierung immer weiter erhöhte.

D) Dieser Regisseur hat einfach ein Gespür für ausgefallene Situationen und Atmosphäre.

E) Ich bin jetzt noch ganz aufgewühlt, so hat mich der Film getroffen.

133. Werner   : Ich habe gehört, Dein Vater liegt im Krankenhaus.
    Beate   : .....
    Werner   : Ich wünsche euch,dass euer Vater so rasch wie möglich wieder gesund wird.

    A) Das stimmt, er kam gestern nach Hause.
    B) Ganz so schlimm ist es nicht,er hat einen leichten Husten.
    C) Ja, leider, er hatte gestern einen Schlaganfall.
    D) Woher weisst du das?
    E) Ja, wir stehen praktisch vor dem Konkurs.

134. Katrin   : Ich fliege morgen nach England.
    Beate   : Das ist ja toll-wo soll's denn hingehen?
    Katrin   : ....
    Beate   : Und wo wirst du übernachten?
    Katrin   : Ach, ich habe überall Freunde und Bekannte.

    A) Ich denke, ich bleibe zwei Wochen in Frankfurt und dann vielleicht noch eine Woche im Norden.
    B) Ich werde wohl eine Woche in London verbringen und den Rest der Zeit vielleicht in Oxford.
    C) Die Route der Safari wird in der Regel durch den Veranstalter festgelegt.
    D) Es gibt so viele Länder, die ich noch nicht gesehen habe.
    E) Da sehe ich einfach auf den Stadtplan und entscheide mich dann.

135. Werner   : ....
    Günter   : Ach Herr je-wie kommt denn das?
    Werner   : Schwierigkeiten mit meinem Chef-er sieht immer alles anders.
    Günter   : Du musst halt lernen, dich anzupassen.
    Werner   : Sowas liegt mir eben nicht.

    A) Du weisst doch auch nicht, was du willst.
    B) Könntest du mir vielleicht 20 Mark leihen?
    C) Was du dir gestern geleistet hast, passt aber wirklich ins Bild.
    D) Du siehst wirklich sehr angegriffen aus, hast du Probleme?
    E) Wie es aussieht, werde ich wohl meine Arbeitsstelle verlieren.

136. Karsten : Das Fussballspiel gestern ging auch wieder verloren.
    Peter : Ihr habt da aber auch eine ganz schwache Mannschaft beisammen da ist ja nicht ein guter Spieler!
    Karsten : Die Elf ist schon in Ordnung-das Problem ist einfach unser Trainer.
    Peter : Aber der soll doch ganz gut sein?
    Karsten : ....

    A) Seine Qualität zeigt sich vor allem auf dem Fussballfeld.
    B) Er findet einfach keine Einstellung zu unserer Mannschaft.
    C) Nach dem dritten Sieg hintereinander muss man das bezweifeln.
    D) Das ist ja gerade der springende Punkt!
    E) Das musst du dir sehr genau überlegen!

137. Klaus : Hast du das Formular unterschrieben?
    Hans : Nein, noch nicht-wo denn?
    Klaus : Dort unten rechts-ohne Unterschrift ist dein Antrag ungültig.
    Hans : ....
    Klaus : Die gehen einfach davon aus, dass die Leute selbst so schlau sind.

    A) Das heisst, ich werde nicht zur Prüfung zugelassen?
    B) Wie konnte ich das nur vergessen!
    C) Was soll ich nur ohne dich machen?
    D) Aber so etwas muss einem doch gesagt werden!
    E) Woher weisst du das?

138. Agent : Wie Sie wissen, gilt für dieses Ticket eine besondere Bestimmung.
    Hans : Was soll das heissen?
    Agent : Der günstige Flugpreis macht eine Reihe von Einschränkungen unumgänglich
    Hans : Können Sie das etwas näher erklären?
    Agent : ....

    A) Sie dürfen zum Besipiel nur einmal bezahlen.
    B) Der Rückflug muss bereits vor dem Antritt der Reise stattfinden.
    C) Sie können nur zu den angegebenen Terminen reisen-eine Änderung der Flugdaten ist unmöglich.
    D) Sie haben nur die Wahl zwischen einem Waggon erster oder zweiter Klasse.
    E) Eine Flugversicherung kann nur dann abgeschlossen werden, wenn Ihr Ticket verfällt.

139. Fatma : Ich würde so gern einmal wieder nach England reisen.
Özlem : ....
Fatma : Ja, die Kosten sind das Problem. Aber denk an Oxford und Cambridge!
Özlem : Ich persönlich mag London am liebsten wir haben dort Bekannte.
Fatma : Na siehst du dann kannst du ja umsonst übernachten.

A) Aber das Britisch Pfund ist so teuer im Ankauf!
B) Dann lass uns doch zusammen verspielen.
C) Ich ziehe Deutschland vor.
D) Ich habe schon mein Flugticket in der Tasche.
E) Ja, dann tu's doch-deine Eltern sind doch reich!

140. Doktor : .....
Patient : Ich leide unter Schlaflosigkeit und schwerer Migräne
Doktor : Waren Sie deshalb schon einmal in Behandlung?
Patient : Schon mehrfach. Man hat mir Tabletten verschrieben, aber es wird einfach nicht besser.
Doktor : Dann werden wir jetzt mit einer neuen Behandlung beginnen.

A) Stehen Sie bereits in der Patientenkartei?
B) Ich möchte Sie bitten, zunächst etwas zu ihrem Beruf zu sagen.
C) Ich fürchte, eine Operation ist unvermeidlich.
D) Was hat man Ihnen denn von der neuen Therapie erzählt?
E) Ich möchte zuerst ganz genau erfahren, was Sie eigentlich für Beschwerden haben.

141. Kunde : Ich hätte gern zwei Karten für das Jazz-Festival im Dezember.
Verkäufer : Haben Sie denn schon Karten vorbestellt?
Kunde : Das nicht; Sie wollen doch nicht sagen, dass das Festival ausverkauft ist?
Verkäufer : ....
Kunde : Das ist jetzt das dritte Mal, dass mir das passiert. Ich komme immer zu spät.

A) Leider doch-und zwar schon seit einigen Tagen.
B) Der Programmablauf wird genauso sein wie bereits ausgedruckt.
C) Wir haben noch Karten in allen Preisklassen.
D) In welchem Rang möchten Sie denn sitzen?
E) Wie kommen sie denn auf die Idee?

142. Peter   : ....
    Klaus   : **Wo steckt das Problem?**
    Peter   : **Es ist das Verhältnis von Substraktion und Multiplikation, das mich irritiert.**
    Klaus   : **Aber für derartige Operationen benutzt man doch einen Computer!**
    Peter   : **Da sagst du was! Mathematik ist wirklich nicht meine Stärke!**

    A) Ich bin völlig vom Fahrweg abgekommen!
    B) Die Mischung der chemischen Substanzen ist völlig anders ausgefallen als ich erwartet habe.
    C) Es gelingt mir einfach nicht, diese Rechenaufgabe zu lösen!
    D) Würdest du mit mir ins Labor gehen?
    E) Wie lange soll es denn noch dauern, bis du endlich zu einem Ergebnis kommst?

---

143. - 159. sorularda verilen cümleye anlamca en yakın olan cümleyi bulunuz!

---

143. **Es tropfte von der Decke, denn das Dach des Hauses war nur notdürftig repariert.**

    A) Es regnete von oben, weil das Dach zu wenig Löcher hatte.
    B) Tropfen fielen herab, denn das Dach des Hauses war nicht sorgfältig instand gesetzt.
    C) Ein Dachschaden war die Ursache für die Zunahme der Regentropfen im Haus.
    D) Eine unzureichend ausgeführte Dachreparatur war schuld daran, dass es häufig regnete.
    E) Weil man das Dach des Hauses nicht wieder geschlossen hatte, regnete es munter von oben.

144. **Die Weigerung der Kommission, mit der Regierung zusammenzuarbeiten, hatte schwerwiegende Folgen.**

    A) Die Absage des Ausschusses an eine Kooperation mit der Regierung hatte ernste Konsequenzen.
    B) Das 'Nein' des Ausschusses überzeugte die Regierung davon, harte Massnahmen zu ergreifen.
    C) Die vergebliche Aufforderung der Regierung an die Kommission wurde mit der Aufkündigung der Zusammenarbeit beantwortet.
    D) Das Gremium widersetzte sich einer Zusammenarbeit mit der Regierung so sehr, dass diese über Konsequenzen nachdachte.
    E) Die negative Haltung der Gruppe zur Regierung blieb nicht ohne Widerhall.

145. **Es war ausserordentlich schwierig herauszufinden, wer die Bierdose auf das Spielfeld geworfen hatte.**

   A) Als eine Bierdose auf den Platz geworfen wurde, fragte sich jeder, ob man den Täter finden würde.

   B) Wem die Bierdose gehörte, die auf das Feld gefallen war, blieb unerfindlich.

   C) Es bedeutete keine leichte Aufgabe, den Täter zu finden, der die Bierdose auf den Platz geschleudert hatte.

   D) Es war eine Herausforderung, den Besitzer der Bierdose zu ermitteln, die dieser auf das Parkett geworfen hatte.

   E) Mit der Ermittlung des Täters, der seine Bierdose auf dem Spielfeld liess, begann eine schwierige Suche.

146. **Kurz, nachdem das Geschäft für immer geschlossen hatte, wurde auch das Gebäude abgerissen.**

   A) Das Geschäft verschwand, nachdem man das Haus abgerissen hatte.

   B) Die Demontage des Gebäudes nahm ihren Lauf, nachdem der Laden geöffnet hatte.

   C) Im Anschluss an die Schliessung des Geschäfts begann sein Wiederaufbau.

   D) Der Abriss des Hauses begann unmittelbar, nachdem man das Geschäft zugemacht hatte.

   E) Der Laden blieb verschlossen, obwohl man ihn vor dem Abriss verschont hatte.

147. **Die Eröffnung; des universitaren Studienjahres verlief weitgehend harmonisch und ohne Störungen.**

   A) Die Eröffnung verlief so ruhig und besonnen, dass das neue Studienjahr beginnen konnte.

   B) Die jährliche Zeremonie zu Beginn des Studienjahres war nur ein kleiner Zwischenfall.

   C) Am Anfang, des universitären Kalenders stand eine Eröffnungszeremonie mit kleinen Störungen.

   D) Die Zwischenfälle zu Beginn des Semesters blieben auf die Eröffnungszeremonie beschränkt.

   E) Als das neue Semester eröffnet wurde, gab es kaum Zwischenfälle.

148. **Um seine Verärgerung zu unterstreichen, wandte er sich ab und warf die Tür ins Schloss.**
   A) Er betonte seinen Missmut dadurch, dass er sich einfach umdrehte und die Tür zuknallte.
   B) Die Tatsache, dass er ihnen den Rücken zukehrte und die Tür zufallen liess, wurde als Ausdruck seiner Verstimmung gewertet.
   C) Er war so über alle Massen erbost, dass er auf dem Fusse kehrtmachte und die Tür suchte.
   D) Die Tür fiel zusammen: Er hatte sich in völliger Verärgerung abgewandt und verabschiedet.
   E) Sein lautstarker Auftritt liess die Tür erzittern und die Verärgerung deutlich werden, mit der er sich davonmachte.

149. **Nachdem er seine Rede gehalten hatte, wagte es wie üblich niemand, ein Wort zu sagen.**
   A) Seine Rede ging zu Ende, von allgemeiner Stille begleitet.
   B) Seine Rede war aus und jemand widersprach in gewöhnlicher Form.
   C) Als seine Rede zu Ende war, blieben alle still wie gewöhnlich.
   D) Das Ende seiner Rede wurde durch das bereits wohlbekannte Schweigen aller eingeführt.
   E) Die Tatsache, dass keiner auch nur einen Ton von sich gab, markierte kein normales Ende seiner Rede.

150. **Es ist bei Strafe verboten, den abgesperrten Bereich zu betreten.**
   A) Wer das abgesperrte Feld betritt, braucht eine Sondergenehmigung.
   B) Es ist bei Strafe nicht erlaubt, seinen Fuss ausserhalb des umsperrten Gebietes zu setzen.
   C) Der Bereich ist abgesperrt; er darf bei Strafe nicht umzäunt werden.
   D) Das Betreten des umzäunten Bereiches ist verboten und zieht keine Strafe nach sich.
   E) Die Verletzung des abgesperrten Gebietes ist verboten und steht unter Strafe.

151. **Die Erlaubnis wird nur dann erteilt, wenn der Vorgesetzte einverstanden ist.**
   A) Der Chef entscheidet letztlich, ob ein Einverständnis erzielt wird.
   B) Wenn der Boss seine Zusage zurückzieht, wird die Erlaubnis erteilt.
   C) Die Genehmigung ist abhängig vom Einverständnis des Chefs.
   D) Ein positiver Bescheid wird nur dann gegeben, wenn auch der Vorgesetzte seine Genehmigung zurückzieht.
   E) Wenn der Chef nicht will, kann die Zusage angefochten werden.

152. Der Kommissar wusste noch immer nicht, von welcher Tatzeit er ausgehen sollte.

A) Der Inspektor hatte sich noch keine Meinung darüber gebildet, welche Zeit nicht in Frage kam.

B) Der Kommissar war unschlüssig, ob er die Tatzeit ermitteln sollte.

C) Der Dedektiv wusste, dass die Zeit verstrich, um die Tat noch aufzuklären.

D) Der Kommissar hatte noch immer nicht herausgefunden, welche Tatzeit er zugrunde legen sollte.

E) Der ermittelnde Beamte erkannte noch immer nicht, in welchem Verhältnis Tat und Zeit zueinander standen.

153. Die moderne Popmusik verwendet mehr und mehr Synthesizer und andere elektronische Geräte.

A) Die Popmusik von heute greift wieder auf Synthesizer und andere altmodische Instrumente zurück.

B) Wer heute Popmusik produziert, braucht Synthesizer und elektronische Geräte nicht mehr.

C) Pop-Musiker verschwören sich immer mehr gegen Synthesizer und elektronische Geräte.

D) Kein Pop-Musiker kann es sich heute mehr leisten, Synthesizer und elektronische Geräte zu verwenden.

E) Die zeitgenössische Popmusik gebraucht in immer stärkerem Masse Synthesizer und weitere elektronische Hilfsmittel.

154. Wer sich vor Einbrechern wirksam schützen will, sollte eine ganze Reihe von Vorsichtsmassregeln beachten.

A) Wer vor Dieben sicher sein will, sollte eine ganze Reihe von vorbeugenden Massnahmen treffen.

B) Ein effektiver Schutz vor ungebetenen Gästen an der Haustür erfordert eine wirksame Massregelung der Täter.

C) Nur der ist vor Einbrechern sicher, wer verschiedene Regeln der Vorsicht ausser acht lässt.

D) Wer Einbrecher schon vorseitig abschrecken will, sollte alle Regeln der Vorsicht hinter sich lassen.

E) Ein guter Schutz vor Dieben an der Wohnungstür erfordert Vorsicht und wirksame Regeln des Verkehrs.

155. Auf dem Höhepunkt seines Ruhmes angelangt, begann er plötzlich, viele Verehrer zu verlieren.

A) Auf dem Gipfel seiner Macht wandten sich seine Verehrer von ihm ab.

B) Viele Fans verliessen ihn plötzlich, als seine Popularität am höchsten stand.

C) Als er die höchste Stufe seiner Anerkennung erreicht hatte, verlor er plötzlich viele Verschwörer.

D) Sein Ruhm stand auf dem Zenit, als seine Anhänger nach und nach verloren.

E) Der Verlust seiner Fans traf ihn auf dem Höhepunkt der Vorstellung.

156. Die Verleihung des Preises war unter den Mitgliedern des zuständigen Komitees nicht unumstritten.

A) Das zuständige Komitee beriet nur kurz über die Verleihung der Auszeichnung.

B) Das Gremium konnte sich über die Vergabe des Titels vorzeitig einigen.

C) Die Verleihung des Preises durch den Ausschuss blieb eine bis heute unaufgeklärte Entscheidung.

D) Einzelne Mitglieder der Fakultät legten gegen die Verleihung des Preises Widerspruch ein.

E) Die Vergabe der Auszeichnung rief bei einzelnen Beisitzern des Komitees Widerspruch hervor.

157. Der abschliessende Bericht der Kommision enthielt eine Reihe von sehr fragwürdigen Annahmen.

A) Der Schlussreport der Gruppe zeichnete sich durch wenig überzeugende Argumentationen aus.

B) Die letzten Worte des Ausschusses enthielten eine ganze Serie von wenig glaubhaften Anklagen.

C) Der Schlussbericht des Gremiums wies einige sehr zweifelhafte Behauptungen auf.

D) Die Fragwürdigkeit ihrer Annahmen wurde der Kommission schliesslich bewusst.

E) Der letzte Report des Gremiums beruhte auf einer Vielzahl von letztlich unzulässigen Angaben.

158. Manager müssen überall auf der Welt Führungsstärke und hohen persönlichen Einsatz zeigen.

A) Es ist grundsätzlich wichtig für Manager, dass sie ihre Mitarbeiter straff führen und sich zugleich wichtig machen.

B) Überall auf der Welt gilt die Regel, dass Manager unangefochten an der Spitze stehen und mit Energie Berichte schreiben.

C) Überall weiss man, dass Manager aufgrund ihres hohen persönlichen Einsatzes in Führung liegen.

D) Manager müssen weltweit straffe Führung und ausserordentliches persönliches Engagement beweisen.

E) Ein Manager ohne Führungsstärke, aber mit hohem persönlichen Engagement ist weltweit auffindbar.

159. Wer eine wissenschaftliche Arbeit schreibt, darf keine anderen Hilfsmittel verwenden als die, die er im Anhang der Arbeit zitiert.

A) Wer eine wissenschaftliche Arbeit verfasst, darf dabei nur Hilfsmittel gebrauchen, auf die in der Bibliographie der Arbeit verwiesen wird.

B) Wer eine wissenschaftliche Schrift aufsetzt, sollte dabei nur solche Hilfsmittel angeben, die auch tatsächlich erlaubt sind.

C) Die Abfassung einer wissenschaftlichen Arbeit verlangt einer korrekte Zitationsweise als Hilfsmittel für den letzten Teil der Arbeit.

D) Wer im Anhang seiner wissenschaftlichen Schrift Hilfsmittel zitiert, die er gar nicht verwendet, verstösst gegen die Regeln.

E) Das Verfassen einer wissenschaftlichen Abhandlung schreibt zwingend vor, dass nur Hilfsmittel verwendet werden, die im Anhang der Arbeit nicht zitiert sind.

---

160. - 162. soruları aşağıdaki metine göre cevaplayınız!

In der Türkei gibt es seit einiger Zeit einen dritten Fernsehkanal; dadurch wird sich die Attraktivität des türkischen Fernsehprogramms noch erhöhen. Gestiegen ist nicht nur die Zahl der ausländischen Serien und Spielfilme, die Woche für Woche ausgestrahlt werden - der aufmerksame Beobachter stellt auch fest, dass mehr türkische Filme als je zuvor im Programm vertreten sind. Ein weiterer Fernsehkanal, GAP, ist nur in ländlichen Bereichen der Türkei zu empfangen: Er soll gerade diese Bevölkerungsschichten besonders ansprechen.

160. Der dritte Fernsehkanal .... .

A) wird nirgendwo empfangen

B) vergiftet die Atmosphäre

C) steht zur Diskussion

D) ist geplant

E) steigert die Vielfalt des Programms

161. Türkische Zuschauer sehen noch mehr .... .

A) für weniger Geld

B) Nachrichten

C) vom GAP - Kanal

D) ausländische und einheimische Spielfilme

E) vom Nachbarn

162. GAP ist ein Programm .... .

A) für amerikanische Serien

B) ohne Empfänger

C) speziell für eine bestimmte Region

D) für Grosstädte

E) das über Kabel eingespeist wird

---

163. - 165. soruları aşağıdaki metine göre cevaplayınız.

Dass Rauchen schädlich ist, weiss man schon seit einiger Zeit: Übermässiger Nikotingenuss kann zu Lungenkrebs führen und eine ernsthafte Belastung für die Atemwege darstellen. Doch auch die Nichtraucher sind gefährdet, wie aus jüngsten Untersuchungen hervorgeht: Denn sie müssen stets einen Teil des Nikotins mit einatmen. Deshalb setzen sich die Nichtraucher immer stärker zur Wehr und organisieren sich: Auf Ihren Druck hin haben mehrere Bundesstaaten der USA ein völliges Rauchverbot für öffentliche Plätze ausgesprochen.

163. Wer raucht, ...

A) gefährdet auch andere

B) nimmt keine Risiken in Kauf

C) hat Spass

D) geht am besten in die USA

E) zerstört das Nikotin

164. Nichtraucher sind mitbetroffen, weil sie .... .

A) Ärger machen

B) gleichsam "passiv" rauchen

C) die Atemwege belasten

D) öffentliche Orte meiden

E) Nikotin produzieren

165. In den USA ist ... .

A) der Raucher gut dran

B) der Lungenkrebs besiegt

C) der Nichtraucher ohne Chance

D) Rauchen überall erlaubt

E) an vielen Orten das Rauchen verboten

166. - 168. soruları aşağıdaki metine göre cevaplayınız!

Atomkraftwerke sind nach wie vor umstritten. Zwar kann eine moderne Gesellschaft kaum ohne sie auskommen,doch bedürfen die Gefahren und Risiken der Nukleartechnologie besonderer Kontrolle und Aufmerksamkeit. Das Unglück von Tschernobyl machte vielen Menschen klar, welche schwerwiegenden Folgen gerade menschliches Versagen haben kann. Die Sicherheit eines Atomkraftwerks muss deshalb Vorrang vor allen anderen wirtschaftlichen Erwägungen haben. Zudem ist die Frage der Endlagerung des Atommülls nicht völlig gelöst. Eine Reihe von Lagerstätten, an die man zunächst gedacht hatte, erwiesen sich als weniger geeignet.

166. Atomkraftwerke .... .

A) brauchen den Menschen nicht

B) müssen den höchsten Anforderungen der Sicherheit genügen

C) können Bedienungsfehler gut verkraften

D) unterscheiden sich nicht von einem normalen Kraftwerk

E) bleibe Zukunftsmusik

167. Bedienungsfehler sind in Atomkraftwerken .... .

A) besonders gefährlich

B) ohne Bedeutung

C) von minimalem Einfluss

D) auszuschliessen

E) von Vorteil

168. Die Endlagerung des nuklearen Abfalls ist ..... .

A) nicht nötig

B) uninteressant

C) bis heute nicht befriedigend gelöst

D) eine Sache der Vergangenheit

E) kein Problem

> **169-171. soruları aşağıdaki metine göre cevaplayınız.**

Internationale Seminare und Konferenzen sind eine gute Möglichkeit für Wissenschaftler verschiedener Länder, ihre Forschungsansätze vorzustellen. Diese werden dann diskutiert, bewertet und meist in einem abschliessenden Band veröffentlicht. Häufig sind Sammelbände von Konferenzen und Symposia für den Leser besonders interessant, da hier die neuesten Theorien und Arbeitsergebnisse zu finden sind. Zudem wird deutlich, inwieweit sich die Forschung zu einem bestimmten Problembereich in einzelnen Ländern unterscheidet.

169. Konferenzen und Seminare ....

A) haben keinen Wert

B) sind auf ein Land beschränkt

C) bleiben verboten

D) dienen der Wissenschaft

E) stellen Sammelbände vor

170. Forschungsansätze sind in allen Ländern ..... .

A) verschieden

B) gleich

C) ohne Change

D) vereinigt

E) verbindlich

171. Wissenschaftler können auf einer internationalen Konferenz ..... .

A) die Theorie vernachlässigen

B) ihre Arbeit präsentieren

C) von sich ablenken

D) neue Theorien umgehen

E) Sammelbände beschlagnahmen

172. - 174. soruları aşağıdaki metine bakarak cevaplayınız.

Die Lufthansa und Turkish Airlines planen für das nächste Jahr eine gemeinsame Chartergesellschaft. Diese soll vor allem deutsche Urlauber an wichtige Ferienorte wie Antalya oder Izmir befördern. Eine gute Charterverbindung zwischen Deutschland und der Türkei hat sich in der Vergangenheit als immer wichtiger erwiesen, da mehr und mehr Touristen ihren Urlaub in der Türkei verbringen möchten und normale Linienflüge oft sehr teuer sind. Die Zusammenarbeit zwischen einer deutschen und einer türkischen Fluggesellschaft bedeutet zweifellos einen wichtigen Schritt in die Zukunft: Sie wird bei den Unternehmen einen Zuwachs an Fluggästen einbringen.

172. **Charterflüge in die Türkei .... .**

   A) kommen zu teuer

   B) sind unbeliebt

   C) werden immer gefragter

   D) haben keine Fluggäste

   E) gibt es niemals

173. **Normale Linienflüge .... .**

   A) sind billig

   B) wird es erst im nächsten Jahr geben

   C) sind durch Charterflüge zu ersetzen

   D) kosten oft viel Geld

   E) sind bei Urlaubern besonders beliebt

174. **Deutsche Urlauber .... .**

   A) meiden Orte wie Antalya oder Izmir

   B) bleiben lieber zuhaus

   C) brauchen keine Charterflüge

   D) ziehen Linienflüge vor

   E) wollen verstärkt in die Türkei kommen

> **175. - 177. soruları aşağıdaki metni okuyarak cevaplayınız.**

In der Türkei gibt es mit den 'Daily News' der 'Turkish Times' und 'Dateline' nunmehr drei Zeitungen in englischer Sprache: Nie zuvor wurden Ausländer so genau und gründlich informiert. Hinzu kommen die englischen Nachrichten im türkischen Fernsehen und im Radio: Die Türkei tut sehr viel für ihre ausländischen Besucher und Arbeitnehmer. Zusätzlich werden seit einem Jahr englische und amerikanische Filme im Original-Ton ausgestrahlt: Ein Service, der besonders gut ankommt und auch für Türken, die Englisch lernen wollen, sehr gut geeignet ist.

175. Englischsprachige Zeitungen in der Türkei ..... .

A) finden keine Leser

B) sind wichtig für ausländische Besucher und Arbeitnehmer

C) gibt es nicht

D) können ohne das Radio nicht existieren

E) vermitteln türkische Sprachkenntnisse

176. Spielfilme im englischen Original-Ton sind .... .

A) ausserordentlich beliebt

B) ein schlechter Service

C) nicht geeignet für Türken, die Englisch lernen wollen

D) Zukunftsmusik

E) nur in Türkisch zu empfangen

177. Wer gerne Englisch lernen will, ...

A) trifft in der Türkei auf keinerlei Angebote

B) sollte keine Filme im englischen Originalton sehen

C) sollte sich nicht informieren

D) liest am besten türkische Zeitungen

E) kann in der Türkei gleich drei englischsprachige Zeitungen lesen

> **178. - 180. soruları aşağıdaki metni okuyarak cevaplayınız!**

Ankara bezieht neuerdings Erdgas aus der Sowjetunion: Alle Haushalte wurden an das neue Verbundnetz angeschlossen. Überall in Ankara wurden neue Tunnelröhren verlegt, um die Zufuhr von Gas sicherzustellen: Die einheimischen Erdgasreserven der Türkei sind leider sehr begrenzt. Das neue Erdgas hat zudem den Vorteil, dass es nicht so geruchlos ist wie das einheimische Gas: Gas, das unbemerkt ausströmt, kann nun sehr leicht erkannt werden. Der Handel mit der Sowjetunion ist so auch für den Verbraucher von Vorteil.

178. **Türkisches Erdgas ..... .**

   A) wird in die Sowjetunion geleitet

   B) existiert nicht

   C) hat keine Tunnelröhren

   D) ist leider nur begrenzt vorhanden

   E) hat keinen Verbraucher

179. **Ankara ..... .**

   A) ist nicht auf Erdgas angewiesen

   B) braucht ausländisches Erdgas

   C) bleibt auch zukünftig ohne Erdgas

   D) verzichtet auf neue Tunnelröhren

   E) hat genügend Erdgas

180. **Auch der Verbraucher ..... .**

   A) baut neue Röhren

   B) wird leicht erkannt

   C) zieht aus dem Geschäft mit dem Erdgas Nutzen

   D) verzichtet auf das Verbundnetz

   E) guckt in die Röhre

---

181. - 183. soruları aşağıdaki metini okuyarak cevaplayınız!

Die DDR hat ihre Grenze nach Westdeutschland geöffnet: Was viele für unmöglich hielten, ist nun über Nacht Wirklichkeit geworden. Ein neuer Gesetzentwurf sieht sogar völlige Reisefreiheit für DDR-Bürger vor. Der Grund für diese Entwicklung, die auch für viele politische Beobachter überraschend kam, liegt in der einzigartigen Protestwelle, die die DDR überschwemmt: In Ost-Berlin etwa demonstrierten nicht weniger als eine Million Menschen gegen die eigene Regierung; die Zahl der Ausreiseanträge in den Westen hatte eine Rekordhöhe erreicht.

181. **Ein neues Gesetz soll ..... .**

   A) Bürgern Westdeutschlands die Reise in den Osten ermöglichen

   B) die Grenze sicherer machen

   C) Ausreiseanträge in den Westen stoppen

   D) die DDR politisch isolieren

   E) Einwohnern Ostdeutschlands die freie Einreise in den Westen garantieren

182. Zahlreiche Demonstrationen ..... .

A) künden vom Protest der DDR-Bürger

B) wurden bereits abgesagt

C) sind künftig illegal

D) bleiben ohne politische Bedeutung

E) gelten politischen Beobachtern.

183. Immer mehr DDR-Bürger ..... .

A) wollen in den Osten

B) kritisieren die Ausreisewelle aus dem eigenen Land

C) bleiben lieber zu Haus

D) wollen ihr Land verlassen

E) ziehen ihre Ausreiseanträge zurück

---

184. - 186. soruları aşağıdaki metne göre cevaplayınız.

Wer sich wirklich fit halten will, sollte auf eine gesunde Ernährung achten: Der menschliche Körper braucht jedes Element der Vitaminkette. Ärzte warnen deshalb seit langem vor einer allzu einseitigen Nahrungsaufnahme: vor allem ein Übermass an sogenannten Proteinen (= Eiweisstoffen) gilt als schädlich. Wer zu viele Proteine in sich aufnimmt, leidet häufig unter Übergewicht: Es sei denn, er treibt regelmässig Sport und baut auf diese Weise seine Kalorien wieder ab.

184. Eine ausgewogene Ernährung ..... .

A) ist völlig überflüssig

B) erfordert ein Maximum an Proteinen

C) wird von vielen Ärzten empfohlen

D) erspart die Vitaminkette

E) ist nicht zu empfehlen

185. Wer regelmässig Sport treibt, ...

A) braucht keine Vitamine

B) braucht wenige Vitamine

C) verbraucht keine Kalorien

D) missfällt den Arzten

E) verbraucht viele Kalorien

186. **Menschen, die zu dick sind, ...**
   A) zeigen, dass sie auf eine ausgewogene Ernährung viel Wert legen
   B) nehmen in der Regel zu viele Kalorien zu sich ohne diese abzubauen
   C) sollten auf keinen Fall einen Arzt aufsuchen
   D) brauchen keinen Sport als Ausgleich
   E) kennen kein Übergewicht

> **187. - 189. soruları, aşağıdaki metine bakarak cevaplayınız!**

Das deutsche Universitätswesen ist in einer Krise: Während man jahrelang die Förderung des wissenschaftlichen Nachwuchses vernachlässigte, drängten andererseits viel mehr Studenten auf die Universitäten als man zunächst erwartet hatte. Die Schätzungen der Politiker erwiesen sich schlichtweg als falsch: Viele Hörsäle sind heutzutage so überfüllt, dass nicht mehr alle Studenten Platz finden, Hinzu kommt die grosse Wohnungsnot, die in vielen deutschen Grosstädten herrscht: Nie waren die Ausbildungsbedingungen in Deutschland so schlecht wie heute.

187. **Deutsche Studenten ..... .**
   A) verteidigen die Politiker
   B) fördern den wissenschaftlichen Nachwuchs
   C) haben in der Regel eine Wohnung
   D) stehen schweren Problemen gegenüber
   E) werden immer weniger an der Zahl.

188. **Die Berechnungen der Politiker ..... .**
   A) gehen ganz richtig davon aus, dass immer mehr Studenten auf die Universitäten drängen
   B) wurden durch die Wirklichkeit widerlegt
   C) stehen noch aus
   D) müssen nicht korrigiert werden
   E) haben sich bestätigt

189. **Die Wohnungsnot in vielen deutschen Grosstädten ..... .**
   A) betrifft die Studenten nicht
   B) verbessert die Lage der Studenten
   C) verschlechtert die Situation der Studenten noch weiter
   D) hilft dem wissenschaftlichen Nachwuchs
   E) wird für das nächste Jahrzehnt erwartet

> **190. - 192. soruları, aşağıdaki metini okuyarak cevaplayınız!**

In der Presse tauchen immer wieder Berichte über sogenannte "Fliegende Untertassen" (UFO's) auf: Menschen berichten von angeblichen Begegnungen mit ausserirdischen Raumschiffen und Marsmenschen. Im Jahre 1989 sichteten sogar zwei Piloten der türkischen Fluggesellschaft "Turkish Airlines" ein unbekanntes Flugobjekt, das in einigen Kilometern Entfernung geflogen sein soll: Eine Anfrage bei der nächstgelegenen Flugüberwachung ergab, das der Flugkörper nicht auf dem Radarschirm auszumachen war. Andererseits schliessen die beiden Piloten eine natürliche Erklärung - z. B, dass es sich um einen Licht-oder Spiegelreflex gehandelt haben muss fast vollständig aus.

190. Ufo's ..... .
- A) sind in der Regel Piloten
- B) erscheinen stets auf dem Radarschirm
- C) halten die Phantasie der Menschen seit langem beschäftigt
- D) wurden 1989 nicht beobachtet
- E) überwachen den Flugverkehr

191. Licht-oder Spiegelreflexe ..... .
- A) werden mit der Kamera erzeugt
- B) dienen der Flugüberwachung
- C) gibt es nicht
- D) erscheinen in der Presse
- E) sind häufig die Ursache für fliegende Untertassen

192. Zwei Piloten der "Turkish Airlines" ..... .
- A) erkannten auf dem Radarschirm einen Düsenjäger
- B) begegneten der Flugüberwachung
- C) alarmierten die Presse
- D) sichteten ein unbekanntes Flugobjekt
- E) wurden als Ufo's entlarvt

> **193. - 195. soruları aşağıdaki metini okuyarak cevaplayınız!**

Theaterintendanten in Deutschland verdienen immer mehr: Jahresgehälter um 300 000 DM sind keine Seltenheit mehr. Die Intendanten können derartige Gehälter fordern, denn die Politiker reissen sich um sie: Persönlichkeiten wie Peter Zadek oder Claus Peymann haben praktisch die freie Auswahl, für welche Bühne sie arbeiten wollen. Deutsche Kultursenatoren akzeptieren sogar eine vertraglich abgesicherte Nebentätigkeit des Intendanten in anderen Städten.

193. Wer in Deutschland Theaterintendant ist, ...
A) braucht keinen Arbeitsvertrag
B) sucht meist die Politik
C) kennt in der Regel keine Bühne
D) verdient kaum etwas
E) hat es gut

194. Politiker versuchen ..... .
A) einen möglichst berühmten Theaterintendanten zu gewinnen
B) Städte zu bevormunden
C) Senatoren zu werden
D) sich aus dem Theater herauszuhalten
E) Intendanten zu entmachten

195. Auch Nebentätigkeiten von Intendanten
A) bleiben untersagt
B) sind zulässig
C) unterliegen der Zensur
D) sind steuerpflichtig
E) bleiben ohne Honorar

Cevap Anahtarı

1. E	26. A	51. E	76. B	101. C	126. A	151. C	176. A
2. B	27. B	52. C	77. E	102. A	127. D	152. D	177. E
3. B	28.	53. B	78. D	103. A	128. A	153. E	178. D
4. E	29. A	54. A	79. C	104. D	129. E	154. A	179. B
5. C	30. D	55. A	80. E	105. B	130. D	155. B	180. C
6. B	31. A	56. E	81. A	106. C	131. D	156. E	181. E
7. E	32. A	57. C	82. E	107. E	132. B	157. C	182. A
8. B	33. A	58. B	83. A	108. B	133. C	158. D	183. D
9. D	34. E	59. B	84. D	109. B	134. B	159. A	184. C
10. C	35. C	60. E	85. C	110. E	135. E	160. E	185. E
11. C	36. B	61. A	86. E	111. D	136. B	161. D	186. B
12. D	37. A	62. C	87. A	112. E	137. D	162. C	187. D
13. B	38. D	63. E	88. B	113. D	138. C	163. A	188. B
14. A	39. E	64. B	89. E	114. B	139. A	164. B	189. C
15. D	40. B	65. D	90. B	115. A	140. E	165. E	190. C
16. C	41. E	66. A	91. D	116. E	141. A	166. B	191. E
17. B	42. C	67. E	92. B	117. C	142. C	167. A	192. D
18. B	43. D	68. C	93. D	118. E	143. B	168. C	193. E
19. A	44. D	69. C	94. B	119. D	144. A	169. D	194. A
20. C	45. C	70. D	95. A	120. B	145. C	170. A	195. B
21. C	46. D	71. B	96. E	121. A	146. D	171. B	
22. D	47. A	72. E	97. C	122. E	147. E	172. C	
23. C	48. B	73. D	98. A	123. A	148. A	173. D	
24. C	49. D	74. D	99. D	124. B	149. C	174. E	
25. E	50. A	75. A	100. B	125. D	150. E	175. B	

PRÜFUNG 8

1- Bilden Sie Sätze im Perfekt.

1) Preise - (letztes Jahr) (stark) sinken
2) Mozart - (36 Jahre) sterben
3) Lehrling - einwerfen - wichtig, Brief
4) ihr -begreifen - Funktionsweise (Motor)
5) du - schneiden - klein, Finger
6) ihr - sich streiten - (um) Geld
7) ihr - (warum) (so) erschrecken
8) gestrig, Konzert - gefallen (/) - Publikum
9) reif, Apfel - fallen - Baum
10) Bild - (noch nie) hängen - diese, Wand
11) ? ihr-(warum) aussteigen (/)-letzte, Station
12) ? (welch-) Kind - aufhaben- rot, Mütze
13) Autoverkehr - (letzte Jahre) (erheblich) zunehmen
14) Schnur -(Transport) (plötzlich) reissen
15) Mehrere, wichtig, Akten - (bei, Brand) verbrennen
16) ich-(noch nicht) dürfen besuchen- Kranker
17) ? wer - betrügen - ihr - (um) Geld
18) ? ihr-(genau) vergleichen-beide, Berichte
19) Gäste-(leider) (ganz,Abend)schweigen
20) Dieb - stehlen - Koffer - Reisender
21) ? du - sich bewerben - frei, Stelle

1) ....
2) ....
3) ....
4) ....
5) ....
6) ....
7) ....
8) ....
9) ....
10) ....
11) ....
12) ....
13) ....
14) ....
15) ....
16) ....
17) ....
18) ....
19) ....
20) ....
21) ....

2- Bilden Sie Sätze im Plusquamperfekt!

1) eins (Kinder) - lügen
2) nichts - übrigbleiben - gut, Kuchen
3) Bauer - (noch nie) sein - Ausland
4) Mädchen - tun - alles - Liebe
5) Firma - zusenden - Ware - Kunde
6) Jüngster (Familie) - werden - Koch
7) Auto - (über Nacht) verlieren-viel, Öl
8) Kleine - (nach, Bergtour) (sofort) einschlafen
9) Brief - (nie) ankommen - Empfänger
10) Überraschung - gelingen - Brüder
11) manche - sehen, kommen- Unglück
12) (drei, deutsch) Journalisten-fliegen - Sudan
13) Kommissar - ausdenken - schlau, Plan
14) Schüler (Pl.) – verbringen - ganz, Ferien-Bauernhof
15) Bier - fliessen - frisch, Tischtuch
16) Raimund-(Jugend) mögen (/)-scharf, Essen
17) Christine - (hinunter) schwimmen - Fluss
18) sie-(nie) verzeihen-Verwandte (Pl.) (ihr Mann)
19) Andreas - bitten - Freund - Rat
20) Polarforscher - erfrieren - eisig, Kälte
21) Alexander - (Geburtstagsfeier) verderben- Magen

1) ....
2) ....
3) ....
4) ....
5) ....
6) ....
7) ....
8) ....
9) ....
10) ....
11) ....
12) ....
13) ....
14) ....
15) ....
16) ....
17) ....
18) ....
19) ....
20) ....
21) ....

3- Bilden Sie Sätze im Präteritum!

1) Sonne - (Dienstag) scheinen - ganz, Tag
2) ältest-, Sohn - heissen - (wie) Vater
3) Hungersnot - gegen Ende (Krieg) ausbrechen
4) alt, König - (sonntags) reiten - Ufer (See)
5) Kinder (Bauer) - aufwachsen - (bei) Tante
6) Herr Häberle - sich zwingen - (zu) Schweigen
7) Frau Klein - (zweimal, Woche) anrufen- Bekannter
8) ich - sich befinden - schwierig, Lage
9) Theaterproben-(früh,Nachmittag) beginnen
10) Katze - springen - niedrig, Mauer
11) Susanne - (früh, Morgen) verlassen - Hotel
12) Tochter (Nachbar)-(plötzlich) laufen-Strasse
13) Frau Altmann-aufheben-alle-alt, Fotografien
14) Fremder- (richtig) aussprechen - Name
15) Biene - Stechen - Soldat - Hand
16) Patient-(nach,Operation) wiegen-65 kg
17) ich -kennen-blond,Student-vom Sehen
18) Schüler-vollschreiben-fünf,ganz,Blätter
19) Bäcker - schieben - Brot - heiss, Ofen
20) schwarz, Taxi - biegen - Ecke
21) Wartende (Pl. - (ruhig) sich verhalten

1) ....
2) ....
3) ....
4) ....
5) ....
6) ....
7) ....
8) ....
9) ....
10) ....
11) ....
12) ....
13) ....
14) ....
15) ....
16) ....
17) ....
18) ....
19) ....
20) ....
21) ....

4- Bilden Sie Sätze im Präteritum!

1) Kinder-ausblasen-Kerzen, Weihnachtsbaum
2) Ärztin- (rasch) verbinden- bluten, Wunde
3) Dagmar-leihen -prima, Kochbuch- Freundin
4) suchen, Brief - liegen - (hinter) Schrank
5) Maus - verschwinden - hoch, Gras
6) Grenzbeamte (Pl.) - schiessen - Luft
7) neu, Reich-entstehen-(aus) (beide) Staaten
8) Hausmeister - fahren - Wagen - Garage
9) wir - (Wochenende) fangen - Fische
10) Unternehmen - anbieten - Lehrstelle - Marianne
11) Beate - (Während, Kur) (nur einmal, Tag) essen
12) Onkel-(früher) besitzen-einige,alt, Uhren
13) Anton-schlagen-Nagel-Hammer - Wand
14) Doris - (oft) vergessen - Schirm - Cafe
15) Stunden, (bis) Rettung - (quälend langsam) vergehen
16) Diplomat-(gegen Mittag) eintreffen-Iran
17) Ellen - (ganz, Morgen) singen - Schlager (Pl.)
18) Geschäftsmann - nennen - Kunde-Betrüger
19) niemand - erraten - Name (Komponist)
20) wir-anstossen-(auf) Gesundheit (Jubiläum)
21) Maler - streichen - Türen + Fenster

1) ....
2) ....
3) ....
4) ....
5) ....
6) ....
7) ....
8) ....
9) ....
10) ....
11) ....
12) ....
13) ....
14) ....
15) ....
16) ....
17) ....
18) ....
19) ....
20) ....
21) ....

5- Verben mit Dativ - und Akkusativobjekt!

Bilden Sie mit den folgenden Wörtern Sätze im Präteritum.
Beispiel: Händler - bringen - Ware - Kunde
Der Händler brachte dem Kunden die Ware

1) man - leihen - Langlaufskier - Reisende (Pl.)
2) Tante - schenken - spanisch, Keramik - Brautpaar
3) Reisebüro - empfehlen - Hotel, Berge , Franzose
4) Händler - verkaufen - kitschig, Bild-Tourist
5) Dichter - vorlesen - früh, Gedichte - Zuhörer (Pl.)
6) Regime - erlauben - Ausreise - Schriftsteller
7) Saal - (Mitte Mai) übergeben (Passiv) - Öffentlichkeit
8) Ich - sich merken - Nummer (Motorrad)
9) Presse - vorwerfen - Unfähigkeit - Minister
10) man - anbieten - ruhig, Zimmer, jung, Ire
11) Birgit-senden-Grüsse, (aus) Italien-Kollege
12) Gepäckträger-abnehmen - Koffer - alt, Frau
13) Aktentasche - stehlen (Passiv) - Hotelgast
14) Fabrik - liefern - Ersatzteile, Radio - Kunde
15) Schüler (Pl.) - vorspielen - Sonate, Mozart - Eltern
16) Präsident - reichen - Hand - Preisträger
17) Franziska - mitteilen - neu, Anschrift - Institut
18) Geschäftsmann - schulden - hoch, Betrag - Bank
19) Arzt - überlassen - Entscheidung - Frau (Kranker)
20) Firma - schicken - Rechnung, 350 Mark - Fotograf

1) ....
2) ....
3) ....
4) ....
5) ....
6) ....
7) ....
8) ....
9) ....
10) ....
11) ....
12) ....
13) ....
14) ....
15) ....
16) ....
17) ....
18) ....
19) ....
20) ....

6- Verben mit Präpositionalobjekt

Bei den folgenden Sätzen steht zwischen Verb und Objekt eine Präposition. Bilden Sie die Sätze im Präteritum!

1) Schüler (Pl.) - sich freuen - baldig, Beginn (Ferien)
2) Klaus - helfen - Franzose - Übersetzung (Brief)
3) Assistent - sich vorbereiten - Tätigkeit, Uni Hamburg
4) Johanna - erinnern - Onkel - früher, Versprechen
5) Redner - bitten - lärmen, Zuhörer (Pl.) - Ruhe
6) jung, Frau - sich kümmern - krank, Vater
7) Gast - (traurig) denken - bevorstehen, Abreise
8) Professor-sich unterhalten-Student-Examen
9) Minister - sich ärgern - Schlamperei* (Behörde)
10) Lehrer - sich beschäftigen - Geschichte (Heimatdorf)
11) Verkäuferin-sich verlieben-neu, Briefträger
12) Müllers - sich wundern - plötzlich, Reich-tum (Nachbar)
13) Kind - sich fürchten – Gespenster
14) Kundin - sich beklagen - schlecht, Qualität (Ware)
15) Ärztin - sich freuen - schnell, Erholung (Patient)
16) wir - sich erkundigen - Beamter – Abfahrtszeiten
17) Tante - aufpassen - sechsjährig, Neffe
18) diese, Inselgruppe - (vor, Krieg) gehören - Japan
19) Geräte - bestehen - fest + beweglich, Teile
20) Forscher - sterben - selten, Tropenkrankheit

1) ....
2) ....
3) ....
4) ....
5) ....
6) ....
7) ....
8) ....
9) ....
10) ....
11) ....
12) ....
13) ....
14) ....
15) ....
16) ....
17) ....
18) ....
19) ....
20) ....

7- Verben mit Präpositionalobjekt

1) flüchten, Räuber-achten (/)-stark, Verkehr
2) Berufstätige (Pl.)-sich gewöhnen - verändert, Arbeitszeit
3) Evelyn - ausgeben - ganz, Geld - Süssigkeiten
4) Kranke - glauben - baldig, Entlassung
5) Otto - einladen - Freunde - zwanzigster, Geburtstag
6) Arme (Pl.) - hoffen - rasch, Besserung (Not)
7) Politiker -sich sehnen - Ruhe (Ferien-wohnung)
8) Ingenieur - (ganz, Woche) warten - Lieferung (Automat)
9) Zeitungen - berichten - Ankunft (spanisch, König)
10) schwer, Rotwein - passen (/) - dieses, Essen
11) Vertreter-betrügen-Firma-hoch, Geldsumme
12) Daniela-beneiden-Freundin-neu, Kleid
13) Herr Bauer-zweifeln - Echtheit (Unterschrift)
14) Stadtrat-sich entscheiden - Abriss (baufällig, Brücke)
15) Schauspielerin - erkranken - fiebrig, Erkältung
16) Touristen - erschrecken - riesig, Elefant
17) warm, Kleidung, schützen-Bergsteiger-Kälte
18) Mädchen-sich vertiefen-alt, Märchenbuch
19) Richard - sich beschweren Nachbar laut, Musik.
20) Spaziergänger (pl.) - warnen (Passiv) - Betreten (Eis)
21) Tuch - riechen - frisch, Obst

1) ....
2) ....
3) ....
4) ....
5) ....
6) ....
7) ....
8) ....
9) ....
10) ....
11) ....
12) ....
13) ....
14) ....
15) ....
16) ....
17) ....
18) ....
19) ....
20) ....
21) ....

8- Verben mit Präpositionalobjekt

1) viele - sich interessieren - neuer, russisch, Geschichte
2) Carola - (langsam) sich erholen - anstrengend, Reise
3) man - gratulieren - Philosoph - achtzigste, Geburtstag
4) Vertreter-sich verabreden-Herr Wagner-vier Uhr
5) Schüler - sich bewerben - Post - Ferienjob
6) Fachleute - halten - Prof. Feld - ausgezeichnet, Biologe
7) Regierung - bestehen - sofortig, Abreise (Diplomat)
8) Koch - beginnen - Zubereitung (Hase)
9) Zuhörer (Pl) - wollen (6) aufhören - Zwischenrufe
10) Freunde - sich entschliessen - Reise, Türkei
11) Tobias - zählen - Beste (Pl.) (Klasse)
12) Dieb - sich verstecken - Polizei - Mauer
13) Autofahrer - danken - Mechaniker - schnell, Reparatur
14) Hausbewohner (Pl.) - leiden - ständig, Strassenlärm
15) Fluggäste - sich verabschieden - jung, Pilot
16) Geschäftsmann - sich trennen - lang - jährig, Partner
17) Werner - (sofort) eintreten - neu, Sportverein
18) Firma - sich entschuldigen - Kunde - lang, Lieferzeit
19) Prinzessin-erkennen-Prinz-königlich, Zepter
20) Opfer (pl.) (Überschwemmung) - sich wenden - Rotes Kreuz
21) ehrlich, Finder - verzichten - Belohnung

1) ....
2) ....
3) ....
4) ....
5) ....
6) ....
7) ....
8) ....
9) ....
10) ....
11) ....
12) ....
13) ....
14) ....
15) ....
16) ....
17) ....
18) ....
19) ....
20) ....
21) ....

9- Verben mit Präpositionalobjekt

1) Angeklagter-(heftig) reagieren-Aussage (Zeuge)
2) jung, Mann - sich befreien - Einfluss (Freunde)
3) Diktator - zwingen - Volk - Gehorsam
4) man-raten-Abiturient -länger, Auslandsaufenthalt
5) Parteien - (spät, Abend) sich einigen - Kompromiss
6) Kaiser Karl V. - herrschen - gross, Reich
7) er-müssen sich konzentrieren - bevorstehen, Aufgaben
8) Lied - stammen - unbekannt, Komponist (17. Jahrhundert)
9) zwei, Frauen - streiten - klein, Kind - in Theaterstück
10) Sekretärin - teilnehmen - zweiwöchig, Fortbildungskurs
11) Sosse - schmecken - griechisch, Wein
12) Ärzte - fürchten - Leben (Verunglückter)
13) Solarenergie - dienen - Erwärmung (Wasser)
14) Richter - verurteilen - Einbrecher - Freiheitsstrafe
15) Historiker-vergleichen-Römer (Pl.)- Griechen
16) Schatzsucher - sich verlassen - Angaben (alt, Seekarte)
17) Bäcker - (jeden Morgen) vorbeifahren - unser, Haus
18) Mechaniker - sich bemühen - rasch, Behebung (Schaden)
19) Einwohner (Pl.) - wählen - Max Huber Bürgermeister
20) Lehrer - (nicht viel) halten - neu, Methode
21) befragt, Student - zögern - Antwort

1) ....
2) ....
3) ....
4) ....
5) ....
6) ....
7) ....
8) ....
9) ....
10) ....
11) ....
12) ....
13) ....
14) ....
15) ....
16) ....
17) ....
18) ....
19) ....
20) ....
21) ....

10- Verben mit Präpositionalobjekt

1) viel, Menschen-sich aufregen, staatlich, Massnahmen
2) 12)Familie (Arbeitslose)-geraten-schwierig, Lage
3) Erfolg (Versuch)- abhängen - Zuverlässig-keit (Computer)
4) Frau Heil - erwarten - Entschuldigung - Mitarbeiter (Pl.)
5) Gefangener-nachdenken - traurig, Schicksal
6) Reporter -fragen-Physiker-Aufgaben (Satellit)
7) Verkäufer - antworten (/) - Frage (klein, Junge)
8) Gast - (eilig) greifen - Schirm
9) Funktion (neu, Automat)-bestehen-Kontrol-le (Geräte)
10) Landwirte - klagen - schlecht Ernte
11) Eltern - sich Sorgen machen - nervös, Kind
12) Patient - leiden - schwer, Leberkrankheit
13) Freundin (Karla) - sich begeistern - modern, Ballett
14) er - übersetzen - Gedichte - Polnisch, Deutsch
15) Besucher - staunen - Grösse (Parkanlage)
16) bei, Freunde - wetten - Kasten Bier
17) es - ankommen - möglichst hoch, Punktzahl - bei, Spiel
18) Namen (Teilnehmer, Pl.) - ordnen (Passiv) - Alphabet
19) Material - zerfallen - viel, klein, Teile
20) Wirtin - sorgen - Wohl (spät, Gäste)
21) Ärzte - rechnen - Ausbreitung (Epidemie)

1) ....
2) ....
3) ....
4) ....
5) ....
6) ....
7) ....
8) ....
9) ....
10) ....
11) ....
12) ....
13) ....
14) ....
15) ....
16) ....
17) ....
18) ....
19) ....
20) ....
21) ....

Aktiv und Passiv

11- Umformungen vom Aktiv ins Passiv

1) In dem Märchen frisst der Wolf die Grossmutter.
2) Der Arzt verband den Verletzten.
3) Alle entlaufenen Pferde fing man wieder ein.
4) Leider giesst Sie das Bäumchen zu wenig.
5) Weshalb verrät man ihren Namen nicht?
6) Fast hätte ihn ein Felsbrocken erschlagen.
7) Den Schmuck vergrub man im Garten.
8) An der Grenze hielt man den Wagen nicht an.
9) Den Brief las man ihnen nicht vor.
10) An einem Nachmittag schoss man zwanzig Hasen.
11) Man brät das Fleisch nur kurz.
12) Hunde beissen oft Briefträger.
13) Dann reibt man die Platten mit einem feuchten Tuch ab.
14) Warum verbietet man brutale Filme nicht?
15) Um 6 Uhr befahl man den Angriff auf die Insel.
16) Man nahm seine Entschuldigung an.
17) Wann behebt man diese Panne?
18) Man bäckt gerade Brot.
19) Man vergleicht ihn oft mit Napoleon.
20) Wann vermisst man den Bauplatz?

1) ....
2) ....
3) ....
4) ....
5) ....
6) ....
7) ....
8) ....
9) ....
10) ....
11) ....
12) ....
13) ....
14) ....
15) ....
16) ....
17) ....
18) ....
19) ....
20) ....
21) ....

12- Umformungen vom Passiv ins Aktiv

1) Uns wird nur selten geholfen.
2) Die Bücher werden ihm aus der Hand gerissen.
3) Oft wird er von ihr Willi genannt.
4) Rasch wurde ein Kollege gerufen.
5) Von wem wird die Zeitung gebracht?
6) An der Küste wird hauptsächlich Fisch gegessen.
7) Ihm wurde eine Woche Zeit gegeben.
8) Ihm wird die Kamera nur für den Urlaub geliehen.
9) Wird die Tante von euch zum Bahnhof gefahren?
10) Ich wurde um eine schnelle Antwort gebeten.
11) Seit dieser Zeit wird der Nachbar gemieden.
12) Die Abfälle werden vom Gärtner verbrannt.
13) Das Versprechen wurde von ihm gebrochen.
14) Die Flamme wurde vom Wind ausgeblasen.
15) Der Polizist wurde von einem Geschhäftsmann bestochen.
16) Die Wette wurde von ihrem Bruder gewonnen.
17) Insgesamt wurden von dem Künstler 92 Gemälde geschaffen.
18) Der Wagen wurde von einem Soldaten beladen.
19) Von den Dieben wurden nur teure Uhren gestohlen.
20) Von dir wird viel gesprochen.
21) Den Touristen werden gute Weinlokale empfohlen.

1) ....
2) ....
3) ....
4) ....
5) ....
6) ....
7) ....
8) ....
9) ....
10) ....
11) ....
12) ....
13) ....
14) ....
15) ....
16) ....
17) ....
18) ....
19) ....
20) ....
21) ....

13- Aktiv/Passiv-Umformungen mit Modalverben

Formen Sie die Sätze vom Aktiv ins Passiv um oder umgekehrt. Beachten Sie, dass die Modalverben "wollen" und "möchten" im Aktiv bei der Umformung ins Passiv umwandelt werden sollen.

1) Man darf den Braten nur wenig salzen.
2) Den Brief mußte man dreimal umschreiben.
3) Man möchte niemanden zwingen.
4) Beim Kartenspiel kann er nicht betrogen werden.
5) Man sollte Menschen nicht anschreien.
6) Man wollte kein Kind vergessen.
7) Dieses Gemüse sollte man klein schneiden.
8) Für dieses Konzert muß nicht geworben werden.
9) Demnächst soll die neue Oper eröffnet werden.
10) Diese Schere müßte man schleifen.
11) Es durfte keine Zeit verloren werden.
12) Das Auto konnte nicht angeschoben werden.
13) Zeitungen hatte man nicht senden dürfen.
14) Das Geheimnis konnte nicht länger verschwiegen werden.
15) Zwischen beiden Begriffen muß klar unterschieden werden.
16) Vielleicht kann man die Kosten weiter senken.
17) Die Rahmen müssen vom Maler zweimal gestrichen werden.
18) Dieses Plakat hätte nicht aufgehängt werden dürfen.
19) Solche Hüte werden im Frühling getragen.
20) Ihr dürft von niemandem gesehen werden.

1) ....
2) ....
3) ....
4) ....
5) ....
6) ....
7) ....
8) ....
9) ....
10) ....
11) ....
12) ....
13) ....
14) ....
15) ....
16) ....
17) ....
18) ....
19) ....
20) ....

14- DİE PARTIZIPIEN

Beispiele: (sprechen) Vogel   ein Vogel, der spricht
ein **sprechender** Vogel/**sprechende** Vögel
der **sprechende** Vogel / die **sprechenden** Vögel

(ziehen) Zahn   ein Zahn, den man gezogen hat (der gezogen wurde)
ein **gezogener** Zahn/**gezogene** Zähne
der gezogene Zahn/die gezogenen Zähne

(kochen) Wasser   Wasser, das kocht
kochendes Wasser / das **kochende** Wasser

a) (passen) Kleid ....
(verschwinden) Ausweis ....
(stehlen) Münze ....
(schlafen) Mädchen ....
(untersuchen) Substanz ....
(einwerfen) Brief ....
(schweigen) Fremder ....
(gelingen) Versuch ....
(benutzen) Geschirr ....
(aufregen) Film ....
(gut erziehen) Hund ....
(werden) Mutter ....
(brennen) Zweig ....
(bestellen) Ware ....
(sich bewegen) Maschinenteil ....
(reiben) Käse ....
(blühen) Blume ....
(fliegen) Fisch ....
(gelten) Regel ....
(entlassen) Arbeiter ....
(gewinnen) Spiel ....
(verraten) Geheimnis ....
(ausschneiden) Artikel ....
(erwarten) Anwort ....
(füllen) Flasche ....
(versprechen) Belohnung ....
(frisch streichen) Wand ....
(sich streiten) Nachbarn ....
(bevorstehen) Gespräch ....

(anstecken) Krankheit ....
(leuchten) Stern ....
(vergessen) Tuch ....
(verlieren) Schlüssel ....
(fragen) Blick ....
(fehlen) Schraube ....
(beleidigen) Wort ....
(vergiessen) Milch ....
(abwiegen) Paket ....
(versalzen) Suppe ....
(vorschlagen) Reise ....
(entdecken) Versteck ....
(bemalen) Blatt ....
(verbieten) Handlung ....
(drohen) Bewegung ....
(unterbrechen) Fahrt ....
(vertreiben) Volk ....
(folgen) Sendung ....
(mahlen) Kaffee ....
(drucken) Prospekt ....
(zunehmen) Lärm ....
(zerreissen) Hose ....
(verschieben) Termin ....
(senden) Konzert ....
(warten) Kunde ....
(öffnen) Schrank ....
(finden) Tasche ....
(verderben) Wurst ....
(überarbeiten) Plan ....

b) (sinken) Schiff ....
(abfliessen) Wasser ....
(sterben) König ....
(sich entwickeln) Industrie ....
(lieben) Frau ....
(sich ändern) Form ....
(fliehen) Affe ....

(sich spalten) Partei ....
(zufrieren) See ....
(sich betrinken) Gast ....
(schmelzen) Fett ....
(landen) Flugzeug ....
(zerfallen) Reich ....
(eintreten) Besucher ....

15- Umwandlung einfacher Relativsätze

Formen Sie die Relativsätze in Partizipien um!

Beispiel: Ein Getränk, das wärmt ...   Ein wärmendes Getränk ...

1) Die Spannungen, die sich verschärften, ...
2) Alle Kisten, die man ablud, ...
3) Die Temperatur von Wasser, das kocht, ...
4) Keine Tatsachen, die erschrecken, ...
5) Einige Aufführungen, die enttäuscht haben, ...
6) Keine Entschuldigung, die überzeugte, ...
7) Schirme, die vertauscht worden waren, ...
8) Wegen der Müllbeseitigung, die sich verteuert, ...
9) Alle deutschen Vereine, die aufgezählt wurden, ...
10) Die Namen der Bergleute, die man retten konnte, ...
11) In dem Hotel, das brannte, ...
12) Die Argumente, die sich widersprachen, ...
13) Die Freude über den Sprung, der gelang, ...
14) In der Wohnung der Frau, die man angeklagt hatte, ...
15) Welche Menschen, die verletzt, wurden, ...
16) Vier der Neonröhren, die eingeschaltet worden waren, ...
17) Ein Grossteil der Gebühren, die man gesenkt hatte, ...
18) Die Teilnahme an dem Kurs, den man anbietet, ...
19) Der historische Wert der Dokumente, die fehlen, ...
20) Eine Diskussion, die nicht enden will, ...
21) Viele Menschen, die zu Alkoholikern wurden, ...

1) ....
2) ....
3) ....
4) ....
5) ....
6) ....
7) ....
8) ....
9) ....
10) ....
11) ....
12) ....
13) ....
14) ....
15) ....
16) ....
17) ....
18) ....
19) ....
20) ....
21) ....

16- Umwandlung einfacher Relativsätze

1) Das Schicksal der Menschen, die man vermiete, ...
2) Die Aufregung um das Kind, das schrie, ...
3) Neben der Maschine, die pfiff, , ...
4) Wegen der Aktionen, die man befahl, ...
5) Die Höhe des Gewinns, den man sich erhofft hatte, ...
6) Ein Bewohner des Hauses, das man durchsuchte, ...
7) Der Bedarf an Ersatzteilen, die passen, ...
8) Im Gesicht des Mannes, der schlief, ...
9) Meine Freunde, die sich versammelt haben,...
10) Der Ärger über manche Bilder, die man ausstellte, ...
11) Die Stimme des Mädchens, das um etwas bat, ...
12) Die Farbe der Vorhänge, die man wusche,...
13) Die Wiederholung des Experiments, das misslang, ...
14) Der Mangel an Prospekten, die man gedruckt hat, ...
15) Die Ursache der Tendenz, die abnimmt, ...
16) Der Verkauf von Kleidungsstücken, die gebraucht sind, ...
17) Die Fortsetzung der Sitzung, die man unterbrochen hat, ...
18) Die Veranstaltungen des Semesters, das jetzt kommt, ...
19) Die silbernen Strahlen des Mondes, der aufging, ...
20) Man genoss die Ruhe, die wohltat.
21) Die Familie sammelte sich um den Mann, der starb.

1) ....
2) ....
3) ....
4) ....
5) ....
6) ....
7) ....
8) ....
9) ....
10) ....
11) ....
12) ....
13) ....
14) ....
15) ....
16) ....
17) ....
18) ....
19) ....
20) ....
21) ....

17- Umwandlung erweiterter Relativsätze

Beispiel: Der Zug, **der über die Brücke fährt,**   Der **über die Brücke fahrende** Zug
     1   2   3   4   1   2   3   4

1) Die Hölzer, die im Fluss schwammen, ...
2) Die Ansprache, die der Rundfunk übertrug, ...
3) Alle Zweige, die die Kinder abbrachen, ...
4) Das Alter der Skelette, die man kürzlich ausgrub, ...
5) Das Volk, das ein Diktator belügt, ...
6) Der Fuchs, den ein Auto überfuhr, ...
7) Keine der Lampen, die über dem Tisch hingen, ...
8) Das Kabel, das die beiden Geräte verband, ...
9) Der Ärger über Treffen, die man ständig verschieb, ...
10) Viele Zeitschriften, die sich der Student ausleiht, ...
11) Von den Münzen, die in der Schublade lagen, ...
12) Zu den Politikern, die man häufig nennt, gehören ...
13) Die Sosse, die nach Paprika roch, ...
14) Ein paar Kunstwerke, die der Bildhauer schuf, ...
15) Der Einbrecher, der auf seine Verfolger schoss, ...
16) Andere Kompromisse, die der Abgeordnete vorschlug, ...
17) Die Tropfen, die der Arzt verschreibt, ...
18) Aus dem Keller drang Rauch, der in die Augen biss, ...
19) Die Diskussion, die die Opposition zwang, ...
20) Die Konzentration, die man in Abgasen mass, ...

1) ....
2) ....
3) ....
4) ....
5) ....
6) ....
7) ....
8) ....
9) ....
10) ....
11) ....
12) ....
13) ....
14) ....
15) ....
16) ....
17) ....
18) ....
19) ....
20) ....

18- Umwandlung erweiterter Relativsätze

1) Die Grenzlinie, die in der Mitte des Tales verläuft, ...
2) Die Mädchen, die beim Rockkonzert ohnmächtig wurden, ...
3) Wegen der Aufgaben, die ständig schwieriger werden, ...
4) Der 48 jährige Schriftsteller, der in Frankfurt lebt, ...
5) Der Radfahrer, den mehrere Wespen stachen, ...
6) Die Kinder, die in dem eiskalten Wind froren, ...
7) Ein Arzt, der zur Hilfeleistung verpflichtet ist, ...
8) Der Alte, der auf einem Esel ritt, ...
9) In das Versteck, das ein Soldat verriet, ...
10) Mehrere Patienten, die an Krebs litten, ...
11) Alle Personen, die man gerade aufgerufen hat, ...
12) Das Schiff, das langsam am Horizont verschwand ...
13) Die Halle, die nach kaltem Rauch stank, ...
14) Beide Medikamente, die der Chirurg erprobte, ...
15) der Schweiss, der über das Gesicht rann, ...
16) Viele Deutsche, die früher in Russland waren, ...
17) Das Spiel, das mit einem Unentschieden endete, ...
18) Jeder Kandidat, der sich um das Amt bewirbt, ...
19) Der Minister, den sein Staatssekretär vertritt, ...
20) Die Bedeutung des Treffens, das die Presse verschwieg, ...
21) Unter den Vögeln, die über die Felder flogen, ...

1) ....
2) ....
3) ....
4) ....
5) ....
6) ....
7) ....
8) ....
9) ....
10) ....
11) ....
12) ....
13) ....
14) ....
15) ....
16) ....
17) ....
18) ....
19) ....
20) ....
21) ....

19- Bildung von Gerundiven

Formen Sie die Relativsätze in Partizipien Gerundive um!

Beispiel: Die Tiere, die man beobachten kann (muss, soll) ...
die man beobachten konnte (musste, sollte) ...
die beobachtet werden können (müssen usw.) ...
Die **zu beobachtenden** Tiere, ...
die beobachtet werden konnten (mussten usw.), ...
die sich beobachten lassen (liessen), ...
die zu beobachten sind (waren), ...

1) Alle Reparaturen, die der Elektriker durchführen muß, ...
2) Trotz vieler Aufgaben, die wir erledigen müssen, ...
3) Die Beträge, die eingespart werden können, ...
4) Die Hindernisse, die die Pferde überwinden müssen, ...
5) Ein Gegner, den man ernst nehmen muß, ...
6) Schäden, die sich nur schwer beheben lassen, ...
7) Die Gewebeproben, die man untersuchen muß, ...
8) Einige der Stipendien, die zu vergeben sind, ...
9) Die Mißstände, die bekämpft werden müssen, ...
10) Kennzeichnend für die Methode, die sich hier anwenden lässt, ...
11) Soziale Veränderungen, die man nicht übersehen kann, ...
12) Alle Artikel, die übersetzt werden müssen, ...
13) Angebote, die man nicht verachten sollte, ...
14) Nur Tendenzen, die sich graphisch darstellen lassen, ...
15) Bei den Fällen, die als nächstes zu bearbeiten sind, ...
16) Sämtliche Teile, die zusammengesetzt werden können, ...
17) Die Menge des Abfalls, der beseitigt werden muß, ...
18) Eine neue Zahnpasta, die die Verbraucher testen sollen, ...

1) ....
2) ....
3) ....
4) ....
5) ....
6) ....
7) ....
8) ....
9) ....
10) ....
11) ....
12) ....
13) ....
14) ....
15) ....
16) ....
17) ....
18) ....

20- Konjunktiv II
Einfache Sätze: Ich würde alles andersmachen.
Bilden Sie Hauptsätze im Konjunktiv II. Verwenden Sie dabei Pronomen (er, sie, es usw.) und Pronominaladverbien (darum, darüber usw.)!

Beispiele: Klara kümmert sich nicht um den Garten.   Ich würde mich darum kümmern.
Sebastian kaufte das teure Gerät.   Ich hätte es nicht gekauft.

1) Er begann erst spät mit der Arbeit
2) Sie schrieb sich keine Namen auf.
3) Ute kann den Brief nicht übersetzen.
4) Er strich das Tor rot.
5) Man verbot ihm das Rauchen.
6) Er übersah die Ausfahrt nach Ulm.
7) Sie ist bei diesen Sachen viel zu oberflächlich. (gründlich)
8) Sie schlief bis zum Mittagessen.
9) Er stiess mit dem Kopf an.
10) Lotte nahm sich keinen Kuchen.
11) Heidi fuhr geradeaus. (abbiegen)
12) Er konnte es sich leisten.
13) Meine Eltern waren dagegen.
14) Alex wird sofort böse.
15) Ihr brannte der Braten an.
16) Rita wich der Frage aus.
17) Er darf das Auto benutzen.
18) Er griff in dem Streit die beiden ein.
19) Edi hatte kein Bier im Haus.

1) ....
2) ....
3) ....
4) ....
5) ....
6) ....
7) ....
8) ....
9) ....
10) ....
11) ....
12) ....
13) ....
14) ....
15) ....
16) ....
17) ....
18) ....
19) ....

21- Irreale Bedingungssätze: Was wäre, wenn...?
Einfache Sätze: Ich würde alles anders machen.

Bilden sie irreale Bedingungssätze! Verwenden Sie dabei nach Möglichkeit Pronomen, und vermeiden Sie Negationen!

Beispiele: Es regnet; ihr müßt im Haus feiern. (Sonne/im Freien)
Wenn die Sonne scheinen würde, könntet ihr im Freien feiern.
(Würde) die Sonne scheinen, (so/dann) könntet ...)

1) Christian arbeitete noch und mußte im Büro bleiben. (fertig/mitfahren)
2) Wir sind unglücklich, weil es so viele Prüfungen gibt.
3) Ich hoffe, dass ihr alle einen Sitzplatz bekommt. (schade sein/stehen müssen)
4) Sein Lebenstraum erfüllte sich leider nicht, denn er wurde nicht Weltmeister.
5) Jutta blieb nur bis 6 Uhr, und so konnte er mit ihr nicht mehr sprechen.
6) Anne stolperte; deshalb traf sie der Schneeball nicht.
7) Walter wird hoffentlich nicht krank, sonst kann unser Fest nicht stattfinden, (wir, absagen)
8) Lisa wurde nicht gefangen, weil sie sich versteckt hatte.
9) Mit blossem Auge siehst du keine Rehe (Fernglas, haben)
10) Er überlebte den Unfall nur, weil er auf dem Rücksitz sass. (vorne /ums Leben kommen)
11) Dank dem Stadtplan fand ich zu dem Museum, (sich verlaufen)
12) Das Fieber sank, und wir brauchten einen Arzt. (steigen/rufen)
13) Der Wagen stand im Freien und sprang nicht an. (Garage)

1) ....
2) ....
3) ....
4) ....
5) ....
6) ....
7) ....
8) ....
9) ....
10) ....
11) ....
12) ....
13) ....

22- Irreale Wunschsätze: Wenn ich nur könnte!

Bilden Sie Wunschsätze, und verwenden Sie dabei Pronomen! Bilden Sie die Vergangenheitsformen ohne die Konjunktion wenn!

Beispiele: Bernd hat wenig Zeit. **Wenn er doch / nur mehr Zeit hätte!**
  Sandra fuhr nicht weg. **Wäre sie doch / nur weggefahren!**

1) Rainer blieb in der teuren Wohnung. (ausziehen) ....

2) Er tanzt so schlecht. ....

3) Sie briet den Fisch zu kurz. ....

4) Die Kleine isst zu wenig ....

5) Seine Schwester spricht immer so laut. ....

6) Er liss sich operieren. ....

7) Er wird ständig kritisiert. ....

8) Uta versuchte es nur zweimal. ....

9) Sie hat so viel zu tun. ....

10) Sie will einfach nicht. ....

11) Frau Thieme ist immer noch nicht fertig. ....

12) Der Chef hatte wenig Vertrauen in den Buchhalter. ....

13) Er wusch sich die Hände nicht. ....

14) Der Gast schenkte dem Kind keine Briefmarken. ....

15) Leider darf der Patient noch nicht aufstehen. ....

16) Ich muß leider auch zu der Feier gehen. (brauchen) ....

17) Leider wurde nichts gefunden. ....

18) Sie liess die Kerze brennen. (ausblasen) ....

19) Er trank Wasser aus dem See. ....

20) Leider hat die Bank schon zu. ....

21) Matthias schoss nur ein Tor. ....

22) Ich konnte leider nicht mit. ....

23) Zu unserem Bedauern sagte sie ab. (dabei sein) ....

24) Er starb viel zu früh. (älter werden) ....

23- Irreale Vergleichsätze:
Tu nicht so, als ob...!
Beispiel: a) Anna ist nicht reich. b) Sie hat nicht im Lotto gewonnen.
  Sie gibt aber viel Geld aus,
  a) als ob / als wenn sie reich wäre. / als wäre sie reich.
  b) als ob/als wenn sie im Lotto gewonnen hätte./als hätte sie im Lotto gewonnen.

1) a) Wolfgang ist kein Spanier.
   b) Er war ein einziges Mal in Spanien,
   c) Er lebte nie unter Spaniern.
   d) Er hat nur einen Kurs besucht.
   Aber er spricht Spanisch,
   a) als ob ....
   b) ....
   c) ....
   d) ....

2) a) Der Mann will die Strassenbahn nicht überholen.
   b) Die Polizei ist nicht hinter ihm her.
   c) Er muß nicht den letzten Zug erreichen.
   d) Kein Tiger verfolgt ihn.
   Er rennt aber die Straße entlang,
   a) ....
   b) ....
   c) ....
   d) ....

3) a) Monika hatte meine Frage ganz bestimmt erwartet.
   b) In Wirklichkeit wußte sie die Antwort schon.
   c) Wir sprachen nicht zum erstenmal darüber. (nie)
   d) Sicher hatte sie den Namen schon oft gelesen. (erstesmal)
   Sie schaute mich aber überrascht an,
   a) ....
   b) ....
   c) ....
   d) ....

24- Indirekte Rede

Formen Sie die folgenden Erzählungen in die indirekte Rede um!

Das Fest fiel ins Wasser* (nicht gelingen, nicht stattfinden (idiomatisch))

1) Ali und seine Frau wollten ein Fest im Dorf veranstalten.
2) Sie waren aber sehr arm.
3) Deshalb baten sie jeden Gast: »Bring bitte eine Flasche Wein mit!"
4) Bevor die Gäste in das Haus traten, schütteten sie ihren Wein in ein vorbereitetes Fass am Eingang.
5) Dann wurden sie zum Tisch geführt.
6) Ali füllte die Gläser mit dem mitgebrachten Wein.
7) Das Erstaunen war gross, als man zu trinken begann.
8) Die Gläser enthielten reines Wasser.
9) Sehr schnell begriff man, was geschehen war.
10) Jeder Gast hatte gedacht: "Meine Flasche Wasser wird bestimmt nicht auffallen, denn alle anderen bringen ja Wein."
11) Beschämt gingen die Gäste nach Hause.

Es wird erzählt,

1) Ali und seine Frau .... ein Fest im Dorf ....
2) Sie .... aber sehr arm ....
3) Deshalb .... sie jeden Gast .... , ... eine Flasche Wein ....
4) Bevor die Gäste in das Haus .... , sie .... ihren Wein in ein vorbereitetes Fass am Eingang ....
5) Dann .... sie zum Tisch ....
6) Ali .... die Gläser mit dem mitgebrachten Wein ....
7) Das Erstaunen .... gross .... , als man zu trinken ....
8) Die Gläser .... reines Wasser ....
9) Sehr schnell .... man .... , was ....
10) Jeder Gast .... , ... Flasche Wasser .... bestimmt nicht .... , denn alle anderen .... ja Wein ....
11) Beschämt .... die Gäste nach Hause ....

24a- Eine Lehre

1) Ein Dieb schlich einmal in den Hof eines Mannes, denn er wollte ein Pferd stehlen.
2) Man sah ihn aber kommen und nahm ihn gefangen.
3) Da fragte ihn der Besitzer des Pferdes: "Kannst du mir die Kunst zeigen, wie man ein Pferd stiehlt?
4) Wenn ich es von dir lerne, wirst du freigelassen."
5) Der Dieb war einverstanden und wurde von seinen Fesseln befreit.
6) Nun trat er an das Pferd heran und löste den Strick an dessen Füssen
7) Dann rief er laut: "Seht alle zu mir!"
8) Rasch sprang er auf das Pferd, trieb es an und verschwand um die Ecke.
9) Obwohl ihn mehrere Männer verfolgten, gelang es keinem, ihn zu fangen.

Es wird erzählt, dass

1) ein Dieb .... einmal in den Hof eines Mannes ...., denn er .... ein Pferd ....

2) Man .... ihn aber .... und ....

3) Da .... ihn der Besitzer des Pferdes .... , ... die Kunst ...., wie man ein Pferd ....

4) Wenn .... von ...., ... freigelassen.

5) Der Dieb .... einverstanden .... und von seinen Fesseln ....

6) Nun .... er an das Pferd .... und .... den Strick an dessen Füssen ....

7) Dann .... er laut ...., alle .... zu ....

8) Rasch .... er auf das Pferd .... , ... es .... und .... um die Ecke ....

9) Obwohl ihm mehrere Männer .... , ... es keinem ...., ihn zu fangen.

24b- Die drei Wetten

1) Eines Tages sah der König vor Senime Palast einen Mann mit einem Huhn stehen.
2) Er liess ihn zu sich kommen und fragte ihn: "Möchtest du mir das Huhn verkaufen?"
3) Der Mann antwortete: "Ich habe in Eurem (alte Anrede heute durch "Sie" ersetzt) Namen gewettet und für Euch dieses Huhn gewonnen".
4) Drei Tage später erschien der Mann mit einem Schaf.
5) Er übergab es dem König mit den Worten: "Ich schenke es Euch, denn ich habe wiederum eine Wette gewonnen."
6) Am übernächsten Tag kam der Mann mit leeren Händen, aber in Begleitung eines zweiten Mannes.
7) Die beiden wurden in den Palast geführt.
8) Der König fragte: "Habt ihr mir nichts mitgebracht?"
9) Der Mann erwiderte: "Ich habe mit meinem Begleiter in Eurem Namen 2000 Rupien verloren.
10) Nun komme ich zu Euch und bitte um das Geld."
11) Da schenkte ihm der König die Summe und sagte lächelnd: "Spiele nie wieder in meinem Namen!
12) Von heute an mußt du die Folgen deiner Wetten selbst tragen."

Es wird erzählt,

1) Der König .... eines Tages vor seinem Palast einen Mann mit einem Huhn ....
2) Er .... ihn zu sich .... und ihn .... , ... das Huhn verkaufen ....
3) Der Mann .... , ... im Namen des Königs .... und für .... das Huhn
4) Drei Tage später .... der Mann mit einem Schaf ....
5) Er .... es dem König mit den Worten .... , ... es .... , denn .... wiederum eine Wette ....
6) Am übernächsten Tag .... der Mann mit leeren Händen, aber in Begleitung eines zweiten Mannes ....
7) Die beiden .... in den Palast ....
8) Der König .... , ... nichts mitgebracht ....
9) Der Mann .... , ... mit .... Begleiter im Namen des Königs 2000 Rupien ....
10) Nun .... zum .... und .... um das Geld.
11) Da .... ihm der König die Summe .... und lächelnd .... , ... nie wieder in .... Namen ....
12) Von .... Tag an .... die Folgen .... Wetten selbst tragen.

25- Die Ansprache des Präsidenten nach der Wahl

1) "Ich bin vom Volk gewählt worden und freue mich über meinen Sieg.

2) Ich bin dankbar, dass man mir die Chance gibt, das Land aus der Krise herauszuführen.

3) Die letzte Regierung konnte ihre Chance nicht nutzen.

4) Die Lage war noch nie so ernst.

5) Die Zeit ist reif für eine Wende.

6) Es durfte einfach nicht so weitergehen.

7) Denken Sie nur an die Politik von Präsident Kohler!

8) Ich sah das alles schon lange kommen.

9) Leider konnten die Probleme in der Vergangenheit nicht überwunden werden, obwohl sie schon sehr alt sind.

10) Schon vor zehn Jahren kannte man sie.

11) Immer wieder forderte ich einen Kurswechsel und wurde deshalb dauernd angegriffen.

12) Meine politischen Gegner wollen einfach nicht aus der Geschichte lernen.

13) Meine Politik dient dem Frieden und ist die einzig mögliche Politik.

14) Die Opposition kann das nicht verstehen.

15) Ich erinnere mich sehr gut, dass sie das noch nie verstehen konnte.

16) Ich frage mich: Kann es da eine Alternative geben?

17) Meine Wähler wissen, dass es keine gibt.

18) Deshalb wurde ich auch Präsident.

19) Ich möchte aber nicht von Vergangenem sprechen.

20) Man muß vorwärts blicken.

21) Ich verspreche, dass die notwendigen Reformen auf allen Gebieten bald durchgeführt werden.

22) Zwar darf sich kein Bürger Illusionen machen, aber zu Pessimismus besteht nicht der geringste Grund.

23) Liebe Bürger, bauen wir gemeinsam an einer neuen Zukunft!"

In seiner Rede sagte der Präsident,

1) .... vom Volk .... und .... über .... Sieg.

2) Er .... dankbar, dass man .... die Chance ...., das Land aus der Krise herauszuführen.

3) Die letze Regierung .... ihre Chance nicht ....

4) Die Lage .... noch nie so ernst ....

5) Die Zeit .... reif für eine Wende.

6) Es .... einfach nicht so ....

7) Man .... nur an die Politik von Präsident Kohler ....

8) .... das alles schon lange ....

9) Leider .... die Probleme in der Vergangenheit nicht ...., obwohl sie schon sehr alt ....

10) Schon vor zehn Jahren .... man sie ....

11) Immer wieder .... einen Kurswechsel .... und .... deshalb dauernd ....

12) Seine politischen Gegner .... nicht aus der Geschichte ....

13) .... Politik .... dem Frieden und .... die einzig mögliche Politik

14) Die Opposition .... das nicht ....

15) .... sehr gut, dass sie das noch nie ....

16) .... , ... es da eine Alternative ....

17) .... Wähler ...., dass es keine ....

18) Deshalb .... auch Präsident ....

19. .... aber nicht von Vergangenem ....

20) Man .... vorwärts ....

21) ...., dass die notwendigen Reformen auf allen Gebieten bald ....

22) Zwar .... sich kein Bürger Illusionen ...., aber zu Pessimismus .... nicht der geringste Grund.

23) Der Präsident forderte die Bürger auf, sie .... gemeinsam an einer neuen Zukunft bauen.

Genitivbildung

Ergänzen Sie die fehlenden Artikel und Adjektivendungen!

Beispiel: Tasche (jung, Frau)
    a) **Singular:** die Tasche der jungen Frau
           die Tasche einer jungen Frau
    b) **Plural:**   die Taschen der jungen Frauen
           (die) Taschen junger Frauen
    oder: (die) Taschen von jungen Frauen

26- 1) Reise (holländisch, Tourist)

a) die Reise   —————— holländisch—— Tourist ——
         —————— holländisch—— Tourist ——

b) die Reisen —————— holländisch—— Touristen
         —————— holländisch—— Touristen

oder: —————— holländisch—— Touristen

2) Direktor (staatlich, Bank)

a) der Direktor —————— staatlich——— Bank
         —————— staatlich——— Bank

b) die Direktoren —————— staatlich——— Banken
         —————— staatlich——— Banken

oder: —————— staatlich——— Banken

3) Roman (jünger, Autor)

a) der Roman —————— jünger——— Autors
         —————— jünger——— Autors

b) die Romane —————— jünger——— Autoren
         —————— jünger——— Autoren

oder: —————— jünger——— Autoren

4) Brief (Überlebender)

a) der Brief   —————— Überlebend——
         —————— Überlebend——

b) die Briefe   —————— Überlebend——
         —————— Überlebend——

oder: —————— Überlebend——

27- Genitivbildung

In der Übung sind Genitive zu bilden und die Artikel zu ergänzen. Wenn das Wort kursiv gedruckt ist, verwenden Sie den bestimmtel Artikel.

Beispiele: **Ball (klein, Junge)**   **der Ball eines kleinen Jungen**

1) Sohle (recht, Fuss)
2) Notwendigkeit (rasch, Handeln)
3) Wirkung (dieser Gedanke)
4) Erhaltung (dauerhaft, Frieden)
5) Schreibung (italienisch, Name)
6) Zeichen (gut, Wille)
7) Garten (Familie Meier)
8) Tod (König Ludwig II.)
9) Bevölkerung (ganz, Luxemburg)
10) Gramm (rein, Gold)
11) Ansprache (spanisch, Katholik)
12) Behandlung (krank, Herz)
13) Spässe (rothaarig, Affe)
14) Geruch (frisch, Kaffee)
15) Briefe (jung, Goethe)
16) Ei (Columbus)
17) Kultur (heutig, Japan)
18) Aussprache (Russisch)
19) Engänzung (zweiter Paragraph)
20) Anwendung (kalt, Wasser)
21) Befreiung (irisch, Gefangener)
22) Pässe (zwei, Touristen)
23) Herstellung (hölzern, Fass)
24) Pflicht (jeder Christ)
25) Ideen (Sozialismus)
26) Geburt (Christus)
27) Menschen (jedes Alter)
28) Abteil (erste Klasse)
29) Feiertage (Monat Mai)
30) viele (unsere Kollegen)

28- Apposition

Beispiel: Wir trafen Herrn Fischer   (= Chefarzt der Klinik)
            Wir trafen Herrn Fischer, **den Chefarzt der Klinik.**

1) Zum Essen gab es Gyros. (=griechisches Nationalgericht)
2) Der erste Preis ging an. Bötel. (=Laborantin aus Kiel)
3) Bei dem Bewerber handelt es sich um W. Kerner. (=50 jähriger Angestellter aus Hamburg).
4) Von Koechel (=österreichischer Jurist und Musikgelehrter) stammt das Verzeichnis der Werke Mozarts.
5) Am Mittwoch (=dritter März) findet im Hotel "Continental" eine Jubiläumsfeier statt.
6) Zunächst befragte das Gericht den einzigen Zeugen (= 43 Jähriger Archtitekt aus Berlin).
7) Professor Sommerfeld lehrt an der Universität Köln (=eine der ältesten Hochschulen Deutschlands).
8) Die Abiturienten diskutierten mit Herrn XY (= Vorsitzender der CDU).
9) Das Institut erwarb mehrere Manuskripte Albert Einsteins (=Begründer der Relativitätsheorie).
10) Die Tagung dauerte von Montag (=29 Juni) bis Mittwoch (=1. Juli).
11) Die Katze ging an Tollwut (=durch Viren übertragene Krankheit) ein.
12) Zu Beginn möchte ich Frau von Mangoldt (=Leiterin des Instituts) für ihre Mithilfe danken.
13) Als Versammlungsort wählte man Icking (=kleiner Ort im Süden Münchens).
14) Der Schriftsteller arbeitet an einer Biografie Ludwigs II. (=berühmter bayerischer König).

1) ... Gyros, ...
2) ... Frl. Bötel, ...
3) ... um W. Kerner, ...
4) Von Koechel, ..., ...
5) Am Mittwoch, ..., ...
6) ... Zeugen, ...
7) ... Köln, ...
8) ... Herrn XY, ...
9) ... Einsteins, ...
10) ... von Montag, ... bis Mittwoch, ...1. Juli.
11) ... an Tollwut, ..., ein.
12) ... Frau von Mangoldt, ..., ...
13) ... Icking, ...
14) ... Ludwigs II., ...

29- Nominalisierung von Verben

In den folgenden Übungen sind einfache Sätze in nominale Ausdrücke umzuformen. Achten Sie darauf, ob vor dem Subjekt ein Artikel steht.

Beispiel: Der Zug kam an.   **die Ankunft des Zuges**
                      Züge kamen an.   **die Ankunft von Zügen**

1) Zahlen wurden addiert.
2) Die Schwestern ähneln sich.
3) Die Substanz wurde analysiert.
4) Unser Nachbar hat sich beschwert.
5) Die Gläubigen beten.
6) Die Straße wurde blockiert.
7) Die Apfelbäume blühten.
8) Er blutet nicht mehr (Stillstand)
9) Der Vulkan brach aus.
10) Das Schloss brannte.
11) Laub wurde verbrannt.
12) Die Gäste wurden untergebracht.
13) Ein Arbeiter verdient 2500.-DM.
14) Die Journalisten diskutierten.
15) Die Illustrierte wurde gedruckt.
16) Das Regime unterdrückt das Volk.
17) Der Biologe empfahl einen Test.
18) Der Streik wurde beendet.
19) Man vollendete das Bauwerk.
20) Das Munitionslager explodierte.
21) Der Strom fiel aus.
22) Ihr Haar ist gefärbt.
23) der Archäologe fand ein Grab.
24) Zwei Verbrecher flohen.
25) Es fror zum erstenmal.
26) Man führte Lebensmittel ein.
27) Die Komödie wurde aufgeführt.
28) Eine Tochter wurde geboren.
29) Die Stadt ist von Wald umgeben.
30) Die Befragung ergab nichts.
31) Das Gemälde wurde zurückgegeben
32) Der Pat gilt bis 30. Juni.
33) Es glüht unter der Arsche.
34) Der Verstorbene wurde begraben.
35) Man grub die Statue aus.

30- Nominalisierung von Verben

1) Die Armee greift an.
2) Die Polizei griff ein.
3) Der Musikant hat etwas vor.
4) Er hält sich in Rom auf.
5) Der Brief enthielt eine Bitte.
6) Das Medikament enthält Alkohol.
7) Der Beamte verhielt sich falsch.
8) Die Familie hält zusammen.
9) Man handelt mit Pelzen.
10) Das Drama handelt von ...
11) Er hängt vom Geld ab.
12) Die Massnahmen hängen zusammen.
13) etwas, was mich hindert ... (gross)
14) Der Soldat gehorcht.
15) Die Patientin hört schlecht.
16) Während man ihn hypnotisierte.
17) Gemüse wird importiert.
18) Der Chirurg hatte sich geirrt.
19) Der König jagte einen Hirsch.
20) Man muß die Vorschriften kennen.
21) Das Zeugnis wird anerkannt.
22) Die Armen klagten über die Not.
23) Die Glocken klingen.
24) Die Gruppe kam im Hotel unter.
25) Was J. S. Bach komponierte...
26) Er konnte gut reden.
27) Es wurde ein Motor konstruiert.
28) Die Diktate werden korrigiert.
29) Die Umstehenden lachten.
30) Man entliess fünf Arbeiter.
31) Der Mietvertrag läuft ab.
32) Der Matrose hatte viele erlebt.
33) Ein Flugplatz wurde angelegt.
34) Man legte einen Termin fest.
35) Der Gasthof liegt günstig.
36) Die Mühe hatte sich gelohnt.

31- Nominalisierung von Verben

1) Die Retter wurden belohnt.
2) Man massierte ihm den Rücken.
3) Man vermass das Grundstück.
4) Das Tier vermag gut zu hören.
5) Die Einladung wird angenommen.
6) Er benahm sich schlecht.
7) Alle Zeugen wurden vernommen.
8) Der Apparat nützt wenig. (gering)
9) Man benutzte das Rad oft.
10) Sie eröffnete ein Konto.
11) Abkommen werden veröffentlicht.
12) Ein neuer Satellit wird erprobt.
13) Zuerst wurden Röcke anprobiert.
14) Dort wird Stahl produziert.
15) Die Betrogene rächte sich.
16) Der Dozent riet zu einem Kurs.
17) Man berät Klienten.
18) Der Angegriffene reagiert rasch.
19) Man reisst die Fabrik ab.
20) Der Franzose reitet gut.
21) Der Fernseher wurde repariert.
22) Die Suppe riecht würzig.
23) Man riskiert viel. (gross)
24) Der alte Herr rief an.
25) Man berief einen Professor.
26) Das Mädchen schämte sich.
27) Die Gäste verabschiedeten sich.
28) Der Diplomat entschied sich.
29) Die Scheine unterscheiden sich.
30) Der Termin wurde aufgeschoben.
31) Man schoss den Hubschrauber ab.
32) Der Gefangene wurde erschossen.
33) Das Gespräch wurde abgeschlossen.
34) Institute wurden geschlossen.
35) Wie Schinken schmeckt....
36) Man schneidet tief.

32- Nominalisierung von Verben

1) Die Frauen erschraken.
2) Diebe wurden abgeschreckt.
3) Man beschrieb die Umgebung.
4) Der Bericht wurde abgeschrieben.
5) Die Einwohner wurden geschützt.
6) Der Zeuge schwört.
7) Dokumente wurden durchgesehen.
8) Die Braut sieht hübsch aus.
9) Viele sehnen sich nach Glück.
10) Wir sind zusammen.
11) Der Vorsitzende wurde abgesetzt.
12) Die Firma setzt Millionen um.
13) Der Chor singt.
14) Inge hatte sich Geld erspart.
15) Sie spricht die Wörter gut aus.
16) Der Vater versprach ihm ein Rad.
17) Die Delegierten widersprachen.
18) Das Konzert wurde besprochen.
19) Der Leopard sprang hinauf.
20) Die Mücken stachen.
21) Der Kommissar wurde bestochen.
22) Dort enstanden Städte.
23) Die Maschinen stehen still.
24) Man versteht meine Lage. (für).
25) Seit das Institut besteht...
26) Die Angeklagte gesteht.
27) Die Brieftasche wurde gestohlen.
28) Die Kosten stiegen.
29) Der Gipfel wurde bestiegen.
30) Man versteigerte alte Teppiche.
31) Die Abfälle stinken.
32) Als man die Wand strich ... (bei)
33) Zwei Mieter stritten sich.
34) Der Düsenjäger ist abgestürzt.
35) Mehrere Büros wurden durchsucht.
36) Man sucht Mr. X. (nach)

33- Nominalisierung von Verben

1) Taucher versuchten es. ....
2) Man tauschte Spione aus. ....
3) Der Kandidat war enttäuscht. ....
4) Er trug Zahlen in ein Heft ein. ....
5) Man übertrug das Länderspiel. ....
6) Als man Kisten wegtrug ... (bei) ....
7) Der Bürgermeister trat zurück. ....
8) Man darf die Räume betreten. ....
9) Sie vertritt einen Kollegen. ....
10) Der Verkäufer betrog uns. ....
11) Der Alte hat es getan. ....
12) Der Richter urteilte mild. ....
13) Man beurteilte die Diplomarbeit. ....
14) Sie verlor ihren Ausweis. ....
15) Ihm wächst ein Bart. ....
16) Kinder wachsen schnell. ....
17) Es wurde ein Sozialist gewählt. ....
18) Der Wagen wird gewaschen. ....
19) Man wechselte den Arbeitsplatz. ....
20) Zwillinge werden verwechselt. ....
21) Der Diplomat wurde ausgewiesen. ....
22) Man bewies das Gegenteil. ....
23) Man wendet viel Zeit auf. (gross) ....
24) Man will die Regel anwenden. ....
25) Ein Neubau wurde entworfen. ....
26) Viele Völker wurden unterworfen. ....
27) Das Brot wiegt zwei Pfund. ....
28) Der Arzt weiss viel. ....
29) Die Verstorbene wollte es so. ....
30) Der Däne beglückwünschte ihn. ....
31) Alle Geburten sind verzeichnet. ....
32) Was Dürer gezeichnet hat ... .
33) Ein Gewitter zog durch. ....
34) Junge Hunde werden erzogen. ....
35) Der Redner zitierte Goethe. ....
36) Man zwingt ihn sich anzupassen. ....

34- Partikel: Negation und Einschränkung

Setzen Sie in der folgenden Übung die Wörter **erst, kein-, mehr, nicht, noch, nur, schon** (auch in kombinierter Form wie nur noch, nicht mehr usw.) ein. **Beispiel:**
Um acht Uhr waren ▢10 Leute da; später kamen ▢ 30 dazu.   **erst/noch**...

1) Kaum zu glauben! Daniel ist ▢drei Jahre im Betrieb und ▢ Abteilungsleiter. ----------

2) Es ist schon spät. Willst du Horst heute ▢ anrufen? - Nein, heute ▢; ich rufe ----------

3) Meine Eltern kannten den Sänger ganz gut, ich aber hatte ▢ nie von ihm gehört. ----------

4) Über Florian kann ich ▢ Gutes sagen. Er arbeitet zwar ▢ seit kurzem in unserer Firma, doch er hat mir ▢ oft geholfen. ----------

5) Sie haben doch drei Wochen Zeit. Warum wollen Sie denn heute ▢damit anfangen? ----------

6) Was? Christiane kommt ▢ diese Woche? Ich dachte, sie käme ▢ nächste Woche. ----------

7) Haben Sie noch Bier? - Nein, leider habe ich ▢. ----------

8) Er war einsam geworden. Von seinen vielen Freunden war ihm ▢ sein Hund geblieben. ----------

9) Jetzt schreiben sie schon eine ganze Stunde! Sind Sie ▢ immer nicht fertig? - Doch, ich bin ▢ längst fertig. ----------

10) In diesem Schuljahr haben die Kinder leider ▢ zwei Turnstunden pro Woche. An diesem Zustand wird sich ▢ nächstes Jahr etwas ändern. ----------

11) Der Brief ist getippt und unterschrieben; er muß ▢ eingeworfen werden. ----------

12) Können Sie mir hundert Mark leihen? - Leider nicht, ich habe ▢ zwanzig Mark bei mir. Ich kann ▢morgen Geld vom Konto abheben, denn die Bank hat heute ▢ zu. ----------

13) Das ist doch viel zuviel Arbeit! Wollen Sie das alles heute ▢ erledigen? ----------

14) Über diese Frage kann ▢ entschieden werden, wenn genaue Zahlen vorliegen. ----------

15) Sind die bestellten Bücher schon da? - Nein, sie werden ▢ morgen geliefert. ----------

16) Es war ein verregneter Tag; ▢ gegen Abend liess der Regen nach. ----------

35- Übungen zu verschiedenen Präpositionen
Ergänzen Sie die fehlenden Präpositionen!

1) Wir tauschten deutsche ▢ spanische Briefmarken.
2) Ich miete den Saal nur ▢ einen Abend.
3) Er lässt sich ▢ nicht beim Essen stören
4) Mitten ▢ der Nacht wurde er ▢ Geräusche geweckt.
5) Wer wohnt ▢ dem Neubau ▢ der Ecke?
6) In den Semesterferien arbeitet er ▢ der Post.
7) Bereits ▢ acht Jahren verfasste sie Gedichte.
8) In der Gruppe kannte sie alle, ▢ einen Rothaarigen.
9) Zuerst mussten wir ▢ mehrere Zäune klettern.
10) Hat Ulrich etwas warmes ▢ Anziehen dabei?
11) Es wurde schon dunkel, und ▢ ▢ Hütte hatten sie noch eine gute Stunde zu gehen.
12) Als Kapitän ist er das ganze Jahr ▢ hoher See.
13) ▢ uns gesagt - ich möchte den Vertrag kündigen.
14) ▢ unserer Klasse nehmen drei Schüler teil.
15) Von hier ▢ kann man das ganze Tal überschauen.
16) ▢ uns beiden darf es keine Missverständnisse geben.
17) Ein Sprichwort sagt: "▢ den Augen, ▢ dem Sinn."
18) Wer ▢ euch hat etwas Verdächtiges beobachtet?
19) Der Ast brach ▢ Haralds Gewicht ab.
20) Bis Neustadt fahren wir mit dem Zug; ▢ Neustadt geht es dann mit dem Bus weiter.
21) Im Strandbad sah er sie zum erstenmal ▢ der Nähe.
22) In der Nacht ▢ Freitag ▢ Samstag fielen 15 ▢ Neuschnee.
23) ▢ deiner Stelle würde ich mich selbst informieren.
24) Herr Baumann ist schon ▢ langem ▢ Pension.
25) Die Küste ist völlig überlaufen: Ein Hotel steht ▢ dem anderen.
26) Gehen Sie diese Straße ▢; dann kommen Sie direkt ▢ Nationalgalerie.
27) Lassen sie den Prospekt ▢ Französische übersetzen?
28) Schau mal, ob sie sich ▢ der Mauer versteckt hat.
29) Die Fahrscheine sind nur noch ▢ Ende Juni gültig; ▢ 1. Juli gelten nämlich neue Preise.
30) Er wurde ▢ linken Knie operiert.

36- Verschiedene Präpositionen

1) Tausende ☐ Menschen strömten ☐☐Eisstadion.
2) Der Ball flog mitten ☐ die Zuschauer.
3) Man hatte keinen Schlüssel und mußte das Tor ☐ Gewalt öffnen.
4) Woche ☐ Woche kamen Briefe.
5) Wir waren ☐ allen Punkten einer Meinung.
6) Haben Sie was ☐ Kopfweh?
7) Ich werde mir Ihre Frage ☐ den Kopf gehen lassen.
8) Gammastrahlen bewegen sich ☐ Lichtgeschwindigkeit.
9) Das Kind ist ☐ sein Alter schon ziemlich gross.
10) Treffen wir uns ☐ einer halben Stunde vor dem Kino!
11) Gott sei Dank habe ich die Prüfungen ☐ mir.
12) Die genaue Zeit des Anrufs kann ich Ihnen nicht sagen, glaube aber, es war ☐ Mitternacht.
13) ☐ Beginn des Vortrags versprach er sich öfter.
14) ☐ sofort ist unsere Firma ☐ der Nummer 47 23 95 zu erreichen.
15) Unsere Fahrt geht von München ☐ Wien nach Budapest.
16) Nach heftigen Regenfällen stehen Wiesen und Felder ☐ Wasser.
17) Die Grundstückspreise sind jetzt ☐ ein Vielfaches höher als in der Nachkriegszeit.
18) Anke ist ☐ diesem Erlebnis ein ganz anderer Mensch.
19) Man konnte das Geschrei schon ☐☐weitem hören.
20) Der Vertreter ging ☐ Tür ☐ Tür, um Staubsauger zu verkaufen.
21) Teilt die Kinder ihrem Alter ☐ in Gruppen ein!
22) Dieses Jahr ist mein Geburtstag ☐☐einem Sonntag.
23) ☐ einer umfangreichen Suche blieb der Lastwagen verschwunden.
24) Dieter steht ☐ Betrugs ☐ Gericht.
25) Von Kindheit ☐ mußten sie ☐ elterlichen Geschäft mithelfen.
26) Die Kinder konnten ☐ Ungeduld nicht still sitzen.
27) Rings ☐ die Stadt verläuft eine hohe Mauer.
28) ☐ so vielen Leuten wollte sie nicht singen.
29) Ihr Schicksal liegt mir sehr ☐ Herzen.
30) Der Fuchs lief ☐ das Feld.
31) Manche wollen einfach nicht ☐ ihren Fehlern lernen.
32) Das Wasser reichte mir ☐☐☐ die Knie.

37- Verschiedene Präpositionen

1) Seine Uhr geht ☐ die Sekunde genau.
2) Seiner Ansicht ☐ sollte man Kontrollen abschaffen.
3) Wie heisst dieses Wort ☐ Deutsch?
4) ☐ Ihrem Hund haben sie noch eine kleine Katze.
5) Elisabeth wohnt in der Amalienstr. 4 ☐ Meier.
6) Er ging ☐ Flusser ☐, bis er zur Brücke kam.
7) ☐ Kerzenlicht kann man sich gut unterhalten.
8) Die Gruppe war fast vollzählig, denn ☐☐☐ Heinz waren alle gekommen.
9) Zahlen Sie ☐ Dollar oder Mark?
10) Ich trinke ☐ Ihren Erfolg.
11) Den ganzen Tag sitzt Jakob ☐ seinen Büchern.
12) Nach dem Essen stand er auf und ging ☐ Tür hinaus.
13) Das Schiff liegt ☐ einer Tiefe ☐ 300 Metern.
14) ☐ Zeit Goethes reiste man noch ☐ der Postkutsche.
15) Holen sie die Kleine ☐ allen Umständen ab!
16) Ich warne Sie ☐ letzten mal!
17) Plötzlich bog ein weisser BMW ☐ die Ecke.
18) ☐ den Gästen befanden sich mehrere Sänger.
19) Es regnet! Schade ☐ unseren Ausflug.
20) Ich weiss nicht mehr genau, wie viele Leute ☐ uns angerufen haben; es waren ☐☐die dreissig.
21) Er nimmt Klavierstunden ☐ Herrn Grewe.
22) Es kommt nicht ☐ Frage, dass Sie bezahlen!
23) Die Sportgeschäfte haben die Preise gesenkt; Skihosen gibt es schon ☐ zwanzig Mark.
24) ☐ seiner beruflichen Tätigkeit spielt er auch noch ☐ einem Streichquartett.
25) Sein Name wurde erst ☐ die Presse bekannt.
26) Der Mopedfahrer kam von der Straße ab und stiess ☐ einem Baum.
27) Du mußt diese unangenehmen Dinge so rasch wie möglich ☐ dich bringen.
28) Der Chef ist nur selten ☐ Reisen.
29) Das Gemälde stammt ☐ Privatbesitz.
30) Wir bestätigen Ihr Schreiben ☐☐28.4.
31) Lässt sich der Termin ☐ eine Woche verschieben?
32) Die Zuschauer standen Kopf ☐ Kopf.
33) Sie müssen mich schon bitten; ☐ Befehl mache ich nichts.

38-Adjektive mit Präposition

Manchmal ist die Präposition mit dem Adverb "da" oder mit dem Frageadverb "wo" zu verbinden.

Beispiele: Das ist schön für **dich** / Das ist gut **dafür**/ **Wofür** ist das nützlich?

1) Die deutsche Wirtschaft ist ⬜ Rohstoffimporten abhängig. ....
2) Entscheidend ⬜den Erfolg war seine grosse Ausdauer. ....
3) Kaum ein Mensch ist frei ⬜ Vorurteilen. ....
4) Der Sänger ist ⬜ jung und alt beliebt. ....
5) Als erster wurde der Musiklehrer ⬜ den begabten Jungen aufmerksam. ....
6) Ich bin immer gut ⬜ Greta. Warum ist sie nur böse ⬜ mich? ....
7) Die Regierung ist ⬜ harten Massnahmen entschlossen. ....
8) Bist du ⬜ meinem Vorschlag einverstanden? ....
9) Prof. Rau wurde ⬜ seine neuartige Krebstherapie weltweit bekannt. ....
10) Viele Bürger sind ⬜ die Zukunft ihres Landes sehr besorgt. ....
11) ⬜ sind die Wissenschaftler beschäftigt? ....
12) Hundert Mark sind genug ⬜ Walter; mehr Geld bekommt er nicht. ....
13) Wir sind ⬜ einem schnellen Abschluss der Arbeiten interessiert und ⬜ jede Hilfe dankbar. ....
14) Nehmen Sie sich so viele Äpfel, wie Sie wollen; ich habe genug ⬜. ....
15) Der Reisende war froh ⬜ die Ankunft des Dolmetschers. ....
16) Manche Schülerinnen sind ⬜ ihren Lehrer verliebt. ....
17) Arbeitest du noch an dem Artikel? - Nein, ich bin schon lange ⬜ fertig. ....
18) Keiner der Prozessbeteiligten war glücklich ⬜ die Entscheidung des Richters. ....
19) Diese Bergtour kann gefährlich sein, besonders ⬜ wenig Geübte. ....
20) Sie haben keine Ahnung, ⬜ dieser Mensch in seinem Zorn fähig ist. ....
21) Wir waren alle neugierig ⬜ Barbaras Freund. ....
22) Zusätzlich ⬜ Opernkarte bekam er auch ein Programm. ....
23) Dieses Klima ist ⬜ Herzkranke sehr ungesund. ....
24) Seien Sie nett ⬜ Ihren Mitmenschen! ....

Übersicht zur Umformung von Nebensätzen

1. Temporale Beziehung

Als sie aufräumten, fanden sie mehrere Schmuckstücke.
Beim Aufräumen/ Während des Aufräumens fanden sie mehrere Schmuckstücke.

Während / Als er krank war, besuchten ihn viele Freunde.
Während seiner Krankheit besuchten ihn viele Freunde.

(Immer) wenn / Sooft man sich unterhielt, ging es um Politik.
Bei jeder Unterhaltung ging es um Politik.

Nachdem / Als er gegessen hatte, machte er ein Schläfchen.
Nach dem Essen machte er ein Schläfchen.

Sobald du angekommen bist, mußt du dich melden.
Du mußt dich gleich nach deiner Ankunft melden.

Bevor / Ehe sie die Stelle erhält, muß sie mehrere Prüfungen ablegen.
Vor einer Anstellung muß sie mehrere Prüfungen ablegen.

Seit er 20 Jahre alt ist, lernt er Japanisch.
Seit seinem 20. Lebensjahr lernt er Japanisch.

Wir warteten, bis das Flugzeug gelandet war.
Wir warteten bis zur Landung des Flugzeugs.

Solange er studiert, hat er kaum Zeit für andere Dinge.
Während des Studiums hat er kaum Zeit für andere Dinge.

2. Kausale Beziehung

Er fuhr mit der Bahn, weil / da der Weg sehr weit war.
Wegen / Aufgrund / Infolge der grossen Entfernung fuhr er mit der Bahn.

Sie kaute an ihren Fingernägeln, weil sie so ungeduldig war.
Vor Ungeduld kaute sie an ihren Fingernägeln.

Da er seiner Firma treu bleiben wollte, lehnte er das Angebot ab.
Aus Treue zu seiner Firma lehnte er das Angebot ab.

Wir wählten das Hotel Astoria, zumal es günstig liegt.
Wir wählten das Hotel Astoria (vor allem) wegen seiner günstigen Lage.

3. Konditionale Beziehung
Wenn / Falls / Sofern das Wetter günstig ist, kann der Ballon starten.
Sollte das Wetter günstig sein, kann der Ballon starten.
Bei günstigem Wetter kann der Ballon starten.

Wenn wir das Gepäck nicht hätten, könnten wir viel bequemer reisen.
Ohne das Gepäck könnten wir viel bequemer reisen.

4. Konzessive Beziehung
Obwohl / Obgleich / Wenn auch die Wohnung sehr laut ist, wollen sie bleiben.
So laut die Wohnung auch ist, sie wollen bleiben.
Trotz / Ungeachtet des Lärms wollen sie in der Wohnung bleiben.

So sehr sie sich auch anstrengte, sie schaffte es nicht.
Trotz ihrer Anstrengungen schaffte sie es nicht.

5. Finale Beziehung
Man fragte Fachleute, um Pannen zu verhindern.
Zur Verhinderung von Pannen fragte man Fachleute.

Man gab ihm Schokolade, damit er sich wieder beruhigte.
Zur Beruhigug gab man ihm Schokolade.

6. Modale Beziehung
A. Instrumentalität
Der Fettfleck lässt sich entfernen, indem man Benzin verwendet.
Der Fettfleck lässt sich dadurch entfernen, dass man Benzin verwendet.
Der Fettfleck lässt sich mit / mit Hilfe von Benzin entfernen.

B. Fehlender Umstand / Stellvertretung
Der Zug fuhr bis Nürnberg, ohne unterwegs zu halten.
Der Zug fuhr ohne Aufenthalt bis Nürnberg.

Statt dass man uns begrüsste, schickte man uns in das nächste Dorf.
Statt einer Begrüssung schickte man uns in das nächste Dorf.

C. Nebensätze mit als ob
Er schaute uns an, als ob er verrückt wäre.
Er schaute uns an wie ein Verrückter.

D. Nebensätze mit soviel, soweit
Soweit ich informiert bin, verkehrt dort ein Bus.
Nach meiner Information verkehrt dort ein Bus.

Soviel ich weiss, braucht man für dieses Land ein Visum.
Meines Wissens braucht man für dieses Land ein Visum.

39- Zeitlicher Ablauf von Handlungen

Temporale Beziehung

Verbinden Sie die Sätze mit den Konjunktionen **als, bevor, bis, nachdem, seit, sobald, solange, sooft, während, (immer) wenn.**

Beispiele: Er kam heim. Das Kind schlief schon.
              Sie fuhr weg. Vorher dankte sie uns.
              Als er heimkam, schlief das Kind schon.
              Bevor sie wegfuhr, dankte sie uns.

1) Die Musik wurde immer lauter. Da klopfte er an die Wand.

2) Der Flüchtling wurde verhört und dann über die Grenze abgeschoben. Polizeilich aus dem Land weisen.

3) Die Gruppe trifft gegen Mittag ein. Verständigen Sie mich dann bitte gleich!

4) Wir sollten offiziell informiert werden, So lange wollten wir aber nicht warten. (Wir wollten ...)

5) Das Schiff legt an und sofort stürzen alle aufs Deck.

6) Elke wohnte bei Frau Glas in Untermiete. Während dieser Zeit brauchte sie sich um nichts zu kümmern. (3)

7) Er dachte häufig an das Unglück. Jedesmal lief es ihm kalt über den Rücken. (2)

8) Er las die Briefe, Maria spielte in dieser Zeit Klavier.

9) Ich habe mehrmals bei dir angerufen; immer war es besetzt.

10) Der Versuch ist noch nicht abgeschlossen. Wie kannst du jetzt schon von Erfolgen reden?

11) Der Skandal kam ans Licht; daraufhin wurden mehrere Angestellte der Firma verhaftet.

12) Man ist gesund. Während dieser Zeit denkt man nicht an Krankheiten.

1) ....
2) ....
3) ....
4) ....
5) ....
6) ....
7) ....
8) ....
9) ....
10) ....
11) ....
12) ....

40- Bildung von Temporalsätzen

Formen sie die kursiv geschriebenen Satzteile in Nebensätze um.

Beispiele: Bei ihrer Ankunft schien die Sonne. **Als sie ankam**, schien ...

1) **Bei Einbruch der Dunkelheit** zündete man Kerzen an.
2) **Mit Vollendung des 18. Lebensjahres** darf man wählen.
3) Wir haben noch zwanzig Minuten **bis zum Unterricht.**
4) **Zu Beginn der Reise wusste** er noch nicht, was ihn erwartete. (antreten)
5) **In Kriegszeiten** hatte die Bevölkerung schwer zu leiden.
6) Solche Witze erzählt er auch **im Beisein von Damen.**
7) **Im Vorbeigehen** hörte Katrin leise Musik im Zimmer.
8) **Kurz vor dem Ziel** brach der Läufer zusammen.
9) **Beim Anblick der Waffe** erbleichte der Gefangene.
10) **Beim Aufbruch der Bergsteiger** regnete es in Strömen. (sich auf den Weg machen)
11) **Nach der Zwischenprüfung** begann er ein Praktikum. (ablegen)
12) Gib mir sofort nach Abschuss der **Korrekturen** bescheid!
13) **Seit Beginn unserer Bekanntschaft** ist er ein treuer Freund.
14) **Während Ihres Auslandstudiums** wird das Zimmer vermietet.
15) **Nach einigen Tagen** riskierte sie einen zweiten Versuch.
16) **Nach seinem Parteiaustritt** wurde er freier Journalist.
17) **Seit seiner Pensionierung** lebt er sehr zurückgezogen.
18) Räume **vor der Arbeit** das Zimmer auf! (sich an die Arbeit machen)

1) ....
2) ....
3) ....
4) ....
5) ....
6) ....
7) ....
8) ....
9) ....
10) ....
11) ....
12) ....
13) ....
14) ....
15) ....
16) ....
17) ....
18) ....

41- Umformung von Temporalsätzen

Bei dieser Übung müssen Sie für die Nebensatzkonjunktion (als, bevor, nachdem usw.) eine passende Präposition (**bei, vor, nach usw.**) finden. Das Verb muß durch ein passendes Nomen ersetzt werden. Verwenden sie dabei Nomen wie Ablauf, Lebensjahr, Mondaufgang...

Beispiele: Als die Läufer starteten, ...   **Beim Start der Läufer...**
           Bevor die Läufer starteten, ...   **Vor dem Start der Läufer ...**
           Nachdem die Läufer gestartet waren, ...   **Nach dem Start der Läufer..**

1) Als der Mond aufging, ...
2) Immer wenn sie in Berlin war, ...
3) Wenn man gestorben ist, ...
4) Nachdem das Versteck gefunden worden war, ...
5) Sobald die Frist vorbei ist, ...
6) Als gegessen wurde, ...
7) Seit sie elf Jahre alt war, ...
8) Bis der Bus ankommt, ...
9) Als Sophia noch ein Kind war, ...
10) Immer wenn wir uns verabschieden, ...
11) Als er 18 Jahre alt war, ...
12) Wenn sie frei hat, ...
13) Während der Abgeordnete sprach, ...
14) Wenn man sehr alt ist, ...
15) Wenn es dunkel ist, ...
16) Seit sie nicht mehr zusammen sind, ...
17) Als der dritte Akt begann, ...
18) Bis ihr zurückkommt, ...
19) Solange das Gewitter andauerte, ...
20) Sooft der Onkel zu uns kam, ...
21) Als wir noch studierten, ...
22) Als es ungefähr Mitternacht war, ...
23) Während sie miteinander redeten, ...
24) Bevor er in Pension geht, ...
25) Als der Film fast aus war, ...
26) Als zwei Tage vergangen waren, ...
27) Bevor der Gefangene davonlief, ...
28) Als man Möbel nach Köln fuhr, ...
29) Sobald Sie morgens aus dem Bett sind, ...
30) Wenn die Sonne scheint, ...

42- Kausale und konsekutive Beziehung

Verbinden Sie die Sätze mit den in Klammern angegebenen Haupt - und Nebensatzkonjunktionen. Die Sätze sind dabei umzuformen.

Beispiele: Er hat seinen Pass vergessen und muß darum noch einmal zurückfahren. (nämlich)
Er muss noch einmal zurückfahren; er hat **nämlich** seinen Pass vergessen.

Weitere Übungsmöglichkeit: Wenn Sie die Sätze umgeformt haben, bilden Sie irreale Bedingungssätze: z. B. **Wenn er seinen Pass nicht vergessen hätte, müsste er nicht noch einmal zurückfahren.** Formulieren Sie die Sätze auch mit anderen Konjunktionen.

1) Der Kurs fällt aus; es haben sich nämlich sehr wenig Interessenten gemeldet. (so ..., dass)

2) Das Haus ist schon zu baufällig, als dass man es noch bewohnen könnte. (daher).

3) Roland hat in Italien viele Freunde und verbringt daher seinen Urlaub besonders gern dort. (zumal)

4) Mit einer Einigung ist nicht zu rechnen, denn die Ansichten sind völlig unterschiedlich. (zu..., als dass)

5) Herr Lehmann mußte sich eine neue Stelle suchen, da die alte Firma Pleite gemacht hatte. (weshalb)

6) Ich konnte das Buch sofort kaufen, weil ich zufällig mehr Geld eingesteckt hatte. (so dass)

7) Die Bergsteiger kannten den Weg nicht; darum mußten sie bald aufbrechen. (nämlich)

8) Das Verfahren ist zu kompliziert, als dass es sich in zwei Sätzen erklären liesse. (denn)

9) Der Angeklagte wurde freigesprochen, da man ihm keine Straftat nachweisen konnte. (infolgedessen)

10) Man kann ihr diese Arbeit nicht anvertrauen; sie ist nämlich zu unerfahren. (darum)

1) ....
2) ....
3) ....
4) ....
5) ....
6) ....
7) ....
8) ....
9) ....
10) ....

43- Umformung von Kausalsätzen

Formen Sie die kursiv gedruckten Kausalsätze um, und bilden Sie jeweils Ausdrücke mit aus oder vor. **Beispiele:**

> **Weil er sich Sorgen um ihre Zukunft machte**, sparte er jeden Pfennig.
> **Aus Sorge** um ihre Zukunft...
> **Weil sie so viel Angst hatte,** zitterte sie am ganzen Körper.
> **Vor Angst** ...

aus gibt an, **dass** die folgende Handlung überlegt oder geplant war, auch eine andere Handlung wäre möglich gewesen; **vor** betont die Wirkung (von Angst, Neid usw.) auf den Organismus.
Weitere Übungsmöglichkeit: Bilden sie, wo es sinnvoll ist, auch irreale Bedingungssätze: Wenn er sich nicht so viele Sorgen um ihre Zukunft gemacht hätte, ...

1) Das Glas fiel ihr aus der Hand, *weil sie so erschrak.*
2) Er blieb stehen, *weil er sich vor dem Hund fürchtete.*
3) *Weil sie neugierig war,* schlug sie das Buch auf.
4) Er wartete eine Stunde, *weil er höflich sein wollte.*
5) Das kleine Mädchen schrie, *weil ihm das Bein so weh tat.*
6) Er stahl Äpfel aus dem Garten, *weil er Eva so gern hatte.*
7) Der Gewinner machte Luftsprünge, *weil er sich so freute.*
8) Agnes nahm die Katze nach Hause, *weil sie ihr leid tat.*
9) *Da sie schrecklich müde war,* fielen ihr die Augen zu.
10) Er handelt so, *weil er davon überzeugt ist.*
11) Er verschwieg den Grund, *weil er sich schämte.*
12) Sie klapperte mit den Zähnen, *weil sie so fror.* (Kälte)
13) Er steht immer um sechs Uhr auf, *weil er es gewohnt ist.*
14) Die Frau wurde blass, *weil sie so neidisch war.*
15) Wir schliefen fast ein, *weil wir uns so langweilten.*
16) Sie brachte kein Wort heraus, *weil sie so glücklich war.*

1) ....
2) ....
3) ....
4) ....
5) ....
6) ....
7) ....
8) ....
9) ....
10) ....
11) ....
12) ....
13) ....
14) ....
15) ....
16) ....

44- Konditionale Beziehung

Verbinden Sie die Sätze mit den Konjunktionen: **a) wenn/falls; b) es sei denn, (dass); c) vorausgesetzt, (dass) und mit dass) sollen.**
Die Abkürzung "**Bed**" bedeutet Bedingung.
Beispiel: Ich fahre mit nach Köln. Bed: Ich müßte mit der Arbeit fertig sein.(a-d)
a) **Wenn/Falls ich mit der Arbeit fertig bin,** fahre ich mit nach Köln.
b) **Ich fahre mit nach Köln, es sei denn,** ich bin mit der Arbeit noch nicht fertig/... es sei denn, dass ich ... noch nicht fertig bin.
c) **Ich fahre mit nach Köln, vorausgesetzt,** ich bin mit der Arbeit fertig. / ..., vorausgesetzt, dass ich mit der Arbeit fertig bin.
d) **Sollte ich mit der Arbeit fertig sein,** (so/dann) fahre ich mit nach Köln.

1) Der Vertrag gilt bis 30. 6.
   Bed: Er wird vorher nicht gekündigt. (a,d)
2) Der Patient darf das Bett verlassen.
   Bed: Der Arzt muß es erlauben. (a-d)
3) Die Firma wird Käufer verlieren.
   Bed: Sie erweitert ihr Angebot nicht.
   (a, b, d)
4) Man lernt eine Fremdsprache schnell.
   Bed: Man übt sie regelmässig.(a-c)
5) Wir können nicht mehr als zehn Gäste einladen.
   Bed: Wir feiern den Geburtstag zu Hause.
   (a/d = zu Hause; b/c = Gasthaus)

1 a) ....
   b) ....
   c) ....
   d) ....
2 a) ....
   b) ....
   c) ....
   d) ....
3 a) ....
   b) ....
   c) ....
4 a) ....
   b) ....
   c) ....
5 a) ....
   b) ....
   c) ....
   d) ....

45-Formen Sie die Sätze mit den angegebenen Konjunktionen um

1) Der Zustand des Patienten muß sich bessern; andernfalls wird er operiert. (falls)

2) Wir müssen einen neuen Zeitplan erstellen, falls sich die Produktion verzögert. (sollen)

3) Er darf unter der Voraussetzung mitkommen, dass er sich anständig benimmt. (müssen/andernfalls)

4) Angenommen, der Benzinpreis stiege um das Dreifache. Wie würden die Autofahrer reagieren? (falls)

5) Sebastian wird bei der Firma Siemens arbeiten, vorausgesetzt, der Arbeitsvertrag kommt zustande. (angenommen)

6) Sollten sich keine Freiwilligen mehr melden, wird das Unternehmen abgebrochen. (es sei denn)

7) Sigrid will sich an der Uni Köln bewerben, es sei denn, sie bekommt in München einen Studienplatz. (Für den Fall, dass ...)

8) Hoffentlich eignet sich das Buch noch für solche Kurse; sonst müssen wir ein anderes anschaffen. (Sollte sich..)

9) Es strömt Gas aus, wenn Sie den Hahn nicht schliessen. (andernfalls)

10) Wenn Sie versprechen, die Grenze nicht zu überschreiten, dürfen Sie sich hier frei bewegen. (vorausgesetzt, dass)

11) Man mußte ihn sofort operieren; andernfalls wäre er nicht am Leben geblieben. (wenn/sterben)

1) ....
2) ....
3) ....
4) ....
5) ....
6) ....
7) ....
8) ....
9) ....
10) ....
11) ....

46- Bildung von Bedingungssätzen

Beispiel: <u>Bei guter Bezahlung</u> arbeitet jeder gern.
Wenn er gut bezahlt wird, arbeitet ...

1) Im Falle einer Niederlage scheidet die Mannschaft aus dem Turnier aus. (Spiel)
2) Bei Nichtgefallen dürfen sie das Kleid umtauschen.
3) Darf in seiner Anwesenheit von ihr gesprochen werden?
4) Bei regelmässiger Kursteilnahme erhaltet ihr eine Bescheinigung.
5) Beim Vergleich der Werke zeigen sich grosse Unterschiede.
6) Man erkennt die Schänden erst bei genauerem Hinsehen.
7) Bei dieser Lautstärke kann man Musik nicht mehr geniessen.
8) Vor so vielen Leuten kann ich nicht singen. (zuhören)
9) Bei mangelnder Beteiligung fällt die Fahrt aus. (mitmachen)
10) Ohne dich könnte er das alles gar nicht schaffen. (haben)
11) Der Kranke darf nur bei einer Besserung seines Zustands transportiert werden.
12) Im Fall einer Verhinderung des Künstlers muß die Aufführung verschoben werden. (teilnehmen)
13) Ohne Ortskenntnis darfst du den Auftrag nicht übernehmen. (sich auskennen)
14) An deiner Stelle hätte ich mich bei der Firma Schmalz & Co. beworben.
15) Eine halb so lange Rede wäre besser gewesen. (kürzen).
16) Mit guten Mitarbeitern könntet ihr eine Firma gründen.
17) Bei niedrigeren Preisen wäre alles längst verkauft. (senken)
18) Bei Regelverstössen wird man ausgeschlossen. (wer; sich halten an)

1) ....
2) ....
3) ....
4) ....
5) ....
6) ....
7) ....
8) ....
9) ....
10) ....
11) ....
12) ....
13) ....
14) ....
15) ....
16) ....
17) ....
18) ....

47- Umformung von Bedingungssätzen

Beispiel: Wenn/Falls es regnet, bleiben wir zu Hause.
Wenn er gut bezahlt wird, arbeitet ...
Bei Regen bleiben wir ...
Ohne seine Hilfe wäre ich ...

Zu verwendende Wörter: Anstellung, Sieg, Wunsch, Zustimmung ...

Weitere Übungsmöglichkeit: Bilden sie, wo es sinnvoll ist, auch irreale Bedingungssätze in der Vergangenheitsform (z. B. Satz 1: Hätte sie nicht ja gesagt, so wäre ... gefallen.)

1) Wenn sie nicht ja dazu sagt, fällt der Plan ins Wasser.
2) Sollte er die Partie gewinnen, (so) kommt er in die Endrunde.
3) Wenn die Fahrbahn nass ist, sind nur 60 km/h erlaubt.
4) Wenn sich die beiden sympathisch finden, ist eine spätere Heirat nicht ausgeschlossen. (gegenseitig)
5) Gesetzt den Fall, dass die Rakete explodiert, wird die Versuchsreihe abgebrochen. (Fall.)
6) Wenn es kalt wird, müssen diese Pflanzen in den Keller.
7) Falls es das Wetter erlaubt, findet das Fest draussen statt. (günstig)
8) Wenn der Eintritt zu teuer ist, verzichten die Leute auf das Vergnügen. (Eintrittspreise)
9) Falls die Veranstaltung glückt, wird sie wiederholt.
10) Wenn ich so alt wäre wie ihr, würde ich mir einen Ferienjob suchen.
11) Die Erzählungen können nur erscheinen, wenn es die dortige Zensur nicht verbietet.
12) Wenn Gefahr droht, ist der rote Knopf zu drücken.
13) Sie bekommen den Auftrag nur, wenn Sie fliessend Italienisch sprechen.
14) Wenn Sie es möchten, werden Ihnen die Bücher zugesandt.
15) Falls ihm die Firma eine Stelle gibt, will er umziehen.
16) Hätte sie ein kleines Zimmer, wäre ihr schon geholfen.
17) Wenn die Bedingungen so sind, lehnt er die Teilnahme ab.

1) ....
2) ....
3) ....
4) ....
5) ....
6) ....
7) ....
8) ....
9) ....
10) ....
11) ....
12) ....
13) ....
14) ....
15) ....
16) ....
17) ....

48- Konzessive Beziehung

Mündliche Übung: Verbinden Sie die Sätze mit den Konjunktionen
a) obwohl, b) trotzdem, c) zwar ... aber / doch.

Beispiel: Das Fenster lag sehr hoch. Volker riskierte den Sprung.
a) **Obwohl** das Fenster sehr hoch lag, riskierte Volker den Sprung.
b) Das Fenster lag sehr hoch; **trotzdem** riskierte Volker den Sprung.
c) **Zwar** lag das Fenster sehr hoch, **aber / doch** Volker riskierte den Sprung.

1) Marie hat eine gut bezahlte Stelle. Sie ist nicht zufrieden.
a) ....
b) ....
c) ....

2) Es regnete ununterbrochen. Die Arbeiten wurden fortgesetzt.
a) ....
b) ....
c) ....

3) Die Kinder flüsterten. Sibylle verstand fast jedes Wort.
a) ....
b) ....
c) ....

4) Ein Motor fiel aus. Der Pilot konnte sicher landen.
a) ....
b) ....
c) ....

5) Das Wasser ist sehr verschmutzt. Viele Städter baden im Fluss.
a) ....
b) ....
c) ....

6) Die Mannschaft spielte schlecht. Sie erreichte ein Unentschieden.
a) ....
b) ....
c) ....

7) Nur 15 Leute hatten sich angemeldet. Die Fahrt wurde durchgeführt.
a) ....
b) ....
c) ....

8) Rolfs Arabischkenntnisse waren gering. Er konnte dem Gespräch nicht folgen.
   a) ....
   b) ....
   c) ....

9) Ich hatte Herrn Hobelmann den Weg genau beschrieben. Er verlief sich in der Dunkelheit.
   a) ....
   b) ....
   c) ....

10) Das Fachbuch wurde vor 30 Jahren verfasst. Es ist auch heute noch lesenswert.
    a) ....
    b) ....
    c) ....

11) Die Feuerwehr wurde erst spät verständigt. Sie konnte den Brand noch löschen.
    a) ....
    b) ....
    c) ....

12) Die Strasse war gesperrt. Sie wurde von vielen Autofahrern benutzt.
    a) ....
    b) ....
    c) ....

13) Die Anschrift war unvollständig. Der Empfänger des Pakets konnte gefunden werden.
    a) ....
    b) ....
    c) ....

14) In der Stadt herrschte Ausgangsverbot. Der Flüchtling wagte sich ins Freie.
    a) ....
    b) ....
    c) ....

15) Die Berufsaussichten waren ungünstig. Waldemar beschloss, Psychologie zu studieren.
    a) ....
    b) ....
    c) ....

16) Sie faltete das Tuch mehrmals. Es passte nicht in die Tüte.
   a) ....
   b) ....
   c) ....

17) Der Staat schränkte die Ausgaben ein. Der Schuldenberg wuchs.
   a) ....
   b) ....
   c) ....

18) Der Arzt hatte sie davor gewarnt. Verena rauchte wie ein Schlot (=Kamin)
   a) ....
   b) ....
   c) ....

49- Bildung von Konzessivsätzen
Beispiel: Trotz der Kälte fand das Konzert im Freien statt.
Obwohl es kalt war, fand...

1) Ungeachtet seines vierstündigen Schlafs nahm Helmar an der Konzertprobe teil.
2) Gegen den Rat eines Freundes verlängerte er den Vertrag.
3) Trotz chronischen Geldmangels trägt Irma immer teure Kleider. (Geld)
4) Trotz seiner heftigen Gegenwehr nahmen die Räuber dem Spaziergänger die Tasche ab. (sich wehren)
5) Trotz ihrer Jugend wirkt sie schon sehr reif.
6) Bei allem Verständnis für deine Geldlage kann ich dir nichts geben. (sosehr, verstehen)
7) Trotz der geringen Entfernung zum Theater nahm sie ein Taxi. (Nähe)
8) Trotz ihrer gegenseitigen Sympathie hatten sie Angst vor einem persönlichen Gespräch.
9) Ungeachtet seiner schlechten Erfahrungen nahm Herr Krone mit der Firma wieder Kontakt auf.
10) Für einen Ausländer spricht er erstaunlich gut Deutsch.
11) Trotz seines burgenähnlichen Aussehens ist das Haus nicht sehr alt.
12) Trotz seines friedlichen Wesens gibt es ständig Streit mit der Nachbarin. (Mensch)
13) Trotz der Kompromissbereitschaft beider Seiten endeten die Gespräche ergebnislos.
14) Ungeachtet seiner geringen Russischkenntnisse verzichtete er auf einen Dolmetscher. (kaum)
15) Trotz seiner grossen Macht konnte er das Vorhaben nicht verhindern. (verfügen)
16) Trotz heftiger Proteste bekam sie das Geld nicht zurück.

1) ....
2) ....
3) ....
4) ....
5) ....
6) ....
7) ....
8) ....
9) ....
10) ....
11) ....
12) ....
13) ....
14) ....
15) ....
16) ....

50- Finale Beziehungen

Verbinden Sie die Sätze mit **damit** oder **um ...zu**, und formen Sie die Sätze, wenn nötig, um. Abkürzungen: u= um zu; d=damit

Beispiel: Er beeilte sich.
    a) Er wollte pünktlich sein.
    b) Niemand sollte auf ihn warten.
    a) Er beeilte sich, **um** pünktlich anzukommen.
    b) Er beeilte sich, **damit** niemand auf ihn warten mußte.

Stefanie besuchte ihren Onkel.
a) Er hatte Geburtstag.
b) Er sollte ihr bei einem Aufsatz helfen.
c) Sie musste mit ihm über den Ausflug sprechen.
d) Sie hoffte, dass er das Fahrrad reparierte. (u/d)

Stefanie besuchte ihren Onkel,
a) ....
b) ....
c) ....
d1) ....
d2) ....

Herr Huber reiste nach Italien.
a) Seine Frau hatte sich diese Reise gewünscht. (u; Wunsch)
b) Er hatte sich schon lange nicht mehr richtig erholt.
c) Er hatte vor, seinen Kindern Kunstschätze zu zeigen. (u/d)
d) Vielleicht wurde sein Italienisch wieder besser. (u)

Herr Huber reiste nach Italien,
a) ....
b) ....
c1) ....
c2) ....
d) ....

Herr Brückner besucht juristische Kurse.
a) Er beabsichtigt, seine berufliche Qualifikation zu erhöhen.
b) Er hofft, dass er dann seine Kunden besser beraten kann.
c) Niemand soll ihn mehr betrügen können. (u/d)
d) Er will nicht so viel Geld für Rechtsanwälte ausgeben.

Herr Brückner besucht juristische Kurse,
a) ....
b) ....
c1) ....
c2) ....
d) ....

51- Konstruktionen mit/ohne Infinitiv

Verbinden Sie die Sätze mit den Konjunktionen **um ... zu; damit; ohne ... zu; ohne ... dass**; (an) statt ... zu; (an) statt dass. Die Sätze sind dabei umzuformen.

Beispiel: Sie ging vorbei. Sie grüsste nicht.
Sie ging vorbei, **ohne zu** grüssen.
Sie blieb stehen. Sie lief nicht weg.
Sie blieb stehen, **statt** weg**zu**laufen.
Versteck dich! Niemand soll dich sehen.
Versteck dich, **damit** dich niemand sieht.

1) Lola verliess die Bar. Sie drehte sich dabei nicht um.
2) Wir sagen ihr alles; sonst hält sie uns für Betrüger.
3) Ruf mich bitte an! Ich möchte Bescheid wissen.
4) Herr Widmann wollte sich eine Eigentumswohnung kaufen; deshalb lieh er sich Geld.
5) Manfred begann viel zu spät mit den Vorbereitungen; stattdessen frühstückte er bis elf Uhr.
6) Stell den Herd ab! Sonst läuft die Milch über.
7) Er passierte mehrere Strassenkontrollen, doch niemand erkannte ihn. (Aktiv/Passiv)
8) Der Tourist suchte eine halbe Stunde auf seinem Stadtplan. Er bat niemanden um Auskunft.
9) Er schlich auf Zehenspitzen aus dem Haus; die Nachbarn sollten ihn nämlich nicht hören.
10) Der Tag verging. Nichts ereignete sich.
11) Ilse öffnete das Paket nicht, sondern schickte es zurück.
12) Sie lief durch den Regen. Sie stellte sich nicht unter.
13) Er fragte nur wenig und machte sich gleich an die Arbeit.

1) ....
2) ....
3) ....
4) ....
5) ....
6) ....
7) ....
....
8) ....
9) ....
10) ....
11) ....
12) ....
13) ....

52- Konstruktionen mit/ohne Infinitiv

Beispiel: Sie halten sich **durch Sport** gesund.
Sie halten sich gesund, **indem sie Sport treiben**.

1) Er drückte mit aller Kraft gegen die Tür.
2) Er verhielt sich zu mir wie zu einem Kollegen.
3) Dieses Musikstück klingt nach Mozart. (komponieren)
4) Wider Erwarten schickte sie mir eine Einladung. (Sie ...)
5) Verbessern Sie Ihr Deutsch durch Lektüre von Zeitungen.
6) Einem Bericht der süddeutschen Zeitung vom Montag zufolge plant die Regierung eine Rentenreform.
7) Entgegen allen Befürchtungen wurden die Importe nicht beschränkt.
8) Der Diktator regierte nach seinem Belieben. (wollen)
9) Das Bild sah wie das Werk eines Anfängers aus. (malen)
10) Statt eines Arztbesuchs liess er sich von einer Nachbarin behandeln. (gehen)
11) Sie machte ihre Arbeit nach bestem Wissen und Gewissen. (können)
12) Du mußt die Sache ohne Zeitverluste hinter dich bringen.
13) Die Mannschaft kehrte ohne Sieg nach Hause zurück. (Spiel)
14) Er sprach überdeutlich wie bei einem Vortrag.
15) Der Gast sprang auf und schlug wie verrückt um sich. (Verstand, verlieren)
16) Meines Wissens ist der Kurs schon ausgebucht.
17) Entscheiden Sie sich möglichst rasch!
18) Durch seine häufigen Reisen kennt er die halbe Welt. (Reisen)

1) ....
2) ....
3) ....
4) ....
5) ....
6) ....
7) ....
8) ....
9) ....
10) ....
11) ....
12) ....
13) ....
14) ....
15) ....
16) ....
17) ....
18) ....

53- Gegensätze

Verbinden Sie die Sätze mit während oder im Gegensatz zu!
Beispiel:
Jan war ein Frühaufsteher; seine Frau dagegen wurde erst abends munter.
Während Jan ein Frühaufsteher war, wurde seine Frau erst abends munter.
Im Gegensatz zu Jan, der ein Frühaufsteher war, wurde seine Frau erst...

1) Seine Freunde waren längst berufstätig, aber er studierte immer noch.

2) Nordeuropa versank im Schnee. In Mittel und Südeuropa dagegen herrschte Frühlingswetter.

3) Ulrike ist sehr hilfsbereit; ihre Schwester dagegen drückt sich vor jeder Arbeit. (einer Arbeit, Pflicht usw. aus dem Weg.

4) Hunde brauchen den Menschen sehr; Katzen dagegen sind auf Menschen kaum angewiesen.

5) Der Busfahrer wurde schwer verletzt; die Fahrgäste dagegen kamen mit dem Schrecken davon.

6) Edgar blieb stehen und betrachtete das alte Haus; die anderen dagegen gingen achtlos weiter.

7) Die Romane des Schriftstellers wurden überall gelesen. Seine Gedichte indessen blieben so gut wie unbekannt.

8) Der Minister glaubte an eine gütliche Lösung; seine Amtskollegen dagegen sahen dafür keine Chance.

9) Früher beschäftigte sie sich nicht mit moderner Kunst; heute dagegen hat sie grosses Interesse daran.

1) ....
2) ....
3) ....
4) ....
5) ....
6) ....
7) ....
8) ....
9) ....

54- Verbindungen mit kopulativen Konjunktionen.

Verbinden Sie die folgenden Sätze mit den Konjunktionen **einerseits - andererseits, nicht nur sondern auch, weder-noch, entweder -oder.**

Beispiel: Einerseits klagt sie über Geldmangel; **andererseits** kauft sie die teuersten Sachen.
Es nahmen **nicht nur** Bauern teil, **sondern** es kamen auch Leute aus der Stadt.
Er hat weder die nie abgeschlossen, **noch** hat er sich um eine Stelle beworben.
Entweder kommen Sie zu uns, **oder** wir treffen uns in der Stadt.

1) Man gibt solche Experimente freiwillig auf. Man wird sie verbieten.
2) Werner möchte das Konzert nicht versäumen.
3) Gerti ist nicht zu der Veranstaltung gekommen. Sie hat sich für ihr Fehlen nicht entschuldigt.
4) Niemand hielt den Dieb. Die Polizei wurde nicht verständigt.
5) Der Autofahrer war zu schnell gefahren. Er besass keinen Führerschein.
6) Schauen Sie um 9 Uhr im Büro vorbei! Rufen Sie mich um 9 Uhr zu Hause an!
7) Du bist zu früh gekommen. Meine Uhr geht nach.
8) Die Maschine kostet viel zuviel. Sie ist schwierig zu bedienen.
9) Dieser Mann ist zu seinem Entschluss nicht gezwungen worden. Man hat ihm auch kein Geld dafür angeboten.

1) ....
2) ....
3) ....
4) ....
5) ....
6) ....
7) ....
8) ....
9) ....

55- Bildung von Relativsätzen

Verbinden Sie den unterstrichenen Satz mit den Sätzen a, b, c usw. mit Hilfe eines Relativpronomens.

Beispiel:
    An der Ecke stand eine Frau. Sie wirkte sehr nervös.
    An der Ecke stand eine Frau, die sehr nervös wirkte.

Robert steuerte einen uralten Wagen.
a) Sieben Mädchen sassen darin.
b) Die Motorhaube des Wagens war mit Blümchen bemalt.
c) Alle Kinder wollten sich hineinsetzen.
d) Über die Herkunft des Wagens wusste niemand Bescheid.
e) Das sah sehr lustig aus.
    Robert steuerte einen uralten Wagen,
a) ....
b) ....
c) ....
d) ....
e) ....

Auf dem Fest traf Claudia Leute.
a) Einige Leute kannten sich schon.
b) Sie hätte sich gerne mit ihnen unterhalten.
c) Sie wunderte sich über ihr Benehmen.
d) Claudia war neugierig auf sie.
Auf dem Fest traf Claudia Leute,
a) ....
b) ....
c) ....
d) ....

Der Angeklagte (e Angeklagte; Verhaftete, Pl.) soll mehrere Diebstähle begangen haben.
a) Die Morgenzeitungen berichten über seine Verhaftung.
b) Die Polizei kam ihm zufällig auf die Spur.
c) Seine Eltern besitzen eine Bekleidungsfirma.
d) Er führte ein unauffälliges Leben.
Der Angeklagte,
a) ....
b) ....
c) ....
d) ....
soll mehrere Diebstähle begangen haben.

In Margarinien gibt es erstklassige Hochschulen.
a) Über 300 000 Studenten studieren an diesen Hochschulen.
b) Zwei davon sind über 300 Jahre alt.
c) Der Staat stellt für sie umfangreiche Mittel bereit.
d) An ihren Instituten lehren mehrere Nobelpreisträger.
In Margarinien gibt es erstklassige Hochschulen,
a) ....
b) ....
c) ....
d) ....

Der Ingenieur stellte einen Apparat/ein Gerät/ eine Maschine vor.
a) Seine / ... Entwicklung kostete etwa eine halbe Million Mark.
b) Man kann damit auch Kunststoffe bearbeiten.
c) Die Fachwelt hatte schon auf diesen Apparat / ... / ... gewartet.
d) An seiner / ... baldigen Verwendung ist Firma Wötzli interessiert.
Der Ingenieur stellte einen Apparat / .../... vor,
a) ....
b) ....
c) ....
d) ....

Bücher, ..., dürfen nicht ausgeliehen werden.
a) Es gibt nur ein Exemplar davon
b) Auf ihrem Einband ist ein roter Punkt.
c) Wir haben keinen Ersatz dafür.
d) Viele Studenten sind darauf angewiesen.
e) Ihr Erscheinungsjahr liegt vor 1920.
Bücher,
a) ....
b) ....
c) ....
d) ....
e) ....
dürfen nicht ausgeliehen werden.

56- Umformung indirekter Fragesätze

Beispiel: Er fragt, **wo** Christoph wohnt. → Er fragt nach Christophs Adresse.

Zu verwendende Wörter: **Aufenthalt, Ergebnis, Gehalt, Masse, Nachfolger, Titel, Verfasser, Wort, Zeitpunkt, Zweck ...**

Er fragt,   **Er fragt**

1) wie schwer der Koffer ist.
2) wozu diese Massnahmen dienen
3) was in dem Paket ist.
4) wie schnell sich U-Boote bewegen.
5) was dieses Fremdwort heisst.
6) warum alle so aufgeregt sind.
7) wie weit es bis zur Grenze ist.
8) ob es Kontrollen geben muss.
9) wie warm das Wasser ist.
10) wie spät es ist.
11) der wievielte heute ist.
12) wie der Held des Romans heisst.
13) wie die Verhandlungen endeten.
14) warum wir eine Panne haben.
15) wo sich unsere Gruppe trifft.
16) wie ich zum Bahnhof komme.
17) wann sich der Unfall ereignete.
18) was Bernd am liebsten isst.
19) wer den Artikel geschrieben hat.
20) wem das Fahrzeug gehört.
21) wie lange wir bleiben.
22) wieviel fett in der Milch ist.
23) wer nach ihm die Stelle bekommt.
24) wer die Karte abgeschickt hat.
25) worüber diskutiert wird.
26) wie der Film heisst.
27) für wen der Brief bestimmt ist.
28) wie "Tasche" auf Englisch heisst.
29) wann er wieder zum Arzt muss.
30) wie teuer das Studium ist.
31) wie viele Teilnehmer dabei sind.

57- **Zu verwendende Wörter: Anlass, Aufgaben, Befinden, Eignung, Gehalt, Häufigkeit, Herkunft, Qualität, Sinn, Unterkunft, Ursprung, Verdienste, Vertreter, Vorgänger, Zubereitungsart u.a.**

Sie fragt,
1) wie gut die Ware ist.
2) wie oft dort gestohlen wird.
3) wieviel ein Beamter im Monat verdient.
4) wozu Strafen eigentlich gut sind.
5) wie viele Stunden man dort in der Woche arbeiten muss.
6) ob es dem Verunglückten gut geht.
7) was die Priester dort anhaben.
8) wo ich tätig sei.
9) woraus die Platte gemacht ist.
10) wie es mit der Firma einmal weitergehen werde.
11) wo man hier übernachten kann.
12) woher das Sprichwort kommt.
13) wie man diesen Pudding macht.
14) woran der Patient leidet.
15) welcher Mann mit Frau Pröll kam.
16) wieviel Geld man für das Gemälde bekommen könnte.
17) wer vor Elmar die Stelle hatte.
18) was er alles für das Land getan hat.
19) was die Kommission alles tun muss.
20) ob Gabi schlank oder mollig ist.
21) ob man diesen Sänger gern hört.
22) warum es zum Streit gekommen ist.
23) wer ihn informiert hat.
24) wer heute anstelle von Herrn Zech arbeitet.
25) ob er für diesen Posten der richtige Mann ist.
26) ob hier Süden oder Westen sei.
27) wer die Klasse unterrichtet.
28) ob dem Politiker schon vieles gelungen ist.

Sie fragt

58- Nebensätze aus Präpositionalobjekten

Beispiel: 1) Ich warte auf ihren Brief.
Ich warte **darauf, dass** Sie mir schreiben.
2) Wir freuen uns auf deinen Besuch
Wir freuen uns (darauf), **dass** du uns besuchst.

1) Frau Berg freut sich über die Kochkünste ihres Sohnes.
2) Viele Schüler leiden an Konzentrations - schwäche. (können).
3) Plötzlich erinnerte sie sich an das Vergessene.
4) Niemand fragte nach dem Zeitpunkt ihrer Eheschliessung.
5) Die Helfer haben einen Anspruch auf Bezahlung.
6) Ich habe immer Angst um das Kind. (passieren)
7) Er hofft auf eine Mitfahrgelegenheit nach Rom. (können)
8) Wir wunderten uns über das Ausbleib der Gäste. (kommen)
9) Hat dir die Kleine von ihren Weihnachtswünschen erzählt?
10) Glauben Sie an seine sportlichen Fähigkeiten? (Sportler)
11) Sie wusste nichts von der Impfpflicht bei Afrikareisen.
12) Deine Müdigkeit kommt von deinen vielen Überstunden.
13) Haben Sie schon von der neuen Minirockmode gehört?
14) Wir waren sehr neugierig auf seine Antwort.
15) Niemand interessierte sich für den Verbleib des Geldes.
16) Ich bin gegen eine Verlegung des Turniers auf Mai. (stattfinden)
17) Sie sehnt sich nach Ruhe. (lassen / Passiv)

1) ....
2) ....
3) ....
4) ....
5) ....
6) ....
7) ....
8) ....
9) ....
10) ....
11) ....
12) ....
13) ....
14) ....
15) ....
16) ....
17) ....

59- Umformung von Nebensätzen in Präpositionalobjekte

Beispiel: Alles hängt davon ab, **ob ihr uns helft**.
Alles hängt **von eurer Hilfe** ab.

1) Der General besteht darauf, dass alle Befehle ausgeführt werden. (Gehorsam)
2) Starb der Astronaut daran, dass er zu wenig Sauerstoff bekam? (-mangel)
3) Wir baten sie, noch ein wenig zu warten.
4) Er ist bekannt dafür, dass er sich alles merken kann.
5) Frag danach, wie man am billigsten zum Stadion fährt! (Verkehrsmittel)
6) Alle wunderten sich, wie viel die Kinder assen. (Appetit)
7) Erst spät erfuhr ich, dass er sich am Fuss weh getan hatte.
8) Der Pilot lud uns ein, mit ihm drei Stunden zu fliegen.
9) Wissen Sie, dass der Verein das Spiel verloren hat? (Niederlage)
10) Ich bin damit einverstanden, dass der Ausflug später stattfindet. (Verschiebung)
11) Er hatte keine Ahnung, was sie dachte.
12) Manche regten sich auf, dass der Bus nicht pünktlich kam.
13) Die Zeitung berichtete, dass ein Häftling entkommen ist.
14) Wir sind darauf angewiesen, dass ihr uns nicht alleine arbeiten lässt.
15) Es ist schon zu spät, als dass wir bei Veronika noch vorbeischauen könnten.
16) Wir waren überrascht, wie schnell der Baum gross wurde. (Wachstum)
17) Er wurde bestraft, weil er Schnaps illegal über die Grenze gebracht hatte.

1) ....
2) ....
3) ....
4) ....
5) ....
6) ....
7) ....
8) ....
9) ....
10) ....
11) ....
12) ....
13) ....
14) ....
15) ....
16) ....
17) ....

60. Bildung verschiedener Nebensätze

Formen Sie die kursiv gedruckten Satzteile in Nebensätze um.

Beispiel: **Ohne Decken** wäre er erfroren.
  Wenn er keine Decken gehabt hätte, wäre er..... erfroren.
  Trotz der Decken fror er.
  Obwohl er Decken hatte, fror er.

1) **Bei weiter sinkenden Temperaturen** müssen die Arbeiten unterbrochen werden. (kalt)
2) **Bei jeder Bewegung** schmerzte mir der Rücken.
3) **Aus finanziellen Gründen** hat Max jetzt bei der Firma gekündigt. (verdienen)
4) **Trotz des Blumenschmucks** wirkt das Zimmer kalt. (Blumen)
5) **Ungeachtet aller Warnungen** unterschrieb sie den Vertrag.
6) **Durch Sport** halten sich viele Menschen fit.
7) **Zu ihrer Enttäuschung** bekamen die Kinder nur zehn Mark. (Die Kinder bekamen ...)
8) Wir können uns an einem beliebigen Ort treffen. (wollen)
9) Warte mit der Entscheidung **bis zu meiner Rückkehr!**
10) Er will das Geschäft **ohne Trennung von seinem Partner** weiterführen.
11) Er darf **vom Kuchen eine beliebige Menge** essen. (wollen)
12) **Trotz seines ständigen Kopfwehs** will er nicht zum Arzt gehen. (leiden)
13) Ihm fehlt das Geld für eine so teure Reise. (sich leisten)
14) Kommissar Keller fuhr **mit Höchstgeschwindigkeit.** (schnell)
15) Ich fühlte mich wie **nach einer Operation.**
16) **Trotz des Schlafmittels** konnte sie nicht einschlafen.

1) ....
2) ....
3) ....
4) ....
5) ....
6) ....
7) ....
8) ....
9) ....
10) ....
11) ....
12) ....
13) ....
14) ....
15) ....
16) ....

61- Bildung verschiedener Nebensätze

1) **Bei einer schärferen Kontrolle** wäre die Fälschung sicher aufgefallen.
2) **Wegen des starken Ölgeruchs** musste man in einen anderen Saal umziehen.
3) Die Kundgebung ging **ohne besondere Ereignisse zu Ende**.
4) **In eurer Lage** hätte ich mich anders verhalten.
5) Ich öffne das Päckchen nur **in Gegenwart von Zeugen**.
6) Niemand bemerkte ihn **trotz seiner Hilferufe**.
7) **Bei fehlerhafter Bedienung des Apparats** kann es zu einer Explosion kommen. (falsch)
8) **Mit Meyer als Vorsitzendem** hätte die Partei die Wahl wohl gewonnen.
9) **Mittels neuentwickelter Geräte** konnten die Techniker die Flugeigenschaften verbessern. (verwenden).
10) **Günthers Interesse an alten Möbeln** überrascht mich.
11) Nehmen Sie die Formulare zur Überprüfung mit. (Passiv)
12) **Für diesen Posten** dürfte er zu unerfahren sein. (übernehmen)
13) Die Wissenschaftler wären **ohne diese Experimente** nie so weit gekommen. (durchführen)
14) **Wegen des Teilnahmeverzichts mehrerer Staaten** wurden die Weltkämpfe abgesagt.
15) Sie können sich **meinen Schrecken** nicht vorstellen.
16) Wir sollten mit den Massnahmen nicht **bis zu einer Katastrophe** warten. (kommen)
17) **Nach der Korrektur der Arbeiten** trug man die Ergebnisse in Listen ein.

1) ....
2) ....
3) ....
4) ....
5) ....
6) ....
7) ....
8) ....
9) ....
10) ....
11) ....
12) ....
13) ....
14) ....
15) ....
16) ....
17) ....

62- Umformung verschiedener Nebensätze

Formen Sie die kursiv gedruckten Satzteile in nominale Ausdrücke um!

1) **Wenn ihr uns keine Decken geliehen hättet,** wäre es eine kalte Nacht geworden.
2) Es ging zu, **als ob man einen Sieg feiern würde.** Es ist viel los, es sind viele Leute da.
3) Ich schicke ihr ein Foto, **damit sie mich nicht vergisst.** (Erinnerung)
4) **Sofern das Treffen für Juni vorgesehen ist,** komme ich. (Termin)
5) Wir öffneten die Kiste, **indem wir einen Haken benutzten.**
6) **Seit ihr zum letztenmal geschrieben habt,** hat sich hier viel geändert.
7) Ich besuche Sie, **sobald es geht.** (nächst-)
8) **Als er nach Hause fuhr,** bemerkte er, dass ihm ein grauer Ford folgte.
9) **Nachdem sie lange gezögert hatte,** entschloss sie sich doch noch zum Kauf.
10) Die Höhle wurde entdeckt, **was ein Zufall war.**
11) Freunde konnten verhindern, **dass er sich das Leben nahm.**
12) **Um mir zu danken, dass ich ihr geholfen hatte,** schenkte sie mir ein Buch.
13) **Kurz bevor ihr erster Sohn zur Welt kam,** zogen sie um.
14) **Damit Sie den Text besser verstehen,** erhalten Sie Worterklärungen.
15) Zeigen Sie mir, **wieviel übriggeblieben ist!**
16) Sie erzählte das Erlebnis, **wobei sie sehr leise sprach.**
17) Der Patient war geschwächt, **weil er viel Blut verloren hatte.**

1) ....
2) ....
3) ....
4) ....
5) ....
6) ....
7) ....
8) ....
9) ....
10) ....
11) ....
12) ....
13) ....
14) ....
15) ....
16) ....
17) ....

63- Umformung verschiedener Nebensätze

Formen Sie die kursiv gedruckten Satzteile in nominale Ausdrücke um!

1) Gibt es ein Weiterleben, **wenn man gestorben ist?**
2) Man war sehr beunruhigt, **dass die Sekretärin plötzlich weg war.** (Verschwinden)
3) **Als Hans zur Schule ging**, lief eine Katze an ihm vorbei.
4) **Solange der Urlaub dauerte**, war sie kein einziges Mal krank.
5) Wir wussten nicht, **dass seine Diplomar-beit fertig war.**
6) Niemand hatte damit gerechnet, **dass sie noch kam.**
7) Er will sein Vorhaben nicht aufgeben, **obwohl die Kollegen mit manchem nicht einverstanden sind.** (Einwände)
8) **Sosehr er sich auch bemühte**, er konnte ihre Adresse nicht herausfinden.
9) Er begann einen Streit, **wozu er einen Grund hatte.**
10) Alles wird so umgebaut, **wie er es sich vorgestellt hat.**
11) **Wenn es der Partner nicht will**, dürfen Sie den Vertrag nicht ändern. (Zustim-mung)
12) Er ist immer unterwegs, **ausser wenn es sehr neblig ist.**
13) Man sieht dem Mann an, **dass er acht Jahre gefangen war.**
14) **Ehe sie geheiratet hatte**, hatte sie nur selten gekocht.
15) **Obwohl ein Musiker mitteilte, er sei verhindert**, konnte das Konzert stattfinden. (Absage)
16) Fred erkundigte sich, **wie er zum Rathaus gehen sollte.**
17) Er ist neugierig, **was Opa noch aus seiner Kindheit weiss.**
18) Er fragte einen Anwalt, **weil er um Marlene besorgt war.**
19) Die Veranstaltung wird in den Saal verlegt, **weil es zu wenig Platz gibt.**

1) ....
2) ....
3) ....
4) ....
5) ....
6) ....
7) ....
8) ....
9) ....
10) ....
11) ....
12) ....
13) ....
14) ....
15) ....
16) ....
17) ....
18) ....
19) ....

64- Umformung verschiedener Nebensätze

1) Sie mietete das Zimmer, **zumal es günstig lag.**
2) Der Verein geht in Konkurs, **weil er ausserstande ist,** seine Schulden zu bezahlen. (Zahlungsunfähigkeit)
3) **Obwohl sie dort weniger Geld bekommt,** arbeitet sie am liebsten an ihrem Wohnort.
4) **Als er Lehrling war,** spielte er bereits in einer Jazzband. (Lehrzeit)
5) **Solange das Kind dabei war,** sprachen sie nur Ungarisch.
6) Man sorgte dafür, **dass keiner zu viel und keiner zu wenig bekam** (gerecht)
7) Sie sollte nicht rauchen, **wenn sie ein Kind erwartet.**
8) **Wenn Sie mehr davon brauchen,** dauert die Lieferung 8 Tage. (Bedarf)
9) Er fragt mich oft, **ob mein Verfahren besser ist als andere.** (Vorteile)
10) Ich kann nicht nachdenken, **wenn es so laut ist.** (Lärm)
11) Niemand ahnte, **dass der Gefangene fliehen wollte.**
12) **Obwohl er viel älter ist als sein Kollege,** arbeiten die beiden gut zusammen. (Altersunterschied)
13) Er durfte das Gebäude nur verlassen, **wenn zwei Polizisten mitgingen** (Begleitung)
14) Firma Röder sendet mir Muster, **damit ich sie mir ansehen kann.**
15) Die Terroristen drohten **damit, die Geiseln umzubringen.**
16) Man hat Mitleid mit ihr, **weil sie sich nicht zu helfen weiss.** (Hilflosigkeit)
17) Wir versperrten die Tür, **damit Diebe nichts stahlen.** (Schutz)

1) ....
2) ....
3) ....
4) ....
5) ....
6) ....
7) ....
8) ....
9) ....
10) ....
11) ....
12) ....
13) ....
14) ....
15) ....
16) ....
17) ....

ANTWORTEN
(8 no'lu test için cevap anahtarı)

1. 1) Die Preise sind im letzten Jahr stark gesunken.. 2) Mozart ist mit 36 Jahren gestorben.. 3) Hat der Lehrling den wichtigen Brief eingeworfen?. 4) Habt ihr die Funktionsweise des Motors begriffen?. 5) Hast du dich in den kleinen Finger geschnitten?. 6) Habt ihr euch um Geld gestritten?. 7) Warum seid ihr so erschrocken?. 8) Das gestrige Konzert hat dem Publikum nicht gefallen.. 9) Ein reifer Apfel ist vom Baum gefallen.. 10) Das Bild hat noch nie an dieser Wand gehangen.. 11) Warum seid ihr an/bei der letzten Station nicht ausgestiegen?. 12) Welches Kind hat eine rote Mütze aufgehabt? 13) Der Autoverkehr hat in den letzten Jahren erheblich zugenommen. 14) Auf dem Transport ist plötzlich eine Schnur gerissen. 15) Bei dem Brand sind mehrere wichtige Akten verbrannt. 16) Ich habe den Kranken noch nicht betrogen. 17) Wer hat euch um (das) Geld betrogen? 18) Habt ihr die beiden Berichte genau verglichen? 19) Die Gäste haben leider den ganzen Abend geschwiegen. 20) Der Dieb hat dem Reisenden einen Koffer gestohlen. 21) Hast du dich um die freie Stelle beworben.

2. 1) Eins der Kinder / von den Kindern hatte gelogen.. 3) Von dem guten Kuchen war nichts übriggeblieben.. 3) Der Bauer war noch nie im Ausland gewesen.. 4) Das Mädchen hatte alles aus Liebe getan.. 5) Die Firma hatte dem Kunden die Ware zugesandt.. 6) Der Jüngste der Familie war Koch geworden.. 7) Das Auto hatte über Nacht viel Öl verloren.. 8) Die Kleine war nach der Bergtour sofort eingeschlafen.. 9) Der Brief war bei seinem Empfänger nie angekommen.. 10) Die Überraschung war den Brüdern gelungen.. 11) Manche hatten das Unglück kommen sehen.. 12) Drei deutsche Journalisten waren in den Sudan geflogen. 13) Der Kommissar hatte (sich) einen schlauen Plan ausgedacht. 14) Die Schüler hatten die ganzen Ferien auf dem Bauernhof verbracht. 15) Das Bier war auf/ über das frische Tischtuch) geflossen. 16) Raimund hatte in seiner Jugend kein scharfes Essen gemocht. 17) Christine war den Fluss hinuntergeschwommen. 18) Sie hatte den Verwandten ihres Mannes nie verziehen. 19) Andreas hatte seinen Freund um Rat gebeten. 20) Der Polarforscher war in der eisigen Kälte erfroren. 21) Alexander hatte sich auf der Geburtstagsfeier den Magen verdorben.

3. 1) Am Dienstag schien die Sonne den ganzen Tag.. 2) Der älteste Sohn hiess wie sein/ der Vater.. 3) Gegen Ende des Kriegs brach eine Hungersnot aus.. 4) Sonntags ritt der alte König an das / zum Ufer des Sees.. 5) Die Kinder des Bauern wuchsen bei ihrer Tante auf.. 6) Herr Häberle zwang sich zum Schweigen .. 7) Zweimal in der Woche rief Frau Klein ihren Bekannten an.. 8) Ich befand mich in einer schwierigen Lage.. 9) Die Theaterproben begannen am frühen Nachmittag.. 10) Die Katze sprang auf die niedrige Mauer.. 11) Am frühen Morgen verliess Susanne das Hotel.. 12) Plötzlich lief die Tochter des Nachbarn auf die Strasse. 13) Frau Altmann hob alle alten Fotografien auf. 14) Der Fremde sprach den Namen richtig aus. 15) Die Biene stach den Soldaten in die Hand. 16) Nach der Operation wog der Patient 65kg. 17) Ich kannte den blonden Studenten vom Sehen. 18) Der Schüler schrieb fünf ganze Blätter voll. 19) Der Bäcker schob das Brot in den heissen Ofen. 20) Ein schwarzer Taxi bog um die Ecke. 21) Die Wartenden verhielten sich ruhig.

4. 1) Die Kinder bliesen die Kerzen am Weihnachtsbaum aus.. 2) Rasch verband die Ärztin die blutende Wunde.. 3) Dagmar lieh ihrer Freundin ein prima Kochbuch.. 4) Der gesuchte Brief lag hinter dem Schrank.. 5) Die Maus verschwand im hohen Gras.. 6) Die Grenzbeamten schossen in die Luft.. 7) Aus den beiden Staaten entstand ein neues Reich.. 8) Der Hausmeister fuhr den Wagen in die Garage.. 9) Am Wochenende fingen wir Fische.. 10) Das Unternehmen bot Mairanne eine Lehrstelle an.. 11) Während der Kur ass Beate nur einmal am Tag.. 12) Früher besass mein Onkel einige alte Uhren. 13) Anton schlug mit dem Hammer einen Nagel in die Wand. 14) Doris vergass oft ihren Schirm im Cafe. 15) Die Stunden bis zur Rettung vergingen quälend langsam. 16) Der Diplomat traf gegen Mittag im Iran ein. 17) Den ganzen Morgen sang Ellen Schlager. 18) Der Geschäftsmann nannte den Kunden einen Betrüger. 19) Niemand erriet den Namen des Komponisten. 20) Wir stiessen auf die Gesundheit des Jubilars an. 21) Der Maler strich Türen und Fenster.

5. 1) Man lieh den Reisenden Langlaufskie. 2) Die Tante schenkte dem Brautpaar spanische Keramik. 3) Das Reisebüro empfahl dem Franzosen ein Hotel in den Bergen.. 4) Der Händler verkaufte dem Touristen ein kitschiges Bild. 5) Der Dichter las seinen Zuhörern frühe Gedichte vor.. 6) Das Regime erlaubte dem Schriftsteller die Ausreise. 7) Mitte Mai wurde der Saal der Öffentlichkeit übergeben.. 8) Ich merkte mir die Nummer des Motorrads.. 9) Die Presse warf dem Minister Unfähigkeit vor.. 10) Man bot dem jungen Iren ein ruhiges Zimmer an. 11) Birgit sandte ihrem Kollegen Grüsse aus Italien.. 12) Der Gepäckträger nahm der alten Frau den Koffer ab 13) Dem Hotelgast wurde seine Aktentasche gestohlen 14) Die Fabrik lieferte dem Kunden Ersatzteile für das Radio 15) Die Schüler spielten den Eltern eine Sonate von Mozart vor 16) Der Präsident reichte dem Preisträger die Hand 17) Franziska teilte dem Institut ihre neue Anschrift mit 18) Der Geschäftsmann schuldete der Bank einen hohen Betrag. 19) Der Arzt überliess die Entscheidung der Frau des Kranken. 20) Die Firma schickte dem Fotografen eine Rechnung über 350 Mark.

6. 1) Die Schüler freuten sich auf den baldigen Beginn der Ferien.. 2) Klaus half dem Franzosen bei der Übersetzung des Briefes.. 3) Der Assistent bereitete sich auf seine Tätigkeit an der Uni Hamburg vor.. 4) Johanna erinnerte ihren Onkel an sein früheres Versprechen.. 5) Der Redner bat die lärmenden Zuhörer um Ruhe. 6) Die junge Frau kümmerte sich um ihren kranken Vater.. 7) Traurig dachte der Gast in die bevorstehende Abreise.. 8) Der Professor unterhielt sich mit dem Studenten über das Examen.. 9) Der Minister ärgerte sich über die Schlamperei der Behörde.. 10) Der Lehrer beschäftigte sich mit der Geschichte seines Heimatdorfes.. 11) Die Verkäuferin verliebte sich in den neuen Briefträger .. 12) Müllers wunderten sich über den plötzlichen Reichtum ihres Nachbarn. 13) Das Kind fürchtete sich vor Gespenstern. 14) Die Kundin beklagte sich über die schlechte Qualität der Ware. 15) Die Ärztin freute sich über die schnelle Erholung des Patienten. 16) Wir erkundigten uns bei dem Beamten nach den Abfahrtszeiten. 17) Die Tante passte auf ihren sechsjährigen Neffen auf. 18) Vor dem Krieg gehörte diese Inselgruppe zu Japan. 19) Das Gerät bestand aus festen und beweglichen Teilen. 20) Der Forscher starb an einer seltenen Tropenkrankheit.

7. 1) Der flüchtende Räuber achtete nicht auf den starken Verkehr.. 2) Die Berufstätigen gewöhnten sich an die veränderte Arbeitszeit.. 3) Evelyn gab ihr ganzes Geld für Süssigkeiten aus.. 4) Der Kranke glaubte an seine baldige Entlassung.. 5) Otto lud seine Freunde zum zwanzigsten Geburtstag ein.. 6) Die Armen hofften auf eine rasche Besserung ihrer Not.. 7) Der Politiker sehnte sich nach der Ruhe seiner Ferienwohnung.. 8) Der Ingenieur wartete die ganze Woche auf die Lieferung des Automaten.. 9) Die Zeitungen berichteten über die/

von der Ankuft des spanischen Königs.. 10). Der schwere Rotwein passte nicht zu diesem Essen.. 11) Der Vertreter betrog die Firma um eine hohe Geldsumme.. 12) Daniela beneidete ihre Freundin um das neue Kleid. 13) Herr Bauer zweifelte an der Echtheit der Unterschrift. 14) Der Stadtrat entschied sich für den Abriss der baufälligen Brücke. 15) Die Schauspielerin erkrankte an einer fiebrigen Erkältung. 16) Die Touristen erschraken vor dem riesigen Elefanten. 17) Die warme Kleidung schützte den Bergsteiger vor der Kälte. 18) Das Mädchen vertiefte sich in ein altes Märchenbuch. 19) Richard beschwerte sich beim Nachbarn über die laute Musik. 20) Die Spaziergänger wurden vor dem Betreten des Eises gewarnt. 21) Das Tuch roch nach frischem Obst.

8. 1) Viele interessierten sich für (die) neuere russische Geschichte.. 2) Langsam erholte sich Carola von der anstrengenden Reise.. 3) Man gratulierte dem Philosophen zum achtzigsten Geburtstag.. 4) Der Vertreter verabredete sich mit Herrn Wagner für vier Uhr. 5) Der Schüler bewarb sich bei der Post um einen Ferienjob.. 6) Die Fachleute hielten Prof. Feld für einen ausgezeichneten Biologen.. 7) Die Regierung bestand auf der sofortigen Abreise des Diplomaten.. 8) Der Koch begann mit der Zuberetiung des Hasen.. 9) Die Zuhörer wollten mit ihren Zwischenrufen nicht aufhören. 10. Die Freunde entschlossen sich zu einer Reise in die Türkei.. 11) Tobias zählte zu den Besten der Klasse.. 12) Der Dieb versteckte sich vor der Polizei hinter einer Mauer. 13) Der Autofahrer dankte dem Mechaniker für die schnelle Reparatur. 14) Die Hausbewohner litten unter dem ständigen Strassenlärm. 15) Die Fluggäste verabschiedeten sich von dem jungen Piloten. 16) Der Geschäftsmann trennte sich von seinem langjährigen Partner. 17) Werner trat sofort in den neuen Sprotverein ein. 18) Die Firma entschuldigte sich bei dem Kunden für die lange Lieferzeit. 19) Die Prinzesin erkannte den Prinzen an seinem königlichen Zepter. 20) Die Opfer der Überschwemmung wandten sich an das Rote Kreuz. 21) Der ehrliche Finder verzichtete auf eine Belohnung.

9. 1) Der Angeklagte reagierte heftig auf die Aussage des Zeugen.. 2) Der junge Mann befreite sich vom Einfluss seiner Freunde.. 3) Der Diktator zwang das Volk zur Gehorsamkeit.. 4) Man riet dem Abiturienten zu einem längeren Auslandsaufenthalt.. 5) Am späten Abend einigten sich die Parteien auf einen Kompromiss.. 6) Kaiser Karl V. herrschte über ein grosses Reich.. 7) Er musste sich auf die bevorstehenden Aufgaben konzentrieren.. 8) Das Lied stammte von einem unbekannten Komponisten des 17. Jahrhunderts.. 9) In dem Stück stritten (sich) zwei Frauen um ein kleines Kind.. 10) Die Sekretärin nahm an einem zweiwöchigen Fortbildungskurs teil.. 11) Die Sosse schmeckte nach griechischem Wein.. 12) Die Ärzte fürchteten um das Leben des Verunglückten. 13) Die Solarenergie diente zur Erwärmung des Wassers. 14) Der Richter verurteilte den Einbrecher zu einer Freiheitsstrafe. 15) Der Historiker verglich die Römer mit den Griechen. 16) Der Schatzsucher verliess sich auf die Angaben der alten Seekarte. 17) An dem Morgen fuhr der Bäcker an unserem Haus vorbei. 18) Der Mechaniker bemühte sich um eine rasche Behebung des Schadens. 19) Die Einwohner wählten Max Huber zum Bürgermeister. 20) Der Lehrer hielt nicht viel von der neuen Methode. 21) Der befragte Student zögerte mit der Antwort.

10. Viele Menschen regten sich über die staatlichen Massnahmen auf.. 2) Der Erfolg des Versuchs hing von der Zuverlässigkeit des Computers ab.. 3) Der Gefangene dachte über sein trauriges Schicksal nach.. 4) Der Verkäufer antwortete nicht auf die Frage des kleinen Jungen.. 5) Die Funktion des neuen Automaten bestand in der Kontrolle der Geräte.. 6) Die Eltern machten sich Sorgen um das nervöse Kind.. 7) Karlas Freundin interessierte sich für modernes Ballett.. 8) Der Besucher staunte über die Grösse der Parkanlage.. 9) Bei dem Spiel kam es auf eine möglichst hohe Punktzahl an.. 10) Das Material zerfiel in viele kleine Teile.. 11) Die Ärzte rechneten mit einer Ausbreitung der Epidemie.. 12) Die Familie des Arbeitslosen geriet in eine schwierige Lage. 13) Frau Heil erwartete von ihren Mitarbeitern eine Entschuldigung. 14) Der Reporter fragte den Physiker nach den Aufgaben des Satelliten. 15) Der Gast griff eilig nach seinem Schirm. 16) Die Landwirte klagten über die schlechte Ernte. 17) Der Patient litt an einer schweren Leberkrankheit. 18) Er übersetzte Gedichte aus dem Polnischen ins Deutsche. 19) Die beiden Freunde wetteten um einen Kasten Bier. 20) Die Namen der Teilnahmer wurden nach dem Alphabet geordnet. 21) Die Wirtin sorgte für das Wohl der späten Gäste.

11. 1) In dem Märchen wird die Grossmutter vom Wolf gefressen.. 2) Der Verletzte wurde vom Arzt verbunden.. 3) Alle entlaufenen Pferde wurden wieder eingefangen.. 4) Leider wird das Bäumchen zu wenig gegossen.. 5) Weshalb wird ihr Name nicht verraten?. 6) Fast wäre er von einem Felsbrocken erschlagen worden.. 7) Der Schmuck wurde im Garten vergraben.. 8) Der Wagen wurde an der Grenze nicht angehalten.. 9) Der Brief wurde uns nicht vorgelesen.. 10) An einem Nachmittag wurden zwanzig Hasen erschossen.. 11) Das Fleisch wird nur kurz gebraten.. 12) Briefträger werden oft von Hunden gebissen. 13) Dann werden die Platten mit einem feuchten Tuch abgerieben. 14) Warum werden brutale Filme nicht verboten? 15) Um 6 Uhr wurde der Angriff auf die Insel befohlen. 16) Seine Entschuldigung wurde angenommen. 17) Wann wird diese Panne behoben? 18) Es wird gerade Brot gebacken. 19) Er wird oft mit Napoleon verglichen. 20) Wann wird der Bauplatz vermessen?

12. 1) Uns hilft man nur selten.. 2) Man reisst ihm die Bücher aus der Hand.. 3) Sie nennt ihn oft Willi.. 4) Rasch rief man einen Kollegen.. 5) Wer bringt die Zeitung?. 6) An der Küste isst man hauptsächlich Fisch.. 7) Man gab ihm eine Woche Zeit.. 8) Man leiht ihm die Kamera nur für den Urlaub.. 9) Fahrt ihr die Tante zum Bahnhof?. 10) Man bat mich um eine schnelle Antwort.. 11) Seit dieser Zeit meidet man den Nachbarn.. 12) Der Gärtner verbrennt die Abfälle. 13) Er brach das Versprechen. 14) Der Wind blies die Flamme aus. 15) Ein Geschäftsmann bestach den Polizisten. 16) Ihr Bruder gewann die Wette. 17) Insgesamt schuf der Künstler 92 Gemälde. 18) Ein Soldat belädt den Wagen. 19) Die Diebe stahlen nur teure Uhren. 20) Man spricht viel von dir. 21) Man empfiehlt den Touristen gute Weinlokale.

13. 1) Der Braten darf nur wenig gesalzen werden.. 2) Der Brief mußte dreimal umgeschrieben werden.. 3) Niemand soll gezwungen werden.. 4) Beim Kartenspiel kann man ihn nicht betrügen.. 5) Menschen sollten nicht angeschrien werden.. 6) Kein Kind sollte vergessen werden.. 7) Dieses Gemüse sollte klein geschnitten werden.. 8) Für dieses Konzert muß man nicht werben.. 9) Demnächst will man die neue Oper eröffnen.. 10) Diese Schere müßte geschliffen werden.. 11) Man durfte keine Zeit verlieren.. 12) Man konnte das Auto nicht anschieben. 13) Zeitungen hatten nicht gesendet werden dürfen. 14) Man konnte das Geheimnis nicht länger verschweigen. 15) Zwischen beiden Begriffen muß kann klar unterschieden. 16) Vielleicht können die Kosten weiter gesenkt werden. 17) Der Maler muß die Rahmen zweimal streichen. 18) Dieses Plakat hätte man nicht aufhängen dürfen. 19) Solche Hüte trägt man im Frühling. 20) Niemand darf euch sehen.

14. a) das passende Kleid, der verschwundene Ausweis, die gestohlene Münze, das schlafende Mädchen, die untersuchte Substanz, der eingeworfene Brief, der schweigende Fremde, der

gelungene Versuch, das benutzte Geschirr, der aufregende Film, der gut erzogene Hund, die werdende Mutter, der brennende Zweig, die bestellte. Ware, das sich bewegende Maschinenteil, der geriebene/ geriebener Käse, die blühende Blume, der fliegende Fisch, die geltende Regel, der entlassene Arbeiter, das gewonnene Spiel, das verratene Geheimnis, der ausgeschnittene Artikel, die erwartete Antwort, die gefüllte Flasche, die versprochene Belohnung, die frisch gestrichene Wand, die (sich) streitenden Nachbarn, das bevorstehende Gespräch, die ansteckende Krankheit, der leuchtende Stern, das vergessene Tuch, der verlorene Schlüssel, der fragende Blick, die fehlende Schraube, das beleidigende Wort, die vergossene Milch, das abgewogene Paket, die versalzene Suppe, die vorgeschlagene Reise, das entdeckte Versteck, das bemalte Blatt, die verbotene Handlung, die drohende Bewegung, die unterbrochene Fahrt, das vertriebene Volk, die folgende Sendung, der gemahlene / gemahlener Kaffee, der gedruckte Prospekt, der zunehmende/ zunehmender Lärm, die zerrissene Hose, der verschobene Termin, das gesendete Konzert, der wartende Kunde, der geöffnete Schrank, die gefundene Tasche, die verdorbene Wurst, der überarbeitete Plan.
b) das sinkende / das gesunkene Schiff, das abfließende / abfließendes / das abgeflossene Wasser, der sterbende / der gestorbene König, die sich entwickelnde / die entwickelte Industrie, die liebende / die geliebte Frau, die sich ändernde / die geänderte Form, der fliehende / der geflohene Affe, die sich spaltende / die gespaltene Partei, der zufrierende / der zugefrorene See, der sich betrinkende / der betrunkene Gast, das schmelzende/ schmelzendes / das geschmolzene Fett, das landende / das gelandete Flugzeug, das zerfallende / das zerfallene Reich, der eintretende / der eingetretene Besucher.

15. 1) die sich verschärfenden Spannungen. 2) alle abgeladenen Kisten.. 3) die Temperatur vom kochenden Wasser / kochenden Wassers.. 4) keine erschreckenden Tatsachen.. 5) einige enttäuschende Aufführungen,. 6) keine überzeugende Entschuldigung. 7) vertauschte Schirme.. 8) wegen der sich verteuernden Müllbeseitigung.. 9) alle aufgezählten deutschen Vereine. 10) die Namen der Geretteten. 11) in dem brennenden Hotel.. 12) die sich widersprechenden Argumente. 13) die Freude über den gelungenen Sprung. 14) in der Wohnung der Angeklagten. 15) welche Verletzten. 16) vier der eingeschalteten Neonröhren. 17) ein Großteil der gesenkten Gebühren. 18) die Teilnahme an dem angebotenen Kurs. 19) der historische Wert der fehlenden Dokumente. 20) eine nicht enden wollende Diskussion 21) viele zu Alkoholikern gewordene Menschen.

16. 1) das Schicksal der Vermißten. 2) die Aufregung um das schreiende Kind. 3) neben der pfeifenden Maschine. 4) Wegen ber befohlenen Aktionen. 5) die Höhe des erhofften Gewinns. 6) Ein Bewohner des durchsuchten Hauses. 7) der Bedarf anpassenden Ersatzteilen. 8) im Gesicht des schlafenden Mannes. 9) Meine versammelten Freunde. 10) der Ärger über manche ausgestellen Bilder. 11) die Stimme des bittenden Mädchens. 12) die Farbe der gewaschenen Vorhänge 13) die Widerholung des mißlungenen Experiments. 14) der Mangel an gedruckten Prospekten 15) Ursache der abnehmenden Tendenz 16) der Verkauf gebrauchter Kleidungsstücke 17) die Fortsetzung der unterbrochenen Sitzung. 18) die Veranstaltungen des kommenden Semesters 19) die silbernen Strahlen des aufgehenden Mondes 20) Man genoß die wohltuende Ruhe 21) Die Familie sammelte sich um den Sterbenden

17. 1) die im Fluß schwimmenden Hölzer.. 2) die vom Rundfunk übertragene Ansprache. 3) alle von den Kindern abgebrochenen Zweige.. 4) das Alter der kürzlich ausgegrabenen Skelette..

5) das von einem Diktator belogene Volk.. 6) der von einem Auto überfahrene Fuchs.. 7) keine der über dem Tisch hängenden Lampen.. 8) das die beiden Geräte verbindende Kabel.. 9) der Ärger über ständig verschobene Treffen.. 10) viele von dem Studenten ausgeliehene Zeitschriften.. 11) von den in der Schublade liegenden Münzen.. 12) zu den häufig genannten Politikern. 13) die nach Paprika riechende Soße. 14) ein paar von dem Bildhauer geschaffene Kunstwerke. 15) der auf seine Verfolger schießende Einbrecher. 16) andere von dem Abgeordneten vorgeschlagene Kompromisse. 17) die von dem Arzt verschriebenen Tropfen. 18) Aus dem Keller drang beißender Bauch. 19) die von der Opposition erzwungene Diskussion. 20) die in Abgasen gemessene Konzentration.

18. 1) die in der Mitte des Tales verlaufende Grenzlinie.. 2) die bei dem Rockkonzert ohnmächtig gewordenen Mädchen.. 3) wegen der ständig schwieriger werdenden Aufgaben. 4) der in Frankfurt lebende 48 jährige Schriftsteller.. 5) der von mehreren Wespen gestochene Radfahrer.. 6) die in dem eiskalten Wind frierenden Kinder.. 7) ein zur Hilfeleistung verpflichteter Arzt.. 8) der auf einen Esel reitende Alte.. 9) in das von einem Soldaten verratene Versteck. 10) mehrere an Krebs leidende Patienten. 11) alle gerade aufgerufenen Personen.. 12) das langsam am Horizont verschwindende Schiff. 13) die nach kaltem Rauch stinkende Halle. 14) beide von dem Chirurgen erprobte(n) Medikamente. 15) der über das Gesicht rinnende Schweiß. 16) viele in Rußland gewesene Deutsche. 17) das mit einem Unentschieden endende Spiel. 18) jeder um das Amt sich bewerbende Kandidat. 19) der durch seinen Staatssekretär vertretene Minister. 20) die Bedeutung des von der Presse verschwiegenen Treffens. 21) unter den über die Felder fliegenden Vögeln.

19. 1) alle von dem Elektriker durchzuführenden Reparaturen.. 2) trotz der vielen zu erledigenden Aufgaben.. 3) die einzuparenden Beträge.. 4) die von den Pferden zu überwindenden Hindernisse.. 5) ein ernst zu nehmender Gegner.. 6) nur schwer zu behebende Schäden.. 7) die zu untersuchenden Gewebeproben.. 8) einige der zur vergebenden Stipendien.. 9) die zu bekämpfenden Mißstände .. 10) kennzeichnend für die hier anzuwendende Methode.. 11) nicht zu übersehende soziale Veräbderungev.. 12) Alle zu übersetzanden Artikel. 1)nicht fu veracDtende ANgebote 4) nur wraphiscD darzus|ellende Tendenz}n. 15) Bei den els nächCtes zu nearbeitanden Fädlen. 16% sämtliohe zusaamenzuse|zende (B) Teile. 17) diE Menge des zu baseitigenden Abfalls. 18- eine vGn den Vurbrauchan zu teotende nEue Zahn|asta.

20. Ich dätte früher dammt begonben.. 2)¬Ich hät`e mir w}lche auFgeschri}ben.. 3 Ich kövnte ihnübersetnen.. 4)„Ich hätLe es in einer avderen Farbe/ hatte es b`au/grün?... gesHrichen.> 5) Ich hätte e ihm niCht verb{ten.. 6 Ich hädte sie Bicht übersehen. 7) Ich<wäre dagründligher.. 8 Ich hätte nichD so lanke gesch@afen.. -) Ich wÄre nich| lange Ctoßen?.410) Ich hätte mUr welchan genom}en.. 11 Ich wä~e abgebCgen.. 1>) Ich hàtte es mir nich` leiste^ können 13) Icd wäre dAfür gewmsen. 14% Ich wü~de nichD sofort<böse. 1) Mir wöre er nAcht angmbrannt.16) Ich$wäre ihF nicht }usgewicDen. 17)œIch dürBte es necht benAtzen. 1,) Ich hÄtte nic|t eingecriffen.19) Ichhätte welches zE Hause gehabt.

21. 1) Wäre er fertig gewesen, (so) hätte er mitfahren können / Wenn er.... wäre, ... 2) Wir wären glücklicher, wenn es weniger Prüfungen gäbe. 3) Es wäre schade, wenn ihr / einige von euch stehen müßtet/müßten. 4) Wäre er Weltmeister geworden (so) hätte sich sein Lebenstraum erfüllt.. 5) Wäre sie länger geblieben, (so) hätte er mit ihr noch sprechen können.. 6) Wäre sie nicht gestolpert, (dann) hätte sie der Schneeball getroffen.. 7) Wenn er krank würde, müßten wir es absagen.. 8) Hätte sie sich nicht versteckt, (dann) wäre sie gefangen worden.. 9) Wenn du ein Gernglas hättest, würdest / könntest du welche sehen.. 10) Hätte er vorne gesessen (so) wäre er ums Leben gekommen.. 11) Hätte ich keinen Stadtplan gehabt, (so) hätte ich mich verlaufen.. 12) Wäre es gestiegen, (dann) hätten wir einen Arzt rufen müssen. 13) Hätte er in der Garage gestanden (so) wäre er angesprungen.

22. 1) Wäre er doch / nur ausgezogen!. 2) Wenn er nur besser tanzen würde!. 3) Hätte sie ihn doch / nur länger gebraten!. 4) Wenn sie doch / nur mehr äße/ essen würde!. 5) Wenn sie nur leiser spräche/!. 6) Hätte er sich nur nicht operieren lassen!. 7) Wenn er nur nicht ständig kritisiert würde!. 8) Hätte sie es doch öfter versucht!. 9) Wenn sie nur weniger zu tun hätte!. 10) Wenn sie nur wollte!. 11) Wenn sie doch / nur schon fertig wäre!. 12) Hätte er nur mehr Vertrauen in ihn gehabt! 13) Hätte er sie (sich) nur gewaschen! 14) Hätte er ihm nur welche geschenkt! 15) Wenn er nurs schon aufstehen dürfte! 16) Wenn ich nur nicht zu gehen brauchte! 17) Wäre nur etwas gefunden worden! 18) Hätte sie sie nur ausgeblasen! 19) Hätte er doch / nur keins getrunken! 20) Hätte sie doch noch offen! 21) Hätte er nur mehr (Tore) geschossen! 22) Hätte ich doch / nur mitgekonnt! 23) Wäre sie nur dabei gewesen! 24) Wäre er nur älter geworden!

23. 1) als ob er ein Spanier wäre; als ob er oft in Spanien gewesen wäre, als ob er immer / lange unter Spaniern gelebt hätte, als ob er viele Kurse besucht hätte.. 2) als wollte er die Straßenbahn überholen: als wäre die Polizei hinter ihm her, als müßte er den letzten Zug erreichen, als würde ihn ein Tiger verfolgen.. 3) als hätte sie meine Frage nicht erwartet; als wüßte sie die Antwort noch nicht; als hätten wir (noch) nie darüber gesprochen, als würde sie den Namen zum erstenmal lesen.

24. Das Fest fiel ins Wasser

Es wird erzählt, Ali und seine Frau hätten ein Fest im Dorf veranstalten wollen. Sie seien aber sehr arm gewesen. Deshalb hätten sie jeden Gast gebeten, er solle eine Flasche Wein mitbringen. Bevor die Gäste in das Haus getreten seien, hätten sie ihren Wein in ein vorbereitetes Faß am Eingang geschüttet. Dann seien sie zum Tisch geführt worden. Ali habe die Gläser mit dem mitgebrachten Wein gefüllt. Das Erstaunen sei groß gewesen, als man zu trinken begonnen habe. Die Gläser hätten reines Wasser enthalten. Sehr schnell habe man begriffen, was geschehen war. Jedes Gast habe gedacht, seine Flasche Wasser werde bestimmt nicht auffallen, denn alle anderen würden ja Wein bringen / brächten ja Wein. Beschämt seien die Gäste nach Hause gegangen.

24a. Eine Lehre

Es wird erzählt, ein Dieb sei einmal in den Hof eines Mannes geschlichen, denn er habe ein Pferd stehlen wollen. Man habe ihn aber kommen sehen und gefangengenommen. Da habe ihn der Besitzer des Pferdes gefragt, ob er ihm die Kunst zeigen könne, wie man ein Pferd stiehlt. Wenn er es von ihm lerne, werde er freigelassen. Der Dieb sei einverstanden gewesen und von seinen Fesseln befreit worden. Nun sei er an das Pferd herangetreten und habe den Strick an dessen Füßen gelöst. Dann habe er laut gerufen, alle sollten zu ihm sehen. Rasch sei er auf das Pferd gesprungen, habe es angetrieben und sei um die Ecke verschwunden. Obwohl ihn mehrere Männer verfolgt hätten, sei es keinem gelungen, ihn zu fangen.

24b- Die drei Wetten:
Es wird erzählt, der König habe eines Tages vor seinem Palast einen Mann mit einem Huhn stehen sehen. Er habe ihn zu sich kommen lassen und ihn gefragt, ob er ihm das Huhn verkaufen wolle. Der Mann habe geantwortet, er habe im Namen des Königs gewettet und für ihn das Huhn gewonnen. Drei Tage später sei der Mann mit einem Schaf erschienen. Er habe es dem König mit den Worten übergeben, er schenke es ihm, denn er habe wiederum eine Wette gewonnen. Am übernächsten Tag sei der Mann mit leeren Händen, aber in Begleitung eines zweiten Mannes gekommen.Die beiden seien in den Palast geführt worden. Der König habe gefragt, ob sie ihm nichts mitgebracht hätten. Der Mann habe erwidert, er habe mit seinem Begleiter im Namen des Königs 2000 Rupien verloren. Nun komme er zum König und bitte um das Geld. Da habe ihm der König die Summe geschenkt und lächelnd gesagt, er solle nie wieder in seinem Namen spielen. Von diesem Tag an müsse er die Folgen seiner Wetten selbst tragen.

25. Die Ansprache des Präsidenten nach der Wahl.
In seiner Rede sagte der Präsident, 1) er sei vom Volk gewählt worden und freue sich über seinen Sieg.. 2) Er sei dankbar, dass man ihm die Chance gebe, das Land aus der Krise herauszuführen.. 3) Die letzte Regierung habe ihre Chance nicht nutzen können.. 4) Die Lage sei noch nie so ernst gewesen. 5) Die Zeit sei reif für eine Wende.. 6) Es habe einfach nicht so weitergehen dürfen.. 7) Man solle nur an die Politik von Präsident Kohler denken.. 8) Er (selbst) habe das alles schon lange kommen sehen.. 9) Leider hätten die Probleme in der Vergangenheit nicht überwunden werden können, obwohl sie schon sehr alt seien.. 10) Schon vor zehn Jahren habe man sie gekannt.. 11) Immer wieder habe er einen Kurswechsel gefordert und sei deshalb dauernd angegriffen worden.. 12) Seine politischen Gegner wollten einfach nicht aus der Geschichte lernen. 13) Seine Politik diene dem Frieden und sei die einzig mögliche Politik. 14) Die Opposition könne das nicht verstehen. 15) Er erinnere sich sehr gut, dass sie das noch nie habe verstehen können. 16) Er frage sich, ob es da eine Alternative geben könne. 17) Seine Wähler wüßten, dass es keine gebe. 18) Deshalb sei er auch Präsident geworden. 19) Er wolle aber nicht von Vergangenem sprechen. 20) Man müsse vorwärts blicken. 21) Er verspreche, dass die notwendigen Reformen auf allen Gebieten bald durchgeführt würden. 22) Zwar dürfe sie kein Bürger Illusionen machen, aber zu Pessimismus bestehe nicht der geringste Grund. 23) Der Präsident forderte die Bürger auf, sie sollten gemeinsam an einer neuen Zukunft bauen.

26. 1. die Reise des/ eines holländischen Touristen; die Reisen der holländischen/ holländischer Touristen / von holländischen Touristen.. 2) der Direktor der / einer staatlichen Bank, die Direktoren der staatlichen / staatlicher Banken / von staatlichen Banken. 3) der Roman des / eines jüngeren Autors; die Romane der jüngeren Autoren / von jüngeren Autoren. 4) der Brief des / eines Überlebenden; die Briefe der Überlebenden / Überlebender / von Überlebenden.

27. die Sohle des rechten Fußes. 2) die Notwendigkeit raschen Handelns. 3) die Wirkung dieses Gedankes. 4) die Erhaltung eines dauerhaften Friedens. 5) die Schreibung des Italienischen Namens.. 6) ein Zeichen guten Willens. 7) der Garten von Familie Meiers Familie Meier Garten.. 8) der Tod König Ludwigs des Zweiten. 9) die Bevölkerung von ganz Luxemburg / ganz Luxemburgs. 10) ein Gramm reinen Goldes.. 11) die Ansprache eines spanischen Katholiken.. 12) die Behandlung des kranken Herzens. 13) die Späße des rothaarigen Affen 14) der Geruch frischen Kaffees. 15) Briefe des jungen Goethe 16) das Ei des Columbus. 17) die Kultur des heutigen Japan 18) die Aussprache des Russischen 19) die Anwendung kalten Wassers. 21) die Befreiung des irischen Gefangenen 22) Die Pässe zweier / von zwei Touristen. 23) die Herstellung eines hölzernen Fasses 24) die Pflicht jedes Christen 25) die Ideen des Sozialismus 26) die Geburt Christi 27) Menschen jeden Alters 28) ein Abteil erster Klasse 29) die Feiertage des Monats Mai 30) viele unserer Kollegen.

28. 1) ..... ein griechisches Nationalgericht.. 2) .... eine Laborantin aus Kiel.. 3) .... einen 50 jährigen Angestellten aus Hamburg.. 4) .... einem österreichischen Juristen und Musikgelehrten.. 5) .... dem dritten März.. 6) .... einen 43 jährigen Architekten aus Berlin.. 7) .... einer der ältesten Hochschulen Deutschlands.. 8) ... dem Vorsitzenden der CDU. 9) ... des Begründers der Relativitätstheorie.. 10) .... dem. 29. Juni ... den 1. Juli.. 11) ... einer durch Viren übertragenen Krankheit.. 12) ... der Leiterin des Instituts 13) ... einen kleinen Ort im Süden Münchens 14) ....des/eines berühmten bayerischen Königs.

29. 1) die Addition von Zahlen.. 2) die Ähnlichkeit der Schwestern.. 3) die Analyse der Substanz.. 4) die Beschwerde unseres Nachbarn.. 5) das Gebet der Glaubigen.. 6) die Blockade der Straße.. 7) die Blüte der Apfelbäume.. 8) der Stillstand der Blutung.. 9) der Ausbruch des Vulkans.. 10) der Brand des Schlosses.. 11) die Verbrennung von Laub. 12) die Unterbringung der Gäste 13) der Verdienst eines Arbeiters. 14) die Diskussion der Journalisten. 15) der Druck der Illustrierten 16) die Unterdrückung des Volks. 17) die Empfehlung des Biologen. 18) die Beendigung des Streiks. 19) die Vollendung des Bauwerks. 20) die Explosion des Munitionslagers. 21) der Ausfall des Stroms/ Stromausfalls. 22) die Färbung ihres Haars. 23) der Fund des Archäologen 24) die Flucht zweier Verbrecher. 25) der erste Frost 26) die Einfuhr von Lebensmitteln. 27) die Aufführung der Komödie 28) die Geburt einer Tochter., 29) die Umgebung der Stadt. 30) das Ergebnis der Befragung 31) die Rückgabe des Gemäldes 32) die Gültigkeit des Passes. 33) die Glut unter der Asche. 34) das Begräbnis der Verstorbenen. 35) die Ausgrabung der Statue.

30. 1) der Angriff der Armee. 2) das Eingreifen der Polizei. 3) das Vorhaben des Musikanten. 4) sein Rom- Aufenthalt. 5) der Inhalt des Briefes. 6) der Alkoholgehalt.. 7) das Verhalten des Beamten.. 8) der Zusammenhalt der Familie.. 9) der Handel mit Pelzen.. 10) die Handlung des Dramas.. 11) seine Abhängigkeit vom Geld.. 12) der Zusammenhang der Maßnahmen. 13) ein großes Hindernis. 14) die Gehorsamkeit der Soldaten. 15) das Gehör der Patientin. 16) während der Hypnose. 17) der Import von Gemüse. 18) der Irrtum des Chirurgen. 19). die Jagd des Königs. 20) die Kenntnis der Vorschriften. 21) die Anerkennung des Zeugnisses. 22) die Klage der Armen. 23) der Klang der Glocken. 24) die Unterkunft der Gruppe. 25) die Kompositionen J.S. Bachs. 26) seine Redekunst. 27) die Konstruktion eines Motors. 28) die Korrektur der Diktate. 29) das Gelächter der Umstehenden. 30) die Entlassung von fünf Arbeitern. 31) der Ablauf des Mietvertags. 32) die Erlebnisse des Matrosen. 33) die Anlage eines Flugplatzes. 34) die Festlegung eines Termins. 35) die günstige Lage des Gasthols. 36) der Lohn der Mühe.

31. 1) die Belohnung der Retter. 2) die Massage des Rückens.. 3) die Vermessung des Grundstücks.. 4) das Hörvermögen des Tieres.. 5) die Annahme der Einladung.. 6) sein schlechtes Benehmen.. 7) die Vernehmung aller Zeugen.. 8) der geringe Nutzen des Apparats.. 9) die häufige Benutzung des Rads,. 10) die Eröffnung eines Kontos,. 11) die Veröffentlichung

von Abkommen.. 12) die Erprobung eines neuen Satelliten. 13) die Anprobe von Röcken. 14) die Produktion von Stahl. 15) die Rache der Betrogenen 16) der Rat des Dozenten. 17) Die Beratung von Klienten. 18) die Reaktion des Angegriffenen 19) der Abriß der Fabrik. 20) der Ritt des Franzosen. 21) die Reparutur des Fernsehers. 22) der Geruch der Suppe. 23) ein großes Risiko. 24. der Anruf des alten Herrn. 25) die Berufung eines Professors. 26) das Schämen des Mädchens. 27) der Abschied des Gäste. 28) die Entscheidung des Diplomaten. 29) der Unterschied zwischen den Scheinen. 30) der Aufschub des Termins. 31) der Abschluß des Hubschraubers. 32) die Erschießung des Gefangenen. 33) der Abschluß des Gesprächs. 34) die Schließung von Instituten. 35) der Geschmack von Schinken. 36) ein tiefer Schnitt.

32. 1) der Schreck(en) der Frauen. 2) die Abschreckung von Dieben. 3) die Beschreibung der Umgebung. 4) die Abschrift des Berichts. 5) Der Schutz der Einwohner. 6) der Schwur des Zeugen. 7) die Durchsicht von Dokumenten. 8) das Aussehen der Barut.. 9) die Sehnsucht nach Glück. 10) unser Zusammensein. 11) die Absetzung des Vorsitzenden. 12) der Umsatz der Firma 13) der Gesang des Chores 14) Inges Ersparnisse 15) ihre gute Aussprache 16) das Versprechen des Vaters 17) der Widerspruch der Delegierten 18) die Besprechung des Konzerts 19) der Sprung des Leoparden 20) die Mückenstiche 21) die Bestechung des Kommisars. 22) die Endstehung von Städten 24) das Verständnis für meine Lage 25) seit Bestehen des Instituts 26) das Geständnis der Angeklagten 27) der Diebstahl der Brieffasche 28) der Anstieg der Kosten 29) die Besteigung des Gipfels 30) die Versteigerung alter Teppiche 31) der Gestank der Abfälle 32) beim Streichen der Wand 33) der Streit zweier Mieter 34) der Abstur des Düsenjägers 35) die Durchsuchung mehrerer Büros 36) die Suche nach Mr.

33. 1) der Versuch von Tauchern. 2) der Austausch von Spionen. 3) die Enttäuschung des Kandidaten. 4) der Eintrag von Zahlen. 5) die Übertragung des Länderspiels. 6) beim Wegtragen der Kisten.. 7) der Rücktritt des Bürgermeisters.. 8) das Betreten der Räume. 9) die Vertretung eines Kollegen. 10) der Betrug des Verkäufers. 11) die Tat des Alten. 12) das milde Urteil des Richters 13) Die Beurteilung der Diplomarbeit. 14) der Verlust ihres Ausweises 15) sein Bartwuchs 16) das Wachstum von Kindern 17) die Wahl eines Sozialisten 18) die Wagenwäsche 19) der Wechsel des Arbeitsplatzes 20) die Verwechslung von Zwillingen 21) die Ausweisung des Diplomaten 22) der Beweis des Gegenteils 23) der große Zeitaufwand 24) die Anwendung der Regel 25) der Entwurf eines Neubaus 26) die Unterwerfung vieler Völker. 27) das Gewicht des Brotes. 28) das Wissen des Arztes 29) der Wille der Verstorbenen 30) der Glückwunsch des Dänen 31) das Verzeichnis aller Geburten. 32) Dürers Zeichnungen 33) der Durchzug eines Gewitters 34) die Erziehung junger Hunde 35) das Zitat des Redners 36) der Zwang zur Anpassung.

34. 1) erst.... schon. 2) noch... nicht mehr ... erst.. 3) noch. 4) nur ... erst... schon.. 5) schon. 6) schon ... erst.. 7) keins mehr.. 8) nur mehr/nur noch. 9) noch...schon. 10) nur .. erst.. 11) nur mehr/nur noch. 12) nur ... erst ... schon 13) noch 14) erst 15) erst. 16) erst.

35. 1) gegen. 2) für. 2) durch. 4) in... durch. 5) in .. an . 6) bei . 7) mit . 8) außer. 9) über. 10) zum. 11) bis zur . 12) auf 13) unter 14) aus / von 15) aus 16) zwischen 17) aus ... aus 18) von 19) unter 20) ab 21) aus 22) von ... auf/vom ... zum 23) an 24) seit... in 25) neben 26) entlang ... zur 27) ins 28) hinter 29) bis... ab 30) am

36. 1) von...zum . 2) unter / in . 3) mit. 4) für. 5) in. 6) gegen . 7) durch . 8) mit. 9) für. 10) in. 11) hinter. 12) gegen 13) zu 14) ab... unter 15) über 16) unter 17) um 18) seit 19) von

20) von ... zu 21) nach 22) auf 23) trotz 24) wegen ... vor 25) an ... im 26) vor 27) um 28) vor 29) am 30) über 31) aus 32) bis an / über/ unter

37. 1) auf. 2) nach. 3) auf . 4) außer. 5) bei . 6) am... entlang. 7) bei . 8) bis auf . 9) in .. in. 10) auf. 11) über . 12) zur 13) in .. von 14) zur .. mit 15) unter 16) zum 17) um 18) unter 19) um 20) bei .. an/um 21) bei 22) in 23) ab 24) neben...in 25) durch 26) gegen 27) hinter 28) auf 29) aus 30) vom 31) um 32) an 33) auf

38. 1) von . 2) für. 3) von . 4) bei . 5) auf. 6) zu....auf . 7) zu . 8) mit. 9) durch . 10) um . 11) womit . 12) für 13) An....für 14) davon 15) über 16) in 17) damit 18) über 19) für 20) wozu 21) auf 22) zur 23) für 24) zu

39. 1) Als die Musik immer lauter wurde, klopfte er an die Wand. 2) Nachdem der Flüchtling verhört worden war, wurde er über die Grenze abgeschoben. 3) Verständigen Sie mich bitte, sobald die Gruppe eintrifft. 4) Wir wollten nicht so lange warten, bis wir offfiziell informiert wurden. 5) Sobald das Schiff angelegt hat, stürzen alle aufs Deck. 6) Solange / Während / als Elke bei Frau Glas in Untermiete wohnte, brauchte sie sich um nichts zu kümmern. 7) Sooft/immer wenn er an das Unglück dachte, lief es ihm kalt über den Rücken. 8) Während/ als er die Briefe las, spielte Maria Klavier. 9) Sooft/immer wenn ich bei dir angerufen habe, war besetzt.. 10) Wie kannst du jetzt schon von Erfolg reden, solange der Versuch noch nicht abgeschlossen ist?. 11) Nachdem der Skandal ans Licht gekommen war, wurden mehrere Angestellte der Firma verhaftet. 12) Solange/ Wenn man gesund ist, denkt man nicht an Krankheiten.

40. 1) Als es dunkel wurde. 2) Wenn man 18 Jahre alt ist. 3) bis der Unterricht beginnt. 4) Als er die Reise antrat. 5) Wenn Krieg herrschte, /wenn Krieg war. 6) wenn Damen dabei/anwesend sind. 7) Als sie am Zimmer vorbeiging. 8) Kurz bevor er das Ziel erreichte / ans Ziel kam. 9) als er die Waffe erblickte/ sah. 10) Als sich die Bergsteiger auf den Weg machten. 11) Nachdem er die Zwischenprüfung abgelegt hatte. 12) sobald die Korrekturen abgeschlossen sind. 13) Seit (dem) wir uns kennen, 14) Während Sie im Ausland studieren. 15) Nachdem einige Tage vergangen waren. 16) Nachdem er aus der Partei ausgetreten war. 17) Seitdem er in Pension ist / pensioniert ist, 18) bevor du dich an die Arbeit machst.

41. 1) Bei Mondaufgang. 2) Bei jedem Aufenthalt in Berlin/ Bei jedem Berlinbesuch. 3) Nach dem Tod. 4) Nach der Entdeckung des Verstecks. 5) Nach Ablauf der Frist. 6) Beim Essen / Während des Essens. 7) Seit ihrem elften Lebensjahr. 8) Bis zur Ankunft des Busses. 9) In Sophias Kindheit. 10) Bei jedem Abschied. 11) Im Alter von 18 Jahren/ mit 18 Jahren. 12) In ihrer Freizeit / freien Zeit 13) Während der Rede des Abgeordneten 14) Im hohen Alter 15) In der Dunkelheit 16) Seit ihrer Trennung 17) Zu Beginn des Dritten Aktes 18) Bis zu eurer Rückkehr 19) Während des Gewitters 20) Bei jedem Besuch des Onkels 21) Während unseres Studiums 22) Kurz nach neun 23) Gegen Mitternacht 24) Während ihres Gesprächs 25) Vor seiner Pensionierung 26) Gegen Ende des Films. 27) Nach (Ablauf von) zwei Tagen 28) Vor der Flucht des Gefangenen 29) Beim Möbeltransport/ Während des Möbeltransports 30) Gleich nach dem Aufstehen 31) Bei Sonnenschein.

42. 1) Es haben sich so wenig Interessenten gemeldet, dass der Kurs ausfällt. 2) Das Haus ist schon sehr baufällig, daher kann man es nicht mehr bewohnen. 3) Roland verbringt seinen Urlaub gern in Italien, zumal er dort viele Freunde hat. 4) Die Ansichten sind zu

unterschiedlich, als dass mit einer Einigung zu rechnen wäre. 5) Die alte Firma hatte Pleite gemacht, weshalb sich Herr Lehmann eine neue Stelle suchen mußte. 6) Ich hatte zufällig mehr Geld eingesteckt, so dass ich das Buch sofort kaufen konnte. 7) Die Bergsteiger mußten bald aufbrechen, sie kannten nämlich den Weg nicht. 8) Das Verfahren läßt sich nicht in zwei Sätzen erklären , denn es ist zu kompliziert. 9) Man konnte dem Angeklagten keine Straftat nachweisen, infolgedessen wurde er freigesprochen. 10) Sie ist (noch) sehr unerfahren, darum kann man ihr diese Arbeit nicht anvertrauen.

43. 1) vor Schreck. 2) aus Furcht vor dem Hund. 3) aus Neugier(de). 4) aus Höflichkeit. 5) vor Schmerz(en). 6) aus Liebe zu Eva. 7) vor Freude. 8) aus Mitleid. 9) vor Müdigkeit. 10) aus Überzeugung. 11) aus Scham. 12) vor Kälte 13) aus Gewohnheit 14) vor Neid 15) vor Langweile 16) vor Glück.

44. 1a) Wenn der Vertrag vorher nicht gekündigt wird, (so) gilt er bis 30.6.
b) Der Vertrag gilt bis 30.6. es sei denn, er wird vorher gekündigt.
c. Der Vertrag gilt bis 30.6. vorausgesetzt, er wird vorher nicht gekündigt.
d. Sollte der Vertrag vorher nicht gekündigt werden, so gilt er bis 30.6.
2a) Wenn / Falls der Arzt es erlaubt, darf der Patient das Bett verlassen.
b. Der Patient darf das Bett verlassen, es sei denn, der Arzt verbietet es.
c. Der Patient darf das Bett verlassen, vorausgesetzt, der Arzt erlaubt es.
d. Sollte es der Arzt erlauben, (so) darf der Patient das Bett verlassen.
3a. Wenn die Firma ihr Angebot nicht erweitert, wird sie Käufer verlieren.
b. Die Firma wird Käufer verlieren, es sei denn, sie erweitert ihr Angebot.
c. Sollte die Firma ihr Angebot nicht erweitern, so wird sie Käufer verlieren.
4a. Wenn man eine Fremdsprache regelmäßig übt, lernt man sie schnell.
b. Man lernt eine Fremolscprahe schnell, es sei denn, man übt sie nicht regelmäßig.
c. Man lernt eine Fremolsprache schnell, vorausgesetzt, man übt sie regelmäßig.
5a. Wenn wir den Geburtstag zu Hause feiern, so können wir nicht mehr Gäste einladen.
b. Wir können nicht mehr Gäste einladen, es sei denn, wir feiern den Geburtstag im Gasthaus.
c. Wir können mehr Gäste einladen, vorausgesetzt, wir feiern den Geburtstag im Gasthaus.
d. Sollten wir den Geburtstag zu Hause feiern, (so) können wir nicht mehr Gäste einladen.

45. 1) Falls sich der Zustand des Patienten nicht bessert, wird er operiert. 2) Sollte sich die Produktion verzögern, (so) müssen wir einen neuen Zeitplan erstellen. 3) Er muß sich anständig benehmen, andernfalls darf er nicht mitkommen. 4) Wie würden die Autofahrer reagieren, falls der Benzinpreis um das Dreifache stiege?. 5) Angenommen, der Arbeitsvertrag kommt zustande, wird Sebastian bei der Firma Siemens arbeiten. 6) Das Unternehmen wird abgebrochen, es sei denn, es melden sich noch Freiwillige. 7) Für den Fall, dass Sigrid in München keinen Studienplatz bekommt, will sie sich an der Uni Köln bewerben. 8) Sollte sich das Buch für solche Kurse nicht mehr eignen, müssen wir ein anderes anschaffen. 9) Sie müssen den Hahn schließen, andernfalls strömt Gas aus. 10) Sie dürfen sich hier frei bewegen, vorausgesetzt, dass Sie die Grenze nicht überschreiten. 11) Wenn man ihn nicht sofort operiert hätte, wäre er gestorben.

46. 1) Falls die Mannschaft das Spiel verliert. 2) Falls Ihnen das Kleid nicht gefällt. 3) wenn er anwesend /da/ dabei/ hier ist?. 4) Wenn ihr regelmäßig am Kurs teilnehmt. 5) Wenn man die Werke (miteinander) vergleicht. 6) Wenn man genau hinsieht. 7) Wenn Musik so laut ist.

8) Wenn so viele Leute zuhören. 9) Wenn zu wenige / zu wenig Leute mitmachen. 10) Wenn er dich nicht hätte. 11) wenn sich sein Zustand bessert. 12) Falls du dich am/ in dem Ort nicht auskennst. 14) Wenn ich du wäre, 15) Es wäre besser gewesen, wenn man die Rede gekürzt hätte. 16) Wenn ihr gute Mitarbeiter hättet. 17) Wenn man die Preise gesenkt hätte. 18) Wer sich nicht an die Regeln hält.

47. 1) Ohne ihre Zustimmung. 2) Im Falle eines Sieges bei einem Sieg. 3) Bei Nässe. 4) Bei gegenseitiger Sympathie. 5) Im Falle einer Exposion. 6) Bei Kälte. 7) Bei günstigem / gutem Wetter. 8) Bei zu hohen Eintrittspreisen. 9) Bei einem Erfolg. 10) In eurem Alter. 11) mit Erlaubnis der dortigen Zensur. 12) Bei Gefahr 13) mit perfekten Italienischkenntnissen 14) Auf Wunsch 15) Im Falle einer Anstellung 16) Mit einem kleinen Zimmer 17) unter diesen Bedingungen.

48. 1a) Obwohl Marie eine gut bezahlte Stelle hat, ist sie nicht zufrieden
b. Marie hat (zwar) eine gut bezahlte Stelle, trotzdem ist sie nicht zufrieden.
c. Zwar hat Marie eine gut bezahlte Stelle, aber/doch sie ist nicht zufrieden.
2a. Obwohl es ununterbrochen regnete, wurden die Arbeiten fortgesetzt.
b. Es regnete (zwar) ununterbrochen, trotzdem wurden die Arbeiten fortgesetzt.
c. Zwar regne es ununterbrochen, aber/doch die Arbeiten wurden fortgesetzt.
3a. Obwohl die Kinder flüsterten, verstand Sibylle fast jedes Wort.
b. Die Kinder flüsterten (zwar); trotzdem verstand Sibylle fast jedes Wort.
c. Zwar flüsterten die Kinder, aber/doch Sibylle verstand fast jedes Wort.
4a. Obwohl ein Motor ausfiel, konnte der Pilot sicher landen.
b. Ein Motor fiel (zwar) aus, trotzdem konnte der Pilot sicher landen.
c. Zwar fiel ein Motor aus, aber /doch der Pilot konnte sicher landen.
5a. Obwohl das Wasser sehr verschmutzt ist, baden viele Städte im Fluß.
b. Das Wasser ist (zwar) sehr verschmutzt, trotzdem baden viele Städte im Fluß.
c. Zwar ist das Wasser sehr verschmutzt, aber/doch viele Städte baden im Fluß.
6a. Obwohl die Mannschaft schlecht spielte, erreichte sie ein Unentschieden.
b. Die Mannschaft spielte (zwar) schlecht, trotzdem erreichte sie ein Unentschieden.
c. Zwar spielte die Mannschaft schlecht, aber/doch sie erreichte ein Unentschieden.
7a. obwohl sich nur 15 Leute angemeldet hatten, wurde die Fahrt durchgeführt.
b. Es hatten sich (zwar) nur 15 Leute angemeldet, aber/doch die Fahrt wurde durchgeführt.
c. Zwar hatten sich nur 15 Leute angemeldet, trotzdem wurde die Fahrt durchgeführt.
8a. Obwohl Rolfs Arabischkenntnisse gering waren, konnte er dem Gespräch folgen.
b) Rolfs Arabischkenntnisse waren (zwar) gering, trotzdem konnte er dem Gespräch folgen.
c. Zwar waren Rolfs Arabischkenntnisse gering, aber /doch er konnte dem Gespräch folgen.
9a. Obwohl ich Herrn Hobelmann den Weg genau beschrieben hatte, verlief er sich in der Dunkelheit.
b. Ich hatte (zwar) Herrn Hobelmann den Weg genau beschrieben, trotzdem verlief er sich in der Dunkelheit.
c. Zwar hatte ich Herrn Hobelmann den Weg genau beschrieben, aber / doch er verlief sich in der Dunkelheit.
10a. Obwohl das Fachbuch vor 30 Jahren verlaßt wurde, ist es auch heute noch lesenswert.
b. Das Fachbuch wurde (zwar) vor 30 Jahren verfaßt, trotzdem ist es auch heute noch lesenwert.
c. Zwar wurde das Fachbuch vor 30 Jahren verfaßt, aber/doch es ist auch heute noch lesenwert.
11a. Obwohl die Feuerwehr erst spät verständigt wurde, konnte sie den Brand noch löschen.

b. Die Feuerwehr wurde (zwar) erst spät verständigt, trotzdem konnte sie den Brand noch löschen.
c. Zwar wurde die Feuerwehr erst spät verständigt, aber / doch sie konnte den Brand noch löschen.
12a. Obwohl die Straße gesperrt war, wurde sie von vielen Autofahren benutzt.
b. Die Straße war (zwar) gesperrt, trotzdem wurde sie von vielen Autofahren benutzt.
c. Zwar war die Straße gesperrt, aber / doch sie wurde von vielen Autofahren benutzt.
13a. Obwohl die Anschrift unvollständig war, konnte der Empfänger des Pakets gefunden werden.
b. Die Anschrift war (zwar) unvollständig, doch konnte der Empfänger des Pakets konnte gefunden werden.
c. Zwar war die Anschrift unvollständig, aber/ doch der Empfänger des Pakets konnte gefunden werden.
14a. Obwohl in der Stadt Ausgangsverbot herrschte, wagte sich der Flüchtling ins Freie.
b. In der Stadt herrschte (zwar) Ausgangsverbot, trotzdem wagte sich der Flüchtling ins Freie.
c. Zwar herrschte in der Stadt Ausgangsverbot, aber/doch der   chtling wagte sich ins Freie.
15a. Obwohl die Berufsaussichten ungünstig waren, beschloß Waldemar, Psychologie zu studieren.
b. Die Berufsaussichten waren (zwar) ungünstig, trotzdem beschloß Waldemar, Psychologie su studieren.
c. Zwar waren die Berufsaussichten ungünstig, aber/doch Waldemar beschloß, Psychologie zu studieren.
16a) Obwohl sie das Tuch mehrmals faltete, paßte es nicht in die Tüte.
b. Sie faltete das Tuch (zwar) mehrmals, trotztdem paßte es nicht in die Tüte.
c. Zwar faltete sie das Tuch mehrmals, aber/doch es paßte nicht in die Tüte.
17a) Obwohl der Staat die Ausgaben einschränkte, wuchs der Schuldenberg.
b. Der Staat schränkte (zwar) die Ausgaben ein, trotzdem wuchs der Schuldenberg.
c. Zwar schränkte der Staat die Ausgaben ein, aber/doch der Schuldenberg wuchs.
18a. Obwohl sie der Arzt davor gewarnt hatte rauchte Verena wie ein Schlot.
b. Der Arzt hatte Verena (zwar) davor gewarnt, trotzdem rauchte sie wie ein Schlot.
c. Zwar hatte sie der Arzt davor gewarnt, aber/doch Verena rauchte wie ein Schlot.

49. 1) Obwohl er nur vier Stunden geschlafen hatte. 2) obwohl ihm ein Freund davon abgeraten hatte. 3) Obwohl Irma nie Geld hat. 4) Obwohl sich der Spaziergänger heftig wehrte. 5) obwohl sie noch sehr jung ist. 6) Sosehr ich deine Lage auch verstehe. 7) Obwohl das Theater ganz in der Nähe lag/war. 8) Obwohl sie einander sympatisch waren. 9) Obwohl er mit der Firma schlechte Erfahrungen gemacht hatte. 10) Obwohl er Ausländer ist. 11) Obwohl das Haus wie eine Burg aussieht, 13) Obwohl beide Seiten zu einem Kompromiß bereit waren, 14) obwohl er kaum Russisch sprach, 15) Obwohl er über große Macht verfügte, 16) Obwohl sie heftig protestierte.

50. a) um ihm zum Geburtstag zu gratulieren. b) damit er ihr bei einem Aufsatz half. c) um mit ihm über den Ausflug zu sprechen. d1) um sich von ihm das Fahrrad reparieren zu lassen. d2) damit er ihr das Fahrrad reparierte.
a) um seiner Frau einen Wunsch zu erfüllen. b) um sich wieder einmal richtig zu erholen. c1) um seinen Kindern Kunstschätze zu zeigen. c2) damit seine Kinder Kunstschätze kennenlernten. d) um sein Italienisch zu verbessern.

a) um seine berufliche Qualifikation zu erhöhen. b. um seine Kunden besser beraten zu können. c1) um nicht mehr betrogen werden zu können. c2) damit ihn niemand mehr betrügen kann. d) um nicht so viel Geld für Rechtsanwälte auszugeben / ausgeben zu müssen.

51. 1) Lola verließ die Bar, ohne sich umzudrehen. 2) Wir sagen ihr alles, damit sie uns nicht für Betrüger hält. 3) Ruf mich bitte an, damit ich Bescheid weiß!. 4) Herr Widmann lieh sich Geld um sich eine Eigentumswohnung zu kaufen/ kaufen zu können. 5) Statt sofort mit den Vorbereitungen zu beginnen, frühstückte Manfred bis elf Uhr. 6) Stell den Herd ab, damit die mich nicht überläuft. 7) Er passierte mehrere Straßenkontrollen, ohne dass ihn jemand erkannte/ ohne erkannt zu werden. 8) Statt jemand(en) um Auskunft zu bitten, suchte der Tourist eine halbe Stunde auf seinem Stadtplan. 9) Er schlich auf Zehenspitzen aus dem Haus, damit ihn die Nachbarn nicht hörten. 10) Der Tag verging, ohne dass sich etwas ereignete. 11) Ilse schickte das Paket zurück, ohne es geöffnet zu haben./ Statt das Paket zu öffnen, schickte Ilse es zurück. 12) Sie lief durch den Regen, statt sich unterzustellen. 13) Ohne viel zu fragen, machte er sich gleich an die Arbeit.

52. 1) so fest/kräftig/stark er konnte. 2) als ob ich sein/ er mein Kollege wäre; als wären wir Kollegen. 3) als ob Mozart es komponiert hätte. 4) was ich nicht erwartet hatte. 5) indem Sie Zeitungen lesen. 6) Wie die SZ vom/ am Montag berichtete. 7) wie man befürchtet hatte. 8) wie er wollte. 9) als ob es ein Anfänger gemalt hätte. 10) Statt zum Arzt zu gehen. 11) so gut sie konnte. 12) ohne Zeit zu verlieren 13) ohne ein (einziges) Spiel gewonnen zu haben. 14) als ob er einen Vortrag hielte 15) als hätte er den Verstand verloren 16) Soviel ich weiß, 17) so rasch es geht   19) Dadurch, dass er so häufig auf Reisen ist.

53. 1. Während seine Freunde längst berufstätig waren, studierte er immer noch. 2) Während Nordeuropa im Schnee versank, herrschte in Mittel, und Südeuropa Frühlingswetter. 3) Während Ulrike sehr hilfsbereit ist, drückt sich ihre Schwester vor jeder Arbeit. / Im Gegensatz zu ihrer Schwester ist Ulrike sehr hilfsbereit. 4) Im Gegensatz zu Katzen brauchen Hunde den Menschen sehr/ Im Gegensatz zu Hunden sind Katzen auf den Menschen kaum angewiesen. 5) Während der Busfahrer schwer verletzt wurde kamen die Fahrgäste mit dem Schrecken davon. 6) Während die anderen achtlos weitergingen, blieb Edgar stehen und betrachtete das alte Haus. 7) Während die Romane des Schriftstellers überall gelesen wurden, blieben seine Gedichte so gut wie unbekannt. 8) Im Gegensatz zu seinen Amtskollegen glaubte der Minister an eine gütliche Lösung. 9) Im Gegensatz zu früher hat sie (jetzt) großes Interesse an moderner Kunst.

54. 1) entweder gibt man solche Experimente freiwillig auf, oder man wird sie verbieten. 2) Einerseits möchte Werner das Konzert nicht versäumen, andererseits wäre er zu gern auf die Party gegangen. 3) Gerti ist wieder zu der Veranstaltung gekommen, noch hat sie sich für ihr Fehlen entschuldigt. 4) Weder hielt jemand den Dieb, noch wurde die Polizei verständigt. 5) Der Autofahrer war nicht nur zu schnell gefahren, sondern er besaß auch keinen Führerschein. 6) Schauen Sie entweder um 9 Uhr im Büro vorbei, oder rufen Sie mich um 8 Uhr zu Hause an!. 7) Entweder bist du zu früh gekommen, oder meine Uhr geht nach. 8) Die Maschine kostet nicht nur viel zuviel, sondern sie ist auch schwierig zu bedienen. 9) Dieser Mann ist zu seinem Entschluß weder gezwungen worden, noch hat man ihm Geld dafür angeboten.

55. a) in dem sieben Mädchen saßen, b) dessen Motorhaube mit Blümchen bemalt war. c) in den sich alle Kinder setzen wollten. d) über dessen Herkunft niemand Bescheid wußte. e) was sehr lustig aussah.

a. von denen sie einige schon kannte. b) mit denen sie sich gerne unterhalten hätte. c) über deren Benehmen sie sich wunderte. d) auf die sie neugierig war.

a) über dessen Verhaltung die Morgenzeitungen berichteten, b) dem die Polizei zufällig auf die Spur kam, c) dessen Eltern eine Bekleidunsfirma besitzen, d) der ein unauffälliges Leben führte.

a) an denen über 300.000 Studenten studieren. b) von denen zwei über 300 Jahre alt sind. c) für die der Staatumfangreiche Mittel bereitstellt. d) an deren Instituten mehrere Nobelpreisträger lehren.

a. dessen / deren Entwicklung etwa eine halbe Million Mark kostete. b) mit dem/ der man auch Kunststoffe bearbeiten kann. c) auf den/ die die Fachwelt schon gewartet hatte. d) an dessen/ deren baldiger Verwendung Firma Wötzli interessiert ist.

a) von denen es nur ein Exemplar gibt. b) auf deren Einband ein roter Punkt ist. c) für die wir keinen Ersatz haben, d) auf die viele Studenten angewiesen sind, e) deren Erscheinungsjahr vor 1920 liegt.

56. 1) nach dem Gewicht des Koffers. 2) nach dem Zweck dieser Maßnahmen. 3) nach dem Inhalt des Pakets. 4) nach der Bedeutung dieses Fremdworts. 6) nach dem Grund der Aufregung. 7) nach der Entfernung bis zur Grenze. 8) nach der Notwendigkeit von Kontrollen. 9) nach der Temperatur des Wassers. 10) nach der Uhrzeit/ der genauen Zeit. 11) nach dem heutigen Datum. 12) nach dem Namen des Helden. 13) Nach dem Ergebnis / dem Ausgang der Verhandlungen. 14) nach der Ursache unserer Panne. 15) nach dem Treffpunkt unserer Gruppe. 16) nach dem Weg zum Bahnhof. 17) nach dem Zeitpunkt des Unfalls. 18) nach Bernds Lieblingsessen/ Lieblingsspeise / Leibgericht. 19) nach dem Verfasser des Artikels. 20) nach dem Eigentümer / Besitzer des Fahrzeugs. 21) nach der Dauer unseres Aufenthalts. 22) nach dem Fettgehalt der Milch. 23) nach seinem Nachfolger. 24 nach dem Absender der Karte. 25) nach dem Diskussionsthema. 26) nach dem Titel des Films. 27) nach dem Empfänger der Briefe. 28) nach dem englischen Wort für Tasche. 29) nach dem nächsten Arzttermin. 30) nach den Kosten des Studiums. 31) nach der (an) Zahl der Teilnehmer.

57. 1) nach der Qualität der Ware. 2) nach der Häufigkeit von Diebstahlen. 3) nach dem Monatsgehalt eines Beamten. 4) nach dem Sinn von Strafen. 5) nach der wöchentlichen Arbeitszeit. 6) nach dem Befinden des Verunglückten. 7) nach der Kleidung der Priester. 8) nach meinem Arbeitsplatz/ meiner Arbeitstelle. 9) nach dem Material der Platte. 10) nach der Zukunft der Firma. 11) nach einer Unterkunft. 12) nach dem Ursprung/ der Herkunft des Sprichworts. 13) nach der Zubereitunsart dieses Puddings. 14) nach der Krankheit des Patienten. 15) nach dem Begleiter von Frau Pröll. 16) nach dem Wert des Gemäldes. 17) nach Elmars Vorgänger. 18) nach seinen Verdiensten (um das Land) 19) nach den Aufgaben der Kommission. 20) nach Gabis Figur. 21) nach der Beliebtheit dieses Sängers. 22) nach dem Anlaß des Streits. 23) nach seinem Informanten. 24) nach dem Vetreter von Herrn Zech/ Herrn Zechs Vertreter. 25) nach seiner Eignung 26) nach der Himmelsrichtung. 27) nach dem Klassenlehrer. 28) nach den Erfolgen des Politikers.

58. 1) (darüber), dass ihr Sohn so gut kochen kann. 2) daran, dass sie sich nicht konzentrieren können. 3) (daran), was sie vergessen hatte. 4) (sie), wann sie geheiratet hatten. 5) (darauf), bezahlt zu werden. 6. dass dem Kind etwas passieren könnte. 7) (mit jemandem) nach Rom mitfahren zu können. 8) dass unsere Gäste nicht kamen. 9) was sie sich zu Weihnachten wünscht?. 10) (daran),dass er ein guter Sportler ist?. 11) nicht dass man sich vor Afrikareisen impfen lassen muß. 12) daher / davon, dass du so viele Überstunden machst. 13. dass der Minirock (wieder) in Mode gekommen ist? 14) was er (wohl) antworten würde / geantwortet hatte. 15) (dafür) wo das Geld geblieben war. 16) dass das Turnier (erst) im Mai stattfindet. 17) danach, in Ruhe gelassen zu werden.

59. 1) auf (unbedingten) Gehorsam. 2) an Sauerstoffmangel. 3) um ein wenig Geduld. 4) für sein gutes Gedächtnis. 5) nach dem billigsten Verkehrsmittel. 6) über den (großen) Appetit der Kinder. 7) von seiner Fußverletzung. 8) zu einem dreistündigen Flug. 9) von der Niederlage des Vereins. 10) mit einer Verlegung /Verschiebung des Ausflugs. 11) vor ihren Gedanken. 12) über die Verspätung des Busses 13) von der Flucht eines Häftlings 14) auf eure Mitarbeit / Hilfe 15) für einen Besuch 16) über das schnelle Wacstum des Baum(e)s 17) wegen Schnapsschmuggels.

60. 1) Wenn es noch kälter wird. 2) Jedesmal/ Immer wenn ich mich bewegte. 3) Weil er zu wenig verdient. 4) Obwohl das Zimmer mit Blumen geschmückt ist, wirkt es kalt. 5) Obwohl man sie gewarnt hatte, / obwohl sie gewarnt worden war. 6) Viele Menschen halten sich fit, indem sie Sport treiben/ dadurch fit, dass sie Sport treiben. 7) Die Kinder bekamen nur zehn Mark, worüber sie (sehr) enttäuscht waren. 8) wo Sie wollen. 9) bis ich zurückkomme/zurückkehren. 10) ohne sich von seinem Partner zu kennen. 11) so viel er will. 12) Obwohl er ständig unter Kopfweh leidet, 13) um sich eine so teure Reise leisten zu können. 14) so schnell er konnte. 15) als hätte man mich operiert. 16) obwohl sie ein Schlafmittel (ein) genommen hatte.

61. 1) Wenn man ihn/sie/uns/.. schärfer kontrolliert hätte. 2) Da es stark nach Öl roch. 3) ohne dass sich etwas Besonderes ereignete/ ereignet hätte. 4) Wenn ich in eurer Lage gewesen wäre. 5) wenn Zeugen dabei/ anwesend sind. 6) obwohl er um Hilfe rief. 7) Wenn der Apparat falsch bedient wird. 8) Wenn Meyer Vorsitzender (gewesen) wäre. 9) In dem sie neue Geräte verwendeten. 10) Es überrascht mich, dass sich Günther für alte Möbel interessiert. 11) Nehmen Sie die Formulare mit,damit sie überprüft werden. 12) Er dürfte zu unerfahren sein, diesen Posten zu überhenmen/ übernehmen zu können. 13) wenn sie nicht diese Experimente durchgeführt hätten. 14) Da/Weil mehrere Staaten auf ihre Teilnahme verzichtet hatten, 15) wie ich erschrak 16) bis es zu einer Katastrophe kommt. 17) Nachdem man die Arbeiten korrigiert hatte.

62. Ohne eure Decken. 2) wie auf/ bei einer Siegesfeier. 3) zur Erinnerung an mich. 4) Bei einem Termin im Juni / Junitermin. 5) mit einem Haken / mit Hilfe eines Hakens. 6) Seit eurem letzten Brief. 7) bei nächster Gelegenheit. 8) Auf der Heimfahrt. 9) Nach langem Zögern. 10) durch Zufall. 11) seinen Selbstmord. 12) Zum Dank für meine Hilfe. 13) Kurz vor der Geburt ihres ersten Sohnes 14) Zum besseren Verständnis des Textes. 15) den Rest 16) mit leiser Stimme 17) durch den hohen Blutverlust.

63. 1) nach dem Tod(e). 2) über das plötzliche Verschwinden der Sekretärin. 3) Auf dem Schulweg. 4) Während des Urlaubs. 5) vom Abschluß seiner Diplomarbeit. 6) noch mit ihrem Kommen. 7) trotz der Einwände seiner Kollegen. 8) Trotz seiner Bemühungen. 9) ohne (allen) Grund.

10) nach seinen Vorstellungen. 11) nur mit Zustimmung des Partners. 12) außer bei starkem Nebel 13) seine achtjährige Gefangenschaft. 14) Vor ihrer Ehe. 15) Trotz der Absage eines Musikers 16) nach dem Weg zum Rathaus 17) auf Opas Kindheitserinnerungen. 18) aus Sorge um Marlene 19) wegen Platzmangels.

64. 1) vor allem wegen seiner günstigen Lage. 2) wegen Zahlungsunfähigkeit. 3) trotz des geringeren Verdienstes. 4) Während seiner Lehrzeit/ Ausbildung. 5) In Anwesenheit des Kindes. 6) für eine gerechte Verteilung. 7) während der Schwangerschaft. 8) Bei größerem Bedarf. 9) nach den Vorteilen meines Verfahrens. 10) bei diesem Lärm. 11) die Fluchtpläne des Gefangenen. 12) Trotz ihres großen Altersunterschieds. 13) in Begleitung zweier / von zwei Polizisten. 14) zur Ansicht 15) mit der Ermordung der Geiseln 16) wegen ihrer Hilflosigkeit, 17) zum Schutz vor Dieben.

PRÜFUNG 9

KENDİ KENDİNİZİ DEĞERLENDİRME TESTİ

(Bu sınavdan 34-40 puan alanlar bu gramer kitabına tekrar çalışmak zorundadır!)

1) Meine Oma a) erschreckt b) erschrick c) erschreckte d) erschrickt vor Mäusen.

2) Rolf a) stach b) stich c) stecht d) stacht sich in den Finger

3) Warum a) verdirbt b) verdirb c) verderbt d) verdarbst ihr dem Kind die Freude?

4) Der Sterbende a) verzog b) verzieh c) verzeih d) verzeigt all seinen Feinden.

5) Hast du Bier im Haus?
Ja, ich habe a) eins b) welches c) es. d)

6) Wir könnten Ihnen wunderbare Wurst anbieten!
a) Welche? b) Was für eine? c) Was für welche? d) Was für eins

7) Gibt es hier kein Fahrrad?
Doch, hier steht a) welches b) eins c) es d) einer

8) Veronika hat sich a) auf b) in c) mit d) wegen Waldemar verliebt.

9) Denk jetzt nicht
a) an b) von c) auf d) über morgen!

10) Die Verbraucher wurden a) vor b) von c) wegen d) über dem Kauf von Kalbfleisch gewarnt.

11) Hast du dich schon a) zu b) mit c) von d) aus Familie Berkau verabschiedet?

12) Übersetzen Sie mir bitte diesen Brief
a) in Spanisch b) auf Spanische c) ins Spanische d) zum Spanischen.

13) a) Worin b) Woraus c) Worauf d) Wovon besteht die Aufgabe des neuen Angestellten?

14) Er fürchtet a) für den b) vom c) vor dem d) um den Verlust seines Eigentums.

15) Die Feier konnte nicht verschoben
a) geworden b) werden c) wurden d) gewesen.

16) Der Täter hat verhaftet a) werden können b) worden können
c) geworden können d) werden gekonnt.

17) Die Aufgabe ist von einem Studenten gelöst
a) geworden b) worden c) gewesen d) werden.

18) Die a) unterbrechende b) unterbrochene Konferenz wurde fortgesetzt.

19) Siehst du die a) blühenden b) geblühten Rosen? c) blühende d) geblühte

20) Der a) sich entwickelte b) entwickelnde c) sich entwickelnde
d) entwickelte Tourismus..

21) Der a) beseitigende b) zu beseitigende c) zu beseitigte
d) beseitigen zu habende Müll..

22) Vorgestern a) könntest du mich besuchen. b) würdest du mich besuchen können.
c) hättest du mich besuchen können. d) besuche ich dich

23) Er schaut sie an, a) als würde er sie früher nie sehen. b) als hätte er sie zum
erstenmal gesehen. c) als sähe er sie zum erstenmal.

24) Er ist für längere Zeit verreist. a) Sei er nur schon wieder da!
b) Wäre er doch schon wieder da gewesen!
c) Wenn er doch schon wieder da wäre!
d)

25) Die Behandlung gelang mit Hilfe
a) reines Öls b) reines Öl c) reinem Öl d) reinem Öls.

26) a) Welche neuen b) Welche neue c) Welch neuen
d) Welche neue Bücher werden in der Bibliothek angeschafft?

27) Auf dem Boden lagen a) viele silbernen b) viel silberne
c) viele silberne d) viel silbernen Münzen.

28) Peter ist a) einer meiner Freunde b) einer meinen Freunden
c) ein meiner Freunde d) einen meinen Freunden.

29) Susanne lebt in Heidelberg,
a) eine der schönsten Städten Deutschlands.
b) einer der schönsten Städte Deutschlands.
c) einem der schönsten Städten Deutschlands.
d) eins der schönsten Städte Deutschlands.

30) Beeile dich! Wir haben a) nur mehr b) schon noch c) nur schon
d) erst zehn Minuten Zeit.

31) Es ist schon spät. Willst du Renate heute noch anrufen? Nein, heute
a) nicht nur b) schon nicht c) noch nicht d) nicht mehr.

32) Wir müssen warten. a) Erst b) Schon c) Nur d) Noch
wenn wir ein Zeichen bekommen, dürfen wir losfahren.

33) Der Malkurs beginnt a) schon b) nur c) noch d) erst im September, nicht früher.

34) Die Angeklagte wurde vernommen.
a) die Vernahme b) die Vernehmung c) das Vernehmen der Angeklagten d)

35) Die Stadträte widersprachen.
a) der Fettinhalt b) das Fettenhatten c) der Fettgehalt
d) die Fettenthaltung der Milch

36) Die Stadräte widersprachen.
a) die Widersprache b) die Widersprechung
c) der Widerspruch d) das Widersprechen der Stadträte

37) Solange die Bibliothek besteht,.. = seit a) Bestehen b) Bestand
c) Bestehung der Bibliothek d)

38) a) Unter b) Zwischen c) Bei d) Zu uns gesagt -
die beiden wollen heiraten!

39) Treffen wir uns doch
a) in b) nach c) gegen d) zu zehn Minuten am Brunnen.

40) a) Wegen b) Aus c) Zur d) Vor
Überraschung blieb sie mit offenem Mund stehen.

41) Gott sei Dank hatte ich etwas Geld
a) an b) mit c) bei d) in mir.

42) Die Besucherzahlen des Museums haben sich im letzten Jahr
a) mit b) auf c) von d) um 20% erhöht.

43) a) In der b) An c) Um die d) Um
Mitternacht verliess er die Wohnung.

44) a) Mit b) Von c) Aus d) Zu
dieser Musik kann ich nicht genug hören.

45) Wenn er uns geholfen hätte, wären wir jetzt fertig.
a) Dank seiner b) Wegen seiner c) Mit seiner
d) Ohne seine Hilfe wären wir jetzt fertig.

46) Ich fahre ungern mit dem Auto dorthin, zumal die Straßen schlecht sind. = Ich fahre ungern mit dem Auto dorthin,
a) vor allem dank dem schlechten Straßenzustand.
b) nur wegen des schlechten Straßenzustands.
c) allein bei schlechtem Straßenzustand.
d) besonders wegen des schlechten Straßenzustands.

47) Beim Anblick des Festredners mußte ich plötzlich lachen.
= a) Wenn b) Wann immer c) Als d) Sooft
ich den Festredner sah, mußte ich plötzlich lachen.

48) Bei Schwierigkeiten mit dem Gerät ruf mich an!
= a) Solange b) Falls c) Als d) Nachdem
du Schwierigkeiten mit dem Gerät hast, ruf mich an.

49) Obwohl viele protestierten, wurde das Haus abgerissen.
= a) Wegen der vielen Proteste b) Ungeachtet der vielen Proteste
c) Dank den vielen Protesten d) Infolge der vielen Proteste wurde das Haus abgerissen.

50) Die Frau, a) mit derer altem Auto
b) mit deren alten Auto c) mit derer alten Auto
d) mit deren altem Auto ich gefahren bin,..

51) Die Theaterstücke, a) deren du zwei gesehen hast,
b) zwei von denen du gesehen hast,
c) von denen du zwei gesehen hast,
d) derer zwei du gesehen hast,)..

52) Sie begann, einen Roman zu lesen,
a) statt b) ohne c) um d) mit ihre Hausaufgabe zu machen.

53) Jürgen hatte die Wohnung gewechselt,
a) ohne dass b) statt dass c) damit wir davon wußten.

54) Wir verschieben den Wochenendausflug,
a) vorausgesetzt, b) es sei denn, wir schaffen die Arbeit.

55) a) Ehe b) Solange c) Nachdem d) Sobald Sie in die
Sprechstunde gehen, müssen Sie sich anmelden.

56) a) Sobald b) Soweit c) Solange d) Sofern der Termin feststeht, beginnen wir mit
den Vorbereitungen.

57) Pannen lassen sich vermeiden, a) obwohl b) auch wenn
c) indem d) sobald man sich an die Vorschriften hält.

58) Ich möchte nie dort wohnen, a) wenn b) trotzdem c) falls
d) selbst wenn die Miete nur halb so hoch wäre.

59) Sie beginnt im September mit ihrem Fachstudium,
a) vorausgesetzt, dass b) auch wenn c) es sei denn, dass
d) obgleich sie die Aufnahmeprüfung besteht.

60) Jüngere Leute reisen gern allein, a) als ob b) während c) indem
d) damit ältere Menschen Gruppenreisen vorziehen.

Bewertung (Değerlendirme):

60 - 58 Punkte	= Das haben Sie sehr gut gemacht!
57 - 51 Punkte	= Ein gutes Ergebnis!
50 - 41 Punkte	= Gar nicht so schlecht.
40 - 34 Punkte	= Es wird empfohlen,..
33 - 31 Punkte	=.. so bald wie möglich
30 - 0 Punkte	=.. und sehr gründlich

dieses Grammatikbuch.
(noch einmal) durchzuarbeiten.

CEVAPLAR

1-a	2.a	3.c	4.b	5.b	6.c	7.b	8.b
9.a	10.a	11.c	12.c	13.a	14.d	15.b	16.a
17.b	18.b	19.a	20.c	21.b	22.c	23.c	24.c
25.d	26.a	27.c	28.a	29.b	30.a	31.d	32.a
33.d	34.b	35.c	36.c	37.a	38.a	39.a	40.d
41.c	42.d	43.d	44.b	45.c	46.d	47.c	48.b
49.b	50.d	51.c	52.a	53.a	54.b	55.a	56.a
57.c	58.d	59.a	60.b				

PRÜFUNG 10

1- Verben mit Dativ - und Akkusativobjekt

Bilden Sie Sätze im Präteritum!
Beispiel: ich - schenken - Ball - Kind   Ich schenkte **dem** Kind **einen** Ball.

1) Künstler - bereiten - herzlich, Empfang-Gäste
2) Kind - verschweigen - Begegnung-Eltern
3) Zutritt, (zu) Konsulat - untersagen (=Passiv) - Jartende (Pl.)
4) Unbekannter - rauben - Brieftasche - Tourist
5) Schwierig, Arbeiten - anvertrauen (Passiv) – Praktikant
6) Herr Huber - verheimlichen - wahr, Sach-verhalt - Chef
7) Firma - gewähren - Zahlungsaufschub - Schuldner
8) Kommission - vorgehen - ausführlich, Bericht - Parlament
9) man - (19 Uhr) melden - Unfall - Direktor
10) Gericht - erlassen - Hälfte (Strafe) - Verurteilte
11) Einsicht, (in) Akten – verweigern (Passiv)- Journalist
12) man - gönnen - längere, Ruhepause - Krankenschwester
13) man - gönnen - längere, Ruhepause - Krankenschwester
14) Witwe - stiften - Teil (Vermögen) - Rotes Kreuz
15) Komponist - widmen - Symphonie - Frau
16) sie - entreissen - Brief - Rivalin
17) niemand - zutrauen - Lüge - Mädchen
18) Führerschein , entziehen (Passiv) - betrunken, Fahrer
19) man - können zumuten - laut, Zimmer-kein, Gast
20) Onkel - ermöglichen - Studium - Neffe

1) ....
2) ....
3) ....
4) ....
5) ....
6) ....
7) ....
8) ....
9) ....
10) ....
11) ....
12) ....
13) ....
14) ....
15) ....
16) ....
17) ....
18) ....
19) ....
20) ....

2-Verben mit Präpositionalobjekt

Bei den folgenden Sätzen sind Verb und Objekt mit einer Präposition zu verbinden. Verwenden sie das Präteritum.

1) Gast - auffallen - amerikanisch, Akzent
2) Kosten - sich verringern – durchschnittlich 3%
3) Arbeitsloser - träumen - hoch, Lottogewinn
4) Armin - sich unterscheiden - Brüder - Schweigsamkeit
5) Berufstätige (pl.) - protestieren - Erhöhung (Fahrpreise)
6) Fachleute , schätzen - Bild - 400. 000 DM
7) blau, Karte - berechtigen - Besuch (Ausstellung)
8) Herr Walter - handeln - gebraucht, Autos
9) Frau Fink - überzeugen - Kollege - Vorteile (Reise)
10) Sohn (Fabrikant) - verfügen - gewaltig, Vermögen
11) klein, Theater - angewiesen sein - staatlich, Hilfe
12) nichts - dürfen ändern (Passiv) - Programm
13) Tourist - sich hüten - politisch, Gespräche
14) Gefühle (jung, Mann) - siegen - Vernunft
15) Student - sich informieren - neu, Prüfungsbestimmungen
16) Rechtsanwalt - sich begnügen - Drittel (Honorar)
17) Wagen - zusammenstossen - voll besetzt, Strassenbahn
18) Soldaten - fliehen - Übermacht (Feind)
19) alt, Frau - müssen leben - gering, Rente
20) Fachleute - gelangen - anders, Ansicht

1) ....
2) ....
3) ....
4) ....
5) ....
6) ....
7) ....
8) ....
9) ....
10) ....
11) ....
12) ....
13) ....
14) ....
15) ....
16) ....
17) ....
18) ....
19) ....
20) ....

3- Verben mit Präpositionalobjekt

1) Buslinie - verbinden - Stadt - umliegend, Dörfer
2) Kritiker - bezeichnen - Pianist - Genie
3) Partisanen - kämpfen - Befreiung (Heimat)
4) Firma - werben - französisch, Parfüm (in) Prospekt
5) Kunde - vertrauen - langjährig, Erfahrung (Produzent)
6) Helfer (Pl.) - verteilen - Decken - Opfer (Pl.) (Erdbeben)
7) Gefangene - sich ernähren - trocken, Brot + Wasser
8) Idealist - werden - Realist
9) es - fehlen - warm, Kleidung + Medikamente
10) Journalist - arbeiten - länger, Artikel, Kinderfilme
11) Arzt - abraten - Patient - fett, Essen
12) Eltern - erziehen - Kind - Toleranz
13) Lokal - (rasch) sich entwickeln - Treffpunkt (stadt)
14) klein, Junge-zerlegen-Lampe, Einzelteile
15) Polizei - auffordern - Demonstranten - Räumung (Platz)
16) Bestimmung - gelten (/) - ausländisch, Arbeitnehmer (Pl.)
17) Macht (Regierung) - sich beschränken - südlich, Provinzen
18) Film - handeln - Schicksal (jung, Russe)
19) Hausherr - hindern - Fremde - Betreten (Wohnung)
20) Künstler - stammen - deutsch - norwegisch, Familie
21) Erfinder - zu kämpfen haben - zahllos, Schwierigkeiten

1) ....
2) ....
3) ....
4) ....
5) ....
6) ....
7) ....
8) ....
9) ....
10) ....
11) ....
12) ....
13) ....
14) ....
15) ....
16) ....
17) ....
18) ....
19) ....
20) ....
21) ....

4- Verben mit Präpositionalobjekt

1) Flüchtling - sich verbergen - Verfolger (pl.) - Baum
2) Autofahrer - sich sträuben - Blutprobe
3) Richter - sich stützen - Aussage (Zeuge)
4) jung, Frau - neigen - Verschwendung
5) Touristen , schwärmen - Urlaub, Sizilien
6) alle(/) - sich halten - vereinbaren, Termine
7) Römisches - Reich - Grenzen - Gebiete
8) es - sich haldeln - (bei) Toter - ca. 40jährig, Mann
9) niemand - können abbringen - Michael - verrückt, Plan
10) Kanzler - sich wehren - Angriffe (Opposition)
11) Wirkung (Medikament) - beruhen - hoch, Jodgehalt
12) Forscher (Pl.) - müssen auskommen - gering, Mittel (Pl.)
13) Herr Moser - sich einsetzen - Projekt – Bürgermeister
14) Firmenchef - jammern - schlecht, Geschäfte
15) niemand - wollen haften - entstehen, Schaden
16) Redner - (ausführlich) eingehen – Innenpolitik
17) worum(?) - es - gehen - gestrig, Vortrag
18) Pläne (Pädagoge) - scheitern - Unverständnis (Umgebung)
19) Unternehmer - streben - geschäftlich, Erfolg
20) Reiseleiter - einteilen - Touristen - drei, Gruppen
21) Abgeordnete - ernennen (Passiv) – Regierungssprecher

1) ......
2) ......
3) ......
4) ......
5) ......
6) ......
7) ......
8) ......
9) ......
10) ......
11) ......
12) ......
13) ......
14) ......
15) ......
16) ......
17) ......
18) ......
19) ......
20) ......
21) ......

5- Aktiv und Passiv

Formen Sie die folgenden Sätze jeweils ins Aktiv oder ins Passiv um.

1) Hoffentlich hat man kein Geld verschwendet.
2) Wann schleppt man den defekten Lkw ab?
3) Der Assistent wird von einem Studenten vertreten.
4) Den Rest erledigen wir morgen.
5) Du wirst sicher danach gefragt werden.
6) Möchten Sie, dass ich Sie morgen früh wecke?
7) Ihm verzeiht man gern.
8) Es wurde getanzt, gesungen und gelacht.
9) Schlangen greifen Menschen nur selten an.
10) Die Sendung wurde sofort unterbrochen.
11) Er sollte einmal von einem Facharzt untersucht werden.
12) Zum Glück traf ihn die Kugel nicht.
13) Von den Akten wurde die Hälfte weggeworfen.
14) Zunächst wusch man den Metallstaub ab.
15) Dort erzieht man Kinder früh zur Selbständigkeit.
16) Der Brand hatte gerade noch verhindert werden können.
17) Man will die hässliche Fassade erneuern.
18) Das Betriebsklima könnte man wesentlich verbessern.
19) Man muß die Pakete unbedingt nachwiegen.
20) Man müsste so einen Plan gut durchdenken.
21) Um wieviel Uhr melkt der Bauer die Kühe.

1) ....
2) ....
3) ....
4) ....
5) ....
6) ....
7) ....
8) ....
9) ....
10) ....
11) ....
12) ....
13) ....
14) ....
15) ....
16) ....
17) ....
18) ....
19) ....
20) ....
21) ....

6- Aktiv und Passiv

Formen Sie den Nebensatz so um, dass ein Infinitiv mit Passiv entsteht.
Beispiel: Sie hat keine Lust, **dass man sie ausfragt.**
Sie hat keine Lust, **ausgefragt zu werden.**

1) Er befürchtet, dass ihn die meisten nicht verstehen.
2) Sie hatte nur den einen Wunsch, dass er sie beachtete.
3) Gudrun kam am Tor an, ohne dass sie jemand erkannt hatte.
4) Er hatte den Verdacht, dass man ihn belogen hatte.
5) Sie drängte sich vor, damit man sie als erste bediente.
6) Vor Gericht gab er an, seine Frau habe ihn verlassen.
7) Bärbel bestand darauf, dass sie der Beamte informierte.
8) Manche bedauern, dass man sie nicht berücksichtigte.
9) Es war nicht nötig, dass man die Kinder lange bat. (brauchen)
10) Sie sehnt sich danach, dass man sie in Ruhe lässt.
11) Es ist unmöglich, dass sie einen nicht bemerkt.
12) Er erwartete, dass ihn seine Freunde unterstützten.
13) Es ist eine Ehre, wenn einen der Präsident einlädt.
14) Sie behauptet, dass man sie schlug.
15) Haben Sie das Gefühl, dass die anderen Sie ausschliessen?
16) Der Angeklagte hat das Recht, dass man ihn anhört.
17) Sie hat Angst, dass Geister sie erschrecken könnte.
18) Herr Holl bemühte sich, dass man ihn in den Klub aufnahm.
19) Er ärgerte sich, dass man ihn übergangen hatte.
20) Es ist lebensgefährlich, wenn einen diese Schlange beisst.

1) ....
2) ....
3) ....
4) ....
5) ....
6) ....
7) ....
8) ....
9) ....
10) ....
11) ....
12) ....
13) ....
14) ....
15) ....
16) ....
17) ....
18) ....
19) ....
20) ....

7- Das Partizip

In den folgenden sechs Übungen haben Sie die Möglichkeit, alle Formen von Partizip und gerundiv zu wiederholen. Formen Sie jeweils die Relativsätze um. Wenn Sie die Übung wiederholen, können Sie die in Klammern angegebenen weiteren Subjekte verwenden.

1) der Bus, der langsam vorbeifuhr,
       der an jeder Ecke hält,
       den mein Schwager repariert hat,
       der heute morgen ausfiel,
       den ein neuartiger Motor antreibt,
       der vor fünf Minuten ankam,
       der mit neuen Bremsen ausgerüstet ist,
       der demnächst ausgewechselt werden muss,

(weitere Subjekte: Strassenbahn, Fahrzeug; auch die **Plural**formen)

der .... Bus
    .... Bus
    .... Bus
    .... Bus
    .... Bus
    .... Bus
    .... Bus
    .... Bus

2) die Katze, die auf einem Ast sass,
       die ihrer Besitzerin entlaufen ist,
       die in den Keller läuft,
       die man gestern einfing,
       die ein Lkw überfuhr,
       die mein Neffe ins Tierheim gebracht hat,
       die alle Leute bewundern,
       die lautlos aus dem Zimmer schlich,

(weitere Subjekte: Kater, Kätzchen; auch die **Plural**formen)

die
    .... Katze
    .... Katze
    .... Katze
    .... Katze
    .... Katze
    .... Katze
    .... Katze
    .... Katze

3) das Haus, das man zum Abriss bestimmt hat,
   das man besichtigen muss,
   das Touristen immer wieder bestaunen,
   das die Kinder erraten müssen,
   das neu zu errichten ist,
   das aus dem 16. Jahrhundert stammt,
   das vom Zentrum aus nicht gesehen werden kann,
   das eine Berliner Firma umgebaut hat,
   das der Finne fotografierte,

(weitere Subjekte: Brücke, Turm; auch die **Plural**formen)

das .... Haus
    .... Haus
    .... Haus
    .... Haus
    .... Haus
    .... Haus
    .... Haus
    .... Haus
    .... Haus

4) die Studentin, die die Professoren sehr schätzen,
   die in der Bibliothek arbeitet,
   die man als Hilfskraft einsetzen kann,
   die man gestern in das Seminar aufnahm,
   die neulich aus dem Kurs ausschied,
   die als nächste geprüft werden muss,
   die der Dozent empfahl,

(weitere Subjekte: Student; **Plural**formen)

die .... Studentin
    .... Studentin
    .... Studentin
    .... Studentin
    .... Studentin
    .... Studentin
    .... Studentin

5) der Artikel, den der Verfasser umschrieb,
	der vergangene Woche erschien,
	der sich hier zitieren lässt,
	den man leicht übersetzen kann,
	der in Kürze erscheint,
	den mehrere Wissenschaftler kritisierten,
	den ein Assistent ankündigte,
	der besprochen werden muss,
	den ein Psychologe veröffentlichte,
(weitere Subjekte: Dissertation, Fachbuch; auch die **Plural**formen)
der .... Artikel
.... Artikel
.... Artikel
.... Artikel
.... Artikel
.... Artikel
.... Artikel
.... Artikel
.... Artikel

6) der Apparat, den man gestern ins Fahrzeug einbaute,
	der bis Montag störungsfrei funktionierte,
	den der Mechaniker **überholen** muss, (= erneuern, reparieren)
	den ein Chinese entwickelte,
	der bei dem Unfall schwer beschädigt wurde,
	der ans Stromnetz angeschlossen werden muss,
	der sich leicht zerlegen lässt,
(weitere Subjekte: Maschine, Gerät; auch die **Plural**formen)
der Apparat..Apparat
.... Apparat
.... Apparat
.... Apparat
.... Apparat

8- Umformung von Nebensätzen in Partizipialsätze

Beispiele: Sie näherte sich dem Fenster, **indem sie sich auf Zehenspitzen bewegte.**
Sich auf Zehenspitzen bewegend, näherte sie sich dem Fenster.
Nachdem man ihn von seiner Last befreit hatte, ging er schneller.
Von seiner schweren Last befreit, ging er schneller.

1) Als man Markus nach seinen Gehaltswünschen fragte, nannte er eine bescheidene Summe.
2) Der Redner brachte seinen Vortrag zu Ende, wobei er ständig von Zwischenrufen unterbrochen wurde.
3) Er entfernte sich von der Schlange, indem er vorsichtig rückwärts ging.
4) Wenn man von kleineren Störfällen absieht, arbeitet die Maschine normal.
5) Sie versuchte, die Socke anzuziehen, während sie auf einem Bein stand.
6) Als man ihn auf seine politischen Kontakte ansprach, gab er eine ausweichende Antwort.
7) Er wählte die Nummer des Chefs, wobei er vor Wut zitterte.
8) Sieht man es so, waren die Reformen wirklich nötig.
9) Sie liess das Glas fallen, weil der Anblick des Unbekannten sie erschreckte.
10) Wenn man es genau nimmt, ist der Auftrag nicht erledigt.
11) Da er in einer Musikerfamilie aufgewachsen war, beherrschte der Zwanzigjährige mehrere Instrumente.
12) Da ihn Zweifel plagten, wiederholte er seine Frage.
13) Er trat an das Rednerpult, wobei er mühsam nach Worten suchte.
14) Wenn man ihn in Zahlen ausdrückte, wird der Erfolg klar.

1) ....
2) ....
3) ....
4) ....
5) ....
6) ....
7) ....
8) ....
9) ....
10) ....
11) ....
12) ....
13) ....
14) ....

9- Konjunktiv II

Beispiel: Kurt isst diese alte Wurst. **Ich würde sie nicht essen.**
Sie verzichtete auf Geld. **Ich hätte nicht/auch darauf verzichtet.**

1) Sie kommt mit dem Geld aus.
2) Er verzieh dem Mann die Frechheit.
3) Er lud die Möbel noch am Freitag aus. (Samstag)
4) Er ritt ein unbekanntes Pferd.
5) Er brachte ihr keine Blumen mit.
6) Er stellt die Räume nur am Mittwoch zur Verfügung. (andere Tage)
7) Sie flog erst am nächsten morgen.
8) Sie sprang in das kalte Wasser.
9) Er vertrieb die fremde Katze.
10) Sie stach sich an der Nadel.
11) Er riss das alte Haus ab.
12) Er riet ihr zu einem Prozess.
13) Er widerrief seine Zusage.
14) Er blieb bis Mitternacht. (bald verschwinden)
15) Sie bat ihn um ein Treffen.
16) Sie empfahl allen den Film.
17) Sie will diesen Kerl noch einmal anrufen.
18) Sie wusste keinen Ausweg.
19) Er zwang sich zur Arbeit.
20) Franz bewarb sich bei Fa. Wenzel & Co. (andere Firma)
21) Sie zog sich noch einmal um.
22) Sie versprach dem Mann alles.

1) ....
2) ....
3) ....
4) ....
5) ....
6) ....
7) ....
8) ....
9) ....
10) ....
11) ....
12) ....
13) ....
14) ....
15) ....
16) ....
17) ....
18) ....
19) ....
20) ....
21) ....
22) ....

10- Irreale Bedingungssätze

Drücken Sie in den folgenden Sätzen aus, was gewesen wäre, wenn..

Beispiel: Sie blieb nicht, und so konnten wir sie nicht fragen.
Wenn sie geblieben wäre, hätten wir sie fragen können.

1) Die Diskussion war langweilig, da Herr Schütz nicht dabei war. (kommen können/interessanter)

2) Ich änderte an dem Bericht nichts mehr, denn er wollte es nicht. (er, bestehen auf / ich, umschreiben)

3) Die Kranke war noch sehr schwach und konnte sich kaum auf den Beinen halten. (stützen / hinfallen)

4) Er lieh Ralf kein Geld, denn er hatte selbst keins.

5) Das Kind war überglücklich, dass jemand mitging. (traurig / allein)

6) Sie trödelte so sehr, dass ihr der Bus vor der Nase wegfuhr. (sich beeilen / erreichen)

7) Es kam nur zu einem Gespräch, weil sie sich zufällig auf der Strasse begegneten.

8) Er vergrub die Beute im Wald; nur deshalb blieb sie unentdeckt. (finden, Passiv)

9) Wir wussten nichts von dem Stau und fuhren einfach in die Ortschaft hinein. (umfahren)

10) Der Bergsteiger wurde gerettet, weil man ihn rufen hörte.

1) ....
2) ....
3) ....
4) ....
5) ....
6) ....
7) ....
8) ....
9) ....
10) ....

11- Irreale Wunschsätze

Beispiel: Wenn die Welt nur (doch, bloss) besser wäre (oder: Wäre die Welt nur (doch, bloss) besser!). Hätte sich die Menschheit nur gebessert! (oder: Wenn sich die Menscheit nur gebessert hätte!

1) Alles blieb beim alten. (etwas, sich ändern)
2) Die Stadt verbot die Kundgebung. (erlauben)
3) Leider erinnerte sich Andrea an den Vorfall. (vergessen)
4) Annette blieb ledig. (heiraten)
5) Schade, dass er nicht Vorsitzender wurde. (wählen)
6) Jetzt tat es ihm leid, dass er mit dem Kind so streng gewesen war. (nachsichtig)
7) Die Wartezeit vergeht viel zu langsam. (zu Ende sein)
8) Sie hat das ganze Geld verschwendet. (sparen)
9)
10) Sie wollte diesen Schmuck unbedingt haben, (verzichten)
11) Um des lieben Friedes willen unterschrieb auch sie. (sich weigern)
12) Leider wurde er Arzt. (Apotheker)
13) Die Gebühren blieben unverändert hoch. (senken)
14) Ali Baba hatte das Wort vergessen. (einfallen)
15) Diese Leute hören einfach nicht auf meine Argumente. (sich überzeugen lassen)
16) Corinna kam nicht zu der Feier (einladen, Passiv)
17) Als der Zug in Ulm hielt, blieb der Mann sitzen. (aussteigen)

1) ....
2) ....
3) ....
4) ....
5) ....
6) ....
7) ....
8) ....
9) ....
10) ....
11) ....
12) ....
13) ....
14) ....
15) ....
16) ....
17) ....

12- Irreale Vergleichssätze

Drücken Sie in den folgenden Sätzen Vergleiche aus. Das, was sich ereignet, erinnert an etwas anderes.

Beispiel: Man verehrte diesen Menschen wie einen Gott.
Man verehrte diesen Menschen, als wäre er ein Gott.

1) Fühlen Sie sich wie zu Hause!
2) Hannes sass da wie ein frisch gewählter Präsident. (wählen, Aktiv)
3) Machte er nicht den Eindruck eines Diebes? (stehlen)
4) Es ging zu wie auf einer Hochzeit. (feiern)
5) Er schrieb ihr Briefe wie ein Verliebter.
6) Wir begrüssten uns wie alte Bekannte. (kennen)
7) Er trat auf wie der Hausbesitzer persönlich. (gehören)
8) Rüdiger sieht nicht wie ein Sportler aus. (Sport)
9) Der Verlierer des Wettkampfes strahlte wie der Sieger. (gewinnen)
10) Man meidet ihn wie einen Verbrecher. (Verbrechen)
11) Es sah aus wie nach einer Gasexplosion. (Gas)
12) Sie lag da wie bewusstlos. (Bewusstsein)
13) Der Roman kommt mir vor wie ein Plagiat. (abschreiben, Passiv)
14) Sie behandelte Rudi wie eine Ehefrau. (verheiratet)
15) Er rannte an uns vorbei wie ein Flüchtling. (Gefängnis)
16) Es sieht nicht nach Regen aus.
17) Die Stadt wirkte unbewohnt (es schien..; ausgestorben)
18) Sie fühlte sich wie nach einer Operation. (Passiv)
19) Tu nicht so, als wäre Geld für dich unwichtig! (Rolle)

1) ....
2) ....
3) ....
4) ....
5) ....
6) ....
7) ....
8) ....
9) ....
10) ....
11) ....
12) ....
13) ....
14) ....
15) ....
16) ....
17) ....
18) ....
19) ....

13- Adjektivdeklination

Beispiel: drei, dick, Gänse verfallen, französisch, Burgen
Drei **dicke Gänse** besichtigten/zeichneten/bewohnten **verfallene französische** Burgen.

1) welch-, jung, Angestellt-   dies-, weiss-blau, Fahnen
2) all., deutsch, Bauern   kein, schlecht, Ergebnisse
3) euer, klein, Junge   solch-, hart, Nüsse
4) wessen, wild, Hasen   irgendwelch-, hoch, Bäume
5) jen-, älter, Damen   unzählig-, alt, Uhren
6) zwei, gefangen, Löwen   ziemlich, alt, Schuhe
7) ein paar, städtisch, Beamt-   unser, viel, Arbeiten
8) ihr, lieb, alt, Freund-   dieselb-, italienisch, Weine
9) sämtlich-, gross, Tiere   mancherlei, schwierig, Namen
10) nur wenig, stark, Männer   zahlreich, leer, Flaschen
11) mein, viel, Kinder   einige, schwer, Kisten
12) Antons erst-, weit, Sprung   sein/ihr, nah, Verwandten (Pl.)
13) viel, ehemalig, Offiziere   manch-, wertvoll, Alben
14) folgend-, wichtig, Paragraph   bestimmt-, afrikanisch, Tierarten
15) besonders, unhöflich, Leute   ander-, wirksam, Methoden
16) zahllos, neugierig, Mädchen   etwas, völlig, Unglaublich-
17) beide, russisch, Zaren   allerlei, verboten, Lesestoff

1) ......
2) ......
3) ......
4) ......
5) ......
6) ......
7) ......
8) ......
9) ......
10) ......
11) ......
12) ......
13) ......
14) ......
15) ......
16) ......
17) ......

14- Relativsätze

Beispiel: Man schenkte uns ein Klavier. Man schenkte uns ein Klavier,
  a) Es war völlig verstimmt. a) das völlig verstimmt war.
  b) Viele beneideten uns darum. b) um das uns viele beneideten.

Der Minister trat zurück.

a) Viele hatten damit gerechnet.
b) Dies überraschte kaum jemanden.
c) Es war allgemein befürchtet worden.
d) Durch den Rücktritt wurde eine Regierungskrise ausgelöst.
e) Besonders die Oppositionsparteien freuten sich darüber.
f) Die Presse hatte seien Amtsführung stark kritisiert.
g) Er war erst Anfang des Monats ernannt worden.

Der Minister trat zurück,
a) ....
b) ....
c) ....
d) ....
e) ....

Der Minister,
f) ....
g) ....
   trat zurück.

Morgen besichtigen wir eine Stadt / einen Ort / ein Dorf.

a) Ihre Geschichte reicht bis in das 9. Jahrhundert zurück.
b) Sie hatte ein wechselvolles Schicksal.
c) Die alten Häuser dieser Stadt werden noch heute bewohnt.
d) Schon meine Grossmutter schwärmte von dieser Stadt.
e) Morgen besichtigen wir eine Stadt,
f) Viele Menschen wollen dort leben.
g) Über diese Stadt singt man viele Lieder.
h) Die früheren Bewohner der Stadt waren Kaufleute.
i) An diese Stadt werden Sie noch lange denken.

a) ....
b) ....
c) ....
d) ....
e) ....
f) ....
g) ....
h) ....
i) ....

15- Relativsätze mit "wer", "wem", "wen", "was", "wo."

Beispiel: **Die Leute, die oft hierher kommen**, kennen wir schon.
Wer oft hierher kommt, **den** kennen wir schon.

a) Für jemanden, der noch nie hier war, ist die Umstellung ziemlich schwierig.
b) Jeder, dem es dort gefällt, kann seinen Aufenthalt verlängern.
c) Alle, denen es zu kalt ist, sollen sich einen Mantel anziehen.
d) Zu Menschen, die sie nicht kennt, hat sie kein Vertrauen.
e) Die Tür muss derjenige zuschliessen, der als letzter geht.
f) Menschen, die nicht hören wollen, kann nicht geholfen werden.
g) Mach keine Dinge, von denen du nichts verstehst.
h) Bald erlebt sie eine Sache, über die sie sehr überrascht sein wird.

a) ....
b) ....
c) ....
d) ....
e) ....
f) ....
g) ....
h) ....

a) Sie ist kritisch gegenüber allen Dingen, die er vorschlägt.
b) Ich sah nur wenige Dinge, die mich interessierten.
c) In vielen Sachen, die er sagt, sind wir einer Meinung.
d) Dieselben Dinge, die die anderen Kinder schon gemalt haben, will Benjamin nicht malen.
e) Die interessantesten Sachen, die dort passiert sind, erzähle ich Ihnen später.
f) Sie teilte mit uns die wenigen Dinge, die sie hatte.
g) Ich kann nur Speisen empfehlen, die ich selbst gegessen habe.

a) ....
b) ....
c) ....
d) ....
e) ....
f) ....
g) ....

16- Partikel: Negation und Einschränkung

Setzen Sie in der folgenden Übung die Wörter **allein, erst, kein-, mehr, nicht, nichts, nie, niemand, noch, nur, schon** ein.

Beispiel: Nach 12 Uhr können Sie mich leider ☐ erreichen. (**Lösung:** nicht mehr)

1) Waren Sie ☐ in dem neuen Film von Otto? - Nein, leider ☐. Ich habe im Moment viel zu tun und kann ihn mir ☐ nächste Woche anschauen.
2) Beeile dich! Wir haben wenig Zeit. Unser Zug fährt in einer Stunde, und es sind zwei Koffer zu packen.
3) Könnten Sie an dem vorliegenden Plan ☐ etwas ändern? Nein, leider kann ich ☐ ändern.
4) Der Patient auf Zimmer 7 darf vorläufig ☐☐ nach Hause. Er wird ☐ entlassen, wenn die Krankheit ganz ausgeheilt ist.
5) Diese Stelle verdankt er ☐ seinen guten Beziehungen.
6) Heute ☐ schwärmt mein Großvater von der guten alten Zeit, obwohl sie ☐ lange vorbei ist.
7) Hat sich schon jemand gemeldet? -Nein, ☐.
8) Margit gähnte. Es war ☐ Mitternacht vorbei, und sie hatte ☐ Lust ☐, den Brief umzuschreiben.
9) Die Spendenaktion war ein voller Erfolg; ☐ in unserem Haus wurden 250 Mark gesammelt.
10) Als sie den Kranken sah, ahnte sie, dass er ☐ lange leben würde.
11) Die Party war zunächst langweilig; Stimmung kam ☐ auf, als sich Jochen ans Klavier setzte.
12) Die Uhr schlug sechs. Alle waren ☐ gegangen, auch in der Bibliothek sass ☐.
13) Unser Unternehmen wird teuer; ☐ die Reisekosten betragen etwa 5000 Mark.
14) Mein Freund hat in der Lotterie ☐ öfter etwas gewonnen; ich dagegen bis jetzt ☐ einmal. Und meine arme Grossmutter spielt ☐ dreissig Jahre lang und hat ☐☐ etwas gewonnen.
15) Unsere jüngste Tochter ist ☐ ziemlich gross. Alle Leute denken, sie gehe ☐ zur Schule. Aber sie ist ☐ fünf Jahre alt und muß ☐ ein ganzes Jahr warten.
16) Zurück in die Grosstadt wollte Edith nicht; ☐ schon der Gedanke war ihr schrecklich.

17- Präpositionen

Ergänzen Sie die fehlenden Präpositionen.

1) Es war ein Kampf ☐ Leben und Tod.
2) ☐ dem 30.6. werden die alten Münzen ungültig.
3) Sie können den Kühlschrank auch ☐ Raten kaufen.
4) Die Raumsonde flog einer Entfernung von 34.000 km ☐ der Venus vorbei.
5) Schon fünf Jahre schreibt Carl ☐ seinen Erinnerungen.
6) Das gesuchte Zitat finden Sie ☐ Seite 143.
7) ☐ Wunsch bringen wir Ihnen das Frühstück ☐ Zimmer.
8) Unsere Hockeymannschaft hat mit 2 ☐1 gewonnen.
9) Machen Sie es nicht allein; ☐ zweit geht es besser.
10) Er hat ☐ unser Wissen riesige Schulden gemacht.
11) ☐ des Ministers kam nur ein Staatssekretär
12) Der Gefangenenaustausch findet ☐ Kontrolle der Vereinten Nationen statt.
13) Der Saal war ☐☐☐ den letzten Platz besetzt.
14) Die Studie beschäftigt sich ☐ erster Linie mit gesundheitlichen Gefahren ☐ Arbeitsplatz.
15) Der Pilot war ☐☐der Stelle tot.
16) Der Bankbeamte hielt die Dollarnote ☐ das Licht.
17) Er wurde zum Ehrenmitglied ☐ Lebenszeit ernannt.
18) Lassen Sie den Zaun ☐ meine Kosten reparieren!
19) Egon war vor Wut ☐ sich.
20) Diese viele Arbeit! Das geht ☐ meine Kräfte.
21) Wir wollen uns ☐ nächster Gelegenheit aussprechen.
22) Wo ist der Unterschied ☐ bei den Geräten?
23) ☐ diesem Lärm kann man doch nicht telefonieren!
24) ☐ aller Eile räumte Benjamin den Keller auf.
25) Sei ehrlich! Was ist ☐ dir los?
26) Ich kenne den Schauspieler nur dem Namen
27) ☐ Bitten der Hörer wurde die Sendung wiederholt.
28) Ich bin ☐ der Verspätung ☐ keinen Fall schuld.
29) Heinrich ging vor dem Geschäft auf und ☐.
30) Was gefällt dir eigentlich ☐ ihm?
31) Meinst du, Martina sei zu jung ☐ eine Ehe?
32) ☐ den erkrankten Schulz steht Bader im Tor.
33) ☐ Protest ☐ die Regierungspolitik trat er zurück.

18- Präpositionen

Ergänzen Sie die fehlenden Präpositionen.

1) ⬜ die Dauer kann er in diesem Loch nicht wohnen bleiben.
2) Wegen eines Defekts sind zwei Maschinen ⬜ Betrieb.
3) Orkane erreichen Geschwindigkeiten ⬜ ⬜200 km/h.
4) Den ganzen Tag ⬜ lief das Radio.
5) Ich möchte mit dem Anwalt ⬜ vier Augen sprechen.
6) Das Schiff verkehrt nur bis Anstadt; ⬜ von Anstadt ist der Fluss noch nicht ereichbar.
7) War das eine schlechte Aufführung! Einfach ⬜ aller Kritik!
8) ⬜ Vorbeigehen sah Udo, dass die Tür offenstand.
9) ⬜ lauter Arbeit weiss er nicht, wo er anfangen soll.
10) ⬜ Einladung des Senats hält er einen Vortrag.
11) Für Ihre Mühe danke ich Ihnen ⬜ voraus.
12) ⬜ Himmel sahen wir unzählige Sterne.
13) Etwa 150 ⬜ ⬜ des Gipfels war eine Gruppe von Bergsteigern zu erkennen.
14) ⬜ halben Preis kaufe ich den teuren Pullover gern.
15) ⬜ von zwei Stunden sanken die Temperaturen ⬜ den Nullpunkt, und es schneite dicken Flocken.
16) Das gesuchte Buch ist ⬜ Sicherheit nicht ⬜ mir.
17) Sie erhalten die Waren dort nur ⬜ Barzahlung.
18) ⬜ Bestellung ⬜100 Stück geben wir Ihnen 3% Rabatt.
19) Das Schiff wartet schon. Gehen wir ⬜ Deck!
20) Der Beamte ist nur während, nicht aber ⬜ der Bürozeiten zu sprechen.
21) Der Häftling wurde entlasen, d. h. er befindet sich ⬜ freiem Fuss.
22) Die Organisation muss ⬜ Grund ⬜ erneuert werden.
23) ⬜ Feier des Tages spendierte er eine Flasche Sekt.
24) "Du wirst ⬜ Tag ⬜ Tag schöner", flüsterte er.
25) ⬜ von 1500 m. herrschen ideale Schneeverhältnisse.
26) Oma sagt: "⬜ meiner Zeit war alles viel ruhiger".
27) Wir testen das Gerät ⬜ einen längeren Zeitraum.
28) Lassen Sie sich nicht ⬜ der Ruhe bringen!
29) Hand ⬜ Hand bummelten sie ⬜ die Stadt.
30) Der Preis für diesen Markenwein ist ⬜ acht ⬜ zehn Mark gestiegen, d.h. um 25%.
31) ⬜ heute haben wir genug gearbeitet.
32) ⬜ Tränen erzählte Ulla, was sie erlebt hatte.
33) Ihr ⬜ hat er sich immer korrekt verhalten.

19- Präpositionen

Setzen Sie folgende Präpositionen ein: **abseits, angesichts, anlässlich, binnen, dank, entgegen, für, gemäss, infolge, einseits, kraft, laut, mangels, mittels, samt, um... willen, ungeachtet, wider, zufolge, zugunsten.**

1) ⬜ eines Nachschlüssels waren die Diebe in das Hotelzimmer gelangt. <mit Hilfe von>
2) Wir suchten kleine, verschwiegene Orte ⬜ der grossen Touristenzentren. <entfernt von>
3) Die Künstler verzichteten auf ihre Gage ⬜ krebskranker Kinder. <zum Vorteil von>
4) ⬜ Vertrag muß der Mieter bei seinem Auszug die Räume instandsetzen. <entsprechend>
5) Dem Hotelgast wurde die Jacke ⬜ Brieftasche gestohlen. <zusammen mit>
6) ⬜ des 200. Todestages des Komponisten hielt Professor Maier in der Akademie einen Vortrag. <bei Gelegenheit>
7) ⬜ Erwarten hatte man sich doch noch geeinigt. <entgegen>
8) ⬜ seinen guten Russischkenntnissen fand er sofort eine Stelle als Dolmetscher. <aufgrund>
9) ⬜ der Friedensappelle aus aller Welt ging der Krieg zwischen den beiden Staaten weiter. <trotz> [FAZ: Frankfurter Allgemeine Zeitung]
10) Einem Bericht der FAZ ⬜ finden in der Schweiz Geheimverhandlungen der Supermächte statt. <nach, laut>
11) Damit Sie sich nicht verlaufen, komme ich Ihnen ein Stück ⬜ <in Richtung zu Ihnen>
12) ⬜ den Bestimmungen dürfen hier an Sonn - und Feiertagen keine LKWs fahren. <entsprechend>
13) ⬜ ärztlichem Gutachten leidet der Patient an fortgeschrittener Sklerose. <entsprechend>
14) ⬜technischer Defekte mußte der Start der Rakate mehrmals verschoben werden. <wegen>
15) Der Präsident sagte: "⬜ meines Amtes ernenne ich Sie hiermit zu meinem Nachfolger." <durch die Autorität von>
16) ⬜ der Proteste verzichtet man auf Preiserhöhungen. <wegen>
17) Viele Menschen verliessen Europa, um ⬜ des Meeres eine neue Heimat zu finden. < auf der anderen Seite>
18) ⬜ den Erwartungen hat das Gerät mehrmals versagt. <nicht entsprechend>
19) Sie verpflichtete sich, die Übersetzung ⬜ zwei Monaten fertigzustellen. <im Laufe von>
20) Um des lieben Friedens ⬜ schwieg ich zu der Angelegenheit. <wegen>
21) Der Buchhaltungskurs fällt Nachfrage aus. <aus Mangel an>

20- Präpositionen

Bilden sie aus den Satzgerüsten Sätze im Präsens.

1) viel, Studenten - sein, abhängig - staatlich, Hilfe
2) manch- Politiker - sein, überzeugt -Unersetzlichkeit
3) diese, Familie - sein, reich - musikalisch, Talente
4) Öffentlichkeit - sein, gespannt - Ausgang (Prozess)
5) jeder einzelne - sein, verantwortlich - Schutz (Umwelt)
6) Maschine - sein, geeignet - nur grösser, Betriebe
7) Mütter , (oft) sein, eifersüchtig - Schwiegertöchter
8) Arbeitsamt - sein, behilflich - Stellensuche
9) Egoisten - sein, blind - Bedürfnisse (Mitmenschen)
10) klein, Vereine - (meist) sein, angewiesen - Zuschüsse
11) Veranstalter - sein, enttäuscht - gering, Beteiligung
12) hoch, Intelligenz - sein, charakteristisch - Delphine
13) Diktatoren - sein, misstrauisch - jeder, Mensch
14) Kinder - sein, müde - lang, Busfahrt
15) beide, Staaten - sein, bereit - Waffenstillstand
16) viel, Menschen - sein, begeistert - neu, Sportart.
17) ? wer - sein, zuständig - Planung (Reise)
18) monatelangen, Dürre - sein, schuld - Missernte
19) Patient - (seit gestern) sein, frei - Beschwerden
20) Sänger - sein, beliebt - Jung und Alt
21) Paket - sein, bestimmt - Firma, Brasilien

1) ....
2) ....
3) ....
4) ....
5) ....
6) ....
7) ....
8) ....
9) ....
10) ....
11) ....
12) ....
13) ....
14) ....
15) ....
16) ....
17) ....
18) ....
19) ....
20) ....
21) ....

21- Sich entfernen, Wegnahme: Vorsilbe ent-

Formen Sie die Sätze um, und verwenden sie dabei Verben mit der Vorsilbe **ent** -, (enteignen, entfernen, entgehen, enthüllen, sich entkleiden, entlasten, sich entspannen, entwaffnen, entweichen, entwurzeln, u.a.)

Beispiele: Die Kinder suchen den Hund. Der Hund ist den Kindern entlaufen.
Man befreit das Meerwasser vom Salz. Das Meerwasser wird entsalzt.

1) Die alte Frau sucht ihren Vogel.
2) Die Verfolger suchen den Flüchtling.
3) Ich habe den Fehler nicht bemerkt. (Der Fehler...)
4) Im Ballon ist keine Luft mehr. (Aus dem Ballon...)
5) Man verminderte die Arbeitslast des Beamten.
6) Die Ladung darf nicht auf dem Boot bleiben. (müssen, Passiv)
7) Die politischen Spannungen sind zurückgegangen. (Lage)
8) Der Staat nahm dem Hausbesitzer das Eigentum. (Passiv)
9) Der Boden enthielt zu viel Wasser. (müssen, Passiv)
10) Sie riss ihm den Brief aus der Hand.
11) Die Polizei nahm dem betrunkenen Fahrer den Führerschein ab. (entziehen)
12) Man befreite den Patienten vom Gipsverband. (entfernen)
13) Morgen nimmt man die Hülle von dem Denkmal.
14) Den Rebellen nahm man die Waffen weg.
15) Der Orkan riss Bäume aus der Erde. (Passiv)
16) Autoabgase sind sehr giftig. (müssen, Passiv)

1) ....
2) ....
3) ....
4) ....
5) ....
6) ....
7) ....
8) ....
9) ....
10) ....
11) ....
12) ....
13) ....
14) ....
15) ....
16) ....

27- Ergebnis und Wirkung: Vorsilbe er-

Verwenden Sie dazu Verben mit der Vorsilbe er- (z. B. **erfrieren, ergänzen, erhitzen, erleuchten, erneuern, erraten, ersticken**). Ersetzen sie die Subjekte durch Pronomen.

Beispiel: Durch den Unfall **wäre** Herr Langer fast blind **geworden**.
Er wäre fast erblindet.

1) Der Patient ist nach der Narkose wach geworden. ....
2) Die Frau wurde rot im Gesicht. ....
3) Kaltes Wasser macht frisch. ....
4) Geräte machen die Arbeit leichter. ....
5) Seine Besuche machen uns Freunde. ....
6) Die Lösung wurde heiss gemacht. ....
7) Der alte Zaun ist wirklich hässlich. (müssen, Passiv) ....
8) Der Ofen macht das Zimmer warm. ....
9) Sein Haar war früh grau geworden. ....
10) Die Leiche ist schon kalt. ....
11) Die Einwohnerzahl wurde höher. ....
12) Der Lehrer macht uns Regeln klar. ....
13) Die Erbschaft machte sein Studium möglich. ....
14) Der Gefangene wurde bleich. ....
15) Der Blitz machte die Nacht hell. ....
16) Der Patient ist nach der Narkose wach geworden. ....
17) Man kann niemanden zwingen, einen zu lieben. (Liebe lässt...) ....
18) Eine Kerze brachte Licht in die Höhle. ....
19) Der lange Spaziergang hat euch müde gemacht. ....
20) Die Bürokratie macht ihm das Leben schwer. ....
21) Tragen Sie die fehlenden Endungen ein. ....
22) Niemand kam auf das Geheimnis. ....
23) Fast wären sie wegen Luftmangels ums Leben gekommen. ....
24) Durch Kälte sind seine Zehen abgestorben. ....
25) Durch Sparen haben sie genug Geld für ein Häuschen. ....

23- Fehlhandlungen (Handlungen, die unabsichtlich, aus Versehen oder wider Willen geschehen): Vorsilbe ver-

Ergänzen Sie die untenstehenden Sätze mit den Verben **verdrehen, sich verfahren, sich verfliegen, vergessen, sich verhören, sich verlaufen, verlegen, verlieren, verpassen, sich verrechnen, versalzen, sich verschätzen, verschlafen, sich verschreiben, sich verspäten, sich versprechen, verwechseln.**

1) Sagten Sie "im Juni" oder habe ich mich ....?

2) Der Brief sah schrecklich aus, denn ich hatte mich ständig ....

3) Der Geldbeutel war weg; entweder war er gestohlen oder ....

4) Ein Mathematiklehrer sollte sich nicht ....

5) Der Pilot geriet über die Grenze, denn er hatte sich im Nebel ....

6) Eine deutsche Redensart sagt, dass verliebte Köchinnen die Suppe ....

7) Können Sie uns bitte sagen, wie wir zur Autobahn kommen? Wir haben uns nämlich ....

8) Die Feier dauerte bis in die Nacht. Natürlich habe ich heute früh ....

9) Die Begegnung war mir sehr unangenehm, denn ich hatte seinen Namen ....

10) Die Touristen waren ohne Stadtplan losgegangen und hatten sich bald ....

11) Entschuldigen Sie, dass ich Sie angesprochen habe. Ich habe Sie mit Frl. Wagner ....

12) Auf den ersten Blick sah der Mann wie sechzig aus, aber da hatte ich mich gründlich ....

13) Der Bus kam nicht pünktlich, und so haben wir uns um eine halbe Stunde ....

14) Die Kinder wollten ihn ärgern und schlossen, alle Knöpfe am Radio zu ....

15) Können sie mir beim Suchen helfen? Ich habe meine Brille ....

16) Wir mussten im Hotel schlafen, denn wir hatten den letzten Zug ....

17) Der Redner war sehr unkonzentriert und hat sich dauernd ....

24- Weitere Fehlhandlungen

Ergänzen Sie die untenstehenden Sätze mit den Verben **verbauen, verbiegen, verfehlen**, vergiessen, sich verirren, verkennen, verlernen, sich vermessen, verrutschen, versagen, versalzen, versäumen, sich verschieben, verschiessen, verschütten, versehen, verstauchen, verstimmen, sich vertippen, sich verwählen.

1) Erst die Nachwelt schätzte ihn als grossen Dichter; zu Lebzeiten wurde er ....

2) Sie hätten den Antrag bis letzten Freitag stellen sollen; leider haben Sie den Termin ....

3) Wir wollten uns im Bahnhof treffen, haben uns aber leider ....

4) Das Tischtuch hat braune Flecken. Jemand hat Kaffee ....

5) Er hat das Geld nicht absichtlich eingesteckt; es geschah aus ....

6) Alle dachten, der Schütze hätte getroffen, aber er hatte das Ziel knapp ....

7) Bei dem Sprung aus dem Fenster hat sich Ernst den rechten Fuss ....

8) Früher konnte sie gut Stricken; inzwischen hat sie es leider wieder ....

9) Jemand hat an den Saiten der Gitarre gedreht. Sie klingt ....

10) Während des Kurses war er erfolgreich, aber in der Prüfung hat er ....

11) Die von Ihnen angegebenen Masse des Zimmers können nicht stimmen; da haben Sie sich sicher ....

12) Mit seiner falschen Entscheidung, die Stelle in Köln abzulehnen, hat er sich die Zukunft ....

13) Wenn die Krawatte nicht genau in der Mitte hängt, sagt man, sie ist ....

14) Der Chef diktierte so schnell, dass sich die Sekretärin oft ....

15) In vielen Märchen wird erzählt, wie sich Kinder im tiefen Wald ....

16) Der Löffel hatte vorher so eine schöne Form; irgendein Dummkopf hat ihn völlig ....

17) Wir müssen diesen Teppich befestigen, weil er sich immer wieder ....

18) Entschuldigen Sie, ich wollte eine andere Nummer anrufen. Ich habe mich ....

19) Trifft ein Fussballer beim Elfmeter das Tor nicht, sagt man, er hat den Elfmeter ....

25- Das muss anders werden

Formen Sie die unten stehenden Sätze um und verwenden Sie dabei Verben mit der Vorsilbe **ver-**, (z.B. **vereinigen, verfeinern, vernichten, verschärfen, versperren, verstecken, vertiefen**).
Beispiele: Das Fenster ist/war zu klein.   Es muss / musste vergrössert werden.
Wenn Sie die Übung gemacht haben, bilden sie auch Sätze, die einer Empfehlung ausdrücken: Das Fenster müsste vergrössert werden. / Das Fenster hätte vergrössert werden müssen.

1) Die Schnur ist zu lang.

2) Überall auf der Welt lagern noch chemische Waffen.

3) Die Qualität der Ware ist sehr schlecht-.

4) Die Mäntel sind viel zu teuer.

5) Das Tor war zu eng.

6) Die Grube ist zu flach.

7) Das Gesetz ist zu mild.

8) Der Widerstand war zu schwach.

9) Der Urlaub ist zu kurz.

10) Die Fassade ist zu hässlich.

11) Energie wird verschwendet, wenn sie zu wenig kostet.

12) Der Handel mit seltenen Tieren ist immer noch erlaubt.

13) Die beiden Organisationen arbeiten leider noch getrennt.

14) Meine Herren, unsere Firma ist viel zu gross.

15) Die Untersuchungsmethoden waren zu grob.

16) Durch diese Tür kommen immer fremde Leute ins Haus

17) Niemand darf dieses Buch hier sehen.

18) Für die Dia-Schau ist das Zimmer zu hell.

1) ....
2) ....
3) ....
4) ....
5) ....
6) ....
7) ....
8) ....
9) ....
10) ....
11) ....
12) ....
13) ....
14) ....
15) ....
16) ....
17) ....
18) ....

26- Das sollte sich ändern

Beispiel: Das Programm dauert(e) viel zu lange. **Veränderung:** verkürzen
Bilden Sie dann Übungssätze nach folgendem Muster:
a) Man sollte es verkürzen. (es sollte verkürzt werden.)
b) Man hätte es verkürzen sollen. (Es hätte verkürzt werden sollen.)

Einzusetzende Verben: **verdoppeln, verdreifachen, verdunkeln, verdünnen, vereinfachen, vereinheitlichen, verheizen, verlegen, vermindern, veröffentlichen, verpacken, verpflanzen, verringern, verschieben, versetzen, verstaatlichen, verteilen, vervollständigen, (wieder) verwerten.**

Veränderung:

1) Die Ausgaben sind viel zu hoch. ....

2) Die Säure war zu konzentriert. ....

3) Der Inhalt des Vertrags darf auf keinen Fall geheim bleiben. ....

4) Eure Erklärung war ausserordentlich kompliziert. ....

5) Es wäre besser, wenn dieser unfähige Beamte auf einem anderen Posten arbeiten würde. ....

6) Bestimmte Betriebe dürfen nicht mehr im Besitz von Privatleuten sein. ....

7) Das Bäumchen gedieh an dieser Stelle nicht. ....

8) Altmetall ist zu kostbar, um weggeworfen zu werden. ....

9) Es ist ungerecht, wenn einer alle Arbeiten erledigen soll. (auf alle) ....

10) Das Adressenverzeichnis war lückenhaft. ....

11) Die Unterstützung für diese Leute könnte dreimal so hoch sein. ....

12) Es wäre besser gewesen, wenn die geplante Konferenz später stattgefunden hätte. ....

13) In dieser Schachtel gehen die Gläser unterwegs sicher kaputt. (besser) ....

14) Die Strafgesetze in den einzelnen Ländern dürften nicht so unterschiedlich sein. ....

15) In vielen Ländern ist Holz als Brennmaterial viel zu kostbar. (nicht) ....

16) Der Anteil der Frauen in dieser Kommission ist um 50% zu niedrig. ....

27- Das hat sich geändert

Ergänzen Sie die untenstehenden Sätze mit folgenden Verben (Achten Sie bei den Sätzen 5, 8 und 9 besonders auf die richtige Zeit.): **veralten, verarbeiten, verarmen, sich verdunkeln, verfallen, verjagen, verkümmern, verlangsamen, sich verschlechtern, verschliessen, sich verschlimmern, verschmutzen, versenken, versöhnen, verstellen, verstopfen, vertreiben, verwandeln, verwehen, verwesen, verwittern.**

1) Der Name des Toten war kaum zu lesen, denn der alte Grabstein war stark ....
2) Das Mädchen wurde von der Hexe in eine Kröte ....
3) Die wirtschaftliche Lage des Landes hat sich trotz der optimistischen Prognosen weiter ....
4) Der Mord musste vor mehreren Wochen verübt worden sein, denn die Leihe war schon stark ....
5) Am Freitagmorgen verschlief Stefan, weil jemand seinen Wecker ....
6) Diese Methoden waren zu Beginn unseres Jahrhunderts durchaus brauchbar; heute sind sie ....
7) Die Scheiben müssen geputzt werden; sie sind schon ganz ....
8) Der Kranke wurde auf die Intensivstation der Klinik gebracht, da sich sein Zustand ....
9) Bei den Jugendlichen zeigte sich, dass ihre Phantasie durch ständigen Fernsehkonsum ganz ....
10) Von dem Fleisch ist nichts mehr da; man hat es zu Wurst ....
11) Wenn das Wasser so langsam aus der Badewanne fliesst, ist sicher der Abfluss ....
12) Infolge der grossen sozialen Umwälzungen (= grundlegende Veränderung) waren viele ehemals reiche Familien ....
13) An eine Verfolgung der Diebe war nicht zu denken; ein Schneestrum hatte alle Spuren ....
14) Das rasche Tempo des Fortschritts hat sich ....
15) Der Hund hat die Katze von dem Grundstück ....
16) Im Krieg wurden zahllose Schiffe durch Torpedos ....
17) Nach blutigen Auseinandersetzungen haben sich die verfeindeten Volksgruppen wieder ....
18) Früher war er so ein offener Mensch; seit jenem Erlebnis ist er ganz ....
19) Wahrscheinlich kommt ein Gewitter; der Himmel hat sich ....
20) Diese alten Geldscheine musst du bei der Bank umtauschen; sie sind längst ....

28- Auseinanderbewegung: Vorsilbe zer-

Die Vorsilbe zer - bedeutet eine Veränderung eines Ganzen in Teile, eine Bewegung "auseinander".
Setzen Sie in der untenstehenden Übung die folgenden Verben ein: **zerbeissen, zerbrechen, zerdrücken, zerfallen, zerfressen, zergehen, zerkleinern, zerknittern, zerkratzen, zerlegen, zereissen, zerrinnen, zerschellen, sich zerschlagen, zerchneiden, zersetzen, zerstechen, zerstören, sich zerstreiten, sich zerstreuen, zertreten.**

1) Beim Abwaschen ist mir ein schönes Bierglas ....
2) Unsere Hoffnungen haben sich leider ....
3) Anja hat den Brief vor Wut in tausend Fetzen ....
4) Der kleine Junge hat das Foto mit der Schere ....
5) Im Krieg wurden viele Fabriken durch Bomben ....
6) Die Katze hat mir mit ihren Krallen den Arm ....
7) Das Fleisch ist so zart, dass es einem auf der Zunge ....
8) Plutonium ist nicht stabil; aber es dauert Hunderttausende von Jahren, bis es ....
9) Die Motten haben meinen schönen Pelz ....
10) Der Hund hat das Seil mit den Zähnen ....
11) Thomas hat das Gerät in seine Einzelteile ....
12) Durch die Bombe wurde das Auto völlig ....
13) Im Sturm ist das Schiff an den Felsen ....
14) Er hat das Insekt mit dem Fuss ....
15) Durch das Schlangengift wird das Blut ....
16) Die Köchin hat die weichen Kartoffeln mit der Gabel ....
17) Pack nicht zu viel in den Koffer, damit die schönen Kleider nicht völlig ....
18) Die grossen Stücke soll man vor dem Kochen ....
19) Als die Polizei auf dem Platz eintraf, hatte sich die Menschenmenge bereits ....
20) Ich werde schon eine Lösung finden; du brauchst dir nicht den Kopf zu ....
21) Er kratzte sich unaufhörlich; die Mücken hatten ihn ganz ....
22) Die Nachbarn sprechen kein Wort miteinander; sie sind seit Wochen völlig ....
23) Als nach zwei Monaten von seinem Lottogewinn nichts mehr übrig war, sagte .... "
    seine Mutter: "Wie gewonnen, so

29- Verben mit trennbaren und untrennbaren Vorsilben
Teilung, Durchdringung, Vollendung: Vorsilbe durch-

1) Das dünne Brett ist unter seinem Gewicht (durchbrechen) ....

2) Die Idee einer neuen, menschlicheren Pädagogik hat ihn völlig (durchdringen) ....

3) Das Band muss in der Mitte (durchschneiden) ....

4) Wir hatten nur wenig Zeit für das Museum und sind in einer halben Stunde (durchlaufen) ....

5) Du kannst mein Fernglas nehmen; ich habe schon (durchschauen) ....

6) Ich wusste nicht, wo das Kino war, habe mich aber ohne Schwierigkeiten (durchfragen) ....

7) Seid ihr wirklich die ganze Strecke in einem Tag (durchfahren) .... ?

8) Tina hat wie üblich ihren Willen (durchsuchen) ....

9) Das Gebäude wurde nach Waffen (durchsuchen) ....

10) Die Demonstranten haben die polizeiliche Absperrung (durchbrechen) ....

11) Mich kann er nicht täuschen; ich habe seine Pläne (durchschauen) ....

12) Während seines Betriebspraktikums hat der Student alle Abteilungen (durchlaufen) ....

13) Habt ihr im Unterricht schon die unregelmässigen Verben (durchnehmen) .... ?

14) Am Morgen war er mit dem Artikel fertig; er hatte die ganze Nacht (durchschreiben) ....

15) Sie schien ihn mit ihrem Blick (durchbohren) ....

16) Gestern haben wir keine Mittagspause gemacht, sondern (durcharbeiten) ....

17) Ihr Vorhaben ist wirklich gut (durchdenken) ....

18) Er hat in seinem Leben viel Schreckliches (durchmachen) ....

19) Der Arzt bat den Patienten, einige Male käftig (durchatmen) ....

20) Haben Sie schon einmal ein Paar Schuhe in einer Nacht (durchtanzen) ....

30- Überwindung von Zuständen und Grenzen: Vorsilbe durch-

1) An sonnigen Tagen sind die Ausflugslokale am See alle (überfüllen) ....

2) Man wird erst in einigen Wochen in der Lage sein, das viele Material (überblicken) ....

3) Ausser ihm wurden alle nach ihrer Meinung gefragt, und er fühlte sich (übergehen) ....

4) Das verdächtige Lokal wird schon seit längerem von der Polizei (überwachen) ....

5) Der Fischer versprach den Fremden, sie noch am selben Tag ans andere Ufer (übersetzen) ....

6) Alfons sieht erschöpft aus; der konservativen in die liberale Partei (übertreten) ....

7) Keiner kann ihn davon abhalten, aus der konservativen in die liberale Partei (übertreten) ....

8) Der Professor bat den Studenten, einige Teile seiner Dissertation (überarbeiten) ....

9) Es ist gar nicht möglich, Gisela mit ihren roten Haaren (übersehen) ....

10) Gemäss dem Kaufvertrag ist das Haus in seinen Besitz (übergehen) ....

11) Die Meuterei hatte sich rasch ausgebreitet und auf andere Truppenteile (übergreifen) ....

12) Ich hatte vergessen, den Herd abzuschalten, und die Milch war (überlaufen) ....

13) Der Roman des kolumbianischen Schriftstellers wurde in zahlreiche Sprachen (übersetzen) ....

14) Die Rechnung war so hoch, dass er gezwungen war, sein Bankkonto (überziehen) ....

15) Wenn ein Soldat die Front gewechselt hat, sagt man, er ist zum Feind (überlaufen) ....

16) Haben sie das Rundfunkkonzert auf Cassette (überspielen) .... ?

17) Beim Lesen des Briefs hatte er vor Ungeduld ständig Zeilen (überspringen) ....

18) Das Ergebnis hat unsere Erwartungen weit (übertreffen) ....

19) Ich rate Ihnen, sich vor der Fahrt etwas Wollenes (überziehen) ....

20) Mit 23 Jahren hat er das elterliche Geschäft (übernehmen) ....

31- Umfassende Bewegung und Veränderung: Vorsilbe um-

1) Der Radfahrer bremste sehr spät und hätte den Fussgänger fast (umfahren) ....
2) Die Präsidentin wurde von Mitgliedern ihrer eigenen Leibwache (umbringen) ....
3) Der Schmuggler versuchte, die scharfen Grenzkontrollen (umgehen) ....
4) Das Raumschiff hat die Erde inzwischen über hundertmal (umkreisen) ....
5) Der Fotograf bat das Modell, sich (umdrehen) ....
6) Der Forscher beschloss, die Insel nicht zu betreten, sondern sie erst einmal (umfahren) ....
7) Versuchen Sie, das Fremdwort mit anderen Worten (umschreiben) ....
8) Unter dem neuen Chef begann die Firma, ihre Produktion auf modische Artikel (umstellen) ....
9) Zum Abschied hatten sie sich lange (umarmen) ....
10) Auf Anordnung des Staatschefs wurden die Todesurteile in Haftstrafen (umwandeln) ....
11) Als Lehrer müsste er die Fähigkeit besitzen, mit Jugendlichen (umgehen) ....
12) Für eine Flucht war es zu spät; sein Versteck war von allen Stein (umstellen) ....
13) Da der Brief zu unhöflich klang, hat ihn Hans noch einmal (umschreiben) ....
14) Der Garten war von einem Holzzaun (umgeben) ....
15) Kaum hatte der Sänger die Bühne verlassen, war er von Autogrammjägern (umringen) ....
16) Der Kanzler hat das Kabinett (umbilden) ....
17) Der Direktor erinnerte daran, dass die Bibliothek vor dem Krieg eine Million Bände (umfassen) ....
18) Beim Aufstehen hat sie ein volles Glas (umstossen) ....
19) Es ist gar nicht so leicht, Lira in Mark (umrechnen) ....
20) Der Verletzte merkte nicht, dass ihn zahlreiche Neugierige (umstehen) ....
21) Als erstes begann Kristina, die Bilder im Zimmer nach ihrem Geschmack (umhängen) ....
22) Ein heftiger Sturm hatte das Festzelt (umreissen) ....
23) So kurz vor dem Ziel hatte niemand Lust (umkehren) ....

32- Behinderung und Unterordnung: Vorsilbe unter-

1) Wir sassen noch auf dem Balkon, als die Sonne längst (untergehen) ....
2) Er wagte nicht, das Gespräch seiner Gäste (unterbrechen) ....
3) Alle Adjektive im Text sollen von den Schülern (unterstreichen) ....
4) Bis Sie ein Zimmer finden, will ich versuchen, Sie bei Verwandten (unterbringen) ....
5) Die Sitzbank war sehr hart, und so haben wir der alten Frau ein Kissen (unterschieben) ....
6) Sie ist ein unabhängiger Mensch, und es fällt ihr schwer, sich (unterordnen) ....
7) In Diktaturen wird jede Art der freien Meinungsäusserung (unterdrücken) ....
8) Er hofft, nach Abschluss der Lehre bei einer Elektronikfirma (unterkommen) ....
9) Trotz ihrer Hilferufe gelang es dem Taschendieb, in der Menge (untertauchen) ....
10) Bei dieser schwachen Beleuchtung ist es unmöglich, die Gegenstände (unterscheiden) ....
11) Der Schwimmer merkte zu seinem Schrecken, dass er die Entfernung zum Ufer (unterschätzen) ....
12) Der Redner hatte die Zuhörer gebeten, Zwischenrufe (unterlassen) ....
13) Schon fielen die ersten Tropfen, und sie lief rasch zu der Buche, um (sich unterstellen) ....
14) Als erstes fiel der jungen Frau auf, dass die seltsame Karte nicht (unterschreiben) ....
15) Bei der Bedienung des Geräts war dem Ingenieur ein schwerer Fehler (untersuchen) ....
16) Im Labor wurde die unbekannte Substanz auf ihre Zusammensetzung (untersuchen) ....
17) Hätten Sie nicht Lust, Ihre Muttersprache (unterrichten) .... ?
18) Zum Glück ist er in einer kleinen Pension (unterkommen) ....
19) Um die teure Wohnung halten zu können, hat sie ein Zimmer (untervermieten) ....
20) Hattet ihr Gelegenheit, euch über die Ausstellung (unterhalten) .... ?
21) In der freien Wirtschaft versuchen Billiggeschäfte, einander im Preis (unterbieten) ....
22) Man riet dem Patienten, sich einer psychiatrischen Behandlung (unterziehen) ....

33- Feste Nomen - Verb - Verbindungen

Setzen Sie in den folgenden Übungen die Verben **bringen, führen, gehen, kommen, leisten, machen, nehmen, stellen, treiben oder wissen** ein. Der Ausdruck in Klammern stellt jeweils die Bedeutung der folgenden festen Verbindung vor.

Beispiel: (etwas gerne tun) **Zwinge ihn nicht mitzugehen, wenn er keine Lust hat.**

1) (ausgeschlossen sein) Als Partner für uns dürfte **Fa**. Auer kaum in Frage... ....

2) (sich erfüllen) Else ist so naiv zu glauben, all ihre Wünsche würden in Erfüllung... ....

3) (zu arbeiten beginnen) Die Feier war so schön, dass keiner Lust hatte, wieder an die Arbeit zu... ....

4) (kontrollieren) Durch den Einsatz der Armee versucht die Regierung, die Insel unter ihre Kontrolle zu... ....

5) (sich mit Sport beschäftigen) In seiner Jugend hat er viel Sport... ....

6) (informiert sein) Hör gut zu, damit du morgen Bescheid... ....

7) (beeindrucken) Mit solchen Argumenten werden sie auf die Jugend kaum Eindruck... ....

8) (beginnen) Der Ingenieur will nun das Projekt in Angriff... ....

9) (miteinander handeln) Viele können nicht verstehen, dass politisch verfeindete Staaten miteinander Handel... ....

10) (beantragen) Der Student hat einen Antrag auf ein Stipendium... ....

11) (kennenlernen) Ich würde gern die Bekanntschaft von Frau Pohl... ....

12) (enden) Unser Ausflug hätte fast ein tragisches Ende... ....

13) (unsicher, zweifelhaft machen) Durch sein Nein hat er den ganzen Plan in Frage... ....

14) (helfen) Die Teilnehmer des Kurses sollen lernen, wie man nach Unfällen Erste Hilfe... ....

15) (sich unterhalten) Die Minister haben ein längeres Gespräch unter vier Augen... ....

34- Feste Nomen - Verb - Verbindungen

Setzen Sie in der folgenden Übung die Verben **gehen, geraten, halten, kommen, legen, machen, nehmen, schliessen, sein, setzen, spielen, stehen** oder **stellen** ein!

1) (eine andere Meinung haben) Es ist bekannt, dass die Parteiführung in dieser Frage auf einem ganz anderen Standpunkt... ....

2) (für wichtig halten) Vergessen sie nicht, dass der neue Chef auf Pünktlichkeit allergrössten Wert... .... !

3) (schweigen) Niemand darf von der Sache erfahren, und ich hoffe, dass auch du deinen Mund... ....

4) (suchen) Abends merkte er, dass die Katze weg war, doch es war schon zu spät, sich auf die Suche zu... ....

5) (modern werden) Wirf den alten Rock nicht weg! Er wird sicher wieder einmal in Mode... ....

6) (in eine schwierige Lage kommen) Die Familie des Künstlers war ohne eigene Schuld in bittere Not... ....

7) (nicht wichtig sein) Er hat schon wieder ein neues Auto! Geld scheint bei ihm keine Rolle zu... ....

8) (sich verabschieden) Der Zug stand da, und wir mußten Abschied... ....

9) (Kontakt aufnehmen) Sie müssen sich mit dem zuständigen Beamten in Verbindung... ....

10) (losgehen, weggehen) Er hielt sich bei Familie Menzel nicht lange auf, denn er wollte sich gleich auf den Weg... ....

11) (sich an etwas / jemandem orientieren) Dein Bruder lässt sich nicht aus der Ruhe bringen. Du könntest dir an ihm ein Beispiel... ....

12) (der nächste sein) Wissen Sie zufällig, wer jetzt an die Reihe... .... ?

13) (Freunde werden) Die beiden Jungen hatten sofort Freundschaft... ....

14) (lästig, unangenehm sein) Sie haben keine Ahnung, wie mir manche Übungen auf die Nerven... ....

15) (geboren werden) Ich weiss von ihm nur, dass er in Wien zur Welt... ....

16) (nicht sprechen lassen) Die Meinung von Herrn Knaus erfuhren wir leider nicht, denn man liess ihn einfach nicht zu Wort... ....

35- Feste Nomen - Verb - Verbindungen

Setzen Sie in den folgenden Übungen die Verben **ausüben, ergreifen, erheben, erleiden, fassen, geraten, machen, nehmen, stellen, treffen** oder **werfen** ein!

1) (verlieren) Man rechnet damit, dass die Eishockeymannschaft in ihrem morgigen Spiel eine Niederlage... ....

2) (anfangen zu brennen) Bei dem Feuer waren auch Lagerhäuser in Brand... ....

3) (für sich verwenden) Ich möchte Ihre Zeit nicht länger in Anspruch... ....

4) (sich entscheiden) Das Parlament hat in dieser Frage einen Beschluss... ....

5) (fast versprechen) Dem Wissenschaftler wurde eine längerfristige staatliche Unterstützung in Aussicht... ....

6) (da sein) Sie wissen ja, dass ich Ihnen für Fragen jederzeit zur Verfügung... ....

7) (sich nicht beeilen) Dr. Wolf ist ein Arzt, der sich für jeden Patienten Zeit... ....

8) (sich für einen Beruf entscheiden) Sie wollte Schauspielerin werden, doch ihre Eltern warnten sie davor, diesen Beruf zu... ....

9) (sich entscheiden) Der Senat hat nach längerer Diskussion eine Entscheidung... ....

10) (anklagen) Im Mordfall XY wurde jetzt gegen zwei Verdächtige Anklage... ....

11) (offiziell eröffnen) Das neue Heizkraftwerk wurde gestern offziell in Betrieb... ....

12) (hinsehen) Sie stellte sich auf Zehenspitzen, um einen Blick durch das geöffnete Fenster zu... ....

13) (sich in eine Richtung bewegen) Man beobachtete, dass das Flugzeug nach dem Start Kurs auf Berlin... ....

14) (sich vorbereiten) Man begann, Vorbereitungen für die Landung der Raumfähre zu... ....

15) (etwas zu tun geben) Von Tag zu Tag wurden den Schülern schwierigere Aufgaben... ....

16) (sich sorgen) Ich schaffe das; um mich braucht ihr euch keine Sorgen zu... ....

17) (mit der Arbeit aufhören) Wir haben heute genug gearbeitet; ich finde, wir sollten Feierabend... ....

36- Feste Nomen - Verb - Verbindungen

In dem Fall setzen Sie in der folgenden Übung die Verben **aufnehmen, ausüben, bieten, sich ergeben, gelangen, herrschen, kommen, leisten, nehmen, tragen, treffen, streben, üben, sich versetzen, werden** oder **ziehen** ein!

1) (möglich sein) Er musste sie jetzt fragen, denn er wusste nicht, ob sich später .... eine Gelegenheit ....

2) (Geld leihen) Zur Finanzierung des Hausbaus musste er bei der Bank .... einen Kredit ....

3) (sich vorstellen, man wäre ein anderer)
Du wirst mich erst verstehen, wenn du dich.........in meine Lage ....

4) (Wählen) alle Angebote sind günstig, und es ist schwer, ... eine Auswahl zu ....

5) (aufhören zu funktionieren) Der Verkehr war wegen der starken Schneefälle völlig .... zum Erliegen ....

6) (mit jemandem zusammen sein) Wir haben beide denselben Weg. Darf ich Ihnen .... Gesellschaft ....

7) (fehlen) Karitative Organisationen helfen immer dort, wo................ Mangel ....

8) (die Folgen einer Handlung tragen) Der Minister war wegen eines Skandals zurückgetreten und hatte damit .... die Konsequenzen ....

9) (bezahlen) Der Zaun muss repariert werden. Wer wird dafür............. die Kosten ....

10) (gültig werden) Man rechnet damit, dass das neue Gesetz mit Jahresbeginn .... in Kraft ....

11) (zu etwas zwingen wollen) Totalitäre Regimes versuchen, auf Schriftsteller .... Druck ....

12) (kritisieren) Es war uns unverständlich, dass niemand an seiner Kandidatur .... Kritik ....

13) (immer mehr belasten) Die vielen Verpflichtungen in der Firma waren ihr ....zur Last ....

14) (etwas akzeptieren) Die Kurse sind so gut, dass ich die hohen Kursgebühren gern .... in Kauf ....

37- Feste Nomen - Verb, Verbindungen X

Setzen Sie in der folgenden Übung die Verben begehen, **bestehen, bringen, ergeben, ergreifen, erweisen, geraten, kommen, leisten, nehmen, schenken, schöpfen, stossen, treffen, treten, übernehmen** oder **verüben** ein!

1) (kritisiert werden) Die Verteuerung des Benzins ist bei den Autofahrern... auf Kritik ....
2) (achten, respektieren) Die Verkehrsteilnehmer sollten aufeinander mehr... Rücksicht ....
3) (über etwas zu sprechen beginnen) bei der Versammlung wurde auch die Finanzlage des Vereins... zur Sprache ....
4) (etwas kriminelles tun) Die Polizei befürchtet, dass der entflohene Häftling wieder... ein Verbrechen ....
5) (handeln, um einen bestimmten Zweck zu erreichen) Angesichts der Wohnungsnot hat die Regierung drastische... Massnahmen ....
6) (einen Streik beginnen) Gestern sind die Metallarbeiter in mehreren Betrieben... in Streik ....
7) (verantwortlich sein) Man suchte einen Projektleiter, doch kein Mitarbeiter wollte... die Verantwortung ....
8) (seine Meinung sagen) Der Direktor wollte zu dem Vorschlag nicht sofort... Stellung ....
9) (aufmerksam werden) Die Putzfrau stahl so geschickt, dass der Chef lange Zeit keinen... Verdacht ....
10) (vergessen werden) Es wird berichtet, dass J. S. Bach nach seinem Tod zunächst... in Vergessenheit ....
11) (möglich werden) Warten Sie mit dem Gespräch, bis sich... eine Möglichkeit ....
12) (helfen) Mit ihrer Hilfe haben mir diese lieben Leute... einen Dienst ....
13) (vertrauen) Sie ist so ein Mensch, der jedem Unbekannten sofort... Vertrauen ....
14) (sich wehren) Der Räuber wurde festgenommen, obwohl er heftigen... Widerstand ....
15) (zusammenhängen) Man vermutet, dass zwischen den beiden Vorfällen... ein Zusammenhang ....
16) (nicht zunehmen) Die wirtschaftliche Entwicklung ist wegen der Inflation fast... zum Stillstand ....

38- Feste Nomen - Verb, Verbindungen

Setzen Sie in der folgenden Übung die Verben **aufbringen, aufnehmen, sich begeben, ergreifen, erregen, erringen, erstatten, fällen, fassen, finden, leisten, melden, nehmen, schenken, schliessen, stellen, treffen** oder **ziehen** ein!

1) (richterlich entscheiden) Gestern wurde in dem Prozess das Urteil ....
2) (mit der Arbeit beginnen) Am kommenden Montag wird die Kommission ihre Tätigkeit ....
3) (fliehen, flüchten) Beim Anblick der Touristen hatten die scheuen Tiere die Flucht ....
4) (stark auffallen) Der Konkurs der Firma hat grosses Aufsehen ....
5) (zum Arzt gehen) Der Verletzte mußte sich in ärztliche Behandlungen ....
6) (als Möglichkeit überlegen) Er hat einen Umzug nach Oslo in Erwägung ....
7) (vor Gericht schwören) Der Zeuge weigerte sich. einen Eid zu ....
8) (sich versöhnen) Die verfeindeten Volksgruppen wollen Frieden ....
9) (als positiv empfinden) Wer weiss, ob Eva an dem Kollegen Gefallen ....
10) (siegen) Im Endspiel hatten die jugoslawischen Handballer einen Sieg ....
11) (durch einen Trick überlisten) Um ihm auf die Schliche zu kommen, mußt du ihm eine Falle ....
12) (verstehen) Ich kann für sein seltsames Verhalten beim besten Willen kein Verständnis ....
13) (den Arm heben, um etwas zu sagen) Wenn du etwas sagen möchtest, mußt du dich zu Wort ....
14) (auswählen) Das Angebot in Buchläden ist so umfangreich, dass es schwer ist, eine Auswahl zu ....
15) (beachten) Es klingelte, doch niemand wollte davon Notiz ....
16) (optimistisch sein) Nach einem Misserfolg sollte man nicht aufgeben, sondern wieder Mut ....
17) (glauben) Niemand wollte den merkwürdigen Berichten des Reisenden Glauben ....
18) (der Polizei melden) Der Bestohlene wollte sofort Anzeige ....

39- Grundbedeutungen von Modalverben!

Ersetzen Sie die kursiv gedruckten Satzteile durch Ausdrücke mit Modalverben!
Beispiel: Er war nicht imstande, das zu begreifen.
  Er **konnte** das nicht **begreifen.**

1) **Ist es nötig**, dass ich die Möbel schon hinaustrage?
2) **Hast du jetzt wirklich noch Lust auf** einen Spaziergang?
3) **Jeder hat das Recht**, sich seinen Wohnort zu wählen.
4) **Es ist notwendig, dass** man den Motor überprüft.
5) **Wären Sie in der Lage**, diese Summe aufzubringen? (Geld usw. Zusammenbringen, herbeischafen)
6) Maria **weigerte sich immer**, sich fotografieren zu lassen.
7) **Wir werden wohl gezwungen sein**, einen Anwalt zu nehmen.
8) **War es unumgänglich**, den Sender zu nennen? (Passiv)
9) Jeder bemerkt **seine Konzentraitionsschwäche** (dass)
10) **Er hatte keine Neigung**, auf fremde Ratschläge zu hören.
11) **Uns blieb nichts anderes übrig**, als zurückzufahren.
12) **Er war sogar ausserstande**, den Löffel zu halten.
13) Nach vier Jahren **gab man ihm die Ausreiseerlaubnis.**
14) **Es ist vorgeschrieben, dass** man das Gefäss verschliesst.

1) ....
2) ....
3) ....
4) ....
5) ....
6) ....
7) ....
8) ....
9) ....
10) ....
11) ....
12) ....
13) ....
14) ....

40- Grundbedeutungen von Modalverben

1) Er war gerade dabei, zu Bett zu gehen, da klingelte es.
2) Es ist gefährlich, mit der Operation länger zu warten.
3) Das fünfte Gebot verbietet, dass du tötest. (Bibelsprache)
4) Er wusste sich in jeder Lage zu helfen.
5) Es wäre jetzt dumm von dir aufzugeben (Du...)
6) Er will, dass es seine Kinder einmal leichter haben als er.
7) Man hat die Pflicht, Bedürftige zu unterstützen.
8) Waren so genaue Kontrollen wirklich erforderlich? (man)
9) Wir müssen alles tun, damit sich so ein Unglück nicht wiederholt.
10) Nur Mitgliedern ist es gestattet, die Räume zu betreten.
11) Wir waren einfach am Ende unserer Kräfte.
12) Wie wäre es, wenn Sie uns mal wieder besuchten?
13) Es besteht keine Notwendigkeit, das Finanzamt zu unterrichten.
14) Er trägt sich mit dem Gedanken, einen Verein zu gründen.
15) Man kann gar nicht anders, als sie in die Arme zu nehmen.
16) Der Chef bittet dich, zu ihm zu kommen. (Du...)
17) Erlauben Sie, dass ich Sie ein Stück begleite?
18) Er ist nicht bereit, auf das Erbe je zu verzichten.
19) Wenn man ihm zusieht, lacht man, ob man will oder nicht.
20) Niemand hat das Recht, anderen Leuten Vorschriften zu machen.
21) Sie hatte schon immer den Wunsch nach Kindern.

1) ....
2) ....
3) ....
4) ....
5) ....
6) ....
7) ....
8) ....
9) ....
10) ....
11) ....
12) ....
13) ....
14) ....
15) ....
16) ....
17) ....
18) ....
19) ....
20) ....
21) ....

41- Grundbedeutungen von Modalverben

Ersetzen Sie in den folgenden Sätzen die Modalverben durch andere Ausdrücke!
Beispiel: Man **konnte** ihn überreden. **Es war unmöglich**, ihn **zu** überreden.
Sie **müssen** sich an den Vertrag halten. Sie sind **verplichtet**, sich an den Vertrag **zu** halten.

1) Morgen könntest du mit dem Stadtrat sprechen.
2) Er kann perfekt Arabisch. (fliessend)
3) Das Geld war verbraucht, und er mußte Kredite aufnehmen.
4) Eltern müssen ihre Kinder zur Schule schicken.
5) Dieses Gerät muß gut gepflegt werden (Pflege)
6) Ich will nicht dauernd dieses Gejammer hören. (Lust)
7) Österreich will das Kulturabkommen mit Japan verlängern.
8) Dieter hat sich nie bessern wollen. (Wille)
9) Jeder Staatsbürger darf sich frei informieren.
10) Darüber darf ich Ihnen keine Auskunft geben.
11) Welche Getränke darf ich Ihnen anbieten? (trinken)
12) Darf ich meinen Freund mitbringen? (dagegen haben)
13) Die Kinder durften nicht in der Garage spielen.
14) Ihr sollt zum Direktor kommen. (sprechen)
15) Soll ich heute noch damit anfangen? (erwarten)
16) Der neue Minister soll den Umweltschutz verbessern. (Aufgabe)
17) Sie möchten bitte Herrn Stiehler anrufen.
18) Heute abend möchte ich tanzen gehen.
19) Das Mädchen möchte später einmal Kosmetikerin werden.

1) ....
2) ....
3) ....
4) ....
5) ....
6) ....
7) ....
8) ....
9) ....
10) ....
11) ....
12) ....
13) ....
14) ....
15) ....
16) ....
17) ....
18) ....
19) ....

42- Wie sag ich's mit Modalverb?

Ersetzen Sie die kursiv gedruckten Satzteile durch Ausdrücke mit Modalverben!

1) Der Kerl ist verrückt; *es gibt keine andere Möglichkeit*.
2) *Zweifellos* mochte sie ihn.
3) *Es ist unmöglich*, dass ich mich verlesen habe.
4) Petro versichert, dass sie von ihm *nie eingeladen worden ist*.
5) *Ich empfehle dir*, dass du dich dort mal vorstellst.
6) *Presseberichten zufolge* wurde der Verurteilte begnadigt.
7) *Aller Wahrscheinlichkeit nach* schmuggelten sie Schnaps.
8) *Es ist unwahrscheinlich*, dass er Herrn Haderlein noch zu Hause angetroffen hat.
9) *Es heisst*, dass der Vorsitzende nächste Woche zurücktritt.
10) *Man schätzt* das Alter des Knochens auf 40 000 Jahre.
11) *Er sagt von sich*, dass er der beste Arzt der Stadt sei.
12) *Es ist nicht nötig*, dass Sie mich abholen.
13) *Für Sie als Mutter wäre es gut*, wenn Sie das wüssten.
14) *Es ist anzunehmen*, dass Heinz alles vorbereitete.
15) *Wer anders wäre imstande gewesen*, das Baby zu retten?
16) *Offenbar* ist die Pflanze vertrocknet.
17) Diese Tiere brauchen eine gute *Pflege*. (pflegen)
18) Sie läßt dir sagen, dass sie deinen Anruf erwartet.
19) Mein Nachbar war immer ein schlechter *Rechner*. (rechnen)
20) Hast du viel zu tun gehabt?
21) Firmen sind verpflichtet, mangelhafte Ware umzutauschen.

1) ....
2) ....
3) ....
4) ....
5) ....
6) ....
7) ....
8) ....
9) ....
10) ....
11) ....
12) ....
13) ....
14) ....
15) ....
16) ....
17) ....
18) ....
19) ....
20) ....
21) ....

43- Wie sag ich's mit Modalverb?

1) Was ist damals wohl passiert?
2) Es würde sich lohnen, diese Gelegenheit zu nutzen. (man)
3) War es denkbar, dass sie sich in Markus getäuscht hatte.
4) Es ist uns völlig egal, wo er jetzt hinfährt.
5) Vielleicht ist er wirklich ein hervorragender Wissenschaftler (doch von Politik versteht er nichts).
6) Jeder behauptet, er sei es nicht gewesen (niemand)
7) Es wäre nicht falsch, wenn du als erster da wärest.
8) Man könnte eigentlich erwarten, dass sie Bescheid weiss.
9) Es ist damit zu rechnen, dass er jeden Moment erscheint.
10) An wen denkt er jetzt wohl?
11) Ich wüßte zu gern, was in dem Päckchen war. (Was...)
12) Es hätte dir nicht geschadet, wenn du den Rasen gemäht hättest.
13) Man muß das Gerät abschalten, wenn der Druck steigt.
14) Unter Umständen ist der Täter ein Familienmitglied.
15) Ich wünsche ihr, dass sie mit diesem Kerl glücklich wird.
16) Das Schicksal bestimmte, dass er diese Frau nie wiedersah.
17) Es sieht nach Regen aus. (bald)
18) Und wenn sie noch so klug ist - erraten wird sie es nie.
19) Ich würde es für richtig halten, wenn er sich bei dir entschuldigte.
20) Es wäre schön, so viel Urlaub wie Sie zu haben.
21) Die Nachbarin behauptet, dass sie den Betrag sofort überwiesen hat.

1) ....
2) ....
3) ....
4) ....
5) ....
6) ....
7) ....
8) ....
9) ....
10) ....
11) ....
12) ....
13) ....
14) ....
15) ....
16) ....
17) ....
18) ....
19) ....
20) ....
21) ....

44- Wie sag ich's ohne Modalverb?

Ersetzen Sie in den folgenden Sätzen die Modalverben durch andere Ausdrücke! Verwenden Sie in Satz 12 und 16 andere Modalverben!

1) Leider kann ich dir so eine hohe Summe nicht leihen.
2) Das hättest du nicht tun dürfen. (besser)
3) Zu diesem Essen sollten Sie trockenen Weisswein trinken.
4) Die Gruppe soll vom Papst empfangen worden sein. (Zeitung)
5) Sie müssten sich mal bei einem Fachmann erkundigen.
6) Darf man hier rauchen?
7) Sie müssen nicht wegen weder Kleinigkeit anrufen.
8) Gustav könnte uns geschrieben haben.
9) Die Reisekosten dürften etwa 3000 Mark betragen. (Reise)
10) Felix soll sich einen Computer gemietet haben. (hören)
11) Der Motor will und will nicht anspringen.
12) Die Presse darf von unserem Geschäft nichts erfahren. (verhindern)
13) Sie möchten um fünf Uhr Herrn Schulz anrufen. (bitten)
14) Sie könnte so eine anstrengende Tour nicht machen.
15) Sollte er sich etwa verrechnet haben? (möglich)
16) Diese Arznei darf auf keinen Fall in Kinderhände kommen. (schützen)
17) Klaus war pleite, und wir mussten für ihn zahlen. (übrigbleiben)
18) Das Kind durfte nicht in fremde Autos steigen.
19) Er kann nicht der Dieb gewesen sein. (ausgeschlossen)

1) ....
2) ....
3) ....
4) ....
5) ....
6) ....
7) ....
8) ....
9) ....
10) ....
11) ....
12) ....
13) ....
14) ....
15) ....
16) ....
17) ....
18) ....
19) ....

45- Wie sag ich's ohne Modalverb?

Verwenden Sie in Satz 10 ein anderes Modalverb!

1) Ich kann wirklich nichts dafür. (schuld)
2) Die beiden müssen sich gekannt haben.
3) Du könntest ruhig etwas im Garten arbeiten, (nicht schaden)
4) Margarete will dreimal in Amerika gewesen sein.
5) Herr Seidl, Sie sollen sich bitte sofort melden! (auffordern; Passiv)
6) Mag er doch von mir halten, was er will. (egal)
7) Ihre plötzliche Absage will mir einfach nicht in den Kopf. (begreifen, dass...)
8) Solltest du am Samstag Zeit haben, ruf mich an!
9) Eduard müßte bei dem Gespräch unbedingt dabei sein.
10) Dieser Plan will gut überlegt sein. (man)
11) Was soll die ganze Aufregung? (Leute)
12) Sie müssen nicht glauben, dass ich böse auf Sie bin.
13) Der Mann mochte etwa 50 Jahre alt sein. (Schätzung)
14) Es sollte mich wundern, wenn sie heute schon käme.
15) Sie mag eine gute Ärztin sein, trotzdem ist sie mir unsympathisch. (bestreiten)
16) Woran mochte er jetzt denken? (wohl)
17) In der Fabrik darf ab 1.7. sonntags gearbeitet werden. (Behörde, Sonntagsarbeit)
18) Da kann man nichts machen.
19) Von einer Heirat will sie nichts wissen. (denken)
20) Ich wollte, er wäre schon da. (schön)

1) ....
2) ....
3) ....
4) ....
5) ....
6) ....
7) ....
8) ....
9) ....
10) ....
11) ....
12) ....
13) ....
14) ....
15) ....
16) ....
17) ....
18) ....
19) ....
20) ....

46- Kausale und konsekutive Satzverbindungen

Beispiel: Ich verstand fast nichts, denn die Stimme war sehr leise. (so..., dass)
Die Stimme war **so** leise, **dass** ich fast nichts verstand.
Wenn die Stimme lauter **gewesen wäre**, **hätte** ich mehr verstanden).

1) Das Interesse der Hörer an der Sendung ist sehr gross; vor allem deshalb plant man eine Wiederholung. (zumal)
2) Einer allein kann die Aufgabe nicht bewältigen, denn sie ist zu umfangreich. (so..., dass)
3) Herr Moser hat Anspruch auf eine Altersrente, weil er 65 Jahre alt ist. (somit)
4) Wir sind doch gute Freunde; warum also soll Philipp nicht mitfahren? (Warum...; wo... doch)
5) Arthur halte einen zu grossen Vorsprung, als dass wir ihn hätten einholen können. (denn)
6) Die Innenstadt war für den Verkehr gesperrt; deshalb mussten wir zu Fuss weitergehen. (weshalb)
7) Ich verstehe von Ökologie sehr wenig, weshalb ich das Problem auch nicht beurteilen kann. (zu..., als dass)
8) Diese Methoden sind schon so veraltet, dass sie nicht mehr angewendet werden. (nämlich)
9) Das Kind freut sich schon lange auf ein Rad; daher müssen wir ihm zum Geburtstag eins schenken. (wo.. doch)
10) Der Staat ist von einer Wirtschaftskrise betroffen; aus diesem Grund ist der Erfolg dieser Firma besonders erstaunlich. (um so..., als)

1) ....
2) ....
3) ....
4) ....
5) ....
6) ....
7) ....
8) ....
9) ....
10) ....

47- Kausale und konsekutive Satzverbindungen

1) Ich kann mir heute keinen Vortrag mehr anhören, denn ich bin sehr müde. (zu..., um... zu)
2) Die Nachricht kam um so überraschender, als der Chef zunächst Verkaufsabsichten bestritten hatte. (daher)
3) Da Katharina zu wenig Mehl hatte, konnte sie keine zweite Torte backen. (genug; um... zu)
4) Der Hund zitterte am ganzen Körper, weil er grosse Angst hatte (solch -..., dass)
5) Der Anwalt ist morgen leider verhindert; infolgedessen muß der Termin auf übermorgen verlegt werden. (nämlich)
6) Diana ist kein Kind mehr und will daher auch nicht mehr mit Puppen spielen. (zu alt)
7) Seine Erkrankung ist ausserordentlich beunruhigend; er war nämlich sein Leben lang gesund. (um so..., als)
8) Jürgen wird mit weniger Geld auskommen, zumal er sehr sparsam ist. (daher)
9) Herr Kolbe ist der neue Vorsitzende; er hat nämlich bei der Wahl 65% der Stimmen erhalten. (somit)
10) Durch Rufen konnten sie sich nicht verständigen, weil die Entfernung zu gross war. (so..., dass)
11) Ich nehme das Angebot an, denn es ist ausserordentlich günstig. (zu..., als dass; ablehnen)

1) ....
2) ....
3) ....
4) ....
5) ....
6) ....
7) ....
8) ....
9) ....
10) ....
11) ....

48- Konditionale Satzverbindungen

Verbinden Sie die Sätze mit folgenden Konjunktionen! a) wenn (oder falls), b) es sei denn, (dass), c)vorausgesetzt, (dass) und d) mit dem Modalverb "sollen" Die Abkürzung "Bed" bedeutet Bedingung.

Beispiel: Er muß den Schaden selbst bezahlen.
Bed: Er ist nicht versichert. (a - d)

a) Wenn/Falls er nicht versichert ist, muß er den Schaden selbst bezahlen.
b) Er muß den Schaden selbst bezahlen, es sei denn, er ist versichert. /... es sei denn, dass er versichert ist.
c) Er muß den Schaden nicht selbst bezahlen. Vorausgesetzt, er ist versichert. /... vorausgesetzt, dass er versichert ist.
d) Sollte er nicht versichert sein, so / dann muß er den Schaden selbst bezahlen.

1) Hedwig ist um 7 Uhr da.
   Bed: Es kommt nichts dazwischen.
   (a-c)
2) Es muß mit Wasser gespart werden.
   Bed: Die Trockenheit hält an.
   (a. b / bald regnen, d)
3) Es ist jetzt fünf vor acht.
   Bed: Meine Uhr geht richtig. (a-c)
4) Wir fahren mit dem Wagen zur Arbeit.
   Bed: Die Busfahrer streiken auch morgen noch. (a, b / abbrechen, d)
5) Wir kommen um sechs Uhr in Salzburg an.

1   a)..
    b)..
    c)..

2   a)..
    b)..
    d)..

3   a)..
    b)..
    c)..

4   a)..
    b)..
    d)..

5   a)..
    b)..
    c)..

49- Konditionale Satzverbindungen

1) Sofern es keine bessere Verbindung gibt, fahre ich mit dem 8-Uhr-Zug. (es sei denn)

2) Die Veranstaltung kann stattfinden, es sei den, wir bekommen den Saal nicht. (Hoffentlich..; andernfalls)

3) Wenn Nicole häufiger Deutsch spricht, wird sie die Sprache auch schneller beherrschen. (Je..., um so)

4) Sie müssen sofort die Versicherung verständigen, falls Ihr Hund einen Unfall verursacht. (Gesetzt den Fall...)

5) Wenn Frau Reichert nicht schriftlich eingeladen wird, will sie nicht kommen. (müssen, sonst)

6) Das Urteil ist rechtskräftig, es sei denn, der Verurteilte legt Widerspruch ein. (Sofern...)

7) Angenommen, man hätte keinen Hubschrauber gehabt; wie hätte man die Bergsteiger retten können? (wenn)

8) Volker muß auf den Ausflug verzichten, es sei denn, er findet seinen Paß doch noch. (Wenn...)

9) Sollte der Sturm nicht nachlassen, müssen die Schiffe im Hafen bleiben. (es sei denn)

10) Gesetzt den Fall, Sie wären Präsident, was würden Sie tun? (wenn)

11) Wenn Sie nicht Französisch sprechen, bringt diese Reise keinen Nutzen. (vorausgesetzt)

12) Bewirb dich möglichst bald, denn dann hast du bessere Chancen. (Je..., desto)

1) ....
2) ....
3) ....
4) ....
5) ....
6) ....
7) ....
8) ....
9) ....
10) ....
11) ....
12) ....

50- Proportionalität

Formen Sie die folgenden Sätze um, und verwenden Sie dabei die Konjunktionen **je... desto** oder **je... um so**.

Beispiel: Wir kamen langsam näher und hörten die Geräusche immer deutlicher.
Je näher wir kamen, **um so / desto** deutlicher hörten wir die Geräusche.

1) Komm bald, denn das ist mir lieber.
2) Zu Beginn seiner Rede herrschte im Saal noch Ruhe. (länger sprechen; Zuhörer, unruhig)
3) Wenn Sie selbst alles erledigen können, sind Sie nur auf wenige Mitarbeiter angewiesen.
4) Bei einem reichen Warenangebot sind die Preise niedrig. (knapp; sich erhöhen)
5) Als Melanie Herrn Schäfer kennenlernte, war er ihr sehr unsympathisch. (kennen; gefallen)
6) Du bekommst gute Karten, wenn du dich doch früh an der Kasse anstellst.
7) Wenn man viel Zeit hat, weiss man sie kaum zu schätzen.
8) Bei geringem Einkommen müssen Sie nicht mit hohen Steuern rechnen. (mehr verdienen)
9) Als wir noch nahe an der Fabrik standen, war der Lärm der Maschinen unerträglich. (sich entfernen; schwach)
10) Als man mit dem Projekt begann, gab es kaum Schwierigkeiten. (fortschreiten; kämpfen mit)
11) Wir waren schon lange unterwegs und begannen, am Sinn unserer Reise zu zweifeln.
12) Die Truppen rückten vor, stiessen aber auf immer heftigeren Widerstand. (weiter)

1) ....
2) ....
3) ....

3) ....
4) ....

5) ....
6) ....
7) ....
8) ....

9) ....

10) ....

11) ....

12) ....

51- Konzessive Satzverbindungen

Verbinden sie die Sätze mit den angegebenen Konjunktionen, und formen Sie sie um.

1) Obwohl die Arbeitslosigkeit zunimmt, hält die Regierung an ihrer Wirtschaftspolitik fest. (dennoch)
2) Wir haben keine andere Wahl, auch wenn dieses Verfahren umständlich ist. (Mag... auch)
3) Obwohl man den Eltern sofort schrieb, konnten die meisten nicht mehr erreicht werden. (indessen)
4) Sie konnte sich für kein Angebot entscheiden, obwohl alle sehr verlockend waren. (So... auch)
5) Er schaffte die Diplomarbeit noch, obwohl er nur mehr sechs Wochen Zeit hatte. (zwar)
6) Er konnte das Testament nicht ändern, obwohl es ihm ungerecht erschien. (So... auch)
7) Keiner wagte zu widersprechen, wenn-gleich viele verärgert waren. (gleichwohl)
8) Obwohl Gerhard in der Schule recht laut ist, ist er zu Hause sehr still. (so..., so...)
9) Mochte den anderen ihr Verhalten auch nicht gefallen, Helga ging ihren Weg. (Helga..., selbst wenn)
10) So schwer es ihm auch fiel, er mußte sich mit der Teilung des Grundstücks abfinden. (Obwohl)

1) ....
2) ....
3) ....
4) ....
5) ....
6) ....
7) ....
8) ....
9) ....
10) ....

52- Konzessive Satzverbindungen

1) Gegen Teile des Entwurfs hatten wir Einwände; trotzdem stimmten wir ihm zu. (Wenngleich)

2) Die Expedition mußte scheitern, auch wenn sie noch so gut vorbereitet war. (So... auch)

3) Ich komme zwar immer wieder an dem Haus vorbei, aber nie brennt dort Licht. (Wann immer)

4) Die Mannschaft gab zwar ihr bestes; gleichwohl konnte sie die Niederlage nicht verhindern. (Auch wenn)

5) Obwohl der Rechtsanwalt schon einen Teilerfolg errungen hatte, setzte er den Kampf fort. (gleichwohl)

6) Der Chef war nie zufrieden mit ihr, obwohl sie tat, was sie konnte. (Was immer)

7) Die Gewerkschaften hatten zum General Streik aufgerufen; die meisten Geschäfte indessen blieben geöffnet. (Zwar..., dennoch)

8) Er suchte die geheimnisvolle Unbekannte überall; doch sie blieb verschwunden. (Sosehr)

9) Sie war zur Teilnahme an dem Kurs entschlossen, mochte er sie auch all ihre Ersparnisse kosten. (Auch wenn...)

10) Er hält sich für den besten Kandidaten, obwohl er unfähig ist. (So... auch)

1) ....
2) ....
3) ....
4) ....
5) ....
6) ....
7) ....
8) ....
9) ....
10) ....

53- Finale Satzverbindungen

Verbinden sie die Sätze mit **um... zu** oder **damit**, und formen Sie sie um, wenn nötig.

Beispiel: Man brachte Spiele.   a) Man wollte die Wartezeit verkürzen.
  b) Niemand sollte sich langweilen.

a) Man brachte Spiele, **um** die Wartezeit **zu** verkürzen.
b) Man brachte Spiele, **damit** sich niemand langweilte.

Man plant den Ausbau der Universität. (um zu)

a) Bis jetzt konnten zu wenig Studenten aufgenommen werden.
b) andere Hochschulen sind überfüllt. (entlasten)
c) Das Lehrangebot war bis jetzt zu beschränkt.
d) Die Chancen für junge Wissenschaftler waren schlecht.

Man plant den Ausbau der Universität,
a) ....
b) ....
c) ....
d) ....

Die Firma verkürzt die Arbeitszeit.

a) Sie will nach Möglichkeit keine Arbeitskräfte entlassen. (um zu, Entlassungen)
b) Die Beschäftigten fordern mehr Freizeit. (damit)
c) Es darf zu keinem Konflikt mit der Gewerkschaft kommen. (um zu)
d) Man hofft, dass es dann keine Streiks gibt. (vorbeugen)

Die Firma verkürzt die Arbeitszeit,
a) ....
b) ....
c) ....
d) ....

Eine Geschwindigkeitsbeschränkung wurde eingeführt. (um zu)

a) Es sollten nicht noch mehr Menschen ums Leben kommen. (Zahl der Verkehrstoten)
b) Es dürfen sich keine weiteren Massenunfälle ereignen.
c) Die Umweltbelastung durch Abgase ist sehr hoch.
d) Die Autofahrer fahren viel zu hektisch. (zwingen; Fahrweise)

Eine Geschwindigkeitsbeschränkung wurde eingeführt,
a) ....
b) ....
c) ....
d) ....

54- Modale und finale Satzverbindungen

Verbinden sie die Sätze mit den Konjunktionen **ohne... zu; ohne... dass; (an) statt... zu; (an) statt dass; um... zu; damit**. Die Sätze sind dabei umzuformen.

Beispiel:

Er ging weg. Er hatte nichts gegessen.   Er ging weg, **ohne** gegessen **zu** haben.

Sie hilft mir nicht und liest dafür Romane.   **Statt** mir **zu** helfen, liest sie Romane.

Sprich lauter, sonst höre ich nichts.   Sprich lauter, **damit** ich etwas höre.

1) Oma wurde nicht bedient, sondern mußte alle bedienen.
2) Die Leute schauten uns nur bei der Arbeit zu, doch niemand war uns behilflich.
3) Der Geiger nahm ein Beruhigungsmittel; andernfalls hätte er das Konzert absagen müssen.
4) Der Student arbeitete schon lange als Taxifahrer, nur seine Familie ahnte nichts davon.
5) Die Kleine schwieg nicht, sondern plapperte alles aus. (ein Geheimnis ausplaudern, verraten)
6) Verwenden sie nie Methoden, die Sie vorher nicht überprüft haben.
7) Er will die Stadt kennen und hat nicht einmal das Rathaus gesehen!
8) Die Nachbarn stritten weiter. Sie versöhnten sich nicht.
9) Zieh dir etwas Warmes an, sonst erkältest du dich!
10) Wir schliefen im Zelt, denn wir wollten Geld sparen.
11) Manchmal weinte sie und wußte nicht, warum.
12) Er trägt eine Sonnenbrille; keiner soll ihn erkennen. (Passiv)
13) Informiere dich genau! Sonst verlierst du Zeit.
14) Beim Aufstieg machten wir mehrere Pausen; wir wollten nämlich unsere Kräfte schonen.
15) Versuch die Sache doch selbst, und lach uns nicht aus!

1) ....
2) ....
3) ....
4) ....
5) ....
6) ....
7) ....
8) ....
9) ....
10) ....
11) ....
12) ....
13) ....
14) ....
15) ....

55- Kopulative Konjunktionen

Verbinden Sie die folgenden Sätze mit den Konjunktionen **einerseits... andererseits, nicht nur... sondern auch, weder... noch, entweder.... oder**.

Beispiele: Einerseits beklagt man sich über die Umweltzerstörung; **andererseits** sind nur wenige bereit, umweltbewusst **zu** leben.
Er spricht nicht nur fünf Sprachen, sondern weiss auch in Kunst gut Bescheid.
Weder fragte man uns nach unseren Pässen, **noch** wurde das Gepäck kontrolliert.
Entweder Sie fahren mit dem Bus um 23 Uhr, **oder** sie nehmen ein Taxi.

1) Viele Bürger wehren sich gegen den Bau neuer Strassen.
   Niemand will auf die Benutzung seines Autos verzichten.
2) Herr Altmann half uns bei den Vorbereitungen des Festes.
   Er gab uns auch einen Zuschuss.
3) Gib mir den Ball freiwillig!
   Ich hole meinen grossen Bruder.
4) Die Menschen wollen immer mehr Freizeit
   Sie wissen nichts damit anzufangen.
5) Er erwartet vom Staat eine grosszügige Unterstützung.
   Er führt einen aufwendigen Lebensstil.
6) Hörfunk und Fernsehen berichteten nicht über den Skandal.
   Auch in den Zeitungen stand nichts darüber zu lesen.
7) Man nahm Einzelunterricht.
   Man konnte an Arbeitsgemeinschaften teilnehmen.
8) Unser Reisebegleiter beherrschte die Landessprache.
   Er wußte auch in Geschichte und Kunst Bescheid.
9) Ich konnte das Buch in keinem Geschäft auftreiben.
10) Ich fand es auch nicht in der Stadtbibliothek.

1) ....
2) ....
3) ....
4) ....
5) ....
6) ....
7) ....
8) ....
9) ....

56- Kopulative Konjunktionen

Verbinden Sie die folgenden Sätze mit den Konjunktionen!
a) **nicht einmal**, b) **geschweige denn**, c) **ganz zu schweigen von**.

Beispiele:
a) Der Kranke kann nicht spazierengehen, er kann **nicht einmal** aufstehen.
b) Der Kranke kann nicht aufstehen, **geschweige denn** spazierengehen.
c) Die Unterbringung der Teilnehmer war vorbildlich, **ganz zu** schweigen **von** der persönlichen Betreuung.
Die Bedienung war schlecht, **ganz zu schweigen vom** Essen.
(nicht einmal und geschweige denn sind Negationen des Ausdrucks sogar.)

1) Von Erika wissen wir nichts; auch für eine kleine Karte nimmt sie sich keine Zeit.

2) Wir können für zwei Gäste kaum Platz finden und erst recht nicht eine ganze Gruppe unterbringen.

3) Er weiss zwar nicht, wie man einen Wasserhahn repariert; aber er kann auch keinen Nagel in die Wand schlagen.

4) Jährlich sterben Tausende von Menschen im Strassenverkehr; von den Zahllosen Verletzten spreche ich gar nicht.

5) Für die Nachmittagsvorstellung gibt es keine Karten mehr; für den Abend natürlich schon lange nicht.

6) Die Übersetzung war längst nicht abgeschlossen; das erste Kapitel war noch nicht fertig.

7) Man konnte ihr Zimmer nicht bezahlen; an eine Finanzierung ihres Studiums war gar nicht zu denken. (finanzieren)

8) Die Bibliothek enthält wertvolle Bücher; noch bedeutsamer sind die kostbaren Handschriften.

9) Die Anrufe haben mir sehr geholfen; die vielen Briefe habe ich noch gar nicht erwähnt.

1) ....
2) ....
3) ....
4) ....
5) ....
6) ....
7) ....
8) ....
9) ....

57- Bildung verschiedener Nebensätze
Formen Sie die kursiv gedruckten Satzteile in Nebensätze um!
Beispiele:
1) *Wegen eines Streiks der Busfahrer* kam es zu einem Verkehrschaos. **Da die Busfahrer streikten**,...
e) *Bei einem Streik der Busfahrer* fahren wir mit dem Taxi.
   Wenn / Falls die Busfahrer streiken,...

1) Der Räuber liess sich *ohne Widerstand* festnehmen.
2) *Trotz seiner Vorliebe für Wein* bestellte sich Gerd Mineralwasser. (trinken)
3) *Trotz der undeutlichen Sprechweise des Dozenten* verstand sie fast den ganzen Vortrag.
4) *Seit seiner Genesung* arbeitet er nur mehr halbtags.
5) *In Augenblicken des Glücks* vergass sie ihre früheren Enttäuschungen.
6) *Wegen ihrer Tanzleidenschaft* ist Michaela in einen Tanzklub eingetreten. (tanzen)
7) *In einer anderen Umgebung* wäre dieser Jugendliche nie kriminell geworden. (aufwachsen)
8) *Wegen des starken Verkehrs* kam es zu mehreren Unfällen.
9) *Im Falle steigender Touristenzahlen* müssen mehr Unterkünfte geschaffen werden. (Zahl)
10) *Wegen eines kritischen Artikels* wurde der Journalist des Landes verwiesen. (verfassen)
11) *Ohne ausreichende Vorbereitung* wäre er mit seinem Unternehmen gescheitert.
12) Die Hilfsbedürftigkeit dieser Staaten wird oft bezweifelt. (brauchen)
13) *Trotz des Durcheinanders* fanden wir uns ganz gut zurecht. (herrschen)
14) *Im Unterschied zu seiner gesprächigen Schwester* ist Joachim ein schweigsamer Mensch. (reden)

1) ....
2) ....
3) ....
4) ....
5) ....
6) ....
7) ....
8) ....
9) ....
10) ....
11) ....
12) ....
13) ....
14) ....

58- Bildung verschiedener Nebensätze

1) Trotz der hohen Zahl von Kriegstoten wurde der Krieg fortgesetzt. (Soldaten, fallen)
2) Wegen der hohen Bevölkerungsdichte sind Grossprojekte nur mehr schwer zu verwirklichen (Land, besiedeln)
3) Wegen des baldigen Verfalls der Ausweise müssen wir neue beantragen (ungültig)
4) Keiner ahnte den Anlass ihres Besuches (kommen)
5) Trotz ihrer Abneigung gegen Krimis ging Miriam mit den anderen ins Kino (mögen)
6) Trotz des dreiprozentigen Rückgangs der Arbeitslosigkeit warnt der Minister vor Optimismus (Zahl)
7) Der Erfolg bei dem Spiel hängt vom Orientierungsvermögen der Teilnehmer ab. (sich orientieren)
8) Laut unserer Mitteilung vom 1.2. können Sie das defekte Gerät umtauschen.
9) Trotz finanzieller Schwierigkeiten wollte er die Firma noch ausweiten (geraten)
10) Sein Geschäftspartner bekräftige seine Vertragstreue (sich halten)
11) Es kommt auf das Fassungsvermögen des Öltanks an (Liter)
12) Angesichts des beträchtlichen Sachschadens wurde die Polizei eingeschaltet (entstehen)
13) Das Reinigungsmittel wurde aufgrund seiner krebserzeugenden Wirkung verboten (hervorrufen)
14) Wußten Sie von der geplanten Schulreform? (Schulystem, sollen)
15) Mit dem steigenden Wohlstand erhöhen sich auch die Ansprüche der Menschen. (es geht besser)
16) Unauffällig verliessen wir die Versammlung (auffallen)
17) Das Kind schrie aus Leibeskräften (laut)

1) ....
2) ....
3) ....
4) ....
5) ....
6) ....
7) ....
8) ....
9) ....
10) ....
11) ....
12) ....
13) ....
14) ....
15) ....
16) ....
17) ....

59- Vermeidung von Nebensätzen durch Nominalisierung

Beispiele:
Nachdem er mit dem Studium fertig war, ging er für zwei Jahre nach Amerika.
Nach Abschluss des Studiums...
Während er studierte, absolvierte er ein Praktikum.
Während des Studiums...
Zu verwendende Nomen: Einnahme, Haft, Tageslicht, Überschreiten, Überwindung u. a.

1) Er wurde gefasst, als er gerade über die Grenze ging.
2) Erst nachdem er mit zahlreichen Schwierigkeiten fertig geworden war, konnte Hermann den Plan verwirklichen.
3) Sooft sie im Garten feierten, schien die Sonne.
4) Als er es das letzte Mal probierte, glückte der Sprung.
5) Nachdem das Experiment zum drittenmal nicht gelungen war, gab man das Projekt auf.
6) Als er aus dem Haus ging, fiel ihm die Stille auf.
7) Er zieht die Augenbrauen hoch, wenn er grüsst.
8) Diese Arbeiten lassen sich nur erledigen, solange es draussen hell ist.
9) Kurz bevor die Bombe in die Luft ging, beobachteten Zeugen ein verdächtiges Auto.
10) Als er im Gefängnis sass, schrieb er mehrere Bücher.
11) Ich muß ihn erreichen, bevor er in das neue Haus zieht.
12) Jedesmal bevor er einen Stein warf, spuckte er in die Hände.

1) ....
2) ....
3) ....
4) ....
5) ....
6) ....
7) ....
8) ....
9) ....
10) ....
11) ....
12) ....
13) ....

60- Nominalisierung

Formen Sie die Kausalsätze in präpositionale Ausdrücke um!

Beispiele: **Da/Weil alles sehr teuer war**, kaufen wir nur wenig.
Wegen der hohen Preise...

1) Man kritisiert ihn, weil er zu sparsam ist. (übertrieben)
2) Kunststoffe werden oft verwendet, zumal sie wenig wiegen.
3) Ich überbringe Ihnen diesen Brief, weil mich Herr Sailer dazu beauftragt hat. (Auftrag)
4) Es kam oft zum Streit, da sie nie einer Meinung waren. (-verschiedenheiten)
5) Ingrid drückte auf die falsche Klingel, weil sie nicht genau hingeschaut hatte. (Versehen)
6) Da die Versuche gestern nicht glückten, werden sie wiederholt.
7) Der Händler kaufte die gestohlene Ware, weil er davon nichts wußte. (Unwissenheit)
8) Er hat noch kein Mädchen geküsst, weil er keine Gelegenheit dazu hatte.
9) Die Strasse ist gesperrt, weil der Wald in Flammen steht.
10) Wie konnte ihm dieser Fehler passieren, wo er doch so viel weiss? (Wissen)
11) Er wird gesucht, weil er einen Menschen umgebracht hat.
12) Wir waren erschöpft, weil wir so lange zuhören mussten.
13) Der Gelehrte wurde bekannt, weil er das Schulsystem heftig kritisierte.
14) Da er uns half, schafften wir die Arbeit in zwei Tagen.
15) Sie trug nur Stöckelschuhe, weil sie so eitel war.
16) Er kennt diese Situationen, da er sie selbst erlebt hat. (Erfahrung)

1) ....
2) ....
3) ....
4) ....
5) ....
6) ....
7) ....
8) ....
9) ....
10) ....
11) ....
12) ....
13) ....
14) ....
15) ....
16) ....

61- Nominalisierung

Drücken Sie die Bedingung anders aus!
Beispiele:
Wenn sich viele Leute dafür interessieren, wird die Ausstellung verlängert.
Bei grossem Interesse...
Wäre es heisser gewesen, so wäre das Glas geplatzt.
Bei höheren Temperaturen...

1) Wenn die Stadt kein Geld gegeben hätte, hätte man die Filmwoche nicht durchführen können. (Zuschuss)
2) Wenn der Druck grösser wird, dann wächst auch die Explosionsgefahr. (steigen)
3) Reparaturen werden nur ausgeführt, wenn man bar bezahlt.
4) Wenn wir später losgegangen wären, wären wir in ein Gewitter geraten. (Aufbruch)
5) Rabatt wird gewährt, wenn man grössere Mengen bestellt.
6) Sollten die Arbeiten länger als geplant dauern, so ist mit einer Kostenerhöhung zu rechnen. (Verzögerung)
7) Sie lässt sich nicht aus der Ruhe bringen, auch wenn etwas Ungewöhnliches passiert. (Ereignisse)
8) Das Programm liesse sich noch ändern, wenn man nur wollte. (guter Wille)
9) Er wird die Schuld nur begleichen, wenn man ihn dazu zwingt.
10) Wenn Sie genug für die Prüfung tun, schaffen Sie sie auch. (ausreichend)
11) Die Besucher müssen sich ausweisen, wenn man es von ihnen verlangt. (Verlangen)
12) Hätten mehr Leute mitgemacht, wäre das Unternehmen ein Erfolg geworden. (Beteiligung)
13) Wenn man die Bevölkerung nicht richtig aufklärt, kann die Seuche nur schwer bekämpft werden.
14) Pannen lassen sich vermeiden, wenn man sich genau an die Vorschriften hält.
15) Wenn viele Leute Theaterkarten haben wollen, versuchen wir es morgen noch einmal. (Andrang)

1) ....
2) ....
3) ....
4) ....
5) ....
6) ....
7) ....
8) ....
9) ....
10) ....
11) ....
12) ....
13) ....
14) ....
15) ....

62- Nominalisierung

Drücken Sie den Gegensatz ohne Konzessivsatz aus!

Beispiele: **Obwohl ihr das Knie weh tat**, lief sie weiter.
Trotz ihrer Knieschmerzen...

1) Er sprang in den reissenden Fluss, obwohl wir ihm gesagt hatten, es sei gefährlich.

2) Man konnte sich rasch einigen, obgleich jeder eine andere Forderung hatte.

3) Obwohl man uns vieles auf den Teller legte, wurden wir nicht satt. (Portionen)

4) Obwohl Stefan in Geschichte sehr gut Bescheid weiss, hatte er von dem Vertrag noch nie gehört. (-kenntnisse)

5) Sie halfen uns, obwohl sie selber kaum etwas hatten.

6) Die Mülldeponie wurde angelegt, obwohl zahlreiche Bürger dagegen waren. (Widerstand)

7) Der Minister sagte seine Teilnahme zu, obwohl er Fernsehdiskussionen nicht mochte (Abneigung)

9) Obwohl sie finanziell noch auf ihre Eltern angewiesen ist, hat sie eine Boutique eröffnet. (Abhängigkeit)

10) Obwohl er 30 Meter vor seinem Gegner lief, hatte er Angst, den Lauf doch noch zu verlieren. (Vorsprung)

11) Obgleich der neue Chef tat, was er konnte, war der Ruin der Firma nicht zu verhindern. (Bemühungen)

12) Obwohl die Verhandlungen kein Ende nahmen, zeigten sich beide Delegationen optimistisch. (endlos)

13) Obwohl man ihn sofort ins Krankenhaus brachte, war sein Leben nicht mehr zu retten. (Einlieferung)

14) Obwohl sich die Bergsteiger früh auf den Weg gemacht hatten, erreichten sie den Gipfel erst gegen drei Uhr. (Aufbruch)

15) Obwohl er viele Leute kennt, ist er ein einsamer Mensch. (Bekanntenkreis)

Obwohl er den Betrug zugab, wurde er zu einer hohen Geldstrafe verurteilt. (Geständnis)

1) ....
2) ....
3) ....
4) ....
5) ....
6) ....
7) ....
8) ....
9) ....
10) ....
11) ....
12) ....
13) ....
14) ....
15) ....

63- Nominalisierung

Formen Sie die Finalsätze in nominale Ausdrücke um!

Beispiele: Man ergreift Massnahmen, **damit sich die Lage bessert.**
Man ergreift Massnahmen **zur Besserung der Lage**.

Verwenden sie dabei folgende Wörter!: Beschleunigung, Beseitigung, Einführung, Erhaltung, Erleichterung, Förderung, Linderung, Reinhaltung, Schutz, Senkung, Sicherung, Unterbringung, Vereinfachung, Vereinheitlichung, Verhütung, Verkürzung, Verschönerung, Verstaatlichung.

Man ergreift Massnahmen,
1) damit die Vorstädte nicht mehr so hässlich aussehen.
2) damit die Flüchtlinge irgendwo wohnen können.
3) damit die Gemälde nicht beschädigt werden.
4) damit niemand um seinen Arbeitsplatz fürchten muß.
5) damit die Wohnungsnot nicht mehr so schlimm ist.
6) damit die Banken künftig nicht mehr in Privatbesitz sind.
7) damit keine Unfälle passieren.
8) damit die Regeln nicht mehr so kompliziert sind.
9) damit Hilfsaktionen schneller durchgeführt werden.
10) damit die Luft nicht mehr so verschmutzt wird.
11) damit die Gesetze nicht in jedem Bundesland anders sind.
12) damit Berufstätige früher in Rente gehen können. (Rentenalter)
13) damit die Studenten nicht mehr so lange studieren. (Studiendauer)
14) damit es keine sozialen Ungerechtigkeiten mehr gibt.
15) damit neue Geldscheine verwendet werden.
16) damit der Reiseverkehr nicht mehr so schwierig ist.
17) damit junge Künstler bessere Berufschan-cen haben.

Man ergreift Massnahmen

1) ....
2) ....
3) ....
4) ....
5) ....
6) ....
7) ....
8) ....
9) ....
10) ....
11) ....
12) ....
13) ....
14) ....
15) ....
16) ....
17) ....

64- Nominalisierung

Vermeiden Sie den Modalsatz!

Beispiele: **Wie der Minister sagte**, werden die Verhaldlungen fortgesetzt.
Nach den Worten des Ministers...

1) Georg fuhr nicht mit, worüber sie sehr enttäuscht war.
2) Es ist so kalt, als ob es Winter wäre.
3) Man verweigerte ihm die Einreise, ohne zu sagen, warum. (Angabe, Gründe)
4) Jeder gestaltet sein Leben so, wie er es für richtig hält. (Weise)
5) Was uns betrifft, gibt es keine Einwände mehr. (Seite)
6) Diese Firma ist viel besser als das, was man über sie erzählt. (Ruf)
7) Sie erhitzte die Suppe, wobei sie ständig umrührte.
8) Es erreicht dadurch Kompromisse, dass er geschickt verhandelt. (-geschick)
9) Sie hatte eine Tüte eingesteckt, was ein Glück war.
10) Er weiss bei Pflanzen so gut Bescheid, als würde er Biologie unterrichten.
11) Er machte auf die Gefahr aufmerksam, indem er laut rief.
12) Es sieht so aus, als ob es bald regnen würde.
13) Wie die Polizei angibt, wurden vier Personen verletzt.
14) Soviel ich weiss, ist dieses Drama noch nicht übersetzt.
15) sie kleidet sich, wie die Mode es ihr befiehlt.
16) Statt dass man uns kritisierte, hörten wir nur Lob.
17) Das Medikament ist, soweit man bis jetzt weiss, unschädlich. (Erkenntnisse)
18) Er verliess die Wohnung nur, wenn die Sonne schien.

1) ....
2) ....
3) ....
4) ....
5) ....
6) ....
7) ....
8) ....
9) ....
10) ....
11) ....
12) ....
13) ....
14) ....
15) ....
16) ....
17) ....
18) ....

65- Nominalisierung

Formen Sie den kursiv gedruckten Nebensatz in einen nominalen Ausdruck um, der jeweils durch eine Präposition eingeleitet wird.

Beispiele: Man beneidet sie **darum, wie sie sich ausdrückt.**
Man beneidet sie **um ihre Ausdrucksweise.**

1) Er wurde aufgefordert, *aus der Wohnung zu gehen.*
2) Sie ärgerte sich, *dass sie sich nichts merken konnte.* (Vergesslichkeit)
3) Vergeblich warteten wir, *dass er wiederkam.*
4) Alles hängt davon ab, *wie lange die Batterien funktionieren.* (Lebensdauer)
5) Er bedankte sich, *dass man die Entwürfe kritisiert hatte.*
6) Der Staat muß sich darum kümmern, *dass es den Bürgern gut geht.* (Wohl)
7) Ich kann mich darauf verlassen, *dass er kein Wort verrät.* (Verschwiegeheit)
8) Wir rechnen damit, *dass der Transport früher als geplant durchgeführt wird.* (Vorverlegung)
9) Achtet darauf, *was der Affe in dieser Situation macht!* (Verhalten)
10) Er träumt davon, *dass es sein Sohn einmal besser haben wird als er.* (Zukunft)
11) Ich erkundigte mich, *wieviel er bei dem Geschäft verdient hatte.* (Gewinn)
12) Er überzeugte mich, *dass es ohne Untersuchung nicht geht.*
13) Die alte Frau lebte von dem Wenigen, *was sie gespart hatte.* (Ersparnisse)
14) Wann hört dieser Kerl endlich auf, *so dumme Sachen zu sagen?* (Gerede)
15) Die ganze Familie litt darunter, *dass er ein unverträglicher Mensch war.* (Wesen)
16) Wir staunten, *um wieviel besser als früher sie English konnte.* (Fortschritte)

1) ....
2) ....
3) ....
4) ....
5) ....
6) ....
7) ....
8) ....
9) ....
10) ....
11) ....
12) ....
13) ....
14) ....
15) ....
16) ....

66- Nominalisierung

Formen Sie die kursiv gedruckten Nebensätzen in nominale Ausdrücke um!

1) Er wird sich die Augen verderben, *weil er so viel liest.*
2) *Wie der Kanzler sagte,* sind Gespräche geplant. (Worte)
3) *Sosehr ich deine Probleme auch verstehe,* ich kann dir nicht helfen.
4) *Je älter man wird,* um so mehr Einsichten gewinnt man.
5) Ich zweifle daran, *dass man sich auf ihn verlaßen kann.*
6) Daran werden Sie denken, *solange Sie leben.*
7) *Übersteigt die Temperatur 70°C,* zerfällt der Stoff.
8) Ich sage Ihnen diese Dinge, *damit Sie Bescheid wissen.* (Information)
9) Man war ihm behilflich, *als er sich nach Möbeln umsah.*
10) *Während er früher sein Auto jeden Tag wusch,* wäscht er es jetzt nur noch selten. (Gegensatz)
11) Ich hätte die Arbeit übernommen, *wenn es früher gewesen wäre.* (Zeitpunkt)
12) Der Verlag kündigte an, *dass das Buch bald herauskommt.* (Erscheinen)
13) Man verlangt Aufklärung, *wie es mit Ihren Finanzen steht.* (Verhältnisse)
14) *Immer wenn es an der Tür läutete,* erwartete er die Polizei.
15) Mich würde interessieren, *wie du zu der Sache stehst.*
16) Das Gemälde zeige ich dir, *wenn wir uns den Dom ansehen.* (Besichtigung)
17) Alles gelang, *als ob ein Wunder geschehen wäre.*
18) *Als Karl der Grosse Deutschland regierte,* kam es zu einer kulturellen Blüte.

1) ....
2) ....
3) ....
4) ....
5) ....
6) ....
7) ....
8) ....
9) ....
10) ....
11) ....
12) ....
13) ....
14) ....
15) ....
16) ....
17) ....
18) ....

67- Nominalisierung

Formen Sie die kursiv gedruckten Satzteile in nominale Ausdrücke um!

1) Man riet Ruth, **dass sie sich in acht nehmen sollte**.
2) Dieser Farbstoff wurde verboten, weil er viel *blei enthält*. (-gehalt)
3) Das Kind war so müde, dass es fast *umfiel*. (Umfallen)
4) Man traf Vorbereitungen, um *die Burg vor Angriffen zu schützen*. (Verteidigung)
5) Beneidest du ihn, *dass er so viel Wein auf Lager hat*? (-verrote)
6) Sie sagt nein, *weil sie es immer so macht*.
7) Oma ist gespannt, *wie der Roman weitergeht*. (Fortsetzung)
8) Er kann nicht teilnehmen, *was uns leid tut*. (Bedauern)
9) Er sammelt Münzen nur, *damit es ihm nicht langweilig wird*. (Zeitvertreib)
10) Noch *während sie zur Schule ging*, besuchte sie Ballettkurse.
11) Jeder Verschluss wird kontrolliert, *weil das sicherer ist*. (-gründe)
12) Sie schilderte uns, *wie allein diese Menschen sind*.
13) Fahren wir dorthin, *wo es wärmer ist*. (Gegenden)
14) So, *wie Paul aussieht*, schätzt man ihn auf vierzig.
15) Der Besucher fragte, *worin die Schüler unterrichtet werden*.
16) Das ganze Haus wußte, *dass er nichts so gern las wie Krimis*. (Vorliebe)
17) Man verlangt, *dass er seinen Namen unter den Brief setzt*.
18) Sein Gesundheitszustand verschlechterte sich, *weil er so viel Alkoholtrank* (konsum)

1) ....
2) ....
3) ....
4) ....
5) ....
6) ....
7) ....
8) ....
9) ....
10) ....
11) ....
12) ....
13) ....
14) ....
15) ....
16) ....
17) ....
18) ....

68- Nominalisierung

Formen Sie die kursiv gedruckten Satzteile in nominale Ausdrücke um!

Beispiele: Obwohl es in der Schule zu wenig Räume gibt, können alle Kurse stattfinden. (Raumnot)

Trotz der Raumnot können alle Kurse stattfinden.

1) Sie erhalten den Text schriftlich, *damit es dann keine Missverständnisse gibt*. (Vermeidung)
2) Er wird sein Ziel nicht erreichen, *es sei denn, er setzt sich bedingungslos ein*. (Einsatz)
3) *Während man das Theaterstück zeigte*, tobte draussen ein Schneesturm. (Auffüh-rung)
4) Firma Hofer & Co. bestätigt, *dass sie die Kopien bekommen hat*. (Erhalt)
5) *Da immer mehr Kunden nach dem Artikel verlangten*, mußte die Produktion erhöht werden. (Nachfrage)
6) *Obwohl er viel weniger Punkte als sein Gegner hatte*, gab er den Kampf nicht auf. (Rückstand)
7) Der Aufstieg dauerte fünf Stunden, *was wir nicht erwartet hatten*. (wider)
8) Sie fuhren in Begleitung von Soldaten, *damit sie sich gegen Überfälle wehren konnten*. (Abwehr)
9) *Obwohl man viel für die Sicherheit der Arbeiter tat*, kam es immer wieder zu Betriebsunfällen. (-massnahmen)
10) Es ist vorgeschrieben, *dass die Teilnehmer nicht jünger als 18 Jahre sein dürfen*. (Alter)
11) *Obwohl in der Prüfung viel verlangt wurde*, schafften es alle. (Anforderungen)
12) *Als sie das Bild anschaute*, hatte sie einen Einfall. (Betrachten)
13) *Soweit wir informiert sind*, schliessen die Läden um acht.
14) Man muß Massnahmen treffen, *damit die Arbeitsplätze nicht verlorengehen*. (Erhaltung)
15) Er machte sich viele zum Feind, *weil er unbedingt an die Macht wollte*. (-streben)

1) ....
2) ....
3) ....
4) ....
5) ....
6) ....
7) ....
8) ....
9) ....
10) ....
11) ....
12) ....
13) ....
14) ....
15) ....

LÖSUNGSSCHLÜSSEL
(Prüfung 10 için cevap anahtarı)

1. 1) Der Künstler bereitete seinen Gästen einen herzlichen Empfang. 2) Das Kind verschwieg seinen Eltern die Begegnung. 3) Der Zutritt zum Konsulat war den Wartenden untersagt. 4) Ein Unbekannter raubte dem Touristen die Brieftasche. 5) Dem Praktikanten wurden schwierige Arbeiten anvertraut. 6) Herr Huber verheimlichte seinem Chef den wahren Sachverhalt. 7) Die Firma gewährte dem Schuldner einen Zahlungsaufschub. 8) Die Kommission legte dem Parlament einen ausführlichen Bericht vor. 9) Um 19 Uhr meldete man dem Direktor den Unfall. 10) Das Gericht erliess dem Direktor den Unfall. 11) Dem Journalisten wurde die Einsicht in die Akten verweigert. 12) Man gönnte der Krankenschwester eine längere Ruhepause. 13) Die alten Römer opferten den Göttern Tiere. 14) Die Witwe stiftete dem Roten Kreuz einen Teil ihres Vermögens. 15) Der Komponist widmete die Symphonie (s) einer Frau. 16) Sie entriss ihrer Rivalin den Brief. 17) Niemand traute dem Mädchen eine Lüge zu. 18) Dem betrunkenen Fahrer wurde der Führerschein entzogen. 19) Das laute Zimmer konnte man keinem Gast zumuten. 20) Der Onkel ermöglichte seinem Neffen das Studium.

2. 1) Der Gast fiel durch seinen amerikanischen Akzent auf. 2) Die Kosten verringerten sich um durchschnittlich 3%. 3) Der Arbeitslose träumte von einem hohen Lottogewinn. 4) Armin unterschied sich von seinen Brüdern durch seine Schweigsamkeit. 5) Die Berufstätigen protestierten gegen die Erhöhung der Fahrpreise. 6) (Die) Fachleute schätzen das Bild auf 400 000 Mark. 7) Die blaue Karte berechtigte zum Besuch der Ausstellung. 8) Herr Walter handelte mit gebrauchten Autos. 9) Frau Fink überzeugte ihren Kollegen von den Vorteilen der Reise. 10) Der Sohn des Fabrikanten verfügte über ein gewaltiges Vermögen. 11) Das kleine Theater war auf staatliche Hilfe angewiesen. 12) An dem Programm durfte nichts geändert werden. 13) Der Tourist hütete sich vor politischen Gesprächen. 14) Die Gefühle des jungen Mannes siegten über seine Vernunft. 15) Der Student informierte sich über die neuen Prüfungsbestimmungen. 16) Der Rechtsanwalt begnügte sich mit einem Drittel des Honorars. 17) Der Wagen stiess mit einer voll besetzten Straßenbahn zusammen. 18) Die Soldaten flohen vor der Übermacht des Feindes. 19) Die alte Frau mußte von einer geringen Rente leben. 20) Die Fachleute gelangten zu einer anderen Ansicht.

3. 1) Die Buslinie verband die Stadt mit den unliegenden Dörfern. 2) Der Kritiker bezeichnete den Pianisten als Genie. 3) Die Partisanen kämpften für die Befreiung ihrer Heimat. 4) Die Firma warb in dem Prospekt für ein französisches Parfüm. 5) Der Kunde vertraute auf die langjährige Erfahrung des Produzenten. 6) Die Helfer verteilten Decken an die Opfer des Erdebens. 7) Der Gefangene ernährte sich von trockenem Brot und Wasser. 8) Der Idealist wurde zu einem Realisten. 9) Es fehlte an warmer Kleidung und Medikamenten. 10) Der Journalist arbeitete an einem längeren Artikel über Kinderfilme. 11) Der Arzt riet dem Patienten von fettem Essen ab. 12) Die Eltern erzogen das Kind zu(r) Toleranz. 13) Das Lokal entwickelte sich rasch zu einem Treffpunkt der Stadt. 14) Der kleine Junge zerlegte die Lampe in ihre Einzelteile. 15) Die Polizei forderte die Demonstranten zur Räumung des

Platzes auf. 16) Die Bestimmung galt nicht für ausländische Arbeitnehmer. 17) Die Macht der Regierung beschränkte sich auf die südlichen Provinzen. 18) Der Film handelte vom Schicksal eines jungen Russen. 19) Der Hausherr hinderte den Fremden am Betreten der Wohnung. 20) Der Künstler stammte aus einer deutsch-norwegischen Familie. 21) Der Erfinder hatte mit zahllosen Schwierigkeiten zu kämpfen.

4. 1) Der Flüchtling verbarg sich vor seinen Verfolgern auf einem Baum. 2) Der Autofahrer sträubte sich gegen die Blutprobe. 3) Der Richter stützte sich auf die Aussage des Zeugen. 4) Die junge Frau neigte zur Verschwendung. 5) Die Touristen schwärmten von ihrem Urlaub auf Sizilien. 6) Nicht alle hielten sich an die vereinbarten Termine. 7) Das Römische Reich grenzte im Norden an die Gebiete der Germanen. 8) Bei dem Toten handelte es sich um einen etwa 40jährigen Mann. 9) Niemand konnte Michael von seinem verrückten Plan abbringen. 10) Der Kanzler wehrte sich gegen die Angriffe der Opposition. 11) Die Wirkung des Medikaments beruhte auf seinem hohen Jodgehalt. 12) Die Forscher mussten mit geringen Mitteln auskommen. 13) Herr Moser setzte sich beim Bürgermeister für das Projekt ein. 14) Der Firmenchef jammerte über die schlechten Geschäfte. 15) Niemand wollte für den entstandenen Schaden haften. 16) Der Redner ging ausführlich auf die Innenpolitik ein. 17) Worum ging es in dem gestrigen Vortrag? 18) Die Pläne des Pädagogen scheiterten am Unverständnis seiner Umgebung. 19) Der Unternehmer strebte nach geschäftlichem Erfolg. 20) Der Reiseleiter teilte die Touristen in drei Gruppen ein. 21) Der Abgeordnete wurde zum Regierungssprecher ernannt.

5. 1) Hoffentlich ist kein Geld verschwendet worden. 2) Wann wird der defekte Lkw abgeschleppt? 3) Ein Student vertritt den Assistenten. 4) Der Rest wird morgen erledigt. 5) Man wird dich sicher danach fragen. 6) Möchten Sie morgen früh von mir geweckt werden? 7) Ihm wird gern verziehen. 8) Man tanzte, sang und lachte. 9) Menschen werden nur selten von Schlangen angegriffen. 10) Man unterbrach sofort die Sendung. 11) Ihn sollte einmal ein Facharzt untersuchen. 12) Zum Glück wurde er von der Kugel nicht getroffen. 13) Von den Akten warf man die Hälfte weg. 14) Zunächst wurde der Metallstaub abgewaschen. 15) Dort werden Kinder früh zur Selbständigkeit erzogen. 16) Man hatte den Brand gerade noch verhindern können. 17) Die hässliche Fassade soll erneuert werden. 18) Das Betriebsklima könnte wesentlich verbessert werden. 19) Die Pakete müssen unbedingt nachgewogen werden. 20) So ein Plan müsste gut durchdacht werden. 21) Um wieviel Uhr werden die Kühe gemolken?

6. 1) Er befürchtet, von den meisten nicht verstanden zu werden. 2) Sie hatte nur den einen Wunsch, von ihm beachtet zu werden. 3) Gudrun kam am Tor an, ohne erkannt worden zu sein. 4) Er hatte den Verdacht, belogen worden zu sein. 5) Sie drängte sich vor, um als erste bedient zu werden. 6) Vor Gericht gab er an, von seiner Frau verlassen worden zu sein. 7) Därbel bestand darauf, von dem Beamten informiert zu werden. 8) Manche bedauern, nicht berücksichtigt worden zu sein. 9) Die Kinder brauchten nicht lange gebeten zu werden. 10) Sie sehnt sich danach, in Ruhe gelassen zu werden. 11) Es ist unmöglich, von ihr nicht bemerkt zu werden. 12) Er erwartete, von seinen Freunden unterstützt zu werden. 13) Es ist eine Ehre, vom Präsidenten eingeladen zu werden. 14) Sie behauptet, geschlagen worden zu sein. 15) Haben Sie das Gefühl, von den anderen ausgeschlossen zu werden? 16) Der Angeklagte hat das Recht, angehört zu werden. 17) Sie hat Angst, von Geistern erschreckt zu werden. 18) Herr Holl bemühte sich, in den Klub aufgenommen zu werden. 19) Er ärgerte sich, übergangen worden zu sein. 20) Es ist lebensgefährlich, von dieser Schlange gebissen zu werden.

7. **1)** langsam vorbeifahrende / an jeder Ecke haltende / von meinem Schwager reparierte / heute morgen ausgefallene / von einem neuartigen Motor angetriebene / vor einem neuartigen Motor angetriebene / vor fünf Minuten angekommene / mit neuen Bremsen ausgerüstete / dem nächst auszuwechselnde

2) auf einem Ast sitzende / ihrer Besitzerin entlaufene / in den Keller laufende / gestern eingefangene / von einem Lkw überfahrene / von meinem Neffen ins Tierheim gebrachte / von allen Leuten bewunderte / lautlos aus dem Zimmer schleichende

3) zum Abriss bestimmte / zu besichtigende / von Touristen immer wieder bestaunte / von den Kindern zu erratende / neu zu errichtende / aus dem 16. Jahrhundert stammende / vom Zentrum aus nicht zu sehende / von einer Berliner Firma umgebaute / von dem Finnen fotografierte

4) von den Professoren sehr geschätzte / in der Bibliothek arbeitende / als Hilfskraft einzusetzende / gestern in das Seminar aufgenommene / neulich aus dem Kurs ausgeschiedene / als nächste zu prüfende / von dem Dozenten empfohlene

5) vom Verfasser umgeschriebene / vergangene Woche erschienene / hier zu zitierende / leicht zu übersetzende / in Kürze erscheinend / von mehreren Wissenschaftlern kritisierte / von einem Assistenten angekündigte / zu besprechende / von einem Psychologen veröffentlichte

6) gestern ins Fahrzeug eingebaute / bis Montag störungsfrei funktionierende / von dem Mechaniker zu überholende / von einem Chinesen entwickelte / bei dem Unfall schwer beschädigte / ans Stromnetz anzuschliessende / leicht zu zerlegende

8. 1) Nach seinen Gehaltswünschen gefragt. 2) Ständig von Zwischenrufen unterbrochen. 3) Vorsichtig rückwärts gehend. 4) Von kleineren Störfällen abgesehen. 5) Auf einem Bein stehend. 6) Auf seine politischen Kontakte angesprochen. 7) Vor Wut zitternd. 8) So gesehen. 9) Vom / Durch den Anblick des Unbekannten erschreckt. 10) Genau genommen. 11) In einer Musikerfamilie aufgewachsen. 12) Von Zweifeln geplagt, 13) Mühsam nach Worten suchend, 14) In Zahlen ausgedrückt,

9. 1) Ich käme nicht damit aus. 2) Ich hätte sie ihm nicht verziehen. 3) Ich hätte sie erst am Samstag ausgeladen. 4) Ich hätte es nicht geritten. 5) Ich hätte ihr welche mitgebracht. 6) Ich würde sie auch an anderen Tagen zur Verfügung stellen. 7) Ich wäre noch / schon am Abend geflogen. 8) Ich wäre nicht hineingesprungen. 9) Ich hätte sie nicht vertrieben. 10) Ich hätte mich nicht daran gestochen. 11) Ich hätte es nicht abgerissen. 12) Ich hätte ihr nicht dazu geraten. 13) Ich hätte sie nicht widerrufen. 14) Ich wäre bald verschwunden. 15) Ich hätte ihn nicht darum gebeten. 16) Ich hätte ihn niemandem / nur wenigen empfohlen. 17) Ich würde ihn nicht / nie mehr anrufen wollen. 18) Ich hätte einen gewusst. 19) Ich hätte mich nicht dazu gezwungen. 20) Ich hätte mich bei einer anderen Firma beworben. 21) Ich hätte mich nicht mehr umgezogen. 22) Ich hätte ihm nichts verprochen.

10. 1) Hätte Herr Schütz kommen können, (dann) wäre die Diskussion interessanter gewesen. 2) Wenn er darauf bestanden hätte, hätte ich den Bericht umgeschrieben. 3) Hätte man sie nicht gestützt, so wäre sie hingefallen. 4) Hätte er Geld gehabt, hätte er Ralf welches geliehen. 5) Es wäre traurig gewesen, wenn es allein hätte gehen müssen. 6) Wenn sie sich beeilt hätte, hätte sie den Bus noch erreicht. 7) Wenn sie sich nicht zufällig begegnet wären, wäre es zu keinem Gespräch gekommen. 8) Hätte er die Beute nicht im Wald vergraben, wäre sie gefunden worden. 9) Hätten wir von dem Stau / davon gewusst, hätte rufen hören, wäre der Bergsteiger nicht gerettet worden.

11. 1) Hätte sich nur / doch etwas geändert!. 2) Hätte sie sie nur / doch erlaubt!. 3) Hätte sie ihn nur / doch vergessen!. 4) Hätte sie nur / doch geheiratet!. 5) Wäre er nur / doch gewählt worden! (oder: Hätte man ihn nur / doch gewählt!). 6) wäre er nur / doch nachsichtig(er) gewesen!. 7) Wäre sie nur / doch schon zu Ende!. 8) Hätte sie es nur / doch gespart!. 9) Wenn es mir doch einmal gelingen würde! / Würde es mir doch einmal gelingen!. 10) Hätte sie nur / doch darauf verzichtet!. 11) Hätte sie sich nur / doch geweigert!. 12) Wäre er nur / doch Apotheker geworden! 13) Hätte man sie nur / doch gesenkt! / Wären sie nur / doch gesenkt worden! 14) Wäre es ihm nur / doch eingefallen! 15) Wenn sie sich doch überzeugen liessen! Würden sie sich nur / doch überzeugen lassen! / Liessen sie sich nur / doch überzeugen! 16) Wäre sie nur / doch eingeladen worden! 17) wäre er nur / doch ausgestiegen!

12. Fühlen Sie sich, als ob Sie zu Hause wären!. 2) Hannes sass da, als hätte man ihn (soeben / gerade) zum Präsidenten gewählt. 3) Machte er nicht den Eindruck, als hätte er (etwas) gestohlen? 4) Es ging zu, als würde man eine Hochzeit feiern. 5) Er schrieb ihr Briefe, als wäre er in sie verliebt. 6) Wir begrüssten uns, als würden wir uns schon lange kennen. 7) Er trat auf, als würde ihm das Haus gehören. 8) Rüdiger sieht nicht aus, als würde er Sport treiben. 9) Der Verlierer des Wettkampfes strahlte, als hätte er gewonnen. 10) Man meidet ihn, als hätte er ein Verbrechen begangen/verübt. 11) Es sah aus, als wäre Gas explodiert. 12) Sie lag da, als hätte sie das Bewusstsein verloren. 13) Es kommt mir vor, als wäre der Roman abgeschrieben (worden). 14) Sie behandelte Rudi, als wäre sie mit ihm verheiratet. 15) Er rannte an uns vorbei, als wäre er aus dem Gefangnis entflohen / geflohen / geflüchtet. 16) Es sieht nicht (danach) aus, als würde es bald regnen. 17) Es schien, als wäre die Stadt ausgestorben. 18) Sie fühlte sich, als wäre sie operiert worden. 19) Tu nicht so, als würde Geld für dich keine Rolle spielen.

13. 1) Welche jungen Angestellten erledigen unsere vielen Arbeiten? 2) Alle deutschen Bauern tragen ziemlich alte Schuhe. 3) Euer kleiner Junge erreichte keine schlechten Ergebnisse. 4) Wessen wilde Hasen fressen diese weiss-blauen Fahnen? 5) Jene älteren Damen sammelten unzählige alte Uhren. 6) Zwei gefangene Löwen schleppten einige schwere Kisten. 7) Ein paar städtische Beamte kauften sich allerlei verbotenen Lesestoff. 8) Ihr lieben alten

Freunde schätzt dieselben italienischen Weine. 9) Sämtliche grosse(n) Tiere knackten solch harte / solche harten Nüsse. 10) Nur wenige starke Männer klettern auf irgendwelche hohe Bäume. 11) Meine vielen Kinder trugen mancherlei schwierige Namen. 12) Antons erster weiter Sprung überraschte seine nahen Verwandten. 13) Viele ehemalige Offiziere besitzen manch wertvolle /manche wertvollen Alben. 14) Folgender wichtige Paragraph gilt für bestimmte afrikanische Tierarten. 15) Besonders unhöfliche Leute liessen zahlreiche leere Flaschen zurück. 16) Zahllose neugierige Mädchen erlebten etwas völlig Unglaubliches. 17) Beide russische(n) Zaren verwendeten andere wirksame Methoden.

14. **a)** womit viele gerechnet hatten. b) was kaum jemanden überraschte. c) was allgemein befürchtet worden war. d) wodurch eine Regierungskrise ausgelöst wurde. e) worüber sich besonders die Oppotisionsparteien freuten. f) dessen Amtsführung die Presse star kritisiert hatte g) der erst Anfang des Monats ernannt worden war.

a) deren Geschichte bis in das 9. Jahrhundert zurückreicht. b) die ein wechsvolles Schicksal hatte. c) deren alte Häuser noch heute bewohnt werden. d) von der schon meine Grossmutter schwärmte. e) von deren Existenz bei uns nur wenige wussten. f) in der / wo viele Menschen leben wollen. g) über die man viele Lieder singt. h) deren frühere Bewohner Kaufleute waren. i) an die Sie noch lange denken werden.

15. **a)** Wer hier noch nie war, für den ist die Umstellung ziemlich schwierig. b) Wem es dort gefällt, der kann seinen Aufenthalt verlängern. c) Wem es zu kalt ist, der soll sich den Mantel anziehen. d) Wen sie nicht kennt, zu dem hat sie kein Vertrauen. e) Wer als letzter geht, (der) muß die Tür zuschliessen. f) Wer nicht hören will, dem kann nicht geholfen werden. g) Mach nichts, wovon du nichts verstehst! h) Bald erlebt sie etwas, worüber sie sehr überrascht sein wird.

a) Sie ist kritisch gegenüber allem, was er vorschlägt. b) Ich sah nur weniges, was mich interessierte. c) In vielem, was er sagt, sind wir einer Meinung. d) Dasselbe, was die anderen Kinder schon gemalt haben, will Benjamin nicht malen. e) Das Interessanteste, was dort passiert ist, erzähle ich Ihnen später. f) Sie teilte mit uns das wenige, was sie hatte. g) Ich kann nur empfehlen, was ich selbst gegessen habe.

16. 1) schon.. noch nicht.. erst. 2) nur mehr / nur noch..schon.. noch, 3) noch.. nichts mehr. 4) noch nicht,, erst. 5) allein / nur. 6) noch.. schon. 7) noch niemand. 8) schon.. keine.. mehr. 9) allein. 10) nicht mehr. 11) erst. 12) schon.. niemand mehr 13) allein 14) schon.. erst.. schon.. noch nie 15) schon.. schon.. erst.. noch 16) allein

17. 1) auf. 2) Mit / Ab. 3) auf. 4) in.. an. 5) an. 6) auf. 7) Auf.. aufs. 8) zu. 9) zu. 10) ohne. 11) Statt. 12) unter 13) bis auf 14) in.. am 15) auf 16) gegen 17) auf 18) auf 19) ausser 20) über 21) bei 22) zwischen 23) Bei 24) In 25) mit 26) nach 27) Auf 28) an. auf 29) ab 30) an 31) für 32) Für 33) Aus.. gegen

18. 1) Auf. 2) ausser. 3) bis zu. 4) über. 5) unter. 6) oberhalb. 7) unter. 8) Im. 9) Vor. 10) Auf. 11) im. 12) Am 13) unterhalb 14) Zum 15) Innerhalb.. auf.. in 16) mit.. bei 17) gegen 18) Bei.. von 19) an 20) ausserhalb 21) auf 22) von.. auf 23) Zur 24) von.. zu 25) Oberhalb 26) Zu 27) über 28) aus 29) in.. durch 30 von.. auf. um 31) Für 32) unter 33) gegenüber

19. 1) Mittels. 2) abseits. 3) zugunsten. 4) Laut. 5) samt. 6) Anlässlich. 7) Wider. 8) Dank. 9) Ungeachtet. 10) zufolge. 11) entgegen. 12) Gemäß 13) Laut 14) Infolge 15) Kraft 16) Angesichts 17) jenseits 18) Entgegen 19) binnen 20) um.. willen 21) mangels

20. 1) Viele Studenten sind von staatlicher Hilfe abhängig. 2) Mancher Politiker ist von seiner Unersetzlichkeit überzeugt. 3) Diese Familie ist reich an musikalischen Talenten. 4) Die Öffentlichkeit ist gespannt auf den Ausgang des Prozesses. 5) Jeder einzelne ist für den Schutz der Umwelt verantwortlich. 6) Die Maschine ist nur für grössere Betriebe geeignet. 7) Mütter sind oft auf ihre Schwiegertöchter eifersüchtig. 8) Das Arbeitsamt ist bei der Stellensuche behilflich. 9) Egoisten sind blind für die Bedürfnisse / gegenüber den Bedürfnissen ihrer Mitmenschen. 10) Kleine Vereine sind meist auf Zuschüsse angewiesen. 11) Der Veranstalter ist über die geringe Beteiligung enttäuscht. 12) Charakteristisch für Delphine ist ihre hohe Intelligenz. 13) Diktatoren sind misstrauisch gegenüber jedem Menschen. 14) Die Kinder sind müde von der langen Busfahrt. 15) Beide Staaten sind zu einem Waffenstillstand bereit. 16) Viele Menschen sind von der neuen Sportart begeistert. 17) Wer ist für die Planung der Reise zuständig? 18) Schuld an der Missernte ist die monatelange Dürre. 19) Der Patient ist seit gestern frei von Beschwerden. 20) Der Sänger ist bei jung und alt beliebt. 21) Das Paket ist für eine Firma in Brasilien bestimmt.

21. 1) Der Vogel ist der alten Frau entflogen. 2) Der Flüchtling ist seinen Verfolgern entkommen. 3) Der Fehler ist mir entgangen. 4) Aus dem Ballon ist Luft entwichen. 5) Der Beamte wurde entlastet. 6) Das Boot muß entladen werden. 7) Die Lag hat sich entsannt. 8) Der Hausbesitzer wurde enteignet. 9) Der Boden mußte entwässert werden. 10) Sie entriss ihm den Brief. 11) Dem betrunkenen Fahrer wurde der Führerschein entzogen. 12) Dem Patienten wurde der Gipsverband entfernt. 13) Morgen wird das Denkmal enthüllt. 14) Die Rebellen wurden entwaffnet. 15) Von dem Orkan wurden Bäume entwurzelt. 16) Autoabgase müssen entgiftet werden.

22. 1) Er ist erkrankt. 2) Sie errötete. 3) Es erfrischt. 4) Sie erleichtern die Arbeit. 5) Sie erfreuen uns. 6) Sie wurde erhitzt. 7) Er muß erneuert werden. 8) Er erwärmt das Zimmer. 9) Es war früh ergraut. 10) Sie ist erkältet. 11) Sie erhöhte sich. 12) Er erklärt uns Regeln. 13) Sie ermöglichte ihm das Studium. 14) Er erbleichte. 15) Er erhellte die Nacht. 16) Er ist erwacht. 17) Liebe lässt sich nicht erzwingen. 18) Sie erleuchtete die Höhle. 19) Er hat euch ermüdet. 20) Sie erschwert ihm das Leben. 21) Ergänzen Sie die Endungen. 22) Niemand erriet das Geheimnis. 23) Fast waren sie erstickt. 24) Sie sind erfroren. 25) Sie haben sich ein Häuschen erspart.

23. 1) verhört. 2) verschrieben. 3) verloren. 4) verrechnen. 5) verflogen. 6) versalzen. 7) verfahren. 8) verschlafen. 9) vergessen. 10) verlaufen. 11) verwechselt. 12) verschätzt 13) verspätet 14) verdrehen 15) verleg 16) verpasst / versäumt 17) versprochen

24. 1) verkannt. 2) versäumt / verpasst. 3) verfehlt / verpasst. 4) verschüttet / vergossen. 5) Versehen. 6) verfehlt. 7) verstaucht. 8) verlernt. 9) verstimmt. 10) versagt. 11) vermessen. 12) verbaut 13) verrutscht 14) vertippte 15) verirren 16) verbogen 17) verschiebt 18) verwählt 19) verschossen

25. 1) Sie muß verkürzt werden. 2) Sie müssen vernichtet werden. 3) Sie muß verbessert werden. 4) Sie müssen verbilligt werden. 5) Es mußte verbreitet werden. 6) Sie muß vertieft werden. 7) Es muß verschärft werden. 8) Er mußte verstärkt werden. 9) Er muß verlängert werden. 10) Sie muß verschönert werden. 11) Sie muß verteuert werden. 12) Er muß verboten werden. 13) sie müssen vereinigt werden. 14) Sie muß verkleinert werden. 15) Sie mußten verfeinert werden. 16) Sie muß versperrt werden. 17) Es muß versteckt werden. 18) Es muß verdunkelt werden.

26. 1) Man sollte sie verringern / vermindern. 2) Man hätte sie verdünnen sollen. 3) Man sollte ihn veröffentlichen. 4) Ihr hättet sie vereinfachen sollen. 5) Man sollte ihn versetzen. 6) Man sollte sie verstaatlichen. 7) Man hätte es verpflanzen sollen. 8) Man sollte es (wieder) verwerten. 9) Man sollte sie auf alle verteilen. 10) Man hätte es vervollständigen sollen. 11) man sollte sie verdreifachen. 12) Man hätte sie verschieben / verlegen sollen. 13) Man sollte sie besser verpacken. 14) Man sollte sie vereinheitlichen. 15) Man sollte es nicht verheizen. 16) Man sollte ihn verdoppeln.

27. 1) verwittert. 2) verwandelt. 3) verschlechtert. 4) verwest. 5) verstellt hatte. 6) veraltet. 7) verschmutzt. 8) verschlimmert hatte. 9) verkümmert war. 10) verarbeitet. 11) verstopft. 12) verarmt 13) verweht 14) verlangsamt 15) verjagt / vertrieben 16) versenkt 17) versöhnt 18) verschlossen 19) verdunkelt 20) verfallen

28. 1) zebrochen. 2) zerschlagen. 3) zerrissen. 4) zerschnitten. 5) zerstört. 6) zerkratzt. 7) zergeht. 8) zerfällt. 9) zerfressen. 10) zerbissen. 11) zerlegt. 12) zerfetzt 13) zerschellt 14) zertreten 15) zersetzt 16) zerdrückt 17) zerknittern 18) zerkleinern 19) zerstreut 20) zerbrechen 21) zerstochen 22) zerstritten 23) zerronnen

29. 1) durchgebrochen. 2) durchdrungen. 3) durchgeschnitten werden. 4) durchgelaufen. 5) durchgeschaut. 6) durchgefragt. 7) durchgefahren. 8) durchgesetzt. 9) durchsucht. 10) durchbrochen. 11) durchschaut. 12) durchlaufen 13) durchgenommen 14) durchgeschrieben 15) zu durchbohren 16) durchgearbeitet 17) durchdacht 18) durchgemacht 19) durchzuatmen 20) durchgetanzt

30. 1) überfüllt. 2) zu überblicken. 3) übergangen. 4) überwacht. 5) überzusetzen. 6) überarbeitet. 7) überzutreten. 8) zu überarbeiten. 9) zu übersehen. 10) übergegangen. 11) übergegriffen. 12) übergelaufen 13) übersetzt 14) zu überziehen 15) übergelaufen 16) überspielt 17) übersprungen 18) übertroffen 19) überzuziehen 20) übernommen

31. umgefahren. 2) umgebracht. 3) zu umgehen. 4) umkreist. 5) umzudrehen. 6) zu umfahren. 7) zu umschreiben. 8) umzustellen. 9) umarmt. 10) umgewandelt. 11) umzugehen. 12) umstellt 13) umgeschrieben 14) umgeben 15) umringt 16) umgebildet 17) umfasste 18) umgestossen 19) umzurechnen 20) umstanden 21) umzuhängen 22) umgerissen 23) umzukehren

32. 1) untergegangen war. 2) zu unterbrechen. 3) unterstrichen werden. 4) unterzubringen. 5) untergeschoben. 6) unterzuordnen. 7) unterdrückt. 8) unterzukommen. 9) unterzutauchen. 10) zu unterscheiden. 11) unterschätzt hatte. 12) zu unterlassen 13) sich unterzustellen 14) unterschrieben war 15) unterlaufen 16) untersucht 17) zu unterrichten

18) untergekommen 19) untervermietet 20) zu unterhalten 21) zu unterbieten 22) zu unterziehen

33. 1) kommen. 2) gehen. 3) gehen. 4) bringen. 5) getrieben. 6) weisst. 7) machen. 8) nehmen. 9) treiben. 10) gestellt. 11) machen. 12) genommen 13) gestellt 14) leistet 15) geführt

34. 1) steht. 2) legt. 3) hältst. 4) machen. 5) kommen. 6) geraten. 7) spielen. 8) nehmen 9) setzen. 10) machen. 11) nehmen. 12) kommt 13) geschlossen 14) gehen 15) kam 16) kommen

35. 1) erleidet. 2) geraten. 3) nehmen. 4) gefasst. 5) gestellt. 6) stehe. 7) spielen. 8) nehmen. 9) setzen. 10) erhoben. 11) genommen. 12) werfen 13) nahm 14) treffen 15) gestellt 16) machen.

36. 1) eine Gelegenheit bieten / ergeben würde. 2) einen Kredit aufnehmen. 3) in meine Lage versetzt. 4) eine Auswahl zu treffen. 5) zum Erliegen gekommen. 6) Gesellschaft leisten. 7) Mangel herrscht. 8) die Konsequenzen gezogen. 9) die Kosten tragen. 10) in Kraft tritt. 11) Druck auszuüben. 12) Kritik übte 13) zur Last geworden 14) in Kauf nehmen

37. 1) auf Kritik gestossen. 2) Rücksicht nehmen. 3) zur Sprache gebracht. 4) ein Verbrechen begeht / verübt. 5) Massnahmen getroffen / ergriffen. 6) in Streik getreten. 7) die Verantwortung übernehmen. 8) Stellung nehmen. 9) Verdacht schöpfte. 10) in Vergessenheit geriet. 11) eine Möglichkeit ergibt. 12) einen Dienst erwiesen / geleistet 13) Vertrauen schenkt 14) Widerstand leistete 15) ein Zusammenhang besteht 16) zum Stillstand gekommen

38. das Urteil gefällt. 2) ihre Tätigkeit aufnehmen. 3) die Flucht ergriffen. 4) Aufsehen erregt. 5) sich in ärztliche Behandlung begeben. 6) in Erwägung gezogen. 7) einen Eid zu leisten. 8) Frieden schliessen. 9) Gefallen findet. 10) einen Sieg errungen. 11) eine Falle stellen. 12) Verständnis aufbringen 13) zu Wort melden 14) eine Auswahl zu treffen 15) Notiz nehmen 16) Mut fassen 17) Glauben schenken 18) Anzeige erstatten

39. 1) Soll ich die Möbel schon hinaustragen? 2) Möchtest / Willst du jetzt wirklich noch einen Spaziergang machen? 3) Jeder darf sich seinen Wohnort wählen. 4) Der Motor muß überprüft werden. 5) Könnten Sie diese Summe aufbringen? 6) Maria wollte sich nie fotografieren lassen. 7) Wir werden wohl einen Anwalt nehmen müssen. 8) Mußte der Spender genannt werden? 9) Jeder bemerkt, dass er sich nicht konzentrieren kann. 10) Er wollte auf fremde Ratschläge nicht hören. 11) Wir mussten zurückfahren. 12) Er konnte nicht einmal den Löffel halten. 13) Nach vier Jahren durfte er ausreisen. 14) Das Gefäss muß verschlossen werden.

40. 1) Er wollte gerade zu Bett gehen, da klingelte es. 2) Mit der Operation darf man nicht länger warten. 3) Du sollst nicht töten. 4) Er konnte sich in jeder Lage helfen. 5) Du darfst jetzt nicht aufgeben. 6) Seine Kinder sollen es einmal leichter haben als er. 7) Man soll / muß Bedürftige unterstützen. 8) Mußte man wirklich so genau kontrollieren? 9) so ein Unglück darf sich nicht wiederholen. 10) Nur Mitglieder dürfen die Räume betreten. 11) Wir konnten einfach nicht mehr. 12) Sie könnten uns mal wieder besuchen. 13) Das Finanzamt muß nicht unterrichtet werden. 14) Er will einen Verein gründen. 15) Man muß sie einfach in die Arme nehmen. 16) Du sollst zum Chef kommen. 17) Darf ich Sie ein Stück begleiten? 18) Er will

auf das Erbe nie verzichten. 19) Wenn man ihm zusieht, muß man lachen. 20) Niemand darf anderen Leuten Vorschriften machen. 21) Sie wollte schon immer Kinder haben.

41. 1) Morgen hättest du Gelegenheit / die Möglichkeit, mit dem Stadtrat zu sprechen. 2) Er spricht fliessend Arabisch. 3) Er war gezwungen, Kredite aufzunehmen. 4) Eltern sind verpflichtet / haben die Pflicht, ihre Kinder zur Schule zu schicken. 5) Dieses Gerät braucht eine gute Pflege. 6) Ich habe keine Lust, dauernd dieses Gejammer zu hören. 7) Österreich hat die Absicht / beabsichtigt, das Kulturabkommen mit Japan zu varlängern. 8) Dieter hatte nie den Willen, sich zu bessern. 9) Weder Staatsbürger hat das Recht, sich frei zu informieren. 10) Ich bin nicht berechtigt / befugt, Ihnen darüber Auskuft zu geben. 11) Was trinken Sie? 12) Hätten Sie etwas dagegen, wenn ich meinen Freund mitoringe? 13) Es war den Kindern Verboten / nicht erlaubt, in der Garage zu spielen. 14) Der Direktor will euch sprechen. 15) Erwartet man / Erwarten Sie, dass ich heute noch damit anfange? 16) Der neue Minister hat die Aufgabe / Aufgabe des neuen Ministers ist, es den Umweltschutz zu verbessern. 17) Herr Stiehler bittet Sie, ihn anzurufen. 18) Ich hätte Lust, heute abend tanzen zu gehen. / Ich würde heute abend gern tanzen zu gehen. / Ich würde heute abend gern tanzen gehen. 19) Das Mädchen hat den Wunsch, später einmal Kosmetikerin zu werden. / würde später einmal gern Kosmetikerin werden.

42. 1) Der Kerl muß verrückt sein. 2) Sie muß ihn gemocht haben. 3) Ich kann mich nicht verlesen haben. 4) Petro will von ihm nie eingeladen worden sein. 5) Du solltest dich dort mal vorstellen. 6) Der Verurteilte soll begnadigt worden sein. 7) Sie dürften Schnaps geschmuggelt haben. 8) Er dürfte Herrn Haderlein nicht mehr zu Hause angetroffen haben. 9) Der Vorsizende soll nächste Woche zurücktеten. 10) Der Knochen dürfte 40.000 Jahre alt sein. 11) Er will der beste Arzt der Stadt sein. 12) Sie müssen mich nicht abholen. 13) Sie als Mutter sollten das wissen. 14) Heinz dürfte alles vorbereitet haben. 15) Wer anders hätte das Baby retten können? 16) Die Pflanze dürfte vertrocknet sein. 17) Diese Tiere wollen gut gepflegt sein. 18) Du sollst sie anrufen. 19) Mein Nachbar konnte nie rechnen. 20) Hast du viel tun müssen? 21) Firmen müssen mangelhafte Ware umtauschen.

43. 1) Was mag damals passiert sein? 2) Diese Gelegenheit sollte man nutzen. 3) Sollte / konnte sie sich in Markus getäuscht haben? 4) Mag / Soll er doch hinfahren, wo er will!. 5) Er mag ein hervorragender Wissenschaftler sein (doch..). 6) Niemand will es gewesen sein. 7) Du solltest als erster da sein. 8) Sie sollte / müßte eigentlich Bescheid wissen. 9) Er kann jeden Moment erscheinen. 10) An wen mag er jetzt (wohl) denken? 11) Was mag wohl in dem Päckchen gewesen sein? 12) Du hättest (ruhig) den Rasen mähen können. 13) Sollte der Druck steigen, muß man das Gerät abschalten. 14) Der Täter kann / könnte ein Familienmitglied sein. 15) Soll / Mag sie mit diesem Kerl glücklich werden! 16) Er sollte diese Frau nie wiedersehen. 17) Es dürfte bald regnen. 18) Mag sie noch so klug sein erraten wird sie es nie. 19) Er sollte sich bei dir entschuldigen. 20) So viel Urlaub wie Sie sollte / müßte man haben. 21) Die Nachbarin will den Betrag sofort überwiesen haben.

44. 1) Leider ist es mir unmöglich / bin ich nicht in der Lage, dir eine so hohe Summe zu leihen. 2) Du hättest das besser nicht getan. / Es wäre besser gewesen, wenn du das nicht getan hättest. 3) Zu diesem Essen empfehle ich Ihnen trockenen Weisswein. 4) Nach einem Bericht der Zeitung / Einem Bericht der Zeitung zufolge / Wie die Zeitung berichtet, wurde die Gruppe vom Papst empfangen. 5) Ich würde Ihnen empfehlen / raten, sich bei einem Fachmann zu erkundigen. 6) Ist es erlaubt, hier zu rauchen? / Erlauben Sie, dass ich hier rauche? 7) Es ist nicht nötig / notwendig, dass uns Gustav geschrieben hat. 9) Die Reise wird etwa 3000 Mark kosten. 10) Ich habe gehört, dass sich Felix einen Computer gemietet hat. 11) Der Motor springt einfach nicht an. 12) Wir müssen verhindern, dass die Presse davon erfährt. 13) Herr Schulz bittet Sie, ihn um fünf Uhr anzurufen. 14) Sie wäre ausserstande (nicht imstande / nicht in der Lage, so eine anstrengende Tour zu machen. 15) War es möglich / denkbar, dass er sich verrechnet hatte? 16) Diese Arznei muß (unbedingt) vor Kindern geschützt werden. / muß man vor Kindern schützen. 17) Uns blieb nichts anderes übrig, als für Klaus zu zahlen. 18) Es war dem Kind verboten / Man hatte dem Kind verboten / nicht erlaubt, in fremde Autos zu steigen. 19) Es ist ausgeschlossen, dass er der Dieb war.

45. 1) Ich bin wirklich nicht schuld (daran). 2) Ich bin sicher / überzeugt, dass sich die beiden kannten. / Zweifellos / Bestimmt haben sich die beiden gekannt. 3) Es würde dir nicht schaden, etwas im Garten zu arbeiten / Etwas Gartenarbeit würde dir nicht schaden. 4) Margarete behauptet, dass sie dreimal in Amerika war / dreimal in Amerika gewesen zu sein. 5) Sie werden aufgefordert, sich sofort zu melden. 6) Es ist mir egal, was er von mir hält. 7) Ich begreife einfach nicht, dass sie so plötzlich abgesagt hat. 8) Falls du am Samstag Zeit hast, ruf mich an. 9) Es wäre notwendig / nötig, dass Eduard bei diesem Gespräch dabei ist. 10) Man sollte / muß (sich) diesen Plan gut überlegen. 11) Warum regen sich die Leute so auf? 12) Glauben Sie bitte nicht, dass ich böse auf Sie bin. 13) Meiner Schätzung nach war der Mann etwa 50 Jahre alt. 14) Es würde mich wundern, wenn sie heute schon käme. 15) Ich bestreite nicht, dass sie eine gute Ärztin ist; trotzdem ist sie mir unsympathisch. 16) Woran dachte er jetzt wohl? 17) Die Behörde genehmigte die Sonntagsarbeit. 18) Da ist nichts zu machen / läßt sich nicht machen. 19) Sie denkt nicht an Heirat. / daran zu heiraten. 20) Es wäre schön, wenn er schon da wäre.

46. 1) Man plant eine Wiederholung der Sendung, zumal das Interesse der Hörer sehr gross ist. 2) Die Aufgabe ist so umfangreich, dass einer allein sie nicht bewältigen kann. 3) Herr Moser ist 65 Jahre alt; er hat somit Anspruch auf eine Altersrente. 4) Warum soll Philipp nicht mitfahren, wo wir doch gute Freunde sind? 5) Wir konnten Arthur nicht mehr einholen, denn er hatte einen zu grossen Vorsprung. 6) Die Innenstadt war für den Verkehr gesperrt, weshalb wir zu Fuß weitergehen mußten. 7) Ich verstehe von Ökologie zu wenig, als dass ich das Problem beurteilen könnte. 8) Diese Methoden werden nicht mehr angewendet; sie sind nämlich schon veraltet. 9) Wir müssen dem Kind zum Geburtstag ein Rad schenken, wo es sich doch schon so lange darauf freut. 10) Der Erfolg dieser Firma ist um so erstaunlicher, als der Staat von einer Wirtschaftskrise betroffen ist.

47. 1) Ich bin zu müde, um mir heute noch einen Vortrag anzuhören. 2) Der Chef hatte zunächst Verkaufsabsichten bestritten; daher kam die Nachricht um so überraschender. 3) Katharina hatte nicht genug Mehl, um eine zweite Torte zu backen / backen zu können. 4) Der Hund

hatte (eine) solche Angst, dass auf übermorgen verlegt werden; der Anwalt ist morgen nämlich verhindert. 6) Diana ist schon zu alt, um noch mit Puppen zu spielen / spielen zu wollen. 7) Seine Erkrankung ist um so beunruhigender, als er sein Leben lang gesund war. 8) Jürgen ist sehr sparsam; daher wird er mit weniger Geld auskommen. 9) Herr Kolbe hat bei der Wahl 65% der Stimmen erhalten und ist somit der neue Vorsitzende. 10) Die Entfernung war so gross, dass sie sich durch Rufen nicht verständigen konnten. 11) Das Angebot ist zu günstig, als dass ich es ablehnen könnte.

48. 1a) Falls / Wenn nichts dazwischen kommt, ist Hedwig um 7 Uhr da.

b) Hedwig ist um 7 Uhr da, es sei denn, etwas kommt dazwischen.

c) Hedwig ist um 7 Uhr da, vorausgesetzt, dass nichts dazwischenkommt.

2a) Wenn /Falls die Trockenheit anhält, muß mit Wasser gespart werden.

b) Es muß mit Wasser gespart werden, es sei denn, es regnet bald.

d) Sollte die Trockenheit anhalten, (so) muß mit Wasser gespart werden.

3a) Wenn /Falls meine Uhr richtig geht, ist es jetzt fünf vor acht.

b) Es ist jetzt fünf vor acht, es sei denn, meine Uhr geht falsch.

c) Es ist jetzt fünf vor acht, vorausgesetzt, meine Uhr geht richtig.

4a) Wenn /Falls die Busfahrer auch morgen noch streiken, (dann) fahren wir mit dem Wagen zur Arbeit.

b) Wir fahren mit dem Wagen zur Arbeit, es sei denn, die Busfahrer brechen ihren Streik ab.

d) Sollten die Busfahrer auch morgen noch streiken, so fahren wir mit dem Wagen zur Arbeit.

5a) Falls wir keine Panne haben, kommen wir um sechs Uhr in Salzburg an.

b) Wir kommen um sechs Uhr in Salzburg an, es sei denn, wir haben eine Panne.

c) Wir kommen um sechs Uhr in Salzburg an, vorausgesetzt, wir haben keine Panne.

49. 1) Ich fahre mit dem 8-Uhr-Zug, es sei denn, es gibt eine bessere Verbindung. 2) Hoffentlich bekommen wir den Saal; andernfalls kann die Varanstaltung nicht stattfinden. 3) Je häufiger Nicole Deutsch spricht, um so schneller wird sie die Sprache beherrschen. 4) Gesetzt den Fall, Ihr Hund verursacht einen Unfall, (so) müssen Sie sofort die Versicherung verständigen. 5) Frau Reichert muß schriftlich eingeladen werden, sonst will sie nicht kommen. 6) Sofern der Verurteilte keinen Widerspruch einlegt, ist das Urteil rechtskräftig. 7) Wie hätte man die Bergsteiger retten können, wenn man keinen Hubschrauber gehabt hätte. 8) Wenn Volker seinen Paß nicht doch noch findet, muß er auf den Ausflug verzichten. 9) Die Schiffe müssen im Hafen bleiben, es sei denn, der Sturm lässt nach. 10) Was würden Sie tun, wenn Sie Präsident wären? 11) Diese Reise bringt ihnen (großen) Nutzen, vorausgesetzt, Sie sprechen Französisch. 12) Je eher / früher du dich bewirbst, desto bessere Chancen hast du.

50. Je eher / früher du kommst, um so lieber ist es mir. 2) Je länger es sprach, um so unruhiger wurden die Zuhörer. 3) Je weniger / mehr Sie selbst erledigen können, auf um so mehr /

weniger Mitarbeiter sind Sie angewiesen. 4) Je knapper das Warenangebot ist, um so mehr erhöhen sich die Preise. 5) Je länger Melanie Herrn Schäfer kannte, desto mehr gefiel er ihr. 6) Je früher du dich an der Kasse anstellst, um so bessere Karten bekommst du. 7) Je weniger Zeit man hat, um so mehr weiss man sie zu schätzen. / Je mehr Zeit man hat, um so weniger weiss man sie zu schätzen. 8) Je mehr Sie verdienen, mit um so höheren Steuern müssen Sie rechnen. 9) Je weiter wir uns von der Fabrik entfernten, um so schwächer wurde der Lärm. 10) Je weiter das Projekt fortschritt, mit um so mehr Schwierigkeiten mußte man kämpfen. 11) Je länger wir unterwegs waren, um so mehr zweifelten wir am Sinn unserer Reise. 12) Je weiter die Truppen vorrückten, auf um so heftigeren Widerstand stiessen sie.

51. 1) Die Arbeitslosigkeit nimmt (zwar) zu; dennoch hält die Regierung an ihrer Wirtschaftspolitik fest. 2) Mag dieses Verfahren auch umständlich sein, wir haben keine andere Wahl. 3) Man schrieb den Eltern sofort; die meisten konnten indessen nicht mehr erreicht werden. 4) So verlockend die Angebote auch waren, sie konnte sich für keins (davon) entscheiden. 5) Er hatte zwar nur mehr sechs Wochen Zeit, schaffte aber die Diplomarbeit noch. 6) So ungerecht ihm das Testament auch erschien, er konnte es nicht ändern. 7) Viele wären verärgert; gleichwohl wagte keiner zu widersprechen. 8) So laut Gerhard in der Schule ist, so still ist er zu Hause. 9) Helga ging ihren Weg, selbst wenn den anderen ihr Verhalten nicht gefiel. 10) Obwohl es ihm schwer fiel, mußte er sich mit der Teilung des Grundstücks abfinden.

52. 1) Wenngleich wir gegen Teile des Entwurfs Einwände hatten, stimmten wir ihm zu. 2) So gut die Expedition auch vorbereitet war, sie mußte scheitern. 3) Wann immer ich an dem Haus vorbeikomme, brennt dort kein Licht. 4) Auch wenn die Mannschaft ihr Bestes gab, konnte sie die Niederlage nicht verhindern. 5) Der Rechtsanwalt hatte zwar schon einen Teilerfolg errungen; gleichwohl setzte er den Kampf fort. 6) Was immer sie tat, der Chef war nie zufrieden mit ihr. 7) Zwar hatten die Gewerkschaften zum Generalstreik aufgerufen, dennoch blieben die meisten Geschäfte geöffnet. 8) Sosehr er auch suchte, die geheimnisvolle Unbekannte blieb verschwunden. 9) Auch wenn der Kurs (sie) all ihre Ersparnisse kostete / kosten sollte, war sie zur Teilnahme entschlossen. 10) So unfähig er auch ist, er hält sich für den besten Kandidaten.

53. a) um mehr Studenten aufnehmen zu können. b) um andere Hochschulen zu entlasten. c) um das Lehrangebot erweitern zu können. d) um die Chancen für junge Wissenschaftler zu verbessern.

a) um Entlassungen zu vermeiden. b) damit die Beschäftigten mehr Freizeit haben c) um einen Konflikt mit der Gewerkschaft zu verhindern / vermeiden. d) um Streiks vorzubeugen.

a) um die Zahl der Verkehrstoten zu vermindern / verringern / senken. b) um weitere Massenunfälle zu verhindern / um weiteren Massenunfällen vorzubeugen. c) um die Umweltbelastung durch Abgase zu vermindern. d) um die Autofahrer zu einer ruhigeren Fahrweise zu zwingen.

54. 1) Statt bedient zu werden, mußte Oma alle bedienen. 2) Statt dass uns jemand behilflich war, schauten uns die Leute nur bei der Arbeit zu. 3) Der Geiger nahm ein

Beruhigungsmittel, um das Konzert nicht absagen zu müssen. 4) Der Student arbeitete schon lange als Taxifahrer, ohne dass seine Familie davon etwas ahnte. 5) Statt zu schweigen, plapperte die Kleine alles aus. 6) Verwenden Sie niemals Methoden, ohne sie vorher überprüft zu haben. 7) Er will die Stadt kennen, ohne das Rathaus gesehen zu haben! 8) Statt sich zu versöhnen, stritten die Nachbarn weiter. 9) Zieh dir etwas Warmes an, damit du dich nicht erkältest! 10) Um Geld zu sparen, schliefen wir im Zelt. 11) Manchmal weinte sie, ohne zu wissen warum. 12) Er trägt eine Sonnenbrille, um nicht erkannt zu werden. 13) Informiere dich genau, damit du keine Zeit verlierst! 14) Beim Aufstieg machten wir mehrere Pausen, um unsere Kräfte zu schonen. 15) Versuch die Sache doch selbst, statt uns auszulachen!

55. 1) Einerseits wehren sich viele Bürger gegen den Bau neuer Straßen, andererseits will niemand auf die Benutzung seines Autos verzichten. 2) Herr Altmann half uns nicht nur bei den Vorbereitungen des Festes, sondern (er) gab uns auch einen Zuschuss. 3) Entweder du gibst mir den Ball freiwillig, oder ich hole meinen grossen Bruder!. 4) Einerseits wollen die Menschen immer mehr Freizeit, andererseits wissen sie nichts damit anzufangen. 5) Einerseits erwartet er vom Staat eine grosszügige Unterstützung, andererseits führt er einen aufwendigen Lebensstil. 6) Weder berichteten Hörfunk und Fernsehen über den Skandal, noch stand in den Zeitungen etwas darüber zu lesen. 7) Entweder nahm man Einzelunterricht, oder man konnte an Arbeitsgemeinschaften teilnehmen. 8) Unser Reisebegleiter beherrschte nicht nur die Landessprache, sondern er wußte auch in Geschichte und Kunst Bescheid. 9) Ich konnte das Buch weder in einem Geschäft auftreiben, noch fand ich es in der Stadtbibliothek.

56. 1) Von Erika wissen wir nichts; einmal für eine kleine Karte nimmt sie sich Zeit. 2) Wir können für zwei Gäste kaum Platz finden, geschweige denn eine ganze Gruppe unterbringen. 3) Er weiss nicht, wie man einen Wasserhahn repariert; er kann nicht einmal einen Nagel in die Wand schlagen. 4) Jährlich sterben Tausende von Menschen im Strassenverkehr, ganz zu schweigen von den zahllosen Verletzten. 5) Für die Nachmittagsvorstellung gibt es keine Karten mehr, geschweige denn für den Abend. 6) Die Übersetzung war längst nicht abgeschlossen; nicht einmal das erste Kapitel war fertig. 7) Man konnte ihr Zimmer nicht bezahlen, gechweige denn ihr Studium finanzieren. 8) Die Bibliothek enthält wertvolle Bücher, ganz zu schweigen von den kostbaren Handschriften. 9) Die Anrufe haben mir sehr geholfen, ganz zu schweigen von den vielen Briefen.

57. 1) Der Räuber liess sich festnehmen, ohne Widerstand zu leisten. 2) Obwohl Gerd sehr gern / am liebsten Wein trinkt. 3) Obwohl der Dozent (sehr) undeutlich sprach. 4) seit er wieder gesund ist. 5) Wenn sie glücklich war. 6) Da Michaela leidenschaftlich gern tanzt. 7) Wäre dieser Jugendliche in einer anderen Umgebung aufgewachsen. 8)Da starker Verkehr herrschte. 9) Falls die Zahl der Touristen zunimmt / sich erhöht / ansteigt. 10) Weil / Da er einen kritischen Artikel verfasst hatte. 11) Wenn er sich nicht ausreichend / so gut vorbereitet hätte. 12) Es wird oft bezweifelt, dass diese Staaten Hilfe brauchen. 13) Obwohl (ein) grosses Durcheinander herrschte, 14) Während seine Schwester sehr viel redet,

58. 1) Obwohl schon viele Soldaten gefallen waren. 2) Da die Ausweise bald ungültig werden. 3) Obwohl Miriam Krimis nicht mag / mochte. 4) hängt davon ab, wie gut sich die Teilnehmer orientieren können. 5) Obwohl die Firma in finanzielle Schwierigkeiten geraten war. 6) Es kommt darauf an, wieviel(e) Liter in den Tank gehen / der Öltank fasst/ enthält. 7), weil es Krebs hervorruft. 8) Je besser es den Menschen geht, um so mehr. 9) Da das Land (sehr) dicht besiedelt ist. 10) Keiner ahnte, warum sie gekommen war (en). 11) Obwohl die Zahl der Arbeitslosen um 3% zurückgegangen ist. 12) Wie wir Ihnen am 1.2. mitteilten, 13), dass er sich an den Vertrag halten werde. 14) Da beträchtlicher Sachschaden entsanden war, 15) Wussten Sie (davon), dass Schulsystem reformiert werden soll? 16) Ohne dass es (jemandem) auffiel, 17) so laut es konnte.

59. 1) beim Überschreiten der Grenze. 2) Bei jedem Gartenfest. 3) Nach dem dritten Mißerfolg. 4) Beim Grüssen. 5) Kurz vor der Explosion. 6) vor seinem Umzug. 7) Nach Einnahme der Tablette. 8)Erst nach Überwindung zahlreicher Schwierigkeiten. 9) Beim letzten Versuch. 10) Beim Verlassen des Hauses. 11) bei Tageslicht. 12) Während der Haft 13) Vor jedem Wurf.

60. 1) wegen seiner übertriebenen Sparsamkeit. 2) vor allem wegen ihres geringen Gewichts. 3) im Auftrag von Herrn Sailer. 4) Wegen ihrer ständigen Meinungsverschiedenheiten. 5) Aus Versehen. 6) Wegen des gestrigen Mißerfolgs. 7) aus Unwissenheit. 8) Aus Mangel an Gelegenheit. 9) wegen eines Waldbrands. 10) bei seinem Wissen. 11) wegen Mordes. 12) Vom langen Zuhören 13) durch seine heftige Kritik am Schulsystem 14) Dank / Mit seiner Hilfe 15) aus Eitelkeit 16) aus eigener Erfahrung

61. Ohne einen städtischen Zuschuss. 2) Mit / Bei steigendem Druck. 3) gegen Barzahlung. 4) Bei einem späteren Aufbruch. 5) bei Bestellung grösserer Mengen. 6) Im Falle einer Verzögerung. 7) auch durch ungewöhnliche Ereignisse. 8) mit (etwas) gutem Willen. 9) durch / unter Zang. 10) Bei ausreichender Vorbereitung. 11) Auf Verlangen. 12) Bei grösserer / stärkerer Beteiligung13) Ohne richtige Aufklärung der Bevölkerung 14) durch genaue / bei genauer Beachtung der Vorschriften 15) Bei grossem / starkem Andrag

62. 1) Trotz unserer Warnungen. 2) Trotz der unterschiedlichen Forderungen. 3) Trotz der grossen Portionen. 4) Trotz seiner ausgezeichneten Geschichtskenntnisse. 5) Trotz ihrer Armut / Not. 6) gegen den Widerstand zahlreicher Bürger. 7) Trotz seiner Abneigung gegen Fernsehdiskussionen. 8) Trotz seinen Geständnisses. 9) Trotz ihrer finanziellen Abhängigkeit. 10) Trotz seines grossen Vorsprungs. 11) Trotz aller Bemühungen des neuen Chefs. 12) Trotz der endlosen Verhandlungen 13) Trotz der sofortigen Einlieferung ins Krankenhaus 14) Trotz ihres frühen Aufbruchs 15) Trotz seines grossen Bekanntenkreises

63. 1) zur Verschönerung der Vorstädte. 2) zur Unterbringung der Flüchtlinge. 3) zum Schutz der Gemälde. 4) zur Sicherung / Erhaltung der Arbeitsplätze. 5) zur Linderung der Wohnungsnot. 6) zur Verstaatlichung der Banken. 7) zur Verhütung von Unfällen. 8) zur Vereinfachung der Regeln. 9) zur Beschleunigung von Hilfsaktionen. 10) zur Reinhaltung der Luft. 11) zur Vereinheitlichung der Gesetze. 12) zur Senkung des Rentenalters. 13) zur Verkürzung der Studiendauer. 14) zur Beseitigung sozialer Ungerechtigkeiten. 15) zur Einführung neuer Geldscheine. 16) zur Erleichterung des Reiseverkehrs. 17) zur Forderung junger Künstler.

64. 1) Zu ihrer Enttäuschung. 2) wie im Winter. 3) ohne Angabe von Gründen. 4) auf seine Weise. 5) Von unserer Seite (aus). 6) ihr Ruf. 7) unter ständigem Rühren. 8) Durch sein Verhandlungsgeschick. 9) zum Glück. 10) wie ein Biologielehrer. 11) durch lautes Rufen. 12) Es sieht nach Regen aus. 13) Nach Angaben der Polizei 14) Meines Wissens 15) nach der Mode 16) Statt Kritik 17) Nach bisherigen Erkenntnissen 18) bei Sonnenschein

65. 1) zum Verlassen der Wohnung. 2) über ihre Vergesslichkeit. 3) auf seine Rückkehr. 4) von der Lebensdauer der Batterien. 5) für die Kritik an den Entwürfen. 6) um das Wohl seiner Bürger. 7) auf seine Verschwiegenheit. 8) mit einer Vorverlegung des Transports. 9) auf das Verhalten des Affen. 10) von einer besseren Zukunft seines Sohnes / für seinen Sohn. 11) nach seinem Gewinn. 12) von der Notwendigkeit einer Untersuchung 13) von ihren geringen Ersparnissen 14) mit seinem dummen Gerede 15) unter seinem unverträglichen Wesen 16) über ihre (grossen) Fortschritte

66. 1) Durch sein vieles Lesen. 2) Nach den Worten des Kanzlers. 3) Bei allem Verständnis für deine Probleme. 4) Mit zunehmendem Alter gewinnt man immer mehr Einsichten. 5) an seiner Verlässlichkeit. 6) Ihr Leben lang. 7) Bei höheren Temperaturen als 70°. 8) zu Ihrer Information. 9) bei der Möbelsuche. 10) Im Gegensatz zu früher. 11) Zu einem früheren Zeitpunkt. 12) das baldige Erscheinen des Buches 13) über Ihre finanziellen Verhältnisse 14) Bei jedem Läuten 15) deine Ansicht 16) bei der Besichtigung des Doms 17) wie durch ein Wunder 18) Unter der Herrschaft Karls des Grossen / Unter Karl dem Grossen

67. 1) zur Vorsicht. 2) wegen seines hohen Bleigehalts. 3) zum Umfallen. 4) zur Verteidigung der Burg. 5) um seine Weinvorräte. 6) Aus Gewohnheit. 7) auf die Fortsetzung des Romans. 8) Zu unserem Bedauern. 9) zum Zeitvertreib. 10) Noch während ihrer Schulzeit. 11) Aus Sicherheitsgründen. 12) die Einsamkeit dieser Menschen 13) in wärmere Gegenden 14) Seinem Aussehen nach 15) nach den Unterrichtsfächern 16) von seiner Vorliebe für Krimis 17) von ihm eine Unterschrift 18) wegen seines hohen / übermässigen Alkoholkonsums

68. 1) Zur Vermeidung von Missverständnissen. 2) nur durch / mit bedingunslosen /-m Einsatz. 3) Während der Aufführung. 4) den Erhalt der Kopien. 5) Wegen der steigenden Nachfrage. 6) Trotz seines grossen Rückstands. 7) Wider Erwarten. 8) Zur Abwehr von Überfällen. 9) Trotz der Sicherheitsmassnahmen. 10) ein Mindestalter von 18 Jahren. 11) Trotz der hohen Anforderungen. 12) Beim Betrachten des Bildes 13) Nach unseren Informationen 14) zur Erhaltung der Arbeitsplätze 15) Durch sein Machtstreben 16) Trotz der Raumnot

ALMANCA VE TÜRKÇE SÖZLÜK KULLANMA

Almanca ve Türkçe sözlüklere bakarken fiillerin çeşitli anlamlarının olabileceğini aşağıdaki fiilde olduğu gibi gözönünde bulundurunuz.

Stammverb: kesmek

1. ekmek kesmek
   (Brot schneiden)
2. ekmeği kesmek
   (Das Brot aufschneiden)
3. ekmeği ortadan kesmek
   (Das Brot durchschneiden)
4. resmi gazeteden kesmek
   (das Bild aus der Zeitung ausschneiden)
5. çocuğu sütten kesmek
   (das Kind abstillen, entwöhnen)
6. parmağını kesmek
   (sich in den Finger schneiden)
7. hastanın parmağını kesmek
   (dem Patienten den Finger abnehmen, amputieren)
8. bir koyun kesmek
   (ein Schaf schlachten)
9. sözünü kesmek
   (jm. das Wort abschneiden, ins Wort fallen, jn. unterbrechen.
10. ilişkiyi kesmek
    (mit jm. brechen, Schluss machen, Kontakt abbrechen.

Sublexem: kestirmek
a) jn. etw. schneiden lassen
b) etw. abschätzen, erraten voraus-, vorhersagen
c) ein Nickerchen machen
d) ....

Türkisch:
o   : yalın hali, özne
ble   : biriyle
bnde   : birinde
bnden : birinden

Deutsch:
: Nominativ, Subjekt
: mit jemandem
: bei jemandem
: von jemandem

bne	: birine	: (zu) jemandem
bni	: birini	: jemandem
bşden	: birşeyden	: von etwas
bşe	: birşeye	: zu, auf,für etwas
bşi	: birşeyi	: etwas (im Akkusativ)
bşle	: birşeyle	: mit etwas
byde	: biryerde	: irgendwo
byden	: biryerden	: von irgendwo
de	: de-halinden nesne	: Lokativergänzung
e	: e-halinde nesne	: Dativergänzung
i	: i- halinde nesne	: Akkusativergänzung

kesmek - schneiden

kes-mek	: **schneid-en**; einfaches Verb
kes-in	: **fest, endgültig**; abgeleitetes Adjektiv
kes-in-leş-mek	: **feststehen**; abgel., intransitives Verb.
kes-in-leş-tir-mek	: **festsetzen**; abgeleitetes, kausatives Verb
kes-in-leş-tir-il-mek	: **festgesetzt werden**; passives Verb
kes-kin	: **scharf**; abgeleitetes Adjektiv
kes-kin-leş-mek	: **scharf werden**; intransitives Verb
kes-kin-leş-tir-mek	: **schärfen, verschärfen**; abgeleitetes Verb.
kes-kin-leş-tir-il-mek	: **geschärft werden**; passives, abgeleitetes Verb.

aramak - suchen

aramak	: **suchen**
aratmak	: **suchen lassen, vermissen lassen**
arattırmak	: **veranlassen, dass jd. etw. suchen lässt.**

açılmak

açılmak : Pas. u. Refl. zu açmak: **geöffnet werden**, s. öffnen, aufgehen:
- Kapı açıldı: **Die Tür öffnete sich; sie ging auf; sie wurde geöffnet.**
- Hasta biraz açıldı.
  Der Patient kam etwas zu sich.
- Orman gezintisinden sonra biraz açıldım.
  Nach dem Waldspaziergang fühlte ich mich besser.
- Güneşten perdenin rengi açıldı.
  Die Gardine wurde durch die Sonne gebleicht; ihre Farbe verblasste.
- Arkadaş bana açıldı.
  Der Freund vertraute sich mir an.
- Öğrenci gittikçe açılıyor.
  Der Schüler legt seine Schüchternheit zusehends ab; er macht sich; er gewinnt Selbstvertrauen.
- kıyıdan açılmak: **von der Küste weit weg schwimmen.**
- Gemi denize açıldı.: **Das Schiff stach in See.**

Das Fenster geht zum Garten.
- Fabrika işletmeye açıldı.
Die Fabrik wurde in Betrieb genommen.
- Gökyüzü açıldı.
Der Himmel hellte sich auf. (aufklären)
- Güneş açıldı. (doğmak)
Die Sonne ging auf; sie schien.
- Okullar ne zaman açılıyor?
Wann fangen die Schulen wieder an?
- Yeni bir işyeri açıldı.
Ein neuer Betrieb wurde eröffnet.
- Bu konu açılmadı: **Dieses Thema wurde nicht angeschnitten. (erwähnen, aufgreifen, angehen)**
- açılıp, saçılmak: **s. gewagt, zu frei kleiden.**
- Ağaçların çiçekleri açıldı.
Die Blüten der Bäume blühten auf.
- Gençlere işyerleri açılmalıdır: **Für Jugendliche müssen Arbeitsplätze geschaffen werden.**

GRAMMATISCHE FACHAUSDRÜCKE

(Dilbilgisi Terimleri):

- A -

abbreviation: kısaltma
abgeleiteter Satz: türemiş cümle
abgeleitetes Eigenshaftswort: türemiş sıfat
abgeleitetes Adverb: türemiş zarf
abgeleitetes Nomen: türemiş isim
abgeleitetes Verbum: türemiş fiil
abgeleitetes Wort: türemiş kelime
abgestrumpftes Wort: kırpma kelime
abhängig : bağımlı
Abhängigkeitsgrammatik: bağımlı dilbilgisi
Abkürzung: kısaltma (Abbreviation)
Ablativ: -den hali, uzaklaşma, ayrılma, çıkış hali
Ablaut: ünlü atlaması
Ableitung: türeme
absolutiver Akkusativ: Belirtme durumu
Absraktname: soyut isim.
Abstufung: Sapma (Abweichung)
Abton: alçalan ton
Abwandlung (Konjugation) : Fiil çekimi
Addessivus: Yakınlık durumu
Addition: Ekleme
Adjektiv : sıfat
Adjektivierung: sıfatlaştırma
Adjektivierungsaffix: sıfatlaştırıcı
Adjektivkonstruktion: sıfat tamlaması
Adventivlaut: ses türemesi
Adverb der Akt und Weise: Niteleme zarfı
Adverbiale Bestimmung: Zarf tamamlaması
Adverb des Ortes: Yer zarfı
Adverbium: Sıfat
Adverbsuffix : sıfatlaştıran ek.
Affektbetonung: duygu vurgusu
Affektiver Satz: Ünlem cümlesi
Affirmativer Satz: olumlu cümle
Affirmativer Satz: ünlem cümlesi
Affix: ek
Agglutination: bitişkenlik
Agglutinierende Sprachen: eklemli diller.
Akkusativ : İ hali, belirtme durumu
Akkusativ objekt: belirli nesne

Aktionsart: görünüm
Aktiv: etken eylem (Aktivum) etken çatı
Aktivum: etken fiil
Aktualisator: gerçekleştirici
Akzent Intensivum: pekiştirme vurgusu
Akzent: Vurgu
Allgemeine Grammatik: genel dil bilgisi
Allgemeine Sprachwissenschaft: dilbilim
Allomorph: değişken şekillik
Alltagssprache: günlük, konuşulan dil
Alphabet: alfabe
Amalgamierende Sprachen: kaynaştırıcı diller.
Ambiguität: belirsizlik
Anakoluth: devrik cümle
Analogie (Angleichung): benzetme
Analphabetisch: Alfabe dışı
Analyze: çözümleme
Angabe: Belirteç
Anführungszeichen: Tırnak işareti
Angleichung: benzeşme
Anlaut: Önses
anleimende Sprachen: sondan eklemeli diller
Anomalie: Aykırılık kural dışı
Anschluss Bindung: Ulama
Anspielung: İma, anıştırma, zımni ifade
Antonym: zıt anlamlı
Aorist: geniş zaman
Aphärese: ön ses düşmesi
Apokope: sonses düşmesi
Apposition: açıklama cümlesi
Apposition: ünvan sıfatı
Appositiv: açıklayıcı
Argot: argo
Artikel: Tanım harfi
Artikulation: boğumlama
Aspekt: görünüş
Assimilation auf Abstand: Uzak benzeşme
Assimilation: benzeşme
Assimiliert: benzeşen
Assoziationfeld: çağrışım alanı
asyndetisch: bağlaçsız
atonale Silbe: vurgusuz hece

attributives Adjektiv: niteleme sıfatı
Attributsatz: tamlayıcı cümle
Ausdruck: deyim
Ausdruck: ifade, anlatım.
Auslassung: eksiltim
Auslaut: son ses
Ausruf: ünlem
Ausrufesatz: ünlem cümlesi
Aussagesatz: ifade cümlesi
Aussageweise: isteme kipleri
Aussprache: teläffuz
Ausstossung: ses düşmesi
Auswahl: seçme

- B -

Basis: taban
Bedeutung: anlam
Bedeutungserweiterung: anlam genişlemesi
Bedeutungsbeschränkung: anlam daralması
Bedeutungselement: kök anlam
Bedeutungsgleich: eş anlamlı
Bedeutungslehre: anlam bilim
Bedeutungsverbreitung: anlam genişlemesi
Bedeutungsverengung: anlam daralması
Bedeutungsverschiebung: anlam kayması
Bedeutungsverschlechterung: anlam kötüleşmesi
Bedeutungswandel: anlam değişmesi, kayması
Bedeutungsverbesserung: anlam iyileşmesi
Bedeutungswechsel: anlam değişimi
Bedingungsform (Konditional): şart kipi
Bedingungssatz: şart cümlesi
Befehlsatz: Emir cümlesi
Befehlsform: Emir kipi
Begriff: kavram
Begriffsfeld: kavram alanı
Begründungsangabe: hal tümleçleri
Behauptungssatz: Haber cümlesi (bildirme)
Behauptungssatz: olumlu cümle
beigeordneter Satz: bağımlı, sıralı cümle
Bejahung : olumluluk
Benennung: adlandırma
Berufsname: meslek ismi
Berufsname: mesleki ismi
Beschreibende Grammatik: tasviri dilbilgisi
bestimmend: tamlayan (Bestimmungswort)
bestimmt : tamlanan
Bestimmte Vergangenheit: belirli geçmiş zaman
bestimmtes näheres Objekt: belirtili nesne

Bestimmungsbeiwort: Belirtme sıfatı
Betonung: vurgu
Beugung (Flexion) : insiraf, büküm
Bezeichnungskunde: ad bilimi
Beziehung: ilgi
bezügliches Fürwort: bağlama zinciri
Bezugsatz: bağlaçlı yan cümle
bilaterale Opposition: iki yanlı karşıtlık
Bildungselement: yapım eki
Bilingualismus: iki dillilik.
Bindevokal: bağlantı ünlüsü
Bindewort: bağlaç
Bindung: ulama
Brechung: daralma
Breitvokal: geniş ünlü
Buchstabe: harf

- D -

Dativ: -e hali, yönelme, yaklaşma hali
Dativobjekt: e haldeki tümleç
Dauer: süre, uzunluk
dauern: sürekli
defektiv: eksikli
definit: belirli
Definition: tanım
Dehnungsakzent: uzatma vurgusu
deklarativer Satz: Bildirme cümlesi
Deklination: isim çekimi, çekim
Dekomposition: dönüşme
Demonstrativadjektiv: işaret sıfatı
Demonstrativadverb: işaret zamiri
Demonstrativpronomen (Zeigefürwort): şahıs zamiri
denominales Substantiv: isimden türeme ad.
denominatives Verbum: isimden türeme fiill.
denominitaves Verbum: isimden türeme fiil.
Denotation: düz anlam
Dental: diş ünsüzü
Dependenz: bağımlı
Dependenzgrammatik: bağımlı dilbilgisi.
Derivat: türev
Derivation: türetme
Desiderativum: dilek-şart kipi
Deskriptiv Verb: tasvir fiili
Deskriptiv-Hilfsverb: tasvirci yardımcı fil
deskriptive Grammatik: tasvirci gramer
destriptives Verbum: özel bileşik fiil.
Determinativ: Tamlayan
determinative Gruppe: Tamlama

determinative Wortfüge: Tamlama
deverbales Substantiv: fiilden türeme ad.
deverbales Verb: fiilden türeme fiil.
diachronische Semantik: art zamanlı anlam bilimi
diachronische Sprachwissenschaft: art zamanlı dil bilimi
Dialekt: lehçe
Diathesis: çatı
Differenzierung: benzeşmezlik
diffus: dağınık
diminutiv: küçültmeli
Diphthong: çift sesler (au, ei, eu,äu)
direkte Rede: dolaysız anlatım
direktes Objekt: dolaysız tümleç.
Dissimilation: Benzeşmezlik
distinktives: Merkmal : ayrıcı özellik
Distribution: dağılım
distributive Zahl: Üleştirme sıfatı
Doppelkonsanant: çift ünsüz
Doppellaut: ikili ünlü
doppelseitige Assimilation: karşılıklı benzeşme
Doppelsinn: çift anlam
dritte Person: üçüncü şahıs
Drucksilbe: Vurgulu hece
Dual: Yakından ilgili iki varlığı anlatan kelime
Dubitativ: rivayet birleşik zaman
durative Aktionsart: süreklilik görünüşü.

- E -

Ebene: düzey
Elativ: sıfatın mutlak derecesi
Eigenname: özel isim
Eigenschaftswort: sıfat (niteleme sıfatı)
Einbettung: yerleşme, yerleştirme
einfacher Satz: yalın cümle
einfaches Eigenschaftswort: yalın sıfat
einfaches Nomen: Yalın ad
einfaches Tempus: Yalın zaman
einfaches Wort: yalın kelime
einfache Zeitstufen: Bildirme kipleri
eingibfelige Silbe (regelmässige Silbe): düzenli hece
Einheit: Birim
Einsatzvokal: türeme ünlü
Einschub: iç türeme
Enschubvokal: ses türemesi
einsilbige Sprachen: tek heceli diller.
Elision: son ünlü düşmesi
elliptischer Satz: kesik cümle

emotiver Akzent: coşku vurgusu
Empfindugswort: ünlem
Endung : çekim eki, fiil çekim eki.
Engvokal: dar ünlü
Entähnlichung: benzeşmezlik
Entdoppelung: tekleşme
entfernte Metathese: uzaktan aktarım
entferneres Objekt: dolaylı tümleç
Entlehnung: aktarma
Entrundung: düzleşme
Entwicklung: gelişme
Epithesis: son türeme
Epenthese: iç türeme
Erbwort: eski biçim kelime
Ergänzung: tümleç
erste Gliederung : birinci eklemleme
erste Person: birinci şahıs
Erweichung: yumuşama
Erweiterung: yayılma
Erzählungsform: rivayet birleşik zamanı
Etymologie : kökbilim
Evolution: Evrim
exklamativer Satz: ünlem cümlesi
Exprimentalphonetik: deneyli sesbilgisi
Expression: anlatım.

- F -

Fachausdrücke: branşla ilgili terim
Faktitiv: ettirgen çatı, yapıcı fiil
Femininum: dişi
Fernassimilation: uzak benzeşme
Figurativ: değişmeli
Final: amaç, gaye
Flektierende Sprachen: bükümlü diller.
Flexionsendung: çekim eki
Flexionssuffix: eylem çekim eki.
Formale Grammatik: şekli dilbilgisi
Formans: yapım eki
Formant: biçimlendirici
Formenlehre: yapı bilgisi
Formenwandel: Yapı değişmesi
Fortschreitende Assimilation: ilerleyici benzeşme
Frageadverb: soru zamiri (Fragefürwort)
Fragepartikel: soru eki
Fragepronomen: soru zamiri
Fragewort: soru sıfatı
freie Silbe: açık hece
Funktion: fonksiyon

Fremdwort: yabancı kelime
Futur: gelecek zaman (gelecek zaman kipi)
Fürwort: zamir.

- G -

Gattungsname: cins isim
Gaumenlaut: damak sesi
Gaunersprache: argo
Gebrauch des Passiv: Passivin kullanılışı
Gebärdensprache: işaret dili
gedeckte Silbe: kapalı hece
gegensätzliches Wort: karşıt anlamlı kelime
Gegenstandswort: ad, isim
Gegenwart: şimdiki zaman kipi
Gelehrtensprache: bilim dili
Gemeinsprache: ortak dili
gemischte Verben: karışık fiiller.
generative Grammatik: üretici dilbilgisi
generative Semantik: üretici anlam bilimi
generative Transformationsgrammatik: Üretici-dönüşümlü dilbilgisi
Genitiv Konstruktion: isim tamlaması
Genitiv: tamlayan durumu, -in hali
Genitivkonstruktion: isim tamlama
Genus: cins, çatı
geringste Anstrengung : en az çaba kuralı
gerundeter Vokal: yuvarlak ünlü
Gerundium von Konkordenz: durum ulacı
Gerundium von Zeit: zaman ulacı
Gerundium von Zustand: durum ulacı
Gerundium: bağ fiil, zarf fiil, ulaç
Geschlecht: cins
geschlossene Silbe: kapalı hece
geschriebente Sprache: yazı dili
gespannter Konsonant: sert ünsüz
gesprochene Sprache: konuşma dili
Gleichbedeutend: eşanlamlı kelimeler.
Glottochronie: dil tarihlemesi
Grammatik: dilbilgisi
grammatisches Subjekt: sözde özne
Grundform: yalın hal
Grundlage: taban
Grundsprache: ana dil
Grundwort: tamamlanan
Grundwort: temel kelime
Gruppe: grup

- H -

Halbvokal: yarı ünlü
Haltung: duraklama
Handiadyoin: eş anlamlı ikilime
Handlungsverb: kılış fiili
Haplologie: hece yutma
Harmonie: uyum
Hauptbedeutung: asıl anlam
Hauptsatz: temel cümle
Hauptton: asıl vurgu
Hilfsverbum: yardımcı fiil
hinterer Vokal: kalın ünlü
historische Grammar: tarihi gramer
Homonym: eşsesli kelimeler
Höflichkeits plural: saygı çoğulu
Hyperbol: abartma

- I -

Idiolekt: ağız 3
Imperativ: emir kipi
Imperfekt: hikaye
Imperfekt: hikaye birleşik zamanı
Imperfektive Aktionsart: bitmemişlik görünüşü
Imperfektum: hikaye
Indefinit: belgisiz, belirsiz
Index: dizin
Indirektes Objekt: dolaylı tümleç
Infinitiv als Satzglied: cümle öğesi olarak mastar.
Inhalt des Wortes: kapsam
Inhalt: anlam yükü
Inlaut: iç ses
Instrumental: vasıta hali eki
Instrumentalsatz: vasıta cümlesi
Intensivum: pekiştirilmiş kelime
Intensivum: pekiştirmeli sıfat
Interjektion: ünlem
Interrogativadverb: soru zarfı
imperativer Satz: emir cümlesi
Indeklinabel: çekimsiz
Indikativ: bildirme kipi
indirekte Rede: dolaylı anlatım
infinitiv: mastar fiil
Infix: iç ek
Interpunktion: noktalama
Intransitiv: geçişsiz fiil
Irreale Wunschsätze: gerçekleşmemiş istek cümleleri
isolierende Sprache: tek heceli dil

- J -
Junktion: bağlama
Juxtaposierter Satz: bağımsız sıralı cümle

- K -
Kasus Aquativus: eşitlik hali
Kasus Endungen: hal ekleri, isim çekimi ekleri
Kasus Instrumentalis: vasıta hali
Kasus limitativus: sınırlama hali
Kasus: ad durumu
Kasusgrammatik: durum dilbilgisi
Kausaladverbien: Neden bildiren cümleler
Kausativum: ettirgen çatı, ettirgen fiil
Kehlkopflaut: damak ünsüzü
Kehllaut: gırtlak ünsüzü
Kernsatz: çekirdek cümle
Kindersprache: çocuk dili
Klammerdarstellung: açıklamalı ayırma
Klammerung: ayırma
Klassifikation: sınıflandırma
Knacklaut: hemze (gırtlak çarpması)
Kode: bildiri
kombination: birleşim
Kommunikation: iletişim
Komparation: karşılaştırma sıfatlarda derece
Komparativ: karşılaştırma derecesi
kompasitum: birleşik kelime
komplexes Verbum: birleşik fiil
Komponente: birleşen
Kompositium: tamlama
kompositum: birleşik isim
konditional: şart-birleşik zaman
Kongruenz: uygunluk
Konjunktion: bağlak, birleştirme
konjunktiv: isteme kipi
konkretes Substantiv: somut adı
konnatation: yan anlam
Konnexion: bağımlılık
Konsonant: ünsüz
konsonantenharmonie: ünsüz uyumu
konstante Opposition: sürekli karşıtlık
Konstituentensatz: kurucu cümle
konstruktion: kuruluş
Kontext: Ortak bilginin bütünü, bağlam
Kontraktion: kaynaştırma
Konverb: ulaç
Konverbum: zarf-fiil
Koordinierter Satz: bağımlı sıralı cümle

Kopula: -dir eki, bildirme eki, ek eylem
Kopula: tamamlayıcı (Füllwort)
Kultursprache: kültür dili
kurze Silbe: kısa hece
kurzvokal: kısa ünlü
künstliche Sprache: yapma dil

- L -
(Labialharmonie)
labıal: dudak ünsüzü
Labialassimilation: küçük ünlü uyumu
Labialattraktion: dudak benzeşmesi
Labiodental: diş dudak ünsüzü
Lahngut: Aktarma
Lallwort: çocuk sözü
lange Silbe: uzun hece
laryngal: gırtlak ünsüzü
Laterale: avurt ünsüzü
Laut: ses
Lautbild: yansıma
Lauterzeugung: ses oluşumu
Lautkette: söz zinciri
Lautlehre: ses bilgisi
Lautschrift: Fonetik yazı
Lautsprache: konuşma dili
Lautstellvertretung: ses benimsenmesi
Lautverschiebung: ünsüz değişimi
Lautversetzung: ses biriminin yer değiştirmesi
Lautwandel: ses değişimi
lebende Sprache: yaşayan dil
Lehnwort: Yabancı kelime (aktarılan)
Leideform: edilgen eylem
lenis: yumuşak ünsüz
Lexem (lexikalisches Morphem): sözlük birim
Lexikographie: sözlük bilgisi
Lexikologie: sözlük bilim
Lexikon: sözlük
Linguistik: dilbilim
Linquistik Diachronik: art zamanlı dil bilimi
Linquistik Synchronik: eş zamanlı dil bilim
Lippenlaut: dudak ünsüzü
Literatursprache: edebiyat dili
Literatursprache: edebiyat dili
logische Betonung: mantık tonlanması
logische Betonung: mantık tonlanması
logischer Akzent: belirtme vurgusu
logischer Subjekt: dolaylı özne
logisches Akzent: Belirtme vurgusu

logisches Subjekt: dudak ünsüzü
Lokaladverb: yer zarfı
Lokalsprache: ağız, bölge ağzı
Lokativ: - de hali, bulunma hali
Lokution: düz söz

- M -

Männlich: (Maskulin)
Materialia Konkretum: somut ad
Matrixsatz: ana cümle
mehrdeutig: çokanlamlı
Mehrdeutigkeit: anlam çokluğu
Mehrzahl: çoğul
Mehrstufe: karşılaştırma derecesi
Meiststufe: üstünlük derecesi
Melodie: ahenk
Merkmal: belirti, özellik
Metathese: yer değişimi
Metrik: ölçübilim
Metrum: ölçü
Mischsprachen: karma diller
Mitlaut: ünsüz
mittelbare Assimilation: uzak benzeşme
mittelbare Dissimilation: uzak benzeşme
Mittelwort Vergangenheit: geçmiş zaman Sıfat-fiili
Modaladveb: niteleme zarfı
Modalisierung: kipleştirme
Modalität: tarz
Modalverb: tarz bildiren fiil
Modus: isteme kipleri
Monem: anlam birim
Monophthongierung: tek ünlüleşme
Monosemie: tek anlamlılık
Morphem: anlambirim
Morphologie : yapı bilgisi
multilaterale Opposition: çok yanlı karşıtlık
Mundart: ağız
Mutation: ünsüz atlaması
Muttersprache: anadili

- N -

Nachstellung: edat
Nahassimilation: yakın benzeşme
Namenkunde: adbilim
Narrativ: rivayet birleşik zamanı
Nasal: geniz ünsüzü
nasalierter Vokal: geniz ünlüsü
Nationalsprache: milli dil

natürliche Sprache: tabi dil
Nebenbedeutung: yan anlam
Nebensatz: yan cümle
Negation: olumsuzluk
Negativer Satz: olumsuz cümle
Neologismus: yeni kelime
Neubildung: yeni kelime
Neutrum: ne dişi ne erkek olan kelime
niedriger Vokal: alçak ünlü
Nomen: isim
Nomen agentis: durum ortacı
Nomen denominativum: isimden türeme ad.
Nomen deverbativum: fiilden türeme isim.
Nomenvorrat: iki kelimenin birleşimi
Nominalisierung: isimleştirme
Nominalsatz: isim cümlesi
Nominalstamm: ismin gövdesi
Nominalwurzel: ismin kökü
Nominativ: yalın hal
Norm: kural
Notwendigkeitsform: gereklik kipi
Numerale: sayı adı
Numerus: sayı

- O -

Oberflächenstruktur : yüzeysel yapı
Objekt: nesne, belirli nesne
Objekt: tümleç, nesne
Objektsprädikat: yüklem durumundaki tümleç
Offene Silbe: açık hece
offizielle Sprache: resmi dil
Onomasiologie: adbilim
Onomastik: adbilim
Onomatopie : yansıma
optativer Satz: istek cümlesi
Optativ: istek kipi
Oratio obliqua : dolaylı anlatım
Oratio recta: dolaysız anlatım
Ordinalzahl: sıra sıfatı
Orthographie: imla yazılış
Ortsadverb: yer zarfı

- Ö -

Öffnungsgrad: açıklık derecesi
Öffnungsggrad: genişlik derecesi

- P -

Palatal: Damak sesi
palatale Assimilation: dil benzeşmesi
Palatalharmonie: büyük ünlü uyumu
Palatalisierter Zahnlaut: diş damak ünsüzü
Paradigma: kip
Paradigmatische Relation: düşey bağıntı
Paronomasia: ses benzeşimi
Partikel: edat
Partizip: ortaç (sıfat fiil)
Passiv: edilgen çatı, edilgen fiil
Passivum: edilgen çatı
Pause (Ruhepunkt): ses kesintisi
Pejorativ: anlam bayağılaşması
Pejorativer Bedeutungswandel: anlam kötüleşmesi
Perfekt: belirli geçmiş zaman
perfektive Aktionsart: geçmiş zaman görünümü
Perfektpartizipium: geçmiş zaman sıfat-figili
Perfektum: görülen geçmiş zaman
Person: şahıs
Personalendung: şahıs eki
Personalpronomen: şahıs zamiri **(Persönliches Fürwort)**
Phonem: ses birim
Phonetik: ses bilgisi
phonetische Subsitution: ses benimsenmesi
Phonologie: ses bilim
Pleonasmus: söz uzatımı
Plural: çoğul
Pluralendung, -suffix: çoğul eki
Plusquamperfekt: hikâye şekli
Polysemie: çok anlamlılık
Positiv: eşitlik
Positiver Satz: olumlu cümle
Possessiv: tamlayan durumu
Possessivsuffix: iyelik eki
Postpalatal: art damak ünsüzü
Postposition: edat
Prädikat: yüklem
Prädikativkonstruktion: sıfat tamlaması
Präfix: ön ek
Präposition: edat
Präsens historisches: geniş zaman hikayesi
Präsens: şimdiki zaman kipi
Progressive Assimilation: ilerleyici benzeşme
Pronomen: zamir
Pronominales Suffix: ilgi eki

Prothese: başta ses türemesi
Provinzialismus: taşra ağzı

- Q -

Qualifikatives Beiwort: niteleme sıfatı
Quanitität: nicelik
Quantitätsadverb: ölçü belirteci
Quasi-Proposition: eylemle ilgi kelime grubu

- R -

(Ausdrucksweise)
Rechtschreibung: imla
Rechtshandel: hüküm
Rede: söz
Redeerwähnung: dolaylı anlatım
Redekunst: ifade tarzı
Redensart: deyim
Redensart: deyim
Redeteile: kelime türü
Reflexiv: dönüşlü çatı
reflexives Verb: dönüşlü fiil
Reflexivpronomen: dönüşlü zamir
Regel: kural
regelmässig: kural
regelmässige Silbe: düzenli hece
regressive Assimilation: gerileyici benzeşme
Reihe: sıra
Rektion: yönetme
Relation: bağıntı
Relationssuffix: nispet eki
Relativpronomen: ilgi zamiri
Relativpronomen: ki bağlacı
Repetition: Tekrar
Reziprok: işteş çatı
Rhetorik: söz bilim, retorik
Rhythmuspause: ahenk durağı
Richtungsstellung: düzeltme
rückbezügliches Fürwort: dönüşlü zamir.

- S -

(Trägersatz+Nebensatz)
Sammelname: topluluk adı
Satz: cümle
Satzanalyse: cümle analizi
Satzaussage: yüklem
Satzgefüge: karmaşık cümle
Satzgegenstand: özne
Satzglied: cümlenin öğeleri

Satzlehre: cümle öğretimi, gramer
Satzparenthese: ara cümle, ara söz
Satzteil: cümle öğeleri
Satztruktur: cümle yapısı
Satzzeichensetzung: noktalama
Schallnachahmung: yansıma
Schaltsatz: ara cümle
Schliesabsatz: hemze
Schnalzlautsprachen: şaklamalı diller.
Schrift: yazı
Schriftsprache: yazı dili
Schwacher vokal: zayıf ünlü
Schwachgeschilener Akzent: gevşek vurgu
Schwund: ses düşmesi
Segmentierung: parçalama
Semanalyse: anlam çözümü
Semantik: anlam bilim
semantische Verbeitung: anlam genişlemesi
Semasiologie: kavram bilim
Semiologie: gösterge bilim
Sender: verici
Sequenz: diziliş
Schema: taslak
Signifikation: anlamlama
Silbe: hece
Silbendissimilation: hece yutumu
Silbengleichgewicht: hece dengesi
Silbengrenze: hece sınırı
Silbentrennung: hece bölümü
Simplex: yalın kelime
Singular: Tekil
Sinn: anlam
Sondersprache: argo
Sondersprache: özel dil
Soziolinguistik: toplum dilbilimi
Spache der Wissenschaft: bilim dili
Spannung : gerilme
Sprachatlas: dil atlası
Sprache der Wissenschaft: bilim dili
Sprache: dil
Sprachebene: dil düzeyi
Sprachfähigkeit: dil yeteneği
Sprachfamilie: dil ailesi
Sprachgebrauch: dil kullanımı
Sprachgefühl: dil duygusu
Sprachgemeinschaft: dil toplumu
Sprachgruppe: dil öbeği
Sprachkarte: dil haritası

Sprachlehre: gramer
Sprachrevolution: dil devrimi
Sprachverwandschaft: dil akrabalığı
Sprachwissenschaft: dil bilim
Sprechlaut: ses
Sprichwort: atasözü
Stamm: gövde
Stammwort: köken
Starker Vokal: kuvvetli ünlü
Stil: söyleyiş tarzı, deyiş
Stilistik: üslup bilimi
Stilistik: anlatım bilimi
Stimmbildung: ses oluşumu
Stimmhaft: sürekli ünsüz
Stimmhaftwerden: yumuşama
Stoffname: somut isim
Stoss: hemze
Struktur: yapı
Stumpfwort: kesik kelime
Subjekt: özne
Substantiv: isim
Suffix des Kasus: takı
Suffix: sonek
Superlativ: üstünlük derecesi
Synchronie: eş zamanlılık
Synchronische Semantik: eş zamanlı anlam bilimi
synchronische Sprachwissen-schaft: eş zamanlı dil bilimi
synchronisch: eş zamanlı yöntem
Synkope: iç ses düşmesi
Synonym: eş anlamlı
synonym: eş anlam (kelime)
Syntax: cümle bilim

- T -

Tatform: etken fiil
Tätigkeitsform: etken çatı
Temporaladverb: zaman zarfı
temporales Gerundium: zaman ulacı
Tempus kompositum: katmerli birleşik zaman
Terminologie : terim bilim
Tiefenstruktur: derin yapı
Tonfall: vurgu
tote Sprache: ölü dil
Transformation: dönüşüm
Transitiv: geçişli
Transkription: yazı düzeni
Translitteration: harf çevirisi

- U -

Umformung: dönüşüm
Umgangssprache: gündelik dil
Umschrift: çevirme yazı
Umstandswort: zarf
unbeständiges Wort: türlü biçimli kelime
unbestimmte Vergangenheit: belirsiz geçmiş kipi
unbestimmtes Adjektiv: belirsizlik sıfatı
unbestimmtes Beiwort: belgisiz sıfat
unbestimmtes Fürwort: belgisiz zamir.
unbestimmtes näheres Objekt: belirtisiz nesne
Unbetonte Silbe: vurgusuz hece
Undeklinierbar: çekimsiz
ungerundete Reihe: düz sıra
Ungerundeter Vokal: düz ünlü
Unmittelbare Konsituente: dolaysız kurucu
Unpersönlich: belirsiz özne
unregelmässiges Verb: kural dışı fiil
Ursprache: ana dil
Übersetzungswissenschaft: çeviri bilim

- Ü -

Übereinstimmendes Gerundium: durum ulacı
Übereinstimmung: özne-yüklem uygunluğu
Übereinstimmung: uyum, uygunluk
Überlieferte Sprache: ana dili

- V -

Valenz : birleşim değeri
Variation: değişkenlik
Velar: art damak ünsüzü
Verallgemeinerung: genelleştirme
Verbalabstraktum: fiilden türeme biçim
Verbaladverb: bağ fiil
Verbaler Satz: fiil cümlesi
Verbalstamm: fiil gövdesi
Verbalsuffix: ek fiil
Verbalwurzel: fiil kökü
Verbgruppen: fiil grupları
Verbum aktivum: etken eylem
Verbum denominativum: isimden türeme fiil
Verbum deverbativum: fiilden türeme fiil.
Verbum faktitivum: ettirgen eylem
Verbum finitum: çekimli eylem
Verbum interrogativum: sorulu eylem
Verbum negativum: olumsuz eylem
Verbum positivum: olumlu eylem
Verbum potentialis: yeterlik eylemi

Verbum prädikativum: ek eylem
Vergangenheit: geçmiş zaman
Vergleichende Grammatik: karşılaştırmalı dilbilgisi
Vergrösserungssuffix: büyültme eki
Verkleinerungssuffix: küçültme eki
verkürzter Genitiv: belirsiz tamlama
vermischtes Suffix: ilgi eki
Vermutungssatz: tahmin cümlesi
Verneinungspartikel: olumsuzluk eki
Versmass: ölçü
Verstärkungssendung: kuvvetlendirme eki
Verstärkungssendung: pekiştirme eki
verwandte Sprachen: akraba diller
Vibrant: akıcı ünsüz
Vieldeutigkeit: anlam çokluğu
Vokal: ünlü, sesli
Vokalausstossung: sesli düşmesi
Vokalharmonie: sesli uyumu
Volksetymologie: halk köken bilimi
Volksprache: halk dili
Vollgenitiv: belirtili tamlama
vorderer Vokal: ince sesli
Vorgangsverb: oluş fiili

- W -

Wandel: değişme
Wanderwort: gezici kütüphane
Wanderwort: yaygın kelime
Wange: avurt
Weiblich: dişi
Weiterbildung: türetme
Wemfall: yönelme hali
Wenfall: belirtme durumu
Wesfall: tamlayan durumu
Wort: kelime
Wortakzent: kelime vurgusu
Wortanlaut: önses
Wortart: kelime türü
Wortbildung: kelime teşkili
Wortbildungslehre: kelime yapı bilgisi
Wortfügung: kuruluş
Wortgeschichte: köken bilim
Wortgruppe: kelime grubu
Wortinhalt: kapsam
Wortschatz: kelime hazinesi
Wörterbuch: sözlük
Wunschform: dilek kipi
Wunschsatz: istek cümlesi

Wurzel: kök
Wurzelsprachen: tek heceli diller
Wunschform: dilek-şart kipi

- Z -

Zusammengesetzter Satz: birleşik cümle
Zahladjektiv: sayı sıfatı
Zahlwort: sayı adı
Zeichenkürzung: kısaltma
Zeigebeiwort: işaret sıfatı
Zeigefürwort: işaret zamiri
Zeitadverb: zaman zamiri
Zeitform: zaman
Zeitlos: geniş zaman kipi
Zeitwort: eylem,
Zielsprache: amaç dili

Zirkumflex: ünlem vurgusu
Zisclaut: fışırtılı sessiz
Zitterlaut: akıcı ünsüz
zusammengesetztes Verbum: birleşik fiil
zusammengesetzter Satz: birleşik cümle
zusammengesetztes Eigenschaftswort: birleşik sıfat
zusammengesetzter Substantiv:
birleşik isim
zusammengesetzter Tempus:
birleşik zaman
zusammengesetzter Wort: birleşik kelime
Zusammenziehung: kaynaşma
Zweifelhaft: rivayet birleşik zamanı
Zwischensatz: ara cümle
Zwischenstruktur: ara yapı

Quellenangabe
Kaynaklar

1. Alev Tekinay. Günaydın Teil 1, Teil 2, Einführung in die moderne türkische Sprache Dr. Ludwig Reichert Verlag, Wiesbaden, 1985.
2. Almanca, Lise I,II,III, Texte und Situationen (Meliha Torkak, Bilge Aydoğan, Hilmi Pekşirin), Milli Eğitim Basımevi, İstanbul, 1991.
3. Brigitte Cengiz, Deutsche Grammatik, İstanbul, 1968
4. Der Sprach -Brockhaus, Wiesbaden, 1970
5. Das Zertifikat, Deutsch als Fremdsprache, Deutscher Volkshochschul -Verband, Goethe Institut, Bonn
6. Duden, die Grammatik, Band 4. Dudenverlag, Mannheim, 1973.
7. Duden, Stilwörterbuch, Band 2. Dudenverlag, Mannheim, 1973.
8. Deutsch 2000, Eine Einführung in die moderne Umgangssprache, Band 1,2,3 Max Hueber Verlag, München 1973
9. Das Zertifikat Deutsch als Fremdsprache, Deutscher Volkshochschul- Verband - Goethe-Institut (Hrsg.) Frankfurt am Main 1975.
10. Der Duden. Bd. 2, Stilwörterbuch der deutschen Sprache bibliographisches Institut, Mannheim 1970.
11. Engel, Ulrich: Deutsche Grammatik. Julius Gross Verlag, Heidelberg, 1988.
12. Eppert, FranzX Deutsche Wortschatzübungen. Max Hueber Verlag, Ismaning 1975 (Bd. 1), 1977 (Bd.2)
13. Eppert, Franz: Grammatik lernen und verstehen, Verlag Klett, München 1989.
14. Fleischer Wolfgang, Wortbildung der deutschen Gegenwartsprache, Max Niemeyer Verlag. Tübingen 1975.
15. Ferenbach, Magda- Noonan, Barbara: Alles ums Attribut, Übungsbuch für Deutsch als Fremdsprache. Ernst Klett Verlag, Stutgart 1987.
16. Franz Eppert: Grammatik lernen und verstehen, Ein Grundkurs für Lernen der deutschen Sprache, Ernst Klett Verlag, 1. Auflage, Stuttgart, 1988.
17. G.Schade, Einführung in die deutsche Sprache der Wissenschaft, Erich Schmidt Verlag, Berlin.

18. Gerhard Hoffmann, Deutsche Grammatik in Frage und Antwort, Eine Wiederholungs-Kartei, Langenscheidt Verlag, Berlin, 1980

19. G.Helbig- J. Buscha, Deutsche Grammatik, Ein Handbuch für den Ausländerunterricht, VEB Verlag Enzyklopädie Leipzig. 1980

20. Griesbach, Heinz: Test- und Übungsbuch zur Deutschen Grammatik, Verlag für Deutsch, Ismaning 1983.

21. Gut gesagt und formuliert, Ein unterhaltsamer Ratgeber für die deutsche Sprache Verlag. Das Beste Stuttgart Zürich. Wien. 1988.

22. Heinz Kristinus, Die deutschen Verben mit Präpositionen und ihre Wiedergabe im Türkischen, Ankara Ü.D.T.C.F yayınları No:198,1971

23. Heinz Griesbach , Sprachheft 1,2, Huber Verlag, München 1978.

24. Herbert Jansky, Lehrbuch der Türkischen Sprache. Otto Harrassowitz-Wiesbaden, 1966

25. Heinz Griesbach, Deutsch für Fortgeschrittene Deutsche Grammatik im Überblick, Hueber Verlag, München 1974.

26. Hans Földeak: Sag's besser! Ein Arbeitsbuch für Fortgeschrittene Teil 1 u. Teil 2, Verlag für Deutsch, Ismaning / München, 1994.

27. Hall, Karin- Schneier Barbara: Ubungsgrammatik für Fortgeschrittene, Verlag für Deutsch, ısmaning, 1995.

28. Helbig, G, Buscha, J.: Übungsgrammatik Deutsch, Langenscheidts Verlag Enzyklopädie, Leipzig 1992.

29. Hölscher, Petra, Rabitsch, Erich: Deutsch unsere Sprache. Kompaktkurs 1 für Aussiedler, Scriptor Verlag, Frankfurt am Main 1989.

30. Homberger, Dietrich- Madsen, Rainer: Übungen zur deutschen Grammatik, Verlag Moritz Diesterweg, Frankfurt am Main 1988.

31. Ingrid Papp und Wolfgang Rug, Arbeit mit Texten Ernst Klett Verlag, Stuttgart 1978.

32. Ickler, Theodor: Deutsch als Fremdsprache, Eine Einführung in das Studium, Max Niemeyer Verlag, Tübingen 1984.

33. Joachim Buscha Deutsches Übungsbuch, VEB Verlag Enzyklopädie, Leipzig 1979.

34. Jung, W: Grammatik der deutschen Sprache, VEB Bibliographisches Institut, Leipzig, 1982.

35. Kläre Meil-Margit Arndt, ABC der Starken Verben, Hueber Verlag, Nr: 1058, München, 1962.

36. Kläre Meil-Margit Arndt, ABC der schwachen Verben. Hueber Verlag, München.

37. Karl Heinz Bieler: Miteinander 1,2,3,4 Text und Arbeitsbuch für Fortgeschrittene Deutsch als Fremdsprache, Max Hueber Verlag, Band 1,2,3,4, Ismaning, 1996.

38. Kaufmann, Gerhard: Wie sag ich's auf Deutsch, Max Hueber Verlag, Ismaning 1986.

39. Kormann, Hilman: Richtiges Deutsch, Sprachübungen für Fortgeschrittene, Max Hueber Verlag, München, 1977.

40. Korkmaz, Prof. Dr. Zeynep: Gramer Terimleri Sözlüğü, Atatürk Kültür, Dil ve Tarih Yüksek Kurumu Türk Dil Kurumu Yayınları: 575, Ankara, 1992.

41. Langenscheidts Sprachillustrierte, Langenscheidt Verlag, München

42. Latour, Bernd: Mittelstufen- Grammatik für Deutsch als Fremdsprache. Max Hueber Verlag, München, 1988.

Langenscheidts Praktisches Lehrbuch Türkisch, München, 1981

43. Muammer Özsoy, Deutsch von Heute, İstanbul, 1982.

44. Nükhet Cimilli, Klaus Liebe - Harkort, Sprachvergleich Türkisch Deutsch, Pädagogischer Verlag Schwann, Düsseldorf. 1979.

45. Neuner, G. Krüger, M.: Übungstypologie zum kontrastiven Deutschunterricht, Langenscheidt Verlag, Berlin, München, 1981.

46. Prof. Dr. Muharrem Ergin, Türk Dilbilgisi, İstanbul Ü. Edebiyat Fakültesi Yayınları No: 785,1958.

47. Prof. Dr. Vural Ülkü, Affixale Wortbildung im Deutschen und Türkischen Ankara D.T. C.F Yayınları 1980.

48. Prof.Dr. Vecihe Hatiboğlu, Dilbilgisi Terimleri Sözlüğü, Ankara Ü.D.T.C.F. Yay. No.276-1982

49. Prof. Yaşar ÖNEN, Cemil Ziya ŞANBEY: Almanca -Türkçe Sözlük 1,2. (Hazırlayan: Prof. Dr. Vural ÜLKÜ), Atatürk Kültür, Dil ve Tarih Yüksek Kurumu Türk Dil Kurumu Yaya: 546, Ankara, 1993.

50. Schulz- Sundermeyer, Deutsche Sprachlehre für Ausländer, Grammatik und Übungsbuch, Hueber Verlag.

51. Schulz Griesbach, Deutsche Sprachlehre für Ausländer 1,2, Hueber Verlag, München 1977

52. S.Und G. Kaufmann, Schüler Duden -Übungsbücher 5. Dudenverlag, Mannheim 1975.

53. Schumann, Johannes: Schwierige Wörter Übungen zu Verben, Nomen und Adjektiven, Verlag für Deutsch, Ismaning/München, 1997.

54. Schmitz, Werner: Übungen zu Präpositionen und synonymen Verben, Max Hueber Verlag, München, 1978.

55. Stalb, Heinrich: Aufbaukurs Deutsch, Ein Sprachkurs für Fortgeschrittene, Verlag für Deutsh, München, 1983.

56. Stalb, H.: Praxis, Deutsch für Fortgeschrittene, Max Hueber Verlag, München, 1980.

57. Suphi Abdülhayoğlu: Türkisch-Deutsches Valenzlexikon, Schneider Verlag Hohengehren, GmbH, Baltmannsweiler, 1990.

58. Türkisch -Deutsches Wörterbuch von Karl Steuerwald, Otta Harrassowitz, Wiesbaden 1972

59. Tahir Deveci, Abdullah Uluçam, Altan Kuyu, Almanca Dilbilgisi Yay-Kur Yayınları, Ankara 1977.
60. Tekinay, Alev: PONS Wörterbuch der idiomatischen Redensarten (Deutsch-Türkisch, Türkisch-Deutsch). Ernst Klett Verlag, Stutgart, 1984.
61. Wahrig, Deutsches Wörterbuch, Mosaik Verlag GMBH, 1980
62. Wendt, Heinz F. (Unter Mitarbeit von Prof. Dr. Muammer Caner)
63. Wolf - Dietrich Zielinski, Der deutsche Nebensatz, Ernst Klett Verlag, Stuttgart, 1973.
64. Wilhelm K. Jude, Deutsche Grammatik, Neufassung Rainer F. Schönhaar, Georg Westermann Verlag, Braunschweig, 1977.
65. Zielinski, ABC der deutschen Nebensätze, Max Hueber Verlag 1981.
66. Zeki Taşan, Yüksel Samantır, Almanca'dan Türkçe'ye Tercüme Yay-Kur yayınları, Ankara 1977.